Zu diesem Buch

Hier unternimmt ein Wissenschaftler den faszinierenden Versuch, ein plastisches Bild von den Lebensbedingungen im steinzeitlichen Norden Europas zu zeichnen. Der Leser fühlt sich versetzt an die ersten menschlichen Herdfeuer, deren Flammen eine gespenstische Szenerie beleuchten: Die wilde und erbarmungslose Umwelt unserer Vorfahren, die mit dem Faustkeil, später mit dem Bronzeschwert den Kampf gegen die Unwirtlichkeit der Natur aufnahmen. Nordeuropa stellte ganz besondere Anforderungen an Intelligenz und Ausdauer des Menschen bei seinem Ringen um die Emanzipation von seiner tierischen Vergangenheit: Klima und Kargheit der Landschaft, weitgehend unbewohnte Gegenden und die Gefahren der Wildnis lassen die oft gering geachteten Leistungen der steinzeitlichen nordeuropäischen Kultur in neuem Licht erscheinen.

Aber dieses Buch ist nicht nur eine Schilderung des Lebens im prähistorischen Nordeuropa; es ist zugleich die Geschichte der Forschung selbst. Ihre weit verstreuten Ergebnisse sind hier gesammelt und zu einem eindrucksvollen Mosaik zusammengefügt. Für den Laien oft nur ein Konglomerat numerierter Steine und Knochen wird Prähistorie hier zum dramatischen Erlebnis. Das Wagnis, aus den scheinbar toten Fakten Bilder vorgeschichtlichen Lebens zu entwerfen, haben bisher nur wenige unternommen. Bibby tat es – und es ist ihm bewunderungswürdig gelungen.

Geoffrey Bibby, geboren 1917, studierte in Cambridge. Heute ist er Direktor des prähistorischen Museums in Århus, Dänemark. Seine Bücher, u. a. «Als Troja brannte und Babylon fiel» (rororo sachbuch Nr. 6784) über das zweite vorchristliche Jahrtausend, fanden weltweite Beachtung. 1973 erschien im Rowohlt Verlag «Dilmun. Die Entdeckung der ältesten Hochkultur».

GEOFFREY BIBBY

Faustkeil und Bronzeschwert

ERFORSCHUNG DER FRÜHZEIT DES EUROPÄISCHEN NORDENS

MIT 94 ABBILDUNGEN IM TEXT UND AUF KUNSTDRUCKTAFELN

rororo

ROWOHLT

Die Originalausgabe erschien bei Alfred A. Knopf, New York,
unter dem Titel «The Testimony of the Spade»
Ins Deutsche übertragen von DR. ARNO DOHM
Umschlagentwurf Werner Rebhuhn (Foto: Horst Wöbbeking, Worpswede)

1.–18. Tausend	Februar 1972
19.–23. Tausend	März 1973
24.–28. Tausend	Juni 1975
29.–33. Tausend	Juni 1977

Veröffentlicht im Rowohlt Taschenbuch Verlag
Reinbek bei Hamburg, Februar 1972

Gesamtherstellung Clausen & Bosse, Leck/Schleswig
Printed in Germany
880-ISBN 3 499 16718 2

Gewidmet

VIBEKE

die mich ständig an die Frage gemahnte,

ohne die wir in der Archäologie keinen Sinn fänden:

«Wie mag der prähistorische Mensch

gedacht und gefühlt haben?»

Inhalt

IV. Buch: Am Rand der grossen Reiche

Anhang

Vorwort

Seit langem pflegen die Verfasser von Büchern, die wir unter dem weitläufigen Begriff der ‹volkstümlichen Wissenschaft› gruppieren können, sich einleitend vor ihren Fachkollegen dafür zu entschuldigen, daß sie aus den eisigen Höhen der reinen Fachliteratur auf das angeblich tiefere, aber angeblich auch fruchtreichere Niveau der ‹populären› Darstellung hinabgestiegen sind. Mein Vorwort ist jedoch keine Entschuldigung und wendet sich nicht an die Archäologen. In unseren Tagen, da die Fachliteratur eines bestimmten Wissenschaftsgebietes schon dem Forscher auf einem anderen nahezu unverständlich ist und die Fortschritte in nur einer Wissenschaft unser Leben innerhalb eines Jahrzehnts völlig verändern oder es beenden können, ist die Aufgabe, die Wissenschaften in einer Sprache zu interpretieren, die auch der auf anderen Fachgebieten tätige Mensch versteht, nicht mehr (falls sie es je gewesen ist) eine etwas anrüchige Nebenbeschäftigung, sondern ein Unternehmen, das Vorrang haben muß.

Dennoch ist dieses Buch keine ‹populäre Archäologie›. Es bringt Berichte über eine Anzahl von Leuten, die sich, in ihrer drängenden Neugier, über die Menschheit mehr zu erfahren, einfach nicht damit abfinden wollten, daß es – weil als Geschichte der Menschheit nur die Geschriebene Geschichte anerkannt war – keine Möglichkeit zu Berichten über die Epochen vor den ersten geschichtlichen Niederschriften geben sollte. Sie sind ausgegangen von der Tatsache, daß die Landschaft Europas übersät war mit zahllosen Ruinen, Grabhügeln, Gräbern und Denkmalssteinen, die, wie deutlich erkennbar, bereits errichtet waren, ehe es Geschichtsschreibung gab. Sie wußten, daß Gegenstände des täglichen Gebrauchs, von Menschenhand gearbeitet, aber keiner der bekannten historischen Epochen einzuordnen – Töpfe, Schwerter, Armbänder, Steinhämmer und Pfeilspitzen aus Feuerstein –, durch den Pflug aus dem Boden gewühlt, von Grabenbauern ausgehoben und durch Steinbrucharbeiten freigelegt wurden. So hielten sie es für möglich, wenn sie diese Reste klaren Blickes betrachteten, durch sie einiges über die Menschen, die sie geschaffen hatten, zu ergründen.

Wieviel da zu lernen möglich war, das ahnten auch sie noch nicht, doch den frühen ‹Pionieren› folgten andere, ebenso wißbegierige Leute, und gemeinsam begründeten sie nach und nach eine Wissenschaft, die sich der Suche nach prähistorischen Gegenständen widmete, um aus ihnen und den äußeren Bedingungen, unter denen sie gefunden wurden, Schlüsse zu ziehen und die ermittelten Tatsachen in eine sich allmählich erweiternde ‹Vor›-Geschichte der Menschheit einzugliedern. Dieses Buch ist der Bericht von jenen Männern und dem, was sie vollbrachten.

Es beschränkt sich im wesentlichen auf die nördliche Hälfte Europas. In allen Zeitläuften haben sich die Vorgänge nördlich der Alpen und der balkanischen Gebirge anders abgespielt als südlich von ihnen, und die Aufhellung der Vorgeschichte wurde für diese beiden Gebiete gesondert begonnen und gesondert erreicht. Eigentlich wurde erst in der jüngsten Generation die Unteilbarkeit der Prähistorie erkannt und von den grabenden Forschern festgestellt, daß sie die beim Ausgraben von Altertümern im einst römisch besetzten Teil von Britannien erworbenen Kenntnisse auch bei Nachforschungen in Indien brauchten oder ihr Wissen von in Syrien gefundenen Werkzeugen aus der Steinzeit auch im norddeutschen Raum verwerten konnten.

Ich habe das Buch, chronologisch weit gefaßt, in vier Abschnitte geteilt. Für die Geschichte des Menschen in Europa scheinen sich vier Stufen deutlich abzuzeichnen: sein Leben vor und während der Eiszeiten, als das nördliche Land zur Hälfte unter einer dauernden Eisdecke lag; seine Ausbreitung als Jäger über das nach dem Rückgang des Eises frei gewordene Gebiet; die Ankunft der kolonisierenden Landbebauer, die den Wechsel vom Lebensunterhalt durch die Jagd zu der durch Ackerbau erhaltenen Existenz brachte; und schließlich die spätere Geschichte dieser Bauern, zu einer Zeit, als jenseits ihres Gesichtskreises, aber nicht ganz ohne ihr Wissen, die ägyptischen, hethitischen, persischen, griechischen und römischen Reiche die Lebensweise des Menschen im Süden umformten. Überschnitten sich auch viele Erkenntnisse, so sind doch die Arbeiten für die richtige Darstellung der Entwicklungsetappen in der Hauptsache separat und zu gleicher Zeit durchgeführt worden.

Eine Reihe von Vorgeschichtsforschern – unter ihnen einige der hervorragenden – haben freilich eine über dieses Rahmenwerk hinausgehende Bedeutung, entweder weil sie Wesentliches über mehrere Epochen erforscht oder eine Methode gefunden haben, die sich auf die gesamten Forschungsarbeiten für eine bestimmte Periode anwenden läßt. Ich bin bemüht gewesen, diese in den als ‹Zwischenspiel› bezeichneten Kapiteln zu würdigen, deren jedes einer Persönlichkeit oder einem Thema abseits des chronologisch geordneten Hauptwerks gewidmet ist.

Das Buch zu schreiben war eine fesselnde Aufgabe: es verlangte die Erkundung vieler seit langer Zeit nicht mehr betretener Pfade des ‹Antiquarianismus›, das Lesen zahlreicher Bücher, die in ihrer Epoche berühmt waren, jetzt aber selten aufgeschlagen werden, nicht etwa weil sie nicht mehr als gültig betrachtet würden, sondern weil ihre Substanz bereits im Gewebe der Prähistorie mit verarbeitet wurde. Es ist nicht leicht, beim Lesen dieser mit heute selbstverständlichen Wahrheiten gefüllten Bücher im Auge zu behalten, daß diese zur Zeit ihrer Veröffentlichung durchaus nicht selbstverständlich, sondern kühne, revolutionäre Vorstöße ins Unbekannte gewesen sind. Ein kurzer Führer zu den nicht schwer zugänglichen Quellen und der späteren Literatur findet sich in der Bibliographie am Schluß des Buches.

Die Arbeit für das Buch hat mir auch guten Grund für weite Reisen in Europa gegeben, wo ich in sommerlicher Sonne die Gegenden durchstreifte, nach denen ganze Epochen und Kulturen benannt worden sind, während sie jetzt, von Gras überwuchert, schon seit Generationen nicht mehr beachtet werden. Auch fand ich Gelegenheit, in kleinen und großen Museen gerade jene alten Stücke zu betrachten, die zuerst die Forschenden auf die Spuren vergessener Rassen und Ereignisse lenkten.

Auf diesen Erkundungsreisen konnte ich immer wieder mit Freude feststellen, wie bereitwillig die heute bedeutendsten Fachleute ihre eigentliche Arbeit beiseite schoben, um mir bei meiner zu helfen. Mit Dankbarkeit erinnere ich mich an Professor *Ernst Vogt* in Zürich, der einen großen Stapel Bücher und Dokumente in sein Studierzimmer trug, die sich auf die ersten Forschungen nach den Pfahlbauten am See vor seinem eigenen Fenster bezogen, und denke gern an Professor *Hans-Georg Bandi* in Bern, der mir mitten in der Neuordnung seines imposanten Museums die Ergebnisse seiner eigenen Forschungsarbeiten über Pfahlbauten zu freiem Gebrauch überließ, mir mit seinem einzigartigen Wissen von den bemalten Höhlen der Steinzeit zur Verfügung stand und mir eine Liste von Leuten aufstellte, die sich vielleicht noch an deren Entdeckung erinnern mochten. In seinem geräumigen Studierzimmer in Wien, wo ein Mammutzahn sich in einem Sessel breitmachte, sog Professor *Richard Pittioni* lebhaft an seiner Zigarre, während er mir die zweckdienlichsten Hinweise auf die Funde von Hallstatt gab. Im naturhistorischen Museum derselben Stadt legte mir Dr. *Wilhelm Ehgartner* das Original der Willendorfer Venus in die Hand, so daß ich mich in die Gefühle des Erdarbeiters versetzen konnte, der sie zuerst erblickte, vor einem halben Jahrhundert. In Paris vermittelte mir Dr. *Harper Kelley* die Kenntnis von den gesamten neuesten Forschungsergebnissen über das Paläolithikum. Von Posen aus unterstützte Professor *Jósef Kostrzewski* und von Kiel aus Dr. *Alfred Rust* mich in meinen Bemühungen. Beide halfen mir, wo schriftliche Quellen fehlten, mit Berichten über ihre persönlichen Entdeckungen, mit Photographien und Büchern aus. Ihnen versichere ich meine aufrichtige und unbegrenzte Dankbarkeit.

Ein besonderes Dankeswort gebührt Professor *Peter Glob*, in dessen prähistorischem Museum in Aarhus ich diese langen Jahre gearbeitet habe. Er vermochte mir zu jedem Thema eine Fülle von Auskünften zu geben, seine vielseitige Photosammlung und seine großartige Bibliothek standen mir uneingeschränkt zur Verfügung, und stets wußte er, wohin ich mich wenden konnte, um noch vorhandene Lücken zu füllen. Im übrigen nahm er es geduldig in Kauf, wenn ich, was sehr oft geschah, meine Arbeit bei ihm vernachlässigte, weil mich die Vorbereitungen für die Herausgabe des Buches in zeitliche Bedrängnis brachten. Auch mein Kollege *Poul Kjærum* war in der Lage, mich häufig über Orte und Zeitperioden, von denen ich zu wenig wußte, aus eigener Kenntnis zu unterrichten.

Ferner möchte ich noch *Toto, Koopmann* meinen Dank sagen, der sich von London aus große Mühe gab, viele Photos zur Illustration des Buches zu besorgen, und *Birthe Borch*, von der die besten Zeichnungen stammen.

Zum Schluß will ich mich noch bei ein paar hundert Menschen, lebenden und toten, entschuldigen, nämlich bei den Vorgeschichtsforschern, deren

Werke hier nicht erwähnt sind. Anders als im Mittleren Osten, dessen Vorgeschichte uns durch wenige berühmte Ausgräber enthüllt worden ist, beruht unsere Kenntnis vom prähistorischen Europa auf zahlreichen kleinen Ausgrabungen, die von sehr vielen geschickten Amateuren und von studierten Prähistorikern durchgeführt wurden. Dieses Buch kann seiner Anlage nach nur eine Auswahl bieten, und es war gewiß nicht leicht, sie zu treffen. Oft hat es mich geschaudert beim Gedanken an die ehrwürdigen Namen, die ich nur mit einem Satz gestreift oder gar unerwähnt gelassen habe.

Mit meinem Verleger habe ich, das darf gesagt werden, Glück gehabt. Ich kann mir nicht vorstellen, daß jeder Autor sich so sachverständiger Beratung und Ermutigung erfreut, wie ich sie, angefangen von der Idee zu dem Buch bis zu seiner greifbaren, gedruckten Form, durch den Cheflektor des Hauses Alfred A. Knopf, *Harold Strauß*, erfahren habe.

Aarhus, Dänemark
Oktober 1954 bis Juni 1956

Bemerkungen für den Leser

Dieses Buch berichtet von den Arbeiten anderer und stützt sich fast ausschließlich auf Schriften aus anderen Federn. Während ich es verfaßte, haben wohl nie weniger als ein Dutzend Bücher und Zeitschriften aufgeschlagen meinen Schreibtisch bedeckt, Schriften, die unter den verschiedensten Gesichtspunkten das Thema behandeln, an dem ich gerade arbeitete. Ich habe von Anfang an diese Nachschlagewerke in einem Verzeichnis zusammengestellt, mit der Absicht, durch Anfügen der üblichen Bibliographie anzuerkennen, wie sehr sie mir geholfen haben. Als diese nach den Quellen für mein Material alphabetisch geordnete Liste jedoch auf Hunderte von Titeln anwuchs, wurde mir immer klarer, daß sie als bloße Aufzählung nicht von besonderem Nutzen sein würde. Es war kaum anzunehmen, daß der Durchschnittsleser sie ganz zu studieren bereit sein würde, während der Leser, den die archäologischen Entdeckungen so reizen, daß er sich intensiver mit ihnen beschäftigen möchte, beim Anblick der anscheinend äußerst komplizierten Forschungsarbeit, die ihm die vielen Titel suggerieren, geradezu abgeschreckt und entmutigt werden könnte. Und da die Namen der für die einzelnen Entdeckungen wichtigsten Forscher im Text häufig vorkommen – denn über sie wird ja hier geschrieben –, kann der Leser sich deren eigene Werke durch jede gute Bibliothek beschaffen.

Eine Liste dieser Art hätte auch kaum als objektive Würdigung gelten können, da ich manches Buch nur einmal aufgeschlagen habe, um einen einzelnen Punkt, ein Datum oder nur eine Schreibweise nachzuprüfen, während andere von Anfang bis Ende auf meinem Schreibtisch geblieben sind und ohne sie dieses Buch gar nicht zustande gekommen wäre. So schien es mir richtiger, eine sorgsame Auswahl zu treffen, als Leitfaden zu den unentbehrlichen Handbüchern, die den interessierten Leser hinter die Kulissen der im Buch beschriebenen Ereignisse führen und ihm genauere Kenntnis der Zeiten und Menschen, von denen es handelt, vermitteln können. So ein Leitfaden ist eo ipso kumulativ, denn die hier zitierten Werke enthalten ihrerseits, fast ohne Ausnahme, vollständige Verzeichnisse der primären Quellen, aus denen das gesamte, der archäologischen Gesamtschau dienende Wissen geschöpft ist.

Letzten Endes greift man da vor allem zu den Zeitschriften, da nahezu alle hier geschilderten Entdeckungen zuerst in archäologischen Fachschriften behandelt wurden, deren Zahl heute so groß ist, daß dem Archäologen, wenn er auf seinem Sektor stets bis ins kleinste unterrichtet sein will, kaum noch Zeit verbleibt, selbst zur Entwicklung der Wissenschaft beizusteuern. Sie sind eine wahre Fundgrube wertvoller Einzelheiten, und ihnen verdankt dieses Werk noch mehr als den Büchern seine Entstehung.

Für den allgemeinen Aufbau des Buches ist mir *Glyn Daniel's* ‹100 Years of Archæology› (1950) eine sehr große Hilfe gewesen. Von dem berühmten

Archäologen für den Fachmann geschrieben, hat es mich bei der Wahl meiner Themata vielfach geleitet und ist zum weiteren Studium der Materie unentbehrlich. Ferner sind, um einen Überblick zu gewinnen, höchst lesenswert: von *Gordon Childe* ‹What Happened in History› (1942) und ‹Prehistoric Migrations in Europe› (1950) sowie *J. G. D. Clark's* ‹Prehistoric Europe – The Economic Basis› (1952).

Entsprechend dem Abschnitt I meines Buches kann der Leser sich ein Gesamtbild des Wissens von der menschlichen Entwicklungsgeschichte vor nahezu hundert Jahren verschaffen aus *Gabriel de Mortillet's* fesselnd geschriebenem Führer durch die Pariser Weltausstellung 1867: ‹Promenades préhistoriques de l'Exposition universelle 1867›. – Als anerkanntes Standardwerk über prähistorische Kunst gilt *Abbé H. Breuil's* ‹Four Hundred Centuries of Cave Art› (1952), und für den, der Deutsch liest, ist eins der besten heute verfügbaren Werke das prächtig illustrierte Buch ‹Kunst der Eiszeit›, von *H.-G. Bandi* und *J. Maringer* (1952). Den ausführlichsten Bericht über die Entdeckung der Höhle von Altamira bringt *Jesús Carballo's* ‹Descubrimento de la Cueva y Pinturas de Altamira por D. Marcelino S. de Sautuola› (1950). Dieser Schilderung bin ich auch da gefolgt, wo sie in Einzelheiten (wie z. B. in der Angabe des Alters der Tochter de Sautuola's zur Zeit der Entdeckung der Höhle) von anderen Versionen abweicht. Von den vielen über die Höhle von Lascaux veröffentlichten Büchern nenne ich *Léon Laval's* ‹La Caverne peinte de Lascaux› (1954), verfaßt von dem Schullehrer, der zuerst von dieser Entdeckung erfuhr und den ersten mündlichen Bericht, den er nachher in das Buch aufnahm, sofort zu Papier brachte.

Für die Themata meines Abschnitts II steht in englischer Sprache wenig zur Verfügung. Einen ausgezeichneten Blick über die Ausbreitung des Menschen in die eisfreien Gebiete öffnet *J. G. D. Clark* in ‹The Mesolithic Settlement of Northern Europe› (1936). Das Lager der Mammutjäger von Předmost hat zuerst *K. Maška* beschrieben in ‹Der diluviale Mensch in Mähren› (1886). *Alfred Rust's* Schilderungen von der Entdeckung der Renntierjäger des Hamburggebiets: ‹Das altsteinzeitliche Rentierjägerlager Meiendorf› (1937) und ‹Die alt- und mittelsteinzeitlichen Funde von Stellmoor› (1943) enthalten nicht nur eine Fülle fachlicher Informationen, sondern auch reizvolle Kapitel über die Bedeutung dieser Entdeckungen, während, im Gegensatz dazu, sein ‹Jallah Jallah› (1952) in unterhaltendem Ton seine klassisch gewordene Fahrradreise zur Steinzeithöhle von Jabrud in Syrien schildert. In ‹The Circumpolar Stone Age› (Acta Arctica II, Kopenhagen 1944) unterrichtet uns *Gutorm Gjessing* auf Englisch genau über seine revolutionären Theorien von der Ausbreitung der Eiszeit-Jäger und ihrer Bräuche nach dem amerikanischen Kontinent.

Als Standardwerk für die in meinem Abschnitt III behandelte bäuerliche Besiedlung Europas und als Schatzkammer mit fleißig erarbeitetem Wissen kann *Gordon Childe's* ‹The Dawn of European Civilisation› (1925, revid. Auflage 1950) bezeichnet werden. Eine kurze geschichtliche Würdigung der schweizerischen Seedörfer enthält *H.-G. Bandi's* ‹Hundert Jahre Pfahlbauforschung in der Schweiz› (1954). Über die Verbreitung der Megalithenreligion und der Grabkammern jener Kultur gibt es kein Kompendium. Am ausführlichsten schreibt darüber *C. A. Nordman* in ‹The Megalithic Culture of Northern Europe› (1935), und eine gute regionale Überschau gibt *Glyn Daniel* in ‹The Prehistoric Chamber Tombs of England and Wales› (1950). Ähnlich bringt *Stuart Piggott's* ‹Neolithic Cultures of the British Isles› (1954) exakte Angaben über den Stand des heutigen Wissens von der bäuerlichen Besiedlung Großbritanniens und Irlands. Ausführlich habe ich zitiert *A. W. Brøgger's* Vortrag über die Ausdehnung des Handels in der Bronzezeit (‹Opdagelsenes Nye Århundre›, in Norsk Geografisk Tidsskrift Bd. VI/1936), der leider nur in norwegischer Sprache veröffentlicht wurde. Von *R. J. C. Atkinson's* ‹Stonehenge› (1956) mit der lange erwarteten Geschichte dieses Monuments konnte ich, da es erst spät erschien, nichts in meinen Abschnitt aufnehmen.

Auch für das, sowieso schwer zusammenfaßbare, Thema meines Abschnitts IV haben wir kein Gesamtwerk. ‹Das Grabfeld von Hallstatt› (1868) von *Baron von Sachen* stellt noch jetzt den vollständigsten Bericht über die Ausgrabung des Hallstatter Friedhofs dar, und *E. Vouga* gibt in ‹Les Helvètes à la Tène› (1885) eine kurze Schilderung der Funde von La Tène. Einen vortrefflichen Bericht über die Entdeckung des Wikingerschiffs von Gokstad hat *N. Nikolaysen*, auf Englisch und Norwegisch, in ‹Langskibet fra Gokstad› (1882) verfaßt. Die Veröffentlichungen über das Osebergschiff werden, in fünf starken Bänden, unter dem Titel ‹Osebergfundet› in norwegischer Sprache (mit einer englischen Inhaltsübersicht) seit 1917 noch fortgesetzt. Bisher sind vier Bände erschienen, von denen schon der erste genug Angaben für jeden enthält, der sich nicht auf die Wikinger spezialisiert. – Über die Ergebnisse der Grabungen bei Maiden Castle gibt es einen amtlichen Bericht, doch hat sie außerdem kurz und sehr anschaulich beschrieben *Sir Mortimer Wheeler* in seiner Autobiographie ‹Still Digging› (1955).

Wer sich mehr für die Jagd als für die Beute interessiert, wer lieber selbst graben und sich über Ausgrabungsmethoden informieren als von den Ergebnissen dieser Arbeiten lesen möchte, dem sei *Sir Mortimer Wheeler's* ‹Archæology from the Earth› (1953) bestens empfohlen. In diesem Werk finden wir zwischen Aufsätzen über die Gründe zum Graben auch praktische Anleitungen, die so verlockend geboten werden, daß der Leser am liebsten gleich zu seinem Geräteschuppen laufen und seine Spaten und Kellen auf ihre Brauchbarkeit prüfen würde. Recht besehen, ist es wohl die stärkste Empfehlung eines Buches über Archäologie, wenn man sagen kann, daß es den Leser nicht veranlaßt, nach weiteren Fachbüchern zu suchen, sondern ihn für die Praxis begeistert.

FAUSTKEIL UND BRONZESCHWERT

1 Der Begriff Zeit

In dem französischen Dörfchen Les Éyzies steht hoch auf einem Felsvorsprung das Denkmal eines Mannes, der grübelnd, mit beinah entsetzter Miene und doch würdevoll wie ein an Freiheit gewöhntes Tier, auf die roten Ziegeldächer des Ortes blickt. Am Fuß der Statue lesen wir die einfachen Worte: *Homo Neandertalis*. Es ist das Abbild einer Menschenrasse, die vor unserer in Europa gelebt hat, einer uns verwandten Rasse, die, dem Affen ähnlicher als wir, vor ungefähr 50000 Jahren Europas steile grüne Täler durchwanderte. Die Meinungen über den künstlerischen Wert der Statue gehen auseinander, doch niemand bezweifelt, daß sie den Neandertalmenschen schon so genau darstellt, wie das möglich ist.

Im Zentrum von Kopenhagen gibt es eine hohe Säule, auf der in Lebensgröße zwei bronzene Gestalten stehen: Männer in wollenen, bis zum Knie reichenden Kitteln, auf dem Kopf eng anliegende Pelzkappen. Sie blasen in lange, S-förmige Trompeten. Um diese beiden Figuren ranken sich viele, zum Teil nicht druckfähige Anekdoten, doch sicher ist eins: sie sind, in Körperbau, Kleidung und mit ihren Instrumenten genau dem Menschentypus nachgebildet, der vor 3300 Jahren, in der sogenannten Bronzezeit, in Dänemark lebte. Und das Musikinstrument, das sie tragen, eine unter dem Namen Lure bekannte Trompete, findet sich heute als Schutzmarke auf jedem Päckchen dänischer Exportbutter.

Das sind nur zwei Beispiele von vielen, mit denen wir andeuten können, wie die Kenntnis von der fernen Vergangenheit ins Bewußtsein des einfachen Menschen in Europa drang. Der Höhlenmensch, der mit seiner Frau schimpft: «Was, schon wieder Mammutsteak?», gehört zum Witzbestand unserer Zeitungen, und die Kinder in England spielen ‹Römer und Briten› in der ihnen unbewußten, aber ganz richtigen Voraussetzung, daß diese beiden Parteien sich damals im Kräfteverhältnis ungefähr die Waage hielten.

So war es nicht immer. Vor weniger als anderthalb Jahrhunderten wäre die Behauptung, Mensch und Mammut hätten gleichzeitig gelebt, Gotteslästerung gewesen, und niemand hätte geglaubt, daß eine ausgestorbene Menschenart jemals existiert hat. Jeder Schuljunge wußte, daß Britannien zur Zeit der römischen Invasionen von nackten, blau bemalten Wilden bewohnt war, während man weder wußte – noch wissen konnte –, wie die Bewohner von Skandinavien in einer bestimmten Periode, sagen wir: im Jahre 1400 v. Chr., lebten und sich kleideten.

Das Bewußtsein für geschichtliche Tradition ist im Leben jedes Volkes von unabschätzbarer Wichtigkeit. Können wir auch unmöglich beurteilen, in welchem Ausmaß beispielsweise die deutsche Geschichte durch den Geist Karls des Großen oder die Geschichte Italiens durch das Wissen, daß Rom einst das Mittelmeer beherrschte, beeinflußt wurde, so steht doch unzweifelhaft fest, daß diese Einflüsse sehr stark gewesen sind. Und die höhere technische Entwicklung im Westen wirkte sich in China ganz anders aus als in Afrika, weil im chinesischen Volk seit langer Zeit der Sinn für historische Tradition lebt, während der Afrikaner gleichsam wurzellos ist, da ihm das Gefühl dafür fehlt.

Die Vorgeschichte Europas, im Lauf von anderthalb Jahrhunderten tiefer ergründet, beginnt jetzt auch, den Gang der Gegenwartsgeschichte zu beeinflussen. Die Engländer, früher gewöhnt, ihre Insel als uneinnehmbare Festung zu betrachten, die seit dem Jahre 1066 nicht mehr von Fremden betreten wurde, müssen heute erkennen, aus der Perspektive von Jahrtausenden, nicht Jahrhunderten, daß sie wiederholt das Ziel für Invasionen gebildet und die Auswirkung aller größeren Umschichtungen von Völkern und der weltanschaulichen Wandlungen innerhalb Europas zu spüren bekommen hat. Wäre es auch übertrieben, Englands gegenwärtig engere Verflechtung mit der kontinentalen Politik als Ergebnis dieser neuen geschichtlichen Aspekte zu erklären, so hat doch die neue Anschauungsweise es den Engländern bestimmt erleichtert, sich mit dem Gegenteil ihrer traditionellen Isolationspolitik abzufinden.

Somit ist die Tatsache, daß der Europäer die Kenntnis von der frühen Geschichte der Menschheit in sein Bewußtsein aufgenommen hat, eine der stillen Revolutionen im Weltanschaulichen gewesen, ähnlich und auch in etwa verwandt der Aufnahme des Begriffs ‹Fortschritt›, der das Gesicht der Welt veränderte, und zwar ebenso wirksam, wenn auch nicht so aufdringlich wie die Revolutionen im rein Technologischen. Eine bewußte ‹Revolution› war es nicht. Sie wurde bewirkt durch Männer, die die Vergangenheit erforschten, weil diese Tätigkeit sie faszinierte, und dabei gewiß nicht daran dachten, daß die Ergebnisse ihrer Forschungen sich auf Gegenwart und Zukunft auswirken könnten.

Zu Beginn des 19. Jahrhunderts hatten die Historiker alles Wissenswerte über den Frühzeitmenschen ergründet. Für die frühesten Perioden existierte nur ein Geschichtsbuch: die Bibel. Mit bemerkenswertem Gelehrtenfleiß hatte der irische Erzbischof Ussher im Jahre 1636 für alle Zeiten eine biblische Chronologie festgelegt, laut der die Welt im Jahre 4004 v. Chr. erschaffen wurde, und von dem Zeitpunkt an bis zum Erscheinen der griechischen und römischen Historiker um etwa 500 v. Chr. lieferte die Bibel alle wünschenswerten und tatsächlich erhaltbaren Auskünfte.

Allerdings mußten sogar diejenigen, die der aus der Bibel gewonnenen Statistik nicht widersprachen, zugeben, daß sie nur für ein sehr begrenztes Gebiet gelten konnte. Ganz Europa und der größere Teil von Asien blieben im Dunkel, unerreicht von den schwachen Strahlen der über Palästina brennenden Lampe.

Es ist bei unseren gegenwärtigen Kenntnissen schwer, sich wieder vorzustellen, wie unwichtig es damals erschien, daß man über ein so gewaltiges Gebiet nichts wußte. Den priesterlichen Historikern des 18. Jahrhunderts fiel es überhaupt nicht ein, sich über das, was auf ihrem eigenen Kontinent vorging, Gedanken zu machen, während Abraham über die Ebenen von Hebron wanderte oder Josua die Stadt Jericho belagerte. Das geistige Erbgut der Menschheit ist in einer Linie, durch Rom nach Griechenland und zurück nach Palästina, zu verfolgen. Ehe Rom und das Christentum das Licht der Zivilisation über Europa verbreiteten, hatte dieser Kontinent zu den ‹dunklen› Randgebieten gehört. Das Interesse an der Vorgeschichte des Erdteils war so gering, daß man es mit wenigen Worten glaubte abtun zu können. Nach dem Sündenfall verbreiteten sich die Nachkommen Adams allmählich über die Welt und haben vielleicht – Beweise dafür gab es nicht – Europa erreicht, bevor die (von Ussher ins Jahr 2501 v. Chr. verlegte) Sintflut sie vernichtete. Der Mensch hatte damals seine langsame Ausbreitung über die Erde gerade begonnen und muß die noch urtümlichen Gegenden von Nord- und Mitteleuropa erst wenige Jahrhunderte, bevor die ersten griechischen und römischen Schriftsteller ihre ersten Beschreibungen der in jenen Gebieten lebenden Stämme verfaßten, erreicht haben.

Diese Schilderungen waren verworren und nur als unzuverlässige Bruchstücke zu werten, eröffneten aber den Gelehrten im größeren Teil von Europa den ersten Einblick in die Geschichte ihrer Länder. Herodots Beschreibung der auf Pferden reitenden Skythen in den Ebenen nördlich des Schwarzen Meeres, Cäsars Bericht von den barbarischen Galliern und den mit Waid bemalten Wagenlenkern in Britannien, Tacitus' Liste der zahlreichen Völkerstämme östlich und nördlich des Rheins und seine Erzählungen von der asketischen Armut der germanischen Krieger-Bauern – diese Schriften bildeten den einzigen Hintergrund zur Geschriebenen Geschichte, der den forschenden Geistern in Frankreich, Deutschland, England, Rußland und den kleineren europäischen Ländern zugänglich war.

An forschenden Geistern mangelte es nicht. Das 18. Jahrhundert war das der Dilettanten, der kultivierten Amateure und der vornehmen ‹Wissenschaftler aus Passion› gewesen. Nach der Mode der Epoche widmete der reiche Landadel sich dem Studium der schönen Künste, der Naturkunde, der Geologie und sogar der Physik und Chemie. Es war das Zeitalter eines Priestley und Cavendish, der Entdecker des Sauerstoffs und Wasserstoffs; eines Linnæus, des großen schwedischen Naturwissenschaftlers, der Lavoisier und Halley, Montgolfier und Adam Smith. Überall registrierte und sammelte man Kuriositäten der Natur, viele Museen wurden damals als Aufbewahrungsorte für die Sammlungen gegründet, und bei Beginn des 19. Jahrhunderts gab es schon eine stattliche Menge schriftlichen Materials und viele Gegenstände aus früheren Epochen, zerstreut auf die Archive und Sammlungen der Universitäten, Gelehrtenverbände und privaten Kollektionen in ganz Europa.

Man hatte klar erkannt, daß viele dieser in Museen vereinigten Kuriositäten, viele Grabhügel, Denkmalssteine und Erdwerke, die bei Kongressen der Gelehrtenzirkel beschrieben und katalogisiert wurden, ‹prähistorischen› Ursprungs waren, wenngleich dieses Wort noch nicht gemünzt war. Man erkannte, daß sie das Werk von Menschenhand waren und in die Zeit vor dem Beginn der Geschichtsschreibung gehörten, mithin – was für den größeren Teil Europas galt – in die Periode vor Einführung des Christentums. Nicht erkannt wurde, daß nicht jeder prähistorische, handgearbeitete Gegenstand derselben Periode angehörte.

Blicken wir aus der Höhe unseres schwer errungenen Wissens herab, so ist kaum begreiflich, wie man früher verkennen konnte, daß die mannigfachen aus der Erde gegrabenen und in die Sammlungen der reichen Altertumsfreunde und die neuen Museen gebrachten Gegenstände aus verschiedenen Epochen stammten, ja stammen mußten. Doch um unseren Ururgroßvätern gerecht zu werden, die nicht weniger intelligent und in mancher Hinsicht noch forschungsfreudiger waren als wir, müßten wir bemüht sein, uns in Gedanken an ihre Stelle zu versetzen. Die Welt war noch nicht alt, es war damals möglich, die Anzahl der Generationen bis zur Schöpfung aller Dinge nachzurechnen. Die Nachkommen Noahs müssen ins Gebiet von Europa in verhältnismäßig neuerer Zeit eingewandert sein, und tatsächlich hatten die Philologen viel Freude daran, den Verbindungen nachzuspüren, die sich finden ließen zwischen den durch Cäsar und Tacitus überlieferten Namen der nordeuropäischen Stämme und denen der Großkinder und Urgroßkinder Noahs, wie die Bibel sie verzeichnet. Danach sah man keinen Grund, eine lange prähistorische Periode als gegeben vorauszusetzen, und rechnete nur mit einer kurzen. Überdies herrschte ein *horror vacui*, eine Abneigung, Unwissenheit dadurch einzugestehen, daß man gefundene Objekte bloß ‹einem Volk, von dem wir nichts wissen›, zuschrieb.

Infolgedessen wurden alle fleißig gesammelten prähistorischen Gegenstände ebenso ‹unter einen Hut› gebracht, wie man es mit den Handarbeiten, den Tempeln, Wohnungen oder Gräbern der frühesten mit Namen bekannten Völker machte. Alle britischen Antiquitäten gehörten daher zu den ‹Alt-Britanniern›, die eindrucksvollsten zu den Druiden, jenen geheimnisvollen, zuerst von Cäsar erwähnten Priesterkollegien, die der Phantasie der Altertumsforscher im 17. und 18. Jahrhundert soviel Nahrung gaben. In Frankreich waren es die Gallier, in Deutschland die Illyrier und Germanen, in Skandinavien die Goten und in Rußland die Skythen, die als Urheber aller prähistorischen Monumente betrachtet wurden. Und sobald sie ihr ‹Etikett› bekommen hatten, durfte man die sonstigen Probleme und Ungereimtheiten vergessen. Europa war jedenfalls nicht sonderlich stolz auf seine wilden Urahnen, es betrachtete sich lieber als geistiger Erbe von Griechenland, Rom und Ägypten, dieser Länder, deren wunderbare Kunst und Architektur gerade damals der übrigen Welt offenbar zu werden begannen.

Als ‹Vater der europäischen Vorgeschichte› gilt, nach allgemeiner Übereinstimmung, Christian Jürgensen Thomsen, der mehr Ruhm, als ihm im Leben zuteil wurde, dafür beanspruchen kann, daß er eine Konzeption entworfen und eingeführt hat, die man heute als ganz selbstverständlich hinnimmt: die Abstufung der prähistorischen Perioden in Steinzeit, Bronzezeit und Eisenzeit.

Christian Thomsen war Däne, geboren 1788 in Kopenhagen. Sein Vater, wohlhabender Kaufmann und Schiffsreeder, war gleichzeitig Direktor der dänischen Nationalbank, eine der maßgebenden Persönlichkeiten im Handel und Wandel der blühenden Hauptstadt. Als ältester von sechs Söhnen sollte Christian natürlich Nachfolger im väterlichen Geschäft werden. In seiner Erziehung wurde besonderer Wert auf die modernen Sprachen gelegt, und schon früh begann er im Kontor des Vaters mitzuarbeiten. Er schrieb Rechnungen und Frachtbriefe aus, klarierte die einlaufenden Schiffe und ging auf die Kopenhagener Börse. Bald jedoch fesselten andere Interessen seine Aufmerksamkeit. Zu den Freunden seiner Kinderzeit zählten auch die Söhne eines Generalkonsuls namens Grove, der, als reicher dänischer Kaufmann, während der Französischen Revolution in Paris gewesen war und dort die Gelegenheit wahrnahm, von der flüchtenden Aristokratie eine beträchtliche Kollektion sehr wertvoller Gemälde zu erwerben. Als Grove 1804 nach Dänemark zurückkehrte, half Thomsen der Familie die Schätze auspacken und aufhängen, wobei er seine Absicht, sich selbst eine Kunstsammlung zuzulegen, kundgab. Der Generalkonsul, gerührt von der Begeisterung des Fünfzehnjährigen, schenkte ihm einige alte, ebenfalls in Paris gekaufte Münzen und empfahl ihm, sich wenigstens für ein paar Jahre auf Münzenkunde zu spezialisieren. Thomsen beherzigte den Rat. Bereits nach drei Jahren verfügte er über eine beachtliche Sammlung und hatte mehrere bedeutende Sammler in der Hauptstadt kennengelernt.

Nun kamen die Napoleonischen Kriege, und 1807 wurde – da Dänemark dem französischen Kaiser beistand – Kopenhagen durch eine britische Flotte unter Lord Nelson beschossen. Thomsen, der sich in dieser Notzeit als Hilfspolizist in der Stadt betätigte, hat eine genaue Beschreibung der durch die Granaten bewirkten Zerstörung hinterlassen. Er schilderte, wie die Kupferdächer der Kirchen und öffentlichen Bauten in blaugrünen Flammen zusammenschmolzen. Zu den getroffenen Häusern gehörte auch das des besten Kenners alter Münzen, mit dem Thomsen befreundet war. Nachts gelang es den beiden, unter nicht geringer Gefahr, die kostbare Münzsammlung zu bergen. Der zufällige Schuß von einem der britischen Linienschiffe sollte Thomsens Lebenslauf eine andere Richtung geben, denn als er half, die schutzlos gewordene Sammlung zum Kustos des Königlichen Antiquitätenkabinetts zu tragen, kam er durch die kleine Gruppe von Prähistorikern, die sich damals für die Schaffung eines dänischen Nationalmuseums einsetzten, mit deren Spezialgebiet in Berührung.

Vor allem betätigte sich hier Rasmus Nyerup, Professor für Literaturgeschichte und Königlicher Bibliothekar in Kopenhagen, der schon seit Jahren eifrig für ein Altertumsmuseum geworben hatte und durch enthusiastische Zeitungsartikel allmählich im ganzen Lande Interesse dafür zu erwecken wußte. Endlich wurde, im Jahre der Beschießung der Stadt, eine Kommission zur Erhaltung dänischer Altertümer gebildet, der fünf Professoren, ein Bischof und der Direktor des Königlichen Kabinetts angehörten. Nyerup wurde zum Sekretär ernannt. Und sogleich empfing er von begeisterten ‹Antiquaren› im ganzen Lande ein Paket nach dem andern mit antiken Stücken. Nyerup mußte feststellen, daß es sehr viel leichter ist, Begeisterung zu erwecken, als sie zu befriedigen. Er war nicht mehr der Jüngste und durch seine Pflichten an der Universität und die Arbeit in der Bibliothek schon überlastet. 1816, als stapelweise die Kisten mit prähistorischen und historischen Objekten im Hinterzimmer der Bibliothek standen, gab er die Tätigkeit als Sekretär auf. Die Kommission, deren

Mitglieder wenig Lust hatten, diese Masse von Sachen zu katalogisieren, trat zusammen und ernannte Thomsen in einstimmigem Beschluß zum unbezahlten Sekretär ohne Stimmrecht. Er war damals siebenundzwanzig Jahre alt und nahm diesen undankbaren Posten wahrscheinlich nur an, weil es ihm schmeichelte, dabei mit einer Reihe von Männern zusammenzukommen, die sich durch ihre akademische Bildung auszeichneten, die ihm so auffallend fehlte. Bischof Münter, der zur Kommission gehörte, hat von ihm gesagt: «Thomsen ist, das gibt er selbst zu, ein Dilettant, aber einer mit reichem Wissen. Er hat keinen Universitätsgrad, doch deshalb würde ich ihn beim gegenwärtigen Stand unserer wissenschaftlichen Erkenntnisse nicht als ungeeignet bezeichnen.» Im Gegenteil ließ die Kommission, die froh war, einen Mann mit kaufmännischer Vorbildung bei sich zu haben, dem jungen Thomsen freie Hand.

Drei Jahre widmete er jede Woche einen ganzen Tag seinen unbezahlten Pflichten, indem er zuerst Ordnung in die chaotischen Protokolle und Korrespondenzmappen der Kommission brachte und dann die viel größere Aufgabe in Angriff nahm, die Sammlung systematisch zu ordnen. Er berichtet, wie die damals aus über tausend Stücken bestehende Sammlung in Paketen und Bündeln auf staubigen Regalen oder in Schränken lag, bunt durcheinander und ohne jede Kennzeichnung. «Ich hatte kein Musterbeispiel für methodisches Ordnen solcher Sammlungen», sagte er, «und Geld hatte ich auch nicht.»

Im Grunde war es ein Glück für ihn, daß er kein Musterbeispiel für systematische Einordnung hatte und sich wenig oder gar nicht in den uralten Schriften auskannte, denen man, in anderen Ländern, erste Begriffe vom Verlauf der Vorgeschichte entnahm. Gezwungen, sein System nur aus den Objekten selbst zu entwickeln, kam er dabei zu ganz anderen Schlußfolgerungen als die Leser der klassischen Schriften. Da er in den Warenlagern des väterlichen Geschäfts methodisches Arbeiten gelernt hatte, teilte er die Sammlung zuerst in Gegenstände aus Stein, Metall und Ton, um sie dann nach dem vermutlichen Verwendungszweck zu gruppieren: Werkzeuge, Waffen, kultische Objekte und Behälter. Als er kaum zwei Jahre in dieser Weise gearbeitet hatte, zog er offenbar schon den Schluß, daß die Gegenstände aus Stein einer früheren Epoche entstammten als die metallenen, und zwar einer Zeit, in der, nach seinen Worten, das Metall ‹sehr teuer› war.

Im Jahre 1819 konnte er sein Museum eröffnen. Die ersten drei Kabinette enthielten die Gegenstände aus Stein, Bronze und Eisen. Man gewinnt freilich den Eindruck, daß Thomsen damals noch nicht gemerkt hat, daß seine Einteilung, entsprechend dem Rohmaterial, eigentlich schon eine chronologische war. Das wurde ihm erst allmählich offenbar, nach umfangreichem Briefwechsel mit Altertumsforschern und Museumsdirektoren in ganz Skandinavien und Norddeutschland. Infolgedessen kamen später gewisse Zweifel auf, ob die Idee, die Vorgeschichte in Steinzeit, Bronzezeit und Eisenzeit einzuteilen, tatsächlich von Thomsen stammt. Aus neuerer Überprüfung seiner beträchtlichen Korrespondenz scheint sich allerdings zu ergeben, daß er das Recht für sich in Anspruch nehmen darf, diese Teilung erfunden zu haben, auch wenn er in späteren Jahren selbst geschrieben hat, Professor Nilsson von der Universität in Lund (Schweden) habe unabhängig von ihm dieselbe Folgerung gezogen.

Jedenfalls kann behauptet werden, daß Thomsen somit nur einen aus klassischen Zeiten schon bekannten Begriff wieder eingeführt hat, denn die frühgriechischen Schriftsteller Homer und Hesiod lebten zu einer Zeit, als Eisen noch etwas Neues war und ihre Landsleute sich noch der Zeit erinnerten, da die ‹Waffen und auch die Werkzeuge aus Bronze waren, denn schwarzes Eisen gab es noch nicht›. Aber selbst zu Homers Lebenszeit lag die Steinzeit schon 2000 Jahre oder noch weiter zurück, so weit immerhin, daß ihre Tradition kaum noch lebendig gewesen sein kann. Hesiod wirft daher Verschiedenes durcheinander, wenn er von einem Goldzeitalter und einer Silberzeit spricht, die er vor die Bronze- und die Eisenzeit stellt.

Die Bedeutung von Thomsens Arbeit liegt jedoch weniger in seiner Theorie von den Drei Zeitaltern als in ihrer praktischen Anwendung. Er erklärte, daß durch antike Stücke aus Gebieten, die von Homers Griechenland weit entfernt lagen, eine gewisse Ordnung in das Chaos gebracht werden konnte und sogenannte Kuriositäten dann zu historischen Beweisen würden.

Thomsen, kein Freund des gedruckten Wortes, war überzeugt, daß ‹viel zu viele Bücher gedruckt werden›. In seiner charakteristischen Bescheidenheit glaubte er, weil ihm die akademische Bildung fehlte, auch nicht schreiben zu ‹können›, was jedoch widerlegt wird durch mehrere tausend seiner in einem farbigen und klaren Stil geschriebenen Briefe. Veröffentlicht hat er im Lauf vieler Jahre nur ein halbes Dutzend Artikel für gelehrte Zeitschriften, zumeist über Münzenkunde. Schließlich aber sah er sich genötigt, einen kurzen Bericht über die Methodik in seinem Kopenhagener Museum und sein System der Drei Zeitalter zu verfassen, der 1836 erschien, unter dem Titel *Ledetraad til nordisk Oldkyndighed* (Führer zu den Skandinavischen Altertümern). Inzwischen hatte er sein System vervollkommnet und gab nicht nur ein Verzeichnis der hauptsächlichen Stücke, geordnet nach den drei großen Gruppen, heraus, sondern auch eine Aufzählung der in jeder dieser Perioden üblichen Kunstformen, mittels derer es möglich wurde, auch Objekte aus anderem Material – Bein, Holz oder Ton zum Beispiel – in die richtige Epoche einzureihen und zu unterscheiden zwischen den während der Bronzezeit und den in der Eisenzeit gebräuchlichen metallenen Gegenständen. Sein ‹Führer› wurde sofort populär, man übersetzte ihn ins Deutsche, später auch ins Englische und Französische. Von seinem vorher nur im begrenzten Gebiet von Skandinavien und der Schweiz bekannten System nahm man jetzt weithin Kenntnis und diskutierte es in ganz Europa.

Anerkannt wurde es freilich nicht sofort. Besonders in Deutschland sträubte man sich sehr gegen die Theorie von den Drei Zeitaltern. Die gelehrten Altertumsforscher erhoben, indem sie die Einteilung nach dem Material ganz buchstäblich nahmen, spöttisch die Frage, warum es nicht auch ein Töpferzeitalter, eine Glaszeit und eine Knochenzeit gegeben haben sollte. Sogar in Dänemark lehnten viele die neue Einteilung ab, indem sie behaupteten, der Gebrauch der verschiedenen Rohstoffe sei weniger von zeitgebundenen als von rein wirtschaftlichen Gründen abhängig gewesen, denn Werkzeuge aus Stein seien von den ärmeren Klassen zur gleichen Zeit benutzt worden, als die reicheren bronzene gebrauchten. Spätere Forschungen zeigten auch, daß das in beschränktem Maße zutraf, nämlich auf die Übergangsperioden zwischen den Zeitaltern. Im Grunde aber war Thomsens Einteilung absolut richtig. Zur Beruhigung der Zweifler bedurfte es vieljähriger Forschungen und Ausgrabungen, über die an anderer Stelle noch berichtet wird.

Während der ganzen Zeit hatte Thomsen im väterlichen Geschäft weitergearbeitet und sich beharrlich geweigert, für seine Tätigkeit im Museum ein Gehalt anzunehmen. 1833, als sein Vater starb, wurde er Chef der Firma, und erst 1840, als auch die Mutter starb, verkaufte er das Geschäft zu günstigen Bedingungen und widmete sich ganz dem Museum. Nun akzeptierte er ein bescheidenes Gehalt und nahm den Titel Direktor an. Später wurde er zum Geheimen Staatsrat ernannt. Während dieser Zeit reiste er viel in Skandinavien, Deutschland, Italien, Frankreich und England, wobei er die Kosten stets aus eigener Tasche bezahlte, bis auf einen Fall, als er delegiert wurde, um dem Kaiser Napoleon III. archäologische Stücke von Frederik VII. zu überbringen.

Es gibt viele Beschreibungen dieses Direktors während der Konsolidierung seiner Arbeit im reifen Mannesalter. In allen wird er in Verbindung mit dem Museum geschildert, wo er den größten Teil seiner Zeit zubrachte, da er unverheiratet war und ihn außer seinen Münzen und Antiquitäten nichts interessierte. Ein großer, kräftiger Mann, glattrasiert, mit gütigen braunen Augen und dichtem weißem Haar, das ihm bis auf den hohen steifen Kragen fiel. An jedem Sonntag konnte man ihn sehen, wie er im Gehrock mit Röhrenhosen, spitzenbesetzter Halsbinde und unglaublich hohem Zylinder die Besucher scharenweise durch seine Sammlung führte. Wie er sich sein Wissen selbst erarbeitet hatte, so verstand er auch aufs beste die Kunst, andere für Vorgeschichte zu interessieren. Manchmal verbarg er hinter den weiten Schößen seines Rockes ein besonders schönes oder bedeutendes Stück und machte erst lange Ausführungen über dessen Vorgeschichte, um es schließlich genau dann zum Vorschein zu bringen, wenn er berichtete, wie es zum erstenmal in der Erde sichtbar geworden war. Oder er nahm einen schweren goldenen Halsreifen aus einem Schaukasten und legte ihn dem hübschesten Mädchen um mit dem Bemerken: «Ja, das waren in alter Zeit schön gebaute Frauen einer stolzen Rasse, wenn sie einen Schmuck von drei Pfund Gewicht tragen konnten.»

Als Thomsen älter wurde, war das Arbeiten mit ihm nicht immer leicht. Da er finanziell unabhängig war, vermochte er sich nie an die Notwendigkeit zu gewöhnen, um Zuschüsse für die Erweiterung seines Museums zu werben. Andererseits hielt er es für selbstverständlich, daß seine Angestellten, ebenso fleißig wie er selbst, jahrelang ohne Entlohnung arbeiteten. Diese Auffassung, die seine Untergebenen verdroß, machte ihn bei den Verwaltern der Königlichen Privatschatulle beliebt, da sie sahen, wie ein Museum, um das ganz Europa sie beneidete und bewunderte, nahezu ohne Kosten für das Schatzamt entstand. Als Thomsen 1865 starb, betrauerten ihn auch die Leute, die sein aufsehenerregendes System noch nicht anerkannten, als verehrten Freund und hervorragenden Prähistoriker.

Im Urteil der Geschichte hat Thomsen noch größere Verdienste als die Einführung der Drei Zeitalter: Er hat den Begriff ‹Zeit› schlechthin auf die Vorgeschichte der Menschheit angewandt. Nach Veröffentlichung seiner ‹Ledetraad› konnte niemand mehr, ob er seine Theorie billigte oder nicht, behaupten oder selbst glauben, daß die Zeit vor der Morgendämmerung der Geschriebenen Geschichte eine einzige, kurze und homogene Periode gewesen sei. Jetzt konnte man nicht mehr einfach steinerne Beile, eiserne Schwerter oder Pfeilspitzen aus Feuerstein und bronzene Rundschilde in Bausch und Bogen als ‹vor-römisch›, als ‹gothisch› oder ‹alt-britannisch› registrieren. Daß Thomsen die richtige Antwort gefunden hat, ist weniger wichtig, als daß er die richtige Frage aufwarf. Fortan sah jeder Museumskurator sich gezwungen, sobald er zwei handgefertigte antike Gegenstände in die Hand bekam, sorgsam zu überlegen, welcher von beiden der ältere sein mußte. Und aus der Notwendigkeit, diese Frage zu beantworten, erwuchs unser gesamtes gegenwärtiges Wissen von der Vorgeschichte der Menschheit.

I. BUCH

WIE ALT IST DIE MENSCHHEIT?

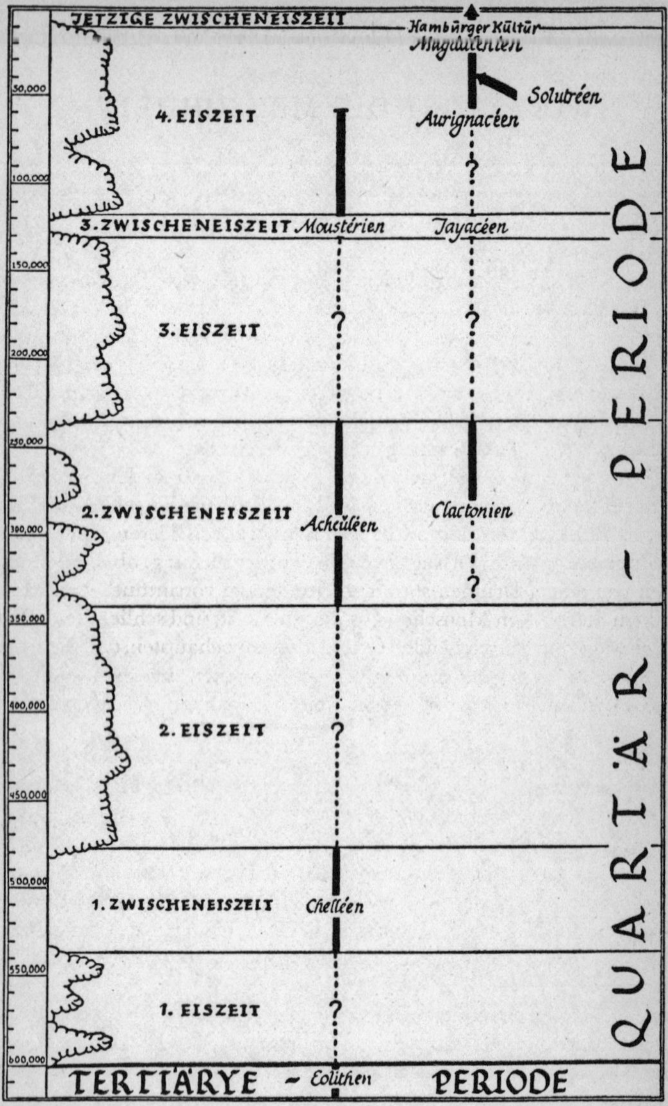

Abb. 1: Sehr vereinfachtes Kartenbild von der Reihenfolge der Eiszeiten und der in ihnen lebenden Menschenrassen. Eine der vielen möglichen Interpretationen. Allgemein einig ist man sich nur hinsichtlich der Einordnung der verschiedenen Kulturen, während ihre Verwandtschaft miteinander, die Zwischeneiszeiten, denen sie zuzuordnen wären, sowie die absolute Zeitdauer ihrer Existenz strittige Punkte bei den Fachleuten geblieben sind. Abgesehen von diesen Einschränkungen, haben wir hier ein ziemlich genaues Bild von der Fortentwicklung des Menschen.

2 Diluvialmensch und Höhlenmensch

Ein paar Auszüge aus dem 1950 erschienenen Buch ‹A Hundred Years of Archæology› des angesehenen britischen Altertumsforschers und Rundfunksprechers Dr. Glyn Daniel bieten, reihen wir sie chronologisch aneinander, recht interessanten Lesestoff.

‹Gegen Ende des 17. Jahrhunderts fand ein gewisser Mr. Conyers bei der Gray's Inn Lane in London einen Faustkeil aus Feuerstein, in Verbindung mit dem Skelett eines Elefanten – vermutlich eines Mammut. John Bagford, der dieses Fundstück in einem 1715 datierten Brief beschreibt, erkennt den Zusammenhang des vom Menschen geschaffenen Werkzeugs mit dem Tier einer ausgestorbenen Art an, meint jedoch, der Elefant müsse einer der von dem römischen Kaiser Claudius importierten gewesen sein...›

‹Im Jahre 1771 ... entdeckte Johann Friedrich Esper in der Höhle von Gaylenreuth bei Bamberg (im deutschen Jura) menschliche Knochen zwischen Skeletten von Höhlenbären und anderen ausgestorbenen Tieren. Esper gab 1774 seine Funde bekannt... Er fragt in einer Veröffentlichung, ob diese Menschenknochen von einem Druiden stammen, von einem vorsintflutlichen Menschen oder einem Sterblichen Menschen aus jüngster Zeit, und schließt seine Betrachtung: Ich wage ohne zureichenden Grund nicht zu behaupten, daß diese menschlichen Körperteile aus der gleichen Epoche stammen müssen wie die übrigen tierischen Versteinerungen. Sie müssen durch Zufall hier mit ihnen zusammengeraten sein...›

‹Im Jahre 1797 sandte John Frere an den Sekretär der *Society of Antiquaries* (des Vereins der Altertumsforscher) mit einem Begleitschreiben einige Werkzeuge aus Feuerstein, die man bei Hoxne (in der Nähe von Diss, in Suffolk) gefunden hatte... Es waren Faustkeile, entdeckt gut 3½ Meter unter der Erde, in der unteren Lage einer noch unversehrten Bodenschicht. Man brachte sie in Zusammenhang mit den Knochen ausgestorbener Tiere. Frere fügte hinzu: ‚Die Lage, in der diese Waffen gefunden wurden, kann uns in Versuchung bringen, sie einer sehr fernen Epoche zuzuschreiben, die sogar noch weiter zurückliegt als die bisher definierte Welt...'›

‹Dean Buckland, Erster Korrektor für Geologie an der Universität Oxford, späterer Dekan von Westminster, ...erforschte 1823 die Goat's Hole Cave (‚Ziegenhöhle') bei Paviland an der Küste von Glamorgan, wo er, außer Feuersteingeräten aus dem Paläolithikum, das Skelett eines jungen Menschen fand – das später ‚Die rote Lady von Paviland' genannt wurde. Er behauptete, dieses Skelett sei keinesfalls zeitgleich mit den Knochen ausgestorbener Arten aus dem Antediluvium, und datiert es in die Römisch-Britannische Periode.›

Etwa 1830 ‹begann Dr. P. C. Schmerling in mehreren Höhlen bei Engihoul (in der Nähe von Lüttich) zu arbeiten... Zu seinen Entdeckungen zählen sieben menschliche Schädel und viele Artefakte, einige davon nahe bei Skeletten vom Nashorn und Mammut gefunden. ‚Es kann nicht zweifelhaft sein', schrieb Schmerling, ‚daß die Menschenknochen zur gleichen Zeit und aus dem gleichen Anlaß unter die Erde kamen wie die der anderen ausgestorbenen Arten.' Seine Entdeckungen wurden jedoch von den Zeitgenossen kaum beachtet...›

‹MacEnery's Ausgrabungen in der Kent's Cavern (Kents Höhle) sind 1840 durch R. A. C. Godwin Austen fortgesetzt worden. Weniger kritisch als Pater MacEnery, erklärte er rundweg, daß ‚die Knochen der Höhlen-Säugetiere und die von Menschen gefertigten Gegenstände in die Höhle gebracht worden sein müßten, bevor sich die Bodenschicht aus Stalagmiten bildete'...›

‹In seiner Rede vor der Geologischen Abteilung der *British Association* in Aberdeen sagte 1859 Sir Charles Lyell: ‚Die kürzlich während der systematischen Durchsuchung der Höhle von Brixham ans Licht gebrachten Tatsachen ... müßten Sie, glaube ich, allmählich zu der Einsicht führen, daß die Skepsis, mit der man die Beweiskraft der Höhlenfunde für das Alter der Menschheit bewertete, bisher zu weit getrieben worden ist.'›

In demselben Jahr (1859) veröffentlichte Charles Darwin sein Buch *Origin of Species* (Die Entstehung der Arten) und vier Jahre später Sir Charles Lyell sein Buch *The Antiquity of Man* (Das Alter der Menschheit).

Hundert Jahre hatte es gedauert, bis das zunehmende Gewicht der Tatsachen den fest verwurzelten Widerstand engstirniger theologischer Dogmen erdrückte. Der Gedanke, daß der Ursprung des Menschen in sehr viel früherer Zeit gesucht werden müsse als zu dem für die Erschaffung der Welt anerkannten Termin, war revolutionär. Und diese Revolution in der Prähistorie ist hauptsächlich zwei Männern zu verdanken, einem Franzosen und einem Engländer.

Im Jahre 1788, einige Monate vor der Geburt Christian Thomsens in Kopenhagen, kam in Rethel in den französischen Ardennen ein Kind zur Welt, das den Namen Jacques erhielt, als Erstgeborenes der adligen Familie Boucher de Crèvecœur. Sein Vater, Jules Armand, war Zolldirektor in St. Valéry sur Somme, seine Mutter, deren Familiennamen er später dem seinen anhängte, stammte aus der alten Linie der De Perthes, die sich bis auf Jeanne d'Arc, die Jungfrau von Orléans, zurückführten.

Als Jacques ein Jahr alt war, wurde die Bastille vom Pariser Pöbel gestürmt, und der Terror begann über Frankreich zu herrschen.

Zu einer Zeit, da die Köpfe der Aristokraten überall im Lande von den Guillotinen rollten, behielt Jules Armand Boucher de Crèvecœur nicht nur seinen Kopf, sondern auch sein Amt und sein Haus in Abbeville. Vielleicht hat die Verwandtschaft seiner Frau mit der französischen Nationalheldin dazu beigetragen – auf jeden Fall war Jules Armand ein geachteter, harmloser Bürger. Als begeisterter Botaniker und einer der Gründer der *Société d'Émulation d'Abbeville*, des örtlichen Vereins für Literatur und Wissenschaft, muß er wohl in den Augen der neuen Machthaber keinerlei Gefahr für das revolutionäre Regime gebildet haben. Immerhin hat gewiß die Familie, als Jacques noch klein war, sorgenvolle Jahre gehabt, während in Paris die Deputierten um die Macht ran-

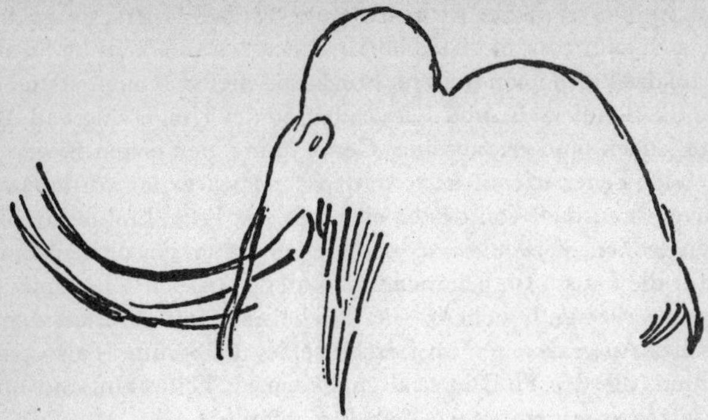

Abb. 2: Zeichnung eines Mammut aus dem Aurignacéen, Höhle von Font de Gaume, im Périgord

gen und auf jeden Wechsel von Regierungsplätzen eine ‹Reinigung› unter den mit den bisherigen Vertretern sympathisierenden Bürgern erfolgte. So muß es eine willkommene Erlösung aus den fortwährenden Regierungskrisen gewesen sein, als General Napoleon Bonaparte 1799 die Macht an sich riß und Erster Konsul wurde.

Drei Jahre später, im Jahre 10 der Republik, begann der junge Jacques Boucher de Crèvecœur, vierzehnjährig, im Amt seines Vaters zu arbeiten. Und wieder drei Jahre später beschloß Napoleon, jetzt Kaiser, England von seinen lebenswichtigen Zufuhren aus Europa abzuschneiden, wozu er die zweischneidige Waffe der Kontinentalsperre anwandte. Daraus ergab sich verstärkte Tätigkeit im Zolldienst der sich enorm ausweitete. Jacques wurde, noch nicht zwanzigjährig, im Zuge der Reorganisation rasch befördert. Er kam nach Marseille, Genua, Livorno und Foligno, und stieg bei jedem Wechsel des Amtssitzes um einen Rang. Dann schickte man ihn auf eine ausgedehnte Reise durch Italien und Mitteleuropa, um über die Auswirkungen der Festlandsblockade in diesen Gebieten Bericht zu erstatten. Zurückgekehrt, wurde er nach Boulogne versetzt. Napoleons Sturz beendete diese Periode fieberhaften Avancierens. Es folgte eine lange Amtstätigkeit in Paris, dann gelang es ihm, seine Versetzung nach Abbeville zu erreichen, wo er 1825, als sein Vater in den Ruhestand trat, das Amt des Zolldirektors übernahm. Er war damals 37 Jahre alt, ein großer hagerer Mensch mit einem Spitzbart, und seine Lebensarbeit sollte, was er kaum wußte, erst beginnen.

Jacques de Perthes hatte von seinem Vater die Neigung zur Naturkunde geerbt, seine Praxis im Zolldienst hatte ihm vielleicht den Blick geschärft für Dinge, die nicht in ihre Umgebung paßten. Wie dem auch sei: Als er, ein Jahr nach seinem Dienstantritt in Abbeville, die geologischen Schichten studierte, die in einer Kiesgrube unweit dieser Stadt freigelegt worden waren, erregten Feuersteinbrocken in einem Stratum, das die Geologen als ‹vorsintflutlich› bezeichneten, seine Aufmerksamkeit. Er hielt sie für ‹Fremdkörper›, deren grobe Zurichtung er sich kaum aus natürlichen Ursachen erklären konnte. So achtete er besonders auf das Erscheinen weiterer Stücke aus diesen Schichten und besuchte regelmäßig die Steinbrüche und Kiesgruben in der Umgebung von Abbeville.

Erst 1832 jedoch fand er, zu seiner Genugtuung, den ersten Beweis, daß die hier anfallenden Feuersteinstücke vom Menschen bearbeitet worden waren. Der Beweis war ein Faustkeil von derselben Form wie Frere fünfunddreißig Jahre früher einen der *Society of Antiquaries* beschrieben hatte: ein birnenförmiges, am Griffende für die Faustform behauenes und an der ‹Arbeitsseite› spitz gemachtes Feuersteinwerkzeug. Boucher de Perthes begann jetzt ernsthaft zu sammeln, indem er selbst Ausgrabungen im Geschiebekies des Somme-Tals vornahm, in den Schichten, die der Fluß in uralten Zeiten als Schwemmsand abgelagert hatte und jetzt mit seinem neuen Bett durchschnitt.

Allmählich bekam er eine stattliche Kollektion von Feuersteingeräten aus dem Geschiebe zusammen und fand bei denselben Ausgrabungen in wachsender Zahl Knochen ausgestorbener Tiere. 1838, als er vollkommen davon überzeugt war, daß in Nordfrankreich schon in einer viel früheren Zeit, als man sich bisher vorgestellt hatte, Menschen gelebt haben mußten, entwickelte er an Hand seiner Sammlung diese Theorie vor der *Société d'Émulation*, wo man ihn höflich, aber skeptisch anhörte. Unentwegt präsentierte er im folgenden Jahr die Theorie vor dem Pariser ‹Institut›. Hier begegnete er einmütiger und laut geäußerter Ablehnung. Doch Boucher de Perthes war ein hartnäckiger Mensch. Als Knabe in der Revolutionszeit hatte er erfahren, daß reine Vernunft der einzige sichere Maßstab ist, und fühlte sich keineswegs zu gläubiger Hinnahme der biblischen Chronologien verpflichtet. Zehn Jahre hatte es gedauert, bis er sich von der Existenz fossiler Menschen überzeugt hatte, und es hätte mehr als der zwei Abfuhren bedurft, um ihn in dieser Überzeugung wankend zu machen. Er kehrte nach Abbeville zurück und veröffentlichte seine Entdeckungen in einem fünfbändigen Monumentalwerk mit dem Titel *De la Création*. Das Werk wurde nicht günstiger aufgenommen als seine Vorträge. Also machte er sich daran, noch mehr Material anzusammeln.

Seine Tätigkeit neben den archäologischen Studien in diesen Jahrzehnten verstärkte gewiß bei seinen Kritikern die Überzeugung, daß sie es mit einem Narren zu tun hätten. Da er sich ernste und tiefe Gedanken über den Zustand der Welt machte, trat er als Vorkämpfer für so extravagante Ideen wie ‹Rechte der Frauen›, ‹Weltfrieden› und ‹Verbesserung des Lebensstandards der arbeitenden Klassen› in Erscheinung. Er besaß sogar die Kühnheit, sich mit diesem Programm als Kandidat für das Parlament aufstellen zu lassen, was ihm natürlich mißglückte.

Im Jahre 1847, inzwischen Präsident der *Société d'Émulation* geworden, nahm er den Angriff wieder auf mit einem dreibändigen Werk über keltische und antediluviale Altertümer. Darin behauptet er klipp und klar, seine Feuersteine aus dem Geschiebe seien um Tausende von Jahren älter als die anderen Altertümer in Frankreich. Langsam begann sich das Blatt zu wenden. Seit zehn Jahren war

Thomsens *Ledetraad* auf dem Büchermarkt, und die europäischen Altertumsforscher waren, obwohl von der Allgemeingültigkeit seines Drei-Zeitalter-Systems noch nicht überzeugt, bereit, anzuerkennen, daß gewisse antike Stücke älter seien als andere. Sie gaben zu, daß Feuersteinwerkzeuge die ältesten von allen sein könnten. Worsaae, Thomsens junger und glänzender Schüler (dem wir später noch begegnen), besuchte Boucher de Perthes in jenem Jahr und sprach sich lobend über dessen Kollektion aus. Seine Landsleute jedoch blieben bei ihrer

Abb. 3: Faustkeil (Fäustel) aus dem Acheuléen, vom Typ der durch Boucher de Perthes im Kies der Somme entdeckten.

skeptischen Haltung. ‹Sie wendeten gegen mich eine Waffe an›, sagte Boucher de Perthes, ‹die viel mächtiger war als Widerspruch und abfällige Beurteilung, stärker als Satire und sogar Verfolgung – die Waffe der Mißachtung. Sie diskutierten nicht über meine Fakten, ja sie machten sich nicht einmal die Mühe, sie abzustreiten, sondern ignorierten sie einfach.›

Allmählich aber sahen sie sich gezwungen, zu handeln. Im Anfang der 50er Jahre wurde ein tödlicher Schlag vorbereitet. Ein gewisser Dr. Rigollet aus Amiens beschloß, de Perthes mit dessen eigenen Waffen zu bekämpfen. Er leitete eine Reihe von Ausgrabungen in den Kiesgruben von St. Acheul und machte kein Hehl daraus, daß es ihm nur darum ging, die Theorien zu entkräften, die der jetzt sechsundsechzigjährige Altertumsforscher seit fünfzehn Jahren der widerstrebenden Welt aufzudrängen suchte. Doch als er Faustkeile und allerlei andere Werkzeuge aus dem Kies holte, die heute nach dem Fundort ‹Acheul›-Typen genannt werden, kam er allmählich zu der Überzeugung, daß de Perthes recht haben mußte. So veröffentlichte er 1854 seinen Ausgrabungsbericht, mit dem er sich vorbehaltlos an die Seite seines ehemaligen Widersachers stellte.

Die Ausgrabungsstätten von Acheul und Abbeville wurden jetzt zu einem Wallfahrtsort für Altertumskenner und Geologen von beiden Seiten des Ärmelkanals, und im September 1859 erlebte Boucher de Perthes die Genugtuung, daß seine Theorien verteidigt und vor der *British Association* und der *Royal Society* anerkannt wurden. Einen Monat später hörte der vornehme alte Herr mit dem weißen Spitzbart, der sich noch kerzengerade hielt, in der *Académie des Sciences* persönlich den Vortrag von Monsieur Gaudry, der darlegte, wie er selbst bei Abbeville neun Faustkeile und in ihrer Nähe befindliche Knochen vom Nashorn, Flußpferd und Mammut ausgegraben habe. Ein zwanzigjähriger Kampf war gewonnen.

Anstatt sich nun auf seinen Lorbeeren auszuruhen, ging Boucher de Perthes mit doppelter Begeisterung wieder an die Arbeit. Bisher hatte er nur die Geräte des Steinzeitmenschen zusammen mit den Knochen ausgestorbener tropischer Tiere entdeckt. Jetzt wollte er durch die Entdeckung der Knochen vom Menschen der Steinzeit sein Werk krönen. Mit rührendem Vertrauen versprach er dem Arbeiter, der zuerst menschliche Überreste in seinem Geschiebekies freilegte, eine hohe Belohnung. So ist es kaum überraschend, daß diese Belohnung im Jahre 1863 beansprucht wurde. Boucher de Perthes erkannte unbedenklich den Kieferknochen, der in seiner beliebtesten Kiesgrube gefunden worden war, als echt an, doch die Schule der jüngeren Archäologen, die um den alten Meister heranwuchsen, war mißtrauischer. Ein britischer Experte, der selbständig an Ort und Stelle nachforschte, bewies nicht nur, daß dieser Knochen eine Fälschung war, sondern auch, daß Perthes' Ausgrabungsstellen von seinen Arbeitern fortwährend mit unechten Faustkeilen ‹gespickt› worden waren, und zwar schon seit 1860, als seine Fundstücke infolge der Anerkennung seiner Theorien in der Welt der Wissenschaft plötzlich Geldwert bekommen hatten. De Perthes wurde jedoch allerseits von jeder betrügerischen Absicht freigesprochen, und man darf auch seine späteren Entdeckungen nicht in einem Atem nennen mit den Erstlingsarbeiten, mit denen er seine Beweise vom Alter der Menschheit erbrachte. Seine Theorien über den Urmenschen blieben unerschüttert, doch sein Glaube an den Menschen von heute war so zerstört, daß er sich vom aktiven Ausgrabungswerk zurückzog. Sein Tod, fünf Jahre später, im Alter von 80 Jahren, beschloß die Laufbahn eines hervorragenden Archäologen und Humanisten, eines Mannes, der zwar seiner Zeit vorauseilte, aber dennoch die Menschheit dem Verständnis für ihren Ursprung einen großen Schritt näherbrachte.

Als Jacques Boucher de Perthes 1825 die begehrte Ernennung zum Zolldirektor in Abbeville bekam, hatte in Cornwall ein Junge von 13 Jahren gerade sein erstes Jahr als Schiffsjunge und Kochsmaat auf dem Küstensegler seines Vaters hinter sich. Er schien damals für die Seemannslaufbahn auf Handelsschiffen vorbestimmt, zu der alle Jungen aus seinem Heimatdorf East Looe sich wie selbstverständlich hingezogen fühlten. Doch das Schicksal und sein eigener Wille wollten es anders: Der Schiffsjunge sollte es bis zum Mitglied der *Royal Society* und zum Präsidenten der Geologischen Abteilung der *British Association for the Advancement of Science* (der Britischen Gesellschaft zur Förderung der Wissenschaften) bringen.

William Pengelly sehnte sich nach Bildung, mit einem wilden Hunger, für den es kein Hindernis gab. In dem Europa, wo er geboren wurde, dem Europa nach den Napoleonischen Kriegen, öffneten sich die Türen zu neuem Wissen nach jeder Richtung. Und die Schlüssel zu diesen Türen bot die neue, allgemein zugängliche Bildung, an der auch die Arbeiterklassen teilhaben konnten, wenn sie entschlossen die Gelegenheit ergriffen.

Boucher de Perthes und Christian Thomsen gehörten mit ihrer Pionierarbeit und ihren revolutionären Theorien noch zur Tradition des 18. Jahrhunderts. Sie stammten aus der recht gut situierten, kultivierten Oberklasse, die von ihren Mitgliedern erwartete, daß sie sich, sporadisch wenigstens und nicht zu tiefgründig, mit akademischen Tätigkeiten befaßten. Tatsächlich waren sie beide, im Verhältnis zu ihrem sozialen Milieu, zu wenig gebildet.

Pengelly dagegen war einer der ersten Vertreter des besten Typs aus dem 19. Jahrhundert: des hartschädeligen, idealistischen Autodidakten. Er hatte im Alter von zwölf Jahren die Dorfschule verlassen, und während der nächsten vier Jahre, in denen er als Seemann die englischen Küstengewässer befuhr, war in ihm der Entschluß gereift, sich größere Kenntnisse zu erwerben. 1828 gab er die Seefahrt auf und widmete die folgenden acht Jahre intensiven Studien. 1836 zog er nach Torquay in Devon, wo er eine Privatschule nach den neuen Richtlinien Pestalozzis eröffnete. Im nächsten Jahr war er maßgebend bei der Gründung des *Mechanices' Institute* (Mechaniker-Lehranstalt) in Torquay, einer der Zentralen für die berufliche Ausbildung von Facharbeitern, wie sie jetzt überall in England entstanden. Sein Interesse am Bildungswesen für Erwachsene verlangte immer mehr von seiner Zeit, und schon bald hatte er auch Verpflichtungen für zahlreiche Vorträge in Facharbeiterschulen im ganzen Lande übernommen. Damals erwachte seine Neigung zur Geologie, die eins der beliebtesten Lehrfächer für Erwachsene bildete. Er begann, in Devon und Cornwall nach Fossilien zu forschen und sie zu sammeln. So war die 1844 erfolgte Gründung der *Natural History Society* (Gesellschaft für Naturkunde) in Torquay hauptsächlich ihm zu verdanken. Zwei Jahre später gab er seine eigene Schule auf und erteilte nur noch Privatunterricht in Mathematik und Naturwissenschaften. Er war ein begnadeter Lehrer, der seine Vorträge überzeugend und begeisternd zu gestalten wußte, und schon bald konnte er die Söhne und Töchter der liberalen Aristokratie in den beiden Grafschaften zu seinen Schülern zählen.

Als er 1846 nach einem geeigneten Arbeitsgelände für die neugegründete Naturkundliche Gesellschaft suchte, fiel ihm die Kent's Cavern ein, die in den Hügeln oberhalb von Torquay gelegene Höhle, in der während der letzten zwanzig Jahre schon zwei Geologen, Pater MacEnery und Godwin Austen, ihre Forschungen betrieben hatten. Beide hatten Feuersteinwerkzeuge sowie Knochen vom Nashorn und vom Höhlenbären in denselben Erdschichten gefunden und hatten unumwunden die Zeitgleichheit der Werkzeuge mit den ausgestorbenen Tierarten behauptet. Also bot sich hier den begeisterten Amateurgeologen aus Torquay die rechte Gelegenheit. Von Pengelly angeleitet, begannen sie sorgsam in den an der Höhlenmündung angehäuften Ablagerungen zu graben.

Eine methodische Arbeitstechnik bei Ausgrabungen kannte man damals noch nicht, man improvisierte von Schritt zu Schritt. Unbekannt war auch noch das exakte Bestimmen der Zeitgleichheit nach stratigraphischen Merkmalen. Die beiden Vorgänger waren nach ihren Ausgrabungen in Kents Höhle von der Zeitgleichheit der von Menschen gefertigten Werkzeuge mit den ausgestorbenen Tierarten überzeugt gewesen, weil beide unter einer festen Stalagmitenschicht im Boden der Höhle gefunden wurden. Allerdings hatten die Forscher mit ihren Zeichnungen sich nicht gegen das Argument behaupten können, daß sehr wohl Menschen aus späteren Epochen für Feuerstellen oder Vorratslager Löcher in die Höhlenablagerungen gegraben haben und auf diese Weise ihre Werkzeuge in eine zeitlich ältere Schicht, die Knochen früherer Tierarten barg, geraten sein konnten.

Nach mehreren Jahren war Pengelly von der Unhaltbarkeit dieser Theorie der ‹späteren Einführung› überzeugt. Nicht so leicht überzeugen konnte er die Gelehrten der wissenschaftlichen Verbände von ganz England, da sie die Höhle nicht selbst gesehen hatten. Die von ihm veröffentlichten Ergebnisse wurden ebenso skeptisch aufgenommen wie die erste Publikation von Boucher de Perthes acht Jahre früher. Nicht mit Unrecht vertrat man den Standpunkt, daß die Arbeiten in einer Höhle, deren Schichten bereits drei Geologengruppen gestört hatten, nicht als verläßliche Grundlage anerkannt werden könnten.

Immerhin war jetzt die Saat des Zweifels gesät. Auf beiden Seiten des Ärmelkanals behaupteten unabhängig voneinander zwei Männer, daß der Mensch älter sei, als man je geahnt habe. Er sei als zeitgleich mit einer Fauna einzustufen, deren sehr hohes Alter einwandfrei feststehe. Diese Behauptungen durften nicht mehr einfach ignoriert, sondern mußten durch Gegenforschungen widerlegt werden.

1858 kam die Gelegenheit, Beweise für Pengellys Behauptung auf einem noch unberührten Gelände zu finden. Auf den Höhen von Windmill Hill oberhalb des Hafens von Brixham wurde bei Steinbrucharbeiten der Eingang zu einer Höhle freigelegt. Die *Royal Society* und die *Geological Society* forderten sogleich Pengelly auf, dort Ausgrabungen vorzunehmen, unter Assistenz von – und überwacht durch – ein Komitee von Geologen, deren wissenschaftliche Bedeutung auch einen noch besser vorbereiteten Amateur als Pengelly in Bestürzung versetzt hätte. Doch der ehemalige Seemann schien von der Gelegenheit entzückt.

Während des Winters verfolgte er aufmerksam, wie seine Arbeiter, beobachtet von fünf hervorragenden Geologen, eine Schicht Stalagmiten auf dem Boden der Höhle freilegten. Da in der festen Schicht keine Lücke war, durchstießen sie die Tropfsteinformation, um die darunterliegenden Schichten zu untersuchen. In die Stalagmiten gebettet, und unter ihnen, fanden sie Knochen vom Höhlenlöwen und Höhlenbären, von der Hyäne, dem Mammut, dem wollhaarigen

Nashorn und dem Renntier, und zwischen den Knochen sowie unter ihnen zahlreiche Feuersteinwerkzeuge, an deren Bearbeitung durch Menschenhand nicht zu zweifeln war. Pengellys Triumph war vollkommen.

Ganz zufällig besuchten zwei Mitglieder seines ‹Aufsichtskomitees› im folgenden Frühjahr Abbeville, wo sie Gelegenheit hatten, die Sammlungen von Boucher de Perthes zu betrachten, dessen Theorien damals in Frankreich allmählich, wenn auch zögernd, anerkannt wurden. Die Folge dieses Besuches war, daß im selben Jahre (1859) auf mehreren Kongressen der *Royal Society*, der *Society of Antiquaries* und der *British Association* sowohl die Forschungsergebnisse von de Perthes wie die von Pengelly voll anerkannt wurden. Daß der Mensch ‹älter› war, galt nun als erwiesen.

Pengelly hat den Höhepunkt seiner Laufbahn im verhältnismäßig jungen Alter von 47 Jahren erreicht. Er war in erster Linie Geologe und widmete sich nun für mehrere Jahre der Erforschung der Braunkohle und der Tonschichten von Bovey Tracey, am Rande des nahegelegenen Ortes Dartmoor. Diese Studien finanzierte eine seiner früheren Schülerinnen, die Baronin Burdett-Coutts, Tochter eines grimmigen Reformpolitikers, die auch persönlich radikale Ansichten vertrat.

Im Jahr nach seiner Wahl in die *Royal Society* kehrte Pengelly auf Ersuchen der *British Association for the Advancement of Science* nach Kent's Cavern zurück. Jetzt hatte er die Zeit, das Geld, das Prestige und die Erfahrung, um eine Ausgrabung so durchzuführen, wie es seiner Leidenschaft für das Exakte entsprach. In über fünfzehn Jahren arbeitete er sich durch die Höhle, indem er die Lage jedes einzelnen Feuersteingeräts und jedes größeren Knochenstücks genau verzeichnete. Und diesmal konnten in die Genauigkeit seiner Ergebnisse keine Zweifel gesetzt werden.

Das geschah auch nicht. Abermals wurde dargelegt, daß der Mensch gleichzeitig mit einer seltsamen wilden Tierwelt gelebt hatte: mit dem Mammut, dem wollhaarigen Nashorn, dem Höhlenbären und dem Säbelzahntiger. Dieses Tier, aus der Gattung der Carnivoren, war ungefähr doppelt so groß wie der Bengaltiger und hatte zwei lange und scharfe, nach unten gerichtete Fangzähne im Oberkiefer. Seine Entdeckung regte die Phantasie der Zeitgenossen an: in den illustrierten Zeitschriften erschienen oft Bilder vom Zweikampf, den der Mensch mit diesem seinem Erzfeind einst auf den Hügeln über den jetzigen Seebädern von Süd-Devon ausgefochten haben mußte.

Während diese Forschungen weitergeführt wurden, verfaßte Pengelly Dutzende von Fachschriften und hielt Vorlesungen in seinen geliebten Werkschulen kreuz und quer im Lande. Er präsidierte auch würdevoll, 1877 und 1883, auf den Kongressen der *British Association*, und niemand, der diesen älteren Herrn mit seinem lustigen Mund und der schön gewölbten Stirn sah, seine geistreichen Bemerkungen mit den geschliffenen Pointen und seine vielen Anekdoten hörte, wäre darauf gekommen, daß er hier einen Autodidakten vor sich hatte, dessen amtliche Erziehung im Alter von zwölf Jahren beendet gewesen war.

Er ist 82 geworden und starb 1894 nach langer Krankheit zu Hause, in seinem geliebten Torquay, wo er fast sechzig Jahre gelebt hatte.

Nachdem wir die Entdeckungen geschildert haben, die zu einer drastischen Umkehr der bisherigen Lehren vom Alter der Menschheit führten, sollten wir vielleicht kurz innehalten und uns fragen, was denn tatsächlich entdeckt worden war. Die ausgegrabenen Gegenstände bestanden aus zwei Kategorien: Feuersteingeräte und Tierknochen. Erstere waren ein sehr buntes Sammelsurium, darunter die massiven, plump angespitzten Fäustel, grob zugehauene Feuersteinmesser und -schaber und Tausende von schuppenartigen, beim Zurichten der Geräte abgesprungenen Abschlägen. Während sich bei den Faustkeilen die Bearbeitung gut erkennen ließ, bedurfte es scharfer Augen und einiger Erfahrung, bei den übrigen Teilen festzustellen, ob es nicht bloß zufällige Scherben waren. Die Retusche, durch die eine Schneidfläche je nach Wunsch geschärft oder abgestumpft wird, war in den meisten Fällen nur grob und oberflächlich gemacht. Es erforderte einen gewissen Mut und Kenntnis der Formen, die der Feuerstein in natürlichem Werdegang annehmen kann, um zu behaupten, daß diese Abschläge und Kernstücke vom Menschen hergerichtet seien. Es befanden sich in Kents Höhle auch ein paar feingeformte Messer und Pfeilspitzen, die von einer stark verbesserten Abschlagtechnik und daher auch ebenso deutlich von der Bearbeitung durch Menschen zeugten wie unsere heutigen Taschenmesser. Diese Geräte stammten aus den oberen Schichten der Höhle.

Bei den Tierknochen gab es ebenfalls Unterschiede, vor allem im Hinblick auf die Herkunft aus klimatisch sehr verschiedenen Gebieten. In dieser Liste erscheinen außer Renntier und Flußpferd, Pferd und Hyäne noch viele ausgestorbene Tierarten, die offenbar auch in klimatischen Extremen gelebt hatten, nämlich zwei Gattungen vom Elefanten und je zwei vom Nashorn, vom Bären, Löwen und Tiger.

Eine Zeitlang lenkte die wichtige Erkenntnis, daß die unzweifelhaft von Menschenhand stammenden Artefakte derselben Epoche angehörten wie die unzweifelhaft ausgestorbenen Tiere, von der ebenso klaren Tatsache ab, daß nicht alle diese Artefakte aus derselben Periode stammen und nicht alle diese Tiere zu ein und derselben Zeit in Europa existiert haben konnten. Man neigte wieder dazu, wie früher bei den Verallgemeinerungen ‹alt-britisch› und ‹gallisch-römisch›, die Dinge einfach ‹pauschal› unter einer bestimmten Bezeichnung zu gruppieren – in diesem Fall also vom Diluvialmenschen oder vom Sintflutmenschen zu reden. Weitere Jahrzehnte der Forschung und eine Reihe vorzüglicher stratigraphischer Studien (beschrieben im nächsten Kapitel) waren noch nötig, um die verwirrende Fülle der Geräte und die verschiedenen Klimate mit ihrer unterschiedlichen Tierwelt in eine geordnete Reihenfolge zu bringen.

Nachgerade war die Frage, was der Diluvialmensch sei, zur Beantwortung reif geworden. Wie hatte er ausgesehen? Die allgemein gebräuchlichen Beschreibungen ‹roh› oder ‹wild› eigneten sich kaum für eine wissenschaftliche

Definition. Und erst mit der 1871 erfolgten Veröffentlichung von Darwins Buch *Descent of Man* (Die Abstammung des Menschen) begann sich im Bewußtsein der breiten Masse der auf einen zu simplen Nenner gebrachte Gedanke festzusetzen, daß unsere Vorfahren, je weiter zurück wir ihre Evolution verfolgen, um so mehr dem Affen und um so weniger dem jetzigen Menschentyp ähnlich gewesen sein müßten. Zu dem Zeitpunkt aber hielten die Wissenschaftler, schon seit fünfzehn Jahren, teilweise die Antwort auf diese Frage parat.

1856 hatten Arbeiter, die in einer Kalksteinhöhle im sogenannten Neandertal unweit Düsseldorfs gruben, ein menschliches Skelett ans Licht gebracht, das sie beiseite warfen. Zum Glück konnte ein dort wohnhafter Arzt, Dr. Fuhlrott, der von der Entdeckung hörte, diese Knochen retten. Es erwies sich, daß es der Schädel und die Hauptteile vom Skelett eines etwa 1,62 m großen Menschen waren, der einen betont affenähnlichen Kiefer, eine zurückweichende Stirn und vorstehende Brauenbogen gehabt hatte. Als die Beschreibung des Skeletts veröffentlicht wurde, teilten sich die Meinungen scharf: einige maßgebende Gelehrte neigten dazu, den Neandertalmenschen als typisches Exemplar der frühesten Bewohner von Europa anzusehen, während andere entschieden behaupteten, die auffallenden Formen von Schädel und Gliedern seien das Ergebnis pathologischer Deformierung bei einem Menschen aus einer späteren Epoche. Natürlich war es nachträglich nicht mehr möglich, das Skelett stratigraphisch einzuordnen. Die ‹Darwinisten› wiesen als erste dem Neandertalmenschen seinen festen Platz als ‹Bindeglied› zwischen den Affen und dem Menschen zu. Sie sahen in ihm nicht den Ahnen des *homo sapiens*, sondern den einer inzwischen ausgestorbenen Abart.

In den vier Jahren von 1856 bis 1859 wandelten sich die allgemeinen Ansichten erheblich, denn in diesen Zeitraum fielen: die Entdeckung des Neandertalmenschen, die Veröffentlichung der Theorie von der natürlichen Auslese und die Anerkennung der von Boucher de Perthes und William Pengelly angehäuften Beweisstücke. Diese Massierung von Beweisen für das Alter der Menschheit hatte großes Gewicht. Darwins *Entstehung der Arten* beschleunigte zwar diesen Wechsel der Anschauungsweise, war aber nicht so sehr die Ursache als eins ihrer Symptome. Glyn Daniel hat überzeugend dargelegt, daß die Lehre von der Evolution ‹...die grob geformten Artefakte von Devon und aus der Somme nicht nur glaubhaft, sondern beweiswichtig machte›. Ebensogut könnte man behaupten, die von de Perthes und Pengelly gefundenen Stücke hätten, indem sie bewiesen, daß der Mensch schon länger existierte als nach dem von Erzbischof Ussher festgelegten Schöpfungsdatum, die Lehre von der Evolution glaubhaft und wichtig gemacht. Jedenfalls mußte eine neue Theorie gefunden werden, die den neu ermittelten Tatsachen entsprach. In Wirklichkeit haben sich Darwins Theorie und die Beweisstücke aus den Höhlen sowie dem diluvialen Kies gleichzeitig und voneinander unabhängig Geltung verschafft. Die Französische Revolution und die industrielle Revolution hatten die Menschen präpariert, sowohl die Beweisstücke der Geologie und der Vorgeschichtsforschung wie andererseits auch die Früchte der religiösen Aufklärung ohne Vorurteil zu wagen und zu werten. In diesem Fall mußten, wie bei so vielen anderen Gelegenheiten, die uralten Schriften vor dem ‹Zeugnis des Spatens› zurückweichen. Man begann einzusehen, daß Gottes Wirken sich, wenn überhaupt, manifestiert hatte nicht in einem einzigen Schöpfungsakt, sondern im Erschaffen aller Naturgesetze, einschließlich – wenn man so will – des Gesetzes von der Evolution. Wer den verschiedenen Ursachen dieses Umschwungs der öffentlichen Meinung nachgeht, kann nicht umhin, der unermüdlichen Forscherfreude eines William Pengelly und eines Jacques Boucher de Crèvecœur de Perthes besondere Anerkennung zu zollen.

3 Das Périgord

Mit einem Kaninchen fing die Geschichte an.

In den Sommermonaten 1852 waren, wie alltäglich, die Straßenarbeiter an den Nordabhängen der Pyrenäen tätig, wo sie die Rillen und Schlaglöcher ausfüllten, die sich, nach den Fahrten der schwer beladenen Ochsenwagen zur Erntezeit, im Winterregen gebildet hatten. In dem kleinen Dorf Aurignac, das schläfrig auf seinem Hügelkamm im Departement Haute-Garonne lag, konnte man nicht wissen, daß die Ausbesserungen an seinem aus sechs staubigen, windungsreichen Chausseen bestehenden Straßennetz in diesem Jahr zur Aufklärung einer ganzen weltgeschichtlichen Periode führen sollten, die das Aurignacéen genannt wurde. Und im Dorf hätte man das auch nie erfahren, wäre nicht jenes Kaninchen aufgetreten, das sich seinen Bau in den verschütteten Eingang einer Höhle dicht beim Ort grub.

Als die Straßenarbeiter Steine zum Ausfüllen der Schlaglöcher in ihre ledernen Schürzen sammelten, kamen sie an dem Karnickelbau vorbei. Dort fanden sie eine Felsplatte, die den Eingang zu einer natürlichen Höhle im Kalkgestein versperrte. Einer von ihnen, der im lockeren Boden vor dem Loch etwas Weißes aufleuchten sah und es mechanisch ergriff, bemerkte verwundert, daß es kein Stein war, sondern ein Menschenknochen.

Wer weiß, was sie nun dort vermuteten – sie ließen jedenfalls ihre Arbeit liegen, gruben rings um den Kaninchenbau tiefer und fanden hinter der Felsplatte eine wahre ‹Schatzkammer›, die siebzehn menschliche Skelette enthielt.

Die Entdeckung verursachte im Dorf einige Verwirrung. Da Feuersteingeräte und Knochen bei den Skeletten gelegen hatten, waren die älteren Einwohner der Meinung, es könne sich bei dem Fund nur um eine Begräbnisstätte aus der ‹keltischen› oder der ‹gallisch-römischen› Zeit handeln. Gewissenhaft begruben sie die Skelette auf dem Ortsfriedhof und deckten die Sache mit dem Mantel des Schweigens zu.

Vielleicht wäre Aurignac noch längst nicht berühmt geworden, hätte nicht acht Jahre später Edouard Lartet das Dorf berührt, wo er von der Entdeckung erfuhr.

Edouard Armand Isedore Hippolyte Lartet war in den Pyrenäen geboren und aufgewachsen. Er gehörte zur Generation der Thomsen, Pengelly und Boucher de Perthes, aber sein wertvollster Beitrag zur Vorgeschichte sollte später kommen als der ihre. Eigentlich ist er erst Prähistoriker geworden, als er schon in den Sechzigern war.

Von Beruf Rechtsanwalt, hatte er sich, nach Abschluß seiner juristischen Studien, in dem kleinen Dorf Castelnau-Barbarens niedergelassen, in dem er 1801 geboren war. Kurz nach der Ankunft las er zufällig Cuviers neues Buch über Säugetierfossilien und war fasziniert von der Möglichkeit, Überreste von

Tieren zu finden, die schon lange vor der bisher vermuteten Erschaffung des Menschen die Erde bevölkerten. Die Zahl der Amateurgeologen in Westeuropa war in der wissenschaftlichen Renaissance nach den Neapoleonischen Kriegen groß, doch der gewissenhafte Lartet war eine Ausnahme unter den Dilettanten auf diesem Feld. Indem er sich zuerst auf die Nachbarschaft konzentrierte, gelang es ihm 1834, bei Auch, der seinem Dorf nächstgelegenen Stadt, fossile Überreste aus dem Tertiär zu identifizieren, aus der Periode also, in der die Säugetiere zu den vorherrschenden Lebewesen wurden.

Zu dem Zeitpunkt gab er, im Alter von dreiunddreißig Jahren, die Rechtspraxis auf und entschloß sich, da er eigene Mittel besaß, den Rest seines Lebens einer systematischen geologischen Untersuchung der Pyrenäen-Ausläufer zu widmen. Seine Entdeckung der berühmten Fundstelle von Sansan, am Fluß Gars, nur zehn Meilen von seinem Geburtsort, beschäftigte ihn nun, mit Zwischenpausen, fünfzehn Jahre lang, so daß er wenig Gelegenheit zu einem Blick hinter das Zentralmassiv der Pyrenäen hatte. Auf den tertiären Ablagerungen von Sansan wurde eine Unmenge vorzüglich erhaltener versteinerter Überreste freigelegt, die – abgesehen davon, daß sie Lartets Ruf in den geologischen Kreisen Frankreichs festigten – neues Licht auf die Fauna der großen Epoche der Säugetiere und damit auf die Ahnen und Verwandten des heutigen Menschen warfen. Im Jahre 1836 entdeckte Edouard Lartet bei Sansan Knochen des Pliopithecus, eines tertiären Ahnen des den Vorfahren des Menschen sehr nahe verwandten Gibbon. 1850 kamen bei seinen dortigen Ausgrabungen Reste vom Dryopithecus, einem menschenähnlichen Affen, zutage, von dem man heute weiß, daß er im Tertiär in Europa, Nordafrika und Asien heimisch war, aber sich nicht in modernen Nachkommen vererbt hat. Lartet soll 1845 prophezeit haben, daß die Vorfahren sowohl des modernen Menschen wie auch der neuzeitlichen Affen bei Sansan gefunden werden könnten, doch die Andeutung, daß der Mensch nur als ein Über-Affe anzusehen sei, war für einen Geologen ein volles Vierteljahrhundert vor Darwins *Abstammung des Menschen* ein verwegener Gedanke.

Im Verlauf dieser Einblicke in die Fauna des Zeitalters, das dem des Menschen voranging, hatte Lartet die übrigen, in einer anderen Gegend Frankreichs vorgenommenen Untersuchungen über das Alter der Menschheit nicht außer acht gelassen. Er scheint einer der ersten gewesen zu sein, die sich von der Beweiskraft des durch Boucher de Perthes für die Existenz des Menschen im Quartär, also der letzten geologischen Epoche vor der unseren, angesammelten Materials überzeugten. Den Plan zu seinem Buch *The Antiquity of Man in Western Europe* hatte er schon gefaßt, als er von den über sieben Jahre früher in der Höhle bei Aurignac entdeckten siebzehn Skeletten hörte. Der Bericht über die dabei gefundenen Werkzeuge aus Feuerstein und Knochen brachte ihn auf den Gedanken, daß es sich dort um eine ähnliche Höhle wie die von Pengelly bei Brixham freigelegte handeln könne und sich aus ihrem Inhalt nachweisen ließ, daß in der quartären Fauna auch Menschen gelebt hatten. Zum Unterschied von der englischen Höhle waren in dieser die Skelette des

Menschen tatsächlich erhalten. So begann er, voller Hoffnung auf eine noch bessere Fundgrube als die am englischen Windmill Hill, weiterzugraben.

Die Ergebnisse waren enttäuschend. Die inzwischen in geweihter Erde bestatteten Skelette konnte er nicht mehr studieren. Immerhin machten die an der Oberfläche liegenden Artefakte ihm klar, daß der ganze Komplex ein Gemeinschaftsgrab aus dem Zeitalter der ‹Polierten Steine› darstellte, das die Archäologen der neuen Schule in Frankreich, England und Dänemark jetzt von der eigentlichen Steinzeit, der Periode der ausgestorbenen Tiere und der Werkzeuge aus den Höhlen und Diluvialsänden, zu unterscheiden begannen. (Die Begriffe Paläolithikum und Neolithikum, zum Unterscheiden der zwei Perioden, wurden erst fünf Jahre später akzeptiert.)

Bei fortgesetzten Ausgrabungen wurde erwiesen, daß die Höhle mehrere Schichten ehemals bewohnten Bodens enthielt. Die oberste konnte sehr wohl aus der geologisch relativ jungen Periode der Polierten Steine stammen, doch unter ihr lagen Schichten mit plumper zugerichteten Feuersteinen, Geräten aus Knochen und Elfenbein sowie Knochen einer arktischen Fauna, die der in den oberen Schichten von Kents Höhle erkannten entsprachen. Menschliche Knochen waren nicht vorhanden.

In seinem ersten Bericht, 1860, behauptete Lartet, die Höhle von Aurignac sei lange Jahre vom Quartärmenschen bewohnt gewesen, bevor sie auch im Neolithikum benutzt wurde. Im folgenden Jahr machte er Ausgrabungen in einer Höhle bei Massat am Kopf eines der tief in die Pyrenäen einschneidenden Täler, wo er weitere Werkzeuge und Knochen derselben Typen wie bei Aurignac fand. Das veranlaßte ihn, in seinem nächsten Bericht, der 1861 unter dem imposanten Titel *Neue Untersuchungen über die Koexistenz des Menschen und der großen fossilen Säugetiere, die für die letzte geologische Epoche typisch sind* erschien, zu behaupten, daß die Begräbnisse bei Aurignac auch aus dem Quartär stammten, eine Behauptung, die ohne die Skelette weder zu beweisen noch zu entkräften war. Sie wurde daher nicht gut aufgenommen, und die nächste noch skeptischer. Bei Massat und bei Aurignac hatte man Knochenfragmente gefunden, auf die Abbildungen von Tieren eingeritzt waren. Lartet vertrat kühn die Meinung, bei diesen sowie bei seinem Renntierknochen mit zwei eingravierten Pferden, der viele Jahre vorher in einer Höhle bei Sevigné gefunden worden war, seien die ‹Gravierungen› von denselben Menschen gemacht worden, die auch die bei den Resten ausgestorbener Tiere gefundenen Feuersteingeräte bearbeitet hatten. Das war zuviel für die Wissenschaftler seiner Zeit, die sich gerade erst an den Gedanken gewöhnt hatten, daß der Mensch gleichzeitig mit dem Mammut und dem Höhlenlöwen gelebt habe. Daß aber nicht nur der Mensch an sich, sondern gar einer, der repräsentative Kunstwerke schuf, in so ferner Zeit existiert haben sollte, fand man einfach absurd.

Zum Glück waren nicht alle Geologen so ungläubig. Ein Sammler aus der Dordogne, der Lartets Bericht gelesen hatte, schickte ihm einen Kasten mit allerlei Feuersteinen und Knochen, die aus den Felsenwinkeln von Les Éyzies im Tal der Vézère zusammengesucht worden waren, und schrieb dazu, daß von dort noch erheblich mehr zu bekommen seien. Sofort entschied sich Lartet, in dem neuen Gebiet nachzuforschen.

Die Vézère ist ein schnell strömender Fluß, der in Südwestrichtung fließt, um unweit von Bergerac im Südwesten Frankreichs in die Dordogne zu münden. Er kommt aus dem Grunde einer breiten Schlucht, deren Seitenwände aus Kalksteinklippen sich stellenweise stark nähern oder weiter entfernen, so daß vielfach große üppige Wiesen zwischen dem Fluß und dem unteren Klippenrand entstanden sind. In einer fernen geologischen Periode wurden diese Klippen durch Gletscherwasser zu phantastischen Formen ausgewaschen und in der ganzen Länge des Tales der Kalkstein so ausgehöhlt, daß Überhänge bis zu 12 Meter Tiefe zurückblieben, unter denen stellenweise die modernen Autostraßen wie unter einem gewaltigen Dach laufen. Überall sieht man die Eingänge zu Höhlen, wo unterirdische Flüsse, jetzt nur noch winzige Rinnsale, das Gestein ausgewaschen haben.

Als Lartet im Jahre 1863 mit der Postkutsche und zu Pferde von Toulouse hierherkam und das Tal betrat, war das Gebiet nur dünn besiedelt. Verstreute Bauernhöfe lagen dicht an den Klippen, und vielfach benutzten sie den überhängenden Fels als Dach für ihre Häuser. Das größte Dorf dort, Les Éyzies, bestand aus einem auf halber Höhe der Klippen gebauten Schloß, um das sich etwa zwanzig kleine Häuser mit steilen Ziegeldächern und geschnitzten hölzernen Außentreppen gruppierten.

In Les Éyzies traf sich Lartet auf Verabredung mit einem seiner Freunde, dem englischen Bankier und Ethnologen Henry Christy.

Christy war sagenhaft reich. Sein Vater, ein Direktor der Londoner Aktienbank, besonders bekannt geworden als Erfinder der 1-Penny-Quittungsmarke, hatte den Sohn schon seit dessen Geburt 1810 als seinen Nachfolger in der Bankwelt ausersehen. Bis zum Alter von vierzig Jahren widmete sich denn auch Christy junior mit beispielhaftem Fleiß dem Geldverdienen, zuerst im Börsenkontor und nachher als Kompagnon in der Firma seines Vaters auf der Gracechurch Street in London. Da er schon immer große Lust zum Reisen gehabt hatte, entschloß er sich 1850, nach dem Tode seines Vaters, als er ein stattliches Vermögen vorteilhaft investiert und einen Platz im Aufsichtsrat der Aktienbank bekommen hatte, der ihm für die geringe Mühe einer jährlichen Sitzung ein erfreuliches Gehalt einbrachte, auf die Verwirklichung seiner Träume loszusteuern. Ein Jahr bereiste er östliche Länder und brachte eine umfangreiche Sammlung orientalischer Gewebe und einheimischer Schnitzarbeiten mit. Er hatte sich schon vorher für die Sitten und Gebräuche der primitiven Völker interessiert und war stark beeindruckt gewesen von der Großen Ausstellung 1851 im Londoner Kristallpalast, wo indische und afrikanische Dörfer, bis ins kleinste den Originalen nachgebildet und von eigens zu diesem Zweck importierten Eingeborenen bewohnt, gezeigt wurden. Christy beschloß, sich eine ethnologische Sammlung anzulegen und die Gebräuche der ‹Jagdgemeinschaften› zu studieren. Mit dieser Absicht reiste er in den nächsten zwei Jahren zweimal nach Skandinavien, wo die Museen für Ethnologie schon berühmt waren: das in Kopenhagen für die grönländischen Eskimokulturen und das Stockholmer für die Lebensformen des Nomadenvolks der Lappländer.

Wer in Kopenhagen die Museen besuchen wollte, erfuhr natürlich von Thomsens Prähistorischem Museum und in Stockholm von dem Museum gleichen Zweckes, das nach dem neuen, aufsehenerregenden System der ‹Drei Zeitalter› eingeteilt war. Christy wurde sich alsbald darüber klar, daß seine Sammlung, sollte sie ausstellungswürdig werden, nicht auf die von den neuzeitlichen Wilden benutzten Jagdgeräte beschränkt werden durfte, sondern auch die der vorzeitlichen wilden Völker Europas umfassen mußte. So kam er wie von selbst zur Prähistorie. Zunächst allerdings verbrachte er, unterwegs in großem Maßstab sammelnd, zwei Jahre auf ausgedehnten Reisen in Amerika, in den damals noch nicht zum Bundesstaat Kanada verschmolzenen Kolonien Canada und British Columbia, in den Vereinigten Staaten, auf Kuba, in Mexiko und den mittelamerikanischen Ländern.

Als er 1858 nach England zurückkehrte, faszinierten ihn, wie alle anderen Sammler primitiver Geräte, die Nachrichten über die in der Höhle von Windmill Hill und in den Sänden der Somme gemachten Entdeckungen. Für Christy aber hieß Interesse haben: sofort tätig werden. Er trat noch im gleichen Jahr der *Geological Society* bei und benutzte die dort gewonnenen Verbindungen, um sich eine Gelegenheit zu eigenen Ausgrabungen zu verschaffen und auf diese Weise seine wachsende Sammlung um ein paar der sagenhaft alten Werkzeuge zu bereichern.

Als Lartet durch seine Entdeckungen bei Aurignac Aufsehen erregte, machte Christy sich so schnell wie möglich mit ihm bekannt, und sie freundeten sich sofort an. Drei Jahre später, als die Entdeckungen von Vézère verkündet wurden, sah er seine Chance, ein noch unberührtes Gebiet in Angriff zu nehmen. Er schlug Lartet vor, gemeinsam die Gegend zu erforschen, und versprach, alle Kosten zu übernehmen. Ein großzügiges Angebot, das Lartet sofort akzeptierte.

Die beiden paßten vorzüglich zusammen. Lartet, zehn Jahre älter, besaß Erfahrungen in der Geologie und der Technik der Ausgrabungen, während Christy, ein Tatmensch mit großem Organisationstalent, allmählich auch ethnologische Erfahrungen und solide Kenntnisse von der Kunst der primitiven Völker und auch Erfahrungen im Umgang mit den Artefakten der Vorzeit gewonnen hatte.

Die Aufgabe, die ein englischer Bankier und ein französischer Jurist zu bewältigen sich nun anschickten, wurde in mehrfachem Sinn zur Erschließung unbekannter Gebiete. Auf einmal war das Alter des europäischen Menschen um Zehntausende von Jahren zurückverlegt –, um wie viele Zehntausende, konnten damals nicht einmal die Geologen annähernd abschätzen. Während einer unvorstellbar langen und unvorstellbar fernen Periode hatten schon Menschen gelebt und gejagt und waren gestorben. Lartet hielt es für die wichtigste und, als Geologe, für seine spezielle Aufgabe, zunächst die wechselnden Lebensbedingungen des Menschen, die äußeren Veränderungen seiner

Umgebung in jenen langen Zeiträumen, zu ergründen und zu registrieren Christy als Ethnologe sollte studieren, in welcher Weise der Mensch sich seiner veränderten Umgebung anpaßte, soweit das zu erkennen war an der Verfeinerung seiner Geräte und dem Wechsel in der Lebensweise.

Das war in der Prähistorie ein neues Konzept, es entsprach dem von Thomsen, der an der kulturellen Entwicklung stufenweise die spätere Vorgeschichte des Menschen gemessen hatte. Vielleicht ist es Christy gewesen, der auf Grund seiner Studien in den skandinavischen Museen seinem Freund den Gedanken nahelegte, die als gesichert geltende Steinzeit in mehrere Abschnitte zu teilen, doch den Weg zur Lösung dieses Problems hat Lartet geöffnet, der so reiche Erfahrungen mit Ausgrabungen aus dem Tertiär gemacht hatte. Er betonte immer wieder, daß die Lösung in der ‹Stratifizierung› liege, das heißt: man von der simplen Tatsache ausgehen müsse, daß jede Schicht von Abfällen menschlicher Wohnstätten älter sein mußte als die Schicht über ihr und jünger als die unter ihr liegende. Sobald also durch diese Methode an irgendeinem Ort die Schichtenabfolge festgestellt war, ließ sich das Prinzip entsprechend auch auf andere Orte anwenden, wo man Artefakte derselben Formen im Zusammenhang mit derselben Tierwelt entdeckte. Auf diese Weise konnten sie eine sich allmählich erweiternde Reihenfolge ausarbeiten, die schließlich das Steinzeitalter in seiner ganzen Ausdehnung erfaßte, und konnten somit – hofften sie – auch die von Boucher de Perthes gefundenen diluvialen Geräte in entsprechende Relation zu den von Pengelly erforschten Höhlenkulturen setzen.

Sobald sie die Methode zur Lösung des Problems festgelegt hatten, begannen die beiden Männer zu graben.

Wie die meisten planmäßig angesetzten Ausgrabungen mit begrenztem Ziel (und unbegrenzten Mitteln) erwies sich die im Périgord, wie man alsbald die Gegend um das Vézèretal nannte, von Anfang an als erfolgreich. Nach kurzer Erforschung des Tales, das zahllose Möglichkeiten bot, fingen Christy und Lartet mit dem Spaten in der Gorge d'Enfer an, ein knappes Kilometer von der Ortschaft Les Éyzies entfernt, wo sie ihr ‹Hauptquartier› einrichteten. Hier begannen sie ihre Arbeit am nächstgelegenen der zahlreichen Felsüberhänge, die man in der Gegend *abris*, also Schutz, nannte. Es war ein niedriger, weit übergreifender Felshang, nur wenig über dem Niveau des Flusses, am Fuß einer steilen, 60 Meter hohen Klippe. Kaum hatten ihre Arbeiter die oberste Schicht aus Humus und Kies abgehoben, da kamen bereits die ersten bearbeiteten Feuersteine ans Licht, die sorgfältig geformten ‹Klingen›, die, wie wir heute wissen, bezeichnend sind für die späteren Abschnitte der ‹Alten› Steinzeit. Lartet und Christy konnten jedoch nur vermerken, daß sie Ähnlichkeit mit denen aus den oberen Schichten von Kents Höhle hatten.

Den ersten wirklich erregenden Fund machten sie etwa vierhundert Meter flußaufwärts, bei Laugerie Haute, wo ein hohes, sehr weit ausgreifendes *abri* in ferner Zeit durch eine große, von der Klippe gefallene Felsplatte zum Tal blockiert worden war. Hinter dieser natürlichen Schranke lag eine gemütliche Höhle, die für den Steinzeitmenschen unwiderstehliche Anziehungskraft gehabt

.aben mußte, vielleicht noch größere für die Steinzeitfrau – und zwar jahr-.underteland, denn der Abfall menschlichen Bewohnens hatte sich über vier Meter hoch angesammelt. Als die Spaten der Arbeiter allmählich durch diese Ablagerungen gedrungen waren – sie ließen beim Ausgraben eine senkrechte Sektion stehen –, bot sich ihnen ein Anblick, der das Herz jedes Archäologen mit geologischem Verständnis erfreuen mußte: in dieser senkrechten Wand hoben sich als stratigraphisch klares Bild, wie Bänder, viele Schichten ab, die dunklen, fast schwarzen aus Asche, Holzkohle, Knochen, Muscheln, Feuerstein und verrotteten Abfällen, wechselnd mit hellen Schichten sterilen, vom Wind angehäuften Sandes und vom Regen gewaschenen Kieses – Beweise für Perioden, in denen die Höhle jahrelang oder jahrhundertelang unbewohnt geblieben war.

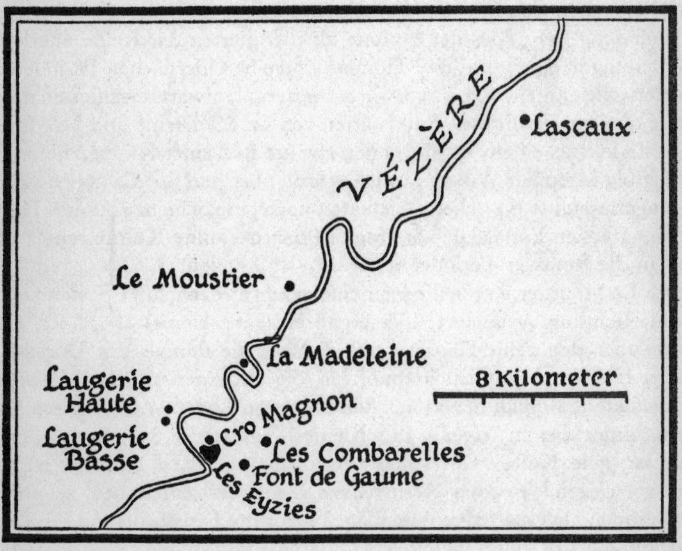

Abb. 4: Das Tal der Vézère im Périgord, wo die berühmten prähistorischen Fundstätten so dicht beieinanderliegen wie sonst nirgends auf der Erde.

Die sich häufenden Feuersteine und Knochen aus jeder dieser Schichten redeten, als man sie verglich, eine noch deutlichere Sprache. In den obersten Schichten lagen die gut gearbeiteten Feuerstein‹klingen› von derselben Art wie die im Oberteil von Kents Höhle gefundenen und zwischen ihnen die Knochen von Wildpferden und Renntieren. Unter diesen eine Schicht mit gröber geschärften Spitzen, Schabern und bearbeiteten Abschlägen. Beim Studium dieser Schicht verspürte Lartet zum erstenmal die wahre Entdeckerfreude, denn er erkannte sofort, daß diese Feuersteine von genau derselben Art waren wie die von ihm in der Höhle bei Aurignac, beinahe 200 Kilometer entfernt, gefundenen. Unter dieser Schicht lag eine dritte mit noch plumperen, offenbar aber noch ‹verwandten› Geräten. So konnten bereits nach der Arbeit eines Jahres drei deutlich abgegrenzte Kulturen festgestellt werden, durch die so weit auseinanderliegende Ausgrabungsstätten wie die im Süden von Frankreich und im Süden von England sich chronologisch in Verbindung bringen ließen. In stolzem Triumph durften Lartet und Christy ihre ersten Berichte vorlegen, der eine veröffentlicht in den *Comptes rendus*, der andere in den *Transactions of the Ethnological Society* von 1864. Nun waren die beiden Forscher schon so weit fortgeschritten, daß sie die Schichten nach ihrer Benennung in die Perioden des Renntiers, des Mammuts und des wollhaarigen Nashorns einteilen konnten, die zeitlich vor der der Polierten Steine lagen, die sie die Urochsen- und Bison-Periode nannten. Christy mit seiner ethnologischen Bildung sah freilich eine Klassierung nach der Art der Wohnstätten lieber und schlug, indem er die Feuersteine aus dem Kies der Somme als die ältesten der Reihe anerkannte, die Einteilung in eine Flut-, eine Höhlen- und eine Oberflächen-Periode vor.

Mittlerweile ging die Arbeit vorwärts. Weiter talaufwärts erschlossen die zwei Pioniere die jetzt berühmten Fundstätten von La Madeleine und Le Moustier. Bei La Madeleine, einem tief liegenden *abri* am Fuß einer Klippe, die an einer Flußbiegung in üppige Wiesen auslief, wurde über den für die oberste Schicht von Laugerie Haute typischen Artefakten noch eine Schicht erkannt. Die jetzt nach dieser ersten Fundstelle als Magdalénien bekannte Kultur gehört naturgemäß in die Renntier-Periode.

Durch Le Moustier wurde die Reihenfolge um zwei wichtige Stufen nach der anderen Richtung verlängert: hier ergab ein ganz kleines *abri*, hoch an den Hängen über den zehn Häusern mit Kirche, die damals das Dörfchen Le Moustier bildeten, eine Schichtenabfolge, die mit einer mageren Ablagerung von Artefakten, ähnlich denen aus den untersten Lagen von Laugerie Haute, begann. Unter diesem Niveau, durch eine breite sterile Schicht von ihm getrennt, lag eine Kultur von völlig verschiedener Art, charakterisiert durch kleine, vorwiegend aus den Kernstücken der Feuersteinknollen, seltener aus den von ihnen abgespaltenen Abschlägen geformte Faustkeile und Werkzeuge. Lartet und Christy sollten noch lernen, daß die Werkzeuge dieser Periode von einer Menschenrasse benutzt wurden, von deren einstiger Existenz man erst durch das acht Jahre vorher in Neandertal gefundene Skelett erfahren hatte. Aber sie müssen schon geahnt haben, daß sie sich einen anderen, primitiveren Menschentyp vorstellen mußten, als sie nämlich sahen, daß dieses kleine *abri* zu der Zeit, als sie dort gruben, nur etwa 1,35 Meter hoch war, nicht zu vergleichen mit den geräumigen Schutzwinkeln des späteren Menschen bei Laugerie und der Gorge d'Enfer. Le Moustier hatte noch eine Überraschung für sie: unterhalb der heute als Moustérien bezeichneten Schichten kamen sie an eine letzte Schicht mit Faustkeilen, die, wie sie sofort erkannten, vom gleichen Typ waren wie die aus dem Diluvialkies von Abbeville und Acheul geborgenen. Nun war die früheste und wichtigste aller Perioden in ihr System richtig eingegliedert.

Inzwischen hatten sie eine Kollektion von mehreren tausend sorgfältig klassifizierten Artefakten zusammengetragen und schon viele Kisten mit Musterstücken an Museen und wissenschaftliche Verbände in England und Frankreich gegeben. Der ganze Kreis der Altertumsforscher verfolgte ihre Ausgrabungen mit atemloser Spannung und erwartete ungeduldig die endgültige Bekanntgabe der Resultate. Und überall in Europa, wo Höhlen und Felsnischen entdeckt wurden, unternahmen die einheimischen Altertumsfreunde und Geologen selbst Ausgrabungen, in der Hoffnung, die Fundgebiete für Stücke aus den jüngeren Perioden der Vorgeschichte zu erweitern.

Jetzt aber traf die kleine Gruppe vortrefflicher Forscher ein dramatischer Schlag. Im April 1865 verließ Christy England, um wieder an den Ausgrabungen in der Dordogne teilzunehmen. Unterwegs begab er sich mit einer kleinen Schar von Geologen zu einigen bei Dinant in Belgien entdeckten Höhlen, um diese zu untersuchen. Während er dort arbeitete, zog er sich eine schwere Erkältung zu, bestand aber mit der bei ihm gewohnten Begeisterung darauf, weiter mitzureisen. Er traf sich mit Lartet und dessen Frau in Frankreich und machte mit ihnen eine lange Reise zu den Höhlen von La Palisse. Anstrengungen und Kälte forderten ihren Tribut: er bekam eine Lungenentzündung und starb Anfang Mai.

Erst 54 Jahre bei seinem Tode, hatte Christy in den letzten fünfzehn Jahren mehr Erfahrungen und Erfolge gewonnen, als es den meisten Menschen im Lauf eines langen Lebens gelingt. Obgleich seine zielbewußte Arbeit bei den Ausgrabungen im Périgord noch nicht halb vollendet war, stand sein Ruhm schon auf sicherem Grund.

Sein früheres Leben als Geschäftsmann hatte ihn gelehrt, mit der Möglichkeit des eigenen Todes zu rechnen. Er legte seinen Testamentsvollstreckern die Verpflichtung auf, die Fortsetzung der Forschungsarbeiten, denen er seine letzten Jahre gewidmet hatte, zu finanzieren, und den Bericht, dessen Zusammenstellung nun Lartet allein überlassen blieb, zur Veröffentlichung zu bringen.

Schweren Herzens setzte Lartet seine Ausgrabungen fort, jetzt nur noch unterstützt durch seinen 24jährigen Sohn Louis. Edouard Lartet sollte seinen Freund um kaum sechs Jahre überleben, doch es waren Jahre voll Erfolg und Ruhm. Der lange erwartete erste Teil des Berichts, an dem die beiden Forscher gemeinsam gearbeitet hatten, erschien, unter dem Namen beider, noch in Christys Todesjahr. Diese *Reliquiae Aquitanicae,* ein nach Inhalt, Format und Illustration so vollkommenes Buch, wie Christys Reichtum und Lartets Gelehrsamkeit es zustande bringen konnten, bestätigten der Wissenschaft, daß ihre Theorien auf der soliden Basis der tatsächlichen Entdeckungen und guter Beobachtung beruhten. Lartet, schon korrespondierendes Mitglied der Londoner *Geological Society,* wurde 1867 zum Präsidenten der *Société Géologique* von Frankreich gewählt. Zwei Jahre darauf wurde er zum Professor für Paläontologie am *Jardin des Plantes* in Paris ernannt. Knapp ein Jahr später, im Januar 1871, starb er als 69jähriger.

Zwei Jahre vor seinem Tode hatte er immerhin noch einen letzten, wenn auch nur indirekten Triumph erlebt, der gewiß die Bitternis ausgelöscht hat, die ihn bedrückt haben mag, weil man seine Interpretation der Skelette von Aurignac sechzehn Jahre lang kritisiert hatte. 1868 wurde die Eisenbahn nach Les Éyzies gelegt. Beim Bau der Bahnlinie kamen in dem *abri* von Cro-Magnon, kaum 200 Meter vom Dorf entfernt, menschliche Überreste ans Licht, zusammen mit den üblichen Tierknochen und Feuersteingeräten. Jetzt übernahm der junge Louis Lartet die Leitung der so unwissenschaftlich begonnenen Ausgrabungen. Im Hintergrund des Schutzraums (es soll die Stelle sein, wo sich das Badezimmer des heutigen, zum Teil unter dem Felsenhang gebauten Hotels Cro-Magnon befindet) fand er fünf Menschenskelette. Diesmal konnte es keinen Zweifel geben, daß sie aus dem gleichen Zeitalter stammten wie die Geräte von Aurignac, zwischen denen sie lagen. Nicht nur das, sondern es waren Überbleibsel einer menschlichen Tragödie. Die kleine Schar, eine Frau mit Kind sowie drei Männer, waren unzweifelhaft ermordet worden, die Frau durch einen unglaublich wuchtigen Schlag mit einem scharfen Instrument auf die Stirn. Sie lagen, wo sie hingefallen waren, mit ihren Werkzeugen, Waffen und Halsbändern aus durchbohrten Muscheln und Tierzahngehängen. Cro-Magnon präsentierte der Welt das erste Mordgeheimnis.

Zum erstenmal war es möglich, sich durch diese Skelette ein Bild vom Aussehen der Menschen zu machen, die in den späteren Phasen der Besiedlung in den Felsenhöhlungen des Périgord gelebt hatten. Und der Cro-Magnon-Mensch wurde eine Überraschung für die Anthropologen, die sich mit ihren vorgefaßten Meinungen zu buchstäblich auf Darwin stützten. Er war nicht im geringsten dem Affen ähnlich, im Gegenteil glich er mehr dem Menschen. Überdurchschnittlich groß – die Männer nahezu 2 Meter – hatte er eine breite, hohe Stirn, vorstehende Backenknochen und ein auffallend kräftiges Kinn. Seine Gehirnschale hatte ein größeres Fassungsvermögen als die des heutigen Europäers. War er der Vorfahr des heutigen Menschen – was man nun allgemein gelten ließ –, so muß er seit damals einen Degenerationsprozeß durchgemacht haben. Man könnte also mit Recht gewissermaßen von der ‹Herab›stammung des Menschen sprechen. Viele Jahre lang vertraten die Anthropologen lieber die Meinung, daß der Cro-Magnon-Mensch ausgestorben sei, ohne Nachkommen zu hinterlassen.

In den zehn Jahren seit Annahme des hohen Alters des Menschen (1859) bis zur Veröffentlichung über die Cro-Magnon-Skelette 1869 hatte das Wissen vom Paläolithikum eine entscheidende Wendung genommen. Obgleich Lartet die *Aquitanicae* bis zu seinem Tode nicht vollenden konnte, war von seinen Ansichten über das Paläolithikum genug veröffentlicht worden, um Klarheit zu schaffen. Er teilte es in drei deutlich getrennte Perioden: als erste die des Flußpferdes und des tropischen Elefanten, in die auch die Geräte aus dem Kies von St. Acheul und Abbeville gehörten. Westeuropa hatte ein warmes subtropisches Klima, und der Mensch führte in der üppigen Vegetation der breiten Flußtäler ein idyllisches Leben, indem er unter freiem Himmel jagte und schlief. Auf diese Epoche folgte die des Höhlenbären und des Mammut. Es war die Höhlenzeit von Le

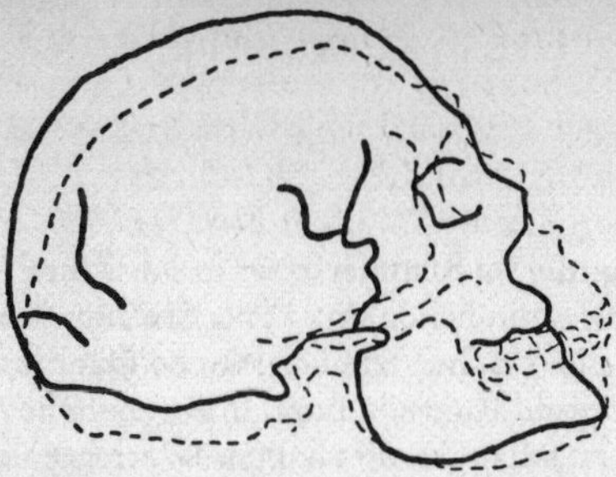

Abb. 5: Vergleichsbild der Schädel des Neandertal-Menschen (gestrichelte Linie) und des Cro-Magnon-Menschen (nach Bandi u. Maringer). Trotz der flachen Schale war das Gehirn des Neandertalers nicht kleiner als das unsere.

Moustier, eine kalte, rauhe Zeit mit einer Tierwelt, die arktische Temperaturen aushalten konnte. Wie der Bär, der Löwe und der Säbelzahntiger, hatte auch der Mensch sich in die Höhlen zurückgezogen, wo er mit Hilfe eines Feuers die bittere Kälte zu ertragen vermochte. Diese Periode extremer Kälte – später Eiszeit genannt – war sehr lang, sie ließ sich nur nach Zehntausenden von Jahren messen. Nach ihr begann als dritte die Renntierzeit. Der Mensch lebte zwar weiter in Höhlen und Felsenschutz, unterschied sich jedoch als Kreatur stark von dem unwissenden Wilden, der bei Anbruch des langen Winters in die schützenden Winkel gekrochen war. Es war die Periode von Laugerie und La Madeleine und der imponierenden Gestalten von Cro-Magnon. Jetzt hatte der Mensch einen Begriff von künstlerischen Formen, wie sich erweist an den in Knochen geritzten Bildern, von denen man in den Grotten von Périgord und den Pyrenäen immer mehr fand.

So ergab sich ein klares Bild vom allmählichen Fortschritt unter klimatischen Veränderungen von globalem Ausmaß, ein Bild, das im wesentlichen noch heute stimmt. In den folgenden Kapiteln werden wir sehen, wie es sich veränderte, ausgefüllt und mit mehr Einzelheiten versehen wurde. Aber Lartets Werk blieb bestehen: er hätte es zu jener Zeit und beim damaligen Status der Wissenschaft nicht besser machen können.

4 Die Weltausstellung

Die Weltausstellung, die im Sommer 1867 in Paris ihre Tore öffnete – die *Exposition Universelle* –, war die bis dahin größte. In ungeheuren Maßstäben angelegt – sie bedeckte eine Fläche von über 160000 Quadratmetern, zweimal soviel wie die 1851 im Crystal Palace in London abgehaltene Ausstellung –, soll sie zweieinhalb Millionen Dollar gekostet haben. So erregte sie denn auch das Aufsehen, das sie nach ihrer gigantischen Anlage verdiente und erregen sollte. Mehr als 43000 Aussteller waren hier mit ihren Waren vertreten, und fast sieben Millionen Besucher wurden gezählt.

Der Palast der Ausstellung war nach einem neuartigen, auch für Museen sehr empfehlenswerten Prinzip erbaut. Im Zentrum lag ein ovaler Garten, in dessen Mitte die ägyptische Regierung den Tempel aus der Frühzeit mit der Kolossalstatue von Chephren, dem Erbauer der zweiten Pyramide von Gizeh, rekonstruiert hatte. Rings um diesen Garten zogen sich konzentrisch angeordnete Galerien, jede einem bestimmten Thema der Ausstellung gewidmet: der Geschichte der Arbeit, den schönen Künsten, den Lebensmitteln, der Industrie, den Rohprodukten, den Maschinen und so weiter. Von der Mitte dieser Galerien liefen sternförmig Alleen mit den Namen der ausstellenden Länder aus, und auf dem Platz zwischen zwei Alleen befanden sich die Ausstellungsstücke eines Landes. So konnte der Besucher, wenn er eine der Galerien rundum durchschritt, die Erzeugnisse eines bestimmten Typs auf weltweiter Basis studieren, während er, wenn er nur zu einem der ‹Segmente› von innen nach außen oder umgekehrt ging, sämtliche Erzeugnisse eines bestimmten Landes betrachten konnte.

Für den Vorgeschichtsforscher wurde die Weltausstellung von 1867 zu einem Wendepunkt im Studium der Vorgeschichte. Wie das Jahr 1859 dadurch Bedeutung gewann, daß die Welt der Wissenschaft die Lehre vom Alter der Menschheit akzeptierte, so 1867 dadurch, daß auch der Durchschnittsmensch nun diese Tatsache anerkannte, also der, für den die Weltausstellung geplant war. Wie Glyn Daniel ausführte, ist bemerkenswert, daß 1851 auf der Ausstellung im Londoner Kristallpalast nichts Prähistorisches gezeigt wurde, dagegen 1867 ein großer Teil der inneren Galerie für die ‹Geschichte der menschlichen Arbeit› den prähistorischen Gegenständen gewidmet war. In jenem Jahr entwuchs die Vorgeschichtsforschung den Kinderschuhen.

Auch durch ein anderes Ereignis ist das Jahr erinnernswert. Im Zusammenhang mit der Ausstellung wurde in Paris ein Kongreß der Archäologen und Anthropologen abgehalten. In seiner Bezeichnung *Congrès International Préhistorique de Paris* wird zum erstenmal das neue Wort ‹prähistorisch› offiziell gebraucht. Daß es überhaupt geprägt wurde, zeigt deutlich die neue Bewertung der vor Beginn der Geschichtsschreibung liegenden Epochen. Waren bisher diese Zeitabschnitte gewissermaßen nur Tummelplatz für Spezialisten anderer

Zweige der Wissenschaft gewesen: für die Kuratoren historischer Museen, die Geologen, die Numismatiker, Ethnologen, Paläontologen und die große Klasse von Amateuren, die sich als Altertumsforscher bezeichneten, so war nun die Prähistorie eine gesonderte Wissenschaft, ebenso respektabel wie die Historie. Jetzt begegnen wir immer häufiger auf diesem Gebiet arbeitenden Leuten, die sich unzweideutig als Prähistoriker bezeichnen.

Fast alle zum Prähistorischen Kongreß delegierten Prähistoriker – viele von ihnen werden uns später begegnen – entdeckten in den Galerien der Ausstellung eine Menge für sie interessanter Objekte. Insbesondere zog der Abschnitt Frankreich sie an, mit der Halle ‹Gallien vor dem Gebrauch von Metall›. Hier fanden sie die Steinzeit bereits in mehrere Abschnitte unterteilt, mit dem Zweck, eine chronologische Folge zu zeigen, von den frühesten von Menschen benutzten Artefakten bis zu den spätesten Fertigwaren, die den Beginn der Bronzezeit ankündigten.

Den Ehrenplatz am Eingang hatte man einem Schaukasten gegeben, der die von Boucher de Perthes im Sommetal ausgegrabenen diluvialen Werkzeuge enthielt. Diese plumpen Faustkeile aus Abbeville und Acheul, die frühesten Arbeiten des Menschen als Werkzeugmacher, waren den Bewohnern des industriellen Europa noch so fremd, daß im offiziellen Ausstellungskatalog feierlich versichert wurde, jedes in dem Schaukasten enthaltene Gerät sei garantiert von Menschenhand gearbeitet. Es waren Stücke aus der alluvialen Periode des Quartär, der klimatisch gemäßigten Zeit, als sich die Kies- und Tonschichten in den großen Flußtälern absetzten. Im nächsten Kasten, der die erste Epoche der Höhlenzeit illustrierte, waren die wichtigsten Stücke die durch Lartet und Christy im Schutzwinkel von Le Moustier entdeckten: die kleinen Faustkeile und besonders die spitzen Geräte, bei denen eine Seite flach, die andere sorgfältig überarbeitet war, also die jetzt als charakteristisch für jenen Zeitraum anerkannten Stücke. Derselbe Kasten enthielt eine Auswahl von Gegenständen aus der berühmten Höhle von Aurignac – Knochen der Hyäne und des Nashorns sowie die typischen Abschläge und Schaber aus Feuerstein.

Weitere Kästen repräsentierten die zweite Höhlenperiode und enthielten den Rest der Fundstücke aus der Dordogne. Ein Sonderplatz war der Höhlenkunst gewidmet, den Serien der von Lartet und Christy bei Laugerie entdeckten Knochengeräte mit eingeritzten Tierfiguren und weiteren, von anderen Forschern in wachsender Zahl entdeckten, mit ähnlichen ‹Gravuren›. Die Tierwelt der Steinzeit war vertreten durch eine große Kollektion Knochen vom Nashorn, Flußpferd, vom Elefanten und Mammut, Moschusochsen und Renntier. Glanzpunkt war ein vollständiges Skelett von einem Höhlenbären, das freilich, wie nicht verschwiegen wurde, aus den Überresten von vielen Exemplaren der Gattung rekonstruiert worden war.

Auf der französischen Ausstellung wurde erstmalig die Periode des behauenen Feuersteins von der des polierten abgegrenzt, die man jetzt als Ältere und Jüngere Steinzeit unterschied. In der zweiten Hälfte der Halle wurden die handgearbeiteten und geglätteten Steinwerkzeuge gezeigt.

Während die Anordnung der prähistorischen Objekte der übrigen europäischen Länder klar erkennen ließ, daß man allgemein Thomsens Einteilung der ‹Drei Zeitalter› akzeptiert hatte, unterschied hier nur Frankreich zwischen den zwei Perioden der Steinzeit. Großbritannien, Italien, Spanien und Württemberg stellten ganz beachtliche Kollektionen von Handarbeiten aus dem Paläolithikum zur Schau. Viele Länder hatten die Ausbeute ihrer neuesten Forschungen hierhergesandt, und von den am Kongreß teilnehmenden Prähistorikern sah mancher hier zum erstenmal mit eigenen Augen die auf so berühmten Fundstellen wie den ‹Kjökkenmöddinger› von Meilgard in Dänemark und dem Seedorf Robenhausen in der Schweiz entdeckten Stücke, über die wir an geeigneter Stelle sprechen werden.

Die französische Abteilung war zweifellos die Krone der Schau. Ein Komitee unter Leitung von Edouard Lartet hatte sie arrangiert, doch der größte Teil der Arbeit, auch die Abfassung des amtlichen Katalogs für die prähistorischen Objekte auf der ganzen Messe, war dem jungen, energischen Sekretär des Komitees, Gabriel de Mortillet, zugefallen.

Louis Laurent Gabriel de Mortillet war erst kürzlich aus politischer Verbannung wieder in Frankreich eingetroffen. Geboren in Meylon bei Grenoble in den französischen Alpen, hatte er Maschinenkunde, Geologie und Paläontologie studiert, doch die Zeiten waren einem friedlichen Studium nicht günstig, denn Frankreich machte jetzt die wirtschaftlichen und psychologischen Nachwehen der Revolution und der napoleonischen Kriege durch. Drei Parteien rangen um die Macht: die eine stützte die alte Dynastie der Bourbonen, die von den verbündeten Siegern wieder auf den Thron gesetzt worden waren, die zweite trat für die Nachkommen des Kaisers Napoleon ein, während die dritte den erblichen Anspruch auf die republikanischen Ideale der Revolution verfocht. De Mortillet, ein vor seiner Zeit geborener Revolutionär, war überzeugter Atheist und Republikaner, der schon in seinen zwanziger Jahren die Kirche und die herrschende Partei in scharfen Schriften angriff. Er nahm aktiv an der Februarrevolution von 1848 teil, die der Monarchie der Bourbonen ein Ende setzte, doch in der Junirevolution, die, nur vier Monate später, den Weg für die Rückkehr von Louis Napoleon bereitete (der zuerst Präsident und später Kaiser Napoleon III. wurde), sah er sich auf der falschen Seite der politischen Trennungslinie. Bei den Massenprozessen, nach Unterdrückung der Revolution, wurde er, wegen Anstiftung zum Aufruhr durch eine Schrift, zu Gefängnis verurteilt, allerdings in absentia, da er bereits über die Grenze in die Schweiz geflohen war.

Doch schon vor diesen aufregenden Ereignissen war de Mortillet nicht weniger als mit seinen politischen Reformplänen auch durch ein Interesse an der Prähistorie aufgefallen, wie wir es bei Boucher de Perthes und den Mitarbeitern Pengellys beobachtet haben. Er hatte schon für mehrere Museen in seiner Heimatprovinz gearbeitet und dabei erkannt, wie dringend nötig es war, durch ein praktisches System Ordnung in den Wirrwarr der vielen Kuriositäten zu bringen, die damals den Inhalt der meisten Provinzmuseen bildeten.

In der Schweiz lernte de Mortillet das Thomsensche Prinzip der Drei Zeitalter kennen, das dort begeistert akzeptiert worden war. Doch erst im Jahre 1855 wurde sein Name bekannter. Er sollte noch der führende europäische Experte für Fragen des Steinzeitalters und einer der zwei besten Prähistoriker der Welt werden. Damals nahm er eine Stellung als Ingenieur bei einer Baufirma an, die in der Lombardei und den Hochalpen ein Eisenbahnnetz legte.

Man hat behauptet, daß der Aufstieg der Altertumsforschung zum Status einer anerkannten Wissenschaft im 19. Jahrhundert vorwiegend dem Bau von Eisenbahnen und Kanälen zu verdanken sei. Die dabei erforderliche Bewegung gewaltiger Erdmassen brachte interessante Entdeckungen, die der prähistorischen Datierung dienten, und steigerte das allgemeine Interesse an der Vorgeschichte wie an der Geologie. Gilt diese Behauptung auch nicht uneingeschränkt, so hat doch jedenfalls de Mortillet seine Chancen während der neun Jahre, in denen in Norditalien Berghänge durchschnitten und Dämme aufgeworfen wurden, voll ausgenutzt. 1860, ganz kurz nach der Veröffentlichung des Beweismaterials für die Existenz des Quartärmenschen in Nordfrankreich und Südengland, publizierte er zwei Abhandlungen über die Spuren des frühen Menschen in der Lombardei.

1861 veröffentlichte er noch eine Abhandlung mit dem Titel *Über die Existenz fossiler Menschen während der Eiszeit.* Auch hier wird erstmalig etwas festgelegt, was wir heute als selbstverständlich empfinden, nämlich: die Eiszeit wird ganz speziell mit dem Frühzeitmenschen in Verbindung gebracht.

Die Geschichte von der Sintflut hielt sich hartnäckig. Boucher de Perthes hatte fest geglaubt, daß der Sommekies, in dem er seine Feuersteine fand, bei einer Naturkatastrophe abgelagert worden sei, die den größten Teil Europas mit Wasser bedeckte. Bis weit in die 1850er Jahre vertraten die meisten Geologen entschieden die Meinung, daß eine oder mehrere solcher Überschwemmungen die größeren Strukturveränderungen in Europa seit der letzten großen Gebirgsformung am Ende der Tertiärzeit bewirkt hätten.

Diese Ansichten änderten sich beim intensiven Studium der Gletscherbewegung in der Schweiz. Dem Studium der Moränenformen, der langen Schübe wirr angehäufter Steine mit Schlamm am ‹Maul› und an den Kanten eines zurückweichenden Gletschers, folgte die Identifizierung der riesigen Grenzmoränen, die sich weit unten durch die Alpentäler ziehen, durch Skandinavien, Norddeutschland und die Britischen Inseln. Man konnte sie sich nur damit erklären, daß zu irgendeiner Zeit ein sehr großer Teil von Europa mit mächtigen Eisschichten bedeckt gewesen sein mußte, jedoch die tiefen Einschnitte der Flußtäler und sonstige natürliche Merkmale, mit denen bis dahin das Ereignis der Sintflut ‹erklärt› wurde, ebensogut durch das Abschmelzen der gewaltigen Eiskappen bewirkt sein konnten.

War das Eiszeitalter einmal als solches anerkannt, so wurde auch die Bedeutung der mit den Geräten aus dem Paläolithikum zusammen entdeckten mannigfaltigen Tierwelt offenbar. Lartets Flußpferdepoche mußte zu der halbtropischen Periode vor der Eiszeit, der Zeit der Vergletscherung, gehören, als

Mammut und Renntier vorherrschten; die Auerochsenepoche zu der auf den Rückgang des Eises folgenden Periode. Diese allgemein fixierte Reihenfolge ist bis heute, abgesehen von der Einschränkung, daß man nicht eine, sondern vier Eiszeiten als gegeben annimmt, unbestritten geblieben.

Im Jahre 1863 öffnete die Rückkehr zu einer liberalen Regierung in Frankreich für de Mortillet den Rückweg in sein Heimatland: im nächsten Jahr kam er nach 16jähriger Verbannung wieder. Sein Ruf als Prähistoriker war schon gefestigt und wurde noch fester im folgenden Jahr durch die Veröffentlichung seiner periodischen Berichte über die prähistorischen Forschungen in Frankreich, die nun vielfach unternommen wurden.

Die Zeit schrie nach einer Synthese. Nach den Entdeckungen, die de Perthes im Sommetal machte, hatte sich ein Schwarm begeisterter Altertumsforscher in alle größeren Flußtäler von Westeuropa gestürzt. Die Arbeit von Lartet und Christy im Périgord hatte sensationell begonnen, und schon betätigte sich ein zweiter Schwarm von Forschern, mit verdoppeltem Eifer, in anderen Höhlen und geschützten Winkeln von Österreich bis nach Portugal. Jeden Monat wurden neue Entdeckungen gemacht, und die neue Wissenschaft für Vorgeschichte geriet in Gefahr, in der Flut neuer, noch unverdauter Beweisstücke zu ertrinken. De Mortillets Veröffentlichung war ein Versuch, diese Unmenge neuen Wissens als Vorstufe zu einer vergleichenden Studie in mehreren Bänden zusammenzufassen. 1865 machte er bei einem Kongreß der italienischen Gesellschaft für Naturwissenschaften in Spezia einen anderen Vorschlag mit demselben Endziel: es sollten periodisch internationale Archäologenkongresse abgehalten werden, um die Ergebnisse aus den verschiedenen Ländern der Welt zu werten, zu vergleichen und zu besprechen. Sein Vorschlag wurde mit Begeisterung angenommen und ein Jahr später der erste Kongreß, unter der Bezeichnung *Internationaler Paläo-ethnologischer Kongreß*, in Neuchâtel in der Schweiz abgehalten. Der zweite, mit dem nicht ganz so gewichtigen Titel *Prähistorischer Kongreß*, fand 1867, gleichzeitig mit der Weltausstellung, in Paris statt.

Es lag nahe, de Mortillet zum Sekretär des Komitees zur Organisation des Kongresses und der Ausstellungsgalerien zu wählen, nicht allein, weil er der einzige stets über die neuesten Fortschritte der französischen Vorgeschichtsforschung genau unterrichtete Mann war, sondern weil er auf langjährigen Reisen auch die Entdeckungen und die Entdecker in den Ländern von halb Europa kennengelernt hatte. Auch als Mann in mittleren Jahren hatte er von der Energie und dem Enthusiasmus, der ihn in die Revolutionspartei führte, nichts eingebüßt. Seine Grundsätze hatten sich nicht geändert. Er würzte die Berichte von neuen paläolithischen Entdeckungen in seiner Zeitschrift mit Attacken gegen die Geistlichkeit und mit politischen Artikeln. Aber so unnachgiebig er in Fragen der Politik war, hatte er vor ehrlich vertretenen Ansichten auf dem Gebiet der Prähistorie den größten Respekt und vermochte sich mit den größten Gelehrten Europas freundlich zu verständigen, auch wenn sie anderer Meinung waren als er. Sein entwaffnendes Lächeln und sein nie versagender Humor waren für den Sekretär eines internationalen Kongresses unentbehrliche Vorzüge.

Als die Ausstellung ihre Tore schloß und der Kongreß sich Ende August auflöste, hatte de Mortillet allgemeine Anerkennung als Prähistoriker höchsten Ranges in Frankreich, wenn nicht in Europa gewonnen. Fast selbstverständliche Ergebnisse dieser Anerkennung waren: seine im nächsten Jahr erfolgende Ernennung zum Direktor des erst kürzlich gegründeten Prähistorischen Museums von Paris, in St. Germain, und die Berufung als Professor der Schule für Anthropologie im Jahre 1876.

In den dreißig Jahren, die de Mortillet das Museum in St. Germain leitete, bis zu seinem Tode, schrieb er immer wieder Serien von Aufsätzen, in denen er den jeweiligen Stand der wissenschaftlichen Erkenntnisse über die Alte Steinzeit kritisch würdigte.

Schon früh erkannte er die Nachteile von Lartets Einteilung des Paläolithikums in die der jeweils vertretenen Tierwelt entsprechenden Perioden. Die Menge der Tierarten variiert im Ausmaß mehr als die handwerkliche Arbeit des Menschen, während besonders die in den Höhlen gefundenen tierischen Überreste nur eine beschränkte Auswahl bieten. Ihr Vorhandensein kann ebensosehr vom Geschmack, den Gewohnheiten und den Jagdfähigkeiten der Höhlenbewohner sprechen wie von der tatsächlich in jenem Gebiet damals einheimischen Tierwelt. De Mortillets Anordnung der Ausstellungsgalerien zeigt den ersten Versuch, zu einer Klassifizierung anderer Art zu gelangen. Seine Einteilung in Perioden nach der Art der Wohnstätten, in die alluviale und die Höhlen-Epoche, war ebenso bestreitbar. Dieselben Gruppen von Jägern hätten sehr wohl während des Sommers in den alluvialen Tälern und im Winter in Höhlen hausen können. Kurz vor dem französisch-preußischen Krieg, 1869, veröffentlichte er seine erste Klassifizierung. In seinem neuen System benannte er die Perioden nach den typischen Wohnstätten, eine neutrale Nomenklatur, durch die ganze Serien von Namen eingeführt wurden, die heute allgemeingültig sind. Lartets Flußpferd-Periode wurde zum Chelléen, nach einer Fundstelle im Tal der Marne, an ihrer Mündung in der Nähe des Marktfleckens Chelles bei Paris. Die Mammut-Periode wurde in zwei Phasen unterteilt, beide nach Lartets eigenen Entdeckungen benannt: das Moustérien nach dem *abri* von Le Moustier, und das Aurignacéen nach der berühmten Höhle von Aurignac. Ähnlich wurde die Renntier-Epoche in das Solutréen und das Magdalénien geteilt.

In späteren Veröffentlichungen de Mortillets, aus den Jahren 1872, 1883 und 1889, erschienen gewisse Änderungen, doch grundsätzlich wurde das System beibehalten. Hinzu kam das Acheuléen, als Übergangsperiode vom Chelléen zum Moustérien. Das Aurignacéen wurde als Übergangszeit vom Moustérien zum Magdalénien gestrichen, da das nicht zutrifft. So blieb das Solutréen gleichsam in der Luft hängen, und zwar bis heute. Ein neues wesentliches Charakteristikum war nur die Einschaltung einer weiteren Periode vor dem Chelléen, das Zeitalter des Affenmenschen und der Eolithen. Eolithen – ‹Geräte der Morgenröte› – nannte man gewisse Feuersteine, die in den 1870er Jahren immer wieder von begeisterten Geologen auf den Kongressen für Prähistorie vorgelegt wurden. Sie waren viel plumper in der Form als die Faustkeile aus dem Chelléen, und oft ließ sich schwer entscheiden, ob Menschen oder Naturvorgänge, Frost oder Wasser sie so geformt hatten. Eins war ihnen gemeinsam: sie stammten aus Schichten, die geologisch weit älter waren als die mit den bisher anerkannten ältesten Werkzeugen. Manche reichten bis weit ins Tertiär zurück.

Eolithen erschienen erstmalig auf dem Kongreß von 1867, entdeckt vom Abbé Bourgeois im Tal der Loire, und während der nächsten zehn Jahre wurden über die Echtheit der tertiären Feuersteine ebenso erbitterte Kontroversen ausgetragen wie ehedem über die von Boucher de Perthes entdeckten Werkzeuge aus dem Quartär. Viele Sammlungen solcher Eolithen wurden angelegt und auf späteren Kongressen gezeigt, ein Teil von ihnen aus beinah unvorstellbar frühen Zeiten. Es wurde ersichtlich, daß die ersten von Menschen benutzten Feuersteine in jedem Fall ganz zufällig gefundene Bruchstücke gewesen sein müssen, und es schien keinen Weg zu geben, um diese von den gleichermaßen zufälligen, aber vom Menschen gar nicht benutzten zu unterscheiden. Allmählich jedoch, als man über die Frage auf mehreren Kongressen diskutiert und eine Kommission nach der andern sich damit befaßt hatte, kam man auf vier Richtlinien zur Beurteilung der vermutlichen Echtheit dieser Stücke. Erstens mußten sie von einem Ort stammen, der sich genau in eine Periode datieren ließ, die vor der mit den frühesten Artefakten des Chelléen lag. Zweitens mußten sie sich nach Größe und Form bequem für den Gebrauch in der Hand eignen oder Merkmale haben, an denen ihre Nachschärfung zu erkennen war, oder beides. Drittens sollten sie Gebrauchsspuren aufweisen, und viertens sollte eine gewisse Anzahl von ihnen aus demselben Gebiet und der gleichen Schicht stammen.

Bei Anwendung dieser Grundsätze waren die Kongresse von 1872 und 1876 in der Lage, die französischen Entdeckungen zum Teil als Beweis für die Existenz des Werkzeuge benutzenden Menschen im späten Tertiär und frühen Quartär zu akzeptieren. Demgemäß fügte de Mortillet 1883 in seinem großen Werk *Le Préhistorique* eine weitere Periode in sein System, nämlich das vor dem Chelléen rangierende ‹Thenaisien›.

Während dieser Zeit wurde die Erforschung der späteren paläolithischen Epochen mit ungemindertem Schwung fortgeführt. Vor allem in den Pyrenäen und dem Périgord wurden zahllose Fundstätten erschlossen, aus denen sich eine ungeheure Menge Material anhäufte, das die Kenntnis vom Leben in den fernen Eiszeitaltern beträchtlich erweiterte. Besonders erwähnt werden sollte Massénats Entdeckung auf Lartets altem Terrain bei Laugerie Basse im Périgord. Dort fand er 1872, nur achtzehn Monate nach dessen Tode, die erste zweifellos echte paläolithische Begräbnisstätte, aus der Epoche des Cro-Magnon-Menschen: das auf der Seite liegende Skelett eines Mannes, der eine kunstvoll aus durchbohrten Muscheln gefertigte Halskette trug. Noch viele ähnliche Gräber wurden später erschlossen, zuletzt 1937. Alle Skelette waren reich ausgestattet mit Schmuckstücken aus Tierzähnen und Seemuscheln, und viele bedeckt mit einer Schicht roten Ockers, vielleicht in der Hoffnung aufgetragen, daß diese blutrote Farbe irgendwie in einem späteren Leben als Ersatz für das lebenspendende wirkliche Blut dienen würde, das nach dem Tode im Körper verblaßte.

In der ganzen Zeit behielt de Mortillet sein einzigartiges Renommee als Prähistoriker, wirkte als erfahrener Vizepräsident bei jedem der jährlich stattfindenden internationalen Kongresse, für deren Abhaltung er sich besonders eingesetzt hatte, und zog eine ständig wachsende Zahl von Studenten auf die Anthropologenschule und in sein Museum in St. Germain. Währenddes aber vernachlässigte er keineswegs seine politische Tätigkeit. Viele Jahre lang war er Bürgermeister von St. Germain und wurde 1885 als Abgeordneter für das Departement Seine-et-Oise ins Parlament gewählt. In diesem Amt war er, wie bisher immer, einer der furchtlosesten Verfechter des republikanischen Gedankens.

Bei der Enthüllung eines Denkmals für de Mortillet, den großartigen Prähistoriker von St. Germain, einige Jahre nach seinem Tode, formulierte sein alter ‹Kampfgefährte› Monsieur Berteaux, damals Kriegsminister, einen passenden Nachruf: ‹Sein Leben war der Suche nach der Wahrheit geweiht, im Reich der Wissenschaft und in der Politik.›

5 DIE BEMALTEN HÖHLEN: ALTAMIRA

SEÑOR Don Marcelino Santiago Tomás Sanz de Sautuola war ein spanischer Edelmann der alten Schule, Sproß einer vornehmen Familie in Santander, in der Provinz Montaña an der schönen Nordküste Spaniens. Als Besitzer großer Liegenschaften bei Puenta San Miguel, etwa dreißig Kilometer vom Herrenhaus der Familie in Santander entfernt, war er geldlich unabhängig und hatte außer Reichtum und edler Abstammung noch ein drittes Aktivum aufzuweisen: er war kultiviert und pflegte vielseitige Interessen. Neben der Bewirtschaftung seiner Ländereien betätigte er sich auch literarisch und verfaßte kluge Artikel über die Akklimatisierung des Eukalyptusbaumes, den er als einer der ersten nach Spanien importierte. Seine Bibliothek war großartig, und seine berühmte Sammlung genealogischer Daten der Adelsfamilien von Montaña wurde weithin für Informationen benutzt. Für uns wichtiger sind seine umfassenden Kenntnisse von der Geologie und alten Monumenten in seiner Provinz, Kenntnisse, die er durch Exkursionen in seinem Heimatland ständig bereicherte. Nie versäumte er, wenn er nach Madrid oder in andere Großstädte Spaniens und der europäischen Länder kam, die bedeutendsten Museen und geologischen Sammlungen aufzusuchen. So ergab sich wie selbstverständlich, daß er schon als junger Mann zum Leiter der Landwirtschaftsausstellung 1859 in Valladolid erkoren und 1872 als Vizepräsident in den Denkmalsausschuß für das Gebiet Santander berufen wurde.

Wir lernen Don Marcelino de Sautuola am besten von den Porträts im höheren Lebensalter kennen. Schlank, athletisch gebaut, das Haar aus der breiten Stirn zurückgekämmt, wirkt er übertrieben herrisch mit seinem buschigen Backenbart und dem dicken Schnurrbart, der das feste Kinn und die geraden Brauen betont und den humorvollen Mund fast verbirgt.

Zu der Zeit jedoch, als unser Bericht beginnt, 1868, nahm Don Marcelino, im Alter von 37 Jahren, erst allmählich, mit den Verantwortungen als Ehemann und Vater, diese Herrschergebärde an, die wir später bei ihm entdecken.

Im Jahre 1868 hatte ein Jäger, der einem Fuchs nachpirschte, ganz in der Nähe von Don Marcelinos Haus, am Abhang des Kalksteinhügels Altamira, seinen Hund verloren. Wie der Name andeutet, gestattet der Hügel Altamira, obwohl er nicht sehr hoch ist, einen weiten Ausblick über das wellige Ackerland, das die pittoreske mittelalterliche Stadt Santillana del Mar umgibt. Die Landschaft dort ist, wie der Hügel selbst, mit kurzem Gras bedeckt, das wie gepflegter Rasen aussieht, während der Kenner weiß, daß hier nur eine dünne Humusschicht über dem Kalksteinboden liegt. Abwechslung bringen in die Szene zahlreiche Steinmauern, vereinzelte olivengrüne Bäume und gelegentlich ein Bauernhaus aus grauem Stein mit rotem Ziegeldach. Der Ausblick wird sich, seitdem vor über achtzig Jahren der Hund des Jägers bei einem Felsbuckel auf dem

Hügel in eine Spalte fiel und verschwand, kaum sehr geändert haben. Der Jäger hatte voll Sorge gewartet, doch sein Hund kam nicht zurück. Er rief und pfiff vergeblich. Als er endlich sein Ohr an die Felsspalte legte, konnte er den Hund hören. Sein Wimmern und Bellen erweckte eine Resonanz, die auf gewaltige Hohlräume innerhalb des Hügels schließen ließ.

Da der Hund offenbar ohne Hilfe nicht wieder herauskommen konnte, fing der Jäger an, mit bloßen Händen an dem Haufen von Steinen am Fuß des Felsbuckels zu zerren und zu schieben. Allmählich gelang es ihm, die Spalte, in die der Hund geraten war, zu erweitern. Er blickte in undurchdringliche Schwärze. Mit Mühe räumte er noch mehr Steine aus dem Weg, bis er Kopf und Schultern durch das Loch zwängen, seinen Hund beim Genick packen und ihn an der Felsenwand, die das Tier allein nicht zu erklimmen vermochte, emporziehen konnte. Obgleich Höhlen in der Gegend von Santillana nichts Besonderes waren, konnte der Jäger hier seinem Forscherdrang nicht widerstehen. Nachdem er sich noch überzeugt hatte, daß ihm kein Felssturz den Rückzug versperren konnte, kroch er durch die Lücke und ließ sich auf den Boden der Höhle gleiten. Die geräumige ‹Vorhalle› war durch Gesteinsmassen blockiert, und bei dem schwachen Licht, das durch den Spalt hinter ihm einfiel, konnte er nicht weit kommen. Immerhin erkannte er, daß die Höhle sehr groß war. Er kehrte ins Tageslicht zurück und berichtete in seinem Dorf von der Entdeckung.

Anscheinend hat dann sieben Jahre lang niemand mehr die Höhle betreten, bis 1875 ein auf de Sautuolas Gut ansässiger Landmann seinem Señor, dessen Vorliebe für Geologie und Naturdenkmäler ihm bekannt war, davon erzählte. Don Marcelino, der interessiert zugehört hatte, begab sich wenige Tage später mit zwei Arbeitern nach dem nur zweieinhalb Kilometer entfernten Altamira. Gemeinsam erweiterten sie den Eingang und gingen hinein, diesmal mit Fackeln. Nun war zu erkennen, daß der Eingang ursprünglich ein breiter Spalt unter einer Felskuppel gewesen war und der Boden innen steil abfiel, bis zu einer Stelle, wo man aufrecht stehen konnte. De Sautuola sah, daß es nötig war, mehrere große vom ‹Dach› abgestürzte Felsblöcke zu entfernen, wenn sie tiefer in die Höhle eindringen wollten, denn er konnte durch die Risse zwischen den Blöcken sehen, daß die Höhle so tief war, wie das Licht der Fackeln reichte.

Beim Vorgraben um die Felsblöcke, die sie beiseite schieben wollten, entdeckte er zu seiner Freude beträchtliche Mengen von Knochen, viele der Länge nach in einer Weise gespalten, wie er bisher noch keinen gefunden hatte. Da er sowieso einige Tage später nach Madrid reisen mußte, nahm er die Exemplare mit und zeigte sie seinem Freund Don Juan Vilanova y Piera, der Professor für Geologie an der dortigen Universität war. Vilanova identifizierte sie als Knochen vom Bison, vom wilden Pferd und dem ausgestorbenen Riesenhirsch und erklärte, daß Menschen diese Knochen gespalten hätten, um das Mark aus den Knochen zu gewinnen.

Es vergingen jedoch noch vier Jahre, bis de Sautuola wieder nach Altamira kam. In dem sicheren Gefühl, eine eigene prähistorische Fundstätte sozusagen vor der Haustür zu haben, durchforschte er in diesen vier Jahren erst andere spanische Höhlen und informierte sich über die für Höhlengrabungen zweckmäßigste Methode. Im Jahre 1878 besuchte er die 2. Weltausstellung in Paris, wo die Sammlungen von Gegenständen aus den Höhlen und Schutzwinkeln des Périgord ihm gewaltig imponierten: die Schaber, Pfeilspitzen, Messer und Bohrer aus Feuerstein, die in gleichen Schichten mit Knochen von genau denselben Tierarten gefunden worden waren wie bei Altamira, und genau so gespalten. Von doppeltem Eifer erfüllt, kehrte er auf seinen Besitz zurück, entschlossen, seine Ausgrabungen baldmöglichst weiterzuführen.

Im folgenden Frühjahr fing er entschlossen an, zu arbeiten, indem er hindernde Felsstücke über dem Eingang entfernte, sorgsam die Erde aushob und sich allmählich in die Tiefe der Höhle vorarbeitete. Seine Anstrengungen wurden fast sofort belohnt. Gemischt mit den Knochen und Zähnen von Hirsch, Pferd und Bison sowie den Schalen von Austern und anderen großen Weichtieren fand er ein reiches Lager von Feuersteinwerkzeugen, insbesondere auch die für die Kultur im Magdalénien typischen Messerklingen, und außerdem viele Pfrieme und Nadeln aus Knochen.

In zahlreichen Muscheln sah er innen anscheinend verkrustete Ablagerungen eines schwarzen oder dunkelroten Farbstoffs, und Klumpen derselben Substanz zwischen den Behausungsabfällen.

Etwa fünfzig Meter vom Eingang, wo die Höhle sich zu einer hohen Halle öffnete, entdeckte er den niedrigen Eingang zu einer nach links führenden Nebenhöhle, doch vor Ausgrabung dieser zweiten Kammer untersuchte er in aller Eile die Haupthöhle bis in die Tiefe. In dieser Entfernung vom Eingang aus, der die einzige Lichtquelle bildete, gab es wenig oder gar keinen Behausungsschutt. Bei einem Rundgang machte de Sautuola noch zwei höchst bemerkenswerte Entdeckungen. Die eine, in den hinteren Winkeln der Höhle, war das vollständige Skelett eines Höhlenbären, jener riesigen kampfwütigen Bestie, die doppelt so groß wurde wie der Grizzlybär, der in Urzeiten der ernsteste ‹Konkurrent› des Menschen gewesen war, wenn es galt, Plätze aufzustöbern, an denen man sich gegen das rauhe Klima der Eiszeit schützen konnte. Die

Abb. 6: Plan der Höhle von Altamira. Wandzeichnungen wurden in der Höhle überall entdeckt. Die großartigen Bilder vom Wisent befinden sich an der Decke der ‹Sixtinischen Kapelle› (A).

zweite Entdeckung bestand aus gewissen schwarzen Zeichen an der Wand der Höhle, die de Sautuola nicht sonderlich beachtete.

Er wandte sich nun der Seitenhöhle zu. Der Eingang war sehr niedrig, Fußboden und Decke fielen schräg ab, und die Raumhöhe betrug höchstens ein Meter. Auch ein Stück hinter dem Eingang waren Boden und Decke noch schräg, doch fünf bis sechs Meter weiter verlief die Decke horizontal, während der Boden noch abschüssig blieb. Hier konnte ein Mensch in der Mitte einer ungefähr rechtwinkligen Kammer von etwa zwanzig mal sechseinhalb Meter Größe gerade aufrecht stehen. Der Fußboden bestand, wie de Sautuola sofort bemerkte, aus Erde, die geschwärzt war von der Asche der Lagerfeuer, und war voll von Knochenbruchstücken und Schalen, die ihm zeigten, daß hier Menschen gewohnt hatten. Nach hastiger Untersuchung der Kammer ging er wieder zum Eingang, wobei er sich unter dem niederen Dach tief bücken mußte, und begann, methodisch zu graben. Alle Knochenstücke und Feuersteine, die er fand, tat er in einen Beutel, um sie später im Licht der Sommersonne genauer zu prüfen.

Mehrere Tage grub er geduldig. Als er dann eines Tages vor seinem Gutshaus bei Puenta San Miguel wieder sein Pferd bestieg, um zur Höhle zu reiten, bat seine zwölfjährige Tochter Maria, ihn begleiten zu dürfen. Da er annahm, daß ihr bei der Kälte und Dunkelheit in der Höhle das Zuschauen bald langweilig sein würde, erlaubte er ihr, mitzukommen. Und wirklich verlor die kleine Maria bald die Lust, untätig zuzusehen, wie er zwischen Steinen in der Erde kratzte und haufenweise Feuersteinbrocken und schmutzige alte Knochen beiseite legte. Sie wanderte in der Höhle umher, soweit es das Licht der Lampe gestattete. Plötzlich kam sie über den holprigen Boden zu ihm zurückgelaufen. Ihre dunklen Locken hüpften, ihre Augen funkelten vor Aufregung. «Papa, Papa», rief sie, *«mira, toros pintados!»*

«Wo?» fragte er nachsichtig, in dem Glauben, das Kind habe sich eingebildet, im Zwielicht einen Schatten zu sehen, der dem Abbild eines Stieres glich. Atemlos wies Maria nach oben, und als sein Blick ihrem Finger folgte, wippte er vor Erstaunen auf den Hacken. Die Höhlendecke, unter der er unzählige Male hin und her gekrochen war, ohne sie besonders beachtet zu haben, war nach allen Seiten hin bedeckt mit Bildern von großen gehörnten Tieren. Rot, braun und schwarz koloriert, schienen sie sich in der matten Beleuchtung plastisch von der Decke abzuheben. Als er das Licht seiner Lampe voll gegen die Decke strahlen ließ, merkte er, daß es tatsächlich Malereien waren.

In die natürlichen Vorsprünge und ungleichen Vertiefungen des Gesteins war mit größtem Geschick eine vielfältige Tierwelt gemalt, eine ganze Herde wilder Tiere von Arten, die der Señor, obwohl begeisterter Naturforscher und Jäger, gar nicht kannte. Eins aber erkannte er sofort: daß sie von einem Künstler gestaltet waren, der sie selbst gesehen und gekannt haben mußte – diese Tiere, die aus den Ebenen und Gebirgen Spaniens schon vor unzähligen Jahrhunderten verschwunden waren.

Während er langsam den Blick über die ganze Ausdehnung der Höhlendecke schweifen ließ, packte ihn vor Aufregung und Erstaunen beinah das Fieber. Fast lückenlos war sie mit Bildern ausgefüllt. In der Nähe des Eingangs sah er eine Gruppe von über zwanzig Tieren in voller Größe und den natürlichen Farben, offenbar alle von demselben Künstler gemalt. Mit drei Ausnahmen – einem grimmigen grauen Eber, einem wilden Pferd und einem großen Reh – waren alles Bisons, dargestellt in jeder Haltung: schlafend, stehend, laufend und grasend. Die Farben wirkten so frisch, als seien sie eben erst aufgetragen, und traten um so klarer hervor, je weniger direktes Licht auf sie fiel. Als de Sautuola, der sich auf den Rücken gelegt hatte, um die ganze Szene zu erfassen, die Lampe mit der Hand beschattete, wurde die Höhlendecke gleichsam lebendig, die Figuren schienen sich im Flackern der Azetylenlampe so zu bewegen, daß der Betrachter glauben konnte, sich inmitten einer rastenden Herde dieser ausgestorbenen Tiere zu befinden.

Am Abend stiegen ein sehr aufgeregter, fast exaltierter Vater und seine Tochter in San Miguel vom Pferd. Schon am nächsten Tage reiste Don Marcelino nach Madrid, um Vilanova die Neuigkeit zu bringen. Der Geologieprofessor konnte zuerst die Kunde von einer so ungeheuerlichen Entdeckung kaum fassen und vermutete stark, daß sein Freund übertrieb. Er fuhr jedoch mit ihm zusammen nach Altamira, und ein einziger Blick auf die bemalte Felsendecke genügte, um ihn zu überzeugen, daß der Bericht eher zu schwach als übertrieben gewesen war. Gemeinsam durchforschten nun der Geologe und der Edelmann systematisch die ganze Höhle, indem sie den Untergrund, aus dem die ersten Entdeckungen stammten, außer acht ließen und sich auf die Wände und Decken konzentrierten.

Bei jedem Schritt kamen neue Wunder ans Licht. Sie erkannten, daß mit der Bisongruppe frühere Bilder übermalt worden waren, primitive, mit Holzkohle auf weißen Kalkstein gezeichnete Bilder. An der anderen Seite derselben Kammer, zwischen zwei lebensgroßen Gemälden von wilden Pferden, waren drei Abdrücke menschlicher Hände zu sehen. Eine Hand war mit Farbe überzogen und so gegen die Decke gedrückt worden, bei zwei anderen hatte jemand offenbar seine Hände ans Gestein gepreßt und sie dann mit Farbe umrandet. Da alle drei linke waren, war der Maler vermutlich rechtshändig gewesen.

Im Hauptraum der Höhle war die Decke kahl, gewiß weil sie zu hoch war, um sie vom Boden aus zu bemalen. Doch überall, wo sie glatt war und ein gewandter Mann, wenn er die schlüpfrige, schräge, von Stalagmiten überzogene Fläche hinaufklomm, sie erreichen konnte, sah man Tierbilder, teils mit einem spitzen Werkzeug eingeritzt, teils nur als Konturen in Holzkohle. An einer Stelle, wo die poröse Wand früher halbweich wie feuchter Zement gewesen sein mußte, waren mit menschlichen Fingern vielfach verschlungene Muster von parallelen Rillen eingedrückt. In der Mitte dieses Ornaments ein großer Bisonkopf, dessen Hörner, Augen und Maul auch durch solche Rillen angedeutet waren.

Bei jeder neuen Entdeckung wuchs die Erregung der beiden Gelehrten. Begann doch hier ein vollständig neues Kapitel der Kunstgeschichte! Gewiß haten Lartet und andere Forscher in den Schichten des Magdalénien in der Dordogne und den Pyrenäen eine Anzahl in Knochen geschnitzter Bilder entdeckt, und gewiß war der große Fachmann Gabriel de Mortillet ein Jahr zuvor für die Echtheit dieser Gravuren eingetreten. «Sie sind nicht das Werk von Kindern, stellen aber die Kindheit der Kunst dar», hatte er gesagt. Immerhin war es ein weiter Weg von den winzigen Knochenfragmenten bis zur bemalten Höhlendecke von Altamira. Hier befand sich die Kunst nicht mehr in den Kinderschuhen, sondern war das Werk eines Meisters, der die Möglichkeiten und Grenzen seiner Ausdrucksmittel genau kannte und Sinn für Form und Farbe besaß. Ein Mensch, der die Bezeichnung Genie verdient hätte, ungeachtet des Zeitalters, in dem er lebte. Dabei waren die Gemälde vermutlich zehntausend Jahre alt, oder noch älter.

In der ganzen Höhle lagen die im Magdalénien gebräuchlichen Werkzeuge unmittelbar unter dem Boden, und nirgends fand man das kleinste Anzeichen, daß seit der Älteren Steinzeit und ihrer Wiederentdeckung, jetzt im Jahre 1868, Menschen sie betreten hatten. Das Beweismaterial war überwältigend. Die Gemälde mußten noch aus dem Paläolithikum stammen.

Auf Anraten Vilanovas begann Don Marcelino einen ins einzelne gehenden Bericht über seine Entdeckung zu schreiben, beging aber dabei einen verhängnisvollen Fehler. Er brauchte für seine Schrift genaue Zeichnungen von den Fresken und den in der Höhle gefundenen Geräten aus Stein und Knochen und glaubte, den richtigen Mann für diese Arbeit zu wissen. Mit echt spanischer Großzügigkeit hatte er unlängst einen verarmten, tauben Maler, unterstützt, einen in der Nachbarschaft gestrandeten Franzosen. Diesem übertrug er nun die Aufgabe, die Zeichnungen für seinen Bericht zu machen. Im Jahre 1880 erschien das Werk, eine nüchterne, gelehrte Beschreibung der Höhle und der Ausgrabungen. Der Titel *Breves apuntes sobre algunos objetos prehistóricos de la provincia de Santander* ließ keinen Schluß auf den epochemachenden Inhalt zu. Nach genauer Beschreibung der Geräte aus Feuerstein und der Reste von Tieren und Mollusken, wurden im zweiten Teil des Buches die Gemälde beschrieben, sachlich und ohne Übertreibung. Alles unübertrefflich exakt und wissenschaftlich tadelfrei.

Don Marcelino de Sautuola wäre es wohl nie in den Sinn gekommen, daß jemand den Bericht eines spanischen Edelmannes in Zweifel ziehen könnte, schon gar nicht, wenn ein Professor der Geologie ihm sekundierte. Und doch geschah das. Die Veröffentlichung wurde anfangs mit Unglauben empfangen, später mit Verachtung, Spott und Zorn abgelehnt. In den wissenschaftlichen Kreisen hielt man einhellig diesen Entdecker für einen Betrüger und Scharlatan. Wie Dr. Jesús Carballo es in seinem Rückblick auf jene Periode ausdrückte: ‹Der primitive Mensch war kaum mehr als ein Gorilla, unfähig einer Auffassung von Künsten oder Wissenschaften... Im übrigen: wie will man glaubhaft machen, daß mit pulverisiertem Ocker gemalte Bilder Tausende von Jahren in einer tiefen, feuchten und stockdunklen Untergrundhöhle erhalten bleiben konnten?›

Der Hauptgegner des Entdeckers von Altamira war Cartailhac, Professor für Prähistorie an der Universität Toulouse. Er machte sich nicht einmal die Mühe, die vierhundert Kilometer von Toulouse nach Santander zu reisen, um die Gemälde selbst zu studieren, sondern erklärte die Sache rundweg für Betrug. Zur ersten wirklichen Besichtigung des Fundorts kam ein beim Bau der Eisenbahn in den Hautes Pyrénées tätiger französischer Ingenieur, Edouard Harlé, der als Paläontologe wohlverdientes Ansehen genoß. Auf Ersuchen einer wissenschaftlichen Gesellschaft in Frankreich reiste er nach Santander, um de Sautuolas Behauptung nachzuprüfen. Hier hörte er, daß bei dem Spanier einige Zeit vor Bekanntwerden der Entdeckung ein französischer Maler gewohnt hatte.

Das sagte ihm genug. Sofort fuhr er nach Frankreich zurück, um darüber Bericht zu erstatten, und bald war die ganze Welt überzeugt, daß die Höhlenbilder von diesem – nun unauffindbaren – Wandermaler stammten, und de Sautuola die Wissenschaft mit einem plumpen Schwindel täuschen wollte, um billige Lorbeeren zu ernten. Vergebens trat Vilanova mit dem ganzen Gewicht seiner Autorität als Gelehrter und seinem untadeligen Ruf gegen diese Behauptungen auf. Man nahm an, daß er als erster auf die Täuschung hereingefallen und zu dickköpfig war, um das zuzugeben. Don Marcelino wurde in seiner Heimatprovinz Montaña, wo man ihn besser kannte, nicht so scharf angegriffen, doch die Erklärungen, die er gab, um das Gesicht zu wahren, richteten mehr Schaden an, als sie gutmachten. Man vernahm die gutgläubig geäußerte Ansicht, die ‹Bauerndeppen› von Vispieres hätten die Höhle in den sieben Jahren zwischen ihrer Entdeckung und dem Beginn der Forschungen de Sautuolas so dekoriert. Nach anderer Version sollten die Bilder von römischen Soldaten stammen, die sie während ihres Feldzugs gegen die Kantabrer gemalt hatten.

Den Leuten, die de Sautuola des groben Betrugs beschuldigten, und denen, die ihn zu verteidigen suchten, indem sie erklärten, er sei kein Schurke, sondern ein Dummkopf, erwiderte er kein Wort, denn das lag unter seiner Würde. Seine Ehre war in Zweifel gezogen, und auf Diskussionen über Ehrenfragen ließ er sich nicht ein. Glaubte man ihm nicht, dann waren weitere Worte sowieso zwecklos. De Sautuola war weder so hartnäckig noch so eine Kämpfernatur wie Boucher de Perthes, der unter gleichen Umständen gewiß nach Altamira zurückgekehrt wäre und in sämtlichen Höhlen geforscht und gegraben hätte, bis er Beweise genug hatte, um auch die größten Skeptiker zum Schweigen zu bringen. De Sautuola aber zog sich auf sein Gut und zu seinen Eukalyptusbäumen zurück.

Nicht so Vilanova y Piera. War bei ihm auch nicht die Ehre verletzt, so doch sein Urteil in Zweifel gezogen, und sein Ruf als Fachmann verlangte eine Rechtfertigung vor der Welt. Der Professor ergriff die Gelegenheit beim Internationalen Archäologenkongreß 1880 in Lissabon, um hier vor den bedeutendsten Vorgeschichtsforschern aus aller Welt eine schneidend scharfe Rede gegen die Verleumder de Sautuolas vom Stapel zu lassen. Die Beweise für die Echtheit der Gemälde seien, wie er sagte, überwältigend. Die Fülle anatomischer Details in den Bildern könne durch keinen heutigen Maler reproduziert werden, denn das verlange genaueste Kenntnisse der Tiere, die damals wirklich gelebt hatten. Die freigelegten Überreste bestätigten ohne jeden Zweifel, daß die Höhle seit dem Magdalénien nicht wieder geöffnet worden sei. Die als Paletten dienenden Muschelschalen und die Klumpen hartgewordener, aus Ocker, Holzkohle und Tierfett angemischter Farbe hatte man in denselben Erdschichten gefunden wie die Geräte aus jener Periode und auch Knochen von den auf den Gemälden abgebildeten Arten. Schließlich, und das sei unbestreitbar, waren eine Anzahl dieser Gemälde von einer Stalagmitenschicht bedeckt, deren Dicke ihr Alter einwandfrei bewies.

Die versammelten Gelehrten waren erschüttert. Viele von ihnen reisten nach Altamira und besichtigten selbst die Höhlenbilder. Und viele, auch der berühmte Mortillet, begnügten sich mit Stimmenthaltung. Nur wenige waren bereit, bedingungslos die Echtheit der Bilder anzuerkennen. Cartailhac ließ sich nicht von seiner Ansicht abbringen. Er gab noch im selben Jahr ein Buch heraus mit dem Titel *Die Geologie und Vorgeschichte der Iberischen Halbinsel*, in dem er seine gegen die Echtheit der Gemälde vorgebrachten Argumente wiederholte. Mit diesem Teilerfolg mußte Vilanova sich begnügen.

Weder de Sautuola noch Vilanova sollten den vollen Triumph ihrer Sache erleben. Im Jahre 1888 starb Don Marcelino im frühen Alter von 57 Jahren, und fünf Jahre nach ihm starb auch Vilanova.

Die Ironie des Schicksals wollte, daß schon wenige Monate nach dem Tode des Verteidigers der Gemälde von Altamira die zwei Brüder Berthoumeyrou mit ihren Ausgrabungen bei der Höhle von La Mouthe im Périgord anfingen. In den zwanzig seit dem Tode Edouard Lartets vergangenen Jahren waren die Forschungen im Tal der Vézère nicht zum Stillstand gekommen. Eine Fundstelle nach der andern hatte man aufgedeckt, darunter auch den berühmten Schutzwinkel von Laugerie Basse, nur wenige Meter von Lartets früherer Grabung bei Laugerie Haute entfernt. Hier wurde, außer den Gräbern von Crô-Magnon-Menschen, aus dreieinhalb Meter dicken Ablagerungen reiches Beweismaterial für das Vorhandensein menschlicher Wohnstätten zutage gefördert, und in den obersten Schichten wurden Reste aus dem Neolithikum und der gallisch-römischen Periode entdeckt, so daß die Geschichte der Bewohnung des Tals bis weit in die Vorzeit erkennbar wurde.

Mehr als alles andere war es die umstrittene Lage von Altamira, die das Augenmerk der Forscher im Périgord vom *abri* auf die Höhlen lenkte, die es überall in Mengen gab. Und jetzt befaßte man sich ebenso mit den Wänden und Decken der Höhlen wie mit den prähistorischen Ablagerungen im Boden.

Die Höhle von La Mouthe liegt knapp zwei Kilometer südlich von Les Éyzies und wurde bei dieser neuen Kampagne als erste in Angriff genommen. Die beiden Forscher fanden in den Bodenschichten beträchtliche Deposita aus dem Magdalénien und dem Neolithikum sowie in die Wände gekerbte Tierbilder. Sie riefen zur Assistenz den schon bekannten Archäologen Emile Rivière herbei, der im folgenden Jahr (1895) systematische Forschungen durchführte. Er fand noch eine Serie von Gemälden und eingeritzten Tierbildern, deren starke Ähnlichkeit mit den Gemälden von Altamira ihn sofort frappierte. Außerdem fand er an mehreren Stellen über den unteren Teilen der Gravuren Ablagerungen aus der Steinzeit, unwiderlegliche Beweise für das hohe Alter dieser Kunst.

Rivière, der wohl wußte, daß er von Cartailhac, dem damaligen Präsidenten der französischen Gesellschaft für Vorgeschichte, erbitterte Opposition zu erwarten hatte, ignorierte diese Gesellschaft und trug seine Resultate direkt zur Pariser Akademie der Wissenschaften, wo sie das verdiente Gehör fanden und allgemein akzeptiert wurden.

Abb. 7: Einer der Bisons von Altamira.

Es sollten indes noch sieben Jahre vergehen, bis das letzte Bollwerk der Opposition fiel, dann allerdings mit Schwung. Im Jahre 1902 veröffentlichte Cartailhac in *L'Anthropologie* ein volles Geständnis seiner Bekehrung, eine Abhandlung mit dem Titel *La Grotte d'Altamira: Mea Culpa d'un sceptique*. Als Mensch, der nie etwas halb tat, machte Cartailhac soviel wie möglich wieder gut. Nicht befriedigt von dem öffentlichen Eingeständnis seines Irrtums, entwarf er ein Programm zur Erforschung der anderen Höhlen in Nordspanien, indem er sich mit seiner ganzen Autorität und seinem unleugbar reichen Wissen dem Alcalde del Rio, einem spanischen Archäologen von wachsendem Ruf, der damals schon in den spanischen Höhlen andere typische Malereien entdeckt hatte, zur Verfügung stellte. Außerdem tat er einen ganz persönlichen Schritt. Die beiden Männer, die im Brennpunkt der Attacken gestanden hatten, waren tot, aber ein anderer eng mit dem Begriff Altamira verbundener Mensch lebte noch: die eigentliche Entdeckerin der Höhlengemälde. Cartailhac machte Maria, der inzwischen verheirateten Tochter de Sautuolas, einen feierlichen Besuch und entschuldigte sich bei ihr ausführlich und aufrichtig für das Unrecht, das er ihrem Vater zugefügt hatte. Er erklärte, einen Fehler gemacht zu haben, dessen Last nur der Tod von seinem Gewissen nehmen könne.

Jetzt bekam Altamira seinen rechten Platz nicht nur als erste, sondern auch als schönste aller bemalten Höhlen des prähistorischen Europa. Zu Zehntausenden strömten die Besucher hin, um die Gemälde zu betrachten, die so viele Tausende von Jahren auf die Bewunderung, die sie so sehr verdienten, gewartet hatten. Der König und die Königin von Spanien machten einen Staatsbesuch an der Fundstätte, und ihnen folgten alsbald weitere Touristen königlichen Geblüts. Der Fürst von Monaco segelte seine Jacht zwecks Besichtigung der Höhle um halb Europa. Man prägte die glückhafte Phrase von der ‹Sixtinischen Kapelle der Vorzeit›, von der bald überall gesprochen wurde. Schließlich ließ die Stadtverwaltung von Santander über dem Eingang zur Höhle einen Gedenkstein für den Forscher errichten. Don Marcelino de Sautuola hatte lange auf die ihm gebührende Anerkennung warten müssen, empfing sie aber posthum in vollem Maße.

6 Die bemalten Höhlen: Lascaux

Das Wissen von der Höhlenkunst verbreitete sich, in den Jahren nach 1890, in der Welt fast auf dieselbe Weise wie das vom Alter der Menschheit eine Generation früher. Beides waren Entdeckungen höchst persönlicher Art. Die meisten Ausgrabungsergebnisse wurden von Wissenschaftlern erzielt, zunächst der Wissenschaft vorbehalten und in ihrem Sinn veröffentlicht. Hauptsächlich führten sie dazu, daß man eine Epoche mit einem Namen belegte, dessen Aussprache für den einfachen Mann, hätte er ihn gehört, zu schwierig war. Zwei Unterabschnitte erhielten ebenso schwer aussprechbare Namen. Und doch gingen die Feststellung des Alters der Menschheit im Jahre 1859 und die Entdeckung der prähistorischen Meisterstücke 1895 jeden einzelnen unmittelbar an, denn mit beiden Fragen hatte sich der heutige Mensch schon mehr oder weniger beschäftigt. Sie änderten die Weltanschauungen und somit auch die Aktivität von Millionen Menschen.

Die Entdeckungen Pengellys und de Perthes' und das Buch *Abstammung der Arten* wirkten praktisch wie ein Angriff des anthropoiden Affen auf die göttliche Schöpfung und die Engel, die den Garten Eden bewachten. (Disraeli hatte im Parlament stürmischen Beifall erzielt, als er trocken bemerkte: «Ich bin auf Seiten der Engel.») Jedoch: es war in einer Zeit von fünfunddreißig Jahren eine ganze Generation im Bereich der Lehren Darwins aufgewachsen. Ihnen war der Affenmensch als fester Begriff schon geläufig wie ihren Vätern der Sündenfall. Die Kunde von der Bedeutung der Skelette aus dem Cro-Magnon war kaum über die anthropologischen Fachschriften hinausgedrungen, in denen sie wissenschaftlich besprochen wurden.

Jetzt sah man, ohne gedankliche Überleitungen, plötzlich den Affenmenschen mit Pinsel und Palette in den Händen und verglich seine Arbeit lobend mit der eines Michelangelo. Berühmte Maler reisten hastig nach Spanien und Frankreich, um einem vermutlich untermenschlichen Geschöpf, das vor über zehntausend Jahren gestorben war, ihre Reverenz zu erweisen. Hier wurde eine Umschichtung der Denkweise verlangt, die bis heute noch nicht ganz vollzogen ist. Der Affenmensch mußte unendlich weit in die Vergangenheit zurückgeschoben und den Leuten mußte klargemacht werden, daß die Kunstmaler aus dem Magdalénien äußerlich und an Intelligenz dem Neuzeitmenschen glichen und ihm vielleicht so ähnlich gewesen waren wie die Indianer vor der Entdeckung Amerikas.

Die Wirkung auf die Vorgeschichtsforscher Europas ging noch tiefer. Ebenso eifrig, wie sie sich früher der Forschung in den alluvialen Terrassen der großen Ströme und den Ablagerungen in Höhlen gewidmet hatten, beschäftigten sie sich nach den in Altamira gewonnenen Erkenntnissen mit den Wänden und Decken der Höhlen. Das Ergebnis war eine Fülle neuer Entdeckungen. Im

Jahre 1901 durchforschten den Sommer über drei junge Männer namens Capitan, Peyrony und Breuil die Höhlen im Périgord. Alle drei haben sich später als Prähistoriker ausgezeichnet. Capitan, indem er zur Klassifizierung der Neusteinzeitperioden wesentlich beitrug, und Peyrony – im Périgord später fast wie ein Gott verehrt –, indem er das Museum in Les Éyzies leitete und im Tal der Vézère über fünfzig Jahre lang Ausgrabungen machte. Der dritte junge Mann ist zur Zeit noch ganz aktuell. Abbé Breuil ist wahrscheinlich der bestbekannte Prähistoriker der Welt, anerkannter Fachmann für alles, was zur Steinzeit gehört, und, mit achtzig Jahren, so imposant, daß man vor seinen Adleraugen und seinem scharfen Verstand neue Theorien und neue Entdeckungen nur mit Bangen präsentiert.

Schon der Anfang ihrer Laufbahnen war vielversprechend. In jenem Sommer entdeckten sie zwei mit Bildern ausgeschmückte Höhlen. Im breiten Eingang der Höhle von Les Combarelles wurden Ablagerungen aus dem Aurignacéen und dem Magdalénien gefunden, und innen, zweihundert Meter vom Eingang, fanden die Forscher, die eine lange Strecke dieses Weges nur auf Händen und Knien zurücklegen konnten, an den Wänden eingekratzte Figuren von Tieren, nämlich vom Renntier und Mammut, vom Bären und Löwen, Pferd und Bison, und das erstaunlich gute Abbild eines Mannes, der offenbar einen ‹Mammuttanz› ausführt. Font de Gaume, ihre zweite Entdeckung, lag etwa achthundert Meter davon an einem steilen Berghang. Siebzig Meter vom Eingang enthält eine schmale, aber sehr hohe Galerie eine große Zahl von Gemälden und Gravuren, einige davon, wie die in Altamira, vielfarbig. Ungefähr zweihundert Tiere sind dort porträtiert, und Statistiker haben gezählt: 80 Bisons, 40 Pferde, 23 Mammute, 17 Renntiere, 8 Ur-Rinder, 4 Antilopen, 2 wollhaarige Nashörner, 1 Bär, 1 Wolf und 1 Löwin. Das ergibt ein ungewöhnlich klares Bild von der Tierwelt in der Umgebung jener Künstler der Urzeit und zeigt, wie große Bedeutung die Tiere für sie hatten. Die Gemälde befinden sich hoch an den Wänden, manche drei Meter über dem Boden. In gleicher Höhe sind, als deutliche Mahnung, daß das Arbeiten in den Höhlen nicht gefahrlos gewesen ist, die tiefen Klauenabdrücke eines Höhlenbären zu sehen.

Auch in den Pyrenäen wurden immer mehr bemalte Höhlen entdeckt. Die von Niaux, in der Nähe von Tarascon, war schon seit Jahrhunderten bekannt und hat in unruhigen Zeiten, vom Neolithikum bis ins Mittelalter, als Zufluchtsort und Versteck gedient. In der ersten Hälfte des neunzehnten Jahrhunderts bildete sie ein beliebtes Ziel für neugierige Touristen. Ein Fremdenführer hatte sogar in einer Höhle, die er ‹das Museum› nannte, selbst noch Wandgemälde entdeckt. Seine Findigkeit blieb jedoch unbeachtet, so daß die Gelegenheit, der Entdeckung von Altamira ‹zuvorzukommen›, verlorenging. Im Jahre 1906 erst wurden die Malereien dort wiederentdeckt: in einer über achthundert Meter langen Höhle im Berge waren die Wände voll von Gemälden: Pferde und Bisons, in schwarzen Konturen auf den weißen Kalkstein gezeichnet. Aber nicht allein auf den Wänden, auch überall auf einzelnen Felsen, auf dem Sandboden der Höhle und selbst in den Spalten, die erst später von Besuchern betreten wurden, fanden sich kleine Zeichnungen von Bisons, Antilopen und

Rotwild, und unter einem Überhang wurde eine Entdeckung gemacht, die das früheste Steinzeitalter sehr nahe brachte. Im weichen Sand sah man Abdrücke von vielen Paaren nackter Füße, die echten Fußspuren der Menschen, die dort vor so vielen Jahrtausenden gearbeitet hatten.

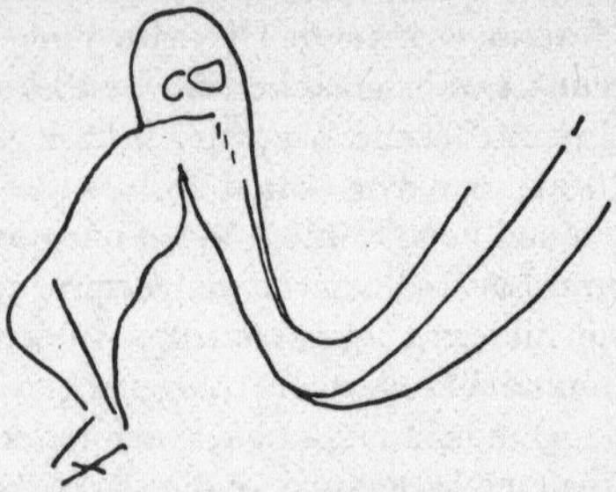

Abb. 8: Darstellung des Tanzes der Jäger im Aurignacéen, in die Wand einer Höhle bei Les Combarelles (Périgord) eingeritzt. Der Tanzende trägt eine Maske, die einen Mammutkopf darstellen soll, seine Arme symbolisieren die Stoßzähne und den Rüssel.

Aber Niaux, Les Combarelles und Font de Gaume waren nur die reichsten der vielen Entdeckungen, die in der ersten Dekade unseres Jahrhunderts erfolgten. In vielen anderen französischen, spanischen und schweizerischen Höhlen wurden noch Zeichnungen und Gemälde gefunden, unter ihnen etliche, die mehr künstlerischen Ehrgeiz bewiesen. Bei Tuc d'Audoubert in den Pyrenäen wurden zwei rund um die Innenwand einer Höhle eingekerbte Bilder von Bisons entdeckt, und bei Montespan, nicht weit davon, das tönerne Standbild eines Höhlenbären. Es war ohne Kopf, und zwischen den Tatzen des nachgebildeten Tieres lag der echte Schädel eines Höhlenbären. Zweifellos hatte die Tonfigur den echten Kopf getragen und war mit dem Fell des Bären bekleidet gewesen.

Wie schon auf die ersten Massenfunde von Gebrauchsgegenständen des Steinzeitmenschen ein Stadium folgte, in dem man klassifizierte und ‹Anschlüsse› suchte, so erforderten jetzt die reichen Entdeckungen der Höhlenkunst die Altersschätzung und ein geordnetes Sammeln. Sollte die Kunst aus dem Paläolithikum als Ganzes gewertet werden, so mußte man eine weitere Serie von Gegenständen sehr sorgsam mit in Betracht ziehen. Von dem Augenblick ab, da Lartet in den Pyrenäen und im Périgord zu graben begonnen hatte, waren zwischen den Feuersteinen und Knochen eine Anzahl Stücke von unvermuteter Beschaffenheit zutage gekommen. Es waren Werkzeuge aus Knochen, Horn und Elfenbein, mit eingekratzten Ornamenten und Tierbildern. Manche Stücke hatten offenbar als Messer oder Speerschleudern gedient, andere, deren Zweck schwer zu erkennen war, wurden unter dem einstweilen ungeklärten Begriff ‹Kommandostäbe› gesammelt. Ornamente hatten sie alle, einige sogar sehr fein ausgeführte. Ein Messer mit einem springenden Renntier als Griff und Speerspitzen mit geschnitzten Pferdeköpfen sind besonders beachtenswert. Andere Tierbilder waren grob in Stein oder Knochen gekerbt.

Sowohl bei den kleinen Objekten wie den Höhlengemälden hatte der paläolithische Künstler offensichtlich als Motiv immer wieder die Welt der ihn umgebenden Tiere gewählt, und unter den kleinen Gegenständen fand sich kaum einer, der in der Konzeption von den Höhlenbildern abwich. Auch eine Reihe kleiner Statuen und Reliefs von menschlichen Körpern wurden gefunden. Die Entdeckung des berühmtesten dieser Stücke, der Venus von Willendorf, wird an anderer Stelle beschrieben, doch auch in Mitteleuropa, von Spanien bis Ungarn, kamen ähnliche Statuen zum Vorschein, Gestalten von nach unseren Begriffen grotesken Proportionen, gedrungen, mit unverhältnismäßig dicken Hüften und Brüsten. Auch einige wenige Reliefs von Menschen wurden entdeckt, die, ebenso wie die drei oder vier in den Höhlen porträtierten Gestalten, die Menschen bei einer Art Tanz oder einer rituellen Handlung zeigen und in den meisten Fällen denselben Eindruck vermitteln wie die Höhlenfiguren, nämlich als halb menschliche, halb tierische Formen.

Das also war die Summe paläolithischer Kunst, die sich auf die imposante Menge von mehreren tausend Einzelbildern von Tieren und eine erhebliche Anzahl menschlicher Abbilder belief. Jetzt galt es, ein System in dieses Beweismaterial zu bringen und festzustellen, in welche einzelnen Perioden des Paläolithikums diese Künste gehören.

Hier verdanken wir hauptsächlich dem Abbé Breuil die maßgebenden Analysen, die allmählich, in den letzten dreißig bis vierzig Jahren, schärfer präzi-

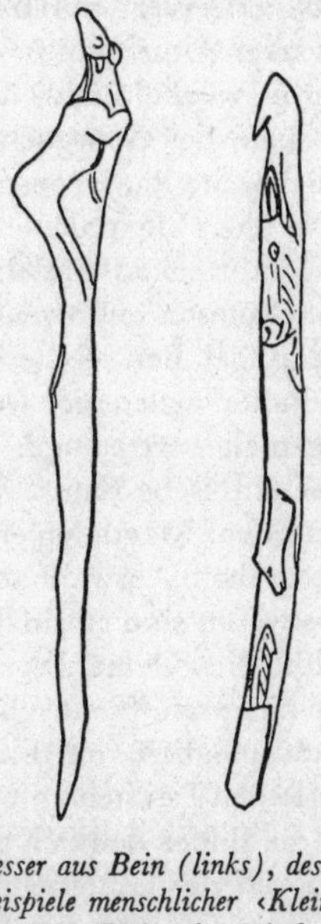

Abb. 9: Das etwa 40 cm lange Messer aus Bein (links), dessen Handgriff ein springendes Renntier bildet, ist eins der schönsten Beispiele menschlicher ‹Kleinkunst› im Magdalénien. Gefunden in der Schutzhöhle von Laugerie Basse im Périgord. – Auf der Speerschleuder, rechts, sind zwei Pferdeköpfe zu sehen.

siert wurden. Es war eine Aufgabe, die Feingefühl verlangte, denn man mußte bestimmte Schichten von Wohnstättenabfall an den Höhleneingängen in Beziehung zu den tief innen enthaltenen Gemälden bringen und mußte die zeitliche Folge der Bilder ermitteln, insbesondere in den vielen Fällen von Übermalung mit neuen. Die ‹Kleinkunst› ließ sich naturgemäß leichter datieren, da die Stücke normalerweise in den gleichen Schichten entdeckt wurden, wo Feuersteingeräte lagen, aus denen grundlegend auf die Unterschiede zwischen bestimmten Kulturen in den einzelnen Bodenschichten geschlossen werden kann. Und aus dieser schichtgelagerten (stratifizierten) Kunst konnten häufig, infolge der Ähnlichkeit in Stil oder Motiv, Hinweise für die chronologisch richtige Einordnung der Wandbilder gewonnen werden. Endlich schien sich ein System herauszuheben, das durch die Entdeckungen in jüngster Zeit seine Bestätigung gefunden hat.

Als erste gültige Schlußfolgerung ergab sich, daß jedes Anzeichen künstlerischer Betätigung, einerlei in welcher Form, zeitlich später lag als die Schichten aus dem Moustérien. Ebenso schien keins der Objekte oder Gemälde aus Perioden nach dem Magdalénien zu stammen, während wiederum keine ‹Kleinkunst› an den Fundorten des vor dem Magdalénien rangierenden Solutréen entdeckt wurde und sich kein Höhlengemälde mit einer der typischen Schichten des Solutréen in Verbindung bringen ließ.

In den Höhlenmalereien waren, bei genauer Prüfung, zwei Phasen klar unterscheidbar. Die erste ist charakterisiert durch Zeichnungen oder Gravuren von Tieren in einfachen schwarzen Umrissen, in der zweiten gab es die schattierten Figuren, deren Konturen, wie bei Licht- und Schatten-Effekten, betont waren durch leichtes Verwischen, bei Gebrauch von drei oder vier Farben. Breuil hatte vorgeschlagen, die zweite Phase, zusammen mit der Mehrzahl von Gegenständen der ‹Kleinkunst›, dem Magdalénien zuzuschreiben, während die frühere mit den weiblichen Figuren seiner Ansicht nach zum Aurignacéen gehörte, der unmittelbar auf das Moustérien folgenden Periode, die de Mortillet ursprünglich in die Zeitskala aufnehmen wollte und dann fallenließ und die nun zum zweitenmal als Zeitalter akzeptiert wurde. Breuils Ansichten entsprachen den heutzutage allgemein vertretenen.

Erklärt war freilich die paläolithische Kunst noch längst nicht damit, daß man sie dem Aurignacéen und dem Magdalénien zuschrieb. Sie war in vieler Hinsicht sonderbar. Ihre so begrenzte Auswahl an Themen war nur einer ihrer verblüffenden Aspekte. Kunstwerke sind normalerweise zum Betrachten geschaffen, während die paläolithischen Gemälde geradezu absichtlich so placiert zu sein scheinen, daß man sie nicht sah. Sie lagen in jedem Fall im Innern der Höhlen und so weit wie irgend möglich vom Eingang. War es sogar mit den Karbidlampen und den elektrischen Taschenlampen der Forscher des zwanzigsten Jahrhunderts schwierig, die Bilder deutlich zu sehen, so müssen im Licht der flackernden Reisigfackeln, die der Urzeitmensch benutzte, auch die prägnantesten Gemälde nahezu unerkennbar gewesen sein. Und viele sind alles andere als prägnant. Manchmal wurden flach eingekratzte, ungeheuer weit ausgeschwungene Umrisse von Pferden oder Bisons auf einem Felsen gefunden, der schon viele natürliche Risse und Furchen hatte. Die Linien dieser ‹Gravuren› wandern rund um Buckel und Vorsprünge, verschwinden um Ecken und verschlingen sich mit den Umrissen anderer Tiere. Es bedarf geduldvoller und sehr genauer Untersuchung, will man die einzelnen durch Menschen gezogenen Furchen von den natürlichen Spalten unterscheiden, und die echten Konturen kann man nur dadurch feststellen, daß man die Linienführung auf Papier überträgt. Und dann liegt, wenn endlich der letzte Strich eingefügt und das Papier flach ausgerollt ist, plötzlich vor dem Forscher ein von Feingefühl und Naturtreue sprechendes Kunstwerk. Aber nicht einmal der ausführende Künstler kann es jemals bewußt als ein Ganzes gesehen haben, und wahrscheinlich hat auch er nur in einzelnen Fällen gewußt, was er da gezeichnet hatte. Wenn je eine Kunst geboren ward, um verschämt unsichtbar zu bleiben, dann sind es die Höhlengemälde des späten Paläolithikums.

Weshalb wurden sie dann überhaupt gemalt? Um diese Frage zu beantworten, sind die Forscher zu den primitiven Stämmen unserer Tage gegangen, haben die Kunst der Buschmänner in Afrika und der noch auf dem Niveau der Steinzeit lebenden Wilden im Norden Australiens studiert. Sicherlich sind die Höhlenbilder nicht ‹Kunst um der Kunst willen›, sondern müssen eine andere Bedeutung gehabt haben, das heißt: gedacht, um einen Zweck zu erfüllen, der auch dann erreicht wurde, wenn niemand außer dem ausführenden Künstler sein Werk zu sehen bekam. Hierbei kann uns der Stoff der Gemälde einen Fingerzeig geben. Nicht nur sind es beinahe ausschließlich Tiere, sondern fast ausnahmslos jagdbare Tiere, also Fleischversorger. Ein weiterer merkwürdiger Zug ist, daß eine verhältnismäßig sehr große Zahl der Tiere im Zustand der Trächtigkeit gemalt ist.

Nun lassen sich Abbildungen von Jagdtieren in einem mit Jagd beschäftigten Gemeinwesen nicht von der Idee des Jägertums trennen, und im Geist des primitiven Menschen bestand sicher eine Verbindung zwischen dem Abbild und dem wirklichen, damals lebenden Tier. Vor noch nicht sehr vielen Jahren wurde fest geglaubt, man könne seinen ärgsten Feind dadurch, daß man ein Wachsabbild von ihm machte und Nadeln hineinstach, allmählich töten, genau so sicher, als durchstäche man seinen wirklichen Leib. Dieses ‹stellvertretende Handeln›, auch Analogiezauber genannt, gibt Hinweise für die rechte Deutung der bemalten Höhlen. Wenn jemand das Bild des Tieres zeichnete, dem er auf der Jagd am nächsten Tage begegnen wollte, sollte das Bild ihm helfen, das Tier heranzuholen. Zeichnete er ein trächtiges Wildpferd, so sollte das eine Vermehrung der Wildpferde in seiner näheren Umgebung bewirken. Wir sehen die Ideengleichheit mit den Wachsabbildern der mittelalterlichen Zauberei noch deutlicher daran, daß eine große Anzahl Tiere auf den Höhlengemälden von Pfeilen oder Speeren durchbohrt dargestellt war, und zwar offenkundig, um sich zu versichern, daß die Speere und Pfeile der Jäger das Wild, das sie in natura jagen wollten, auch mit Gewißheit trafen.

Jagdzauberei scheint die Erklärung für alle oder nahezu alle Höhlengemälde zu sein. Die menschlichen Gestalten, die sich in ‹Tiertänzen› produzieren, sind Magie zweiten Grades. Wir können uns vorstellen, daß, wie es noch bei den wilden Völkern unserer Zeit ist, Tänze, in denen Männer die Tiere, auf die sie jagen wollten, darstellten, ein notwendiges Vorspiel jeder Jagd waren. Und die Tänze waren ebenfalls von ‹zauberischer Wirksamkeit›: wer das Töten des Tieres durch einen Tanz darstellte, durfte die Gewißheit haben, daß er es damit ebenso sicher tötete wie durch sein Abmalen auf einer Höhlenwand. Malte man jedoch die Tanzphasen auf die Wand, so konnte das wiederum genau so wirksam sein wie der tatsächliche Tanz.

Die ‹Kleinkunst› bedarf nicht so ausführlicher Erklärungen: sie war Dekoration alltäglicher Gegenstände, und ein Mann, der an seiner Speerschleuder die reichsten Ornamente hatte, fühlte sich den andern so überlegen wie heute der Mann mit einem schwer verchromten Wagen dem mit einem einfachen. Über die Bedeutung der kleinen weiblichen Statuen sind wir freilich noch immer im Zweifel. Annehmen können wir, daß sie das Ideal weiblichen Liebreizes in jener Epoche zeigen sollen. Von unseren Idealen sind sie weit entfernt, doch brauchen wir deshalb nicht zu vermuten – wie es geschehen ist –, daß sie die wirklichen Körperformen der Frauen jener Zeit darstellen. Künftige Historiker wären unklug, wollten sie sich in ihren Vorstellungen von der weiblichen Anatomie und den Proportionen der Frau unserer Epoche nach den Abbildungen unverhältnismäßig langbeiniger und schmalhüftiger Frauen in den Modezeitschriften richten, und erst recht unklug, wenn sie moderne Denkmäler und Statuetten zum Muster nehmen würden. Aber ganz davon abgesehen: man hat die Modelle aus jenen Zeiten als kultische Gegenstände erklärt, als Verkörperungen der universellen Gottmutter, Fruchtbarkeitssymbole und Glücksbringer. Fehlen positive Beweise, so daß man raten müßte, dann ist diese Theorie vielleicht noch die intelligenteste.

Längere Zeit nach den ersten bedeutsamen Entdeckungen paläolithischer Kunst schien es, als sei man bei der prähistorischen Erforschung der Steinzeit ganz aus der Richtung gekommen. Kein Mensch hätte erwartet, einmal solch eine Überfülle von Beweismaterial zur Verfügung zu haben, mit denen sich die Sitten und Bräuche und die Gedankengänge einer so primitiven, schriftlosen Menschengruppe beleuchten ließen. Jetzt schien es im Gegenteil, als dürfe man selbst durch die sorgfältigsten Ausgrabungen nicht hoffen, soviel Licht auf die Menschen des Paläolithikums werfen zu können, wie das schon durch das plumpste Erzeugnis seiner eigenen Kunst möglich war. Wo ein ganzes ‹Bilderbuch› zur Hand war, schien es Zeitvergeudung, noch weiterzugraben. Doch allmählich schwang das Pendel zurück, und man machte sich klar, daß die Resultate der Ausgrabungen und die Beurteilung der damaligen Kunst einander näherkamen.

Ausgrabungen und grabende Forscher hat es seit dem Ende des ersten Weltkriegs in sehr großer Zahl gegeben. Die großartige Arbeit Peyronys im Périgord wurde schon kurz erwähnt. Gleichzeitig mit ihm waren andere Forscher am Werk in Frankreich, Belgien, Deutschland, der Schweiz, Österreich, Ungarn,

Italien und England, während vielleicht noch größere Anstrengungen gemacht wurden, um unser Wissen von der ältesten Steinzeit außerhalb Europas in einem Maße zu bereichern, das zu schildern über den Gesichtskreis dieses Buches hinausführen würde.

Bei diesem Reichtum an neuem Material – von dem freilich kein Stück ‹sensationell› im Sinne der in den früheren Kapiteln beschriebenen Entdeckungen war – wurde es jetzt dringlich, eine Synthese der Geschehnisse in der Steinzeit im europäischen Raum zu schaffen. Zwei vortreffliche Fachleute, die sich der Aufgabe widmeten, erstanden in Obermeier, der von Wien aus, und später in Breuil, der von Paris aus arbeitete. Wenn wir uns der Meinung dieser beiden Gelehrten anschließen, haben wir das jetzt anerkannte Bild vom paläolithischen Europa.

Wie meistens, sind es die Geologen, die uns die Basis geben. Seitdem zum erstenmal der Gedanke an eine Eiszeit aufkam, wurde, vor allem in der Schweiz, viel Forscherfleiß darauf verwendet, den Vorgang der Vereisung Europas aufzuklären. Heute ist es gültige Lehre, daß, seitdem die großen Verfaltungen der Erdkruste, die Konvulsionen, durch die die Alpen und die Gebirge in Osteuropa und Westasien entstanden, das Tertiär abschlossen und das Quartär einleiteten, Europa viele Male unter der Geißel von Eiszeiten gelegen hat. Heute sind vier Haupteiszeiten anerkannt. Viermal hat, nach Zeitzwischenräumen, die kein Geologe abzuschätzen wagt, die aber zwischen 100000 und 200000 Jahre betragen haben müssen, eine leichte Veränderung in der Sonnenstrahlung (verursacht anscheinend durch Zyklen von Sonnenflecken) ein Fallen der Temperatur um etwa fünf Grad auf der gesamten Erde bewirkt. Dieser geringe Temperatursturz leitete einen kumulativen Vorgang von ungeheuren Dimensionen ein. Schnee, der im Winter in hochgelegenen Gebieten fiel, blieb, mehr oder weniger, den Sommer hindurch liegen, ohne zu schmelzen. Die hierdurch verursachte Abkühlung der Erdoberfläche wiederum kühlte die über ihr befindliche Luft, bewirkte verstärkten Schneefall und noch geringeres Abschmelzen im nächsten Jahr. Diese Entwicklung setzte sich fort, bis es riesige Gletschermassen gab, die zu Mittelpunkten von Systemen mit niederem Luftdruck wurden, welche ständig größere Schneemassen erzeugten. Kilometerdicke Eisdecken begannen sich von jedem Gebirgsmassiv an und in den Polargebieten auszudehnen.

In Europa gelangte dieses Eis bei seinem Vordringen in den vier Richtungen verschieden weit. Ganz England bis auf den Süden, Skandinavien, Norddeutschland, der größte Teil von Polen und gut die Hälfte des europäischen Rußland waren mit einer gewaltigen Eisdecke überzogen, deren Rand von diesseits des Ural bis zum Nördlichen Eismeer verlief. Eine sehr viel dünnere Eisschicht erstreckte sich von den Alpen aus weit nach Frankreich, Deutschland, Österreich und Italien, und überdeckte somit, natürlich, auch die kleine Schweiz. Ein schmaler Korridor eisfreien Landes lief zwischen diesen beiden Eisdecken durch Mitteldeutschland. Er verband die Gebiete von Spanien, Frankreich, Südengland und Irland (das damals noch mit dem Kontinent zusammenhing) mit dem Tal der Donau, dem Balkan und den Ebenen Südrußlands. Auf dem Höhepunkt der Vereisung müssen diese Gebiete ein hartes arktisches Klima gehabt haben, mit strengem Winter und kurzem Sommer.

Nach Zehntausenden von Jahren der Vereisung verlief der Sonnenflecken-zyklus entgegengesetzt, die Strahlung nahm an Stärke zu, die Schneeschmelze im Sommer ‹überholte› den Schneefall des nächsten Winters. Der Vormarsch des Eises kam zum Stehen, langsam wich es zurück. Wieder war der Vorgang kumulativ. Während das eisgebundene Gebiet kleiner wurde, verringerte sich dessen Einfluß auf das Wetter. Weniger Eis hieß: kleinere Gebiete mit niederem Druck, also weniger Schneefall und, als Folge, wieder weniger Eis. Der Rückgang des Eises, zuerst in Millimetern pro Jahr gemessen, beschleunigte sich allmählich, bis in einem günstigen Jahr das Eis um zwei- bis dreihundert Meter zurückging. Das Ausmaß der einzelnen Rückzüge, die Äonen dauerten, war keineswegs einheitlich. Manchmal war die Schmelze für ein Jahrhundert oder länger unterbrochen oder das Eis drang eine Zeitlang wieder vor, ehe der Rückgang erneut begann. Insbesondere scheint er sich im letzten Eiszeitalter in zwei Stadien vollzogen zu haben. Nach vielen Jahrtausenden langsam nachlassender Vereisung schoben sich infolge einer langen Periode erneuter Kälte die Eisdecken noch einmal fast bis zu den Stellen vor, die sie früher äußerst erreicht hatten. Alsdann setzte wieder der Rückgang ein und dauerte diesmal ohne langfristige Unterbrechungen bis zum heutigen Tage an. Das Eis zieht sich noch heute in den Alpentälern und in Island, Grönland und Spitzbergen zurück, so daß man den Eindruck gewinnt, wir ständen jetzt am Anfang einer vierten Zwischeneiszeit und könnten mit einer einigermaßen langen Periode schönen Wetters rechnen, bevor die Fünfte Eiszeit auf uns eindringt.

Die Zwischeneiszeiten waren von sehr unterschiedlicher Dauer und sehr verschiedener Temperatur. Ebenso wie die mannigfachen Moränen (die Anhäufungen von Erde und Steinen an den äußersten Grenzen einer Gletscherdecke) den weitesten Bereich der Eiszeiten anzeigen, geben die fossilen Überreste von Pflanzen und Bäumen eine Andeutung von der Art des europäischen Pflanzenwuchses während der Zwischeneiszeiten und damit Hinweise auf die damals herrschenden Temperaturen. Nach diesen Anzeichen scheint es, daß im Höhepunkt einer Zwischeneiszeit das Klima in Europa etwas wärmer war als heute. Besonders hat die lange zweite Zwischeneiszeit, also zwischen dem zweiten und dem dritten Eiszeitalter, dem größten Teil von Europa ein beinah subtropisches Klima gebracht.

So sieht das Bild des Geologen vom Quartär aus: ein Übergang von Wärme zu Kälte, und umgekehrt, im Schneckentempo, viermal wiederholt. Die Paläontologen haben von den Fluktuationen des Tierlebens in Europa ein dementsprechendes Bild entworfen. Mit dem Anbruch der wärmeren Zwischeneiszeiten verbreitete sich eine ‹afrikanische› Tierwelt, zu der Elefant, Nashorn, Flußpferd, die verschiedenen Gattungen von Rotwild und Antilopen und eine Anzahl fleischfressender Katzentiere, wie Löwe und Säbelzahntiger, gehörten, nach Norden über die Länderbrücke, die damals Afrika durch Sizilien mit Europa verband. In dem Maße wie das Klima mehr ‹eiszeitlich› wurde, zog diese Tierwelt sich zurück, und an ihre Stelle traten andere Arten, die aus der sibirischen Tundra durch die Lücke zwischen den Eisdecken über Nordeuropa und den Alpen herankamen. Zuerst die Fauna der Steppe, das Wildpferd und der Bison, und erst später die echt arktischen Arten, Lemming, Mammut, Wollnashorn und Renntier. Viermal vollzog sich diese Wanderung der Tierwelt, der Wechsel zwischen sibirischer und afrikanischer Fauna. Erst am Ende der letzten Eiszeit war die Landbrücke über das Mittelmeer niedergebrochen und Europa gezwungen, sich mit der an mäßiges Klima gewöhnten Tierwelt, die vom Kaukasus und aus Kleinasien kam, zu begnügen. Immerhin hat es in historischen Zeiten in Griechenland Löwen gegeben.

Die Tragödie des Quartärmenschen in Europa spielte sich vor dem Hintergrund des Klimawechsels ab. Und seitdem (nach 1920) das geologische Bild der Periode klar umrissen wurde, haben die Prähistoriker für Steinzeitfragen sich besondere Mühe gegeben, die einzelnen Kulturen, wie de Mortillet und seine Schüler sie bestimmt hatten, in jenes Bild richtig einzufügen. Hier müssen wir sogleich zugeben, daß diese Bemühungen kein einziges anerkanntes Ergebnis gebracht haben. Es zeigte sich, daß es leicht war, zu bestimmen, welche von den paläolithischen Kulturen zu den Eiszeiten und welche zu den Zwischeneiszeiten gehörten, aber unerwartet schwierig wurde die Entscheidung, in welche Eiszeit oder Zwischeneiszeit sie jeweils rangiert werden mußten. Überlassen wir die Lösung dieser Frage der künftigen Forschung, so können wir doch den gegenwärtigen Stand des Wissens einmal rasch nachprüfen, wobei wir aber warnend bemerken müssen, daß die Worte ‹wahrscheinlich› und ‹laut Urteil maßgebender Gelehrter› in diese Überschau viel häufiger eingestreut werden müßten, als ein guter Berichtstil das erlaubt.

Der Mensch ist in der Tertiärperiode entstanden, als Tier unter Tieren. Es ist möglich, daß ein Besucher aus dem Weltraum, hätte er im Tertiär die Fauna auf unserer Sonne drittem Planeten von oben studiert, den Menschen als den wohl geeignetsten Anwärter auf die Beherrschung der Erde ausgewählt hätte. Das wäre dann gewiß nur nach dem äußeren Eindruck geschehen, den dieser Mensch machte, nicht aber auf Grund seiner Leistungen. Doch gegen Ende des Tertiärs war der erste wichtige Schritt getan. Der Mensch hatte gelernt, Feuersteinklumpen zu zerschlagen und mit den am besten geeigneten Stücken die Mängel seiner Klauen und Zähne auszugleichen. Diese rudimentären Werkzeuge, die vermutlich schon nach einmaligem Gebrauch fortgeworfen wurden, sind die zuerst in Südfrankreich und Südengland gefundenen ‹Eolithen›. Sie bilden den ersten Beweis von ‹Verstandestätigkeit› in Europa.

Der eolithische Mensch – wenn wir ihn so nennen dürfen – überlebte eine, vielleicht zwei Eiszeiten ohne merkliche Entwicklung. Für etwa zweihunderttausend Jahre wanderte er in kleinen Familiengruppen, als relativ seltenes Tier, über die Ebenen und durch die Wälder von Europa. Sehr wahrscheinlich hat er sich mit Elefant und Nashorn, also mit dem Wild, von dem er gelebt hatte und zu dem er gehörte, nach Afrika zurückgezogen, als die erste und dann die zweite Eiszeit aus dem Norden hereinbrach. Die klimatischen Veränderungen zwangen den Menschen, sich anzupassen oder zugrunde zu gehen. Während die langen Jahrtausende mit dem günstigen Klima des Tertiärs den ersten Menschen nichts abforderten, verlangte der durch die Eiszeiten bedingte Wechsel der Heimat das Äußerste von ihrem Anpassungsvermögen, ihrer Entschlußkraft und Erfindungsgabe. Als der Mensch sich nach der ersten Vergletscherung (vielleicht erst nach der zweiten) wieder nordwärts bewegte, hatte er gelernt, Feuersteine zuzurichten. Das war ein revolutionärer Schritt. Jetzt zerschmetterte er nicht mehr die Steine, um sich ein passendes Stück auszusuchen. Er begann nun, den Klumpen zu zerschlagen mit einer klaren Vorstellung von dem bestimmten Bruchstück, das er haben wollte, und tat diese Arbeit so, daß er das Gewünschte auch erreichte. Aus diesem Zeitlauf, dem Prä-Chelléen, stammten die ersten Faustkeile, und, für noch Jahrtausende, wurden als die einzigen Werkzeuge hauptsächlich diese plumpen, birnenförmigen Stücke gefunden, mit handgerecht abgerundetem Griff, mehr oder weniger scharf und mehr oder weniger spitz am Gebrauchsende. Sie wurden für alle Zwecke benutzt, zum Schneiden und Schaben, Fleisch zu zerlegen, Holzkeulen zurechtzuschneiden und vielleicht auch zum Aufbereiten von Häuten zur Kleidung.

Die zwei folgenden Perioden, das eigentliche Chelléen oder Abbevillien, wie es neuerdings genannt wird, und das Acheuléen sind charakterisiert durch eine allmähliche Verbesserung in der Methode der Faustkeilherstellung. Die aus dem Acheuléen sind Meisterstücke der Feuersteinbearbeitung, mit dünnen, fein geformten Klingen, vortreffliche Werkzeuge für jederlei Arbeit, die nichts weiter erforderte als eine Schneide. Aus dieser letzten Periode stammen auch die ersten Spezialistenwerkzeuge, Schaber zur Bearbeitung von Häuten.

Diese Feuersteingeräte sind die einzigen Überbleibsel von Menschenhand aus den ersten drei Perioden. Wir müssen freilich annehmen, daß auch andere Rohstoffe, nämlich Knochen, Horn und Holz, die die Jahrtausende nicht überlebt haben, allgemein im Gebrauch gewesen sind, doch läßt sich unmöglich sagen, in welchen Formen. Nach den Fundorten – den Terrassen der großen Flußtäler – wissen wir, daß der Mensch damals unter freiem Himmel lebte und die Wildfährten durch die Wälder an den Ufern der breiten Flüsse verfolgte. Es war eine Periode mit wärmerem Klima, als wir heute haben, mit Laubwäldern, die Europa zum größten Teil bedeckten, und mit einer ‹afrikanischen› Tierwelt, einschließlich Elefant, Nashorn und Flußpferd. Auch der Mensch war ein ‹afrikanisches› Lebewesen. Im Abbevillien umfaßte sein Gebiet nur Nordafrika, Italien, Frankreich, Spanien und Südengland. Erst gegen Ende der langen warmen Periode, die wahrscheinlich als Zwischeneiszeit das zweite vom dritten Eiszeitalter getrennt hat, zeigt das Erscheinen der Geräte aus dem Acheuléen in Österreich und auf dem Balkan, wie sich der Mensch allmählich über die nördlichen Ausläufer der Alpen verbreitete.

Das liegt ungefähr 250000 Jahre zurück, der Mensch hatte schon zu zwei Dritteln den Weg von seinen Anfängen bis heute hinter sich, und unser gedachter Beobachter aus dem Weltraum wäre jetzt, hätte er den in Pelze gekleideten Jäger vor seinem Feuer sitzen sehen, wo er geschickt und mit sicheren Händen seine Feuersteingeräte herstellte, nicht mehr im Zweifel gewesen, daß er da den Beherrscher der Welt vor sich hatte. Der Mensch richtete sich jetzt bereits seine Umgebung mehr nach seinen Herzenswünschen ein.

Die späteren Artefakte aus dem Acheuléen zeigen jedoch einen Wechsel der Umgebung. Sie werden gefunden im alluvialen Kies, zusammen mit den Knochen der sibirischen Tierwelt, des Mammut, des Moschusochsen und des Renntiers, deren Erscheinen, wie wir schon feststellten, den Anbruch einer Eiszeit ankündigte. Langsam senkt sich die dritte Eiszeit auf Europa.

Wahrscheinlich hat der Mensch des Acheuléen während der Vergletscherung an seiner Heimat in Europa festgehalten. Jedenfalls hielt er sich gut in der kalten Periode. Wir wissen, daß er nun Pelze hatte und Feuer anzumachen verstand, also nicht mehr gezwungen war, dem Wetter entsprechend seine Heimat zu wechseln. Überdies führten die Ablagerungen aus jener Periode, die Lartet tief in den Höhlen des Périgord fand, zu einer Entdeckung, die seitdem auch an anderer Stelle gemacht wurde, nämlich: daß der Mensch damals schon herausgefunden hatte, wie gut er sich in einer Höhle gegen arktisches Klima schützen konnte.

Oberhalb der Schichten aus dem Acheuléen enthalten die Höhlen stets auch Schichten aus dem Moustérien, doch die Tatsache, daß in den Flußtälern noch Überbleibsel aus jener Periode zusammen mit der für die Zwischeneiszeiten typischen Fauna entdeckt werden, deutet darauf, daß der Mensch die Höhlen am Ende der Dritten Eiszeit wieder aufgegeben hat, um in seine alten Jagdgründe in den Tälern zurückzukehren. Und erst am Ende der kurzen dritten Zwischeneiszeit, bei Beginn der Vierten Eiszeit, verzog er sich abermals in den Schutz der Höhlen.

Aus dem ‹warmen Moustérien› der Zwischeneiszeit und dem ‹kalten Moustérien› in der ersten Hälfte der vierten (und letzten) Eiszeit gibt es gleichartige Sätze von Artefakten. Der Faustkeil kommt aus dem Gebrauch, und an seine Stelle tritt ein ganzer ‹Werkzeugkasten› mit Messern, Ahlen, Schabern und Spitzen, erzeugt durch weitere Bearbeitung der mit feiner Berechnung aus Feuersteinen geschlagenen ‹Abschläge›. In den Höhlen, die weit günstigere Bedingungen für das Überleben organischer Reste boten als die offenen alluvialen Ablagerungen in den Flußtälern, finden wir eine beachtliche Menge plumper Knochengeräte. Ahlen, Polierstäbe und die Abspaltspitzen, mit denen die feinere zweite ‹Retusche› der Feuersteinwerkzeuge vorgenommen wurde, sowie sämtliche Behausungsabfälle. Auf dem Höhlenboden überall Feuerstellen und die Knochen von zahllosen Mahlzeiten. Mag auch der Mensch im Moustérien ein tüchtiger Handwerker gewesen sein, so muß sein ‹Heim› wohl ausgesehen – und gerochen – haben wie der Schlupfwinkel eines wilden Tieres.

In dieser Periode, beim Anbruch der letzten Eiszeit, treffen wir zum erstenmal den europäischen Menschen in Person an. Die in Europa gefundenen verstreuten Fragmente von Menschenskeletten aus früheren Perioden lassen sich nicht mit den handgefertigten Geräten in Einklang bringen und geben uns vom Erscheinen des Menschen aus dem Chelléen und dem Acheuléen nur zusammenhanglose Begriffe. Es wurden jedoch zwanzig bis dreißig vollständige Skelette vom Neandertalmenschen, dem Schöpfer der Kultur des Moustérien, von Polen bis nach Spanien über Europa verstreut gefunden. Diese Menschenart wurde schon beschrieben: kurze Gestalt, krumme Beine, gedrungener, muskulöser Körperbau, kinnloses Gesicht mit vorspringenden Brauenbogen und einer, trotz beträchtlicher Gehirngröße, zurückweichenden Stirn.

Bis vor knapp zehn Jahren blieb man der Meinung, daß allein der Neandertalmensch den Einbruch der letzten Eiszeit erlebt habe. Überall, wo Skelettreste gefunden wurden, zeigte sich, daß sie von diesem ersten leiblichen Verwandten des modernen Menschen stammten. In den Höhlenablagerungen aus dem Moustérien, die wir dem Beginn der Vergletscherung zurechnen können, überwogen seine Feuersteingeräte bei weitem.

Das Tal von Fontêchevade, am Westrand des zentralen Plateaus von Frankreich, schien auf den ersten Blick auch kein anderes Bild zu ergeben. Dort hatte man, auf der zweiten Terrasse, oberhalb eines kleinen Flusses in einer Höhle die zeitrichtige Folge von Feuersteingeräten aus dem Magdalénien, dem Aurignacéen und, direkt über dem Kalksteinboden, dem Moustérien feststellen können. Wenige Fuß unter dem Boden dieser Höhle lag der fast verschüttete Eingang zu einer anderen.

Im Jahre 1937 forschte Mlle. Germaine Henri-Martin in dieser unteren Höhle, wo sie Erstaunliches entdeckte. Zwischen den Knochen von Pferd und Rotwild fand sie auch Knochen vom tropischen Nashorn. Nun hatte man zwar Knochen vom wollhaarigen Nashorn aus der Eiszeit schon häufig gefunden, doch das tropische war in Europa seit der letzten Zwischeneiszeit nicht vorgekommen. So war die einzig mögliche Erklärung, daß die Knochen aus der unteren Höhle von Fontêchevade aus der Ära vor der letzten Eiszeit stammen mußten. Da bei den Ausgrabungen zunächst noch keine Arbeiten von Menschenhand gefunden wurden, grub man weiter.

Als 1946 der nächste Bericht über Fontêchevade veröffentlicht wurde, war das Bild schon viel klarer. Jetzt wußte man, daß es dort nicht zwei Höhlen gab, sondern nur eine. Germaine Henri-Martin hatte bewiesen, daß der Kalksteinboden der oberen Höhle nicht ihr echter Boden war, sondern der Schutt von einem schweren Deckeneinsturz, der später durch eine mehrere Fuß dicke Schicht von Stalagmiten zu einer festen Masse verbunden wurde. Unter ihr lag über sechs Meter hoher Behausungsabfall, der aus früherer Zeit stammen mußte als die über der Deckenmasse eingebetteten Geräte aus dem Moustérien.

Aus diesen vor dem Moustérien liegenden Schichten kamen Tausende von Knochenfragmenten, die alle in die tropische Umgebung der dritten Zwischeneiszeit paßten. Und zwischen ihnen große schuppige Feuersteinstücke, an denen nur eine geringe zweite Bearbeitung zu erkennen war, sowie scheibenförmige Kernstücke mit gezacktem Rand, den man erzielt hatte durch abwechselndes Herausschlagen gleichmäßiger Schuppen an der Ober- und Unterseite der Scheibe. Solche Feuersteine hatte man schon früher zusammen mit tierischen Überresten aus einer Zwischeneiszeit gefunden, die Abbé Breuil als das ‹Tayacéen› bezeichnete. Hier bei Fontêchevade kamen sie in kleinsten isolierten ‹Taschen› vor, woraus man eher auf gelegentliche Nachtquartiere von Jägern schließen konnte als auf regelmäßiges, langes Bewohnen der Höhle. Diese Funde warfen neues Licht auf die Gewohnheiten der Männer und Frauen, die zwischen den Eiszeiten durch Europa streiften.

Das folgende Jahr brachte eine noch größere Sensation. Im August 1947 grub Mlle. Henri-Martin ein paar sehr gebrechliche Teile von zwei menschlichen Schädeln aus, die erst mit Holzfirnis gehärtet werden mußten, ehe man sie aus der roten Erde lösen konnte. Bei genauer Prüfung wurde erkannt, daß sie nicht den Ansatz für die vorspringenden Brauenbogen des Neandertalmenschen hatten und sich von den Schädeln neuzeitlicher Menschen kaum unterschieden.

Daß der *Homo sapiens*, mit diesen Geräten aus dem Tayacéen, schon vor der letzten Eiszeit gelebt hatte, war eine Überraschung, und man hat bis heute noch nicht die ganze Bedeutung dieser Entdeckungen klären können. Bisher müssen wir noch glauben, daß der Neandertalmensch während der letzten Zwischeneiszeit die dominierende Rasse war, denn von seinen handgearbeiteten Geräten aus dem Moustérien gibt es sehr viel mehr als Fundstücke aus dem Tayacéen. Und seit Beginn der letzten Eiszeit dominierten die Neandertaler. Obgleich es bedenklich ist, aus negativen Beweisen eine Theorie zu entwickeln – es sind bisher noch keine Skelette und Werkzeuge der Vorfahren des Neuzeitmenschen aus der Zeit, als das Eis sich über Europa ausbreitete, entdeckt worden –, könnten wir annehmen, daß der Mensch aus dem Tayacéen sich beim Vordringen des Eises nach Süden zurückzog und dem Neandertalmenschen allein den Kontinent überließ.

Der Neandertaler verdient keineswegs unsere Mißachtung. Seine Vorfahren sind es gewesen, die Europa ‹entdeckten›, und er selbst war es, der es als erster Menschentyp fertigbrachte, eine Eiszeit zu überleben. Er war kein schlechter Jäger und hat seine Werkzeuge mit einer Sorgfalt und einem Formgefühl angefertigt, die weit über das für bloßen Gebrauch Notwendige hinausgehen. Er war gewiß nicht einmal häßlich, sondern in seinen groben Körperformen sogar fast schön. Nichts gibt uns Grund, zu glauben, daß nicht auch er zu scherzen verstand, guter Taten und der Liebe fähig war. Vermutlich hat er die Sonnenuntergänge betrachtet und sie schön gefunden. Jedenfalls hatte er seine eigenen Vorstellungen von Leben und Tod, denn er begrub seine Toten unter

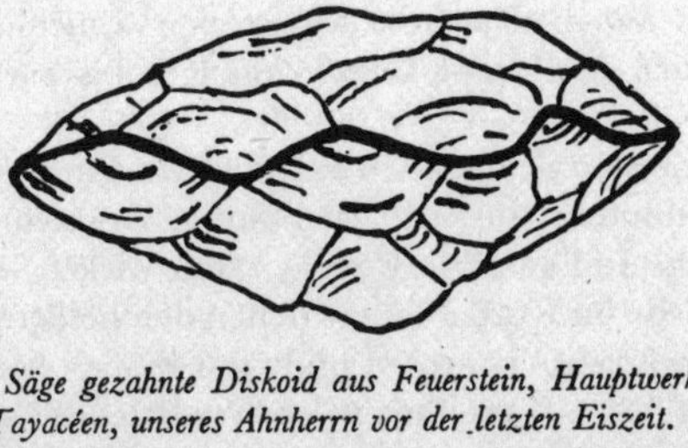

Abb. 10: Das wie eine Säge gezahnte Diskoid aus Feuerstein, Hauptwerkzeug des Menschen im Tayacéen, unseres Ahnherrn vor der letzten Eiszeit.

dem Fußboden ihres Heims, in schlafender Haltung auf die Seite gelegt, mit einem Stein als Kopfkissen und Waffen in greifbarer Nähe. Er war der letzte einer langen Ahnenreihe, dem eine andere Menschenart mit größeren Fähigkeiten folgen sollte. Er selbst war, ebenso wie wir, überzeugt, daß in ihm die Krone menschlicher Entwicklung erreicht sei.

Im Höhepunkt der letzten Eiszeit spielte sich in den Schneewüsten eine bittere Tragödie ab. Ihren Verlauf im einzelnen kennen wir nicht, doch die angesammelten Schichten von Behausungsabfall in den Höhlen sprechen deutlich davon. Die Feuersteinwerkzeuge der Moustérien-Kultur und die selten gefundenen Grabstätten vom Neandertalmenschen, der sie schuf, bilden dort die unterste Schicht. Über ihr kommt die sterile, die das Aufgeben der Wohnstätten kennzeichnet, und dann eine mit den Feuersteinklingen, Knochenwerkzeugen, Statuen und geschnitzten Elfenbeinstücken der Kultur des Aurignacéen sowie den reichen Grabstätten der Cro-Magnon-Menschen.

Zwischen dem breiten, gedrungenen, affenähnlichen Neandertaler und dem großen nordischen Cro-Magnon-Menschen besteht keine Kontinuität. Auch besteht zwischen beiden Zeitaltern keine Ähnlichkeit in den Gerätschaften, nach denen der Begriff einer ‹Kultur› sich richtet. Abgesehen von den neuen Zügen in der repräsentativen Kunst und dem persönlichen Schmuck, zeigen auch die Werkzeuge eine gründliche Wandlung. Im Aurignacéen besaß der Mensch eine ganze ‹Ausrüstung› von Knochenwerkzeugen und einen Satz spezieller Werkzeuge aus Feuerstein zum Bearbeiten von Knochen.

Es besteht ferner auch keine Ähnlichkeit zwischen den Artefakten des Cro-Magnon-Volks, das demnach in Europa in der Mitte der Eiszeit erschienen ist, und denen der Menschen aus dem Tayacéen, die zu Beginn dieser Eiszeit, vielleicht 30000 Jahre früher, in Erscheinung traten. Die Ähnlichkeit zwischen den Schädeln beider Arten dagegen ist überzeugend. *Homo sapiens* war wiedergekehrt.

Während aber vom Tayacéen nur zwei Hirnschalen und vier Fundstellen das ‹Moderne› des Menschen vor dem Eiszeitalter repräsentieren, sind die Fundstellen aus dem Aurignacéen und Skelettreste des Cro-Magnon-Menschen überaus zahlreich. Und in dem gesamten vom Neandertalmenschen bewohnten Gebiet, in Nordafrika sowohl wie in West- und Mitteleuropa, verschwindet mit dem massenhaften Auftauchen des Cro-Magnon-Menschen der Neandertaler. Es drängt sich daher als logische Folgerung auf: daß mit dem Auftreten des Cro-Magnon-Menschen die Rasse des Moustérien tatsächlich verschwand, also unsere frühen Ahnen in Europa ihre Vorgänger bis zur Ausrottung gejagt haben.

War es so, dann müssen sich auf den eisbedeckten Einöden und zwischen den Höhlen in den winddurchbrausten Tälern blutige Dramen ereignet haben, mit denen verglichen die Indianerkriege recht zahm wirken würden. Denn wenn auch die Unterschiede im Körperbau zwischen den beiden Menschen sehr viel größer waren als zwischen dem roten und dem weißen Mann, so waren doch ihre Ausrüstungen für den Kampf nicht sehr verschieden. In dem Krieg bis zur

Ausrottung kann nicht eine Partei absolut überlegen gewesen sein, und wir könnten vielleicht sogar die Mörder der kleinen Familie benennen, die Louis Lartet in der Höhle bei Cro-Magnon fand, nach der die Träger der Aurignac-Kultur benannt wurden.

Der Cro-Magnon-Mensch war aber nicht der einzige Vertreter dieser Kultur. In einer Höhle bei Grimaldi in Norditalien wurden nämlich gleichartige Artefakte bei Skeletten gefunden, die entschieden negroide Merkmale aufwiesen. Auch nach sonstigen Anzeichen scheinen die neuen Menschen, die Europa übernahmen, damals schon rassisch beinahe so verschieden gewesen zu sein, wie sie heutzutage sind.

Den Aurignacäern (wenn wir das Wort prägen dürfen) war das Klima günstig. Nach dem ersten Höhepunkt der Eiszeit wurde es allmählich milder.

Die echt arktische Tierwelt, Renntier, Moschusochse und Mammut, bewegte sich nordwärts in das neue, vom zurückweichenden Eis kahl zurückgelassene Gebiet, während die Steppentiere, Bison und Pferd, aus den Ebenen Südrußlands nach Westeuropa wanderten. Es war jedoch eine falsche Dämmerung: die Kälte nahm wieder zu und näherte sich einer zweiten Spitze, als das Eis fast bis zu den im ersten Höhepunkt gebildeten Moränen vordrang.

Inmitten der Vereisung entstand das zweite große Rätsel der letzten Eiszeit: die Kultur des Solutréen. Um sie zu verstehen, müssen wir ein wenig vorausblicken. Als das Eis wieder einmal zurückwich, entwickelte sich in dem ganzen früher vom Menschen des Aurignacéen bewohnten Gebiet von Mittel- und Westeuropa eine neue, später als Magdalénien bezeichnete Kultur. Sie ist die wahre Erbin des Aurignacéen. Jeder Aspekt des Lebens ihrer Menschen: ihre Geräte aus Feuerstein und Knochen, ihre Kunst, ihr persönlicher Schmuck, das alles ist erkennbar verwandt mit den entsprechenden Erscheinungen im

Abb. 11: Eine der rasiermesserscharfen Klingen, die die Feuerstein‹schmiede› im Solutréen meisterhaft herzustellen verstanden. Sie ist 35 cm lang und durch ‹Oberflächen-Retusche› auf nur 6 mm Dicke reduziert.

Aurignacéen. Doch zwischen den Schichten aus jener Zeit und denen des Magdalénien finden sich, in den Höhlen eines begrenzten Gebiets, in Spanien und Südfrankreich, und spärlicher in Nordfrankreich und Südengland, die Behausungsabfälle einer ganz anders gearteten Kultur, die ihren Namen nach dem Fundort bei Solutré im Tal der Loire bekommen hat.

Die Menschen von Solutré waren die besten Feuersteinbearbeiter, die es bisher gegeben hatte, und ihr Können sollte für weit länger als zehntausend Jahre nicht übertroffen werden. Ihre blattförmigen Klingen aus Feuerstein, manchmal über 30 Zentimeter lang, sind an den Oberflächen so fein und zart ‹retuschiert›, wie das später erst die Handwerker konnten, die mit Gegenständen aus Bronze in Konkurrenz zu treten suchten. Ihre sonstigen Geräte – Schaber, Messer und asymmetrische Speerspitzen – sind ebenso fein geformt. Andererseits hatte der Mensch des Solutréen überhaupt kein Gerät aus Knochen und besaß keinen Sinn für reine Kunst.

Wie und warum er plötzlich die Herrschaft über den Aurignacäer in Westeuropa gewinnen konnte und woher er kam, ist unbekannt. Desgleichen, wohin er sich später wandte, denn er verschwand ebenso plötzlich, wie er gekommen war, und hat offenbar von seinen Methoden dem Menschen im nachfolgenden Magdalénien nichts vererbt. Wir müssen lernen, vorsichtig zu sein mit den Behauptungen, daß eine bestimmte Kultur einer anderen ‹folgte›. Inzwischen ist nämlich immer klarer geworden, daß viele Einstufungen, die nach de Mortillet aufeinander folgende ‹Epochen› gewesen sein sollen, als mehr oder weniger zeitgleich angesehen werden müssen. So werden beispielsweise drei Unterabschnitte des Aurignacéen, das Chatelperronéen, das Gravettien und das eigentliche Aurignacéen, heute als zeitgleich eingestuft und unter der passenden Gesamtbezeichnung Périgordien gruppiert. Die Künstler des Cro-Magnon, in der Dordogne, gehörten nach neuzeitlicher Nomenklatur zum Gravettien. Ähnlich ist erkannt worden, daß die verschiedenen Volksstämme des Aurignacéen in einem Gebiet um das geheimnisvolle ‹Solutré Empire› weiterlebten, wo sie sich offenbar zur Kulturstufe des Magdalénien entwickelt haben. Dadurch ist aber der Mensch des Solutréen für uns nicht weniger mysteriös geworden.

Im Magdalénien beobachtete der Mensch, wie die Eisdecke sich langsam von Nordeuropa und den Alpen zurückzog. Er jagte das Renntier in Frankreich, ehe es, den unter dem Schnee wachsenden Flechten folgend, nach Norden abwanderte. Über diese Tierwanderung wird an anderer Stelle berichtet. Später ging der damalige Mensch zur Jagd auf die aus der Steppe stammenden Tiere, Bison und Wildpferd, über, also das Wild, von dem sich seine Blutsverwandten hinter den Pyrenäen, im wärmeren Klima von Spanien, Jahrhunderte und Jahrtausende ernährt hatten. Wir sind nun in der Epoche der Malkünstler von Altamira, als die Höhlenmalerei im Zenit stand. Größere Vollkommenheit als zu dem Zeitpunkt, da das Höhlendasein, in dem sie erblüht war, zu Ende ging, sollte diese im Aurignacéen begonnene Kunst niemals erreichen.

Man hatte sich zur Gewohnheit gemacht, sobald für die Höhlenmalereien eine Zeitfolge fixiert worden war, den Menschen des frühen Aurignacéen abfällig als ‹primitiv› und seine Malerei, im Vergleich mit den vollendeten Werken der Magdalénien, als plump zu bezeichnen. Dieser Standpunkt wurde im Herbst 1940 heftig erschüttert.

Am Freitag, dem 12. September, war es warm und sonnig, ein so schöner Tag, daß sogar die kürzlich besiegelte Niederlage Frankreichs und die feindliche Besetzung ihres halben Vaterlandes den Frohsinn der vier 15jährigen Jungen nicht trüben konnten, die an diesem Nachmittag die Waldungen von Lascaux auf dem Gut der Gräfin de la Rochefoucauld, unweit Montignac in der Dordogne, durchstreiften. Ihr Terrier, namens Robot, flitzte durch das Eichengestrüpp hin und her, jedem Geräusch und Geruch nachschnüffelnd. Plötzlich verschwand er in einer Spalte zwischen angehäuften Steinen und kam nicht wieder zum Vorschein.

Die Situation war genau die gleiche wie zweiundsiebzig Jahre vorher bei Altamira, aber zweiundsiebzig Jahre können sogar in der Weltanschauung halbwüchsiger Jungen einen Unterschied ausmachen. Montignac liegt nur vierzehn Meilen von Les Éyzies, und diese Jungen wußten von den in noch unentdeckten Höhlen schlummernden Möglichkeiten. Ihr früherer Lehrer, Léon Laval, war selbst begeisterter Archäologe und hatte schon oft seine Schüler gebeten, bei Wanderungen über die Kalksteinhügel auf Höhleneingänge zu achten. Deshalb hatten sie diesmal in ihrem Wandergepäck auch eine elektrische Taschenlampe mitgenommen.

Ravidat, anerkannter Führer der vier Jungen und Besitzer des Hundes Robot, beschloß, dem Tier zu folgen. Er ließ sich durch den hohlen Klang der Steine, die losbrachen und weit hinabrollten, nicht abschrecken. Später schrieb

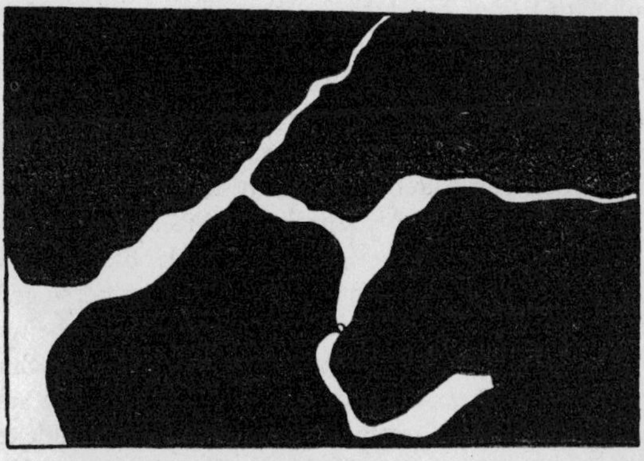

Abb. 12: Plan der bemalten Höhle von Lascaux. Vom Eingang links geht es schroff abwärts in die Haupthöhle mit den großartigen Wand- und Deckengemälden. Von dort aus führen steile Galerien in die zum Teil durch Deckeneinstürze blockierten tiefer gelegenen Höhlen, deren Flächen ebenfalls ganz mit Bildern bedeckt sind.

er über die Ereignisse des Nachmittags für seinen Lehrer einen Bericht, in dessen schülerhaftem Stil die aufregende Entdeckung sehr lebendig wird.

‹Es gelang mir, fünf bis sechs Meter tief einzudringen, mit dem Kopf voran... Dann knipste ich meine Taschenlampe an und schaute mich um, aber kaum hatte ich einen Schritt getan, als ich das Gleichgewicht verlor und zu Boden rollte. Mit Beulen und halb zerschlagen erhob ich mich und knipste die ausgegangene Lampe wieder an, denn ich hatte die Geistesgegenwart besessen, sie festzuhalten.

Als ich sah, daß der Abstieg nicht allzu gefährlich war, rief ich meinen drei Kameraden zu, sie sollten herunterkommen, aber ganz vorsichtig.

Sobald wir wieder zusammen waren, begannen wir die Höhle zu erforschen, indem wir nach rechts und links schauten. Weil die Taschenlampe nicht gut funktionierte, kamen wir nur langsam voran. Auf diese Weise durchquerten wir eine große Halle und erreichten, ohne auf Hindernisse zu stoßen, einen Durchgang, der schmal, aber ziemlich hoch war. Und da sahen wir, als ich die Lampe hob, in dem zitterigen Licht viele Spuren von verschiedenen Farben.

Durch diese Muster verlockt, begannen wir die Wände sorgfältig zu betrachten und entdeckten auf ihnen zu unserer großen Überraschung viele Tierfiguren von beachtlicher Größe. Da kam uns ruckartig der Gedanke, daß wir prähistorische Gemälde gefunden hatten. Ermutigt von diesem Erfolg, drangen wir durch die ganze Höhle vor und entdeckten immer mehr.

Unsere Aufregung war unbeschreiblich. Eine Bande von Wilden, die einen Kriegstanz loslassen, hätte sich nicht toller benehmen können als wir. Nachher gaben wir uns das feierliche Versprechen, vorläufig keinem Menschen von unserer Entdeckung zu erzählen und am nächsten Tage mit stärkeren Taschenlampen wiederzukommen.›

Tags danach brachen die vier Jungen mit ihrer verbesserten Ausrüstung von Montignac auf. Um keinen Verdacht zu erwecken, gingen sie einzeln in vier Minuten Abstand. Sie drangen wieder in die Höhle vor.

Die Wunder, die ihre Augen im starken Licht von vier Taschenlampen erblickten, lassen sich schwer beschreiben. An den Wänden aus schneeweißem Kalkstein folgte ein Tier dem andern, so weit das Auge reichte. Das Schwarz, Rot und Gelb auf den Gemälden hob sich so deutlich ab, als seien die Bilder erst gestern fertiggeworden. Pferde, Hirsche, Bisons, Ur-Rinder waren in endlosen Reihen dargestellt. Quer über die gewölbte Höhlendecke breiteten sich vier kolossale Stiere, tiefschwarz in dreifacher Lebensgröße, so gemalt, daß ihre gebogenen Hörner sich im höchsten Punkt des Gewölbes beinah trafen. An einer Seite der Haupthöhle ließen hintereinandergesetzte Hirschköpfe deutlich das Bild einer durch einen See schwimmenden Herde erkennen, über die andere Wand galoppierte eine Schar zottiger Wildpferde. Zwei wilde Ziegen waren kurz vor dem Zusammenprall ihrer Köpfe gezeigt. Ein besonders großes Tier ließ sich nicht identifizieren: ein riesiger Wiederkäuer mit gebuckeltem Nacken, großen schwarzen Flecken auf dem weißen Körper und zwei ungewöhnlich langen, aus der Stirn schnurgerade hervorspringenden Hörnern.

Von der Haupthöhle zweigten zwei Galerien ab, deren Wände und Decken in ähnlicher Weise mit zahlreichen Tierbildern bemalt waren. An der Biegung einer dieser Galerien fanden die Jungen das erste Kampfbild aus der paläolithischen Hinterlassenschaft: die Zeichnung von einem Mann, der unter dem Angriff eines verwundeten Bisons niedersinkt. Neben dieser Szene in Umrissen das Abbild eines zweihörnigen Nashorns.

Abb. 13: Das unbekannte Tier von Lascaux. Zoologen und Archäologen haben es gern als Phantasieprodukt des Künstlers, als mystische Figur oder verkleideten Zauberer deuten wollen.

Die Jungen, die sehr wohl erkannten, daß die eben ‹erforschte› Höhle eine bedeutsame Entdeckung war, eine Fundstelle, die an Reichhaltigkeit alle andern im Périgord übertraf, kehrten nach Hause zurück mit dem Entschluß, das Geheimnis zu hüten, denn sie wollten die Höhle vor dem Schaden bewahren, den ganze Scharen sensationslüsterner Besucher anrichten konnten. Da der nächste Tag ein Sonntag war, unternahmen sie nichts, doch am Montagmorgen begab sich einer der vier, namens Marsal, zu Monsieur Laval und erzählte ihm von der Entdeckung. Der schon ältere Lehrer, an jugendliche Übertreibungen gewöhnt, war nicht geneigt, aufs Geratewohl einen anstrengenden Ausflug zu unternehmen, um, wie er sagte, vielleicht nichts weiter als ein paar merkwürdige natürliche Steinformationen vorzufinden. Er veranlaßte einen seiner früheren Schüler, der Kunst studierte, die vier zu begleiten und von den Figuren einige Zeichnungen zu machen.

Als Léon Laval dann die Zeichnungen sah, hegte er keine Zweifel mehr. Das war eine ganz bedeutende Sache! Sofort machte er sich auf den Weg zu der Höhle. Zuerst konnte er sich nicht entschließen, in das Eingangsloch zu kriechen, das knapp ein halbes Meter breit war. Als aber eine Bauersfrau, die ihnen gefolgt war, unbedingt hineinsteigen und sich die Höhle ansehen wollte, krabbelte er mühsam durch und ließ sich an den Stalagmiten hinabgleiten. Schon der erste flüchtige Einblick sagte ihm genug. Das war eine Entdeckung, mit der sich kein Laie, auch nicht er selbst mit seinen Erfahrungen, beschäftigen konnte, nein: durfte. Nachdem er die Jungen beauftragt hatte, abwechselnd am Eingang Wache zu halten und niemand hinabsteigen zu lassen, eilte er nach Montignac zurück und schickte ein Telegramm an den Abbé Breuil.

Nun war das Geheimnis heraus. Aber alle Vorsichtsmaßnahmen waren getroffen. Die vier Entdecker schlugen ein Zelt neben dem Höhleneingang auf und wiesen Tag und Nacht jeden Besucher ab. Abbé Breuil und die übrigen Mitglieder des Anthropologischen Instituts kamen nach Montignac und begannen, die Höhle genau zu durchforschen. Presse, Rundfunk und die Scharen der Neugierigen, die sich nach Lascaux drängten, wurden bestmöglichst zufriedengestellt, indem man sie in kleinen Gruppen mit Führer unter den wachsamen Augen der Wissenschaftler eintreten ließ. Abbé Breuil erklärte in Vorträgen vor der Höhle die einzigartige Bedeutung des Fundes und betonte, daß alles mit äußerster Sorgfalt erforscht werden müsse.

Infolge der von den Entdeckern selbst, von den Behörden und der Besitzerin des Landes, Gräfin de la Rochefoucauld, getroffenen Vorsichtsmaßnahmen wurde eine wundervolle Kunstgalerie der frühesten prähistorischen Periode in ihrem ursprünglichen Zustand erhalten. Neuerdings hat man den Eingang erweitert und den fast senkrechten Abstieg, auf dem die ersten Erforscher sich abmühen mußten, durch eine Treppe ersetzt. Es erwies sich auch als notwendig, Maßnahmen gegen die schädliche Wirkung von Wärme und Feuchtigkeit zu treffen, sollte nicht die schützende dünne Stalagmitenschicht über den Gemälden zerstört werden. Zwei Wände mit luftdichten eisernen Türen wurden gebaut, um die Höhle von der Außenluft abzuschließen. Besucher werden durch diese Luftschleuse nur in Gruppen zu zwanzig eingelassen, und die Zahl von vierhundertfünfzig pro Tag darf nicht überschritten werden. Inzwischen wurde sogar eine Klimaanlage installiert, um künstlich die trockene Kälte zu erzeugen, mit der die Natur die Schätze der Urmenschen schon 16000 Jahre konserviert hatte.

In seinem Bericht, den er kaum drei Wochen nach der Entdeckung der Akademie für Literatur und Inschriften einreichte, gab Breuil eine Deutung der Gemälde, die alle späteren Experten anerkannt haben. Er legte genau dar, wie gründlich er mit Peyrony (mit dem er vierzig Jahre zuvor die bedeutungsvollen Zeugnisse prähistorischer Kunst in der Höhle von Font de Gaume entdeckte) die Gemälde geprüft hatte. Als Kenner der Materie waren beide darüber einig, daß die ganze Bilderreihe, mit einigen Ausnahmen, aus der frühesten aller Kunstperioden, dem Aurignacéen, stammte.

Hatte Altamira die höchste Verfeinerung der Kunst im Magdalénien aufgezeigt, so nahm nun die Höhle von Lascaux ihren Rang als Ausstellungsraum für das künstlerische Talent des Cro-Magnon-Menschen ein. Es war jetzt klar, daß unsere Vorfahren, als sie das arktische Europa betraten, schon eine mit großem Feingefühl entwickelte künstlerische Technik hatten.

Wir besitzen heute ein genaues Bild vom Cro-Magnon-Menschen. Größer, stärker und hübscher als wir, wanderte er nach Europa ein, als die Kälte der Eiszeit am schärfsten war, und hieb sich gleichsam ein Jagdgebiet aus den Fängen der Gletscher heraus, im Wettbewerb mit einer schon dort eingewöhnten Rasse, die materiell nicht schlechter gerüstet war als er. Nur in einem Punkt war er seinem Neandertaler Gegner sozusagen um eine halbe Länge voraus: im künstlerischen Empfinden. Und es ist nicht unmöglich, daß es diese Eigenschaft war, die, im Verein mit der aus ihr geborenen größeren Phantasie und Auffassungsgabe, das Ringen zwischen den beiden Rassen entschieden hat. Eine ernüchternde Erkenntnis auch in unserer, immer materialistischer werdenden Welt!

Abb. 14: Die schwimmenden Hirsche von Lascaux.

7 Zwischenspiel: König und Professor

In den fünf ersten Kapiteln verfolgten wir die Tätigkeit der kleinen, eng miteinander verbundenen Gruppe von Erforschern prähistorischer Höhlen in Westeuropa. Sie haben uns, indem sie ein verhältnismäßig kleines Gebiet mit größter Genauigkeit studierten, viele Ausblicke auf das Leben in Europa während und vor der letzten Eiszeit eröffnet. In den nächsten Kapiteln werden wir parallele Entwicklungen in anderen Gegenden Europas beobachten, die uns das Schicksal der Menschheit zwischen dem Ende der Eiszeit und dem Beginn geschriebener Geschichte entschleiern.

Die Rechtfertigung prähistorischer Forschungen liegt jedoch nicht allein, und nicht im Endzweck, in der bloßen Bereicherung der Kenntnisse des Menschen von seiner eigenen Vergangenheit. Vielmehr liegt die Bedeutung des Vorgeschichtsforschers allein in seinem Einfluß auf das Gesamtmaß des Wissens und der Gefühle, weil das die Triebkräfte für die Aktionen und Reaktionen der Menschheit sind. Einer der größten Fortschritte der letzten hundert Jahre ist, daß wir gelernt haben, unsere Errungenschaften und Probleme aus der Perspektive von vielen Tausenden mit Errungenschaften und Problemen gefüllten Jahren zu sehen. Daß wir in unser Bewußtsein den Stolz und die Demut aufgenommen haben, aus der Erkenntnis heraus, daß selbst in den nach geologischen Begriffen sehr fernen Zeiten in Europa Männer und Frauen mit Phantasie und künstlerischer Kultur lebten, die nicht geringer war als unsere, und auch sie schon Erben unvorstellbar alter Lebensarten und Weltanschauungen gewesen sind. Vor hundert Jahren jedoch, ehe die Entdeckung des altsteinzeitlichen Menschen die fernste Vergangenheit zu erhellen begann, bewiesen so großen Weitblick nur wenige ‹Propheten›. Aus Kopenhagen, wo der ‹Vater der Archäologie› an seiner neuen Methode für die Museen arbeitete, kam der stärkste Impuls für eine Wandlung in der Anschauungsweise. Thomsens ‹Drei Zeitalter der Prähistorie› wurden offiziell – so sehr man privatim mit ihnen experimentierte – von den Kuratoren der Antiquitätenkabinette in aller Welt in Zweifel gezogen. Thomsen war nicht der Mann, seine Gedanken einer skeptischen Umwelt aufzudrängen, aber er schwamm im Strom des Fortschritts, und so attachierte das Schicksal ihm zwei der besten Propagandisten, die man sich für eine neue Idee wünschen könnte, zwei der farbigsten Persönlichkeiten auf dem Felde der Archäologie.

Der eine war der Höchste im Lande, Frederik VII., König von Dänemark und Island.

In seinen jungen Jahren schien Prinz Frederik sowohl zum König wie zum Archäologen wenig prädestiniert. Ein starkknochiger, schwer lenkbarer Knabe, wurde er unter der strengen Aufsicht seines Großonkels, des derzeitigen Königs, erzogen. Entschlossen, dafür zu sorgen, daß der junge Prinz alles

Wissen in sich aufnahm, das einem künftigen Monarchen zustatten kam, ernannte der Großonkel ein Gremium von sieben hervorragenden Professoren, die den Jüngling abwechselnd in Dänisch, Lateinisch, Französisch, Deutsch, Religion, Geschichte, Geographie, Geometrie, Arithmetik, Gymnastik, Musik und Tanz unterrichten sollten. Das Ergebnis war vorauszusehen. Die größten Gelehrten des Reiches mußten bald fühlen, wie undankbar die Aufgabe war, dem Prinzen etwas von ihrer Weisheit beizubringen. Die Verachtung des buchmäßig sturen Lernens, die in ihm wuchs, sollte später der jungen Wissenschaft der Vorgeschichte zugute kommen. Von dem ganzen Unterrichtskomplex interessierte den Prinzen Frederik nur die Gymnastik, und sobald er sich dem strengen Lehrbetrieb entziehen konnte, widmete er sich dem sportlichen Training, für das er mehr Talent hatte. Daneben suchte er die Gesellschaft fröhlicher Zecher männlichen und weiblichen Geschlechts.

Sein Großonkel, den die Wildheit des jungen Mannes bedenklich stimmte, stellte ihn als Siebzehnjährigen unter militärische Disziplin (indem er ihn in den Rang eines Generalmajors erhob) und verlobte ihn im folgenden Jahr der jüngsten seiner Töchter. Da jedoch weiterhin Gerüchte über die Exzesse des jungen Prinzen in der Hauptstadt umliefen, wurde die Hochzeit für zwei Jahre verschoben. Inzwischen mußte Prinz Frederik eine ausgedehnte Europareise unternehmen.

Während dieser Reise, die er incognito machte, lernte er die Schweiz, Frankreich und Italien kennen und sah in Italien zum erstenmal mit eigenen Augen die Wunder der Vergangenheit. Kurz vorher hatte man die Ausgrabungsarbeiten an der verschütteten Stadt Herculaneum wieder aufgenommen, während in Pompeji bei neuen, erweiterten Grabungen eine römische Villa mit beispiellos schönen Mosaikarbeiten freigelegt wurde. Viele Mitglieder der europäischen Königshöfe besuchten in jenen Jahren Italien, um die neu erschlossenen Wunderwerke zu betrachten. Unter ihnen auch der Prinz von Dänemark.

1828 kehrte der kraftvolle junge Thronerbe ins Vaterland zurück und wurde, als Zwanzigjähriger, mit der Prinzessin Wilhelmina verheiratet. Aber seine Auslandsreisen hatten nichts geholfen. Sofort nach der Hochzeit nahm er die alten Verbindungen mit den leichtsinnigen Kumpanen wieder auf. Da bei aller in den zeitgenössischen Berichten geübten höflichen Reserve die Orgien des Prinzen auch mit Takt nicht ganz ignoriert werden konnten, verließ ihn seine junge Frau schon nach halbjähriger Ehe.

In weiteren Versuchen, die überschüssigen Kräfte des Prinzen auf weniger despektierliche Ziele zu lenken, wurden der Reihe nach für ihn verschiedene Posten in entfernten Ecken des Königreichs ausgesucht, wo er stets unter Aufsicht strenger Militärs blieb. Trotzdem drückte er sich in den nächsten vier Jahren immer wieder von seinen Pflichten und tauchte in seinen alten Kopenhagener Schlupfwinkeln auf. Schließlich gab man ihm im Jahre 1832 formell das Kommando einer Fregatte und schickte ihn auf eine absichtlich verlängerte Fahrt um die Küsten von Nordeuropa.

Frederik fand sich in das Seefahren wie ein echter Sproß der Wikingerkönige.

Endlich schien er in dem rauhen Leben auf den Segelschiffen sein Metier gefunden zu haben. Er wurde sofort bei Offizieren und Mannschaft beliebt, die in der Navigation angewandte Mathematik gefiel ihm weitaus besser als die theoretischen Studien seiner Knabenjahre, und alsbald wurde er anstelle des nur pro forma ernannten der wirkliche Kommandant seines Schiffes. Endlich sah es aus, als sollte aus dem schwarzen Schaf der königlichen Familie noch ein vernünftiger Mensch werden. Jedes Jahr unternahm Frederik nun längere Reisen durch europäische Gewässer.

Dennoch konnte von einer wesentlichen Änderung seiner Lebensweise noch nicht die Rede sein. Sobald er wieder das Land betrat, widmete er sich ausgedehnten Trinkgelagen mit seinen Kumpanen in Kopenhagen. 1834 wurde seine Ehe für nichtig erklärt und er auf die königlichen Güter von Jaegerspris geschickt, gleichsam ins Exil. Im selben Jahr wurde er zum Mitglied der *Gesellschaft skandinavischer Altertumsfreunde* gewählt.

Die Wahl war eine reine Formsache. Diese Gesellschaft hatte seit ihrer Gründung schon enge Verbindung mit dem Herrscherhaus gehalten, und Prinz Frederiks Vater, Kronprinz Christian, war ihr Ehrenpräsident. Und doch hat vermutlich diese Wahl, dazu die Langeweile in der Verbannung auf einem Landgut, das Interesse des Prinzen an einer Beschäftigung erweckt, die für sein Leben bestimmend werden sollte.

Auf dem großen Gelände von Jaegerspris lagen über hundert Tumuli, kleine, mit Rasen bedeckte Hügel, die ersichtlich nicht natürlichen Ursprungs waren. Überall in Dänemark gab es noch Tausende ähnlicher Hügel. Viele waren durch Altertumsforscher und Schatzsucher aufgebrochen, die in ihnen Urnen, bronzene Schwerter, Dolche und Steinbeile wie auch menschliche Skelette oder verbrannte Knochen gefunden hatten. In kurzer Zeit, bevor er auf eine Seereise nach Irland ging, öffnete Prinz Frederik auf Jaegerspris nicht weniger als zwanzig solcher Hügel mit Hilfe einer Schar von Forstbeamten und Soldaten seiner Eskorte. Damals arbeitete man noch ohne Methode: eine ‹Ausgrabung› bestand aus einem Schacht, der rasch in die Mitte des Hügels gegraben wurde, wo gewöhnlich die größten Schätze lagen. Trotzdem lieferten diese Grabungen eine reiche Beute an Bronzeschwertern, Armbändern und Elfenbeinschmuck, Gegenstände, die den Grundstock zu der späteren großen Antiquitätensammlung des Prinzen bildeten.

In den nächsten fünf Jahren hatte Prinz Frederik, da er in der jütländischen Garnisonstadt Fredericia praktisch unter Arrest gehalten wurde, wenig Gelegenheit, seine neuen Interessen zu pflegen. 1839 jedoch, als der alte König starb, folgte ihm auf den Thron der Vater des Prinzen, als König Christian VIII. In seiner Stellung als Kronprinz war Frederik jetzt berufen, wichtige Verwaltungsgeschäfte zu führen, was er mit unvermuteter Tüchtigkeit und in charmanter Art zustande brachte. Immerhin fand er noch Zeit zu häufigen Seereisen und weiteren Ausgrabungen auf den königlichen Ländereien. An allen Versammlungen der Altertumsfreunde nahm er regelmäßig teil. Als 1841 sein Vater vom Präsidium der Gesellschaft zurücktrat, galt es als ausgemacht, daß man den Kronprinzen bitten würde, den Platz des Königs einzunehmen. Er nahm den Vorschlag an und erledigte seine Verpflichtungen als Präside mit ungewöhnlichem Eifer. Er hat sein ganzes Leben, wenn ihn nicht Staatsaffären von der Hauptstadt fernhielten, persönlich die Versammlungen der Gesellschaft geleitet.

Eine seiner ersten Pflichten als Präsident im Jahre 1841 war die Begrüßung eines neuen Mitglieds, eines schlanken, dunkelhaarigen jungen Mannes von zwanzig Jahren, der bereits einige beunruhigend reife Abhandlungen über die Zeiteinstufung von Grabhügeln, wie sie Prinz Frederik auf Jaegerspris freilegte, veröffentlicht hatte. Das neue Mitglied hieß Jens Jacob Asmussen Worsaae. Er war in den nächsten zwanzig Jahren der Intimus des Kronprinzen und sein Assistent bei den Ausgrabungen.

Worsaae sollte der erste vollberuflich tätige Prähistoriker der Weltgeschichte werden. Damals jedoch war er noch ein unsicherer junger Studiosus der Rechte, von seiner Begeisterung für Antiquitäten förmlich besessen. Sohn des Landrichters von Vejle in Jütland, hatte er schon als kleiner Junge begierig die Journale der Gesellschaft der Altertumsfreunde gelesen, bei der sein Vater Mitglied war, und hatte die sogenannten ‹Donnerkeile› gesammelt: die Feuersteindolche und steinernen Streitäxte, die fortwährend aus den Äckern gepflügt wurden. In seiner Schulzeit pflegte Worsaae mit einem ebenso Begeisterten, dem Hausdiener eines Kaufmanns in seiner Heimatstadt, durch die Landschaft in der Umgebung zu streifen. Gemeinsam gruben sie, in ungeschickter Weise, schaufelten Schächte in die überall auf dem Moor gefundenen Hügel und vergrößerten mit den Bronzen und Töpferwaren Worsaaes Sammlung.

Als Worsaae, mit fünfzehn Jahren, zur Vorbereitung für die Universität nach Kopenhagen auf die Schule geschickt wurde, war seine Antiquitätensammlung schon die größte und bedeutendste in Jütland. In der Hauptstadt angekommen, besuchte er sofort das Nationalmuseum und machte sich mit Christian Thomsen bekannt.

Man schrieb 1836, das Jahr, in dem Thomsen seinen berühmten Museumsführer veröffentlichte und der Welt seine Dreiteilung der Prähistorie in Stein-, Bronze- und Eisenzeitalter präsentierte. Thomsen war bereits eine Respektsperson unter den Altertumsfreunden. Der Enthusiasmus des halbwüchsigen Schuljungen entzückte ihn ebenso, wie er ihn ärgerte, weil Worsaae seine Studien vernachlässigte, um jeden freien Moment im Museum zubringen zu können. Aber Thomsen beschäftigte ihn nützlich, wie er das mit jedem freiwilligen Helfer tat, und bald fand Worsaae sich beim Katalogisieren von Artefakten, führte Besuchergruppen durchs Museum und half oft bis spät abends noch Thomsen bei seiner Korrespondenz.

Doch die Arbeit im Museum genügte ihm nicht. Er hatte die Freude der Überraschungen bei der Arbeit im Freien gekostet, wenn er mit eigenen Händen Gegenstände aus der Erde holte, die Tausende von Jahren unberührt geruht hatten. Während der nächsten vier Jahre, zuerst noch auf der Schule und nachher als Student, brachte er seine Sonntage und die halbfreien Tage, an denen er sich für die Examina präparieren sollte, mit Grabungen an Hügeln und der Freilegung von Erdwerken zu.

Seine Familie war offenbar wohlhabend, denn Worsaae konnte jederzeit, wenn er einen Hügel aufgraben wollte, zwei ortsansässige Arbeiter in Dienst nehmen. Allmählich verbesserte er seine Technik: er lernte einen breiten Graben durch solche Hügel ziehen und im Boden die Strukturveränderungen beobachten, an denen man die späteren Aufschüttungen von Erde und überlagernde Grabstätten erkennen konnte. Wichtiger noch, daß er, als die Zahl der ausgehobenen Hügel wuchs, bestimmte Typen unterscheiden lernte und allgemeine Schlüsse ziehen konnte. Schon bevor er ins Kolleg ging, im Alter von siebzehn Jahren, hatte er im Journal der Gesellschaft für Altertumsfreunde einen kurzen Aufsatz veröffentlicht, in dem er beschrieb, wie er menschliche Knochen und ungefähr ein Dutzend Feuersteinbeile in steinernen Kammern unter zwei Grabhügeln nördlich von Kopenhagen entdeckte.

1840 erschien sein erster fachlich fundierter Artikel, eine Diskussion über die Begräbnishügel in Dänemark. Darin teilte er sie kühn in Gräber aus der Stein-, der Bronze- und der Eisenzeit. Er beschrieb die wesentlichen Eigenarten aller drei: bei den Hügeln aus der Steinzeit die aus Steinen gebauten Kammern mit ihren unverbrannten Skeletten, Feuersteinbeilen und Dolchen; bei denen aus der Bronzezeit die Bestattungen durch Verbrennen, wo die Asche unter Steinschichten lag, nebst bronzenen Schwertern und Dolchen oder groben Urnen aus Ton, die, hoch in dem Erdhügel aufgestellt, verbrannte Knochen, Nadeln und Scheren aus Bronze enthielten. Er machte Bemerkungen über die Gräber der Eisenzeit, die in Dänemark selten waren im Gegensatz zu Norwegen, wo fast jeder geöffnete Hügel ein verbranntes Skelett mit dem in der Wikingerzeit üblichen riesigen Zweihandschwert daneben enthielt.

Worsaaes Artikel war die erste Frucht von Thomsens revolutionärer Verkündung des Dreizeitalter-Systems, vier Jahre vorher. Er erklärte, inwiefern sich die neuen Ideen der prähistorischen Zeitstufung auch außerhalb der Museen auf alte Denkmäler eines Landes anwenden ließen. Auf Grund dieses Artikels wurde er im folgenden Jahr in die Gesellschaft für Altertumsfreunde gewählt, wo er zum erstenmal mit Kronprinz Frederik zusammenkam.

Im selben Jahr jedoch, als er den Aufsatz publizierte, starb sein Vater, und beim Ordnen des Nachlasses stellte sich heraus, daß die Familie schon seit Jahren vom Kapital gelebt hatte. Worsaae sah sich mittellos.

Vernünftig wäre nun gewesen, die Archäologie aufzugeben, sein juristisches Studium zu vollenden und sich eine Stellung zu suchen. Sein Onkel in Kopenhagen bot ihm für diesen Fall ein Heim an, aber für Worsaae war der Verzicht auf die Vorgeschichtsforschung unvorstellbar. Er arbeitete bereits an seinem ersten Buch, dem ersten über Prähistorie in Dänemark, das, wie die Einleitung besagte, ‹illustriert war mit den entsprechenden Antiquitäten und Begräbnishügeln›. In seiner Geldnot schrieb er an Thomsen, den er bat, ihm für seine Arbeit im Museum ein Gehalt zu zahlen. Als Antwort bekam er eine glatte Ablehnung.

Thomsens Weigerung ging nicht aus Eifersucht oder Engherzigkeit hervor. Man muß sie im Licht jener Zeit beurteilen. Worsaaes Bitte wurde als unerhört empfunden, weil Vorgeschichtsforschung nicht als Beruf galt, sondern als Liebhaberei. Die Bitte um ein Gehalt für Angeln oder für das Sammeln von Vogeleiern hätte man als ebenso vernünftig oder unvernünftig angesehen. Und Thomsen selbst hatte in den vierundzwanzig Jahren, in denen er das Museum verwaltete, niemals Bezahlung angenommen. Ein so tüchtiger junger Mann wie Worsaae, erwiderte er unverblümt, sei doch gewiß fähig, seinen Weg in der Welt ohne Hilfe von seiten des Museums zu machen.

Worsaae antwortete mit Bedauern, aber entschieden, daß er in dieser Situation seine Beziehungen zum Museum abbrechen müsse. Thomsen hatte ihn gern als den ‹jungen Himmelsstürmer› bezeichnet, und diesen Beinamen sollte er jetzt durch die Tat bestätigen. Er begab sich zum Oberzeremonienmeister und bat um eine Audienz beim König. Als dem Sohn eines getreuen, erst kürzlich verstorbenen Staatsbeamten wurde ihm die Audienz gewährt. Er erklärte Christian VIII. sein brennendes Verlangen, sich ganz der Aufklärung der Frühgeschichte seines Vaterlands widmen zu wollen, und machte den Vorschlag, vorgeschichtliche Forschungen in der früher dänischen Provinz Südschweden durchzuführen. Der König, ein Mensch mit praktischem Verstand, war entzückt vom Feuereifer des jungen Mannes und gewährte ihm zur Deckung der Kosten für die Schwedenreise eine Dotation aus seiner Schatulle.

Während Worsaae in Schweden war, wurde sein Buch *Die Frühzeitgeschichte Dänemarks* veröffentlicht. Es wurde zum Wegweiser in der Prähistorie, übertroffen nur von Thomsens Museumsführer. Zum erstenmal wurde hier die prähistorische Epoche eines Landes als bestimmter Zeitabschnitt behandelt, in dem sich bestimmte Ereignisse abgespielt, die Sitten sich geändert hatten, Erfindungen gemacht wurden, Völker gekommen und vergangen waren. Die drei Zeitalter wurden der Reihe nach beschrieben, mit ihren typischen Formen der Bestattung, ihren typischen Handwerksstücken und der Lebensweise, die sich aus ihnen erkennen ließ. Das Buch wurde schon vor Ablauf eines Jahres ins Deutsche und drei Jahre später ins Englische übersetzt.

Als Worsaae aus Schweden zurückkam, sah er sich bereits als Autorität gewürdigt. Er bekam weitere Geldmittel für eine Forschungsreise durch Deutschland, die Schweiz und Österreich und wurde in diesen Ländern, überall wo er sich zeigte, als Prähistoriker von Rang empfangen. In Kreisen der Museumsfreunde wurden damals heiße Debatten über das Dreizeitalter-System geführt, und Worsaae machte sich, beinah ohne es zu merken, zum Verfechter des neuen Systems, indem er es, wo er gerade weilte, den Kuratoren und Altertumsgesellschaften erklärte.

Er kehrte 1845 nach Dänemark zurück, reicher an Erfahrung, doch mit nur zwei Talern in der Tasche, aber König Christian hatte wieder einen Auftrag für ihn. Der Herzog von Sutherland hatte ihn gebeten, einen dänischen Prähistoriker nach England zu entsenden, um die dortigen Altertümer zu prüfen, und seine Wahl sei auf ihn, Worsaae, gefallen.

So geschah es, daß er sich 1846 in London befand, mit einem Empfehlungsbrief von König Christian an den Herzog von Sutherland in der Tasche. Es war das Jahr, in dem Pengelly seine Ausgrabungen in Kents Höhle begann und Boucher de Perthes die Arbeit an seinem zweiten Buch beendete, durch das er die zeitgleiche Existenz des Menschen mit einer ausgestorbenen Tierwelt zu beweisen suchte.

In der Mitte des 19. Jahrhunderts war das Interesse für Altertümer in England große Mode. Der moderne Prähistoriker liest mit Neid von den Festen, die zu Worsaaes Ehren von Herzögen und Botschaftern in London arrangiert wurden, und von seiner fast königlichen Tour durch England nach Nordschottland, nach Irland und wieder nach London zurück, als er immerfort von einem Gutshaus, einem Herzogsschloß zum andern und einer Stammburg zur anderen weitergereicht wurde. Sein Ruf war ihm nach England vorangeeilt. Eine Übersetzung seines Werkes über dänische Altertümer war schon in Vorbereitung, während Lord Ellesmere, ein Bruder des Herzogs von Sutherland, sich mit der Übersetzung von Thomsens *Führer* beschäftigte. Nicht gering war die Überraschung, und es wurde, besonders bei den jungen Modedamen, ehrliches Entzücken laut, als sich zeigte, daß der ‹gelehrte dänische Antiquar›, den zu begrüßen sie eingeladen waren, sich als junger, sehr lebhafter Dandy entpuppte, dessen adlerscharfe Züge durch lockiges dunkles Haar angenehm betont wurden. Ein Mann, der ebenso begeistert Besichtigungstouren durch verstaubte Museen mitmachte wie Picknicks im Boot bei Mondschein auf den schottischen Seen.

Worsaae schrieb begeisterte Berichte über die Bälle und Kutschfahrten – und die jungen Damen – an seine Mutter, ließ aber auch keine Gelegenheit aus, in Gelehrtenkreisen über das System der dänischen Klassifizierung zu sprechen. Er bemerkte auch den dürftigen Bestand an einheimischen Altertümern in den Museen der britischen Inseln. Sogar das erhabene Britische Museum, so reich an klassischen Schätzen, widmete den vorgeschichtlichen Stücken aus dem eigenen Lande nur einen halben Raum.

Als Worsaae im nächsten Jahr, da das Geld zur Neige ging, sich entschloß, wieder nach Hause zu fahren, nahm er sich noch die Zeit, und sein letztes Geld, für eine ‹Schnellvisite› in Frankreich, wo er ‹einen Altertumsforscher in Abbeville, der eine große Kollektion von Altertümern besitzt›, besuchen wollte. Er meinte Jacques Boucher de Perthes. Also führte ihn sein feiner Instinkt schon jetzt zum ersten bedeutenden Kenner der Altsteinzeit in Frankreich, zwölf Jahre bevor dieser von seinen eigenen Landsleuten anerkannt wurde.

Bei der Rückkehr nach Dänemark sah er seine Zukunft gesichert: er wurde auf den eigens für ihn geschaffenen Posten des Inspekteurs für Altertümer berufen, in eine Position, die ihn finanziell unabhängig machte, seinen Talenten unbegrenzten Spielraum gab und – ihn akademisch und gesellschaftlich mit Thomsen auf eine Stufe stellte! Außerdem verlangte sein neues Amt von ihm enge Zusammenarbeit mit der ‹Kommission zur Erhaltung dänischer Altertümer›, deren Vorsitzender der Kronprinz war.

In diesen Jahren, als Worsaae wie ein inoffizieller Botschafter für das Dreizeitalter-System durch Europa reiste, hatte auch Frederik weite Reisen gemacht. Seine zweite Ehe, mit einer deutschen Prinzessin, wurde ebenso katastrophal wie die erste, wenn auch aus anderen Gründen. Die wachsende Spannung zwischen Preußen und Dänemark um den Besitz von Holstein, das eine deutschsprachige ‹Dependance› der dänischen Krone war, hatte die Kronprinzessin vor die Wahl zwischen dem Land ihres Vaters und dem ihres Mannes gestellt. So kehrte sie 1844 nach Deutschland zurück. Frederik wandte sich wieder seiner ersten Liebe zu, der Seefahrt. Er segelte nach Schottland, den Färöern, nach Madeira und Spanien.

Sein Interesse an der Vorgeschichte vertiefte sich währenddes noch. Kaum ein Jahr verging, in dem der Prinz nicht auf seinen Ländereien eine Grabung in den Hügeln aus der Bronzezeit vornahm. Er wohnte dann in einem Zelt nahe der Fundstelle und überwachte die Arbeiten vom frühen Morgen bis zum späten Abend. Mit der Erfahrung wurde ihm sein Werk immer mehr zum Beruf, und seine Lagekarten von den Hügeln und den in ihnen entdeckten Gräbern – in den Archiven des Nationalmuseums noch erhalten – sind beträchtlich besser als die der meisten Vorgeschichtsforscher seiner Zeit. Damals hatten in Skandinavien er und Worsaae zweifellos die größte Erfahrung in Ausgrabungen.

1848, in dem Jahr nach Worsaaes Rückkehr von England, starb Christian VIII. Ihm folgte auf den dänischen Thron sein Sohn, als Frederik VII.

Die nächsten fünfzehn Jahre waren eine Periode fruchtbarer Zusammenarbeit zwischen dem König und dem Inspekteur für Altertümer, dem 1854 der Titel Professor verliehen wurde. Unter ihrer Führung gewann die ‹Gesellschaft skandinavischer Altertumsfreunde› Mitglieder in der ganzen Welt und so großen Einfluß auf die Entwicklung der Vorgeschichtswissenschaft, wie ihn weder vorher noch nachher ein Verband ausgeübt hat. Das Mitgliederverzeichnis unter der Präsidentschaft des Königs von Dänemark liest sich wie die Namensrolle aus dem Almanac de Gotha. An der Spitze standen ihre Majestäten die Kaiser von Rußland und Brasilien, die Könige von Schweden und Norwegen, von Preußen, den Niederlanden, Griechenland, Sizilien, Italien, Sachsen und Siam, der Schah von Persien, der Prinzgemahl von England, der Erzherzog von Österreich und eine lange Reihe von Großherzögen, Fürsten und Herzögen, denen Hunderte von führenden Persönlichkeiten aus allen Kreisen und allen Ländern folgten. Das Journal der Gesellschaft trug die Kenntnis vom dänischen Dreizeitalter-System und den weiteren, hiervon ausgehenden Forschungen in einen weltweiten Kreis einflußreicher Leute hinaus.

Und jedes Jahr setzte König Frederik, trotz aller staatsmännischen Sorgen, seine Grabungen fort, wobei er auf Jaegerspris einen Stein mit gotischer Inschrift zutage förderte, die Gräber seiner königlichen Ahnen in der Kathedrale von Roskilde durchforschte und in dem riesigen Hügel bei Jelling grub, in dem sich das Grab von König Gorm, dem letzten und mächtigsten der heidnischen Könige von Dänemark, befinden sollte. (Der Hügel war jedoch vollkommen leer.)

Worsaae beteiligte sich nicht nur regelmäßig an den Ausgrabungen des Königs, sondern unternahm auch eigene. Seine Hauptentdeckung in diesem Zeitraum, die dänischen ‹Kjökkenmöddinger› der Jäger aus der ältesten Steinzeit, wird im nächsten Kapitel geschildert. Jedes Jahr brachte das Journal der ‹Gesellschaft der Altertumsfreunde› zwei oder drei Aufsätze aus seiner Feder über die kleineren Forschungen an den über das Land verstreuten Begräbnishügeln, Monolithen und Erdwerken, die jetzt von ihm amtlich betreut wurden. König Frederik legte seine Resultate ebenfalls der Gesellschaft vor, in sorgfältig ausgearbeiteten Abhandlungen, die von hoher Gelehrsamkeit zeugten. Im Jahre 1858 ernannte er Worsaae zum Kurator seiner persönlichen Antiquitätensammlung und stellte ihm als Amtssitz eine Wohnung im königlichen Schloß zur Verfügung.

Die Ernennung gab dem König, der einen besonderen Humor besaß, Gelegenheit, für seinen Prähistoriker eine Uniform zu entwerfen. Er verlangte, daß Worsaae die jedesmal trug, wenn sie zusammen bei Ausgrabungen waren, und noch heute soll jeder Prähistoriker in Dänemark berechtigt sein, sie zu tragen. Mit ihrer Pillenschachtelmütze, dem hohen Kragen und dem eng geknöpften Jackett war sie beim Graben höchst unpraktisch, und Worsaae gratulierte sich, daß nicht noch Epauletten dazu gehörten!

Sicherlich sind Ausgrabungen weder vorher noch nachher jemals in so üppigem Rahmen durchgeführt worden, wie König Frederik ihn bot. Trotzdem bleibt zweifelhaft, ob dies von dem großen Gefolge, das den königlichen Enthusiasten auf seinen Exkursionen begleiten mußte, recht gewürdigt wurde. Als Oberbefehlshaber hatte der König Verfügung über die gesamte dänische Armee! Im allgemeinen ließ er mit einem ganzen Zug von Pionieren graben, konnte sich aber bei größeren Arbeiten auch eine volle Kompanie oder noch mehr leisten. Eine zeitgenössische Radierung, die heutzutage jeder grabende Forscher mit Seufzern des Bedauerns betrachtet, zeigt den königlichen Archäologen bequem im weichen Lehnstuhl auf einem Traggerüst sitzend, wo er seine lange Porzellanpfeife raucht, während er zuschaut, wie seine Pioniere einen Schacht in die Mitte eines Grabhügels buddeln.

In den langen Berichten über die Ergebnisse von Ausgrabungen, mit denen vor hundert Jahren die Seiten der wissenschaftlichen Journale gefüllt wurden, treffen wir so selten eine klare Schilderung der Ausgrabungsarbeit, daß es sich lohnt, einmal im Wortlaut zu zitieren, was Worsaae selbst über einen typischen Arbeitstag sagt. Er schrieb das im Mai 1859 (zwei Jahre zuvor hatte er sich verheiratet) an seine Frau:

‹... Morgen wird unser Programm das gleiche sein wie heute. Früh um 7 Uhr brachen wir auf, und ich hatte die Ehre, allein mit Seiner Majestät zusammen zu fahren. Der König wählte, um mir eine Freude zu machen, einen Weg durch die schönsten Teile des Waldes, und ich kann nicht leugnen, daß es herrlich war, ein malerisches Waldstück nach dem andern zu durchqueren. Der König war in denkbar bester Laune. Der Hügel bot nichts sonderlich Interessantes: wir fanden nur einen großen Stein, der zum Polieren steinerner Geräte benutzt worden war, taten aber unser Bestes, das schwache Ergebnis durch gemütliche Mahlzeiten auszugleichen.

Zuerst frühstückten wir um 10 Uhr, und anschließend bereitete uns Seine Majestät eigenhändig den Kaffee. Nachher, um 2, aßen wir Steak vom Grill mit weich gekochten Eiern und spülten das mit nicht geringen Mengen Champagner hinunter. Zwichen den Mahlzeiten besuchte uns die Gräfin [Frederiks VII. morganatische Frau] zu Pferde, begleitet von einem wahren Hofstaat, Herren und Damen. Wir verbrachten den ganzen Tag auf freiem Felde unter außerordentlicher Sonnenhitze ohne ein bißchen Schatten... Es war beinah 7, bis wir, staubbedeckt, zum Schloß zurückkamen. Und pünktlich um 7 mußten wir zum Dinner erscheinen, bei dem es recht lebhaft zuging...›

König Frederik war damals schon über fünfzig und unmäßig dick. Ein zwölfstündiger Arbeitstag unter brennender Sonne zeugt, ganz abgesehen von dem Lehnstuhl und dem Champagner, so sehr von der Begeisterung für sein Steckenpferd, daß es einen Vorgeschichtsforscher von Beruf beinah beschämen könnte.

Aber vier Jahre später verlangten andere und wichtigere Angelegenheiten die Aufmerksamkeit des Königs. Während seiner Regierungszeit waren die Provinzen Schleswig und Holstein, an der deutschen Grenze, zum Zankapfel zwischen dem dänischen Staat und der wachsenden Militärmacht Preußens geworden. Nach einem Krieg ohne Entscheidung, von 1848 bis 1850, hatte Holstein mehr Rechte bekommen, doch das genügte nicht. Preußen legte ein Ultimatum vor, laut dem ihm beide Provinzen abgetreten werden sollten, und – Dänemark traf Kriegsvorbereitungen.

Worsaaes letzter Bericht über den König beschreibt eine seiner Forschungsfahrten nach alten Kulturdenkmälern, die ihn im Jahre 1862 zu den prähistorischen Erdwerken von Dannevirke in Südschleswig führte. Das war ein angeblich schon von dem sagenhaften König Godfred um 800 v. Chr. zur Verteidigung von Jütland gegen die aus Süden andrängenden germanischen Stämme errichtetes Bollwerk. Dort fand er den König im Lager mit der Armee, die dabei war, jene historischen Wehranlagen gegen die uralte Bedrohung zu modernisieren.

‹Als ich hörte, daß der König zu Manövern draußen war, aber zum Mittagessen zurück sein werde, nahm ich mir eine Kutsche, um mich in Falkenberg zur Stelle zu melden. Unterwegs schon begegnete mir, begleitet von einem großen Trupp Soldaten, Seine Majestät. Der König begrüßte mich und befahl mir, zum Lager weiterzufahren und mich dort als Angehöriger seines Hofstaates zu melden. Ich wurde da sehr nett empfangen und wanderte bei dem schönen Wetter im Lager umher, in dem die Zelte Seiner Majestät, in der Mitte des ebenen Geländes, durch ihre Höhe auffielen. Hier versammelten wir uns für das offizielle Bankett, wobei die vielen dänischen und ausländischen Uniformen auf dem grünen Wiesengrund ein schönes Bild boten. Morgen früh will der König sich meine Zeichnungen im Zusammenhang mit den Entdeckungen von Dannevirke ansehen... Mir macht es mächtigen Spaß, daß die ausländischen Offiziere einfach nicht glauben wollen, daß ich Altertumsforscher bin. Mit meiner

Uniform und den Auszeichnungen hält man mich allgemein für einen Diplomaten. Die Leute wissen kaum, wie sehr sie recht haben... Es war erfrischend für einen echten Dänen, unser Heer wieder einmal am Dannevirke zu sehen, wo es sich vorbereitete, die uralte Grenze zu verteidigen... Später unternahmen wir einen flotten Spaziergang nach dem Wald von Isted, wo wir ein Ganggrab von besonders großem Ausmaß besichtigten...›

Doch des Königs Tage waren gezählt. Als er im nächsten Jahr mit dem Heer in Schleswig war, erkältete er sich und starb nach kurzer Krankheit. Und 1864 wurde die dänische Armee besiegt, die südlichen Provinzen einschließlich des alten Grenzbollwerks fielen an das neue Deutsche Reich.

Worsaae muß empfunden haben, daß eine Epoche zu Ende ging, als ein Jahr später auch sein alter Lehrmeister Thomsen starb. Und tatsächlich hat sich in den dreißig Jahren zwischen der Zeit, da er als Schulknabe zum erstenmal über die Schwelle des Kopenhagener Nationalmuseums schritt, und den Tagen, da er Thomsen als Leiter des Museums ablöste, die Prähistorie den Rang einer Wissenschaft erobert. In ganz Europa hatte man grundlegende Entdeckungen zur Vorgeschichte der Menschheit gemacht, aber die Entdeckungen an sich waren nicht so wichtig wie die wachsende Erkenntnis der Tatsache, daß der Mensch in Europa auf eine ‹prähistorische› Vergangenheit zurückblicken konnte. Ein ungeheurer Schritt vorwärts war getan, als Thomsens *Führer* und Worsaaes *Frühzeitgeschichte* (die inzwischen in fast alle europäischen Sprachen übersetzt worden war) ein vorläufiges Rahmenwerk lieferten, innerhalb dessen man den prähistorischen Fundstücken ihr relatives Alter zuschreiben und mit Sicherheit sagen konnte, daß ein Seedorf in der Schweiz älter sein mußte als eine Siedlung von Salzbergarbeitern in Österreich, weil der See aus der Steinzeit und die Siedlung aus der Eisenzeit stammte. In ganz Europa hatten die Landesmuseen, eins nach dem andern, das System der Drei Zeitalter übernommen und, der Reihe nach, ihre Sammlungen dementsprechend neu eingerichtet. Worsaae muß im Schatten der Niederlage seines Landes und des Todes der beiden Männer, die er stets als Vorbild betrachtet hatte, neue Stärke gewonnen haben bei dem Gedanken, daß die ersten Wegweiser für diesen Fortschritt von seinen eigenen Landsleuten aufgestellt worden waren.

Sein eigenes Werk war aber noch nicht vollendet. In den letzten zwanzig Jahren hatte er seine Heimat kaum verlassen und sich damit begnügt, die Fundstellen für Altertümer auf Karten einzutragen und den Verlauf der Vorgeschichte Dänemarks genauer auszuarbeiten, nicht ohne Ergebnisse. Thomsens großzügig umrissene Zeitalter von Stein, Bronze und Eisen bekamen jetzt Unterabschnitte. Die Kjökkenmöddinger hatten, wie wir sehen werden, den Beweis erbracht, daß es eine Alte und eine Neue Steinzeit gegeben haben mußte. In den überall entdeckten Grabhügeln, von denen Worsaae und Frederik VII. allein mehrere hundert freigelegt hatten, wurden häufig neben unverbrannt Bestatteten bronzene Handwerksstücke gefunden und darüber neuere Begräbnisstätten mit Aschenurnen, gleichfalls nebst Bronzegeräten – Beweis für ein frühes und ein späteres Bronzezeitalter. Ähnliche Veränderungen in den Artefakten und Bestattungsmethoden hatten die Archäologen befähigt, zwischen einer frühen, einer mittleren und einer späteren Eisenzeit zu unterscheiden.

Inzwischen erreichte Worsaae, mit 45 Jahren, die Höhe seiner Schaffenskraft. Da die europäische Vorgeschichtsforschung nach Koordination förmlich schrie, unterzog er sich nun mit ganzer Energie dieser Aufgabe.

Es lag nahe, daß er als Ziel seiner ersten Auslandsreise (abgesehen von England) die Weltausstellung in Paris 1867 wählte. Obgleich sie nicht in erster Linie der Vorgeschichte galt, zogen die Ausstellung und der gleichzeitig dort abgehaltene Kongreß – wie wir sahen – Prähistoriker aus ganz Europa an. Sie bot eine Gesamtschau über die Arbeit der letzten dreißig Jahre und gab den Impuls zu weiteren Entwicklungen. Worsaae wurde zum Vizepräsidenten des Kongresses gewählt, und die Kollektion dänischer Altertümer, die er mitgebracht hatte, fand starkes Interesse.

Zwei Jahre später verwirklichte er einen lange gehegten ehrgeizigen Plan: Rußland zu besuchen und unmittelbar in dem Land zu forschen, von dem, wie allgemein angenommen wurde, alle großen Völkerwanderungen, in prähistorischen wie späteren Zeiten, ausgegangen waren. Auf einem zweimonatigen Besuch in Moskau und St. Petersburg war er Ehrengast bei einem Kongreß der russischen Altertumsforscher, wurde von Alexander II., dem Zaren aller Reußen, im Winterpalast empfangen und von der Aristokratie und den akademischen Kreisen beider Großstädte viel gefeiert. Er gewann den Eindruck, daß es in Rußland ungezählte Sammlungen unschätzbar wertvoller Kostbarkeiten und Altertümer gab, die ausnahmslos ohne die geringste Rücksicht auf eine zeitlich und nach den Entwicklungsstufen logische Einteilung angelegt waren. Rußland war in der bewußten Wertung seiner Vorgeschichte um eine Generation im Rückstand.

Worsaae kam noch rechtzeitig nach Kopenhagen zurück, um beim Internationalen Prähistoriker-Kongreß, der damals (1869) in Dänemark abgehalten wurde, den Vorsitz zu übernehmen. Dort bat man ihn, einen Vortrag über seine auf der Rußlandreise gewonnenen Erkenntnisse zu halten. Der Bitte folgend, brachte er weit mehr, nämlich eine Gesamtschau über den Stand der Vorgeschichtsforschung in ganz Nord- und Westeuropa, wie sie bisher noch nirgends gegeben worden war.

Zwei Jahre danach wurde Worsaae wieder um ein Präsidium gebeten: beim nächsten Internationalen Kongreß, der diesmal in Bologna (Italien) stattfand. Und von da ab war die Anwesenheit dieses feingebildeten, humorvollen und unglaublich scharfsichtigen ‹Botschafters der Vorgeschichte› auf dem Präsidentenstuhl bei Kongressen schon selbstverständlich. 1874 führte er in Schweden und 1876 in Budapest den Vorsitz.

Im Jahre 1880 besuchte er wieder England. Überall auf diesen Reisen begrüßte man ihn als anerkannte Autorität in der prähistorischen Chronologie. Museumsdirektoren suchten eifrig seinen Rat, während sein eigenes, reorganisiertes Museum in Kopenhagen zu einem Wallfahrtsort für Vorgeschichtsstudenten vom ganzen Festland wurde. So herrschte in den Fachkreisen aller Länder große Bestürzung, als Worsaae 1885 im Alter von 64 Jahren plötzlich am Herzschlag starb.

Aber sein Werk war nun vollendet. Als eine der wenigen hervorragenden Gestalten der europäischen Vorgeschichtswissenschaft war er erhaben über Ländergrenzen und das zeitgenössische Spezialistentum. Seine Veröffentlichungen, und noch mehr seine persönlichen Beziehungen, waren von fundamentaler Bedeutung für die Koordination der vorgeschichtlichen Arbeiten in den einzelnen Ländern und die Schaffung des Rahmenwerks europäischer Vorgeschichte, das spätere Forscher nur mit den Einzelheiten auszufüllen brauchten. Er vergaß weder den Dank, den er Thomsen schuldete, dessen Genie den ersten Weg gewiesen hatte, noch die Dankesschuld gegenüber König Frederik VII., der, indem er die Archäologie zu einem vornehmen Zeitvertreib der Aristokraten Europas und die Prähistoriker gleichsam zu selbstverständlichen Begleitern von Königen machte, den Einfluß Worsaaes beträchtlich steigerte. Im Grunde aber waren es immer seine eigene Begeisterung und Phantasie, die ihn befähigten, Thomsens Entdeckung zu interpretieren und zu entwickeln und seine Stellung bei Hofe zur Förderung der Ideale und der Methodologie, die ihm so am Herzen lag, zu benutzen. Als er mit seiner Arbeit begann, befand sich die Vorgeschichtsforschung noch in einem wahren Dickicht unentwirrbaren Dilettantentums. Bei seinem Tode war sie eine fest begründete Wissenschaft.

II. BUCH

Der Rückgang des Eises

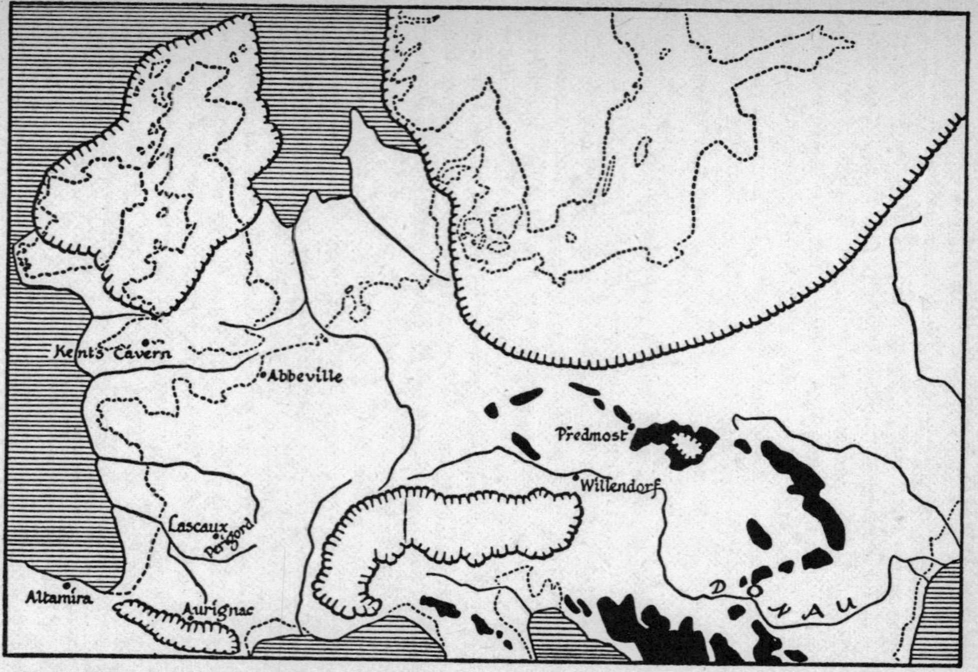

Abb. 15: Nordeuropa während des Höhepunktes der Letzten Eiszeit: Da von der Wassermasse der Erde so viel in der Eisdecke gebunden ist, hat sich der Meeresspiegel gesenkt, so daß England und Irland mit dem Kontinent verschmelzen. Die große ebene Fläche des Nordseegrundes liegt frei, die Küsten werden durch das Eis um viele Kilometer weiter vorgeschoben, als sie heute liegen. Die größte Eismasse bedeckt Skandinavien und Nordost-Europa, nachgeschobenes Eis den nördlichen Teil der Britischen Inseln und die Berggebiete der Alpen und der Pyrenäen. Die einzigen nicht von Dauergletschern bedeckten Berge sind die Massive, die das Donautal von der nordeuropäischen Tiefebene scheiden.

8 DIE KJÖKKENMÖDDINGER

BISHER sind wir zwei parallel laufenden ‹roten Fäden› gefolgt. Wir sahen in den erregenden Jahren um die Mitte des 19. Jahrhunderts in der prähistorischen Forschung zweierlei Entwicklungen. In Frankreich und Südengland demonstrierten die Verfechter von ‹Höhlenzeit und Diluvium›, der Mensch habe gleichzeitig mit einer ganzen Reihe heute ausgestorbener Tiere gelebt, und zwar in einer geologisch sehr fernen Epoche. Zur selben Zeit lehrte die ‹Skandinavische Schule›, daß die Periode unmittelbar vor dem Beginn der Geschichtsschreibung, früher gedankenlos für relativ kurz und homogen gehalten, von beträchtlicher Länge gewesen sein und klar unterscheidbare Entwicklungsphasen gehabt haben müsse.

So weit schön und gut. Beide Schulen stützten ihre Theorien sehr vernünftig auf Tatsachen und konnten zum Beweis greifbare und sichtbare Artefakte vorzeigen. Und nachdem der erste erschütternde Stoß gegen die bis dahin geltende Auffassung verschmerzt war, akzeptierten die meisten Altertumsforscher und der größte Teil der gebildeten Laien mit gewissen Vorbehalten die Lehren beider Schulen. Oberflächlich gesehen bestand zwischen ihnen sogar erfreuliche Übereinstimmung. Denn: hatte nicht Thomsen eine Steinzeit als erstes seiner drei Zeitalter postuliert? Und es waren doch zusammen mit den Knochen von Höhlenlöwen und Säbelzahntigern und den Bildern von Mammuten auch die Werkzeuge des Urmenschen gefunden worden – ohne jeden Zweifel aus Stein.

Aber die Altertumsforscher der älteren Generation waren weder oberflächlich noch dumm, und als sie unter die Oberfläche blickten, fanden sie da ein sehr großes, unvermutetes Hindernis. Als Thomsen von einer Steinzeit sprach, illustrierte er seine Vorgänge durch vielerlei skandinavische Artefakte, die man zufällig beim Pflügen oder gelegentlichen Grabungen der Altertumsforscher gefunden hatte: geschliffene und polierte Feuersteinbeile, schöngeformte Feuersteindolche mit Handgriff, fein modellierte, geschliffene Streitäxte aus Stein (er nannte sie ‹Hämmer›), gebogene Sägen sowie Pfeilspitzen mit Widerhaken und besonderer Schaftzunge. Die von Boucher de Perthes und Pengelly entdeckten steinernen Gebrauchsgegenstände aber waren ganz anderer Art: grob zugehauene Feuersteinknollen, als Faustkeile bezeichnet, Schaber aus einem Stück Feuerstein, das aufs Geratewohl von einem Knollen abgeschlagen wurde – Gegenstände, die dem Durchschnittsmenschen im industriellen Europa gänzlich fremd waren und auf den ersten Blick auch nicht wie von Menschenhand gemacht aussahen.

Es schien, als redeten die beiden Schulen in verschiedenen Sprachen. Offenbar ließ sich im Typ der dänische Feuersteindolch eher mit einem Tafelmesser aus Sheffieldstahl vergleichen als derselbe Dolch mit den plumpen Stein‹abschlägen›, die von den Höhlenforschern als Messer bezeichnet wurden.

Ferner gab es da die riesige Zeitlücke. Vermochten die Geologen, die den Anstoß zu den Höhlenforschungen gaben, die unter den Stalagmitenschichten in der Dordogne und den Pyrenäen gefundenen Gegenstände nicht sehr exakt zu datieren, so durften sie doch wenigstens behaupten, daß ihr Alter in Spannen von Zehntausenden von Jahren gemessen werden mußte. Andererseits standen die skandinavischen Archäologen noch zu sehr unter dem Einfluß ihrer Vorgänger, um auch das früheste der von ihnen anerkannten drei Zeitalter sehr weit in die Vergangenheit zu datieren. Worsaae, der größte ‹Revolutionär› unter ihnen, hat bestimmt die Absicht gehabt, seinen Zeitgenossen einen Schock zu versetzen, als er 1843 in einer Abhandlung schrieb, die frühesten Bewohner Dänemarks seien vielleicht schon um 1000 v. Chr. ins Land gekommen. Heute wissen wir, daß er um ungefähr 8000 Jahre zu wenig geschätzt hat.

Abb. 16: Zwei Renntiere. Vielfarbiges Gemälde in der Höhle von Font de Gaume.

Selbst wenn die Gelehrten um die Mitte des 19. Jahrhunderts den Gedanken gehabt haben sollten, daß Worsaae noch unnötig ‹konservativ› gewesen sei und die zwei Steinzeiten, trotz der Verschiedenheit ihrer Artefakte, in Wirklichkeit nur eine sein konnten, so hätte sich das bei genauer Nachprüfung in wenigen Minuten als Irrtum erwiesen. Die Geologie war in den 1860er Jahren als Wissenschaft schon exakt genug, um beweisen zu können, daß zu der Zeit, als die Höhlenmenschen in Südfrankreich hausten, ganz Nordeuropa mit kilometerdicken Eisschichten überzogen war.

Daß augenscheinlich zwischen den französischen und den dänischen ‹Steinzeiten› keine Verbindung bestanden hatte, war einer der Gründe, weshalb Thomsens System der Drei Zeitalter nur so langsam Anerkennung fand. Vermutlich hat es, vorsichtig ausgedrückt, außerhalb Skandinaviens gar keine Geltung gewonnen.

Gewiß wurden Geräte aus poliertem Stein, ähnlich den dänischen, auch in Frankreich entdeckt, gelegentlich sogar in den oberen Schichten der Höhlenablagerungen. Schließlich aber auch eiserne Gegenstände – unzweifelhaft römischen Ursprungs –, so daß dadurch nur bewiesen war, daß Geräte aus poliertem Stein zeitlich jünger waren als der Höhlenmensch, und das stand ja bereits fest.

Sollte der Begriff ‹Steinzeit› auf beide Klassen von Geräten angewendet werden, so mußte man unbedingt das Steinzeitalter in zwei Abschnitte teilen. Dieser Vorschlag kam von vielen Seiten, aus Frankreich, England und Dänemark, und die von dem Engländer Lord Avebury empfohlene Terminologie: ‹Paläolithikum = Altsteinzeit› (für die plumpen, unpolierten Gebrauchsgegenstände) und ‹Neolithikum = Jungsteinzeit› (für die geschliffenen und geglätteten), wurde akzeptiert.

Die Zeitlücke zwischen den beiden Perioden klaffte jedoch weiter, und in der Vorstellungswelt des Volkes sah das Bild des Menschengeschlechts verworrener aus als je. Im Rückblick bis ungefähr tausend Jahre vor der Geschichtsschreibung vermochte man sich eine Folge primitiver Siedler und Kriegerstämme vorzustellen, die eine gewisse Ähnlichkeit mit uns hatten und Werkzeuge und Waffen benutzten, die zumindest als solche erkennbar waren. Und dahinter, hinweg über eine Lücke von zehntausend Jahren oder mehr, aus denen, wie es schien, nichts zurückgeblieben war, sah man als unklares Bild eine kaum menschenähnliche Kreatur, die mit einem groben Feuerstein-Faustkeil in der Hand am Eingang zu einer Höhle saß. In den paar folgenden Abschnitten geht es um die Frage, wie diese Lücke gefüllt wurde, wie also eine Serie von Entdeckungen uns Aufschluß gab über die Kinder der in Südeuropa seßhaften Menschen des Eiszeitalters, die dem nach Norden zurückweichenden Eis folgten und, in den langen Zeiträumen, in denen Europa allmählich eine Gestalt und ein Klima fast wie zu unserer Zeit annahm, ebenso langsam die Herrschaft über ihr Wohngebiet gewannen, die schließlich zum Ausdruck kam in den handgefertigten Gebrauchsgegenständen der Periode, die wir das Neolithikum nennen.

An der Nordostküste von Jütland, wo die bewaldete Halbinsel Djursland in die blauen Wasser des Kattegatt hineinragt, liegt das fruchtbare Gut Meilgaard. Der Besitzer dieses Gutes in den 1850er Jahren, ein Herr namens Olsen, wie so viele Begüterte in jener Epoche ein kultivierter Mensch, interessierte sich für die einheimischen Altertümer und war Mitglied der Dänischen Gesellschaft der Altertumsfreunde. Als er 1849 durch seine Ländereien eine Straße bauen wollte, wurde für ihn die Frage wichtig, woher er geeignetes Material für die Straßendecke nehmen sollte. In der Hoffnung, ein Kieslager zu finden, ließ er seine Arbeiter in einer langen, niedrigen Sandbank nachgraben, die, mit alten Buchen bewachsen, ungefähr ein Kilometer vom Strand lag. Zu seiner Überraschung und Freude bestand der Hügel aus einer etwa zweieinhalb Meter dicken Schicht von Austernschalen. Besseres Material konnte es kaum geben. So gruben seine Leute energisch darauflos, um dieses Göttergeschenk auszunutzen. Während der Arbeiten entdeckten sie zahlreiche Tierknochen und Feuersteinbrocken, die sie fortwarfen. Ein Knochenfragment jedoch fesselte ihre Aufmerksamkeit. Bei genauer Betrachtung erkannten sie es als fein modellierten vierzahnigen Kamm, ähnlich geformt wie eine Menschenhand. Neugierig geworden, brachten sie ihn zu Olsen, der ihn, da er in seinen Büchern über Antiquitäten keine Vergleichsmöglichkeit fand, höchst interessiert ans Museum in Kopenhagen schickte. Dort bekam ihn Worsaae in die Hände, den der Fund

Abb. 17: Der Knochenkamm von Meilgaard. Er ist knapp 6 cm lang, oben ist ein Loch eingebohrt.

ebenso aufregte wie Olsen. Zufällig war in anderem Zusammenhang sein Interesse auf diese starken Anhäufungen von Austernschalen gelenkt worden. Im Jahre 1837 hatte man bei Krabbesholm im Nordwesten von Jütland einen ähnlichen Muschelhaufen entdeckt, aus dem ein paar Stücke bearbeiteter Feuerstein und Geweihteile ans Museum geschickt wurden. Da man sie dort nicht für besonders interessant hielt, wurden sie eingeordnet und prompt vergessen. Aber der Muschelberg von Krabbesholm hatte auch anderswo Interesse erweckt. Japetus Steenstrup, Professor für Zoologie an der Universität Kopenhagen, den die Nachricht, daß diese Ablagerung ein Stück von der See entfernt lag, faszinierte, reiste hin, um Näheres festzustellen, und erfuhr, daß in der Nähe des Fundorts noch mehrere ähnliche Muschelhaufen lagen. Im Lauf seiner sporadischen Forschungen während der folgenden zehn Jahre entdeckte er an den nordwestlichen Küstenstrichen Dänemarks noch sehr viele.

1848 verlas er vor der Dänischen Akademie der Wissenschaften eine Abhandlung über die Muschelhaufen. Er bezeichnete sie als natürliche Erscheinung, nämlich Überreste von Bänken, die die Austern gebaut hätten, als der Meeresspiegel um Dänemark viel höher gestanden haben mußte als heute. Andererseits, so führte er aus, könne diese Periode nicht weit in unbekannter Vergangenheit liegen, denn daß sich zwischen den Austernschalen primitive Geräte befanden – zweifellos von den primitiven Menschen liegengelassen, als sie auf den Bänken nach Austern fischten –, bewies, daß dieses Austernbett im Steinzeitalter entstanden sei. Als Worsaae (der auch Mitglied der Akademie war) das vernahm, spitzte er förmlich die Ohren. Er kannte sehr wohl die Schwierigkeit, seine prähistorischen Perioden richtig einzustufen, und sah nun eine Möglichkeit, das zu erleichtern. Er begann mit Steenstrup eine Diskussion über die Frage, mit dem Ergebnis, daß die Akademie eine Kommission zur Untersuchung der Muschelhaufen ernannte. Sie bestand aus Steenstrup und Worsaae und dem Geologen Forchhammer.

Die Entdeckungen auf Meilgaard erfolgten also zu einer Zeit, als Worsaae sich für das Vorkommen von Muschelhaufen schon interessiert hatte und gewiß sehr darauf bedacht war, der Kommission mit eigenen Beobachtungen und Forschungsergebnissen aufzuwarten. Er nahm 1850 bei einer Inspektionsreise in Jütland die Gelegenheit wahr, fünf Tage lang in der Sandbank von Meilgaard zu graben. Nach Beendigung dieser Arbeiten schrieb er in sein Tagebuch: ‹Man ist beinah versucht, zu glauben, daß wir es hier mit einer Art von gemeinsamer Eßstätte der in der Nähe wohnenden Stämme aus frühester Vorzeit zu tun haben. Damit würden sich die Asche, die Knochen, die Feuersteine und die Topfscherben erklären. Freilich ist das nur eine Vermutung, die kaum ernstzunehmen ist.›

Es war aber mehr als eine Vermutung. Je länger Worsaae darüber nachdachte, um so deutlicher wurde ihm, daß alles in diesen Muschelhaufen auf menschliche Tätigkeit hinwies – auch die in der Masse überwiegenden Schalen von Austern und Herzmuscheln, von denen jede einzelne geöffnet worden war, was doch kaum zu Steenstrups Theorie paßte, daß es sich um Überreste von Austernbänken oder um Austernschalen handle, die in der Frühzeit an den weiter ins Land reichenden Strand gespült sein sollten. Als die Kommission um Weihnachten 1850 zusammengerufen wurde, und zwar nach einem neu entdeckten Muschelhaufen bei Havelse Mill auf Nordseeland, war Worsaae überzeugt, daß seine erste, rein spekulative Annahme zutraf.

Eigentlich sonderbar, archäologische Forschungen ausgerechnet zu Weihnachten an den rauhen Nordküsten Dänemarks vorzunehmen. Wir können uns ausmalen, wie diese drei gelehrten Herren, dick vermummt gegen den bitterkalten Wind und die Schneeschauer, mit Frost in den Fingern, die Feuersteine und die zerbrochenen Markknochen prüften, während Worsaae ihnen seine Beweispunkte erklärte. Und nachher haben sie gewiß vor dem mächtig geheizten Kachelofen ihre Debatten bis tief in die Nacht fortgesetzt.

Im Frühling des nächsten Jahres veröffentlichten sowohl Steenstrup wie Worsaae ihre Ergebnisse. Steenstrup für die Akademie und Worsaae für die Gesellschaft der Altertumsfreunde. In den Schlußfolgerungen stimmten sie überein: daß es sich bei den Muschelhaufen um ‹Kjökkenmöddinger› handelte, die Abfälle zahlloser Mahlzeiten der Steinzeitmenschen an den uralten Küstenstrichen von Dänemark. Das Zusammenwirken eines Archäologen mit einem Zoologen bei derselben Forschung erwies sich als höchst fruchtbringend. Es war die erste Gelegenheit, wenn auch noch lange nicht die letzte, bei der sich mehrere Wissenschaftszweige verbanden, um die frühe Geschichte der Menschheit aufzuklären. Forchhammer konnte erklären, warum die Kjökkenmöddinger in den nördlichen Gebieten des Landes ein Stück von der Küste entfernt und weiter südlich nahe am heutigen Strand lagen. Während der Eiszeit, sagte er, habe das kolossale Gewicht der kilometerdicken Eisdecke ganz Norddänemark um mehrere Fuß unter das natürliche Niveau gedrückt, und mit dem Schmelzen des Eises sei das Land langsam wieder gestiegen, indem es unmerklich Schwingungen machte wie eine Schaukel, deren Drehpunkt auf der Mitte der Landmasse lag. Er konnte voraussagen, daß man auch an den Südküsten Kjökkenmöddinger entdecken würde, die dort aber nach See hinaus liegen würden, unter dem heutigen Meeresspiegel. Und das erwies sich als richtig. Steenstrup legte eine Sammlung der in den Möddinger gefundenen Knochen an und brachte eine lange Liste von Tieren, Vögeln und Fischen zusammen, von denen der frühe Mensch gelebt hatte. Überdies konnte er noch, angesichts dieser Tierwelt, einen sehr klugen Schluß auf die zur Zeit der Entstehung der Kjökkenmöddinger herrschenden klimatischen Verhältnisse und die Vegetation ziehen. Und Worsaae konnte, an Hand der Feuersteine und der Töpferwaren, den von den Bewohnern der Hügel erreichten kulturellen Status beschreiben. Er stieß jedoch dabei auf einen Umstand, an dem die erfreuliche Einigkeit der Experten zu Bruch ging.

Unter den Tausenden von Feuersteinabschlägen und Geräten, die inzwischen aus den Möddinger angesammelt waren, fand er keine einzige Spur eines Gegenstandes aus poliertem Stein, der für die nun anerkannte Steinzeit charakteristisch gewesen wäre, vielmehr wiesen die Geräte eine viel stärkere Ähnlichkeit mit den französischen, in den Kiesgründen entdeckten auf, die er bei Abbeville und Paris besichtigt hatte.

Er las daher ein paar Jahre später eine Abhandlung vor, in der er behauptete, die Kjökkenmöddinger hätten schon vor der Periode der polierten Steine bestanden und seien weit älter, als man bisher geglaubt habe. Demgemäß schlug er vor, die Steinzeit in eine ältere und eine jüngere zu teilen, wie es auch die französischen und britischen Prähistoriker vorgesehen hatten. Damit erweckte er Widerspruch bei Steenstrup, nach dessen Ansicht diese Beweise für eine so radikale Zweiteilung nicht ausreichten. Es könne gut möglich sein, sagte er, daß Steinzeitmenschen, als sie diese Gestade aufsuchten, um die Austernbetten zu plündern, ihre besten Waffen und Werkzeuge und die fein verzierten Töpferwaren in ihren Wohnstätten zurückgelassen hätten. Worsaae zitierte dagegen die in den Kjökkenmöddinger entdeckten Feuerstellen und menschlichen Skelette als Beweis dafür, daß es sich hier nicht um ‹Ausflugsorte›, sondern um die festen Wohnplätze der Erbauer handelte. Die Diskussion wurde in den Veröffentlichungen der Akademie der Wissenschaften hitzig fortgesetzt. König Frederik VII., der selbst Kjökkenmöddinger auf seinen Ländereien in Jaegerspris freigelegt und eine Monographie geschrieben hatte, in der er behauptete, die Skelette seien Beweise für Kannibalismus, neigte dazu, Steenstrup beizupflichten, lud dann aber, um den Disput zu beenden, die beiden Widersacher 1861 ein, in seiner Gegenwart bei Meilgaard weiterzuforschen.

Olsen, der Besitzer von Meilgaard, wurde gebeten, seinen König als Gast zu sich zu bitten (er bekam für seine Mühen den Titel Königlicher Jagdmeister), während Steenstrup und Worsaae in der Nachbarschaft in Pfarrhäusern logierten. Die Ausgrabungen wurden im gewohnten ‹königlichen Stil› fortgesetzt: von 8 Uhr morgens bis 6 Uhr nachmittags durchwühlten die Archäologen in der schwülen Juniwärme und in vollem ‹Kostüm› die Erde. Und nachher saßen sie bis spät in die Nacht an den Festtafeln, zu denen die Gutsherren meilenweit in der Umgebung sie einluden. Worsaae schildert entzückt die Triumphbogen,

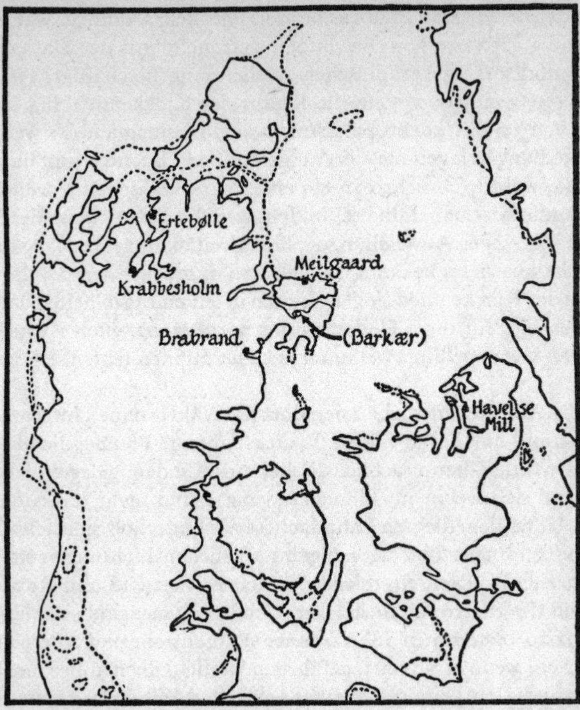

Abb. 18: Die wichtigsten der Hunderte von Kjökkenmöddinger in Dänemark. Die schwarze Linie stellt den Küstenstrich vor etwa 5000 Jahren dar, die punktierte den heutigen Verlauf. Die See dringt im Süden vor, im Norden weicht sie zurück, daher sind die Möddinger im Norden die einzigen heute über Meereshöhe liegenden. Barkaer (in Klammern) ist das Gebiet einer der ersten bäuerlichen Siedlungen in Dänemark, gegründet, während die Kjökkenmöddinger noch bewohnt waren (s. Kapitel 17).

die berittenen Eskorten livrierter Diener, die Trompetenmusik und die Tänze, die ihnen zu Ehren veranstaltet wurden. Doch der Zweck der Ausgrabung wurde nicht vergessen. ‹Ich hatte die besondere Genugtuung, zu sehen, daß unter den vielen Hunderten von Steingeräten, die zwischen den Austern gefunden wurden, kein einziges Stück war, das durch Polieren oder sonstige feinere Bearbeitung von höherer Kultur zeugte. Erst in letzter Minute, nachdem wir darüber schon häufig gesprochen hatten, stießen wir auf zwei polierte Beilklingen von gänzlich abweichender Art, die ein Spaßvogel in den Haufen gesteckt hatte, um uns hinters Licht zu führen. Aber, genau wie ich, entdeckte auch Steenstrup sofort diesen Trick.› Da wir wissen, daß König Frederik einen deftigen Humor besaß, ist nicht schwer zu erraten, wer dieser Spaßvogel gewesen sein kann. Was man wollte, war jedenfalls erreicht. Steenstrup erkannte, ohne viel zu murren, die ‹Beweise des Spatens› an, womit die ‹Altsteinzeit› gewissermaßen als amtlich bestätigt galt.

Das Bild des Lebens und Treibens bei den Kjökkenmöddinger war jetzt so gut wie vollständig. Spätere Forscher haben sich mehr mit der Datierung dieser Siedlungen und ihrer geographischen Ausdehnung beschäftigt. Heute wissen wir, daß bereits um 5000 v. Chr. die Kultur der Kjökkenmöddinger sich über die Küsten von ganz Nordeuropa erstreckte, von Ostengland bis weit ins Baltikum. Die Siedlungen lagen massiert an geschützten Buchten und flachen Seen, besonders da, wo die dänischen Inseln eine Brücke zwischen Norddeutschland und der skandinavischen Halbinsel bilden, und die Lebensweise der Bewohner blieb, nur mit geringen Abweichungen, über dreitausend Jahre lang die gleiche.

Über sie ist uns vieles bekannt, so viel, daß es möglich wurde, das Leben in den Dörfern der Kjökkenmöddinger filmisch in seinen Einzelheiten darzustellen.

Wir wollen hier für diese Dörfer an der nordeuropäischen Küste, in denen unsere Ahnen vor ungefähr zweihundert Generationen lebten, ein paar Seiten einschalten.

So weit das Auge reicht, ziehen sich dort die Wälder ohne Unterbrechung bis an den Seestrand hinab. Wir finden da dickstämmige Bäume, die nie von einer Axt berührt wurden, hauptsächlich Eichen und Linden, gelegentlich auch Ulmen, während sich weiter im Binnenland mehr und mehr die Kiefernwälder ausdehnen. Unter dem dichten Laubdach ist das Unterholz spärlich: Farnkraut und Haselnußsträucher und in wenigen natürlichen Lichtungen starker Graswuchs. In den Wäldern ein reiches Tierleben: Rehwild und Rotwild, Wildschweine und der riesige Auerochs. Der Elch ist seltener und erscheint vermutlich hier nur zu bestimmten Jahreszeiten. Wildschwein und Auerochs können dem Menschen, wenn er sie reizt, gefährlich werden, doch außer ihnen hatte er damals keine ernsten Feinde. Es gab Füchse und Wildkatzen, zuweilen auch Wölfe. Bären ließen sich nur selten blicken. Diese Tiere, dazu an den Seen und Buchten die Wildenten und die dort heimischen Fische – bildeten die ganze Fauna an den bewaldeten Ufern. Abgesehen vom Menschen und seinem Begleiter, dem Hund.

Wahrscheinlich wird die Nähe einer Siedlung zuerst durch das Gebell der Hunde verraten. Kurze gedrungene Geschöpfe, dreiviertel so groß wie alaskische Schlittenhunde, die auf der Suche nach Futter in dem bewohnten Gebiet umherschweifen oder in der warmen Sonne schlafen.

Das Dorf liegt dicht über dem Strand, erstreckt sich ungefähr in hundert Meter Länge parallel zu ihm und nach hinten dreißig bis vierzig Meter tief in den dort nur dünnen Baumbestand. Wir müssen aber sogleich zugeben, daß wir in einigen wichtigen Punkten nur wenig über die Bevölkerung der Kjökkenmöddinger wissen: über ihre Kleidung und Einzelheiten ihrer Behausung. Hätten sie fester gebaute Wohnstätten als Hütten oder Zelte von Tierhäuten gehabt, so wären sicherlich an Ort und Stelle gewisse Spuren davon entdeckt worden. Auch ihre Kleidung kann nicht sonderlich kompliziert gewesen sein: es wurden weder Knöpfe noch Schnallen oder Nadeln gefunden, und die Pfrieme, mit denen sie vielleicht Häute zusammennähten, können ebensogut zum Knüpfen von Fischnetzen gedient haben. Da, wie wir wissen, das Klima in Nordeuropa in diesen Jahrtausenden erheblich trockener und wärmer war als heutzutage, hat sich vermutlich das Dorfleben hauptsächlich im Freien abgespielt, und die Körperbekleidung war einfach.

Mag das zutreffen oder nicht: die leicht gebauten Schutzhütten und Windschirme liegen jeweils über die Oberfläche langer, niedriger, großenteils mit Gras und vereinzelten Sträuchern bewachsener Hügel verteilt. Doch nach einer Seite – vom Lager aus im Windschutz – liegen unbedeckt Haufen von Seemuscheln und abgenagten Knochen, ein häßlicher Abfallberg, Brutstätte für Fliegen und Krankheiten. An anderen Stellen des Hügels, wo Hunde oder Kinder das Gras und die dünne Humusschicht abgescharrt haben, besteht der ganze Hügel aus alten Muschelschalen und Abfällen. Das Dorf war immerhin tausend Jahre oder noch länger bewohnt und hat sich, wie die zu jener Zeit in den Tälern des Nils und des Euphrat gegründeten Städte, auf einem aus seinen eigenen Abfällen wachsenden Berg vergrößert.

Außer den Hunden und den nackten Kindern, die sich im Lager tummeln, leben vielleicht zwanzig bis dreißig Erwachsene in so einer Siedlung. Sie sind vom nordischen Typ und würden, gingen sie vorher durch die Hände eines Barbiers und eines Schneiders, durchaus in jede moderne europäische oder amerikanische Stadt passen. Alle sind fleißig, denn es gibt viel zu tun, aber wenig Spezialistentum, so daß jeder jede Arbeit lernen muß.

Ackerbau wird nicht betrieben, weder Rinder noch Schafe oder Schweine werden gehalten. Das einzige Haustier ist der Hund, und bis an diese Gestade ist noch nicht das leiseste Gerücht gedrungen von der in fernen östlichen Ländern erst jüngst gemachten Entdeckung: daß man Getreidekörner sammeln, aussäen, ernten und wieder aussäen kann; daß man ferner wilde Rinder, Ziegen und Schafe nicht nur schlachten, sondern hinter Zäunen gefangenhalten kann, und daß sich mit der Zeit bei dem Korn wie bei den Tieren ein Überschuß ergibt, von dem die Menschen leben können, ohne nach Nahrung auf die Jagd gehen zu müssen. Hier im Norden kennt man nichts anderes und kann sich auch anderes nicht vorstellen als das uralte Naturgesetz, daß, wer essen will, ins Weite gehen und sich seine Nahrung suchen muß.

Jagd und Nahrungssuche, Herstellung und Ausbesserung der Werkzeuge und der Jagdwaffen haben gewiß die Männer in der Siedlung den ganzen Tag, solange es hell blieb, in Anspruch genommen. Man sollte sich nicht durch die auffallend große Masse der Austernschalen auf den Kjökkenmöddinger zu der irrigen Annahme verleiten lassen, daß die Bewohner dieser Plätze ausschließlich von Austern lebten und nur zu Weihnachten oder zum Erntedankfest – oder was für Festtage sie gehabt haben mögen – Wild aßen. Die Auster hat viel Schale und wenig Fleisch, außerdem rennen die Hunde nicht mit den Austernschalen davon, um sie, wie Knochen, ein Stück vom Dorf entfernt zu verscharren. In den Kjökkenmöddinger finden sich nämlich auch Knochen in beträchtlichen Mengen, also ist wahrscheinlich weit mehr Fleisch konsumiert worden als feste Nahrung in den Tausenden von Tonnen Austernschalen enthalten gewesen sein kann, die so stark ins Auge fallen. Austern und andre Schaltiere waren vermutlich der Notproviant, den man verzehrte, wenn einem das Jagdglück nicht hold war. Vielleicht war es die Aufgabe der Frauen, sie bei Ebbe zu sammeln.

Das Fischen ist zu einer feinen Kunst entwickelt: Fischhaken aus Knochen und Leinen aus Tiersehnen werden benutzt, wahrscheinlich auch Netze. Es fanden sich in den Möddingern auch Knochen von Seelöwen und zahlreiche große Harpunen mit Widerhaken zum Fangen dieser Tiere. Auch Geflügel bildet einen beträchtlichen Teil der Lebensmittelversorgung. Schon im ersten Morgengrauen gehen die Männer am Strand und an den Ufern der stillen Binnenseen entlang, bewaffnet mit ihren Wurfstöcken und Pfeil und Bogen. Die Pfeile sind entweder stumpf, um kleines Wild nur zu betäuben, oder längere Schäfte mit der todbringenden, querschneidigen, zweispitzigen Pfeilspitze aus Feuerstein. Und während ihre Hunde still und gespannt neben ihnen hocken, warten die Männer auf die bei Tagesanbruch ziehenden Schwärme der Enten, Gänse und Schwäne. Oder sie setzen Schlingen unter der Wasseroberfläche, um den Steißfuß, den Taucher und den großen Eistaucher zu fangen, oder an den Abhängen und Klippen, wo die Möwen, Tordalken und Lummen nisten.

Das alles aber ist ein Kinderspiel. Die richtige Arbeit für den Mann besteht in der Jagd auf größeres Wild: Hirsche, Schweine und Auerochsen. Am reichlichsten sind in den Überresten der Kjökkenmöddinger – abgesehen von den Austernschalen – die Knochen und Geweihe von Hirschen und Rehwild zu finden. Von diesen Tieren hat der Mensch ja mehr als nur das Fleisch: aus den Geweihen und Knochen fertigt er Werkzeuge aller Art, die Häute kann er für Kleidung und Schutzdächer, für Boote und Tauwerk benutzen, die Sehnen als Bindfaden. Jeder Mann in der Siedlung trägt ein Beil aus Hirschgeweih mit einer schrägen Schneide aus Feuerstein, an einem hölzernen Stiel befestigt. Diese Beile sind weder schwer noch scharf genug als Waffen oder zum Bäumefällen, sie werden vorwiegend benutzt zum Abhäuten des erlegten Wilds und um Stangen und Brennholz zuzuschneiden. Die eigentliche Jagd wird mit Bogen und Pfeil ausgeübt, die auch das größte Wild zur Strecke bringen. Als Beweis dafür wurden Skelette von Auerochsen und Hirschen gefunden, bei denen die winzigen, rasiermesserscharfen Pfeilspitzen tief in die Schädel und Brustbeine gedrungen waren. Daß auch Schlagfallen und Fallgruben für den Wildfang benutzt worden sind, ist nach Lage der Dinge anzunehmen, doch hinterlassen ja naturgemäß solche Vorrichtungen nicht Spuren für Jahrtausende.

Tatsächlich war die Ernährungsweise der damaligen Menschen keineswegs eintönig. Alle Arten Fisch, Fleisch und Geflügel hatten sie, je nach der Jahreszeit und den Gelegenheiten, in ihren Kochtöpfen, während die Haselnußschalen und Kerne vom Wildapfel uns zeigen, daß auch die Baumfrüchte nicht verachtet wurden.

Einen großen Teil ihrer Zeit müssen die Frauen aufs Zubereiten des Essens verwenden: sie braten das Fleisch über den offenen Feuerstellen, die sich in den ausgegrabenen Möddinger so deutlich abzeichnen, oder kochen es in den dickwandigen, nach unten schmaler werdenden Krügen, die zu den ersten aus Nordeuropa bekanntgewordenen Töpfereien gehören. Wie in den meisten primitiven

Abb. 19: Die leichte Axt der Jäger der Kjökkenmöddinger und ihrer in den Wäldern hausenden Vorfahren bestand aus Geweih des Rothirsches, an einem hölzernen Stiel befestigt. Verschiedentlich wurde schärfere Schlagwirkung durch einen in das ausgehöhlte Geweihstück getriebenen Feuerstein erzielt.

Gemeinschaften sind wahrscheinlich die Frauen die Töpfer gewesen. Wir sehen sie den Ton ausgraben, ihn mit Quarzgrus und Wasser anmengen und in lange, wurstförmige Streifen ausrollen, die sie dann zur typischen Form der Kochtöpfe aufwickeln, wobei sie die Masse mit den Fingern gleichmäßig auseinanderkneten, um sie dann in einem Feuer von Buschholz hartzubrennen. Nur zwei Topfformen sind bekannt: der unten spitz zulaufende Kochtopf, der über dem Feuer zwischen Steinen im Gleichgewicht gehalten werden muß, und eine lange, flache, trogähnliche Schüssel, die große Ähnlichkeit mit den Tranlampen der Eskimos hat und vermutlich auch demselben Zweck dient.

Arbeit der Frauen ist auch das Gerben der Tierhäute für Winterbekleidung und Wetterschutz, wobei sie die Felle mit Nägeln aus Knochen anpflocken und mit den Feuersteinschabern das Fett und die Sehnen an der Innenseite sauber auskratzen.

Die Bearbeitung der Feuersteine dagegen ist Sache des Mannes, eine Tätigkeit, die Geschick verlangt. Keine andere Rasse, weder vor noch nach dieser, verstand die von den Wilden auf den Kjökkenmöddinger zugerichteten, bis zu dreißig Zentimeter langen geraden Klingen anzufertigen. Der Kern des Steins muß sorgfältig präpariert werden, indem man nur kleine Splitter abschlägt, bis die Schlagfläche von der Schneide aus genau einen Winkel von siebzig Grad bildet. Wird das Schlaggerät – ein zugespitztes Geweihstück – richtig angesetzt, so bricht, wenn der Stein hart auf den steinernen Amboß gestoßen wird, das Klingenstück in glattem Bruch ab. Von diesen langen Klingen werden Messer und Meißel zum Zerteilen von Knochen, Schaber und Pfeilspitzen und alle die kleinen, in der Siedlung gebräuchlichen Werkzeuge hergestellt. Das Kernstück, das verbleibt, nachdem eine Anzahl von Klingen abgeschlagen ist, wird als Fellschaber benutzt oder ergibt, nach ein paar kräftigen Schlägen, eine der charakteristischen dreikantigen Äxte, mit denen dünne Bäume gefällt und die Weidenruten für Bogen, Pfeile und vielleicht auch für die Körbe behauen werden können.

Künstlerisch ist das Leben ärmlich. Nur ein gelegentliches Rautenmuster, mit Fingernägeln in einen Kochtopf gekratzt, bevor er gebrannt wurde, oder ein Muster von Dornen oder Rhomben auf einer Axt aus Horn lassen ein gewisses, jedoch im Vergleich zu den glänzenden Errungenschaften im Magdalénien, über siebentausend Jahre früher, geringes künstlerisches Empfinden erkennen.

Immerhin dürfen wir sicher sein, daß in den Kjökkenmöddinger in jenen fernen Tagen, als auf Meilgaard Menschen wohnten, reges und fröhliches Leben geherrscht hat, nicht minder rege und fröhlich als in den 1860er Jahren, während Worsaae und König Frederik VII. dort gruben. Und ebenso gewiß ist der kleine Kamm, mit dem all das seinen Anfang nahm, ein Zeugnis für die ganz zeitlose Eitelkeit der weiblichen Wesen. Wir können uns vorstellen, wie die langen Flechten im Licht der Tranfunzel golden erglänzten, wenn der kleine Kamm das bei der Tagesarbeit in den Wäldern am Strand jener fernen Zeit verfilzte Haar wieder glättete.

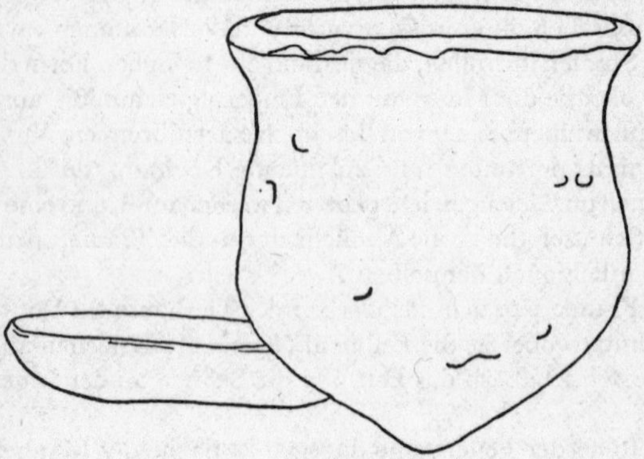

Abb. 20: Die plumpe Töpferarbeit des Kjökkenmöddinger-Volks. Die flache, trogähnliche Schüssel ist eine Tranlampe.

9 Mammutjäger

Nach Aufklärung über die Kultur der Kjökkenmöddinger mußte das Erscheinen der ersten Bewohner Nordeuropas um gut dreitausend Jahre weiter zurückdatiert werden, als man bis dahin für beweisbar gehalten hatte. Es war eine Bevölkerung von Jägern und Fischern bekannt geworden, deren Lebensweise und Werkzeuge sich nicht wesentlich unterschieden von denen der durch französische und britische Forscher ungefähr zehn Jahre früher entdeckten Höhlenbewohner. Allerdings war dadurch, für die Steinzeit im Norden, noch nicht die riesige Zeitlücke ausgefüllt, die zwischen den Perioden der Höhlenwohngemeinschaften und der seßhaften, Ackerbau treibenden Bewohner klaffte.

Gewiß lebte das Kjökkenmöddinger-Volk in Waldgebieten mit gemäßigtem Klima, während die so viel weiter südlich ansässigen Höhlenbewohner von einer Tierwelt umgeben waren, die ständig daran gemahnte, daß höher im Norden noch immer die Gletscher der Großen Eiszeit das Land bedeckten.

Die Altertumsforscher in den Nordländern haben, noch bis zum Ende des 19. Jahrhunderts, die Eiszeit niemals auch nur am Rande erwähnt. Wenn sie an sie dachten, sahen sie in ihr nur einen geologischen Vorgang, der sich in so ferner Vergangenheit vollzog, daß er auf das Erscheinen des Menschen in ihren Regionen keinen Einfluß hatte. Die dänischen Vorgeschichtsforscher hatten, nach Untersuchung der stratifizierten Überreste von Bäumen und Pflanzen in ihren Torfmooren, ergründet, daß es seit dem Rückgang des Eises in ihrem Lande verschiedene Vegetationen nacheinander gegeben hatte: zuerst Esche und Zwergbirke, dann Kiefernwälder, gefolgt von Eiche und Linde und schließlich der Buche. Sie konnten aber nachweisen, daß der Kjökkenmöddinger-Mensch bei Beginn der Eichen-Periode ins Land kam, und waren überzeugt, daß während der früheren Vegetationen in den nordischen Ländern der Mensch gar nicht in Erscheinung getreten sei.

Auch die nächste Entdeckung, die viel weiter im Süden, in der Tschechoslowakei, gemacht wurde, schloß die Zeitlücke nicht. Vielmehr stellte sich heraus, daß sie zeitgleich gewesen sein mußte mit den mittleren Schichten in den Höhlen – also zeitlich nicht sehr fern vom Erscheinen unserer eigenen Rasse in Europa, den Menschen des Cro-Magnon und denen auf den Bildern bei Lascaux. Ihre Bedeutung aber lag darin, daß sie uns den Menschen zeigte, der nicht in Höhlen, sondern auf der arktischen Tundra lebte und mit den dort heimischen anderen Lebewesen um seinen Unterhalt ringen mußte. Da sich somit erwies, daß der Mensch viel dichter am Eis zu existieren vermochte, als man vorher annahm, konnte er vielleicht aus den wärmeren Mittelmeergebieten schon wesentlich früher nach Norden vorgedrungen sein, als die Vorgeschichtsforscher bislang zu behaupten gewagt hatten.

Im früheren Mittelmähren, zwischen den südlichen Ausläufern der Bergkette, die die ungarische Ebene des Donautals von der nordeuropäischen Tiefebene scheidet – der gewaltigen, von der französischen Atlantikküste fast ungebrochen bis zum Ural in Mittelrußland reichenden Ebene –, liegt, ein Stück nordwestlich der bedeutenden Stadt Prerau, einem Knotenpunkt der Bahnlinie Wien–Krakau, das kleine Bauerndorf Předmost an den Ufern der Betschwa. Dieser an sich unbedeutende Fluß hat eine ‹strategische Position›: sein Tal verläuft bis zum niedrigsten Punkt in der langen Bergkette, der Lücke zwischen den Sudeten und den Gipfeln der Hohen Tatra. Und an der Nordseite dieser Lücke beginnt ein anderes Tal, an den Quellwassern der Oder, die durch die europäische Ebene zur Ostsee fließt.

Seit Jahrhunderten schon hieß es im Volksmund, daß Předmost in alter Zeit das Heim von Riesen gewesen sei. Im Jahre 1571 berichtet der Chronist Blakoslav über die Entdeckung von ‹Riesenknochen› in jener Gegend. Um 1850 beschloß ein dortiger Bauer, Josef Chromoček, einen Kalksteinhügel auf seinem Land zu erforschen. Als er durch die obere Erdschicht gegraben hatte, stieß er auf einen wahren Friedhof von Riesen. Über eine erhebliche Fläche verteilt lagen in dicken Schichten Knochen von ungeheurer Größe, vermischt mit entsprechend riesigen Zähnen und vielen Feuersteinbrocken.

Die besser aufgeklärte Welt des 19. Jahrhunderts, die an Riesen nicht mehr glaubte, stellte fest, daß diese Knochen von Tieren aus der Periode ‹vor der Sintflut› stammten. Dreißig Jahre lang nahm kein Wissenschaftler besondere Notiz von diesen Ablagerungen. Nur in die Sammlungen der Schulen in der Umgebung kamen eine Anzahl Exemplare. Man grub die Knochen in Massen aus, um sie gemahlen als Dünger auf den Feldern in der Nähe zu verwenden, und schickte sie waggonweise als Schotter an die damals im Bau befindliche Eisenbahnlinie Prerau–Leipnik. Im Jahre 1878 erfuhr der ‹Vater der mährischen Prähistorie›, Dr. Jindřich Wankel, von der Entdeckung, untersuchte aber erst zwei Jahre später flüchtig die Fundstelle. Unabhängig davon wurde Professor Karl Maška von der Universität Prag durch einen in der Nähe des Fundorts lebenden Geistlichen über die Entdeckung informiert. Ohne von den Nachforschungen Wankels zu wissen, eilte er nach Předmost. Er hat vom Zustand der Fundstätte bei seiner Ankunft eine drastische Beschreibung gegeben. Die ganze Gegend, auch ein großer Teil des früheren Mähren und Ungarns sowie der nordeuropäischen Tiefebene, ist mit einer dicken Schicht von ‹Löß› bedeckt, dem vom Wind verwehten Staub der Eiszeit. An der Grabung bei Předmost fand Maška senkrechte bis zu sieben, acht Metern hohe Lößwände, in denen, zwei bis drei Meter unter der Oberfläche, eine dunkle, etwa dreiviertel Meter dicke Schicht zu erkennen war. Die scharf vom Gelbgrau des Löß abstechende dunkle Schicht war die Asche zahlloser Feuer. Aus ihr ragten Hunderte von Knochen in allen denkbaren Lagen hervor, und zwar Knochen, die erheblich größer waren als die der größten damals in Europa lebenden Tiere.

Der junge Professor – er war damals erst 31 Jahre alt – griff das ungewöhnliche Problem mit Begeisterung auf. Nachdem er von dem gutmütigen Josef Chromoček die Erlaubnis bekommen hatte, nach Herzenslust in seinem Boden zu graben, arbeitete er dort den ganzen September und im Mai und Juni des nächsten Jahres. 1884 erschien er schon früh auf dem Schauplatz und machte im Februar dem Besitzer ein Kaufangebot für das Grundstück. Während sie noch verhandelten, kam Dr. Wankel an und machte im Namen der Museumsgesellschaft von Olmütz ein Vorrecht auf Forschungen an dieser Stätte geltend. Maška mußte den Anspruch anerkennen, doch man kam zu einer freundschaftlichen Regelung, nach der Wankel und Maška gemeinsam die Ausgrabungsarbeiten leiten sollten. Während sie bei der praktischen Arbeit in diesem Sinne zusammenwirkten, suchten sie doch durch möglichst schnelle Veröffentlichung von Berichten über ihre Funde einander zuvorzukommen. Beide Wissenschaftler gaben im Jahre 1884 ihre Ergebnisse bekannt, Maška in der Deutschen Anthropologischen Gesellschaft, Wankel in der Olmützer Museumsgesellschaft.

Und die Ergebnisse waren sensationell genug, um mehr als einen Bericht zu rechtfertigen. Schon im ersten Stadium der Ausgrabungen war klar geworden, daß sich bei Předmost eine bislang noch unerkennbar gewesene Etappe in der Entwicklungsgeschichte des europäischen Menschen enthüllte. Hier lagen, vermengt mit der Asche von Lagerfeuern und den behauenen Feuersteingeräten des Menschen aus dem Aurignacéen, die Überreste einer im Raum von Mitteleuropa noch nicht festgestellten Tierwelt. Knochen von wilden Pferden, Renntieren, Bisons, Moschusochsen und Auerochsen in Mengen, wie in den Höhlen vom Périgord, doch stammten hier, alles andere weit überschattend, dreiviertel der Knochen vom großen Elefanten der Arktis, dem Mammut.

Das Mammut hatte etwa die Größe und das Gewicht des indischen Elefanten, mit dem es eng verwandt war. Es hatte einen hohen, schmal zulaufenden Schädel und über den Schultern einen großen Buckel, so daß der Körper nach hinten abfiel, ähnlich wie beim amerikanischen Bison. Die männlichen und weiblichen Tiere hatten scharf nach oben und einwärts gebogene Stoßzähne, die bei einem ausgewachsenen Bullen bis über drei Meter lang wurden. Die Ohren waren klein und behaart, der ganze Körper bedeckt mit einem dicken Pelz gelbbrauner Wolle. Von den Kinnbacken und den Flanken hingen lange schwarze Haare bis fast auf den Erdboden, der kurze Schwanz endete in einen Quast schwarzer Borsten.

Hier bestand von Anbeginn keine Schwierigkeit, die Entdeckung zu deuten: es war ein Jagdlager oder eine Siedlung von Menschen einer späteren Periode während der Lößbildung, als die Gletscherdecken der letzten Eiszeit noch in ihrer größten Ausdehnung bis nach Norddeutschland reichten, aber die Erwärmung des Klimas, unter der das Eis allmählich zurückging, bereits eingesetzt hatte. Nach modernen Datierungsmethoden müßte diese Periode etwa 20000 Jahre vor unserer Zeit gelegen haben. Die Eiszeitjäger fahndeten auf die Tiere der südlich der Eisdecke liegenden Tundra, insbesondere auf die riesigen Dickhäuter, das Mammut und das wollhaarige Nashorn.

Es war eine gewaltige Entdeckung. Seit fünfundzwanzig Jahren galt als bewiesen, daß Mensch und Mammut gleichzeitig existiert hatten. Und sechs Jahre zuvor hatte, obwohl man seine Entdeckung noch nicht als prähistorisch anerkannte, Léopold Chiron das erste Abbild eines Mammuts an den Wänden der Chabot-Höhle in den Cevennen (Südfrankreich) gefunden. Hier aber gab es nun den Beweis, daß der primitive Mensch die Waffen, die ‹Organisation› und zumindest die Courage und Initiative besessen hatte, auf diese kolossalen Tiere zu jagen und seinen Lebensunterhalt, seine Existenz von ihnen abhängig zu machen.

Frühere Prähistoriker hatten vorwiegend im Eiszeitmenschen einen ‹bedauernswerten Wilden› gesehen, der sich, zu schlecht ausgerüstet, um in den Härten einer feindlichen Umgebung zu bestehen, vor den Attacken eines mörderischen Klimas und noch gefährlicherer Tiere verängstigt in den Höhlen Südeuropas verbarg. Da das neue Bild vom Menschen, der es sogar mit dem anerkannten König der Tundra aufnahm und ihn zu meistern wußte, eine radikale Änderung der bisherigen Thesen erforderte, ist es nicht überraschend, daß die ältere Schule der Altertumsforscher selbst gegen so unwiderlegliche Beweise noch eine letzte Kampfstellung bezog. Japetus Steenstrup, der dänische Zoologe, von dem wir schon bei den Kjökkenmöddinger hörten, führte den Angriff. Als Zoologe hervorragend, griff er zu seinem Pech immer fehl, wenn er sich ins Gebiet der Vorgeschichtsforschung vorwagte. Jetzt vertrat er schriftlich die Ansicht, eine ganze Herde von Mammuten sei während der Periode der stärksten Vergletscherung in den mährischen Gebirgspässen von einer Lawine überrascht worden und an der Stelle eingefroren, wo man ihre Überreste Jahrtausende später entdeckte. Danach wäre also das Lager bei Předmost eine spätere Siedlung gewesen, die der primitive Mensch einrichtete, um sich dieser gewaltigen, von der Natur bereitgestellten Eisschrankvorräte zu bedienen.

Steenstrups Theorie hatte vor den Tatsachen keinen Bestand. Bei weiteren Ausgrabungen wurden die Überreste von mehr als 900 Mammuts sowie die einer beträchtlichen Anzahl anderer arktischer Tierarten freigelegt. Daß die Tiere in solchen Massen einer Naturkatastrophe zum Opfer gefallen sein sollten, konnte nicht im Ernst behauptet werden. Überdies wurden bei Předmost drei einander folgende Besiedlungsperioden von zweifellos jahrhundertelanger Dauer erwiesen. Immerhin hatte Steenstrups Theorie etwas Bestechendes, und gewisse Indizien schienen sie zu stützen. Das Mammut war – oder ist – den Zoologen besser bekannt als alle übrigen ausgestorbenen Tiere, und zwar gerade aus Gründen, wie Steenstrup sie in seiner Auslegung über Předmost anführte.

Das berühmteste Ausstellungsstück des Museums für Naturgeschichte in St. Petersburg war im 19. Jahrhundert ein im arktischen Sibirien gefundenes unversehrtes Mammut. Solche Entdeckungen wurden gar nicht so selten gemacht. Es läßt sich denken, daß in ferner Zeit, als Mammute in großer Zahl über die sibirische Tundra zogen, hin und wieder so ein Riesentier unter dem eigenen Gewicht durch die Eiskruste sumpfiger Gebiete einbrach, wo es, je heftiger es sich sträubte, um so tiefer einsank, bis es im Eisschlamm erstickte. Dort mochte sein Körper, gefroren und tadellos erhalten, bis zur Entdeckung durch die Jäger und Fallensteller unserer Zeit liegengeblieben sein. Infolgedessen kennen wir das Mammut nicht, wie die meisten anderen ausgestorbenen Tierarten, nur nach der Skelettstruktur, sondern können uns ein lebensechtes Bild von dem Riesentier machen, das unsere Vorfahren im Gebiet der heutigen Tschechoslowakei vor so vielen Jahrtausenden jagten.

Als man ein an dem kleinen Fluß Beresovka in Nordsibirien gefundenes Exemplar untersuchte, wurden sogar in seinem Magen und im Maul noch Reste der Pflanzen gefunden, an denen das Tier kurz vor seinem Tode gemächlich gekaut hatte. Das Gras und das Schilf, der wilde Thymian, der Alpenmohn und der Hahnenfuß zeigen uns die typische glaziale Tundralandschaft. Und es waren genau dieselben Pflanzenarten, die jetzt im Frühsommer an den Ufern der Beresovka wachsen. Ohne Zweifel würde das Mammut im heutigen Sibirien eine ihm vollkommen gemäße Umgebung finden, und wir können uns der verlockenden Frage, bis wie weit in die Neuzeit dieser arktische Elefant sich im nördlichen Sibirien tatsächlich noch gehalten hat, nicht entziehen. Wir wissen, daß das Mammut in Europa vor etwa 15000 Jahren ausgestorben ist, schon lange bevor infolge der wachsenden klimatischen Erwärmung die Wälder sich von Süden her ausdehnen und die Tundra, auf der es lebte, überwuchern konnten. Wahrscheinlich ist auch die unverhältnismäßig große Zahl der Kälber und halb ausgewachsenen Jungtieren unter den bei Předmost entdeckten Mammutskeletten ein Zeichen für das vorzeitige Aussterben. Wir dürfen annehmen, daß die Mammutjäger nur unter besonders günstigen Umständen fähig waren, die voll ausgewachsenen Dickhäuter zu fangen und zu erlegen, und sich deshalb bei der Jagd auf die jüngeren und schwächeren Tiere in den Herden konzentrierten. Dieses ständige Aussondern gerade der Jungtiere, von denen der Fortbestand der Rasse abhing, war vermutlich, neben der bei allen Elefantenarten langsamen Fortpflanzung, schuld an dem rapiden Aussterben der Spezies in Europa. Somit wurde das Mammut zum ersten Tier der Wildnis, dessen Verschwinden der Mensch auf dem Gewissen hat. In Sibirien jedoch, wo die offene Tundra dem Mammut im Existenzkampf weit bessere Bedingungen bot, hätte es eigentlich kaum auszusterben brauchen. Wir vermögen auch nicht mit Bestimmtheit zu sagen, ob es sich in einer Region, wo die Geschriebene Geschichte knapp fünfhundert Jahre alt ist, nicht tatsächlich bis weit in die Neuzeit gehalten hat. Gelegentlich kommen aus Rußland noch immer Geschichten von Pelzjägern in den Einöden des Nordens, die fernes ‹Trompeten› gehört oder gesehen haben wollen, wie mächtige, halb schattenhafte Gestalten im Dunst und Nebel davontrotteten...

Die Lößperiode, die Ära der weiten Tundren, ist als Paradies der Jäger bezeichnet worden. Über die großen Ebenen, die von den aus unzähligen Gletschern entstehenden Flüssen reichlich bewässert wurden, fegte der Wind in jedem Winter eine dünne Schicht fruchtbaren glazialen Staubes, aus dem in jedem Frühling Thymian und Baumwollgras, Binsen und Schilf üppig sprossen. Ganz Nordeuropa muß damals, bis an den Rand des Ewigen Eises, den heutigen Einöden im nördlichen Kanada geglichen haben, mit einem rauhen, frostigen

Winter und einem üppigen Sommer mit rapidem Pflanzenwachstum. Über diese ausgedehnten Weidegründe wanderten gewaltige Herden von Wiederkäuern. Außer Pferden waren Mammute, Moschusochsen, Renntiere und der europäische Büffel überreich vertreten. Zwischen ihnen graste das nur in kleinen Rudeln vertretene wollhaarige Nashorn. Gelegentlich erschienen einzelne Elche und Auerochsen, die aus den südlichen Wäldern abschweiften. Und auf sie lauerten die Fleischfresser: die Höhlenlöwen – eine vergrößerte Abart des afrikanischen Löwen – die Leoparden, Wölfe in Massen und – der Mensch.

Es müssen große, jahreszeitlich bedingte Wanderungen stattgefunden haben. Wie heute das nordamerikanische Karibu südwärts zieht, um den schwersten Strapazen des arktischen Winters zu entgehen, so wanderte die Tierwelt des arktischen Europa jeden Winter in die wärmeren Regionen der ungarischen Ebene und der Steppe nördlich des Schwarzen Meeres.

Předmost, am natürlichen Tor zwischen Donautal und nordeuropäischer Tiefebene, hatte auf dieser Route eine ‹strategische Position›. Durch den Paß dort ergoß sich zweimal jährlich ein Strom jagdbaren Wildes auf der Wanderung nach und von seinen Sommerweiden. Und diesen Platz hatte sich die Kolonie der Mammutjäger als Dauerlager erkoren.

Maška brachte in einjähriger Arbeit bei seinen Ausgrabungen in Předmost immer mehr Beweisstücke für die Lebensart dieser Jäger der grauen Vorzeit zutage. Endlich machte er, im August 1894, einen Fund, der neues Licht auf die Gewohnheiten und die Denkweise des Eiszeitmenschen warf.

In 2,70 Meter Tiefe entdeckte er im unberührten Löß einen großen ‹Teppich› aus Steinen, vier Meter lang und ungefähr drei Meter breit. Als er die vierzig Zentimeter dicke Steinschicht behutsam entfernt hatte, fand er darunter ein Massengrab von elliptischer Form. In ihm sah er, durch Reihen von Mammutschulterblättern und teilweise von Schädeln dieser gigantischen Geschöpfe wie mit einer Mauer umschlossen, die Skelette von zwanzig Menschen, die in ruhender Haltung auf der Seite lagen. Er ließ sie sorgfältig exhumieren und mit aller Vorsicht zur Untersuchung durch die Anthropologen nach Prag bringen. Dort stellte man fest, daß es sich um Skelette beider Geschlechter handelte, in allen Altersstufen, vom Kind bis zum Greis. Zwölf stammten von Kindern. Auf dem von Mammutknochen umrandeten Platz wurden keinerlei andere Gegenstände gefunden, bis auf ein Halsband von gerillten, ovalen Perlen aus Mammutzähnen, das noch am Halse eines jugendlichen Skeletts hing.

Vom Menschen der Älteren Steinzeit haben wir nicht viele Gräber gefunden, und ein über zweihundert Jahrhunderte altes Massengrab hatte man bis dahin noch nirgends entdeckt. Das mag zum Teil daran liegen, daß in jener Ära die Gebiete nur schwach bevölkert waren, kann aber auch ein Zeichen dafür sein, daß der damalige Mensch lange Zeit seine Toten nicht begrub, sondern mit ihnen summarisch verfuhr, indem er sie einfach auf den gemeinschaftlichen Abfallhaufen warf. Während der Cro-Magnon-Mensch, Verwandter und Zeitgenosse der Jäger von Předmost, seine Toten, wie wir sahen, mit einer gewissen Sorgfalt beerdigte, hat man, beispielsweise, beim Kjökkenmöddinger-Volk keinerlei Zeichen von Sympathie für die Toten entdeckt. Den vereinzelt in den Möddinger entdeckten Skeletten war nichts mit ins Grab gegeben. Sie wurden in allen möglichen Lagen vorgefunden, ohne erkennbare Ordnung oder Ausrichtung.

Damit soll nicht behauptet werden, jene Menschen hätten keine Trauer über den Tod von Verwandten oder Freunden empfunden, denn wir können die Tiefe der Trauer nicht einfach an der Art des Begräbnisses messen. Immerhin geben Beerdigungsbräuche einen gewissen Begriff vom Glauben einer Menschengemeinschaft an ein Leben nach dem Tode. Wenn also beim Kjökkenmöddinger-Volk keine Spur von Sorge für die Toten zu finden war, kann daraus geschlossen werden, daß diese Menschen an ein Weiterleben nach dem Tode nicht glaubten oder schon so philosophisch dachten, daß sie den Körper, aus dem die Seele entwichen war, als unwichtig betrachteten.

Man sah jetzt plötzlich den Menschen von Předmost als sensitives, denkendes Geschöpf vor sich, das, ohne religiös zu sein, Phantasie und Verstand besaß. Wir wissen nicht, welche Katastrophe in der kleinen Jagdgemeinde, so viele tausend Jahre vor uns, den Tod von zwanzig Mitgliedern, einem vielleicht beträchtlichen Teil ihrer Gesamtzahl, verursacht hat: ob es die Pestilenz war oder eine Lawine, Hungersnot oder eine Attacke wilder Tiere. An der liebevollen Sorgfalt, mit der diese Toten in ihre Gräber gelegt waren, mit einer steinernen Schutzdecke gegen Wölfe und Füchse, und besonders daran, daß man in ihre Nähe die Knochen des gewaltigen Tieres legte, das gewiß als Bringer aller guten Dinge, als Symbol der Wohlhabenheit und der Schicksalsgunst galt, können wir ermessen, daß die Männer von Předmost ihr möglichstes getan haben, um den Weg der Toten in die ‹Glücklichen Jagdgründe› – wie immer sie sich diese vorstellen mochten – zu sichern.

Daß diese Totenehrung kein Einzelfall war, hatte man schon drei Jahre früher feststellen können, als in Brünn, mitten auf der Franz-Josef-Straße, Arbeiter in ungefähr vier Meter Tiefe das Skelett eines Jünglings fanden, das reich geschmückt war mit über sechshundert Perlen aus Muschelschalen und vielen kleinen Scheiben aus Stein und Elfenbein. Neben ihm lag eine kleine Elfenbeinfigur, unmittelbar über dem Körper ein Stoßzahn und ein Schulterblatt vom Mammut.

Vom Leben der Mammutjäger von Předmost wissen wir mehr als über ihren Totenkult. Maška holte bei seinen Forschungen, die er bis 1896 fortsetzte, über 25000 Feuersteingeräte aus der Erde, bei denen wir unterscheiden können zwischen den Messern, Faustkeilen und Meißeln, die zum Zerschneiden des Fleisches der erlegten Riesentiere dienten, und den Werkzeugen zur Bearbeitung der Knochen und des Elfenbeins, die wiederum das Material für viele im Gemeinschaftsleben notwendigen Werkzeuge bildeten. Unter den Tausenden von Gegenständen aus Stein und Knochen befand sich jedoch nicht einer, der dem gewaltigen Dickhäuter, von dem jene Menschen lebten, eine tödliche Wunde hätte beibringen können. Daß es trotzdem den Jägern von Předmost gelungen ist, nahezu tausend Mammute zu erlegen, beweisen die Überreste, und uns bleibt es überlassen, zu raten, wie sie das fertigbrachten. Haben sie die Tiere über Abgründe getrieben oder sie in Gräben gefangen oder lockten sie sie in den hohen Schnee, wo sie ihnen mit schweren Felsblöcken den Gnadenstoß geben konnten? Es gibt vielerlei Jagdmethoden, von denen die prähistorischen Berichte nichts enthalten.

Wohnstätten wurden bei Předmost nicht entdeckt. Wir dürfen annehmen, daß die dortige Siedlung aus ähnlichen Behausungen bestand, wie sie von sowjetischen Archäologen auf kleineren ‹Stationen› von Mammutjägern bei Megina in der Nähe von Kiew und bei Pushkari in der Ukraine entdeckt wurden. Dort fanden sie halb unter der Erde angelegte Häuser, umgeben von kräftigen Wällen aus dicken Felsblöcken und einer Reihe offener, durch die ganze Länge der Gebäude verteilter Feuerstellen. Für ein Dach wurden wahrscheinlich Tierhäute verwendet, die in dem strengen arktischen Winter zweifellos auch als Bekleidung gedient haben. Die meisten bei Předmost gefundenen Tierknochen stammten, abgesehen vom Mammut, vom Wolf, aber auch vom Polarfuchs und Rotfuchs waren viele dabei. Wahrscheinlich wurden diese nicht ihres Fleisches wegen gejagt, doch ihre Pelze konnten, mit Knochennadeln und Sehnen genäht, wie es die Eskimos und Indianer im hohen Norden machen, also Fell außen und innen, dem Jäger des Aurignacéen und seiner Frau als warme Kleidung für die langen Winter dienen.

Folgendes Bild hat uns Karl Maška durch seine über zehn Jahre dauernden Ausgrabungen bei Předmost enthüllt: Wir sehen in Pelz gekleidete Jäger von einer Rasse, die sich wenig oder gar nicht von den heutigen Nordeuropäern unterschied, vor zwanzigtausend Jahren an den Berghängen stehen, wo sie, die Augen zum Schutz gegen den scharfen Herbstwind verkneifend, die riesigen gelbbraunen, behaarten Tiergestalten beobachten, die sich, gemächlich grasend, von Norden her talaufwärts bewegen. Sie waren Männer wie wir, diese Jäger der Eiszeit, hatten wie wir ihre Hoffnungen und Ängste, ihren Kummer und ihre Freuden, scherzten und zankten sich wie wir. Wir sollten auch nicht, wozu man leicht geneigt ist, einfach unterstellen, daß diese Jäger sich als ‹primitive› Menschen gefühlt hätten und erst Tausende von Jahren vergehen mußten, bis, wie Palle Lauring es ausdrückt, ‹im Zenit des langen geschichtlichen Zeitlaufs das Jahr erreicht wurde, in dem Sie und Ich geboren wurden›. Auch der Mammutjäger sah in seiner eigenen Lebenszeit den Höhepunkt menschlicher Entwicklung und konnte sich ein anderes Leben gar nicht vorstellen. In seinen Träumen dachte er an warme Sommer, in denen er wochenlang seine Jagdbeute verfolgen und nachts im Freien schlafen konnte, oder an Winterabende, wenn der Schnee dick und behaglich wärmend auf seinem Hausdach im Dorf lag und er, für den ganzen Winter versorgt mit Fleisch, das er unter Steinen in den Schneewehen lagerte, im Licht und vor der Glut des Torffeuers sitzen und sich schöne Werkzeuge und Schmucksachen aus Knochen und Elfenbein schnitzen konnte.

Die Beschreibung der wissenschaftlichen Erkenntnisse von Předmost wäre unvollständig ohne Erwähnung der erstaunlichen aus Mammutknochen und -zähnen

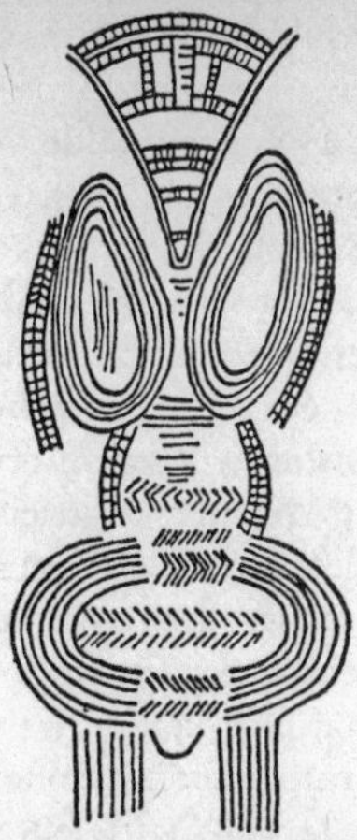

Abb. 21: Stilisiertes Bild einer nackten Frau, in den bei Předmost gefundenen Stoßzahn eines Mammuts graviert.

geschnittenen Gegenstände, die man dort fand. Die schlichtesten geben uns die größten Rätsel auf: vollkommen geformte Kegel aus sorgfältig geglättetem und poliertem Elfenbein oder feingeformte Zylinder, zwanzig Zentimeter lang und fünf im Durchmesser, mit einer Öse oben, sehr ähnlich den Gewichten einer Standuhr. Bisher gibt es auf die Frage nach ihrem Verwendungszweck keine befriedigende Antwort. Vielleicht hat man die Kegel benutzt, um Löcher in die Tierhäute zu stechen, die ‹Uhrgewichte› zum Beschweren einer ‹Bola›, eines Wurfseils, um stärkeres Wild, wie Renntiere oder Wildpferde, zu Boden zu reißen. Sie zeigen jedoch keine Gebrauchsspuren, sind für den Zweck auch nicht sonderlich geeignet (in dem ‹Gewicht› ist das Loch so klein, daß nur ein sehr dünner ‹Bindfaden› hindurchpaßt) und sind so sorgfältig und mit so viel künstlerischem Empfinden angefertigt, wie man das bei Gegenständen zum groben Gebrauch kaum annehmen kann.

Klarer ist die Bedeutung der kleinen, siebeneinhalb bis etwa zwölf Zentimeter hohen Statuen aus Knochen, die sitzende nackte Frauen mit starker Betonung der geschlechtlichen Merkmale darstellen. Ähnlichen Figuren sind wir schon als Zeugen der Steinzeit im heutigen Frankreich begegnet, nämlich bei den Cro-Magnon-Menschen von Gravette, den leiblichen ‹Vettern› der Menschen von Předmost. Wir stellten fest, daß es sich dort vermutlich um kultische Objekte handelte, Abbilder einer Göttin der Fruchtbarkeit, die man anrief, wenn die Gemeinschaft, vielleicht mitsamt den Herden der jagdbaren Tiere, üppig gedeihen und sich vermehren sollte. Auch hier können wir wieder einen neugierigen Blick in das Geistesleben des Europäers der Eiszeit werfen, an das wir ständig denken sollten, um die uns durch den Spaten enthüllten Siedlungen als Gemeinschaften richtiger Menschen und nicht als Marionetten zu sehen.

Die Veröffentlichung der Resultate der Předmoster Ausgrabungen, unmittelbar nach der Entdeckung der ‹Kleinkunst› des Périgord, fiel mitten in den Disput über die Echtheit der Höhlengemälde von Altamira. Diese drei Entdeckungen haben das Bild vom menschlichen Leben gegen Ende der Eiszeit gründlich geändert. Und, wie so oft, wenn nach den ersten Entdeckungen auf bestimmten Gebieten die archäologischen Berichte interpretiert werden, kamen rasch nacheinander Meldungen über die Entdeckung artverwandter Stücke an anderen Orten. Den neben einem Mammutzahn unter der Hauptstraße von Brünn beerdigten Jüngling hatten wir schon erwähnt. Aber kaum war vom zwanzigsten Jahrhundert eine Dekade verstrichen, da fand man in Niederösterreich binnen kurzer Zeit drei dem Lager bei Předmost ähnliche Siedlungen von Mammutjägern: in Krems, in Langmannsdorf und Willendorf. Später kamen in den Flußtälern des europäischen Rußlands weitere zutage, und sehr wahrscheinlich wird die allmählich länger werdende Liste zeigen, daß die Mammutjäger sich stets an ‹strategischen Punkten› niederließen, und zwar am ganzen Netz ihrer Wanderwege von Mitteleuropa bis nach Ostasien. Aber Předmost ist nicht nur das erste, sondern auch das größte bisher entdeckte Jagdlager.

Die Fundstätte bei Willendorf an der Donau, südwestlich von Wien, wurde aus einem anderen Grunde fast ebenso berühmt. Als die Entdeckungen von Předmost bekanntgeworden und die Zeitungen der österreich-ungarischen Monarchie voll waren von Berichten über die Menschen von Aurignac, wurde alsbald die Aufmerksamkeit auf das Gebiet von Willendorf umgelenkt, wo viele dem Aurignacéen kontemporäre Gegenstände aus Feuerstein gefunden wurden. Im Jahre 1908 stießen Arbeiter bei einem Durchstich für die Eisenbahnlinie in der Wachau auf die uns heute vertrauten Deposita von Feuersteinen und Mammutknochen. Das Museum für Naturgeschichte in Wien entsandte sofort den Professor Obermeier mit einem Assistenten nach der Fundstelle, wo Ausgrabungen in großem Stil begonnen wurden, die bis zum Ausbruch des Ersten Weltkriegs andauerten.

Die sensationellste Entdeckung wurde im ersten Jahr gemacht. Einer der Arbeiter, Josef Veram, der vorsichtig in dem weichen, mit Asche durchsetzten Löß grub, stieß mit seinem Spaten auf Stein. Ein paar Minuten später stand er da und hatte die ‹Venus von Willendorf› in den Händen.

Ist auch diese Bezeichnung jetzt auf der ganzen Welt akzeptiert, so läßt sich eine der Göttin Venus so unähnliche Gestalt wie diese kaum vorstellen. Die nur elf Zentimeter hohe Statuette aus Kalkstein ist klobig: eine nackte ‹Venus› mit unerhört aufgedunsenem Körper, Kopf gebeugt und die Hände über den schwellenden Brüsten gefaltet. Das lange Haar ist geflochten und als eng anschließende Kappe um den Kopf gelegt. Doch trotz ihrer grotesken Proportionen hat die Figur eine gewisse Grazie und eine Würde, die schon zwei Generationen von Künstlern und Kunsthistorikern begeisterte. Sie ist nicht ohne Einfluß auf die Entwicklung der modernen Bildhauerkunst geblieben.

Die Willendorfer Venus bewies, daß die Höhlenkunst von Altamira und den

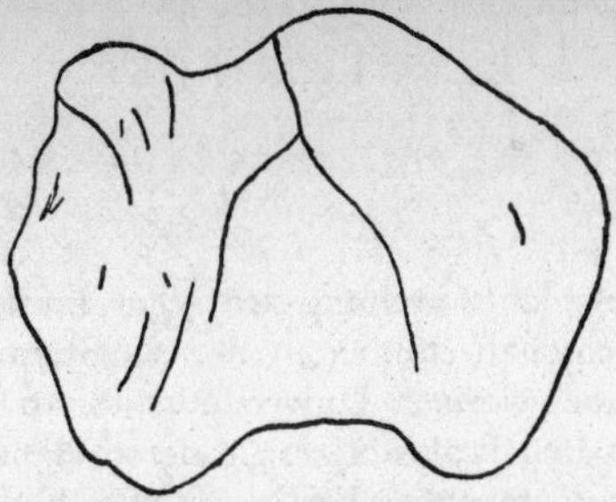

Abb. 22: Ein knapp 10 cm langes Stück Elfenbein vom Mammut (Předmost), rudimentär, aber erkennbar als Abbild eines Mammuts geschnitzt.

jüngst entdeckten Höhlen des Périgord kein in Westeuropa einzigartiges Phänomen war. Die von den Jägern bei Předmost und denen des Périgord im Aurignacéen hergestellten Gegenstände haben eng verwandte Züge. Nach der neuesten Unterteilung gehören beide Kulturen in das sogenannte Gravettien. Jedenfalls war nun erkannt, daß in diesem Zeitabschnitt die Menschen im östlichen Europa an Kunstfertigkeit denen in Westeuropa nicht nachstanden. Wir sollten sie nicht nur als die unbestrittenen Beherrscher einer feindseligen Umgebung sehen, sondern daran denken, daß sie auch mit ihrer künstlerischen Begabung und einem Sinn für Humor den meisten primitiven Jägern der Frühzeit überlegen waren. Insgesamt haben sie, durch die Höhlengemälde von Spanien und Frankreich und die Venus von Österreich, das allgemeine Vorurteil, erhöhtes Feingefühl und künstlerischer Fortschritt seien nur vereinbar mit entsprechender Beherrschung der materiellen Umgebung, zu Fall gebracht. Das moderne Europa stellte plötzlich fest, daß es auf seine fernen Vorfahren an der Schwelle des Eises stolz und sogar ein wenig neidisch sein konnte.

10 Renntierjäger

Nachdem die Vorgeschichtsforschung sich gegen Ende des 19. Jahrhunderts als eigenständige Wissenschaft etabliert hatte, erschienen allmählich auch die in einem langen und schwierigen Universitätsstudium – Vorgeschichte und Ethnologie – ausgebildeten Prähistoriker, in deren Händen jetzt die Zukunft dieser Wissenschaft lag. Es mochte scheinen, als seien die Tage der begeisterten Amateure eigener Schulung, der Pengellys, Lartets und Worsaaes vorüber, doch wenn irgendwo ein Amateur der Vorgeschichtsforschung etwa Angst vor den qualifizierten Fachgelehrten bekommen hätte, so hätte ihn der Lebensweg des jungen Hamburger Handwerkers Alfred Rust beruhigen und ihm neue Unternehmungslust geben können.

Rust wurde 1900 in Hamburg als Sohn eines bescheidenen Handwerkers geboren. Der Vater starb, als er drei Jahre alt war, die Mutter mußte schwer arbeiten, um sich mit ihren zwei kleinen Söhnen durchzuschlagen. Da sie das Geld für den Besuch höherer Schulen nicht aufbringen konnte, mußten sie so früh wie möglich die Volksschule verlassen und ihr Brot selbst verdienen. Mit fünfzehn Jahren ging Alfred Rust bei einem Elektriker in die Lehre. Nach der vierjährigen Lehrzeit stellte ihn eine Firma für Elektrotechnik als Installateur ein. In dieser Entwicklung und Umgebung unbefriedigt, sehnte er sich, noch ohne ein klares Ziel, nach wissenschaftlich exakter Arbeit und abenteuerlicher Erforschung des Unbekannten. Von seinem geringen Lohn kaufte er sich eine alte Kamera und ein gebrauchtes Fernglas. Nach beendeter Gesellenzeit begann er sich in der Welt umzusehen. In einigen europäischen Ländern ist es schon seit dem Mittelalter üblich, daß junge Handwerker ihrer Ausbildung gewissermaßen den letzten Schliff durch ausgedehnte Reisen in benachbarten Ländern geben, wobei sie ihren Lebensunterhalt mit fachlichen Arbeiten verdienen und nebenher die dort üblichen Methoden und Finessen ihres Gewerbes erlernen. Rust folgte diesem Brauch für mehrere Jahre und arbeitete, obwohl das seinem Prinzipal durchaus nicht recht war, alljährlich für fünf bis sechs Wochen auf Wanderschaft in Italien oder der Schweiz oder fuhr im Faltboot die Küsten der Ostsee ab.

Als in Hamburg 1923 ein Institut für Erwachsenenbildung eröffnet wurde, ließ Rust sich als einer der ersten Teilnehmer für Abendkurse einschreiben. Ihm ging es um Allgemeinbildung: von der Biologie bis zur Malerei nahm der junge Mensch lernbegierig wie einer, der lange gedarbt hatte, alles in sich auf. Aber erst zwei Jahre später sollte er sein wahres Metier entdecken, nämlich als er an der Kieler Universität die Vorlesungen über Frühzeitgeschichte bei Professor Gustav Schwantes hörte, der damals schon als führender Fachgelehrter für die Steinzeit von Nordeuropa galt. Schwantes vermittelte seinen Hörern ein reiches Wissen von der frühesten Vergangenheit des Menschen, verbarg aber auch nicht die großen Lücken in unseren Kenntnissen vom Altertum. Er bemerkte bald hinter den Fragen des ernsten jungen Elektrikers, der bei keiner seiner Vorlesungen fehlte, ein ungewöhnlich fleißiges Bemühen um eigene Erkenntnisse und einen scharfen Verstand. Schwantes faszinierte durch seine Schilderungen diese jungen Hamburger Arbeiter, die ihm während der harten Jahre nach dem Ersten Weltkrieg im Hörsaal lauschten.

In den vierzig Jahren, die seit dem Tode Worsaaes, des Entdeckers der Kjökkenmöddinger, und seit der ersten Veröffentlichung über das Lager der Mammutjäger bei Předmost vergangen waren, beschäftigte die Gedanken aller Prähistoriker hauptsächlich die letzte Eiszeit. Sie überschattete alle ihre Ausgrabungen und Schriften so sehr, wie die Eiszeit einst Europa überschattet haben mußte. Jetzt wußte man schon viel mehr von der Ausdehnung der Eisdecken, ihren Bewegungen und den klimatischen Veränderungen nach dem Rückgang des Eises. Wie wir in einem späteren Kapitel sehen werden, hatte die neue Wissenschaft der Pollen- (Blütenstaub-) Analyse den Menschen befähigt, auch die leiseste Veränderung in der Zusammensetzung pflanzlicher Ablagerungen zu erkennen, die sich allmählich in den vom weichenden Eis zurückgelassenen Tälern und Seegründen bildeten, und mit der erstaunlichen Methode der Varvenzählung vermochte man, fast bis auf das Jahr genau, geographisch die Ausdehnung der Eisdecke zu jedem Zeitpunkt innerhalb der letzten zwölftausend Jahre nachzurechnen.

Über die äußere Umgebung, das heißt: wie Nordeuropas Oberfläche in dieser immens langen Zeit aussah, wußte Professor Schwantes viel zu sagen. Da das Eis einen erheblichen Teil der Erde bedeckte, senkte sich der Meeresspiegel merklich, so daß schließlich in den flacheren Gebieten des Nordseebeckens eine riesige Ebene entstand, die eine Brücke zwischen England und dem Kontinent bildete. Die Küstenlinie zwischen England und Dänemark verlief nördlich der Doggerbank. Als das Eis zurückging und diese Ebene freilegte, dehnten sich die Birken- und Fichtenwälder, die um das Jahr 10000 v. Chr. ganz Norddeutschland und Dänemark bedeckten, nach Norden aus. Nahezu tausend Jahre schien es, als sei das Eis besiegt und sommerliches Klima sicher, doch die Kälte brach erneut ein, die Wälder starben ab, und wieder bedeckten Baumwollgras und Heide Nordeuropa.

Allmählich, in den nächsten viertausend Jahren, wurde das Klima wieder milder. Zuerst wuchsen wieder die Birkenwälder, denen dichter Kiefernwuchs folgte, und, langsamer, Mischwälder von Eichen, Ulmen und Linden. Zu jener Zeit, da die ersten Kjökkenmöddinger entstanden, war das Klima wärmer und trockener, als es heute ist. Als sich jedoch die von der Eisschmelze angestauten Wasser einen Weg suchten, stieg der Meeresspiegel wieder, besonders in der von Land ganz umschlossenen Ostsee. Vor etwa siebentausend Jahren durchbrach dieses baltische Meer seine Ufer und flutete in die Nordsee, wo es die tief gelegenen Ebenen so füllte, daß ungefähr schon die Küstenlinie des heutigen Nordeuropa geformt wurde. Durch die Vergrößerung der Wasserflächen kam mehr Regen über das Land: eine feuchtere Periode folgte, und ganz allmählich setzte milderes Klima sich durch, das um 2500 v. Chr. eine zweite warme und trockene Periode brachte.

Innerhalb dieser sich verändernden Meeresgrenzen, in dem wechselnden Klima und der wechselnden Pflanzenwelt muß der Mensch in den ersten Jahrtausenden seiner Existenz in Nordeuropa gelebt haben. Schwantes konnte, im Gegensatz zu der klaren Darstellung des Landschaftlichen, beim besten Willen von dem menschlichen Element während dieser langen Zeit nur ein Bild in ganz groben Zügen geben. Man wußte jetzt, daß die von Worsaae entdeckte Kultur der Kjökkenmöddinger um etwa 5000 v. Chr. entstanden war, und zwar in den neuen Küstenstrichen, die der Durchbruch der Ostsee und die Überflutung der Nordseegründe geformt hatten, als die gemischten Eichenwälder die Fichte zu verdrängen begannen. Und Georg Sarauw, der um die Jahrhundertwende auf dem Kamm eines kleinen Hügels über den ausgedehnten Torfmooren der dänischen Insel Seeland Ausgrabungen machte, hatte die erste Siedlung der unmittelbaren Vorfahren des Kjökkenmöddingervolks ans Tageslicht gebracht. Siedlungen wie die von Maglemose wurden später an vielen Stellen Nordeuropas entdeckt, von Ostengland bis zu den baltischen Gestaden Rußlands, während die typischen, aus Rotwildgeweih angefertigten Harpunen dieser Menschen aus den überfluteten Gründen der Nordsee gebuddelt wurden, über die einst die Maglemose-Menschen gewandert waren. Man wußte jetzt auch, daß ihre Stämme gleichzeitig mit den Kiefernwäldern nach Nordeuropa gekommen waren, ungefähr um 7000 v. Chr., und sich hauptsächlich von dem dort stark vertretenen Rotwild ernährt hatten.

Aus der vor dem Erscheinen der Kiefernwälder, des Rotwilds und seiner Jäger liegenden Periode hat man jedoch nur geringe Besiedlungsspuren gefunden. In Holland, Dänemark und Norddeutschland wurden auf sandigem Gelände Lager von Steinen entdeckt: Geräte aus Feuerstein in dichten Mengen unter dem etwa fünfzehn Zentimeter dicken Mutterboden, den jedes Jahr der Pflug aufwühlte. Dort muß es Siedlungen gegeben haben, aber durch jahrhundertelanges Beackern der mageren Bodenschicht über ihnen war eine Datierung durch Blütenstaub-Analyse unmöglich geworden. Auch war die Lage der Behausungen nicht mehr annähernd feststellbar. Überdies war es unmöglich, mit Bestimmtheit zu sagen, ob die Hunderte an den einzelnen Stellen gefundenen Feuersteinwerkzeuge immer zu der dortigen Siedlung gehört hatten. In den Jahrtausenden der Steinzeit könnten, in Abständen von Jahrhunderten, immer wieder neue Dörfer auf demselben Gelände gelegen haben und die dort gebrauchten Geräte später vom Pflug des Landmanns unentwirrbar durcheinandergebracht worden sein. Nur so viel ließ sich über diese Artefakte sagen: daß sie nicht von gleicher Art waren wie die auf dem Gelände von Maglemose und der Kjökkenmöddinger gefundenen. Sie waren im allgemeinen plumper, die Schneiden kürzer und nicht so sauber behauen, die Pfeilspitzen schwer, mit einem Dorn, und nur einspitzig. So durfte man den Schluß ziehen, daß sie älter waren, Werkzeuge der Jäger, die zur Zeit der Birkenwälder, oder vorher in der Periode der Tundra, durch Nordeuropa zogen. Eines der Gebiete, in dem diese ausgepflügten Fundstellen von Feuersteinen am dichtesten lagen, war – hier wurde Rust hellhörig – das Tal von Ahrensburg, knapp fünfzehn Kilometer von dem Saal, in dem er Vorlesungen hörte.

Unter diesen Umständen ist nicht verwunderlich, daß Alfred Rust eifrig Feuersteingeräte zu sammeln begann. Indem er sonntags und wochentags nach der Arbeit mit dem Fahrrad weit durch die Umgebung von Hamburg streifte, trug er eine stattliche Kollektion zusammen und wurde zum Kenner der für die Kultur der sogenannten Tundra-Bewohner (speziell auch Ahrensburger Kultur genannten) typischen Artefakte. Wahrscheinlich hat er, wie es seiner energischen Art entspräche, schon geplant, zu beweisen, daß es die bis dahin nur unbestimmt vermutete Ahrensburger Kultur tatsächlich gegeben hat.

Aber zunächst hatte er sich eine andere Aufgabe gestellt. Es geht über den Rahmen dieses Buches hinaus, auch den Werdegang des Frühzeitmenschen in den nichteuropäischen Gebieten zu behandeln, doch Rust zog unterdessen jedes Problem der paläolithischen Vorgeschichte in seinen Forschungsbereich. Er beschloß, in den Kampf einzugreifen, der damals zwischen seinem Lehrer Schwantes und Professor Meyer in Wien über die Frage entbrannt war, ob es in der Levante eine Ascalon-Kultur gegeben hatte. Professor Meyer hatte bei Ascalon in Palästina in einer Oberflächengrabung Feuersteine verschiedener Art entdeckt, durch die, falls sie alle aus dem gleichen Zeitraum stammten, bewiesen worden wäre, daß es Feuersteinbeile mit Schäftung schon früher gegeben hat, als man bis dahin annahm und daß sie aus dem Mittleren Osten nach Europa gelangt waren. Schwantes vertrat die Meinung, daß dieser Beiltyp ein Erzeugnis der Ahrensburger Kulturperiode sei und die Fundstelle von Ascalon, ebenso wie die umgepflügten Fundplätze im Norden, sehr wohl aus einer Mischung älterer und neuerer Artefakte bestehen könne.

Anfang 1930 erklärte Rust seinem Professor, er wolle nach Syrien reisen, um dort nach einer Stelle zu suchen, die stratifizierte Überreste aus der Steinzeit barg, denn nur durch diese könne er die Behauptung, daß es eine Ascalon-Kultur gegeben habe, endgültig beweisen oder widerlegen. Professor Schwantes hat sein Erstaunen über diese bündige Erklärung schriftlich zum Ausdruck gebracht. ‹Auf meine Frage, woher er den erheblichen Betrag für eine so kostspielige Reise und Forschung bekommen habe, erwiderte Rust, er besäße etwas erspartes Geld und ein Fahrrad, und mehr brauche er nicht.›

Im September 1930 brach Rust mit einem Begleiter auf, beide auf Fahrrädern, die mit Zelten und Lagergerät so schwer bepackt waren, daß sich das Gleichgewicht kaum halten ließ.

Noch ganz knapp vor dem winterlichen Schnee und Regen, der die ungepflasterten Straßen auf dem Balkan und in der Türkei für sie unpassierbar gemacht hätte, erreichten sie Syrien, nachdem sie in kaum drei Monaten eine Strecke von etwa 4500 Kilometern geradelt waren. Dort half dem angehenden Prähistoriker das Schicksal in sonderbarer Art. Geschwächt durch ihre frugale Lebensweise (sie gaben für ihre Ernährung täglich nur etwa 1 Mark aus), bekam Rust die Ruhr und wurde in das dänische Krankenhaus in Nebek aufgenommen. Als es ihm besser ging und er die Angestellten des Krankenhauses ausfragte, ob ihnen etwas über Höhlen in den nahen Bergen des Antilibanon bekannt sei, erfuhr er, daß es bei Jabrud, zehn Kilometer entfernt, überhängende Felswände gab. Schon nach kurzem Suchen entdeckte er dort drei Höhlen mit über zehn Meter hohen Schichten unberührter Ablagerungen aus der Steinzeit und konnte rasch genügend Überreste freilegen, um zu beweisen, daß Jabrud eine der wichtigsten steinzeitlichen Fundstätten im Mittelosten darstellte. Triumphierend und fest entschlossen, die Vorgeschichte nun zu seinem Beruf zu machen, radelte Rust über Ägypten und durch Italien nach Hamburg zurück, wo er im April 1931 wieder eintraf.

Noch im Herbst desselben Jahres bestieg er wieder sein Fahrrad, abermals mit dem Ziel Syrien, und widmete sich in den nächsten drei Jahren jeden Winter den Ausgrabungen in den Höhlen bei Jabrud. Es wurden Jahre harter Geldnot für den zum Vorgeschichtsforscher gewordenen Elektriker, aber er blieb, trotz verlockender Angebote seines bisherigen Arbeitgebers, bei dem Entschluß, sich als Archäologe durchzusetzen. So bedeutsam auch die Ausgrabungen von Jabrud waren, erhielt Rust als einzige geldliche Beihilfe jährlich zweihundert Dollar, die ihm das Museum zu Bremen für eine Anzahl vorgeschichtlicher Stücke zahlte. Und mit diesem Geld bestritt er noch die Löhne für vier arabische Arbeiter. Fast die ganze Zeit lebte er zwischen den Arabern wie einer der ihren, obgleich er sein ‹offizielles Hauptquartier› im Krankenhaus von Nebek hatte. Aber auch dort ließ er sich nichts schenken, sondern bezahlte seine Unterhaltskosten durch Anbringung elektrischer Anlagen, für die er das Material aus Hamburg mitbrachte. Ein zweiter Anfall von Ruhr im Jahre 1933 warnte ihn vor zu starkem Raubbau an seiner Gesundheit, doch als er in dieser Saison mit der Arbeit aufhörte, hatte er die Ausgrabungen bei Jabrud mit Erfolg beendet: nicht weniger als 45 stratifizierte Schichten bewohnt gewesener Erde waren freigelegt, die zeitlich vom Ende der letzten Eiszeit bis zum Beginn des regelrechten Ackerbaus reichten. In keiner Schicht erschienen die verschiedenen Bestandteile der Ascalon-Kultur gemeinsam: Geräte der Typen, die als Erzeugnisse dieser Kultur galten, fanden sich verstreut in den durch zehntausend Jahre angehäuften Überresten.

Rust hatte schon lange, bevor er die syrischen Ausgrabungen beendete, seine Aufmerksamkeit wieder den bedeutenderen Problemen der europäischen Steinzeit zugewandt – dem Vakuum, das noch zwischen dem Ende der Eiszeit und dem Erscheinen der Kiefernwaldjäger bestand, einer noch unüberbrückten Zeitspanne von mindestens achttausend Jahren.

Im Januar 1932, als er von seiner zweiten Syrienreise zurückkehrte, wurden ihm Feuersteingeräte gezeigt, die ein gewisser Dr. Albrecht von der Universität Kiel im Norden von Hamburg gesammelt hatte. Ein flüchtiger Blick genügte Rust, um die außerordentliche Bedeutung der Stücke zu erkennen. Sie glichen nicht den inzwischen bestens bekanntgewordenen Geräten von Ahrensburg, sondern schienen aus älterer Zeit zu stammen und Merkmale sowohl des Magdalénien (der Existenzzeit der französischen Höhlenbewohner) wie des späten

Abb. 23: Nordeuropa um 15000 v. Chr.: Die Eisdecke, über dem nördlichen Deutschland noch lagernd, hat sich vom größten Teil Dänemarks und den Küsten Norwegens zurückgezogen. Die durch das schmelzende Eis gestiegene See überflutet die Nordsee-Ebene, während die Renntierjäger, deren Sommerlager bei Meiendorf und Stellmoor nur etwa 50 Kilometer von der Grenze des Ewigen Eises entfernt liegen, ihr näher kommen.

Aurignacéen (der Zeit der Mammutjäger von Předmost) zu haben. Konnte bewiesen werden, daß die Feuersteine einer geschlossenen Kultur entstammten, dann bildete diese das fehlende Bindeglied zwischen den Eiszeitjägern und den Waldjägern, zwischen den Mammutjägern und den Kjökkenmöddingermenschen. Sie lieferten dann den endgültigen Beweis, daß Thomsen und Worsaae, Pengelly und de Perthes recht gehabt hatten mit ihrer Behauptung von der Kontinuität der Entwicklung seit der Steinzeit bis heute. Aber es gab keinen Beweis. Albrechts Feuersteine kamen, wie die aus dem Tal von Ahrensburg, aus einer im oberen, vom Pflug zerwühlten Boden vorhanden gewesenen Siedlung, in die aus verschiedenen Jahrtausenden stammenden Artefakte vermutlich unentwirrbar durcheinandergebracht waren. Gerade die Argumente, die Rust gegen die Verfechter der Ascalon-Kultur benutzen wollte, wären unfehlbar gegen ihn ins Feld geführt worden, wenn er nach den Oberflächenfunden bei Hamburg von einer Hamburger Kultur gesprochen hätte. Wie bei Jabrud, so war es auch hier nötig, stratifizierte Deposita zu entdecken, wo an unberührten Überresten die klare Trennung der einzelnen Phasen gezeigt werden konnte. Wo aber sollte man so eine Stelle finden?

Zwischen den von Dr. Albrecht eingebrachten Feuersteingeräten kam Rust eins besonders bekannt vor: ein eigenartiger Bohrer oder Rillenkratzer mit einer abgeschrägten, schnabelartigen Spitze. Er war überzeugt, ein ähnliches Exemplar in seiner Ahrensburger Sammlung zu haben, obwohl es in diesem Zusammenhang noch unbekannt war. Ganz erregt vor Spannung durchstöberte er seine Sammlung nach diesem Stück. Als er es fand, stellte er nach seinen Notizen fest, daß es nicht aus den reichen Fundstätten von Stellmoor oder Ahrensburg stammte, sondern von einer Wiese bei Meiendorf, ungefähr achthundert Meter talab von Ahrensburg. Nun fiel ihm auch ein, daß er drei Jahre vorher auf dieser Wiese einige Feuersteine gefunden hatte. Er hielt es für möglich, daß hier eine zweite Siedlung der neu entdeckten Hamburger Stufe existiert hatte.

Und das traf tatsächlich zu. Bei einem zweiten Besuch der Stelle, die inzwischen umgepflügt worden war, wurden über hundert Geräte ähnlicher Art wie die von Albrecht gefundenen entdeckt. Rust beschloß, hier so viele wie möglich auszugraben, ehe er abermals nach Jabrud aufbrach.

Wie gewöhnlich, waren keine Mittel für die Ausgrabungsarbeiten vorhanden, doch Rust betrachtete Geldmangel schon längst nicht mehr als Hindernis. Im Lauf des Sommers hob er an der Fundstätte über hundert Quadratmeter aus und brachte mehr als zwölfhundert Feuersteingeräte an den Tag, genug also, um ein ausgeglichenes Bild vom Feuersteingewerbe der neuen Kultur zu geben. Unter den Werkzeugen war der so auffallend geformte Kratzer mit dem Schnabel am häufigsten vertreten. In einem seiner leichtherzigen Berichte an Professor Schwantes schlug Rust vor, dieses Werkzeug, für dessen Zweck man noch keine Erklärung hatte, als Papageienschnabelklingenendhohlkratzerbohrerschaber zu bezeichnen. Tatsächlich aber wurde es dann einfach als Zinken (Spitze) bekannt.

Rust war von dem Ergebnis enttäuscht. Die Grabung bei Meiendorf war trotz der vielen dort gefundenen Feuersteingeräte doch nur einer der ‹Oberflächenfunde›, die den Forscher, weil sie keine sicheren Schlüsse zulassen, mehr erbittern als erfreuen. Die Behausungsabfälle gingen nicht tiefer als der Mutterboden, und die jahrhundertelange Beackerung hatte alle Spuren von der äußeren Anlage der Siedlung verwischt, übriggeblieben war nur der unverderbliche Feuerstein. Falls man nicht irgendwo, so oder so, ein unberührtes Depositum, besonders eins, das auch noch andere Objekte als Feuerstein enthielt, entdeckte, mußte das Bild von jener Kultur unklar bleiben und ihre Existenz bestreitbar. Rust, den dieses Problem nicht zur Ruhe kommen ließ, betrachtete die Gegend noch einmal aus größerer Perspektive.

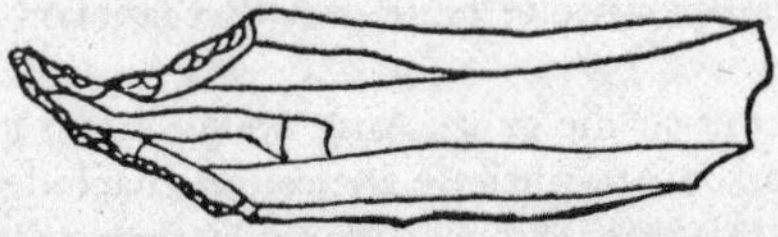

Abb. 24: Der ‹Papageienschnabelrillenkratzer›, ein Werkzeug, das Rust auf die Spur der Renntierjäger (im heutigen Hamburger Gebiet) brachte.

Die Siedlung hatte auf einem sandigen Abhang gelegen, am westlichen Rand des breiten vergletscherten Tales. Weiter unten am Hang, nach der Mitte des Tales zu, änderte sich die Beschaffenheit des Bodens: unter dem üppigen Graswuchs der nassen Wiesen lag Torfmoor. Hier mußte einmal ein See gewesen sein. Rust sah sofort Möglichkeiten: er lieh sich ein drei Meter langes Handbohrgerät und begann zu sondieren. Als er, schon nach kurzer Zeit, den Strand des prähistorischen Sees erkannte, der etwa fünfundzwanzig Meter vom Gelände der Siedlung entfernt lag, wußte er, daß er sein Problem gelöst hatte. Da die menschliche Natur sich kaum ändert, mußten Menschen, wenn sie so nahe am Ufer eines Gewässers gelebt hatten, alle möglichen Sachen hineingeworfen haben, die im See, vom Pflug nicht erfaßt, durch die ständige Befeuchtung erhalten blieben und durch die allmähliche Anhäufung des vom Wasser bewegten Gerölls stratifiziert wurden. Als Rust im August jenes Jahres nach Syrien aufbrach, machte er schon die Pläne für eine gründliche Ausgrabung im folgenden Sommer.

Im Juli 1933 kam er zurück und begann im August seine zweite Saison bei Meiendorf. Für einen Prähistoriker aus Liebhaberei, der nicht schon berühmt war, gab es auch jetzt noch keine geldlichen Hilfsquellen. Schwantes hatte ihm zwar die Dienste sechs freiwilliger Helfer gesichert, aber Rust selbst mußte mit einer Arbeitslosenunterstützung von neun Mark die Woche auskommen, während er jeden Tag auf dem Fahrrad zur Ausgrabungsstätte und zurück 40 Kilometer fuhr. Er steckte am Rande des verschwundenen Sees eine Fläche von vierzig Quadratmetern ab und begann zu graben. Schon in etwa einem Meter Tiefe erschwerte ihm Wasser die Arbeit, doch er lieh sich von den Hamburger Behörden eine Handpumpe, bezahlte aus seinem zusammengeschrumpften Barbestand die Transportkosten dafür und grub weiter.

Anderthalb Monate drang er mit seinen Männern durch Schichten von Torf und wässerigem Lehm, in denen sie keinen einzigen Gegenstand fanden, der auf menschliche Bearbeitung deutete. Die ganze Zeit mußte die Pumpe von Hand betätigt werden, der Saugstutzen immer an die tiefste Stelle der Grabung gelegt. Als eines Tages im Oktober ein neues Senkloch für die Pumpe gegraben werden mußte, stieß man in zwei Meter Tiefe auf die Schicht aus Sand und Ton, die das ursprüngliche Seebett abzeichnete. Und sogleich traf der Spaten, der zur Vertiefung des Loches unter Wasser arbeitete, auf einen harten Gegenstand. Rust, der sofort eifrig mit den Händen den Schlamm durchwühlte, spürte an den Umrissen des Gegenstandes, daß er ein Renntiergeweih ergriffen hatte. Und als er es bei Licht besah, konnte er erkennen, daß aus dem Gehörn, das gut einen Meter Spannweite hatte, ein Streifen von 45 cm Länge ausgeschnitten war.

Mit diesem Moment war die ganze Ausgrabungsarbeit gerechtfertigt. Hier, auf dem Seegrund, lag das stratifizierte Depositum, nach dem er gesucht hatte. Hier lagen die Abfälle des menschlichen Wohnplatzes am Gestade, die zweifelsfrei bewiesen, daß diese Ansiedlung zeitgleich mit der Existenz des Renntiers auf der nach der Eiszeit vorherrschenden Tundra gewesen war. Und hier, in seinen Händen, hielt er die Antwort auf den rätselhaften ‹Zinken›. Auf einmal erklärte sich, daß der ‹Papageienschnabelrillenkratzer› das Werkzeug gewesen war, mit dem aus dem Gehörn des Renntiers Späne geschnitten wurden, aus denen man Nadeln, Pfeilspitzen und Feuerstein‹abschupper› machte.

Weitere Arbeiten bestätigten diese Feststellung. Überall im Bett des Sees fanden sich Geweihe und Knochen vom Renntier, und an allen war menschliche Tätigkeit erkennbar. Als die Arbeit im November eingestellt wurde und Rust seinen Blick wieder zum Orient wandte, hatte die Ausgrabung 33 Geweihe, über 500 Knochen vom Renntier und 45 Feuersteinwerkzeuge ans Tageslicht gebracht. Der Beweis war vollständig: die Werkzeuge waren genau von demselben Typ wie die in der Ufersiedlung gefundenen.

Als Rust im nächsten Frühjahr von seiner letzten Arbeitsperiode bei Jabrud zurückkam, wurde er ganz anders empfangen als früher. Das Deutsche Archäologische Institut und das Erziehungsministerium hatten einen beträchtlichen Fonds für weitere Ausgrabungen bei Meiendorf bewilligt, das jetzt als die wichtigste noch nicht erschöpfte Forschungsstätte in Deutschland galt. Die Universität Kiel steuerte eine Pumpe mit 4-PS-Benzinmotor bei, und aus Hamburg kamen ein Geologieprofessor, Karl Gripp, und ein erfahrener Blütenstaub-Analytiker, um unter Rusts Leitung mitzuarbeiten. Mitte Mai war eine Fläche von etwa 800 Quadratmetern abgesteckt, und die Grabungen begannen. Doch zum Entsetzen der Prähistoriker strömte so viel Wasser von der Oberfläche in die Schächte, daß die Pumpe es nicht schaffte. Bei der im vorigen Spätsommer durchgeführten Grabung war der Grundwasserspiegel auf seinem Tiefpunkt gewesen, so daß die Handpumpe für die relativ geringe Fläche genügte. Jetzt aber, kurz nach dem Frühjahr und bei Ausgrabung auf einem zwanzigmal so großen Gebiet, erwies es sich als schlechthin unmöglich, des einsickernden

Wassers Herr zu werden. Als die Grabenden in dem halb flüssigen Schlamm umherplatschten, in dem jeder Versuch, wissenschaftlich exakt zu arbeiten, vergeblich bleiben mußte, schien man das Projekt schon aufgeben zu müssen, ehe es recht begonnen war.

Hier zeigte sich nun, wie günstig es war, einen Geologieprofessor als Mitarbeiter zu haben. Die Schwierigkeit bestand offensichtlich darin, daß der Grundwasserspiegel zu hoch lag. Na schön, überlegte Professor Gripp, dann werden wir ihn senken! Und das war eine Aufgabe, die sie nur lösen konnten, weil Gripp seine Sache wirklich verstand und Rust so große Energie hatte. In einem Kranz um das abgesteckte Gebiet wurden sechs Bohrungen bis zu einer Tiefe von zehn Metern getrieben, und bald liefen in einem System, über das ein Installateur sich verzweifelt die Haare gerauft hätte, Rohrleitungen von diesen Löchern nach einer auf einem Betonsockel montierten 7,5-PS-Zentrifugalpumpe. Eine zweite Motorpumpe stand als Reserve bereit. Im ersten Vierteljahr der Ausgrabung arbeiteten diese Pumpen Tag und Nacht und schafften stündlich 35 cbm Wasser beiseite. Das erstaunliche Ergebnis ließ nicht lange auf sich warten: vor den Augen der Beteiligten sank das Wasser in der Ausgrabung und verschwand vollkommen. Der Sand im Flußbett, in den sie das Jahr zuvor, bis zu den Knien watend, nicht einmal einen zwei Meter langen Stab eintreiben konnten, trocknete aus und wurde hart. Mitte August war es möglich, im gesamten Grabungsgebiet trockenen Fußes zu gehen. Der Grundwasserspiegel war bis auf sechs Meter unter der Oberfläche gefallen, viel tiefer, als man überhaupt zu graben beabsichtigte. Nun konnte die Arbeit richtig fortgesetzt werden.

Rust ließ eine Reihe senkrechter Schächte in die Erde treiben, in denen sich die wechselnden, während der allmählichen Auffüllung des Sees gebildeten Schichten von Moor und Ton so deutlich abhoben, daß Proben für Blütenstaub-Analysen entnommen werden konnten, angefangen vom ursprünglichen Ufer bis zur Mitte des Seegrundes. Allmählich erst, je mehr sie von der freigelegten Fläche des Sees angruben, wurde die Entdeckung in ihrem ganzen Umfang und Wert erkennbar. Auf ungefähr vier bis sechs Meter Breite vom Gestade aus, und dann spärlicher, etwa so weit seewärts, wie ein starker Mensch noch Gegenstände werfen konnte, war der Grund bedeckt mit den Abfällen eines primitiven Jägerlagers. In verwirrender Fülle lagen da die Knochen und Geweihe von 72 Renntieren, alle Knochen zerschlagen, um das Mark herauszuholen, und die meisten Geweihe und viele Knochen gekürzt, um als Werkzeuge und Waffen, als Nadeln, Harpunen und Messergriffe zu dienen, wie sie überall dazwischen lagen, zusammen mit etwa 300 Gegenständen aus Feuerstein. Am zahlreichsten waren die Renntierknochen, doch es wurden auch Gebeine von anderen Tieren und Vögeln, vom Wildpferd, von Hasen, Gänsen, Schwänen und vor allem Schneehühnern gefunden.

Nun gab es keinen Zweifel mehr: die Jäger der Tundra waren jetzt eine unbestreitbare Tatsache, und das einseitige Bild von ihrem Leben – denn mehr hatten die Feuersteinwerkzeuge nicht geben können – war ergänzt durch eine

Fülle von Einzelheiten, die erst durch Studium des gesamten Materials voll zur Geltung gebracht werden konnten. Doch vor dem endgültigen Schluß der Ausgrabungen bot die Fundstätte von Meiendorf den Forschern noch eine Überraschung: weit vom Ufer, am tiefsten beim Graben erreichten Punkt, viereinhalb Meter unter der Oberfläche, lag das vollständige Skelett einer zweijährigen Renntierkuh, in deren Rippenbogen fest verkeilt ein nahezu zwanzig Pfund schwerer Stein saß.

Die Bedeutung dieses Fundes war nicht mißzuverstehen. Es konnte sich nur um eine Opfergabe handeln, wenn der vollständige Kadaver eines besonders schönen und gesunden Renntiers in einem See versenkt wurde. Die Jäger der Eiszeit muß wohl, wenn sie ihre erste und beste Jagdbeute den Göttern opferten, deren Allgegenwart in ihrer Nähe sie zu fühlen meinten, derselbe Gedanke geleitet haben wie die alten Griechen, wenn sie vor dem Trinken ein paar Tropfen Wein aus ihrem Becher als Dankesgabe an die Götter verspritzten.

Jetzt hatte man nicht nur Beweise für die materielle Umgebung der Tundramenschen zutage gefördert, sondern auch Einblick in ihr Geistesleben gewonnen. Und als Rust 1937 sein großes Werk über Meiendorf veröffentlichte, fand man darin, bestätigt durch die fachgelehrten Zeugen – Geologen, Blütenstaub-Analytiker und Zoologen – alle Vorgänge im Leben der Renntierjäger logisch erklärt.

Durch die Proben aus den Erdschichten ließ sich endgültig beweisen, in welche Periode die neu entdeckte Hamburger Stufe gehörte. Die Artefakte wurden gefunden auf dem von der schmelzenden Eisdecke angeschwemmten Sand, zwischen den ersten Ablagerungen vegetabilischer Stoffe unmittelbar über ihm. Sie müssen daher aus der ersten dem Rückgang des Eises folgenden Periode stammen und zeitgleich gewesen sein mit der ersten Ausbreitung des Grüns der Tundra über die kahle Landschaft. Also sind zweifellos Menschen dem Eis gewissermaßen auf den Fersen gefolgt. Aus dem Blütenstaub ergab sich das gleiche Bild: die Pflanzenwelt jener Periode enthielt mannigfache Arten von Tundragras und als einzigen Baumwuchs die Zwergbirke und die Polarweide sowie vereinzelte, kümmerliche Kiefern. Datieren können wir die Periode ziemlich exakt auf ungefähr 15000 v. Chr.

Der Bericht der Zoologen brachte eine Überraschung: sie vermochten, indem sie das damalige Alter der Renntierkälber nach der Knochenstruktur bestimmten und darauf hinwiesen, daß Schädel ausgewachsener Tiere mit naturgemäß abgeworfenem Gehörn ganz fehlten, mit Entschiedenheit zu behaupten, daß sämtliche Renntiere in den Monaten Juni bis September erlegt worden waren. Auch von den Vögeln gehörten viele zu Arten, die nur im Sommer in einer Tundralandschaft gelebt haben konnten. So ergab sich logisch, daß Meiendorf nur als Sommerlager gedient hatte, in den vier Monaten des arktischen Sommers.

Auf Grund des reichen Materials in Rusts Buch über Meiendorf – seinem ersten größeren Vorstoß in den eifersüchtig gehüteten Bereich der rein wissenschaftlichen Literatur über Vorgeschichte – ist es nicht schwer, sich ein lebendiges Bild vom Leben der Nomaden der Tundra zu machen. Wir können uns die kleinen Familienscharen zäh entschlossener Jäger in ihren Winterlagern an den nördlichen Rändern der Kiefernwälder von Mitteldeutschland oder Nordfrankreich vorstellen, können sehen, wie die Jünglinge das Renntier beobachten, und mit ihnen verfolgen, wie gegen Ende des Frühjahrs die Herden, von Unruhe ergriffen, nach Norden abzuwandern beginnen, wie sie das bis heute noch tun, um der Mückenplage zu entgehen und die Flechten zu suchen, die unter dem schmelzenden Sommerschnee wachsen. Wir können sehen, wie die Jäger ihr Lager abbrechen, sobald die Kunde kommt, daß die Renntiere in Bewegung geraten. Wie sie ihre Zeltbündel aus Renntierhaut auf die Schulter nehmen und über die weiten Ebenen pilgern, die jetzt glitzern von den Fluten der Schneeschmelze, während in allen Tälern die Flächen der eben aufgetauten Seen flimmern. Die Luft ist noch scharf, und an den Schattenseiten aller Hügel bleibt stellenweise der Schnee hartnäckig liegen.

Die Jäger sind mit Harpunen bewaffnet und tragen lange Wurfspeere, deren abnehmbare Spitzen aus Renntiergeweih tödliche Wunden schlagen. Mit diesen Waffen können sie ein ausgewachsenes Renntier auf der Stelle erledigen, wie die im Seebett gefundenen durchlöcherten Schulterblätter beweisen, in deren Löcher die langzinkigen Harpunenköpfe genau passen. Daß sie auch mit dem Bogen schossen, ist zu vermuten nach den kleineren und glatteren Löchern, die nur von Pfeilen stammen können, wenngleich von dieser Waffe kein Exemplar gefunden wurde.

Der Bogen ist eine noch neue Waffe, entwickelt irgendwann in den vier oder fünf Jahrtausenden, die den Meiendorfer Renntierjäger vom Předmoster Mammutjäger trennten, und auch der zweite große Fortschritt in der Jagdtechnik, die Abrichtung des Hundes, ist noch nicht erfolgt. Das Aussehen der Tundra hat sich auch geändert, seitdem die Ahnen dieser Nomaden ihr festes Jagdlager bei Předmost bewohnten. Fort sind die riesigen Herden jagdbaren Wildes, das spärlich wurde durch die Jahrtausende währende Jagd. Mammut und wollhaariges Nashorn sind verschwunden, das Wildpferd und der Bison verhältnismäßig selten anzutreffen. Die Jäger müssen jetzt mit kleinerem Wild zufrieden sein, sie machen sich in ihrer Lebensweise ganz vom Renntier abhängig, das noch in überreicher Zahl existiert. Aus seiner Haut fertigen sie ihre Zelte und Kleidungsstücke, aus seinem Geweih und seinen Knochen ihre Werkzeuge und Waffen. Sie ernähren sich fast ausschließlich von seinem Fleisch, das sie über dem Feuer in der Mitte des Zelts braten oder in ledernen Gefäßen kochen, indem sie das Wasser nach der uralten Methode heißmachen, das heißt: Steine im Feuer erhitzen und diese in den Kochtopf legen – wie erkennbar ist an einer Reihe im Seegrund gefundener Steine, die Spuren schärfster Hitzeeinwirkung tragen. Tongeschirr, das die direkte Hitze des Feuers aushalten kann, wurde erst über zehntausend Jahre später erfunden.

Unsere Gruppe von Jägern, vielleicht zwanzig, hat Anfang Juni ihr Sommerlager am sandigen Abhang oberhalb des Sees bei Meiendorf aufgeschlagen, an der nördlichen Grenze der Renntierwanderung. Es war kein ständiger Wohnplatz, denn alle Funde weisen darauf hin, daß er nur für einen Sommer benutzt wurde. Und doch muß es nach harten Wochen des Wanderns mit schwerem Gepäck eine Erleichterung gewesen sein, wieder eine wenigstens zeitweilige Wohnstätte zu haben und das schwere Geschäft der Sommerjagd aufzunehmen. An Fleisch war kein Mangel. Die 72 Tiere, deren Skelette gefunden wurden, entsprechen einer Lagerverpflegung von einem halben Renntier pro Tag. Aber zweifellos galt es als vernünftige Vorsorge, um die Götter des Gebiets günstig zu stimmen und sich einer guten Jagd für den Sommer zu versichern, wenn man das schönste Tier von der Jagd des ersten Tages durchs seichte Wasser in den See trug und es ins tiefere schleuderte, so weit wie die vom Speerwerfen gestärkten Sehnen und Muskeln es nur werfen konnten.

Eine andere Meiendorfer Entdeckung gab weitere Aufklärung über die alltägliche Übung jagdlicher Magie. Bei den Ausgrabungen im Jahre 1934 wurde ein scheibenförmiges Stück Bernstein von ungefähr fünf Zentimetern Durchmesser, mit einem Loch in der Mitte, gefunden. Es war auf beiden Seiten mit eingekratzten Tierbildern bedeckt, die mehrfach durch Kratzen wieder ‹ausradiert› waren. Auf einer Seite war deutlich das zuletzt gezeichnete Tier zu erkennen: Kopf und Schulter eines Wildpferdes, doch dahinter, zwischen den zahlreichen Kratzstrichen, waren schwach erkennbar die Umrisse anderer wilder Tiere, vor allem die Beine und Geweihe von Renntieren. Diese Bernsteinplatte hat vermutlich der Jagdführer als glückbringendes Amulett getragen, frisch darauf graviert, als freundliche Aufforderung an die Götter des Jagdwesens, das Tier, das man an dem Tage zu erbeuten hoffte.

So sah demnach im einzelnen das Bild von den Jägern der Hamburger Stufe aus, das Rust knapp sechs Jahre nach Entdeckung der ersten Anzeichen ihrer Existenz vorlegen konnte. Und die Veröffentlichungen über die Ausgrabungen bei Meiendorf brachten ihn mit einem Schritt in die vorderste Reihe der Vorgeschichtsforscher des 20. Jahrhunderts. Er brauchte auf die Anerkennung auch nicht lange zu warten. Im Jahre 1940 erhielt er den Dr. h. c. der Universität

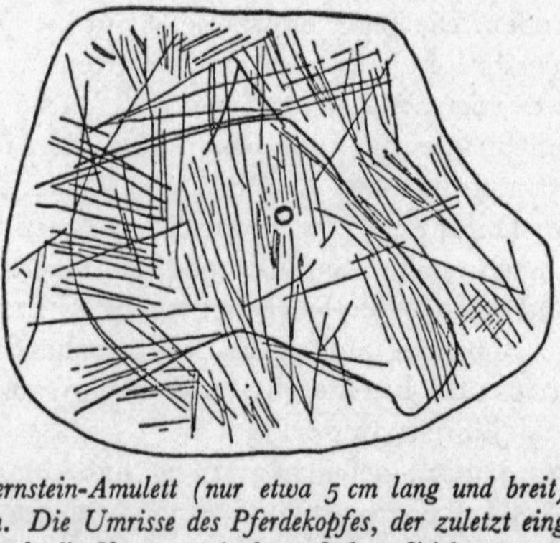

Abb. 25: Das kleine Bernstein-Amulett (nur etwa 5 cm lang und breit) sollte den Jägern von Meiendorf Glück bringen. Die Umrisse des Pferdekopfes, der zuletzt eingeschnitten wurde, gehen offensichtlich tiefer als die Kratzer, mit denen frühere Zeichnungen ausgelöscht wurden.

Kiel und bekam zwei Jahre später einen Lehrstuhl für Vorgeschichte. Aber schon lange vorher, schon ehe die Meiendorfer Ergebnisse veröffentlicht waren, hatte er sich mit einer anderen Ausgrabung beschäftigt, die keine geringeren Resultate erbrachte. Während die neue Hamburger Stufe nun gleichsam voll illustriert war, kannte man die spätere Ahrensburger Kultur, von deren Existenz man schon viel länger wußte, noch immer nur als eine Sammlung von Artefakten aus Feuerstein. Rust war sich darüber klar, daß er die bei Meiendorf so erfolgreich angewendeten neuartigen Methoden auch hier mit dem gleichen Erfolg anwenden konnte. Und schon 1935, ein Jahr nach dem triumphalen Abschluß der Meiendorfer Ausgrabungen, war er in Stellmoor an der Arbeit.

Stellmoor war gleichzeitig die geschichtlich früheste und die ergiebigste Fundstätte für die Ahrensburger Stufe und lag, wie Meiendorf, auf einem sandigen Ufer über moorigen Wiesen, die einen versiegten See anzeigten. Die beiden Orte lagen kaum ein Kilometer voneinander entfernt. Bei Stellmoor hatte man bereits im Jahre 1906 Feuersteine gefunden, doch nahm die Museumsbehörde in Kiel erst 1928 Kenntnis von der Fundstelle. In der Zwischenzeit hatte ein Schuhmacher aus der Gegend, Carl Lange, nach jedem Umpflügen das Gelände mit Adlerblicken durchforscht und allmählich eine Kollektion von weit über 10000 Feuersteinwerkzeugen zusammengetragen, die 1928 bei Schwantes' Erklärung, daß es eine Ahrensburger Stufe gegeben habe, den Beweis bildeten. Gehörte Stellmoor auch zu den Fundstätten, die man, weil sie an der oft gestörten Oberfläche lagen, für unzuverlässig und verwirrend hielt, so hielt Schwantes dagegen, daß bei zehntausend Zeugen unmöglich alle falsch ‹aussagen› könnten.

Im November 1934, sogleich nach Abschluß der Ausgrabungen von Meiendorf, war Rust schon mit seinen Assistenten in Stellmoor gewesen, wo sie versuchsweise eine Reihe von Gräben zogen, um den Verlauf der Uferlinie zu erkunden. Sie arbeiteten, bis es um die Weihnachtszeit zu kalt wurde und der hartgefrorene Boden ihnen Halt gebot. Im folgenden Jahr erwies es sich als unmöglich, mit den Vorbereitungen für die geplanten großen Ausgrabungen vor August fertigzuwerden, doch in dem Monat wurden neun Wasserlöcher gebohrt und die Senkung des Grundwasserspiegels in Angriff genommen. Das sollte hier schwieriger werden als bei Meiendorf. Bei der Ausgrabung blieb man nie ganz frei vom Wasser, so daß ständig noch Hilfspumpen auf dem Gelände betrieben werden mußten.

Rust arbeitete mit seinem Team auch dieses Jahr bis Dezember durch und war im nächsten Frühjahr, sobald der Frost aus dem Boden wich, wieder zur Stelle. Bis zum Dezember 1936 waren vom Seegrund tausend Quadratmeter auf sechs Meter Tiefe ausgegraben.

Sogar mit Meiendorf verglichen war das Ergebnis gewaltig. Es erwies sich, daß Stellmoor in der Ahrensburger Stufe viele Jahre besiedelt gewesen sein mußte. Eine fast ein halbes Meter dicke Schicht von Küchenabfällen wurde dort festgestellt, die Haufen von Renntierknochen, Geweihen und Feuersteinen enthielt und in ihrer Reichhaltigkeit, wie Rust selbst sagt, den Vergleich mit der berühmten Fundstätte von Předmost nahelegte. Über 1300 Geweihe und 15000 Knochen vom Renntier wurden gefunden, ungefähr die zwanzigfache Menge wie bei Meiendorf. Hieraus hätte man schließen können, daß das Gelände viele Jahrzehnte bewohnt gewesen sei, doch weitere Anzeichen deuteten darauf, daß Menschen dort tatsächlich nur für eine Generation ansässig waren. Denn auch hier fand sich, wie bei Meiendorf, die Bestätigung der Sitte, den Göttern der Gegend ein junges Reh als Opfer darzubringen. Während jedoch bei Meiendorf nur die Überreste eines einzigen Opfertieres gefunden wurden, kamen bei Stellmoor die Reste von mehr als dreißig solcher Opferungen zutage, in allen Fällen ein vollständiges, durch Steine beschwertes Skelett. Wenn wir annehmen dürfen, daß jedes dieser Opfer wirklich die erste Beute der Jagd eines Sommers darstellt, dann entspräche ihrer Zahl genau die Existenzzeit der Siedlung.

Ein weiterer Hinweis auf die religiösen Glaubensformen der Jäger von Stellmoor war ein zwei Meter langer Stab, der, unten spitz, oben einen Renntierschädel trug. Das großartige Gehörn dieses Tieres, eines der ältesten bisher entdeckten Böcke, hat sich wahrscheinlich über der Siedlung als einer der ersten, nun in die Geschichte übergegangenen Totempfähle erhoben.

Die Ähnlichkeit zwischen diesem Gelände der Jäger von Ahrensburg und dem früher entdeckten der Hamburger Kultur lag auf der Hand: ihre deutliche Kontinuität. Doch nicht weniger gewichtig sind ihre Unterschiede: während zur Renntierjagd noch Harpunen benutzt wurden, fanden sich hier als Zeugnisse für den Gebrauch von Pfeil und Bogen über hundert Pfeile aus Kiefernholz in Längen bis zu gut 85 Zentimetern, teils zugespitzt, teils mit Spitzen aus Feuerstein versehen. Die wichtigste neue Erfindung jedoch war das Beil. 34 leichte Beile und Breitbeile, aus den Schaufeln von Renntiergeweihen angefertigt, wurden gefunden. Die Schaufeln waren entweder direkt als Schneide geschärft oder ausgehöhlt, um eine Feuersteinklinge aufzunehmen. Es handelt sich hier um die ersten mit Stiel versehenen Beile der Welt, zweifellos geschaffen, als der Mensch die Notwendigkeit erkannte, sich der wachsenden Wälder zu erwehren. Denn die Schicht moorigen Schlammes, in dem sich die Abfälle des Ahrensburger Lagers befanden, lag über einem Stratum aus braunem Torf, der bei genauer Prüfung als Ablagerung der Reste von Kiefernwäldern erkannt wurde. Und diese Kiefernwälder waren das klare Kennzeichen der ‹falschen Dämmerung› während der klimatischen Verbesserung in der post-glazialen Periode, der tausend Jahre dauernden warmen Zeit, in der, wie wir sahen, der Wald sich nordwärts vorschob, um dann von der erneut einsetzenden Kälte wieder südwärts verdrängt zu werden. Mit dem Wiedererstehen der Tundra war das Renntier zurückgekehrt, und mit ihm auch die Renntierjäger, deren ganz diesem Wild angepaßte Lebensweise im Grunde noch die gleiche war wie die ihrer Vorfahren sechstausend Jahre früher. Denn jetzt konnte die Ahrensburger Stufe, dank Rusts Entdeckung einer stratifizierten Ablagerung, auf etwa 9000 v. Chr. datiert werden.

Als letzten Schluß und unanzweifelbaren Beweis für den zeitlichen Abstand zwischen den beiden Kulturen fand Rust bei Stellmoor, drei Meter unter der dicken Schicht der Ahrensburger Behausungsabfälle und noch ein Stück unter der Torfschicht der warmen Zwischenperiode, eine zweite Schicht, die die nun schon vertrauten Abfälle aus der Zeit der Jäger der Hamburger Kultur enthielt. Es waren die Überreste von mindestens 40 Renntieren sowie 200 Feuersteingeräte von den aus Meiendorf schon so bekannten Formen. Zwei geopferte Renntiere zeugten von einer zweijährigen Wohnzeit.

Jetzt war die Lücke zwischen der Neuen Steinzeit von Skandinavien und der Alten Steinzeit der französischen Höhlen ganz überbrückt.

Auf der uns näheren Seite der Lücke hatte Worsaae festgestellt, daß die Kjökkenmöddinger-Menschen unmittelbar vor der Periode der ‹Polierten Steine› lebten, und Sarauw hatte deren Vorfahren, die Kiefernwald-Jäger von Maglemose, entdeckt. Von ungefähr 7000 v. Chr. an war nun das Bild ziemlich klar.

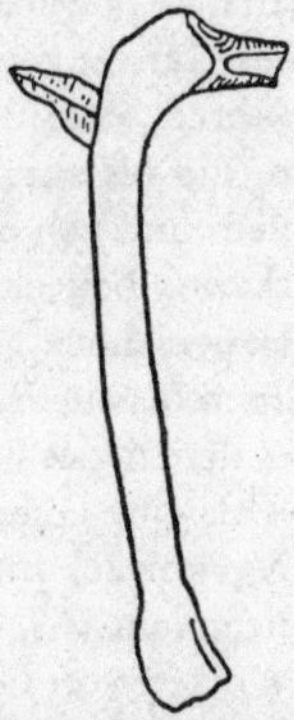

Abb. 26: Abhäutemesser der Renntierjäger. Der Stiel ist von Hirschgeweih. Einige Exemplare waren dekoriert, bei anderen saß die Feuersteinschneide noch gebrauchsfähig fest.

An der ‹anderen Seite› der Lücke hatte Maška festgestellt, daß die Mammutjäger von Předmost um 20000 v. Chr. auf der vereisten Tundra von Mitteleuropa lebten.

Die Brücke zwischen diesen beiden Bastionen hatte der junge Hamburger Elektriker geschlagen. Sie war über zehntausend Jahre ‹lang›, hatte aber an zwei Punkten feste Verbände. Etwa um 15000 v. Chr. bestanden die Siedlungen der Hamburger Stufe, deren Bewohner deutlich als Nachkommen der Mammutjäger des Aurignacéen und der Höhlenmenschen des Magdalénien identifiziert wurden. Um 9000 v. Chr. haben wir in den Renntierjägern der Ahrensburger Kultur das Bindeglied zwischen den Renntierjägern der Hamburg-Zeit und den Rotwildjägern von Maglemose.

In weniger als zehn Jahren hat uns Alfred Rust mit beispielloser Energie und einer an Genialität grenzenden Einsicht ebenso viele Jahrtausende der Vorgeschichte erschlossen.

11 An den Eismeeren

Mit Alfred Rusts Entdeckungen bei Stellmoor und Meiendorf haben wir die Entschleierung der Geschichte Europas im Schatten der letzten Eiszeit bis fast in die Gegenwart verfolgt. Somit bekommen wir allmählich den Zusammenhang und sollten, während wir uns an den großen Stationen aufhalten, zu denen Worsaae, Maška und Rust uns führten, nicht die Arbeit der vielen anderen Vorgeschichtsforscher an Hunderten von Fundstellen vergessen, der Männer, die beim Füllen der zahlreichen kleinen Lücken, beim Suchen nach den Bindegliedern und der Aufklärung äußerer Umstände, ihren Teil geleistet haben. Sie alle halfen das Mosaikbild des eiszeitlichen Europa vervollständigen, so daß es heute, mag auch manches bei genauer Betrachtung noch unsicher und lückenhaft erscheinen, ein verständliches Ganzes geworden ist.

Wir sehen, vor etwa 25000 Jahren, eine ungeheuer große, kilometerdicke Eisdecke auf Nordeuropa liegen, die bis zur Mitte von England, dem nördlichen Teil Deutschlands und Polens und von dort bis nach Nordsibirien reicht. Eine ähnliche, aber kleinere Eiskappe bedeckt die Alpen, während alle europäischen Berge sehr viel mehr Dauerschnee und Gletschereis tragen als heutzutage. Von der Eiskappe der Alpen bis zur Eisdecke im Norden, und von den Gletschern der Pyrenäen bis zu denen des Ural müssen wir uns das ganze Gebiet des heutigen Nordeuropa als eine einzige flache Tundra vorstellen, bewachsen mit Weiderich und Zwergbirke, im Sommer bewässert durch die rauschenden Ströme aus schmelzendem Eis, im Herbst überbraust von den Winden, die aus Norden dicke Wolken von Gletscherstaub herbeitragen, und im Winter erstarrend unter dem eisigen Griff des Schnees. Wir beobachten, wie die unabsehbaren Herden jagdbarer Tiere sich, im Wechsel der Jahreszeiten, über diese Ebene bewegen – und beobachten an ‹strategischen Punkten› dieser Wanderstraßen des Wildes organisierte Gemeinschaften geübter Jäger, deren Lebensunterhalt auf der Erbeutung des mächtigsten wilden Tieres der Tundra, des Mammuts, beruht.

Das Klima ist schon wärmer als vorher, und Tausende von Jahren sind bereits vergangen seit der Zeit, als die Gletscher sich jeden Winter um einige Zentimeter mehr vorschoben, als sie im Sommer zurückwichen. Jetzt hätten wir – wäre jemand zum Nachmessen dagewesen – erkennen können, daß der Vorgang umgekehrt verlief; fast unmerklich (jedenfalls so wenig, daß es in einem Menschenleben nicht aufgefallen wäre) begann das Eis sich zurückzuziehen. Für acht- bis zehntausend Jahre bewegte es sich langsam rückwärts und ließ neue Flächen nackten Erdbodens offen, die sich bald mit dem Pflanzenwuchs der Tundra bedeckten. Aus Süden kam Wärme, die Kiefernwälder dehnten sich vom Balkan, von Spanien und der Riviera nach Norden aus. Die Wildherden änderten allmählich ihre Gewohnheiten, indem sie zur Sommerzeit weiter als sonst nach Norden zogen und im Winter nicht so weit nach Süden. Die Jagdsiedlungen lagen nicht mehr am richtigen Platz, die Höhlenjäger von Mittelfrankreich und die osteuropäischen Mammutjäger brachen ihre Lager ab und zogen auch nordwärts. Freilich betrachteten sie sich nicht mehr als Mammutjäger, und selbst ihre uralten Stammessitten und Sagen reichten nicht zurück bis in die Zeiten, da ihre Vorfahren das Mammut jagten, und nur dieses Tier. Der große behaarte Elefant war inzwischen selten geworden, und Generationen konnten vergehen, ohne daß der Mensch einer der kleinen Herden begegnete. Jetzt lebten die Jäger ausschließlich vom Renntier, das sie auf seinen jahreszeitlichen Wanderungen von einem Weidegrund zum andern verfolgten. Wir sehen ihre Sommerlager an den Ufern der Seen, die sich in Ketten in den Gletschertälern gebildet haben, und gewinnen eine Vorstellung von ihrer Lebensweise.

Noch sind die Gletscher auf dem Rückzug, schneller jetzt, Meter statt Zentimeter im Jahr, und der Mensch kann, in einem langen Leben, selbst sehen, wie Flächen von tausend oder zweitausend Meter Breite eisfrei werden. Sibirien ist im Sommer beinahe ohne Eis, vom tiefgelegenen Teil des Nordseebeckens hat es sich zurückgezogen bis an die Berggebiete von Schottland und der skandinavischen Halbinsel. In Europa ist die einst immens große Tundra nur noch ein schmaler Streifen an den Rändern der Eismassen. Die Kiefernwälder schieben sich bis an die nördlichen Meere vor, während in Mitteleuropa die Kiefer schon fast verdrängt wird durch die langsamer wachsende Eiche und andere Laubbäume. Den Renntierjägern von Nordeuropa folgt eine waldbewohnende Bevölkerung, die in den Kiefernwäldern auf Elch, Rotwild und Auerochs jagt.

Als das Klima noch wärmer wird, dringen die Laubbäume bis an die Nordküste und bis ins untere Schweden vor. Die schwindende skandinavische Eisdecke, Rest der einst halb Europa überlagernden Gletscher, ist längst in zwei Teile gespalten und noch im Schmelzen. Die eingedämmte Ostsee bricht über Dänemark hinweg und überflutet das Nordseebecken, dessen Wasser sich mit dem Atlantik verbinden. Und nach dieser Sintflut – die vermutlich mehrere Menschenalter dauerte – siedeln die Jäger von den Kjökkenmöddinger, aus den Laubwäldern kommend, sich an den neuen Gestaden an. Für sie liegt die Eiszeit schon fern jeder Erinnerung.

Nachdem die Kjökkenmöddinger-Menschen ihre Abfallhaufen etwa zweitausend Jahre lang immer höher gebaut haben, ist die Szene bereit für die größte Umwälzung in der Menschheitsgeschichte.

Wir schreiben 3000 v. Chr. und beobachten im Südosten und Süden einen sonderbaren Vorgang. In die Wälder, die sich von der Donau allmählich bis in die Gegend ausdehnen, wo vor Äonen die Jäger von Předmost ihr Lager einrichteten, werden Lichtungen geschlagen und gebrannt, und in der Asche der Bäume pflügen neue Menschengruppen das Land um und säen Korn. Auch vom Südosten Frankreichs erstrecken sich kleine Äcker und Felder bis hinauf zu den verlassenen Höhlen im Périgord. Eine neue Lebensform, die Landwirtschaft, zweitausend Jahre vorher im Mittleren Osten ‹erfunden›, ist nach Europa gelangt.

So sieht das Geschichtsbild Europas während des Eisrückgangs aus, enthüllt durch die Arbeit dreier Generationen von Prähistorikern. Es ist noch keineswegs vollkommen, und der Vorgeschichtsforscher braucht bestimmt nicht arbeitslos zu werden, weil es etwa nichts mehr zu entdecken gäbe. Beispielsweise wissen wir noch nicht, wohin sich die Renntierjäger der Hamburger Sommerlager im Winter begaben, und die Geschichte der Menschen, die während der vorzeitigen warmen Periode zwischen der Hamburger und der Ahrensburger Kultur lebten, wird nur schwach beleuchtet durch eine ‹Oberflächenentdeckung› bei Bromme in Dänemark. Viel zu wenig ist bekannt über die Bewegungen der Nachkommen der großen Höhlenkünstler der Dordogne, und kaum eine Neuigkeit kommt aus Rußland über die zu jener Zeit ebenfalls nach Norden verlaufenden Wanderungen der Menschen in den interglazialen Perioden, die entscheidend wichtig sind, wenn wir verstehen wollen, was sich damals in West- und Mitteleuropa abgespielt hat.

Wir müssen aber bei der Erforschung der Jagdkulturen in Europa, auf die neuerdings so großer Wert gelegt wird, noch eine andere Seite betrachten. Es ist allzu bequem, zu sagen, wie wir es weiter oben getan haben: daß die Renntierjäger der Tundra gleichsam abgelöst wurden durch die Jäger der Kiefernwälder, und diese wiederum durch die Strandläufer der Kjökkenmöddinger. Diese simple Methode zum Bezeichnen kultureller Wandlungen wurde viele Jahre zweckmäßig angewandt, wenn es galt, unvermutete Lücken in unserem Wissen zu schließen, doch in unserem Jahrhundert wird sie mehr und mehr in Frage gestellt. Was meinen wir eigentlich mit ‹abgelöst›? Wie geht der Beginn einer neuen Kultur vor sich? Wir dürfen nie aus den Augen verlieren, daß eine ‹Kultur› sich aus männlichen und weiblichen Individuen zusammensetzt. Nie hat es eine Stelle gegeben, von der etwa ein allmächtiger Ernährungsminister dekretieren konnte, daß ab morgen nicht mehr das Renntier für die Lebensweise der Bevölkerung entscheidend sei, sondern jeder von nun an gefälligst auf Rotwild zu jagen und im Walde zu wohnen habe.

Gingen diese Veränderungen allmählich vor sich, wie es beim Übergang von der Mammutjagd zum Renntier gewesen sein muß? Oder arbeitete sich eine neue Rasse mit den Wäldern zugleich nach Norden vor und brachte ihre neuen Jagdmethoden mit? Und wenn es so war, wo blieb dann die frühere Bevölkerung des Gebiets? Wie auf die meisten grundlegenden Fragen gibt es auch auf diese keine eindeutige Antwort.

Betrachten wir die frühesten Werkzeuge der Waldbevölkerung in Nordeuropa, so finden wir an ihnen genügend Ähnlichkeiten mit denen der Renntierjäger aus spätester Zeit, um behaupten zu können, daß diese Tundrabewohner in großer Zahl die neue Lebensweise angenommen und ihr eigenes ererbtes handwerkliches Geschick mit eingebracht haben. Andererseits zeigt der ‹Werkzeugkasten› der Waldmenschen auch Abweichungen, insbesondere enthielt er die erste wirklich brauchbare Axt und ein gründlich verändertes Pfeilspitzenmodell.

Aus diesen Abweichungen läßt sich fast mit Sicherheit schließen, daß die Waldjäger großenteils nach Norden ausgewanderte Neuankömmlinge waren.

Der Mensch ist von Natur obstinat. Selbst heute, da wir die Idee vom ‹Fortschritt› vorbehaltlos anerkennen, ist das größte Hindernis für neuen Fortschritt das Beharrungsvermögen gerade jener Leute, die vom Fortschritt Nutzen hätten. In prähistorischen Zeiten fand die Trägheit kein Gegengewicht in der Idee vom Fortschritt. Die Tundrajäger hatten es zu einer höchst praktischen Lebensweise gebracht. Es war keine Kleinigkeit, sich in den relativ schmalen Landgebieten am Rande des Eises ‹autark› zu machen, zu lernen, wie man die beiden einzigen Werte, die das Jagdgebiet lieferte, nämlich das Renntier und den Feuerstein, in Kleidung, Nahrung und Wetterschutz, in Werkzeuge und Waffen verwandelte und dabei noch Zeit, Material genug und die Energie erübrigen konnte für die Herstellung persönlichen Schmucks und die Pflege künstlerischer Ausdrucksformen. Der Preis jedoch war Erstarrung statt Fortschritt: der Mensch konnte leben, und zwar gut, solange es Renntiere gab, doch vom Renntier getrennt vermochte er nicht zu existieren. Versuchte er das, so gab es vielerlei unerwartete Schwierigkeiten. Aus dem Geweih eines Renntiers kann der Jäger einen Harpunenkopf machen, mit dem sich wieder ein Renntier töten läßt. Er kann aber auch ebenso leicht einen Hirsch damit erlegen. Fertigt er sich jedoch aus dessen Geweih genau so eine Harpune an, so zerbricht diese schon am Fell der nächsten Jagdbeute, auf die er sie abschießt. Bis unser Jäger gelernt hat, daß Harpunen von Hirschgehörn breiter und dicker sein müssen als die aus Renntiergeweih und bis er die richtige Wurftechnik mit dieser anders in der Hand liegenden Waffe gelernt hat, verhungert seine Familie! So geht es ihm in allen Aspekten seines Lebens: jede schon erlernte Technik muß er so umlernen, daß sie der neuen Umgebung gerecht wird. Im allgemeinen ist es für die Menschen in den Randgebieten leichter und angenehmer, die Umgebung zu wechseln, anstatt sich in eine neue zu gewöhnen. Und in einer Jagdkultur ist der Mensch sowieso nur darauf eingestellt, dem Wild von einem Weidegrund zum andern zu folgen. Einen ständigen Wohnplatz hat er nicht, sondern läßt sich da nieder, wo seine übliche Beute heimisch ist.

Wir dürfen daher gewiß sein, daß die meisten Jäger, als der Wald das Renntier aus Norddeutschland verdrängte, den Herden folgten. In den letzten fünfzig Jahren wurde durch eine Reihe von Forschungen ermittelt, wie es ihnen später erging. Die Ergebnisse waren überraschend.

Bei Kristiansund in Mittelnorwegen, etwa 300 Kilometer vom Polarkreis, wurden im Jahre 1909 die ersten Feuersteingeräte des sogenannten Fosna-Volks gefunden, und zwar von einem Lehrer, Anders Nummedal, der damit den ersten Schritt zu seiner späteren Stellung als anerkannter Fachmann in Fragen der norwegischen Steinzeit getan hatte. Im Lauf der nächsten dreizehn Jahre wanderte er an den Küsten Mittelnorwegens entlang und entdeckte jedes Jahr fünf oder sechs neue Fundstellen, durch die nach und nach erwiesen wurde, daß es auf einem Küstenstrich von ungefähr 500 Kilometern Länge in der

Steinzeit eine einheitliche Kultur gegeben hat. Durchweg lagen die Fundstellen etwa dreißig Meter über dem Meeresspiegel, woraus klar ersichtlich ward, daß sie ursprünglich dicht am Strand gelegen hatten, als der Meeresspiegel dreißig Meter höher lag als heute – oder Norwegen vom Gewicht der Eisdecke um soviel tiefer ins Meer gedrückt gewesen war. Leider nützte diese Einzelheit sehr wenig bei der wichtigen Aufgabe, die Entwicklungen zeitlich einzustufen, weil die Höhe des Meeresspiegels vor der norwegischen Küste sich während und nach den Eiszeiten wiederholt geändert hat, so daß ihre chronologische Ordnung zu einer überaus schwierigen Aufgabe wurde.

Die an diesen Plätzen gefundenen Geräte waren entschieden von allen auf norwegischem Grund entdeckten die primitivsten. Äxte wurden nur vereinzelt gefunden, und die nicht wenigen Rillenkratzer und Schaber zeigten deutlich, daß die Menschen, die sie angefertigt hatten, sich stark mit der Bearbeitung von Knochen und Tierhäuten beschäftigten. Nummedal wehrte sich gegen die Neigung eines Teils der Prähistoriker, seine Feuersteinobjekte einer Periode zuzuschreiben, die der weiter im Süden entdeckten Kultur der Kjökkenmöddinger entspricht. Er wies auf bestimmte altertümliche Merkmale hin, insbesondere darauf, daß die Pfeilspitzen mit denen aus den Kjökkenmöddinger gar keine Ähnlichkeit hatten. Doch erst nachdem Gustav Schwantes 1926 die Beschreibung der Feuersteine von Ahrensburg veröffentlicht hatte, kam Nummedal in die Lage, triumphierend hervorzuheben, daß seine Pfeilspitzen von Fosna denen der norddeutschen Renntierjäger fast genau gleich waren. Seit damals hat niemand mehr die zeitliche Beziehung zwischen diesen beiden Kulturen bestritten, obwohl es Beweise dafür gibt, daß die norwegischen Siedlungen zeitlich den Kiefernwaldkulturen im Süden näherlagen.

Hier haben wir also die erste Spur des späteren Lebensverlaufs der Tundrajäger. Es kann kaum zweifelhaft sein, daß die Menschen, die sich um 7000 v. Chr. an den Fjorden Mittelnorwegens ansiedelten, von demselben Stamm waren wie die Siedler bei Stellmoor, 2000 Jahre vor ihnen. Und gelegentliche Funde in Dänemark und an den Küsten von Südnorwegen lassen den Schluß zu, daß sie sich während der zweitausend Jahre langsam durch Südskandinavien bewegten, über die Landbrücke, die damals Schweden mit dem Kontinent verband.

In diesem Gebiet aber gelangten die Tundrabewohner schließlich ans Meer, das sie zwang, ihre Lebensweise zu ändern, da sie von hier keinen Ausweg mehr in andere Gebiete hatten. Als das Renntier, eingeengt zwischen dem Atlantik im Westen und der zurückweichenden Eisdecke im Osten, an der norwegischen Küste entlang nordwärts wanderte, indem es die tiefen, aber schmalen Fjorde durchschwamm, waren die Jäger gezwungen, ihm zu folgen und mit dem Meer auf irgendeine Art ‹fertigzuwerden›.

Die radikale Wandlung ihrer Lebensweise erwies sich später als günstig, da sie immer weniger vom Renntier abhängig wurden. Schon lange, bevor es soweit war, müssen sie auf ihrem weiten Wege durch ganz Europa gelernt haben, mit Booten umzugehen, denn während die Eisdecke schmolz, gab es in jedem Tal, das sie passieren mußten, Ketten von Seen, in die breite, schnell strömende Flüsse mündeten. Das Material für ihre Boote hatten sie zweifellos – wie alles, was sie sonst besaßen – vom Renntier. Wahrscheinlich fertigten sie Säcke aus Renntierhaut an, die aufgeblasen wurden, oder spannten Häute über Gerippe von leichtem Holz, das sie aus ihren Winterquartieren am Waldrand mitgebracht hatten.

Als sie sich nun auf dem viel größeren Gewässer der Nordsee, bei stürmischen Winden, bewegen mußten, entwickelten sie aus der Erfahrung im Seegang das Boot vom Typ Umiak, ein zusammengenähtes und gebundenes Gerippe, überzogen mit aneinandergesteppten Häuten, ein Boot, das auch im groben Seegang elastisch war. Mit diesen Fahrzeugen ausgerüstet, stellten die einstigen Renntierjäger bald fest, welche Schätze das Meer ihnen bot: Fische, Seehunde, Tümmler und Wale. Und alsbald hatten sie auch, ohne die Renntierjagd aufzugeben, eine gute Fangmethode für die Beute aus dem Meer. Sie erkannten, daß ihre auf der Renntierjagd so bewährte Harpune sich zum Fangen von Seelöwen und Walen vorzüglich eignete.

Es mag nun scheinen, als beruhe unser Bericht von den Änderungen der Lebensform dieser Menschen (deren Wanderung über halb Europa wir verfolgt haben) auf zu magerem Beweismaterial, weil wir uns nur auf die Feuersteingeräte der Siedler von Fosna berufen könnten. Zum Glück gibt es noch andere Bestätigungen dafür, und zwar in so überzeugenden Formen, wie wir sie seit den Entdeckungen in den Höhlen des Périgord und der Pyrenäen nicht fanden.

An vielen Punkten der norwegischen Küste, den nördlichen Grenzen der Jagdgründe des Fosna-Volkes, besonders noch oberhalb des Polarkreises, entdeckten wir, auf Platten von Naturstein graviert, fein ausgeführte Bilder. Viele davon, die zweifellos jüngeren Datums sind, begegnen uns später wieder, auf

Abb. 27: Auf einem platten Stein bei Evenhus (Nordnorwegen) finden sich eingeschnitten diese Bilder von einer Elchkuh und zwei anderen Tieren, die Kälber sein können. Herz und ‹Lebenslinie› sind deutlich hervorgehoben.

den Wegen der wandernden Händler der Bronzezeit. Eine Anzahl dieser Bilder aber stammt, nach Technik und Motiven, fraglos von den Frühzeit-Jägern dieser Küstenstriche. Sie zeigen eine deutliche Verwandtschaft mit der Höhlenkunst von Frankreich und Spanien. Diese Steingravuren gaben uns, da sie die Jagd treibenden Stämme so zeigen, wie sie selbst sich sahen, wertvolle Aufschlüsse über das Leben in der Periode, die in vieler Hinsicht die schon beweiskräftigen Ermittlungen der Archäologen übertrafen. Hier sehen wir die Umiak-Boote, die Wale und Seelöwen, das Renntier und den Elch, gezeichnet in ebenso großartiger, natürlicher Manier wie die Tiere auf den Höhlenbildern, und vermutlich auch zu demselben Zweck geschaffen, nämlich: den Erfolg bei der Jagd nach den dargestellten Tieren zu sichern. Auf vielen ist die Lage des Herzens durch einen Kreis angedeutet und von ihm aus bis zum Maul die ‹Lebenslinie› gezogen, die das verwundbare Gebiet im Körper des Tieres bezeichnet, das der Jäger zu treffen wünschte.

Anders Nummedal, der ehemalige Lehrer, wandte, nachdem er fünfzehn Jahre lang die Fosna-Kultur interpretiert hatte, seine Aufmerksamkeit diesen Felszeichnungen zu. Seine Bemühungen, hier, im höchsten Norden von Norwegen, am Rande des Polarmeers, auch die Siedlungen jener künstlerisch begabten Jäger zu finden, wurden rasch von Erfolg gekrönt. Sein Instinkt, in jahrelangen Beobachtungen an den Küsten von Mittel- und Südnorwegen geschult, wo er auf Hunderte von Kilometern den Strand durchforscht hatte, befähigte ihn, sich beim Anblick der gebirgigen Küstenlandschaft vorzustellen, wie diese Bergmassive zu verschiedenen Zeiten, bei höherem und niedrigerem Meeresspiegel, ausgesehen haben mußten. Und mit seinen genauen Kenntnissen von den Gewohnheiten dieser Frühzeitmenschen entdeckte er oft sofort den richtigen Weg in die versteckten Höhlen und zu den tiefgelegenen Landengen, die, gegen den Nord- und Ostwind geschützt, als bequemer Zugang zum Meer von den Seejägern als Wohnstätten bevorzugt wurden.

Im ersten Jahr schon entdeckte Nummedal einige dieser Siedlungen, und nachher, im Lauf seiner alljährlichen Forschungen, bis zum Ausbruch des Zweiten Weltkriegs, noch über hundert. Aus ihnen wurden vielerlei Artefakte geborgen, doch hatten auch dort, wie in den Siedlungen von Fosna, nur die Gegenstände aus Stein die Zeiten überdauert. In dieser Gegend, wo der Feuerstein kaum sichtbar vorkommt, waren die Geräte aus anderem Gestein von dichter Struktur gefertigt: aus Quarzit, Dolomit und Grünstein. Die Art der Bearbeitung aber war die gleiche wie bei den schon wohlbekannten Feuersteingeräten aus dem Paläolithikum.

Mit der Aufklärung über diese Methoden versetzte Nummedal die Experten geradezu in Schrecken, denn sie mußten nun schleunigst ihre Ansichten revidieren. Wie Gutorm Gjessing sagt, hatte man sich angewöhnt, ‹das Dogma, aller kulturelle Fortschritt in Europa habe seinen Weg von Süden nach Norden genommen, wobei die Mittelmeerkultur den Nabel des Ganzen bildete, als unumstößlich zu betrachten.› Nummedal aber verwies jetzt auf ältere Züge in dieser neu entdeckten Eismeerkultur, die er ‹Komsa-Kultur› nannte, und auf die Tatsache, daß die ältesten Fundstellen gut sechzig Meter über dem heutigen Meeresspiegel lagen und dreißig über dem Niveau der Siedlungen von Fosna. So behauptete er kühn, die Komsa-Kultur sei nicht nur älter als die von Fosna, sondern enthalte auch den ältesten Nachlaß von Menschen in ganz Skandinavien.

Kein Wunder, daß diese Behauptung stürmische Diskussionen entfesselte, die bis heute noch nicht abgeklungen sind. Doch aus dem Wust widerspruchsvoller Argumente schälte sich allmählich die Konzeption, die wiederum Gutorm Gjessing, derzeit Professor für Anthropologie an der Universität Oslo und heute unbestritten die größte Kapazität auf dem Gebiet der Eismeerkulturen in Gegenwart und Frühzeit, am besten formuliert hat. Sie zeigt uns die Jäger auf der europäischen und der asiatischen Tundra, wie sie, mit dem Rücken zum Eismeer, im letzten Existenzkampf gegen die sie verdrängenden Wälder stehen und auf ihrem Rückzug die Künste und Fertigkeiten verbreiten, die der Mensch gelernt hatte in den Höhlen Frankreichs, an den Bergen der Tschechoslowakei, in den Gletschertälern von Norddeutschland, in Grönland, an der Hudson Bay und in Kalifornien. Denn es scheint jetzt kaum zweifelhaft, daß die Eismeerjäger der Komsa-Kultur früher in der Landschaft erschienen sind als die von Fosna, weiter im Süden. Mit anderen Worten: daß, als – vielleicht um 5000 v. Chr. – die Nachkommen der Renntierjäger von Hamburg die sagenhaften Gebiete erreichten, wo im Winter die Sonne nie aufgeht und im Sommer nie unter, diese bereits feste Siedlungen anderer Jäger dort antrafen. Möglich ist auch, daß die Komsa-Jäger vom hohen Norden, als sie südwärts in wärmere Regionen strebten, die Dörfer der Fosna-Menschen vorfanden. Sicher wurde es keine freundliche Begegnung, aber ein historisches Ereignis, denn: die Komsa-Menschen waren von Osten hergekommen, um das Eis herum!

Schritt für Schritt sind wir nun den Wanderungen der Tundrajäger durch Westeuropa gefolgt. Im Osten, im europäischen Rußland und auf den Ebenen Asiens, muß der Verlauf sehr ähnlich gewesen sein. Auch dort sind gewiß jagdtreibende Stämme dem Wild gefolgt, das dem weichenden Eis nachzog, und ebenso müssen sich dort die Kiefernwälder und die Waldjäger immer weiter nordwärts vorgeschoben haben.

Die Berge Skandinaviens bildeten die letzte Bastion der Eisdecke. Im Osten schmolz das Eis schneller, und schon früh – zu einem uns noch unbekannten Zeitpunkt – öffnete eine Lücke den Weg nach den nördlichen Küsten des heutigen Sibirien. Es besteht Grund zu der Annahme, daß diese Küsten selbst nie vom Eis dauernd bedeckt waren, weil geringerer Schneefall in den trockeneren nördlichen Breiten die Bildung ewigen Eises verhinderte. Es wird auch die Ansicht vertreten, daß an diesen Küsten während der letzten Eiszeit Menschen gelebt haben. Mag das stimmen oder nicht: die Jäger, die sich nun durch die Lücken in der Eisdecke vorschoben, trafen auf das Meer, wie später auch ihre Verwandten in Europa. Wie diese, paßten sie ihre Lebensweise der neuen Umgebung an, indem sie seetüchtige Boote aus Tierhäuten anfertigten und die Meerestiere essen lernten. Und da sie im Norden nicht weiter vordringen konnten, breiteten sie sich an den eisfreien Gestaden nach Westen und Osten aus: westwärts in den Nordteil von Norwegen, ostwärts bis an die Beringstraße.

Diese Wandlung vollzog sich langsam. Die sibirischen Jäger, die wir heute mit einiger Sicherheit als Eskimos identifizieren können, waren nicht mehr gezwungen, den Zügen des an Land lebenden Jagdwildes zu folgen. Während sie in dem sechs Monate dauernden Sommer weite Exkursionen machen konnten (und gewiß auch gemacht haben), blieb infolge der Härten ihres Daseinskampfes ihre Zahl relativ gering, so daß sie nicht alle Gegenden, die sie durchwanderten, besiedeln konnten. Anscheinend haben sie die Beringstraße zum amerikanischen Festland vor 1000 v. Chr. noch nicht überschritten, und bis zu der Zeit hatte schon ein neues Volk sie überholt und ihre Heimat durchwandert: die Jäger der Kiefernwälder.

An den nordwärts fließenden Strömen Sibiriens hatten die Kiefernwälder vielerorts das Polarmeer erreicht. Mit ihnen kamen die neuen Jäger, von anderer Rasse, aber mit gleicher Lebensweise wie die uns schon von der Maglemose-Kultur in Nordeuropa bekannten. An den Mündungen der Ströme begegneten sich die beiden Stämme, und wahrscheinlich wurden an diesen Stellen große, jahreszeitlich bedingte Märkte abgehalten, auf denen von den Eskimos das Elfenbein, die Häute und Knochen vom Walroß gegen das bearbeitete Nutzholz, die Steinbeile und Pelze der Waldbewohner getauscht wurden.

Die Waldbewohner erreichten als erste die Beringstraße, und es mag nicht später als 3000 v. Chr. gewesen sein, als die ersten von ihnen nach Amerika hinüberkreuzten. Die Wanderungen der ersten Amerikaner zu verfolgen, würde unseren Bericht zu sehr ausweiten. Es muß hier der Hinweis genügen, daß nach den gefundenen Anhaltspunkten die Ausbreitung der Waldjäger aus Asien über den Waldgürtel von Nordamerika ziemlich schnell vor sich gegangen sein muß und daß mehrere Jahrtausende später die Eskimojäger in Etappen an den Nordküsten von Alaska und Kanada entlang nach Grönland vordrangen. Inzwischen hatten die zwei Kulturen, obwohl in ihrem Ursprung und der Lebensweise so grundverschieden, sich in Nordasien schon jahrtausendelang einander genähert und allmählich stark vermischt.

Für uns ist vor allem interessant, daß diese Wanderer nach einer neuen Welt viele ihrer Sitten, ihrer religiösen Bräuche und ihrer materiellen Ausstattung mitnahmen, die sich in den langen Zeiträumen entwickelt hatten, als ihre Vorfahren, noch zur Eiszeit, auf den Ebenen von Europa und Asien das Mammut und das Renntier jagten. Sehr viel nahmen sie mit. Die ursprünglich für die Renntierjagd erfundenen Harpunen werden jetzt bei sämtlichen arktischen Menschengemeinschaften bis nach Grönland allgemein zur Seehundjagd benutzt und sind kaum unterscheidbar von den durch Rust in der Nähe von Hamburg entdeckten. Die bei Meiendorf gefundenen Messer zum Abhäuten, scharf gekrümmte Geweihstücke mit einer in der Krümmung befestigten Feuersteinklinge, hatten sich in Nordnorwegen zu einem L-förmigen Messer aus Schiefer entwickelt, und in Grönland sind noch bis heute derartige Messer aus Bein in Gebrauch. Von einer anderen Abart des Abhäutmessers, dem sogenannten

Stiefelformmesser aus Schiefer, wurden gleichartige Exemplare in prähistorischen Schichten in Nordnorwegen und in Maine, Vereinigte Staaten, gefunden und in beiden Gebieten auch gleichartige Pfeilspitzen aus Schiefer. Und die von den Eskimos in ihrem ganzen Verbreitungsgebiet gebrauchten Tierhautboote sind auf den Felsbildern in Nordskandinavien genau dargestellt.

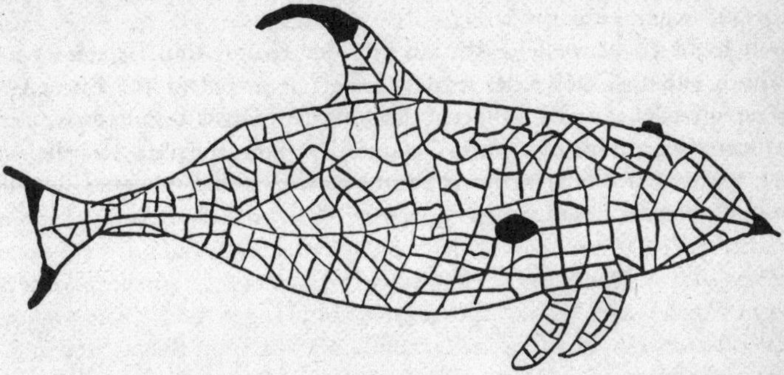

Abb. 28: Steinzeichnung eines Wales, fast 2½ m lang. Nordnorwegen.

Auch andere Gegenstände wurden von den Waldjägern bis ans Polarmeer gebracht und sind in noch größeren Gebieten benutzt worden. Hohlgeschliffene Breitbeile aus Stein, wie man sie in ganz Nordeuropa allgemein findet, wurden auch in New England und, weniger häufig, in den an die Großen Seen grenzenden amerikanischen Staaten entdeckt. Und die zuerst bei den Jägern in den nordchinesischen Waldgebieten aufgekommene sogenannte Kamm-Töpferei scheint sich, mit gleichen Modellen, westwärts nach Norwegen und ostwärts bis nach Virginia, Tennessee und Kentucky verbreitet zu haben,

Daß jedoch Ideen sich noch weiter verbreiten können als materielle Dinge, wird unmißverständlich durch die Felsgravuren bewiesen. Wir haben schon von der Ähnlichkeit zwischen den Jagdszenen auf Felsen im norwegischen Lappland und den an die Wände der französischen Höhlen gemalten Bildern gesprochen. Ähnliche Gravuren waren über sehr große Gebiete verbreitet. Es ist auch kaum anzunehmen, daß die Gewohnheit, in die abgebildeten Kreaturen die ‹Lebenslinie› (vom Mund bis zu einem Kreis in der Herzgegend) einzuzeichnen, in zwei weit auseinanderliegenden Gebieten unabhängig voneinander entstanden ist. Jedenfalls findet sich dieses typische Detail auf den Felszeichnungen an der gesamten Küstenstrecke von Nordasien, erscheint ebenso auf den chinesischen Bronzen der Frühzeit, bei den Eskimos und den Indianern im Gebiet um den Oberen See, sowie auf Felsbildern in Minnesota und Virginia und, am weitesten südlich, in den Kerbarbeiten der Pueblo-Indianer in Arizona und Neu-Mexiko.

Von der Höhle bei Altamira in Spanien über die Beringstraße bis in die Südstaaten der USA ist es ein weiter Weg. Wir können auch nicht glauben, daß in Südfrankreich entstandene Kunstformen sich zwischenraumlos in der gleichen

Richtung bis zur mexikanischen Grenze fortgepflanzt haben. Gutorm Gjessing, dessen Bücher zu diesem Kapitel so reiches Material beigesteuert haben, gibt uns sein abschließendes Verdikt wie folgt: ‹Die Verbindung ist da, aber es besteht keine zusammenhängende Linie, die von den Renntierjägern in Westeuropa bis zu den Eskimos führt. Die kulturellen Formen beider sind aus denselben Grundlagen entwickelt, die wir in der uralten asiatischen Steinzeit-Kultur zu suchen haben.›

Nicht mehr zu bezweifeln ist, daß von der Kultur und Lebensart unserer Vorfahren, die im Gefolge der letzten Eiszeit nordwärts durch Europa zogen, vieles noch fortlebt in den Ländern, die ‹mit dem Gesicht› zum ewigen Eis der Polarmeere liegen. Im Lauf von über hundert Jahren vorgeschichtlicher Forschung wurde jeder Schritt dieser räumlich wie zeitlich unvorstellbar langen Reise glaubwürdig dokumentiert.

12 Zwischenspiel: Datierung der Vergangenheit

Geschichte ist, wie jeder Schulknabe weiß, eine Folge von Daten, die auf einer festen Zeitskala eine Reihe von Ereignissen genau fixieren, nicht einfach ‹vor› oder ‹nach› dem einen oder andern, sondern in einer meßbaren Anzahl von Jahren vorher oder nachher. Jedenfalls entspräche es so der Definition des Historikers im 19. Jahrhundert. Neuerdings wich man jedoch von diesem Prinzip bis zu einem gewissen Grade ab und sieht ‹Geschichte› als eine Folge von Tendenzen, volkstümlichen Bewegungen und Moden, als Verbreitung neuer Denkweisen und Lebensarten und langfristige Reaktion des Menschen auf seine Umgebung. Ein Kriterium der früheren Interpretation des Begriffs Geschichte aber ist geblieben: die (eigentlich falsche) Unterscheidung zwischen Geschichte und Vorgeschichte. Die konventionelle Grenze zwischen beiden wird in jedem Lande der Welt auf andere Zeiten gelegt, doch überall auf den Zeitpunkt, in dem der Mensch Ereignisse schriftlich festzuhalten begann. Das geschieht nicht etwa, weil im Schreiben an sich besondere magische Funktionen liegen, sondern weil man annimmt, auf keine andere Art als durch geschriebene Berichte den Ereignissen ihren genauen Zeitplatz, ihr Datum, geben zu können.

Seit jeher hatte man sich damit abgefunden, daß es nicht möglich sei, das Alter eines aus der Erde gewühlten Feuersteinbeils oder eines eisernen Schwertes zu ermitteln. Der Gegenstand selbst konnte nicht sprechen, ebensowenig seine Umgebung. Weil das so selbstverständlich schien, dauerte es ziemlich lange, bis man zumindest auf das Studium dieser Gegenstände den Begriff ‹Prähistorie› anzuwenden begann, um auszudrücken, daß die alten Gegenstände immerhin eine wenn auch nur unbedeutende zeitliche Beziehung zum Verlauf der ‹Geschichte› haben mußten. Die ersten Prähistoriker hatten sich mit der Benennung Altertumsfreunde begnügt, als Studierende von Dingen, die man in Bausch und Bogen als ‹antik› bezeichnete.

Immerhin hatten diese Altertumsfreunde den geheimen Wunsch, als Historiker zu gelten. Ihnen war es unmöglich, ihre Feuersteinbeile und Eisenschwerter zu betrachten, ohne über deren Alter zu spekulieren. Getrieben von dieser natürlichen Neugier, gleichzeitig aber gehemmt durch das Axiom ‹Was nicht geschrieben steht, hat kein Datum›, schlugen sie notgedrungen den einzigen ihnen offenstehenden Weg ein, indem sie – wie wir schon sahen – jedes Überbleibsel aus dem Altertum den frühesten von den ersten Chronisten ihrer Länder erwähnten Zeiten, Ereignissen und Menschengemeinschaften zuschrieben. Ganz unbefangen, wenn auch in den einzelnen Ländern verschieden, wurden alle prähistorischen Stücke etikettiert als Alt-Britisch, Keltisch, Gotisch, Hunnisch, Skythisch, Illyrisch und so weiter, und bezeichnet als Überbleibsel von sagenhaften Königen und legendären Schlachten. Um jeden Preis mußten sie ins Rahmenwerk der Geschriebenen Geschichte eingefügt werden.

Wir haben gesehen, wie die ersten wissenschaftlich arbeitenden Prähistoriker, an ihrer Spitze Thomsen und Worsaae, die – nie sehr stabil gewesenen – Grundmauern dieses Legendengebäudes zerschlugen und die Regel aufstellten, daß jedes antike Stück sorgfältig für sich gewertet werden müsse und man nichts hineinlesen dürfe, was nicht die Umstände bei seiner Entdeckung klar erkennen ließen. Sie wiesen unanzweifelbar nach, daß die frühesten Bauten und handgefertigten Gegenstände in eine viel frühere Epoche gehören, als die Geschriebene Geschichte abgrenzt.

So wertvoll auch ihre Tätigkeit war, weil sie falsche Begriffe ausräumten und die verschiedenen Kulturen mit der allmählichen Entwicklung von Geräten und Waffen in eine glaubhaftere Zeitfolge brachten – der in seine Geschichtszahlen verbissene Historiker hielt sie für ‹destruktiv›. Denn, wenn Beowulf, die Nibelungen und die Söhne Skjolds nicht mehr ‹historisch› sein durften, war es dann etwa ein Fortschritt, daß an ihre Stelle eine chronologisch ‹flüssige› Erste, Zweite oder Dritte Eiszeit gesetzt wurde?

Tatsächlich aber war das ein großer Schritt vorwärts. Wie sehr auch im Streit über die richtige Zeitfolge der verschiedenen Eisen-, Bronze- und Steinzeitalter die Meinungen vor- oder zurückpendeln mochten – allgemein war man wenigstens über die relative Reihenfolge der Perioden einig: daß z. B. die Erste Eisenzeit hinter die Vierte Bronzezeit und vor die Zweite Eisenzeit gesetzt werden muß. Thomsens und Worsaaes besondere Errungenschaft war, daß sie, überzeugt, eine absolut exakte Chronologie nicht ermitteln zu können, statt ihrer eine glaubwürdige relative aufstellten. Immerhin haben sie doch in einigen Fällen der Versuchung nicht widerstehen können, hartnäckig die Richtigkeit der von ihnen genannten Daten zu behaupten, und sind auch manchmal den wahren Zahlen nahegekommen. Immerhin hat Worsaae bei seiner Schätzung des Beginns der Älteren Eisenzeit in Dänemark um achttausend Jahre danebengetippt.

Zwar erlebte er noch den ersten Angriff auf das Axiom, daß exaktes Datieren ohne die zeitgenössische, Geschriebene Geschichte nicht möglich sei, doch hätte er sich wohl kaum vorgestellt, daß in den dreißig Jahren nach seinem Tode (1885) dreierlei verschiedene Datiermethoden entwickelt werden würden, und zwar aus drei Wissenschaften: der Archäologie, der Geologie und der Botanik.

Seltsamerweise wurden alle drei Methoden in der gleichen Stadt entwickelt: in Stockholm. Schweden war, neben Dänemark, das erste Land gewesen, in dem Thomsens Drei-Zeitalter-System Anklang fand und einen nicht ganz einseitigen Einfluß gewann. Der Professor für Zoologie an der südschwedischen Universität Lund, Sven Nilsson, und der dortige junge Prähistoriker Hildebrand hatten diese Theorie gestützt und sich entschieden für ihre Anerkennung eingesetzt. Jetzt lag Stockholm wieder im Brennpunkt des Fortschritts. In den sonnigen Räumen des Nationalmuseums, mit dem Blick auf die blauen Wasser des Mälarsees, versuchten, ohne miteinander in Verbindung zu stehen, drei Professoren eine neue Methode zur zeitrichtigen Gliederung der Vorgeschichte Nordeuropas zu finden.

Der erste war Gustav Oscar Montelius. Ein waschechter Stockholmer, der 1843 in einem Hause auf einer der Hauptstraßen der schwedischen Metropole geboren und bis zu seinem Tode, 1921, dort gewohnt hat. Aufgewachsen in der Zeit, da Thomsen und Worsaae die alten prähistorischen Begriffe umwarfen, beschloß er schon früh, ihren Fußtapfen zu folgen. Im Alter von zwanzig Jahren trat er als Assistent für prähistorische Arbeiten in den Staatsdienst und begann seine fünfzig Jahre lange Tätigkeit am Schwedischen Nationalmuseum.

Von Anfang an schien es, als sollte der untersetzte junge Schwede mit dem buschigen Walroßschnurrbart ebenso berühmt werden wie Worsaae. Die beiden trafen sich häufig, in Stockholm wie in Kopenhagen, 1871 beim Archäologenkongreß in Italien, und fünf Jahre später in Budapest. Montelius war ebenso gewandt wie Worsaae im Reden und im Schreiben und besaß dieselbe Begabung für Sprachen. Also war es kaum verwunderlich, daß er später als ‹Botschafter der Archäologie› und als Einiger und Verbinder der Forscher von ganz Europa an Worsaaes Stelle trat.

Als Montelius am Stockholmer Museum zu arbeiten begann, war man in allen europäischen Ländern eifrig mit den Ortsbestimmungen, Einstufungen und Vergleichen prähistorischer Überbleibsel beschäftigt und wartete gerade mit den ersten Ergebnissen auf. Sie zeigten das Ineinanderübergreifen der verschiedenen Kulturen, die Verbreitung der Moden und Erfindungen aus einem Gebiet ins andere – alles nur in großen Zügen chronologisch eingestuft. Montelius brachte als erste Neuerung ein ins einzelne gehendes System zur Klassifizierung der prähistorischen Werkzeuge, Waffen und Schmuckstücke, auf denen dieses Gesamtbild basierte. Wahrscheinlich hat ihn bei der Entwicklung seiner Methode das Werk seines großen Landsmanns Linné, die *Klassifizierung der Pflanzen*, beeinflußt, denn beide Systeme haben vieles gemeinsam.

Auf seinen weiten Reisen durch Mittel- und Südeuropa hatte Montelius bemerkt, daß von gewissen allgemein gebräuchlichen Gegenständen, insbesondere Broschen und Schwertern, vielerlei Abarten entdeckt wurden, manche vermutlich Verbesserungen des ursprünglichen Typs, die meisten jedoch das Ergebnis einer Änderung der Mode waren. Nach diesen Feststellungen entwickelte er sein grundlegend neues System.

Einer seiner Biographen schildert, wie August Strindberg, der schwedische Philosoph und Schriftsteller, auf die neue Methode von Montelius reagierte. «Es gab einst einen Mann», sagte Strindberg, «der sammelte Knöpfe. Entschlossen, dabei nach streng wissenschaftlichen Prinzipien zu handeln, unterteilte er seine Sammlung nicht nach einem natürlichen System in Hosenknöpfe, Jackettknöpfe, Hemdenknöpfe und so weiter, sondern arrangierte sie nach einer neuen, aufsehenerregenden Methode: Knöpfe mit einem Loch, Knöpfe mit zwei Löchern, und so fort.»

Auch in Strindbergs Satire lag mehr als nur ein Körnchen Wahrheit. Gegenstände wurden klassifiziert nicht entsprechend der Umwelt, in der man sie entdeckte, auch nicht nach ihrem vermutlichen Verwendungszweck, sondern nach ihrer Form, ihrer Musterung und ihren Verzierungen.

Wie bei allen großen Ideen ließ sich auch nach diesem Verfahren höchst einfach arbeiten, das Montelius geduldig in Aufsätzen und Vorträgen in ganz Europa erklärte, wobei er sich stets der Landessprache bediente, denn er schrieb und sprach gleichermaßen gewandt Schwedisch, Deutsch, Englisch, Französisch und Italienisch.

Zwecks richtiger Klassifizierung müsse man die schon vorhandene Gesamtmenge der Fundstücke aus der betreffenden Periode studieren – das *compound.* Unter Compound verstand er jeden Vorrat von zwei oder mehr Objekten, die ohne Zweifel aus der gleichen Zeitphase stammten. Es sei nutzlos, Objekte etwa deshalb zu nehmen, weil sie aus derselben Siedlung stammten oder aus mehreren Grabstätten in demselben Hügelgrab. Eine Siedlung konnte jahrhundertelang bewohnt gewesen sein, und zwischen zwei Gräbern mochten auch Jahrhunderte liegen, Objekte aus demselben Grab jedoch (hier fügte er die Klausel ein, daß das Grab nur einen einzigen Leichnam enthalten dürfe) oder aus Beständen, die an einem einzigen Platz oder, erkennbar aus einer bestimmten Periode stammend, gefunden wurden, eigneten sich. Man sollte sie dann in den Listen nicht bloß als Äxte, Dolche usw. aufführen, sondern als ‹Bronzebeile mit kurzen Flanschen und einer Querstange, um die Wucht des Schlages aufzufangen›, oder ‹Bronzedolche mit dreikantiger Klinge und vier Nietlöchern zum Befestigen des Griffs›, und so weiter. Auf diese Weise werde man allmählich herausfinden, daß bestimmte Gegenstände immer in Gemeinschaft mit bestimmten anderen auftraten, andere wiederum stets ohne bestimmte ‹Partner›. Wer in dieser Weise zwei- oder dreihundert *compounds* durcharbeitete, erhielt dann fünf oder sechs Verzeichnisse von Gegenständen, die zusammengehörten. Jede Liste charakterisierte eine Periode, so daß jedes bei späteren Entdeckungen gefundene gleichartige Objekt ohne weiteres dieser zugeschrieben werden konnte.

Der nächste Schritt war die richtige Einstufung der Perioden, die nach dem Prinzip der Typologie (das Wort war erst für dieses System geprägt worden) erfolgen sollte.

Im allgemeinen erschien es sehr leicht, bei Durchsicht der Listen die zeitliche Folge am rein technischen Fortschritt zu erkennen. Waren zum Beispiel in der einen Periode Bronzebeile mit flacher Klinge in Gebrauch gewesen, in einer anderen solche mit einem kleinen Flansch an jeder Seite, um ihnen in dem gespaltenen Stiel festeren Halt zu geben, in einer dritten Klingen mit breitem Flansch und einem Querstück, in dem die Enden des Stiels ruhten, um zu vermeiden, daß die Klinge den Stiel nach hinten aufspaltete – dann durfte man als ziemlich sicher annehmen, daß die erstgenannte Periode die früheste war und die beiden andern hinter sie zu rangieren waren. Enthielt die erste Gruppe auch kurze Flachdolche, die zweite längere, mit einer verstärkenden Rippe am Klingenrand, die dritte reguläre lange Schwerter, so ergäbe sich auch da wieder die Richtigkeit der zeitlichen Reihenfolge. Die übrigen Objekte in jeder Gruppe wiesen dann vielleicht ähnlich den stufenweisen Fortschritt auf, so daß im Endergebnis eine relativ exakte Chronologie erreicht wurde.

Mit diesen Schritten, erklärte Montelius weiter, sei man allerdings noch nicht am Ende. Man müsse nun die entsprechenden Verzeichnisse aus den benachbarten Ländern mit den eigenen vergleichen, da sie vielleicht in vielem dieselben Nachweise erbrachten. Bei genauer Übereinstimmung nach den Listen dürfte man dann guten Gewissens das betreffende Objekt als kontemporär mit der selbst ermittelten Periode bezeichnen. Manchmal stelle man Abweichungen fest, bei Gegenständen, die in den eigenen Listen nicht enthalten waren, in denen weiter entfernter Länder jedoch erschienen. Stimmten sie im wesentlichen überein, so seien sie noch immer als kontemporär zu betrachten, die neuen Objekte aber als Intrusionen aus einer Kulturgruppe, deren Einfluß in dem vom Bearbeiter selbst behandelten Gebiet noch nicht untersucht war. So ließ sich allmählich das als kontemporär erkannte Gebiet ausdehnen, bis es ganz Europa umfaßte, und nach einer Reihe von Schritten, deren jeder durch eine genügende Anzahl von *compounds* belegt sein mußte (Montelius hielt dazu mindestens hundert für nötig) war man in der Lage, mit absoluter Gewißheit zu behaupten, daß ein bestimmtes, in Mittelschweden entdecktes Dolchmodell aus derselben Zeit stammen mußte wie ein bestimmter in Italien oder Griechenland entdeckter Beiltyp.

Bisweilen gab es dabei Überraschungen. So stellte sich zum Beispiel bei dieser Methode heraus, daß die Fibel – die kommune Sicherheitsnadel – unabhängig voneinander an zwei Orten entwickelt wurde: in Italien war sie aus einem Stück geformt und hatte eine gewickelte Feder, während die skandina-

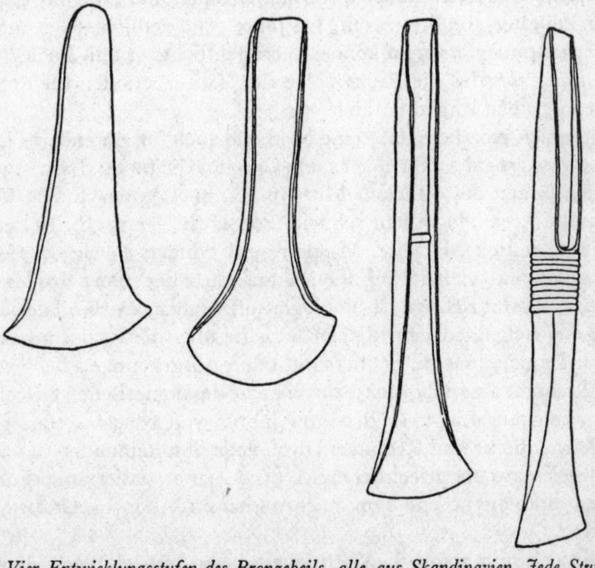

Abb. 29: Vier Entwicklungsstufen des Bronzebeils, alle aus Skandinavien. Jede Stufe ist technologisch ein Fortschritt.

vische aus zwei Teilen mit einem Scharnier bestand. Es wurde ermittelt, daß diese zwei, in den beiden Gebieten in ihrem Anfangsstadium entdeckten Typen sich während der Bronzezeit einander annäherten, und zwar auf einer Route, die man später als den großen ‹Bernsteinweg› erkannte. (Auf ihm wurde in der Bronzezeit der Bernstein der Ostsee durch die Flußtäler von Mitteleuropa nach dem Mittelmeer exportiert.) Als die Formen zusammentrafen, entstand ein neues Modell mit typischen Einzelheiten von beiden, das sich im übrigen Europa verbreitete. Diese Entwicklung illustrierte nicht nur graphisch die Geschichte des europäischen Handels, sondern lieferte auch eine gute Grundlage zum relativ exakten Datieren anderer, zusammen mit der Fibel entdeckter Gegenstände.

In gleicher Weise wurde die Übereinstimmung einer bestimmten Form des in der letzten Phase der Bronzezeit in England üblichen Bronzeschwerts mit dem in Österreich gebräuchlichen, allerdings eisernen, festgestellt. Da sich hieraus ergab, daß dieses Schwertmodell schon vor der Technik der Eisenbearbeitung nach England gelangt sein mußte, ließ sich auch ermitteln, aus welcher Richtung die Kenntnis vom Eisen gekommen war.

Soweit das Evangelium von Montelius, das er in den vierzig Jahren von 1870 bis 1910 fortgesetzt auf den Kongressen verkündete, in Skandinavien, Italien, Frankreich, Deutschland, England und auf dem Balkan. Er beschränkte sich aber nicht auf das Predigen, sondern leistete auch die Arbeit. In jedem europäischen Land brachte er viele Monate zu und veröffentlichte nach und nach seine vergleichenden Chronologien für alle Gebiete, und zwar für das schwierigste aller Zeitalter, die Bronzezeit. Im Jahre 1889 endlich, als er meinte, die Ergebnisse zusammenfassen zu können, veröffentlichte er sein Buch *Bronze Age Chronology in Europe*, das die Reihenfolge der Kulturperioden für den ganzen Kontinent in großen Zügen enthielt.

Nun zeigte sich plötzlich, daß seine Methode auch für ein anderes Land verwendbar war, wo sogar schon eine exakte Chronologie bestand: für Ägypten.

Zu beiden Seiten des östlichen Mittelmeers, in Ägypten und in Griechenland, hatte die Archäologie sehr schnelle Fortschritte gemacht. In den letzten fünfzig Jahren hatten Mariette, Maspero und Flinders Petrie die Geschichte Ägyptens schon mit vielen Einzelheiten ausgearbeitet. Dort war es möglich gewesen, eine absolut richtige Chronologie aufzustellen, an Hand der überreich zur Verfügung stehenden schriftlichen Berichte über die Regierungszeiten der Pharaonen. Damals machte Schliemann seine Ausgrabungen bei Troja, Mykenä und Orchomenos und brachte die Schätze des homerischen Griechenlands und Kleinasiens ans Licht. In den drei Jahren von 1889 bis 1891 gelang es Flinders Petrie, die beiden Regionen chronologisch miteinander zu verbinden, als er Töpfereien aus der griechischen Mykenä-Zeit an datierbaren Fundstellen in Ägypten und ägyptische von nachweisbarem Alter in Grabstätten bei Mykenä fand.

Montelius erkannte sofort die Wichtigkeit dieser Feststellungen. Jetzt, da an den Gestaden Europas eine absolute Chronologie erreicht war, konnte diese

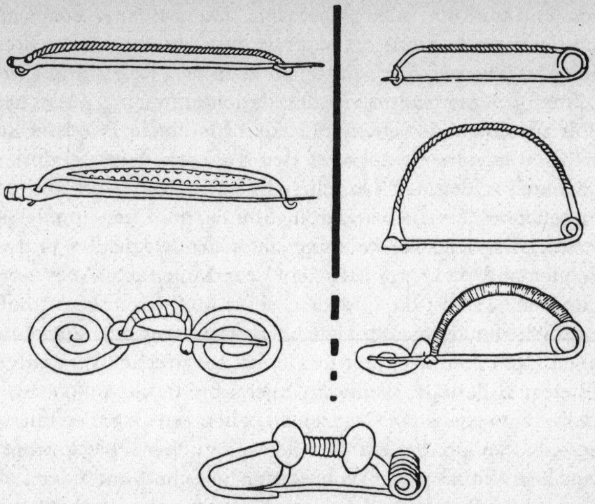

Abb. 30: Die Sicherheitsnadel, oder Fibel, wurde unabhängig in Skandinavien (oben links) und in Italien oder Griechenland (oben rechts) erfunden. Beide Typen wurden langsam verfeinert. In der dritten Phase der hier gezeigten zwei Serien wird erkennbar, daß sie schon Einzelheiten voneinander entlehnten, bis sie schließlich im unteren Modell zusammenkamen.

mittels seiner vergleichenden Methode von dort aus bis an die äußersten Grenzen des Kontinents fortgesetzt werden. Er begann sofort mit der Arbeit daran. 1892 veröffentlichte er seine eigene Deutung der Verwandtschaft zwischen griechischer und orientalischer Zeitrechnung, 1897 dehnte er die absolute Chronologie von Griechenland nach Italien aus, das er bereits bei seiner relativen europäischen Chronologie als Ausgangspunkt genommen hatte. 1898 ermittelte er die absolute Chronologie für Norddeutschland und Skandinavien, 1900 für Frankreich und die Niederlande und 1908 für England und Schottland. Und 1910 durfte er sich sagen, daß es ihm gelungen war, für Europa ein Netzwerk chronologisch fixierter Perioden zu schaffen, das bis in den Beginn der neuen Steinzeit zurückreichte. Im Jahre 1913, als Siebzigjähriger, trat er von seinem Amt als Staatsantiquar und Leiter des Schwedischen Nationalmuseums ab.

Montelius erscheint auf den Porträts aus den letzten Jahren seiner aktiven Laufbahn als kraftvoller Mensch und gleicht mit seinem dichten weißen Schnurrbart und dem Stiernacken eher einem tüchtigen Landwirt als dem bedeutendsten Fachmann für prähistorische Zeitrechnung. Auch wer ihn beim geselligen Kaffee sah, der den Versammlungen der Stockholmer Anthropologischen Gesellschaft folgte, hätte kaum geglaubt, daß der freundliche alte Herr, dessen Gelächter über die ihn umgebende Studentenschar hinwegdröhnte, der verehrte ‹Großmeister der Europäischen Vorgeschichtsforschung› war. Sein Gedächtnis für Witze und Anekdoten war ebenso wunderbar wie sein Gedächtnis für Sprachen und prähistorische Sequenzen, und nichts tat er lieber als recht viele Zuhörer um sich sammeln und sie mit serienweise erzählten, geistreichen Witzen regalieren. Auch nachdem er in den Ruhestand getreten war, blieb sein Zimmer in der Südostecke des Nationalmuseums ausschließlich ihm reserviert, bis zu seinem Lebensende. Viele bedeutende Prähistoriker unserer Zeit hegen als wertvolle Erinnerung den Tag, an dem sie dort als junge Studenten Montelius, dem noch kürzlich im Reich der Vorgeschichtsforschung am meisten geliebten und bewunderten Manne, zum erstenmal begegneten.

Für die zweckdienliche Neuordnung der Chronologie des prähistorischen Europa hat niemand mehr geleistet als Oscar Montelius. Aber es wird auch keiner so klar wie er selbst die Grenzen seiner Methode erkannt haben, denn sie war eigentlich nur die größtmögliche Erweiterung der alten historischen. An Stelle einer festen Zeitfolge für jedes Gebiet, entsprechend der durch die alten Chroniken belegten Periode, konnte man jetzt bis an die äußersten, durch die Geschichtsschreiber gegebenen Grenzen an beliebigen Orten rechnen. So ließen sich die Hieroglyphen an den Wänden der ägyptischen Pharaonengräber zum Datieren von Begräbnissen und Wohnstätten in Schottland oder Lettland benutzen. Aber noch hing alles von der durch Menschen als ‹Geschichte› schriftlich festgelegten Zeitfolge ab, die eine Schranke gesetzt hatte. Das Schreiben wurde im 4. Jahrtausend v. Chr. in Mesopotamien erfunden, doch der Mensch existierte schon unvergleichlich viel länger. Montelius muß den Eindruck gehabt haben, daß wir zu ewiger Ungewißheit verurteilt waren, wenn es galt, eine vor dem Beginn der Geschichtsschreibung liegende Periode zu datieren.

So können wir uns seine Gefühle vorstellen, als er beim Internationalen Geologen-Kongreß, der 1910 in Stockholm abgehalten wurde (in dem Jahr, da er seine chronologische Übersicht für Europa fertiggestellt hatte), die Eröffnungsrede des Vorsitzenden hörte, der in kaum fünfundvierzig Minuten eine unfehlbar sichere Methode zur Datierung von Ereignissen bis 10000 v. Chr. darlegte. Der Vortrag hatte den Titel *Eine Geochronologie der letzten 12000 Jahre*, und der Vortragende war Baron Gerard De Geer.

Baron De Geer hätte jede beliebige Laufbahn einschlagen können. Er war der zweite Sohn einer altadligen schwedischen Familie, und als er 1858 geboren wurde, hatte sein Vater sich als Politiker schon einen Namen gemacht, denn er war gerade zum Justizminister im Schwedischen Kabinett ernannt worden. So verbrachte der Baron seine Kinderjahre in der politisch lebhaften Atmosphäre eines Herrenhauses. Sein Vater hielt, obwohl er bei der königlichen Familie beliebt war, ständig Verbindung mit den Kräften, die eine demokratische Reform der Landesverfassung anstrebten. Als es ihm gelungen war, ergänzende Gesetze für die Einführung einer Volksvertretung durchzudrücken, wurde er 1876, als Geer junior noch an der Universität Upsala studierte, der erste Ministerpräsident eines demokratischen Parlaments. Gerards älterer Bruder widmete sich auch der Politik und wurde 1920 ebenfalls Ministerpräsident, als Gerard schon dreiundzwanzig Jahre als Professor tätig gewesen und durch seine revolutionäre Geochronologie weit über die Grenzen Schwedens berühmt geworden war.

Schon als Knabe hatte Baron Gerard beschlossen, Geologe zu werden, und war bereits, ehe er in Upsala cum laude promovierte, für den schwedischen Geologischen Vermessungsdienst tätig.

Dem Geologen bietet Schweden ganz besondere Aspekte. Im Urgrund besteht es aus einigen der ältesten Strukturen des Erdballs, nämlich aus den präkambrischen Formationen, der Substanz also, aus der die Landmasse von Europa im Anfang bestand. Da Schweden jedoch in den Eiszeiten wiederholt von den kilometerdicken Eisschichten vollkommen bedeckt war, ist es in der Oberflächenstruktur, geologisch gesprochen, modern, im wesentlichen zusammengesetzt aus dem von den weichenden Eismassen zurückgelassenen Detritus. Baron De Geer erkannte, daß hier für den Geologen die größte Arbeit im Kartographieren und, soweit möglich, im Interpretieren der einzelnen Etappen des Eisrückgangs lag, und beschloß, das zu seinem Lebenswerk zu machen.

Er beschränkte sich aber nicht auf Schweden allein. Der Reichtum seiner Familie gestattete ihm, seine Studien auch auf andere Gegenden auszudehnen, die das Eis beim letzten Vordringen bedeckt hatte. Als Zweiundzwanzigjähriger studierte er die äußerste Eisgrenze in Norddeutschland. Zwei Jahre später reiste er zum erstenmal nach Spitzbergen, in das dem europäischen Festland nächstgelegene Gebiet, wo er die Verhältnisse während der Eiszeiten unmittelbar studieren konnte. In den nächsten drei Jahrzehnten besuchte er Spitzbergen noch fünfmal, dreimal als Führer schwedischer Expeditionen, um die Eisdecke zu erforschen, die auf diesen öden Inseln am Rande des Polarmeers noch immer liegt. Zwischen den Fahrten nach Spitzbergen machte er auch Reisen nach Nordamerika (1891) und nach Finnland und Rußland (1893).

Doch diese langen Reisen bildeten nur einen kleinen Teil der Tätigkeit des energischen jungen Geologen. In der übrigen Zeit war er ständig mit genauen Untersuchungen der glazialen Ablagerungen in seiner Heimat Schweden beschäftigt. Seine fleißigen Studien und ihr Ergebnis können wir gewiß nicht besser illustrieren, als De Geer es 1910 in seinem steifen Englisch selbst getan hat. Er hatte damals schon einen Ruf als erster schwedischer Fachgelehrter für glaziale und post-glaziale Geologie und wurde, als Professor für Geologie an der Universität Stockholm, aufgefordert, die Eröffnungsrede vor der beim 11. Geologenkongreß in Stockholm vertretenen internationalen Elite zu halten.

«Das wichtigste der späteiszeitlichen Sedimente», führte er aus, «ist ein eismeerischer Ton, in dem die dünnen Schichten, oder Varven, der einzelnen Perioden in verschiedener Farbe und Körnung sichtbar werden. Schon bei meinen ersten Außenarbeiten als Geologe, 1878, war ich erstaunt über die Regelmäßigkeit dieser dünnen Schichten, die mich stark an die Jahresringe bei den Bäumen erinnerten. Ich begann daher vom nächsten Jahr ab, in verschiedenen Gegenden von Schweden diese Schichten genau zu erforschen und zu messen, wobei ich feststellte, daß sie so regelmäßig gebildet waren und so gleichmäßig einander folgten, daß man sie eigentlich nur für Ablagerungen von jeweils einjähriger Dauer halten konnte.»

Wir können uns denken, daß sich bei diesem Satz der alte Montelius jäh aufrichtete. Mit einem Streich wurde hier das Axiom der Archäologie zertrümmert: daß man, ohne von Menschen gemachte schriftliche Aufzeichnungen als Grundlage zu haben, keine Datierung vornehmen könne. Und im Moment wurde auch der Trugschluß in diesem Axiom erkennbar. Datieren heißt: nach einer bestimmten Anzahl von Jahren messen, aber das Jahr ist ja nicht, wie die Stunde oder die Woche, ein von Menschen eingeteiltes Zeitmaß, sondern ein klar umrissener physischer Ablauf, der sich ganz unabhängig davon vollzieht, ob der Mensch schreiben kann oder überhaupt existiert. Es ist ein Prozeß wechselnder Wärme und Kälte oder, im Sinne des Eisgeologen, wechselnden Tauwetters und Frostes. Und dieser Zyklus kann selbst seinen Verlauf ‹aufschreiben›, einen Bericht gleichsam aus erster Hand, in dem die Möglichkeit, Fehler zu machen, unendlich viel geringer ist als im Nachbericht, den vergeßliche und in Vorurteilen befangene menschliche Chronisten verfassen.

De Geer brachte anschließend seine Meinung über den Ursprung der Varven zum Ausdruck, wie folgt: «Als in der späten Eiszeit das Landeis vom schwedischen Boden wich, waren die tiefer gelegenen Gebiete noch unter die Höhe des Meeresspiegels gedrückt, und jedes Jahr sickerte in den warmen Monaten das Schmelzwasser von der Oberfläche der mächtigen Landeisdecke durch die Spalten, fand einen Weg unter dem Boden des Eises und spülte sehr große Mengen von Moränensubstanz vor sich her, die zu ständig vom Wasser beschliffenen Sedimenten wurden. Wo diese überlasteten Flüsse, an den steilen Kanten des Landeises, das stagnierende Wasser des Meeres erreichten... ließ ihre Schnelligkeit und Schubkraft nach... und Steinchen und Kies, und zuletzt nur noch Sand, wurden abgelagert. Weiter draußen ward der Sand noch feiner und wurde mehr und mehr mit Schichten toniger Erde durchsetzt, die schließlich vorherrschten. Jedes Jahr wich die steile Eiskante im Sommer zurück, um sich im nächsten Winter wieder ein wenig vorzuschieben. In jeder folgenden milden Jahreszeit wurde die Eisdecke kürzer, und es bildete sich ein neuer ‹Fächer› von Kies, Sand und Ton. Auf diese Weise haben sich ganze Serien dieser Fächer wie Dachziegel übereinandergelegt, und die nördliche Kante der obersten dehnte sich stets um soviel über die vorige aus, als die Eiskante zurückgegangen und das Meer seit dem letzten Jahr vorgedrungen war.»

Nur eins mußte noch erwähnt werden, um den Vorgang ganz verständlich zu machen. Wie bei den Bäumen die Stärke der Jahresringe, so änderte sich auch die Dicke der Varven je nach der Wärme des Sommers. In warmen Jahren wurde die Tonschicht dicker als im Durchschnitt, in kalten dünner. Somit war es möglich, die verschiedene Stärke der überlagerten Schichten graphisch darzustellen und damit konstante Werte zu erhalten, die für die betreffenden Jahre auch auf Schichten in anderen Gegenden bezogen werden konnten. Ergaben sich auch an einem bestimmten Ort vielleicht nur einige Hunderte jährlicher Schmelzezeiten, so erschienen doch die obersten Varven wieder am Fuß der an einem anderen, etwa weiter nördlich gelegenen Abschnitt ermittelten Serie, so daß diese ad infinitum fortgesetzt werden konnte.

De Geer beschrieb, wie das gemacht worden war.

An einem Sommermorgen 1905 stellten sich zwanzig Geologiestudenten, zehn aus Upsala und zehn aus Stockholm, in Abständen von zehn Kilometern an einer etwa zweihundert Kilometer langen Strecke auf, die von Stockholm nordwärts durch das hügelige Land lief, wo die hölzernen Häuser der Farmen sich in den blauen Seen spiegeln, durch die Mündung des großen Flusses Dalälven und von dort durch die Kiefernwälder an den Ausläufern der Berge von Norrland. Jeder Student maß auf der ihm zugeteilten Strecke von zehn Kilometern eine Reihe von Varven, in Abständen von ungefähr einem Kilometer, indem er, wo möglich, die schon in Steinbrüchen und durch Eisenbahnbau aufgegrabenen Sektionen benutzte. Mit einer geschärften Maurerkelle wurde die Sektion in der Senkrechten glatt abgestochen, ein Streifen Papier über die Schnittfläche gelegt und die Linien zwischen den Jahresvarven mit Bleistift eingezeichnet. So einfach ging das. Der Hauptteil der Arbeit war in vier Tagen geschafft, der Rest des Jahres wurde benutzt, um die Resultate abzustimmen und die Lücken auszufüllen. Im nächsten Jahr begab sich derselbe Trupp wieder ins Gelände und arbeitete eine Strecke von 800 Kilometern durch, die von der Südspitze bis nach Jämtland an der norwegischen Grenze reichte, wo, wie man wußte, die Eiskappe schließlich in zwei Teile gespalten war, einen südlichen, der die Berge von Südnorwegen bedeckte, und den nördlichen, der am großen ‹Rückgrat› Skandinaviens entlanglief.

Nachdem De Geer seine Methode erklärt hatte, gab er die Resultate bekannt. Die niedrigste Varve an jeder Stelle war natürlich die im ersten Jahr nach der Befreiung von der zurückweichenden Eisdecke abgelagerte. Die Entfernung von dem Punkt, wo eine Varve zuerst erschien, bis zu dem, wo eine andere unter ihr sichtbar wurde, entsprach daher der Entfernung, um die das Eis in dem Jahr, als sie abgelagert wurde, zurückgegangen war. An der Reihenfolge konnte man vor allem das Ausmaß des Schmelzens der Eiskappe erkennen, und das mußte, wie sich erwies, unvermutet schnell gegangen sein, vor allem in den Endphasen. Während kalte Perioden von schätzungsweise zwanzig Jahren, in einem Fall sogar von mehreren Jahrhunderten, den Rückgang zeitweilig gebremst hatten, betrug dieser normaliter im Süden des Landes etwa fünfzig Meter im Jahr und stieg zu hundert an, als die Eisgrenze das Gebiet von Stockholm erreichte, während höher im Norden jährlich während der letzten beschleunigten Schmelze bis zu dreihundert Meter eisfrei wurden. Die ganze Periode, seit dem Rückgang des Eises von der Südspitze Schwedens bis zum Hochland, wo es sich spaltete, kann mit ziemlicher Genauigkeit auf etwas unter 5000 Jahre bemessen werden, und die Grenzen des Eises lassen sich für jeden Zeitpunkt innerhalb dieser Periode sehr genau fixieren.

Schließlich hat De Geer noch die Schichten der jährlichen Schlammablagerungen im Bett des früheren (1796 trockengelegten) Sees Raganda rückwärts nachgerechnet. Dort ergab eine Sektion bis in dreißig Meter Tiefe insgesamt über siebentausend Varven, wobei die in den untersten sechs Metern, typische Eiszeitformationen, sich einwandfrei an die oberste der schon ermittelten 5000-Jahr-Reihe ‹anschließen› ließen. Damit war der 12000-Jahr-Kalender vollendet, und sechshundert der besten Geologen der Welt erhoben sich, um einer in der Geschichte der Frühzeitforschung beispiellosen Errungenschaft ihren Beifall zu spenden. Monsieur Barrois, Geologieprofessor an der Universität Lille, gab den Gefühlen aller Versammelten mit den folgenden Worten Ausdruck: «Wir erblicken in De Geer, nicht ohne Rührung, den ersten Menschen, der eine geologische Epoche in Jahren bemessen hat, und haben in diesem Augenblick das Gefühl, daß die gesamte wissenschaftliche Welt den Blick auf ihn gerichtet hält.»

Tatsächlich aber hatte De Geers Kalender damals noch nicht die später erzielte Genauigkeit. Die Varven der Eiszeit waren fast hundertprozentig genau identifiziert, die post-glazialen Messungen in dem riesigen Seegebiet des Raganda dagegen weniger zuverlässig, und für sie erhob De Geer auch nur Anspruch auf Genauigkeit mit einer Varianz bis zu tausend Jahren. Doch sein Werk, und das seiner Schüler, wurde fortgesetzt. Bis 1928 hatten sie, mittels einer Serie von Varven, die im Tal des Flusses Angerman untersucht wurden, die Fehlerspanne auf hundert Jahre reduziert, und De Geer konnte sogar vor seinem Tode (1943) noch genau nachweisen, wann die entscheidende Spaltung der Eiskappe in zwei Teile vor sich gegangen war – also den Zeitpunkt, von dem aus man die vorhergehenden fünftausend Jahre der Eisbewegung berechnet hatte. Und zwar kam er auf das Jahr 6839 v. Chr., gut dreitausend Jahre bevor der erste schreibfähige Mensch das erste Datum im fernen Mesopotamien in eine Tontafel kratzte.

Gewiß war De Geers Chronologie für den Prähistoriker nur von indirektem Wert, und doch hatte sie als revolutionierendes Ereignis sofort auch reale Bedeutung. Am Verlauf der Entwicklung läßt sich nämlich aus ihr erkennen, daß an den Orten, wo die Varven entstanden, zur Zeit ihrer Ablagerung keinesfalls ein Mensch existiert haben konnte. Infolgedessen finden sich auch in diesen Tonschichten keine Artefakte, und für Feuersteinbeile aus dem Paläolithikum kann ein genaues Datum wie auf Münzen sowieso nicht angegeben werden. Aber der Vorgeschichtsforscher ist schon für kleine Gunstbeweise dankbar. Er weiß nun, wo das Eis zu einer bestimmten Zeit gestanden hat, und weiß daher auch, wo zu dieser Zeit das Renntier war, da sich dessen Gewohnheiten nachweisbar nur unwesentlich geändert haben. Und wenn er weiß, wo das Renntier war, kann er auch sagen, wo sich zu bestimmten Zeiten während des Eisrückganges der Mensch befand.

Das ist die eine Methode, De Geers Feststellungen auf die frühe Geschichte des Menschen anzuwenden. Eine zweite ist noch wichtiger. Die Botaniker und Dendrologen vermögen, nach jeder beliebigen Position des Eisdeckenrandes, mit großer Genauigkeit zu ermitteln, wie weit die einzelnen Baumarten und Pflanzen sich nach Norden vorgeschoben haben. Sie können in ihren Karten die Verbreitung von Birke, Haselstrauch, Eiche usw. begrenzen. Umgekehrt trifft dasselbe zu. Ist die im Gebiet einer bestimmten prähistorischen Wohnstätte vorhandene Vegetation bekannt, so kann daraus ungefähr abgeleitet werden, wie weit entfernt von ihr die Eisgrenze lag. Kennen wir aber deren Lage, dann kann uns De Geers Kalender das Datum der Besiedlungszeit geben. Das einzige Problem ist dann noch, die Arten der damals vorherrschenden Pflanzen und Bäume festzustellen. Und das hat uns der Mann ermöglicht, dessen Name als dritter in die Reihe der großen Erforscher von Datierungsmethoden gehört: Lennart von Post.

Ist es schon merkwürdig genug, daß die drei bedeutenden ‹Zeitbestimmer› der Vergangenheit gleichzeitig, doch unabhängig voneinander, in Stockholm arbeiteten, so noch seltsamer, daß zwei von ihnen, ohne miteinander bekannt zu sein, 1910 zusammen auf dem Kongreß waren, wo sie vom Triumph des dritten erfuhren. Denn außer Montelius war dort noch, in der großen Hörerschaft, die De Geers Vortrag lauschte, ein junger Geologe, der erst vor drei Jahren die Universität verlassen hatte – der Mann, der die dritte Datierungsmethode präsentieren sollte: die Pollen-(Blütenstaub-)Analyse.

Auch Lennart von Post war ein Produkt der schwedischen Aristokratie und der Universität Upsala, an der er 1907, mit dreiundzwanzig Jahren, promovierte. Montelius war damals 64 und Baron De Geer 49 Jahre. Worsaae war ein Jahr nach Posts Geburt gestorben.

Wie De Geer, trat auch Lennart von Post gleich nach Abgang von der Universität der Schwedischen Geologischen Gesellschaft bei, von der ihm, zur Vorbereitung für den 1910 stattfindenden Geologenkongreß, die Aufgabe übertragen wurde, eine Ausstellung der Sammlungen zu arrangieren, die eine Anzahl schwedischer Forscher von Expeditionen in die Arktis und Antarktis mitgebracht hatte. Diese Ausstellung fand, als einer der Brennpunkte des Kongresses, allgemeine Anerkennung und begründete von Posts Ruf als ‹kommender Mann›.

Er hatte das Feld für seine Studien schon gewählt. Wie De Geer beschlossen hatte, die Tonschichten zu erforschen, die von der schmelzenden Eiskappe in den vom Eis ausgehöhlten flachen Seegründen abgelagert wurden, so widmete von Post seine Lebensarbeit dem nachfolgenden Depositum, dem Torf, der seit der Eiszeit allmählich diese Seebecken ausgefüllt und sie in trockenes – und sehr fruchtbares – Land verwandelt hatte.

Torf ist vegetabilischer Rückstand, aus Torfmoos, Ried, Blättern, Zweigen, aus allem, was alljährlich im Werden und Vergehen pflanzlichen Lebens abfällt, der Komposthaufen der Natur. Wo er sich in seichten Gewässern oder Sumpfland ansammelt, verdichtet er sich zu einer erdartigen, kompakten Masse, zersetzt sich jedoch nur in sehr geringem Maße. Noch Äonen später lassen sich Zweige, Blätter und Grashalme unterscheiden und identifizieren.

Der Wert der Torfgeologie für den Vorgeschichtsforscher war schon lange bekannt gewesen. Botanische Untersuchung von Torfschichten, über denen sich Kjökkenmöddinger befunden hatten, hatte es Worsaaes Gremium von Fachleuten ermöglicht, ein genaues Bild von der Vegetation zu entwerfen, die zur Zeit des Kjökkenmöddinger-Volks dessen Wohnstätten umgab. Und eine Folge des pflanzlichen Wechsels in der Ära nach dem Eiszeitalter hatte man, in großen Zügen, ausarbeiten können, indem man in einem halben Dutzend Torfmooren die einzelnen Schichten untersuchte.

Für diese Studien der im Torf eingeschlossenen Vegetation gab es jedoch nur beschränkte Anwendungsmöglichkeiten. Bestenfalls konnten sie ein Bild von der örtlichen Fauna geben, von den Bäumen und Pflanzen, die in einem Umkreis von vielleicht zweihundert Metern Durchmesser um die Stelle gewachsen waren, von der die Torfprobe stammte. Von Post war es, der diese ungenaue Methode in ein Instrument von wissenschaftlicher Präzision umwandelte.

Eigentlich kam die Idee nicht von ihm, vielmehr empfing er die Anregung aus einigen Vorträgen des Professors für Botanik an der Universität Stockholm, Gustav Lagerheim, eines Spezialisten für Pflanzenmikroskopie. Lagerheims Gebiet waren die Kryptogamen, und ihm wurde für seine Forschungen die Ehre zuteil, daß nicht weniger als vier dieser von ihm entdeckten kleinen Organismen seinen Namen erhielten. Als junger Mann hatte er seine mikroskopische Beute um die halbe Welt verfolgt, während er die verschiedensten Ämter für Forschung und mehrere Professuren in Deutschland, Frankreich, Portugal und Ekuador bekleidete. Endlich wurde er im heimatlichen Stockholm seßhaft, als einer in der Gruppe hervorragender Wissenschaftler, die zwischen 1890 und 1920 diese Stadt zum Vorposten der Forschung nach der Vergangenheit des Menschen machten. Er betrachtete, wie jede andere Materie, auch den Torf unter dem Mikroskop und entdeckte, daß ein Stückchen davon Millionen Körnchen Blütenstaub enthielt.

Und aus dieser Entdeckung zog von Post alle logischen Schlußfolgerungen.

Blütenstaub ist so gut wie unzerstörbar. Genau wissen wir bis heute noch nicht, woraus die Schale eines Blütenstaubkörnchens besteht, doch es ist unzweifelhaft die härteste organische Substanz auf unserer Erde. Überdies sind die Trillionen Blütenstaubkörnchen, die eine Pflanzengattung alljährlich produziert, einander vollkommen gleich, unterscheiden sich jedoch, ganz unmißverständlich, von denen jeder anderen Pflanzenart. Sie sind so leicht, daß der Wind sie über immense Entfernungen tragen kann, und so klein, daß eine Torfprobe von nur 3 bis 4 Kubikmillimeter Größe bis zu tausend Körnchen enthält. So eignete sich der Blütenstaub prächtig für statistische Wertungen, und man durfte erwarten, durch ihn ein Bild vom proportionalen Bestand an einzelnen Pflanzenarten auf einem bestimmten Gebiet zu gewinnen. Es mußte nur so groß sein, daß man die Unterschiede des Bodens und der Wachstumsbedingungen als kompensiert betrachten, d. h. ihren Durchschnitt zugrunde legen konnte. Und das erwies sich als richtig. Von Post beschränkte seine Untersuchungen auf Blütenstaub von Bäumen und konnte 1916 auf dem Geologenkongreß in Oslo in Diagrammen und Tabellen prozentual das Vorkommen der einzelnen Baumarten in den verschiedenen Zeitabschnitten der Periode seit dem Rückgang des Eises demonstrieren. Die alte Reihenfolge: Birke, Kiefer, gemischter Eichwald, Buche, wurde vollauf bestätigt, doch konnte jetzt die Sequenz durch exakte Zahlen belegt und daher bei der Aufstellung einer genauen Chronologie angewandt werden.

Von Posts Veröffentlichung der Ergebnisse wurde mit ebenso großer Begeisterung aufgenommen wie die De Geers sechs Jahre vorher. Seine Methode fand nicht nur in ganz Europa, sondern auch in Nordamerika Anwendung, und es wurde entdeckt, daß die graphischen Tabellen aus den Blütenstaub-Analysen auf denselben Breitengraden jeweils um die ganze Erde herum fast genau übereinstimmten, also die Vegetation geschichtlich denselben Verlauf genommen hatte, der sich nun statistisch so genau nachzeichnen ließ, daß Entwicklungsstadien, zwischen denen die ganze Breite des Atlantik lag, miteinander in Einklang gebracht werden konnten.

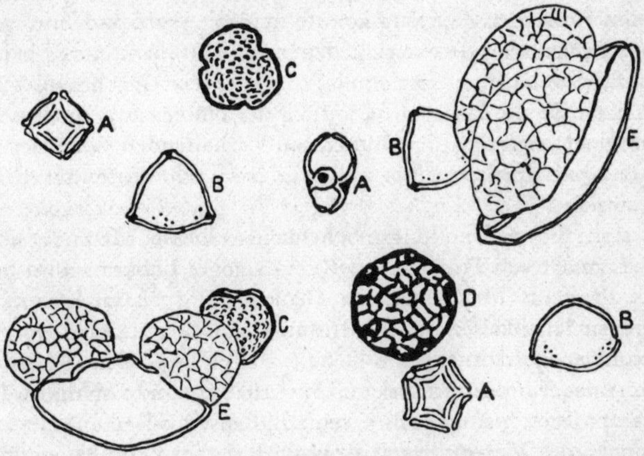

Abb. 31: Unter dem Mikroskop lassen sich die Blütenstäubchen verschiedener Baumarten klar unterscheiden. Hier sehen wir den Staub von Erle (A), Haselnuß (B), Eiche (C), Ulme (D) und Kiefer (E). (Nach Clark)

Die Prähistoriker zögerten nicht lange mit der Anwendung der neuen Methode bei ihren Forschungen. Das Glasröhrchen mit Blütenstaub wurde zum selbstverständlichen Attribut in der Feldausrüstung des Archäologen. Laboratorien für Blütenstaub-Analyse, die an allen größeren Universitäten und Museen in Nordeuropa eingerichtet wurden, lieferten diese kleinen Proberöhrchen, sterilisiert und verkorkt, und bald schon gab man jedem prähistorischen Gegenstand, der ausgegraben wurde, eine Probe des Bodens mit, in dem er gelegen hatte. Und im Lauf der Zeit wurden diese Proben, nach Prüfung unter dem Mikroskop der Laboratorien, zu einem Verzeichnis der Prozentsätze von Bäumen, graphisch meistens ausgedrückt durch einen sauberen kleinen Kreis, in dem die einzelnen Baumarten durch verschiedene Schattierung gekennzeichnet wurden. Dann war es eine einfache Sache, dieses Diagramm mit der Serie der schon für den entsprechenden Breitengrad in den übrigen Gebieten vorhandenen zu vergleichen und es genau an seinen richtigen Platz einzuordnen.

Doch nicht allein die neu entdeckten Objekte wurden durch diese Mühle gedreht. Gegenstände, die schon ein Jahrhundert oder länger auf den Regalen der Museen gelegen hatten, wurden hergenommen und untersucht, in der Hoffnung, daß bei einer nur oberflächlichen Reinigung wenigstens ein paar Gramm des ursprünglichen Bodens noch in einem Ritz zurückgeblieben sein könnten. Bei einer erstaunlich großen Anzahl fand man tatsächlich ausreichende Mengen vor, um auch diese Stücke auf ihren richtigen Platz einzustufen.

Das Verfahren begann sich jetzt ‹nach beiden Richtungen› auszuwirken. Für viele Objekte, die bereits nach der vergleichenden Methode von Montelius ziemlich genau datiert worden waren, konnte man nun im Rahmen der Blütenstaub-Folge nach von Post die absolut genaue Existenzzeit ermitteln. Und am anderen Ende der Zeitskala konnte man die Waldausdehnung, d. h.: die nördlichen Grenzlinien der verschiedenen Baumarten in verschiedenen Zeitaltern, immer genauer in Beziehung zu De Geers Geochronologie der Eisgrenzen setzen. Heute läßt sich vermittels der Blütenstaub-Analyse für jede in Torf oder einer anderen, den Blütenstaub erhaltenden Bodenart gefundene Materie das Existenzdatum bis auf eine etwa zehnprozentige Fehlergrenze genau ermitteln.

Bisher sind die Anwendungsmöglichkeiten dieser Methode noch unbeschränkt. Lennart von Post, der 1916 sein eigenes Laboratorium bekam und 1929 eine Professur für Historische Geologie, hat bis zu seinem Tode die Anwendungsmöglichkeiten der Blütenstaub-Analyse erweitert. Im Verlauf der Untersuchungen auf Blütenstaub-Gehalt, die er in großem Maßstab in den alluvialen Ablagerungen des Viskadalen vornahm, kurz vor und während des zweiten Weltkrieges, gelang es ihm, seine Blütenstaub-Reihen mit den Höhenschwankungen des Meeresspiegels zu prähistorischer Zeit abzustimmen. Hiermit nahm er das schwerste Hindernis, das der allgemeinen Anwendung seiner Methode im Wege stand: die Tatsache nämlich, daß die Blütenstaub-Sequenz nur für die Breitengrade, in denen sie vorgenommen wurde, Gültigkeit hätte. Weiter nördlich und weiter südlich, in anderem Klima, war mit abweichenden Proportionen der verschiedenen Baumarten zu rechnen, doch der Meeresspiegel kann, da er zu jedem beliebigen Zeitpunkt auf der ganzen Erde gleich hoch gewesen sein muß, gleichsam als ‹Brücke› benutzt werden, um die in einem beliebigen Klima entnommenen Blütenstaub-Proben zu synchronisieren. Daher ist diese Analyse jetzt praktisch in der ganzen Welt von Nutzen.

Das einst als unlösbar betrachtete Problem, die Vorgeschichte Europas zu datieren, war in diesem Stadium auf drei verschiedenen Wegen gelöst worden. Vollkommen waren die Lösungen nicht. Die vergleichende Methode von Montelius war abhängig von einer Kette von Indizien, die nur so stark war wie ihr schwächstes Glied und, in jedem Fall, nur ein verhältnismäßig kurzes Stück in die Vergangenheit reichte. Immerhin beweist sich an ihr die gedankliche Umwälzung in der Vorgeschichtsforschung, die zu seinen Lebzeiten schon so weit ging, daß man fünftausend Jahre als ‹verhältnismäßig kurze Zeitstrecke› ansehen konnte. De Geers Chronologie nach den Tonschicht-Varven war genau, aber doch nur in einem Punkt: in bezug auf die Lage der Eisdeckengrenze zu bestimmten Zeiten. Auf die Werke des Menschen ließ sie sich nur hilfsweise anwenden und barg die Gefahr von Fehlerquellen. Von Posts Blütenstaub-Analyse mußte, sollte sie genau datieren, mit den zwei anderen Methoden gekoppelt werden und konnte daher im Ergebnis nicht genauer sein als sie. Ihr besonderer Wert lag darin, daß sie eine sehr große Anzahl von bis dahin undatierbaren Fundstätten und Gegenständen in den Wirkungsbereich der beiden anderen Methoden brachte.

Genau besehen war der Fortschritt beträchtlich. In den letzten paar Jahren, seit dem Ende des zweiten Weltkrieges, wurde eine vierte Methode entwickelt und erprobt, die eine noch radikalere Umwälzung brachte als die anderen drei. Nachdem die Botanik und die Geologie, jede zu ihrer Zeit, dem Studium des Menschen ihre Dienste geleistet hatten, stellte die Atomphysik, neueste aller Wissenschaften, dem Prähistoriker die Uhr für das Universum zur Verfügung.

Wieder einmal räumte eine neue Methode mit einer falschen Konzeption auf. Hatte De Geer gezeigt, daß das Jahr ein vom menschlichen Kalkül unabhängiger Begriff ist, so bewies Professor Willard F. Libby von der Universität Chicago, Erfinder der Meßmethode mit radioaktivem Kohlenstoff, daß ‹Zeit› ein von den Jahren unabhängiger Begriff ist. Das Alter eines Gegenstandes ist im Grunde nicht die Anzahl der Jahre, sondern die Länge der Zeit, die er

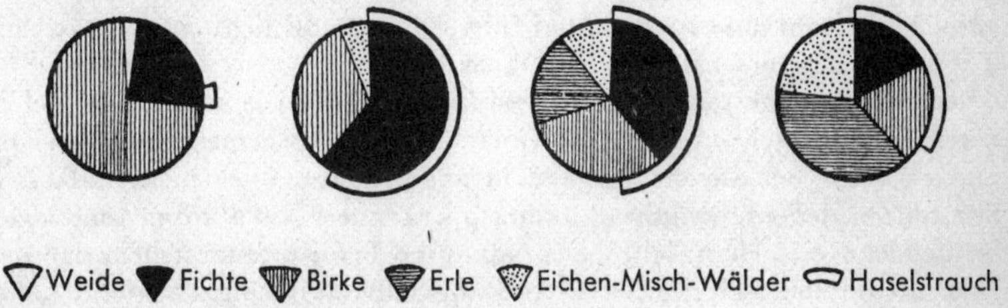

Abb. 32: Jeder Kreis zeigt die Zusammensetzung der Wälder, wie sie am Blütenstaub in einer einzigen Torfprobe erkannt werden konnte. Von links nach rechts illustrieren die Kreise den Wechsel von den subarktischen Birkenwäldern, die auf der Tundra der Eiszeiten entstanden, über die Kiefernwälder bis zu den Eichenwäldern des gemäßigten Klimas in der Bronzezeit. Der Haselstrauch, der zeitweilig so massiert auftritt, daß er im Diagramm die Proportionen der stärkeren Bäume entstellen würde, ist hier jeweils am Rande als Kreisteil für sich eingezeichnet.

existiert. Das Jahr, nicht vom Menschen gemacht, wird zwar als Zeitmaß von ihm gebraucht, aber ‹die Zeit› läuft weiter, ob der Mensch sie nach Jahren bemißt oder nicht.

Kohlenstoff ist das Grundelement aller organischen Substanzen, der Hauptbestandteil des tierischen und pflanzlichen Lebens, und gleichzeitig, in der Form von Kohlensäure, einer der wichtigsten Bestandteile der Luft. Kohlenstoff wird aus der Kohlensäure der Luft durch Pflanzen absorbiert, die den überflüssigen Sauerstoff freigeben. Und der in den Pflanzen assimilierte Kohlenstoff wiederum wird von Tieren und vom Menschen konsumiert. Sowohl in der Pflanze wie im Tier dient er teilweise zum Ausgleich struktureller Abnutzung, also für den sogenannten Wachstumsprozeß. Von jedem lebenden Organismus wird ständig neuer Kohlenstoff aufgenommen und alter, in geringerer Menge, von ihm abgegeben.

Heute weiß man, daß er kein so simples Element ist, wie man vor dem Aufkommen der Atomphysik glaubte. Er besteht aus drei Isotopen, drei bestimmten Substanzen, die chemisch nicht unterscheidbar sind, aber physikalisch verschiedene Eigenschaften haben, deren auffallendste ihr verschiedenes Atomgewicht ist: 12, 13 und 14. Der ‹gewöhnliche› Kohlenstoff hat das Atomgewicht 12, doch befinden sich in jedem Atom von C_{12} ein wenig C_{13} und C_{14}, im Verhältnis von 1 zu mehreren Millionen. Diese winzigen Beigaben von schwerem Kohlenstoff entstehen in den oberen Schichten der Atmosphäre. Dort ist die Kohlensäure der Luft einem ‹Bombardement› mit kosmischen Strahlen ausgesetzt, den noch unerklärten Strömen ionisierter Partikel, die aus dem höheren Luftraum auf die Erde ‹regnen›. Trifft eine dieser Partikel auf ein Atom Kohlenstoff in der Kohlensäure der Atmosphäre, so wird genug Energie, oder Substanz, der Partikel absorbiert, um C_{12} in C_{13} oder C_{14} zu verwandeln.

Dieser ‹schwere Kohlenstoff› wird, wie der gewöhnliche, von jedem lebenden Wesen, direkt oder indirekt, aus der Atmosphäre absorbiert. Und dieser Vorgang fände wohl nur akademisches Interesse, spräche nicht eine sehr wichtige Tatsache mit: Kohlenstoff 14 ist radioaktiv.

Radioaktive Substanzen aber bewirken zweierlei: sie stoßen Partikel ab, deren Ausstoßgeschwindigkeit mit einem Geigerzähler gemessen werden kann, und zerfallen bei diesem Vorgang in andere, normaliter nicht radioaktive Substanzen. Jede radioaktive Substanz aber sondert sich aus ihnen mit gleichbleibender Geschwindigkeit ab, so daß es möglich ist, festzustellen, daß nach einer bestimmten Zeit der Gehalt an Radioaktivität in einem Material auf die Hälfte reduziert sein wird, nach einer zweiten, gleich langen Zeitspanne auf ein Viertel, und so weiter. Dieses fixierte Zeitmaß nennt man den ‹Halbwert› der Substanz.

Libby, ein Atomchemiker, begann sich 1946 für den Kohlenstoff zu interessieren und kam zu dem Schluß, daß, da die Proportion von C_{14} im Kohlenstoff der Atmosphäre durch die ständigen Ströme kosmischer Strahlen konstant gehalten wird, jedes lebende Wesen seinen Bestand an C_{14} durch Absorption aus dem atmosphärischen Kohlenstoff fortwährend ergänzt und alle lebenden Wesen radioaktiv sind. Und zwar alle in genau dem gleichen Maß.

Dieser recht beunruhigende Gedanke war noch nicht unmittelbar für den Prähistoriker wichtig, dem es um die Festlegung einer genauen Chronologie zu tun war, doch 1947 ging Libby mit seinen Folgerungen einen Schritt weiter. Wenn ein Organismus abstirbt, hört er auf, neuen Kohlenstoff aus der Luft zu absorbieren. Von dem Moment ab wird die natürliche Abspaltung seines C_{14}

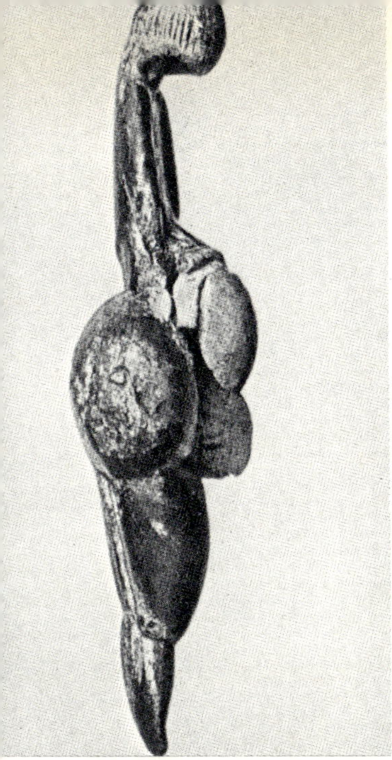

Die ‹Kleinkunst› der französischen Höhlenbewohner. Links: Die ‹Venus von Lespugue›, eine 15 cm hohe Frauenfigur, aus Elfenbein vom Mammut geschnitten. Entdeckt 1922. Rechts: Eine Speerschleuder aus Renntiergeweih, verziert mit der naturgetreuen Gestalt eines Schneehuhns. Entdeckt in der Höhle von Mas d'Azil. Unten: Bisons, Bulle und Kuh, aus Ton modelliert. 1912 von Graf Bégouen und seinen beiden Söhnen entdeckt.

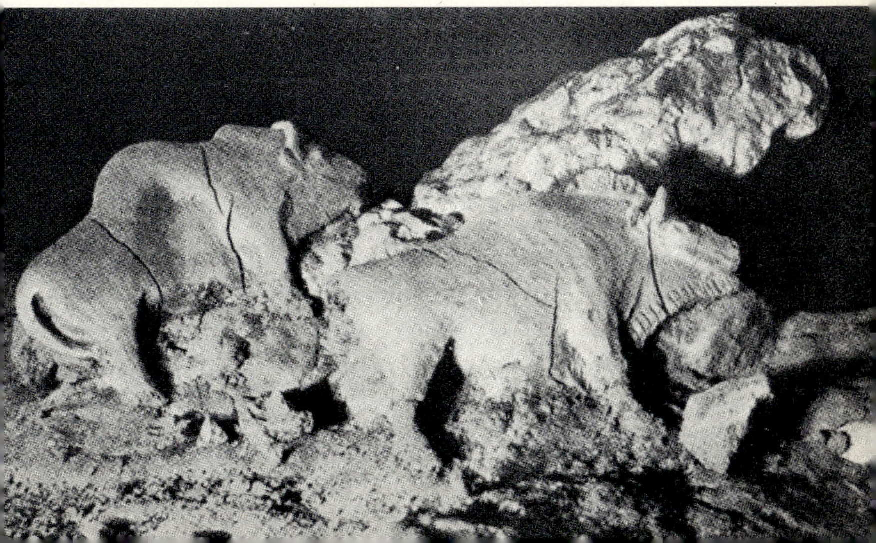

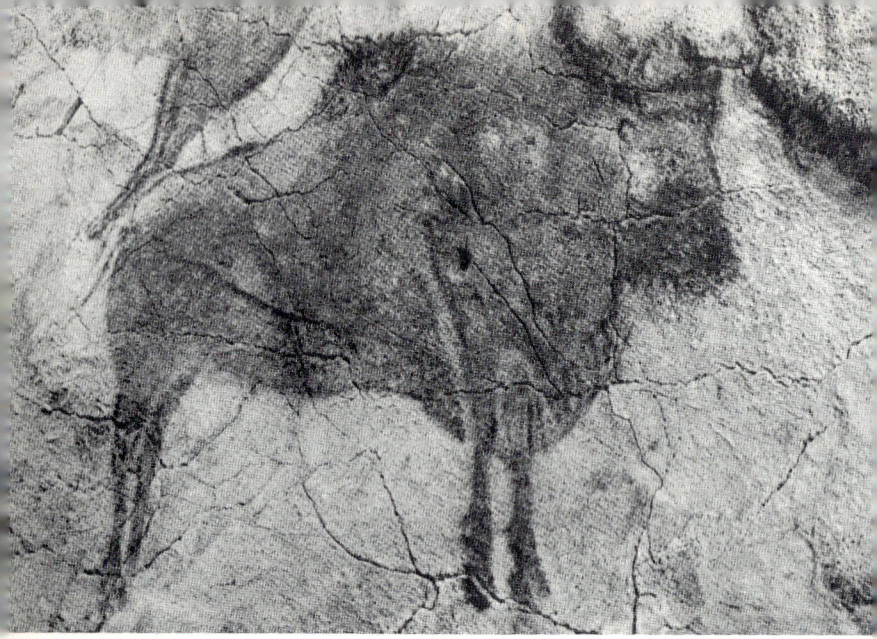

Lebensgroße Figuren der Gruppe von Altamira. Oben: Der Wache haltende Wisentbulle, in roter, gelber und schwarzer Farbe ausgeführt, fällt deutlich ins Auge. – Unten: Die schlanke Gestalt eines trächtigen Rehs.

Die bemalte große Höhle von Lascaux in Mittelfrankreich. Oben: Bei moderner Beleuchtung können heute die Besucher vom gepflasterten Boden der Höhle aus das Gesamtbild der Deckengemälde aus dem Aurignacéen überblicken. Unten: Die Köpfe der Bullen vorn an den Seiten haben doppelte Lebensgröße.

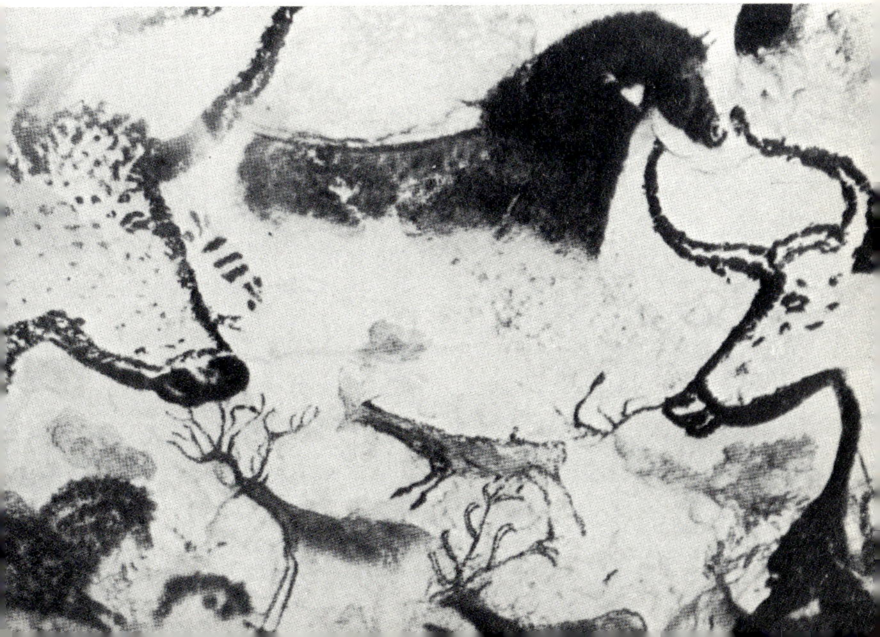

Die Jäger der Kjökkenmöddinger-Periode verstanden sich gut auf die Kunst, lange, gleichmäßige ‹Klingen› von vorbereiteten Feuersteinknollen abzuschlagen. Zwei Beispiele dafür oben links und Mitte. Zwei der leichten Beilklingen, die in Griffe aus Holz oder Hirschgeweih gesetzt wurden, liegen rechts. Zwischen ihnen ein Handbohrer. Vor dem großen Doppelkeil aus Hirschhorn im Vordergrund zwei typische querschneidige Pfeilspitzen.

Das Kjökkenmöddinger-Volk, die ersten Töpfer in Nordeuropa, fertigte diesen plumpen, dickwandigen Kochtopf mit spitz zulaufendem Boden an. Er muß auf dreieckförmig gelegten Steinen im Feuer gestanden haben, wie im Bild gezeigt.

An der norwegischen Eismeerküste fand man dieses Abbild eines Bären, das die Jäger und Fischer der Steinzeit auf ihrem letzten europäischen Bollwerk in eine Klippenwand hoch über dem Wasser eingeritzt haben.

Der riesige Grabhügel von New Grange in Ostirland. Vor dem Durchgang zur inneren Kammer mit sechs Meter hohen Steinwänden liegt ein mit eingeritzten Mustern bedeckter Felsblock.

Das Innere der aus Megalithen gebauten Grabkammer in ‹König Asger's Hügel› auf einer der dänischen Inseln. Die Kammer ist innen fast zwei Meter hoch und gut zehn Meter lang.

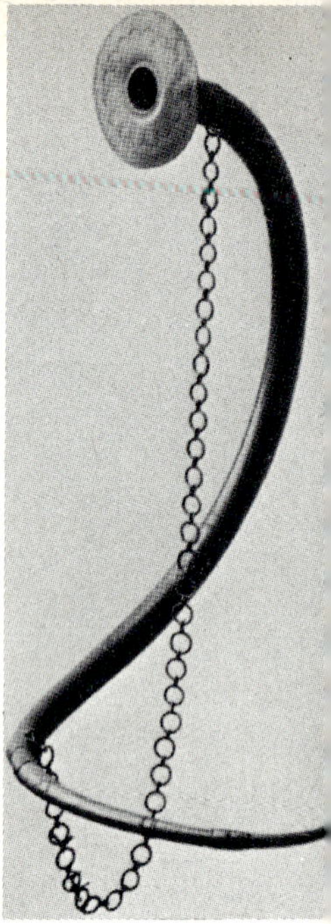

Links: Ein Gürtelschmuck aus Nordeuropa in der Bronzezeit. – Rechts: Eine Lure, Trompete in Schlangenform, im Südwesten von Jütland gefunden. – Unten: Der Sonnenwagen von Trundholm in Dänemark, mit der goldplattierten Sonnenscheibe.

Links: Der Kopf des vor 2000 Jahren gehenkten, wahrscheinlich im religiösen Ritus geopferten Mannes von Tollund, der vollkommen erhalten in seinem Torfgrab lag. Er trug nur die lederne Kappe, einen Gurt und eine (für diese Aufnahme abgenommene) Schlinge um den Hals.

Unten: Der verkrümmte Körper des Mannes von Grauballe, erst teilweise ausgegraben, liegt noch so im Torf an der Stelle, wo er vor 2000 Jahren nach seiner Hinrichtung begraben wurde.

Oben: Maiden Castle in Südwestengland, Festung aus der Eisenzeit mit mehrfachen Erdwällen.

Rechts: Teil eines Skeletts, in dessen einem Wirbelsäulenknochen noch ein römischer Schleuderpfeil steckt.

Oben: Felszeichnungen aus der Bronzezeit, in Oestergoetland, Schweden. Hier sind vier der typischen Schiffe jener Epoche sichtbar, auf einem das Abbild der Sonnenscheibe.

Unten: In Südjütland gefundenes Modell eines Schiffes aus dem Beginn der Eisenzeit. Seine Ähnlichkeit mit den Felsbildern von Schiffen der Bronzezeit ist erstaunlich, wenn auch Bug und Achtersteven teilweise zerstört sind.

Oben: Stonehenge, das gewaltigste prähistorische Denkmal in Europa. Durch die weißen Flecke innerhalb der Umwallung sind die ‹Aubreylöcher› markiert. Vorn rechts an der Straße der Hele-Stein.
Oben links: Rasiermesser der Bronzezeit (mit denen man heute noch eine glatte Rasur erzielen kann!) waren häufig mit religiösen Symbolen geschmückt. Zu beachten: an einem der Kopf des Pferdes vom Sonnenwagen, an einem anderen das vierspeichige Sonnenrad.

Unten links: Eins der Steinzeithäuser der Siedlung auf Skara Brae, Orkneyinseln. In der Mitte der von Steinen umgebene Herd, die tiefen Kästen zu beiden Seiten sind Betten. Im Hintergrund die ‹Anrichte›, daneben die Grube, die zum Aufbewahren von Lebensmitteln, vielleicht auch als Kochstelle diente.
Unten: Die Richtungssteine (alignments) bei Carnac in der Bretagne. Kilometerlange, parallele Reihen von Monolithen, die in Richtung auf den Punkt des Sonnenaufgangs zur Sommerwende weisen. (Frühe Bronzezeit, zeitgleich mit Stonehenge.)

Ein kostbares Stück vom Hallstatter Grabfeld: bronzener Kochtopf mit Handgriff in Form einer Kuh mit Kalb.

Links: Der Schild von Battersea, fast genau 2000 Jahre alt, vor nahezu hundert Jahren aus der Themse gebaggert. Ein schönes Beispiel keltischer Bronzearbeiten (La-Tène-Periode).

Rechts: Der größte Goldschatz des prähistorischen Europa: Eins der goldenen Hörner von Gallehus, 1802 gestohlen und eingeschmolzen, jetzt nur noch als Kopie (wie abgebildet) vorhanden.

Oben: Das Wikingerschiff von Gokstad in Norwegen, gleich nach der Freilegung, 1880.

Unten: Das rekonstruierte Begräbnisschiff der Wikinger von Oseberg in Norwegen, über 21 Meter lang.

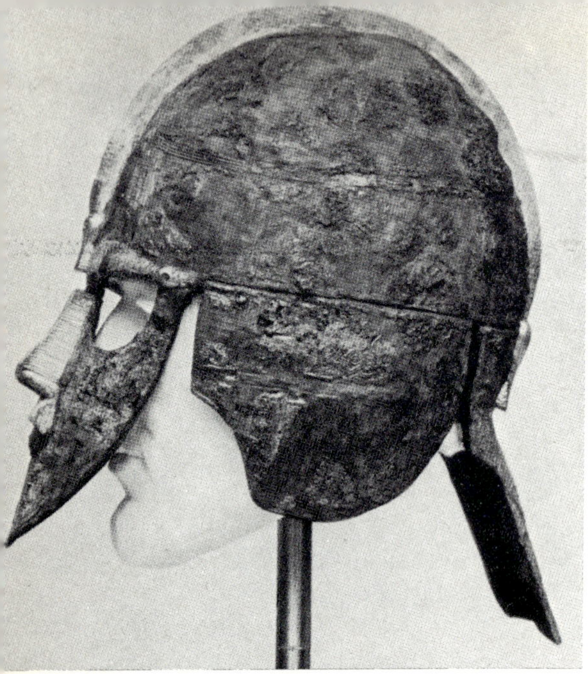

Links: Helm aus Eisen und Bronze, mit Schnurrbartschlitz im Visier (aus dem Grabschiff eines angelsächsischen Stammesfürsten bei Sutton Hoo).

Unten: Die «Staatskarosse» vom Osebergschiff, aus Tausenden von Bruchstücken wieder zusammengesetzt.

nicht durch neue Aufnahme ausgeglichen. Daher wird seine Proportion von $C_{14} : C_{12}$ langsam abfallen, und zwar mit konstanter Geschwindigkeit. Als Halbwert von C_{14} wurden 5568 Jahre ermittelt, mit einer Varianz von 0,54%. Demnach würde ein vor 5568 Jahren gefällter Baum nur halb so viele Anschläge im Geigerzähler bewirken wie ein erst gestern gefällter.

Nun horchten die Prähistoriker auf, denn auch das Umgekehrte traf zu: wenn ein Stück Holz im Zähler nur die halbe Zahl Anschläge bewirkte, dann war dieses Holz 5568 Jahre alt. Und jede andere Proportion von Anschlägen konnte in gleicher Weise in ein Datum verwandelt werden, so weit in die Vergangenheit, wie der Apparat verläßlich zu registrieren vermag. Plötzlich war wie aus blauem Himmel eine neue Methode aufgetaucht, um prähistorisches Material zu datieren, das Kohlenstoff enthielt.

Und die Sache stimmte. Die *American Anthropological Association* beauftragte im Februar 1948 einen Ausschuß von vier Archäologen, der nun begann, Proben von allen denkbaren prähistorischen Gegenständen an Libby mit seiner Batterie von Geigerzählern zu senden. Die ersten waren Gegenstände von bekanntem Alter – Holz aus den Gräbern ägyptischer Pharaonen und aus hethitischen Palästen, Asche aus römischen Feldlagern und Tuch von den Schriftrollen vom Toten Meer. In allen Fällen ermittelte Libby ein Datum, das – mit plus oder minus 10% Varianz – dem schon bekannten entsprach. Die neue Methode hatte ihren Wert erwiesen.

Nun konnte das unmöglich Erscheinende versucht werden: auch die Gegenstände, die nach allgemeiner Überzeugung nicht chronologisch einzustufen waren, ließen sich mit dem Apparat messen. Und eine Reihe von Problemen, die man seit Jahren als hoffnungslos aufgegeben hatte, waren nun in Tagen lösbar. Mittels der Asche eines Lagerfeuers aus der Höhle von Lascaux wurde festgestellt, daß die Höhle in der Steinzeit vor 15516 Jahren bewohnt gewesen war. An Birkenholz vom Rande der Eiskappe in Norddeutschland wurde erkannt, daß der Rückgang des Eises von dort vor 10800 Jahren begann. Bei Muscheln aus einer der ältesten bäuerlichen Siedlungen der Welt, Jarmo im Irak, wurde ein Alter von 6707 Jahren ‹gezählt›.

Auf die anscheinend absolut genaue Festlegung der Jahre sollten wir uns jedoch nicht versteifen: in allen Fällen wurde mit der gefundenen Zahl der mögliche Fehlerkoeffizient angegeben, der sich gewöhnlich auf 10% plus oder minus, manchmal auch mehr, beläuft. Aber selbst eine Ungenauigkeit von 10% ist viel wertvoller als die höchst subjektiven Schätzungen, die man bisher abgeben konnte. Durch bessere Abschirmung der Geigerzähler gegen kosmische Strahlen, bessere Vorbereitung der Proben und größere Sorgfalt beim Bergen und beim Transport ist der Fehlerkoeffizient schon merklich verringert worden.

Im Geigerzähler liegt die Zukunft der archäologischen Zeitforschung – bis eine noch bessere Methode gefunden wird. Libbys Instrument wird in Amerika bei allen maßgebenden Stellen für das Studium der Archäologie benutzt, eine Anzahl solcher Forschungsstellen ist auch in Europa eingerichtet worden, die ersten in Cambridge und Kopenhagen. Und heute klickt in dem von Thomsen gegründeten Museum, nur ein kleines Stück entfernt von den Räumen, in denen er zuerst seine nach dem System der ‹Drei Zeitalter› geordnete Sammlung zur Schau stellte, geschäftig ein mit Blei isolierter Apparat, der mit immer größerer Genauigkeit das Alter der Dinge mißt, die Thomsen als erster für prähistorisch zu erklären gewagt hatte.

III. BUCH

DIE ERSCHLIESSUNG EUROPAS

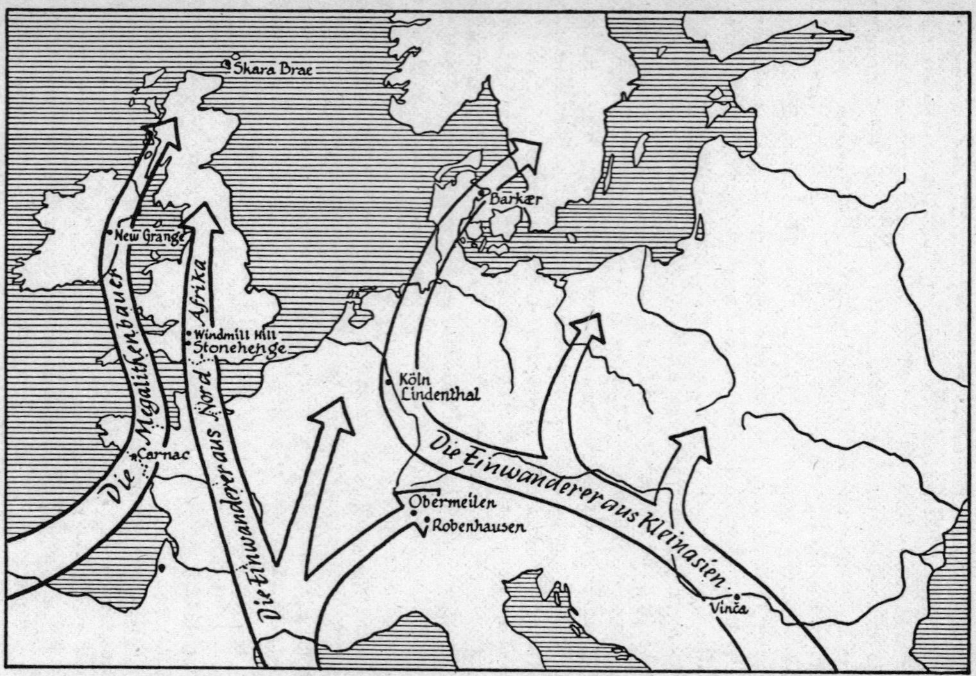

Abb. 33: Die Verbreitung seßhafter Bauern im noch unbesiedelten Europa zwischen 3000 und 2000 v. Chr.

13 Die Seedörfer

1954 trafen sich Vorgeschichtsforscher aus der ganzen Schweiz am Gestade des Züricher Sees, um ein Jahrhundert Pfahldörferforschung zu feiern. Hundert Jahre Forschung sind auf jedem Feld der Vorgeschichte ein beachtenswertes Ereignis, und 1854 steckte diese Wissenschaft noch in den Kinderschuhen. In Frankreich verlachte damals die akademische Welt die von Boucher de Perthes gefundenen Faustkeile, in England die Höhlengrabungen Pengellys. Nur in Skandinavien, wo Thomsen und Worsaae mit ihrer neuen Einstufung prähistorischer Objekte und den Untersuchungen der Kjökkenmöddinger von sich reden machten, gab es Anzeichen, daß eine veränderte Auffassung von den Altertümern völlig neues Licht auf die vorgeschichtliche Epoche werfen könne. In der Schweiz fanden die neuen Gedanken willige Ohren. Worsaae hatte als junger Mensch die Schweiz besucht, und schon vorher waren zwei besonders befähigte junge Gelehrte dieses Landes, die Professoren Adolphe von Morlot und Frédéric Troyon, nach Kopenhagen gekommen, um sich über Thomsens revolutionäre Organisation, die Gruppierung nach den drei Zeitaltern, Stein, Bronze und Eisen, in seinem Museum ihr Urteil zu bilden.

Der Winter 1853 war der trockenste und kälteste seit Menschengedenken. Es fiel wenig Schnee, auf den hohen Bergen im Hintergrund des Züricher Sees blieb die dünne Decke bis weit ins Frühjahr liegen. In der ganzen Schweiz führten die Flüsse kaum Wasser, die Spiegel der Seen sanken. Der Wasserstand des Züricher Sees war der niedrigste, dessen sich die ältesten Anwohner erinnern konnten. Weite Flächen des bisher vom klaren Gletscherwasser bedeckten steinigen Strandes lagen trocken. An dem Stein bei Stäfa, wo man seit Jahrhunderten die ungewöhnlich hohen oder tiefen Wasserstände angezeichnet hatte, war die Marke von 1674 die niedrigste in der Geschichte der Schweiz gewesen. Im Frühling 1854 aber lag das Wasser noch einen Fuß unter diesem Strich. An der Rhone, der Aare und der Limmat kamen beim Sinken des Wassers jahrhundertelang unsichtbar gebliebene Überreste römischer Bauten zum Vorschein.

Von dieser ungewöhnlichen Gelegenheit machten die landhungrigen Bauern am Seegestade guten Gebrauch: überall, wo der See trockenes Land freilegte, trafen sie gleich Maßnahmen, es sich zu erobern. Das Verfahren war ebenso einfach wie erfolgreich. Dicke Wälle aus Stein und Erde wurden in den See hinaus und dicht am zurückweichenden Wasser entlang gebaut und das so umschlossene Gebiet mit dem fruchtbaren alluvialen Schlamm aufgefüllt, den die Bauern aus dem seichten Wasser hinter den Dämmen abschöpften. Alsbald war das neue Ufer fest und ein neuer Acker gewonnen.

Bei Obermeilen, an der Nordseite des Sees, ungefähr zehn Kilometer von Zürich, waren die Ortsbewohner damit beschäftigt, in der beschriebenen Weise in der breiten flachen Bucht, an der ihr Dorf lag, Land abzudeichen. Als sie jedoch den Grundschlamm jenseits der Dämme abschöpfen wollten, stießen sie auf unvermutete Hindernisse: dicht unter der Schlammschicht widersetzte sich ihnen ein wahrer Wald von Pfählen, starken angespitzten Balken von zwei bis vier Meter Länge, die in Abständen von ungefähr einem viertel Meter im weichen Seegrund staken. Als die Bauern auf der Suche nach einer Stelle, wo sie unbehindert Schlamm abgraben konnten, weitergingen, entdeckten sie, daß die Pfähle sich über die ganze Länge der Bucht erstreckten, in Form eines vierhundert Meter breiten Gürtels, der ungefähr dreihundert Schritt vom Gestade entfernt im See anfing.

Solche Pfahlwälder waren in der Schweiz nicht unbekannt: seit 1472 hatte man schon mehrere entdeckt, über die es Berichte gab, die freilich keinen Hinweis enthielten, zu welchem Zweck und von wem sie angelegt waren. Hier jedoch handelte es sich um die bei weitem größte bisher entdeckte, noch unübersehbare Ansammlung. Sollte der Landgewinnungsplan durchgeführt werden, ehe beim Tauwetter im Frühjahr das Gelände wieder überschwemmt wurde, so mußte man schon den nötigen Schlamm zwischen den Pfählen ausbaggern. Mit nicht wenigen Verwünschungen gegen die unbekannten Menschen, die das Hindernis geschaffen hatten, begannen die Bauern von Obermeilen die so unvermutet erschwerte Arbeit.

Bald fiel ihnen auf, daß der Schlamm eine Menge ungewöhnlicher Dinge enthielt. Die vielen Knochen, Feuersteinbrocken und bearbeiteten Holzstücke, die zuerst zum Vorschein kamen, wurden unbeachtet mit in das aufgefüllte Gebiet gekippt. Die ersten zwischen den Greifern sichtbar werdenden Bronzebeile und Armbänder jedoch gaben ihnen zu denken. Diese Dinge konnten sie nicht einfach fortwerfen, die mußten klügere Leute erst einmal prüfen. Abends begab

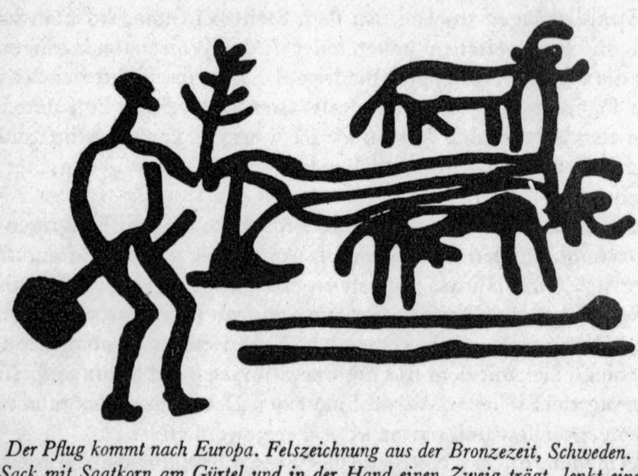

Abb. 34: Der Pflug kommt nach Europa. Felszeichnung aus der Bronzezeit, Schweden. Ein Mann, der einen Sack mit Saatkorn am Gürtel und in der Hand einen Zweig trägt, lenkt einen mit zwei Rindern bespannten Pflug.

sich eine Abordnung der Bauern ins Haus des Dorfschullehrers Johannes Aeppli, dem sie eine Auswahl der verschiedenen Fundstücke vorlegten.

Aeppli erkannte sofort, daß es sich hier um eine Fundstätte von einzigartiger historischer Bedeutung handeln mußte. Er wies die Bauern an, jedes Stück, das von Menschen bearbeitet sein konnte, beiseite zu legen, und brachte selbst mehrere Tage bei den Baggern zu, wo er Bronzen, Feuersteinmesser und Beile aus Hirschhorn aussortierte. Als er seiner Sache sicher war, schrieb er einen Brief an die Züricher Gesellschaft der Altertumsfreunde, in dem er sagte: ‹In der Nähe meiner Wohnung wurden im trocken liegenden Teil des Seebetts alte, von Menschenhänden bearbeitete Gegenstände gefunden, die vermutlich zur Aufklärung über die frühesten Bewohner unseres Landes dienen können.› Der Brief wurde dem Vorsitzenden der Gesellschaft, Professor Ferdinand Keller, ausgehändigt.

Der 53jährige Keller galt, nach zwanzigjähriger Leitung der Züricher Gesellschaft, als einer der bedeutendsten Vorgeschichtsforscher der Schweiz. Er war jedoch nicht Professor für Archäologie, sondern für die englische Sprache! Sein Vater und sein Großvater waren Goldschmiede gewesen. Ferdinand, der schon sehr früh an eine akademische Laufbahn dachte, zeigte in der Schule so gute Leistungen, daß seine Eltern ihn auf die Universität schickten, wo er Theologie studierte und 1825 ordiniert wurde. Entschlossen, nicht in einem Landpfarrhause zu vegetieren, wandte er sich dem Studium der Naturwissenschaften zu, ging nach Paris und hörte kurze Zeit wissenschaftliche Vorlesungen an der Sorbonne. In Paris machte ihm ein reicher Engländer, Henry Seymour, das Angebot, als Erzieher und Begleiter seines Sohnes nach England zu kommen, wo er sechs Jahre mit seinem Schüler das Land kreuz und quer bereiste. Im Jahre 1831, als sie der Eröffnung der Eisenbahnlinie Liverpool–Manchester beiwohnten, zog er sich eine Erkältung zu, die zu einem Leberleiden führte, so daß er sich entschloß, ins trocknere Klima seiner Heimatstadt Zürich zurückzukehren.

Zürich war damals schon auf dem Wege, die größte Stadt der Schweiz zu werden. Kürzlich hatte man dort ein Technikum eröffnet, das zur Universität ausgebaut werden sollte. Hier sah Ferdinand Keller die Gelegenheit kommen, auf die er lange gewartet hatte. Er wechselte nochmals sein Studium und bewarb sich, als wissenschaftlich geschulter Theologe, um den neu geschaffenen Lehrstuhl für Englisch am Institut.

Aber auch als junger Professor war er noch nicht am Ziel seiner Wünsche: er brauchte eine anregendere und lebhaftere Tätigkeit als die Führung von Studenten durch die Klippen der englischen Sprache. Und die fand er, als einige seiner Hörer, die sich an den prähistorischen Totenhügeln bei Burghölzli mit Ausgrabungen versuchen wollten, ihn überredeten, mitzukommen. Wie es später noch so vielen erging, die aus Passion zu Prähistorikern wurden, reizte auch ihn die Aussicht, Gegenstände aus der Erde zu holen, die Männer und Frauen in so ferner Vorzeit wirklich gebraucht hatten. Und den Ausgrabungen bei Burghölzli sollten noch viele folgen.

Die jungen Männer aus Zürich, die mit ihm gruben, ebenso begeistert wie er, sprachen von der Gründung eines Archäologenvereins. Keller griff die Idee auf und konnte sie mit seiner Autorität als Professor in die Tat umsetzen. Der Verein wurde 1832 unter dem gewichtig klingenden Namen ‹Züricher Antiquarische Gesellschaft› ins Leben gerufen. Es gab damals in der Stadt keinen Prähistoriker von Beruf – überhaupt in der Welt erst ganz wenige. Der Verein hielt seine Tagungen in einem alten Gasthof ab, wo man über Möglichkeiten, Methoden und Ergebnisse diskutierte. Es war ein Klub junger, von leidenschaftlichem Eifer und neuen Einfällen erfüllter Menschen, und Keller, sein erlauchter Vorsitzender, war erst 31 Jahre alt. Sie lasen und besprachen fleißig alle Bücher über Altertümer, die sie in der Schweiz und dem übrigen Europa auftreiben konnten, und gehörten etwa fünfzehn Jahre später zu den ersten, die Professor Troyons Bericht über das skandinavische Drei-Zeitalter-System lasen und kritisierten. Aber sie hatten auch in diesen fünfzehn Jahren das Gebiet um Zürich schon konsequent nach Altertümern durchforscht, hatten beträchtliche Grabungen in Hügeln und Höhlen gemacht und hatten eine stattliche Menge Töpferwaren, Feuersteingeräte und Bronzearbeiten angehäuft, in die sie bis dahin freilich noch keine systematische Ordnung hatten bringen können. Keller, der in den Sitzungsberichten der Gesellschaft sehr viele archäologische Abhandlungen veröffentlichte und dafür 1847 einen Ehrendoktortitel erhalten hatte, stand mit der Hälfte der europäischen Altertumsfreunde in Briefwechsel. Damals kam es selten vor, daß eine größere Entdeckung ausgerechnet in dem Gebiet gemacht wurde, wo es Scharen von Vorgeschichtsforschern gab, die sie mit Begeisterung und einiger Erfahrung in Angriff genommen hätten. An der Pfahlstätte bei Obermeilen aber trat so ein Ereignis ein. Die Resultate wurden nicht nur ungeheuer schnell erzielt, sondern sollten auch eine wirkliche Sensation werden.

Eine Arbeitsgruppe kämmte bei Obermeilen die Fundstelle durch, allerdings in einer Weise, daß den modernen Archäologen ein Schauder überlaufen würde. Alle Gegenstände lagen im torfigen Schlamm unter dem seichten Wasser des Sees. Es war weder möglich, methodisch zu graben noch ordnungsgemäß zu registrieren. Die Hälfte der Leute untersuchte den von den Landgewinnern ausgebaggerten Boden, zerkleinerte die Klumpen und nahm die darin enthaltenen Fundstücke heraus. Die übrigen kreuzten in flachen Kähnen über den eingesunkenen Pfählen, beobachteten den Seegrund und holten mit Greifern jeden Gegenstand heraus, der ihnen auffiel. Bis das sommerliche Tauwetter einsetzte und das Wasser wieder stieg, so daß sie aufhören mußten, hatten sie einen respektablen Berg aller möglichen Dinge zusammengetragen. Viele bronzene Stücke waren dabei: flache Beile mit teilweise noch sichtbaren Gußrändern an den Seiten und stärkere Axtklingen mit einem Loch für den Stiel. Zahlreiche Feuersteingeräte zeugten von einer unglaublich verfeinerten Bearbeitungsweise. Auch Beile aus Feuerstein mit Schäftung aus Hirschgeweih, Meißel aus fein behauenem Feuerstein, sauber in Handgriffe aus Horn eingepaßt, und andere, als Messer, in halbkreisförmige hölzerne Griffe montiert. Daß man Holz vorfand, war die größte Überraschung. Man stand hier vor der ersten größeren Entdeckung in durchwässertem Boden und hatte sich bisher nicht klargemacht, daß das Wasser viele Dinge konserviert, die an der Luft vollständig verrotten. Nicht allein hölzerne Stücke waren erhalten geblieben: auch Teile von Körben und Mattengeflecht sowie Fetzen von Stoff und Netzen. Und zwischen all dem lagen Tausende von Knochen, die durch Zoologen in Zürich identifiziert wurden: Gebeine von Rehwild und Füchsen, von Ziegen und Schweinen, Rindern, Schafen und Hunden.

Der ‹Pfahlwald› wurde schon untersucht, als das Baggern nach Schätzen noch im Gange war. Es zeigte sich, daß die Pfähle in ziemlich gleichmäßigen Reihen

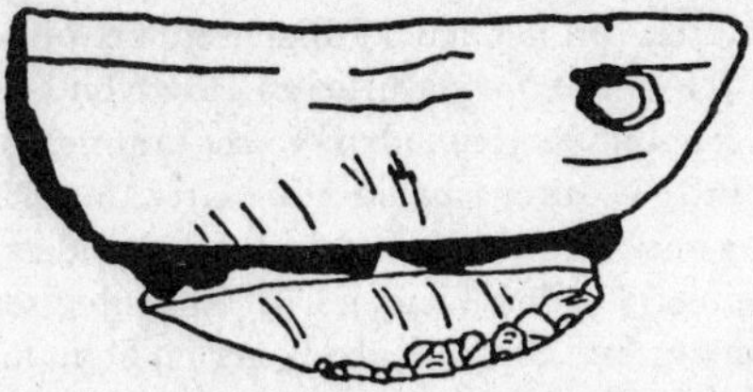

Abb. 35: Die Feuersteinklingen aus den Pfahldörfern sind in ihren hölzernen Griffen mit Baumharz befestigt.

eingerammt waren. An einigen Stellen waren noch Querbalken und Teile einer Decke über dem Pfahlwerk erkennbar.

Als Keller im Herbst desselben Jahres (1854) seinen ersten Bericht über ‹Pfahlbauten› veröffentlichte, konnte er von den im See gemachten Entdeckungen schon ein zusammenhängendes Bild geben. Zweifellos hatte bei Obermeilen eine prähistorische Siedlung gelegen, entweder in der Bronzezeit oder in der Steinzeit, vielleicht auch in der Übergangsperiode zwischen beiden. Und zwar mußte sie sich auf den in den Seegrund getriebenen Pfählen befunden haben, auf über ihnen befestigten Plattformen. Also war sie ganz vom Wasser umgeben gewesen. Keller beschrieb analog die Pfahldörfer von Neuguinea und Borneo und sprach die Vermutung aus, daß diese frühzeitlichen in der Schweiz aus demselben Grunde – nämlich zu Verteidigungszwecken – in den See gebaut worden seien. Die Bewohner waren Ackerbauer gewesen, wie die in so reichen Mengen gefundenen Knochen von Haustieren bewiesen. Ihre Feuersteingeräte waren ganz anderer Art als die von der Gesellschaft für Altertumsforschung bei Höhlengrabungen entdeckten Geräte der Jäger, die vor den Bauern existiert hatten. Nichts deutete darauf, daß eine dieser Kulturen sich aus der andern entwickelt hatte.

Die Entdeckungen bei Obermeilen wurden zu einer Sensation ersten Ranges. Allein dieser Reichtum an prähistorischen Stücken hätte, zu einer Zeit, als man in den Museen mehr Material anhäufte als Wissen, schon genügt, die Welt aufhorchen zu lassen. Die Kunde aber, daß von der Siedlung sogar die Fundamente erhalten waren, so daß man sich das uralte Dorf in seiner ursprünglichen Anlage vorstellen konnte, steigerte das Interesse zur Siedehitze. In der ganzen Schweiz begannen begeisterte Forscher die seichten Gewässer der zahlreichen Seen zu untersuchen.

Die Ergebnisse übertrafen alle Erwartungen. Ferdinand Keller bekam eine Meldung nach der andern über die Freilegung weiterer Pfahlgruppen und die Bergung von Gegenständen aus Stein, Knochen und Bronze. In seinem zweiten, 1858 veröffentlichten Bericht konnte er mehr als zwanzig Fundstellen ähnlicher Art wie die von Obermeilen behandeln. Über die Form und Größe der Hütten, die auf den im See erbauten Plattformen gestanden hatten, waren bereits heftige Diskussionen im Gange.

Im selben Jahr begannen die Ausgrabungen an der berühmtesten aller Fundstellen, bei Robenhausen am kleinen Pfäffikonsee, knapp zwanzig Kilometer von Zürich. Dieser See bildet ein natürliches Reservoir, in dem sich die von den Bergen in der Umgebung strömenden Wasser sammeln und als Aa aus ihm weiterfließen. Der Fluß Aa durchschneidet die Grenzmoräne, vor der sich der See staut. Das Stauwasser hatte man im vorigen Jahrhundert als Kraftquelle für den Betrieb einer Spinnerei in dem kleinen Dorf Robenhausen benutzt. Im Lauf der Zeit war aus dem am Fuß des Sees abgelagerten Schlamm und den pflanzlichen Abfällen eine dicke Torfschicht geworden. Die Aa zog über den Torf hinweg ihre gewundene Bahn durch die Moräne.

Im Winter 1857 wurden Arbeiten zur Begradigung des Flußlaufs in den Torfsümpfen begonnen, um der Spinnerei eine gleichmäßige Wasserversorgung zu sichern. Als die Arbeiter im Februar 1858 einen neuen Durchstich zum Abschneiden einer Flußbiegung machten, stießen sie im Torf auf eine nun schon bekannte Erscheinung: Reihen hölzerner Pfähle. Abends begaben sie sich zu einem Ackerknecht im Dorf, dem sie berichteten, sie hätten das Pfahldorf gefunden, nach dem er schon gesucht hatte.

Jakob Messikommer war kein gewöhnlicher Ackerknecht. Neunundzwanzig Jahre alt, zäh und drahtig, gewöhnt, vom frühen Morgen bis zur Dunkelheit alle im Landleben vorkommenden Arbeiten auszuführen, hatte er auch scharfe Augen, eine gesunde Phantasie, die er zu zügeln wußte, und viel Lust zum Lernen. Als sein Vater gestorben war, mußte er, um die Mutter und seine drei jüngeren Brüder und Schwestern zu ernähren, mit fünfzehn Jahren die Mittelschule verlassen, die er erst anderthalb Jahre besucht hatte. Er glich die fehlende Schulbildung aus, indem er alles las, was ihm in die Hände fiel. Da er das Geld für eine Zeitung nicht hatte, wanderte er regelmäßig mehrere Kilometer weit, um für den Arzt im Ort die Zeitung von der Post zu holen, die er auf dem Rückweg durchlas. Vom Doktor lieh er sich auch schwierige Bücher und stand, um sie studieren zu können, morgens eine Stunde früher auf, als schon seine lange Tagesarbeit verlangte. Während der Arbeit dachte er dann über das Gelesene nach.

Zu seinen vielen Tätigkeiten gehörte auch das Ausstechen und Stapeln von Torf als Brennstoff für das elterliche Haus, seine liebste Beschäftigung. Er bereitete stets mehr Torf auf, als der Haushalt benötigte, und brachte den Rest zum Verkauf nach Zürich. Doch sein Interesse am Torf war nicht nur der Gewinn: er wußte aus Büchern, daß gerade im Torf sich Knochen, Holz und Metall vorzüglich erhalten. ‹Ich las›, schrieb er später einmal, ‹daß man in Dänemark einen vollständig erhaltenen menschlichen Körper mit den Kleidern usw.

gefunden hat.› Die Frühgeschichte der Schweiz interessierte ihn sehr. Er hoffte, eines Tages im Torf irgendeinen von den früheren Bewohnern der Schweiz, den von Julius Cäsar beschriebenen Helvetiern, benutzten Gegenstand zu finden.

1857 wurde in einer Sandgrube an der Straße vor Robenhausen ein prähistorisches Grab mit einem Skelett entdeckt, das Armbänder und Ohrringe aus Bronze trug. Das war etwas für Jakob Messikommer! Er sammelte die Sachen ein und schickte sie, mit einem Bericht über den Vorgang der Entdeckung, an Professor Keller in Zürich. Keller sandte ihm mit der Antwort ein Exemplar seines ersten Aufsatzes über die Pfahlbauten und erwähnte, daß es vielleicht auch am Gestade des Pfäffikonsees derartige Reste gäbe. Worauf Messikommer sofort seine Helvetier vergaß und fortan in seiner freien Zeit an den Ufern und seichten Stellen des Sees nach Spuren eines Pfahldorfs suchte. In einem so kleinen Dorf wie Robenhausen konnte seine Tätigkeit natürlich nicht unbemerkt bleiben. Er erntete gutmütigen Spott, als sich bei seiner ersten «Entdeckung» herausstellte, daß es Pfähle einer modernen Fischfalle waren. Als die einheimischen Arbeiter jedoch bei dem neuen Durchstich im Torfmoor auf Pfahlreihen stießen, verzieh Messikommer ihnen die Ulkerei, denn hier witterte er die Erfüllung seines größten Wunsches. Er eilte nach der Baustelle. Schon mit der ersten Schaufel voll wassergetränkten Torfs kamen Stücke von bearbeitetem Feuerstein ans Licht, und kurz danach die ersten kompletten Feuersteingeräte.

Messikommer sandte sofort einen Bericht über seinen Fund an Keller, der die Entdeckung noch in seiner zweiten Abhandlung über Pfahlbauten mit erwähnen konnte. Messikommer widmete nun jede freie Stunde den Grabungen und dem Sammeln der zutage geförderten Exemplare. Als der Durchstich fertig war, konnte er sich mit dem Gedanken, die Fundstelle aufgeben und zu seiner eintönigen Feldarbeit zurückkehren zu müssen, nicht abfinden. Er kratzte seine ganzen Ersparnisse zusammen und kaufte das Land beiderseits des Durchstichs. Zum Glück war der Preis nicht hoch, denn das Stück, aus dem nur Brenntorf abgebaut wurde, war als Weide oder Acker nicht geeignet.

Die nächsten fünfzig Jahre, und noch als Achtzigjähriger, grub Jakob Messikommer regelmäßig auf seinem Besitztum, indem er methodisch kleine Flächen absteckte und sie der Reihe nach aushob. Sein Sohn hat uns eine genaue Beschreibung seiner Spatenarbeit und der durch langjährige Erfahrung gewonnenen Technik hinterlassen. Es konnte immer nur an einem etwa sechs mal drei Meter großen Stück des Landes gegraben werden, weil sonst die Menge des eindringenden Wassers mit den verfügbaren Holzeimern und Handpumpen nicht zu bewältigen war.

Zuerst hoben Messikommer und seine Helfer etwa einen Fuß tief den Boden aus, der niemals alte Gegenstände enthielt. Von da an gingen sie behutsamer vor, denn unterhalb dieses Niveaus konnte man vielleicht schon auf die Enden von Pfählen stoßen, deren mit Wasser getränktes Holz so weich war, daß der Spaten es durchschneiden konnte wie Käse. Jeder Spaten voll Erde wurde mit der Hand zerkrümelt und untersucht, denn auch dicht an der Oberfläche konnten schon kleine Gegenstände aus der Vorzeit liegen. Am ersten Arbeitstag drang man etwa ein Meter tief. Dann wurde es bereits notwendig, zum Entwässern in einer Ecke ein tieferes Loch zu graben, aus dem jemand mit Eimern das Wasser schöpfte. Am nächsten Tage kamen sie ungefähr bis zum Niveau des Seebetts. Hier half Schöpfen allein nicht mehr, es mußte eine Handpumpe eingesetzt werden, die ständig in Tätigkeit blieb. Jetzt konnten sie schon die in dichten Reihen stehenden Pfähle unterscheiden, deren obere Enden in zwei, zum Teil drei verschiedenen Längen herausragten. Eine bedeutsame Feststellung, denn darin lag der Beweis, daß das Pfahldorf zweimal abgebrannt und zweimal wiederaufgebaut worden war, ehe es, nach einem dritten Brand, verlassen wurde. Die Schichten verbrannten Holzes und Flechtwerks waren, als Zeugen der drei Brände, in den Seitenwänden der Grube so gut zu erkennen, daß man schon beim Bergen die Gegenstände aus den einzelnen Bewohnungsschichten getrennt halten konnte.

Eine einzelne Ausgrabung erbrachte oft nur wenige Stücke, und die Besucher, die fast immer meinten, jeder Spatenstich müsse eine Sensation bringen, wurden häufig enttäuscht. Die typische Liste für ein Teilstück enthielt etwa: zwei Tongefäße, drei Steinwerkzeuge, zwei bearbeitete Knochen, eine Handmühle in Sattelform, mehrere lose Knochen und einen Vorrat Haselnüsse.

Als aber zahlreiche Sektionen durchgegraben waren, hatte die Sammlung stattliche Ausmaße angenommen. Beile aus Stein und Feuerstein in hohlen Griffen aus Horn, Feuersteinmesser in Handgriffen aus Horn oder Holz, Meißel aus Feuerstein und Knochen, Ahlen und Nadeln aus Knochen und Geweihsplittern, Harpunen und Speerspitzen aus Horn, Pfeilspitzen aus Feuerstein, Spinnwirteln aus Stein und Spindeln aus Holz, Netzgewichte und Schwimmer, hölzerne Messer und Dolche, hölzerne Tassen und Schöpflöffel, Töpferwaren verschiedenster Formen und Größen – gaben insgesamt ein buntes Bild vom Leben in diesem primitivsten aller Dörfer. Interessanter noch waren die leichter verderblichen, in dem etwas säurehaltigen Wasser des Torfmoors konservierten Dinge: Knäuel und Strähnen von Flachsfäden, Quasten und geflochtene Gürtel, Teile von Fischnetzen und Seilen, von gewebtem Tuch und mehrschichtigem Mattenstoff, geflochtene Körbe und Bastmatten. Und dazwischen die Speisereste und Lebensmittel der einstigen Bewohner: Knochen von Haustieren und Wild, Vorräte von Korn und ganze Ähren von Gerste, Spelz und Flachs, Haselnüsse haufenweise sowie versengte Äpfel und Tannenzapfen. Im Gegensatz zu Obermeilen enthielt die Siedlung Robenhausen kaum ein Stück aus Bronze. Es wurden nur zwei metallene Gegenstände dort gefunden: eine einfache glatte Beilklinge aus Kupfer und, ein Stück von der Ausgrabungsstelle entfernt, eine bronzene Beilklinge mit primitiv gearbeiteter Tülle, die genau den Exemplaren von Obermeilen glich.

Je länger die Liste der entdeckten Gegenstände wurde, um so berühmter wurde der Name Robenhausen. Gabriel de Mortillet bezeichnete nach einem Besuch dieser Fundstätte seine erste Periode des Neolithikums als ‹Robenhausien›. Sogar aus England und Rußland kamen Prähistoriker gereist, um sich die Ausgrabungen anzusehen. Ein Kabinett mit den Prunkstücken war in der Abteilung

Schweiz auf der Pariser Ausstellung von 1867 zu sehen. Jakob Messikommer wurde zum Ehrendoktor der neuen Universität Zürich ernannt, doch der Ruhm brachte ihm wenig Brot und noch weniger Butter. Da er seine Zeit für die Ausgrabungen hergab, litt naturgemäß die Feldarbeit, von der er und seine wachsende Familie leben sollten. So zwang ihn schließlich die Geldnot, Teile seiner Sammlung zu verkaufen. Zum Glück gab es mehr als genug Museen und Forscher, die nur zu gern ihre eigenen Sammlungen mit echten ‹Robenhausiana› vergrößerten. Mochte man auch Messikommer Vorwürfe machen, daß er für seine Ausgrabungen geldliche Gewinne einsteckte – die Verbreitung dieser Gegenstände in die meisten Museen Europas, die Bereicherung des Wissens von der Pfahlbauten-Kultur und die Anregungen zu weiterem Studium wurden sehr wertvoll für die gesamte Vorgeschichtsforschung.

In den Jahrzehnten, da Messikommer bei Robenhausen grub, machte man allerorten in der Schweiz und weit über die Grenzen des Landes hinaus Ausgrabungen, die freilich weder so umfangreich noch so ertragreich waren. Immerhin erwiesen sich Seedörfer als dankbares Feld nicht nur für Prähistoriker, sondern auch für Laien. Ein Seegestade bildet ja ein beschränktes Suchgebiet, und die Pfahlbauten konnten immer nur in geringer Entfernung vom Ufer liegen. Viel erreichte oft der Suchende schon, wenn er sich gemächlich in einem flachen Kahn über die Untiefen gleiten ließ und nur den Bootshaken bereithielt, um vom Seegrund jedes ihm interessant erscheinende Stück aufzugreifen. Eine schöne und spannende Beschäftigung an warmen Sommertagen und -abenden.

Um den ‹Besitz› der größeren Seen entwickelte sich ein förmliches Wettrennen. Die Züricher Gesellschaft der Altertumsfreunde hatte sich bereits am Züricher See das Vorrecht gesichert. Colonel Schwab, der Entdecker der Eisenzeitfundstätte von La Tène, hatte schon seit Jahren am See von Biel seine Forschungen betrieben, ohne noch genau zu wissen, was er dort entdeckte, bis ihn der Bericht über Obermeilen aufklärte. Da begann er mit seiner unerschöpflichen Energie am See von Neuchâtel und fünf, sechs kleineren zu forschen. Professor Troyon und Professor Morlot konzentrierten sich auf den größten See der Schweiz, den Genfer.

Inmitten des Netzwerks all dieser Forschungen saß Professor Ferdinand Keller. Da er zuerst die erste Entdeckung beschrieben hatte, war es fast selbstverständlich, daß man über die immer zahlreicher werdenden Entdeckungen gerade ihn informierte. Bald stand er mit allen Pfahlbautenforschern Mitteleuropas in Briefwechsel. Seine Akten zu diesem Thema enthalten mehrere tausend Briefe. Bis 1863 hatte allein Colonel Schwab 46 Fundstellen entdeckt, und 1879 konnte Keller in seinem achten Bericht über Pfahlbauten 161 authentisch geprüfte Fundstätten in der Schweiz aufführen und noch ebensoviele als gemeldet, aber noch nicht erforscht. Und inzwischen kamen auch Berichte über Erfolge in anderen Ländern. Deutsche Forscher hatten am Bodensee zahlreiche Stellen entdeckt. Auch die norditalienischen Seen enthielten viele, und auch da stellte man jetzt fest, daß vielfach der Torfboden, aus dem die Bauern jahrhundertelang den fetten schwarzen Boden von pflanzlichen Abfällen als Dünger auf ihre Äcker geholt hatten, Pfahlbauten vom Typ der Robenhausener barg. Weitere wurden in Ostfrankreich und in Österreich gefunden.

Ferdinand Keller war in seinem Element. Dieser kleine, stupsnasige Mann mit dem weißen Haarschopf, der einem irischen Terrier glich, hatte endlich soviel Arbeit, daß es sogar für seine fast furchterregende Energie ausreichte. Er teilte seine Zeit zwischen den Grabungen seiner Gesellschaft am Züricher See und dem Konservieren und Einordnen der Fundstücke in ihrem neuen ständigen Heim. Daneben führte er noch umfangreiche Korrespondenzen, die einen andern schon voll beschäftigt hätten, und fand außerdem die Zeit, in Europa umherzureisen, um sich an den bedeutendsten Fundstätten selbst vom Verlauf der Arbeiten zu überzeugen. Seine von der Gesellschaft alle zwei, drei Jahre herausgegebenen Berichte, in denen er die geleisteten Arbeiten zusammenfaßte, griffen die Vorgeschichtsforscher der ganzen Welt begierig auf. In aller Hast ins Englische und Französische übersetzt, wurden sie in vielen Ländern zu ‹bestsellers›.

1871, im Alter von siebzig Jahren, legte Keller den Vorsitz der Gesellschaft für Altertumsfreunde nieder, den er durch fast vierzig ereignisreiche Jahre innegehabt hatte, doch es war mehr eine Formsache als ein wirklicher Rücktritt von der aktiven Arbeit. Die nächsten zehn Jahre, bis zu seinem Tode, setzte er sein Werk bei den Entdeckungen am Seeufer noch fort. Seine zwei letzten Berichte wurden während dieses ‹Ruhestandes› veröffentlicht, in dem er häufiger am Schreibtisch in den Arbeitsräumen der Gesellschaft zu finden war als zu Hause. Ein Vereinskollege, der erst später eingetreten war, aber Keller noch persönlich gekannt hatte, schrieb über ihn: ‹Immer, wenn wir den freundlichen alten Herrn mit den buschigen weißen Augenbrauen sahen, stand er arbeitend am Fenster seines Studierzimmers. Er wirkte etwas fremdartig, halb wie ein Christ, halb wie ein Jude. Von Zeit zu Zeit erhob er den Blick und schaute über seine Exemplare aus Stein, Bronze und Eisen auf das blaue Wasser des Sees, dessen Wellen über die verschwundene Welt der Pfahldörfer rollten.›

Die verschwundene Welt der Pfahldörfer war den Menschen in Europa sehr deutlich vor Augen geführt worden in den dreißig Jahren, in denen Ferdinand Keller die Forschungen geleitet und ausgewertet hatte. Schon die mannigfaltigen Überbleibsel hatten es dem Betrachter ermöglicht, sich das Leben der See-Völker gut vorzustellen. Da viele Schweizer Museen sich maßstabgetreue Modelle solcher Pfahldörfer bauen ließen, wurde es den Besuchern leicht gemacht, die Vergangenheit wie in einem Kulturfilm nachzuerleben.

Sie konnten sich denken, wie die zweihundert bis dreihundert Siedler zum erstenmal ans Gestade des Sees kommen, wobei die Frauen ihre Last haben, die Rinder, Schafe, Ziegen und ihre Kinder so zu behüten, daß sie das leicht angreifbare Lager am Strand nicht verlassen, indes die Männer, nachdem scharfäugige Wächter ihre Posten in Baumkronen und auf den Hügeln in der Umgebung bezogen haben, zu arbeiten beginnen. Mit ihren Beilen aus geglättetem Feuerstein schlagen sie ein Stück Wald, um Raum zu gewinnen, denn sie wollen säen, da von der Ernte ihre Existenz im kommenden Winter abhängt, und wollen den Baustoff schaffen für ihre künstliche Insel, auf der sie sich gegen Überfälle streunenden Jägervolks wehren können. Die Stämme der gefällten Bäume werden zum Strand gerollt, wo die älteren Männer die Enden spitz brennen und das verkohlte Stück mit Seewasser aus Ledereimern ablöschen. Dann schwemmen sie die Balken etwa hundert Meter weit in den See hinaus, wo eine Arbeitsgruppe in Kanus sie aufrichtet und tief in den Schlammgrund treibt. Das dumpfe Dröhnen der Steinbeile auf den stehenden Pfählen und der hohlere Klang, wenn man sie mit schweren Steinen fester in den Boden trieb, müssen in den ersten Tagen der Besiedlung die nie aufhörenden Geräusche gewesen sein.

Das Fundament muß sehr stark sein. Boot um Boot wird, beladen mit Steinen von den Haufen, die Frauen und Kinder am Strand gesammelt haben, zu den Pfahlreihen hinausgerudert. Die Steine werden rings um die Pfähle versenkt – ein überladenes Boot wurde noch gefunden, wo es gesunken war – bis die Pfähle, von Steinen dicht umgeben, unbeweglich feststehen. Dann kommt die Zimmermannsarbeit. Über die eingerammten Stämme werden waagerechte gelegt und verzapft, die schwächeren, stapelweise am Strand bereitgehaltenen, werden dicht nebeneinander über die Querbalken gepackt und festgebunden. Jetzt ist die Plattform bewohnbar. Frauen und Kinder lassen sich dort schon nieder, während die Männer noch am Strand nächtigen, um ihre Herden bewachen zu können.

Aber viel bleibt noch zu tun: eine Reihe rechteckiger Häuser muß auf den Plattformen errichtet werden, ein- und zweiräumige Häuser mit Wänden aus Holz oder Rutengeflecht und einem Binsendach. In Bootsladungen wird Lehm für Fußböden hinausgepaddelt, den die Kinder mit Begeisterung auf den Plattformen glattstampfen. Zuletzt wird der schmale Damm aufgeworfen, der die Verbindung zwischen der See‹festung› und dem Gestade bildet, und nun kann auch das Vieh auf die Plattformen gebracht werden.

Durch den verschwenderischen Verbrauch von Bauholz ist hinter dem Strand eine große Lichtung entstanden, die nun, vielleicht grob eingezäunt, für die Aussaat hergerichtet wird. Gerste und Spelz, Erbsen, Wicken und Flachs werden gesät, die Frauen lockern den Boden auf. Als Gerät dienen mit einem durchlöcherten Stein beschwerte spitze Stöcke. Zur Erntezeit wird alles nach uralter Weise mit Sicheln aus Feuerstein geschnitten, wobei der Schnitter ein Bündel Ähren in der linken Hand hält, die Halme dicht unter der Ähre absäbelt und in einen Beutel tut, den er am Gürtel trägt.

Nach der ersten Ernte kann die Gemeinde sich als seßhaft betrachten, das übliche Leben der Siedlung ist in vollem Gang. In regelmäßigen Zeitabständen ziehen Jägergruppen hinaus und bringen die Beute aus den Wäldern und vom Hochland herein, den wilden Ochsen, den Bison und den Rothirsch, die Tiere, die auch in dieser schon Vieh züchtenden Gemeinschaft noch zu einem Fünftel die Ernährung bildeten, wie die gefundenen Knochen ausweisen. Die Frauen spinnen ihre Fäden aus Hanf und Wolle und verarbeiten sie auf den vertikalen Webstühlen zu dem feinen warmen Stoff, in den sie und die Männer sich kleiden. Sie fertigen auch die bauchigen schmucklosen Töpferwaren an, die zum

Kochen benutzt werden, sie mahlen das Korn in Handmühlen, indem sie den weichen oberen Stein in dem ausgehöhlten unteren reiben, und backen später das ungesäuerte Brot in den wie Bienenkörbe geformten Lehmöfen in der Wohnung. Die Männer fertigen die Werkzeuge und Waffen an, die sie brauchen, sie setzen die Beilklingen aus Feuerstein in Zwischenfutter aus Hirschgeweih und glätten die hölzernen Stiele, um sie genau in die Zwischenfutter einzupassen. Sie bereiten auch die Tierhäute und Pelze für die Winterkleidung und als Bettdecken zu. Die Kinder angeln den ganzen Tag von der Plattform aus nach Fischen, legen Schlingen für wildes Geflügel und sammeln Flechtkörbe voll Beeren und Wildäpfel. An Arbeit fehlt es nicht: die Tiere müssen versorgt, die Kühe gemolken, Käse muß gemacht werden, Heu und Blätter als Winterfutter hereingeholt, Eicheln für die Schweine gesammelt und Vorräte von Binsen für Dachreparaturen angelegt werden. Es ist ein rauhes Leben, aber erstaunlich reich an materiellen Bequemlichkeiten.

So sah das Bild in den frühesten Siedlungen aus, wie es sich durch die von Keller bewirkten Ausgrabungen rekonstruieren ließ.

Es gibt auch andere Bilder. Ein Feind tritt in den Siedlungen immer wieder auf: das Feuer, das man in diesen aus Holz gebauten und auf Holz ruhenden Behausungen fürchten mußte. Die weitaus größte Zahl von Pfahldörfern scheint ihr Dasein in einer Feuersbrunst beendet zu haben, und viele, wie Robenhausen, sind mehrmals abgebrannt. Vorsichtsmaßnahmen wurden natürlich getroffen. Der Fußboden der Hütten bestand aus einer dicken Schicht von Erde und Lehm, und die Kochstelle in der Mitte des inneren Raumes sowie der Brotofen in der Ecke des äußeren waren aus flachen Steinen errichtet. Doch trotzdem flogen Funken umher, und sobald eine Hütte erst Feuer gefangen hatte, genügte ein schwacher Wind von der ungünstigen Seite, um das Dorf von einem Ende bis zum andern in Flammen zu setzen. Im übrigen braucht das Feuer nicht immer zufällig entstanden zu sein. Wenn, wie in vielen Fällen, nach dem Verbrennen eines alten das neu erbaute Dorf neue Arten von Töpferwaren oder Waffen aufwies, so ist mit einiger Sicherheit anzunehmen, daß eine neue Bevölkerung dort erschienen und der Brand sehr wahrscheinlich vom Feind angelegt war. Viele erbitterte Kämpfe müssen sich in mondlosen Nächten im roten Feuerschein der brennenden Hütten abgespielt haben, während die Frauen und Kinder in das seichte Wasser sprangen und rasch, um ihr Leben zu retten, ans Ufer wateten, von wo sie, so gut es ging, noch ihr Vieh landeinwärts zerrten, während ihre Männer die Fliehenden deckten.

Manche Dörfer haben auf diese Weise in der Steinzeit und der Bronzezeit häufig ihre Besitzer gewechselt. Diese wiederholt auf den Ruinen früherer erbauten Dörfer vermittelten ein klar umrissenes stratigraphisches Bild, analog dem, das in den Höhlen die übereinandergeschichteten Behausungsabfälle aus der Älteren Steinzeit lieferten. So konnten in der Schweiz die Forscher die Reihenfolge der Kulturen nach diesem ‹Modell› ausarbeiten und dabei zugleich für Mitteleuropa die von Thomsen für Skandinavien postulierte Tatsache bestätigen, daß auf die Steinzeit unmittelbar eine Bronzezeit gefolgt war.

Die meisten der in der Schweiz entdeckten Seedörfer wurden in der Steinzeit gegründet und waren zum weitaus größten Teil bis in die Bronzezeit bewohnt, in der allerdings auch neue gebaut worden sind. Abgesehen davon, daß es in ihnen Beile, Messer, Armbänder und Halsbänder aus Bronze und neuartige Tongefäße gab, scheinen sie sich jedoch in der Lebensweise ihrer Bewohner nicht sehr von den Dörfern der Steinzeit unterschieden zu haben. Zwar hat man jetzt die Rammpfähle mit metallenen Beilen angespitzt, anstatt die Spitzen zu brennen, doch die Konstruktion an sich ist die gleiche geblieben. Es sind auch gewisse Anzeichen vorhanden, daß die Menschen der Bronzezeit in der Schweiz zahme Pferde gehabt haben. Und die Abdrücke von Traubenkernen, die sich in Tongefäßen vom Ende der Steinzeit erhalten haben, lassen vermuten, daß die Weintraube und mit ihr die edle Kunst der Weinkelterei schon kurz vor Gebrauch der ersten Metalle bekannt wurden.

So präsentierte sich der Welt in den dreißig Jahren bis 1880 das Bild der prähistorischen Schweiz. Obwohl die Periode der Polierten Steine in vielen Ländern anerkannt war, überschattete das durch die Ausgrabungen in der Schweiz vermittelte, in die Einzelheiten gehende Bild die Sammlungen in anderen Ländern, in denen aus jener Periode nur die Steingeräte selbst vertreten waren. Die Mehrzahl der Vorgeschichtsforscher in den letzten Jahren des 19. Jahrhunderts wertete die Seedörfer eindeutig als Zeugnisse des Neolithikums. Man nahm an, daß in der Neuen Steinzeit Siedlungen in anderen Gegenden Europas den an den Seegestaden von Mitteleuropa freigelegten ähnlich gewesen sein müßten.

Eine Nebenerscheinung der Funde in der Schweiz war die enorme Nachfrage nach Beweisstücken. Kein Museum und keine Privatsammlung galt als vollständig, wenn ein mit Funden von Pfahldörfern gefüllter Schaukasten fehlte. Die Bauern und Fischer der Schweiz wußten aus dieser Tatsache rasch ihren Nutzen zu ziehen. Es wurde bald für sie lohnender, nach Altertümern zu graben und zu baggern, als zu pflügen und Fische zu fangen. Wenige gingen so wissenschaftlich sorgsam zu Werke wie Jakob Messikommer, und außer ihm machte keiner sich genaue Notizen, was er im einzelnen gefunden hatte und wo. Um 1880 begann die schweizerische Regierung, von der Tatsache Kenntnis zu nehmen, daß in ihrem Lande viele der kostbarsten Fundstellen mit prähistorischen Schätzen rücksichtslos geplündert wurden. Eilig wurde ein Gesetz erlassen, das Ausgrabungen und Verkauf von Altertümern ohne besondere Genehmigung verbot. Doch die modernen Siedler an den Seeufern hatten eine gute Sache zwischen den Fingern und wollten sich die nicht so leicht nehmen lassen. Schön, wenn sie keine Altertümer mehr ausgraben durften, dann blieb ihnen nichts anderes übrig, als sie zu fabrizieren... Von heute auf morgen verlagerte sich der Handel auf gefälschte Altertümer, und der Umsatz dieser Stücke stieg derart, daß die Regierung sich wieder zum Einschreiten gezwungen sah. Die 1887 erfolgte Festnahme und Verurteilung einer organisierten, am See von Neuchâtel lebenden Fälscherbande schob endlich diesen Geschäften einen Riegel vor.

Nach Kellers Tod wurde die Pfahlbautenforschung ohne Pause fortgesetzt. Eins ließ die Gehirne der Prähistoriker in Europa nicht zur Ruhe kommen: die

Frage nach dem Ursprung. Wer waren die Pfahlbautenbewohner und in welcher Weise waren sie mit den Jägern der Älteren Steinzeit in Verbindung zu bringen, deren Existenz in Frankreich und in Österreich so vollkommen und so drastisch nachgewiesen wurde? Inwiefern ließ sich von ihnen eine Verbindung zu den Kjökkenmöddinger-Menschen finden, die doch, hielt man sich an die derzeitige Pflanzen- und Tierwelt, ungefähr gleichzeitig mit ihnen gelebt haben mußten?

In den Berichten über Pfahlbauten, die auch nach Kellers Tode in Zürich weiter veröffentlicht wurden, bekam man die Antwort. Es bestand kein Zusammenhang. Die frühesten Pfahldörfer hatten eine Bevölkerung gehabt, deren Lebensweise außerordentlich verschieden war von der aller Jagdkulturen, die vor ihnen existiert hatten. Das Polieren von Feuerstein, der Besitz von vielerlei Haustieren, der Getreideanbau, das Weben von Stoffen, die Herstellung von Tongefäßen, das Brotbacken und die Bearbeitung schweren Bauholzes, das alles hatte es bei den Jäger-Völkern nicht gegeben. Es war ganz unmöglich, daß eine Gemeinde von Jägern sich plötzlich hingesetzt und alle diese neuen Künste auf einmal erfunden hatte. Und selbst wenn das zuträfe, so waren doch Schafe und Ziegen, Gerste, Weizen, Weinstöcke und Flachs keine in Mitteleuropa heimischen Produkte. Dem logischen Schluß war nicht auszuweichen. Wie in einem der Berichte gesagt wurde: ‹Die Kultur des Neolithikums ist nicht bei uns entstanden.› Die ersten an den Seen der Schweiz erbauten Dörfer waren zweifellos Siedlungen von Kolonisten, die ins Land drängten aus Gebieten, wo man Ackerbau und Viehzucht und die damit zusammenhängenden besonderen Fertigkeiten schon kannte. Das Land war also erschlossen worden durch Siedler aus anderen Ländern, landhungrige Grenzer, die in die angestammten Jagdgründe der bestürzten und sehr wahrscheinlich ihnen feindlichen Jägervölker der ‹Hinterwälder› Europas einbrachen. Seit Kellers Tagen haben sich die Forscher sehr bemüht, die Wege aufzuspüren, auf denen diese Pioniere gekommen waren, und man ist jetzt, wie wir sehen werden, in der Lage, ziemlich genau zu beschreiben, wie Europa durch einwandernde Ackerbauer mehr als 3000 Jahre v. Chr. erschlossen wurde.

Es wäre eine ungerechte Einschätzung der heutigen Schweizer Fachgelehrten, wollten wir dieses Kapitel beenden, ohne zu vermerken, daß sie in den letzten dreißig Jahren eins von Kellers grundlegenden Konzepten stark in Zweifel gezogen haben. Im Jahre 1924 wurde in den Berichten über die Pfahldörfer zuerst die Theorie entwickelt, daß sie de facto nicht über dem Wasser in die Seen hinausgebaut, sondern über sumpfigem Land am Gestade errichtet wurden. Einwandfreie Beantwortung dieser Frage ist sehr schwer. Bekannt ist, daß das Klima in der Steinzeit und der Bronzezeit wärmer und trockener war als heute, doch besteht keine Einigkeit darüber, ob bei einem wärmeren Klima, das in der Schweiz weniger Regen und Schnee brächte, der Wasserspiegel der Seen sich senken oder, infolge verstärkten Schmelzens der Gletscher, steigen würde. Nach den neuesten Untersuchungen jedoch, insbesondere bei Anwendung der Pollen-Analyse, kann man wahrscheinlich eher annehmen, daß zu der Zeit, als die

Abb. 36: Ein Feuersteindolch aus dem Pfahldorf Lüscherz. Das zum Einsetzen der Klinge gespaltene Heft wird durch einen Lederriemen zusammengehalten.

Pfahldörfer bewohnt waren, der Wasserspiegel der Seen niedriger war als heute, so daß die Bauten tatsächlich auf Plattformen über sumpfigem Grund standen und nicht über dem offenen Wasser des Sees angelegt waren. Wichtig wäre hier nur die Feststellung, bis zu welchem Grade das zutrifft. In trockenen Perioden würde ein über dem Wasser angelegtes Dorf sich auf einmal am Strand, in nassen ein über dem Sumpf gebautes sich draußen in See befinden.

14 Die Riesen-Gräber

Die Ablagerungen in den Höhlen, die Schwemmkiese der großen Flüsse, der dichte Staub der Lößlandschaft, der Schlamm und die Torfmoore an den Seegestaden – sie alle haben uns die Beweise geliefert, die zur Rekonstruktion des Werdegangs der Menschheit gebraucht wurden. Jede neue Entdeckung war wieder eine Überraschung, weil an der Oberfläche noch nicht erkennbar war, daß man gerade hier Spuren von der Laufbahn des Menschen finden würde.

Anders war das in den Ländern des Ostens, wo mächtige ‹Wahrzeichen› die Lage prähistorischer Stätten andeuteten, wo Pyramiden und halb im Sand begrabene Obelisken, umgestürzte Säulen und Statuen auf die Wohnorte und Gräber vergangener Epochen hinwiesen.

Aber auch in Europa war nicht jedes Überbleibsel der prähistorischen Menschheit dem Erdboden gleichgemacht. Auch hier gab es für den, der zu sehen verstand, ‹uralte Denkmäler›, wie man die sichtbaren Zeugen der Vergangenheit zu nennen sich angewöhnte.

Auf allen Ebenen, im Tiefland und den Küstenstrichen von Mittel-, Nord- und Westeuropa, lagen zahlreiche Grabhügel, künstliche Anhäufungen von Erde oder Natursteinen, grasbewachsen und von Gestrüpp und Bäumen überwuchert. Manche waren rund, andere oval, einige hoben sich kaum über den Boden, andere erreichten die Höhe fünfstöckiger Häuser. Und in einem tiefen Gürtel an den atlantischen Küsten Europas, von Norwegen durch Dänemark und Südschweden bis nach Norddeutschland und Holland, von den Shetlandinseln durch Irland, Wales und Westengland bis zur Halbinsel der Bretagne, sowie in den Küstengebieten von ganz Spanien und Portugal, gab es Tausende merkwürdiger, verschiedenartiger und verschieden großer Monumente aus riesigen, plump zugehauenen Steinen. Manchmal war das Hügelgrab von mächtigen Felsblöcken umgeben, manchmal ragten aus seiner Mitte kolossale, halb von Erde bedeckte Steine hervor. An anderen Orten gab es die Dolmen oder die Kromlechs, die druidischen Steinkreise, Gruppen von Monolithen mit massiven Quersteinen. Andernorts sah man die Menhire, hier und da vereinzelt, manchmal in Reihen oder Alleen, oder auch in Kreisform aufgestellt. Und zwischen diesen gestaltlose Gruppen gewaltiger Felsplatten, tonnenschwere Brokken von Granit oder Sandstein, wo durch den Absturz eines Quersteins die ursprüngliche Ordnung durcheinandergeraten war. Selbst da, wo man diese noch erkennen konnte, waren die meisten Monumente mehr oder weniger zu Ruinen geworden. Oberschwellen waren herabgestürzt, in den Reihen gab es Lücken, Baumwurzeln hatten die stehenden Platten niedergedrückt, Nesseln und Gebüsch die Durchgänge verstopft. Einige Ausnahmen gab es auch. An über zehn Stellen dieses atlantischen Gürtels lagen mit Gras bedeckte Hügelgräber noch unversehrt, und der unerschrockene Besucher konnte, wenn er sich unten zwischen zwei pfeilerartigen Steinen durchquetschte, durch einen langen, an beiden Seiten von dicken steinernen Pfosten gesäumten Gang wandern, freilich nur gebückt, um nicht mit dem Kopf an die als Dach dienenden Quersteine zu stoßen. Am Ende des Ganges befand er sich dann in einer großen, auch aus kolossalen Steinen gebauten Kammer, von der manchmal kleine Nebenkammern ausgingen.

Diese verschiedenartigen Monumente aus gigantischen Steinen wurden niemals ‹entdeckt›, – sie waren ja nie unbekannt gewesen. Für die Landleute im Mittelalter, die sich sagten, daß kein sterblicher Mensch, auch nicht in Gruppenarbeit, so riesige Granitblöcke aufeinandergesetzt haben könne, gab es kaum Zweifel, wer dieses Werk verrichtet haben mußte. Die ‹Teufelshöhle› und des ‹Teufels Ring und Finger› sind nur zwei von vielen Namen, mit denen die Entstehung der Monumente dem Teufel zugeschrieben wird. In Norddeutschland und in Holland hießen die langen schmalen Kammern ‹Betten der Riesen›, in Dänemark ‹Kammern der Riesen›. Die Kelten in der Bretagne, in Wales und Irland glaubten, daß auch die ‹kleinen Menschen›, die Zwerge, solche Riesensteine heben könnten, und gaben ihren Monumenten entsprechende Namen. Alles ging hier ins Übernatürliche, und man erzählte sich von Menschen, die sich am Hang eines Hügelgrabes oder am Fuß eines Menhir zum Schlafen hingelegt hatten und nie wieder gesehen worden waren. Andererseits enthielten die märchenhaften Hügel und Riesenkammern Schätze für den, der mutig genug war, in ihnen zu suchen. Verzauberte Schwerter, mit denen man Steine durchschlagen konnte, goldene Becher und Trinkhörner belohnten den unerschrockenen Eindringling. In den Berichten über Schätze steckte genug Wahres, um auch Könige aufmerksam zu machen. Theoderich, König der Goten, ordnete an, daß alles Gold, was von Leuten, die ohne Erlaubnis suchten, in Hügelgräbern gefunden wurde, zu konfiszieren sei, und noch zur Regierungszeit Heinrichs VIII. wurden an Schatzsucher zum Graben in diesen Hügeln königliche Lizenzen ausgegeben. Die angelsächsische Episode von Beowulf erzählt, wie er Waffen und Gefäße aus heidnischem Gold in einer steinernen Grabkammer fand. In der Kammer des gewaltigen Hügelgrabs von Maeshowe auf den Orkneyinseln erzählt eine Runeninschrift vom Abtransport eines großen Schatzes durch den fahrenden Ritter Graf Rognvald im Jahre 1150, und eine zweite verkündet, daß Graf Harold und seine Mannen im Januar 1153 in der Kammer von Maeshowe Schutz suchten, ‹während ein Schneesturm über sie hinwegtrieb und dort zwei seiner Gefolgsleute den Verstand verloren, und das war ein schweres Hindernis für ihre Reise›.

Die großen steinernen Monumente und die geheimnisvollen Kammern in den Grabhügeln haben die Phantasie der Menschen immer wachgehalten. Im 17. und 18. Jahrhundert haben die romantisch veranlagten Altertumsforscher, die der Welt neue Erkenntnisse zu bescheren glaubten, mit Vorliebe allerlei Phantasien um diese Monumente gesponnen. An Stelle der abergläubischen Verbindung mit Riesen, Drachen und sagenhaften Helden traten Theorien, die kaum weniger absurd waren. In einer Hinsicht brachten die neuen Auslegungen wenigstens einen Fortschritt: man erkannte jetzt, daß die gewaltigen Steinbauten doch das Werk sterblicher Menschen waren und in die amorphe Periode vor dem Beginn der Geschriebenen Geschichte gehörten. Und damals wurde der Begriff Megalith (Großer Stein) als allgemeine Bezeichnung für diese monumentalen Konstruktionen gewählt. In Westeuropa waren die Geister darin einig, daß man die Megalithdenkmäler den Kelten, insbesondere den Druiden, zuschreiben müsse. Das betonte in England zuerst John Aubrey, der im 17. Jahrhundert den Megalithentempel von Avebury entdeckt hatte, und im 18. Jahrhundert William Stukeley, der ‹Deuter› der Megalithen von Stonehenge. Beide hatten sich die in den Schriften von Cäsar, Diodorus Siculus und Plinius verstreuten Anspielungen auf die Druiden – die Priester und Richter der Kelten – zu eigen gemacht und, unter Aufbietung purer Phantasie, auf diesen mageren Unterlagen (denn es waren bei den drei Schriftstellern nur wenige Sätze) das Bild einer esoterischen Religion entworfen, in der sich das kommende Christentum schon andeute, mit einer kirchlichen Hierarchie, die mächtig genug sei, Königreiche ins Wanken zu bringen. Stukeley speziell interpretierte jedes alte Monument in Begriffen aus dem Druidentum. Von ihm ist noch eine Serie vortrefflich gezeichneter Querschnitte der verschiedensten in Südengland gefundenen Grabhügel erhalten, die er auf dem Papier, ohne ersichtlichen Grund, mit den Kennworten ‹Könige›, ‹Barden›, ‹Priesterinnen›, ‹Druiden›, ‹Erzdruiden›, ‹Edelleute› usw. versehen hatte. Stukeley verband wenigstens seine phantasievollen Erklärungen mit genauer Darstellung der beobachteten Tatsachen, während andere ‹Druidioten› weniger skrupellos waren. Für ihre Phantasie boten die Megalithen ein sehr dankbares Objekt. Lange und umständliche Beschreibungen wurden geliefert: von angeblichen, durch Priester in weißen Gewändern vor den Augen einer in Entsetzen erstarrten Menge vollzogenen Menschenopfern auf den ‹Altarsteinen› der Cromlechs. Die tief in den Grabhügeln liegenden Kammern wurden als Orte geistiger Sammlung für die Priester geschildert, oder als das ‹Allerheiligste›, das nur Geweihte betreten durften.

In Nordeuropa, wo es keine druidische Tradition gab und wohin die Kelten nie gekommen waren (das allein hätte den ‹Druidioten› zu denken geben sollen), brauchte man andere Erklärungen, die dann auch nicht lange auf sich warten ließen. Die Ringe und Ovale von Steinen waren angeblich Orte, wo die germanischen Ältesten ihre Zweikämpfe austrugen oder Versammlungen abhielten. Die Hügel und Dolmen waren Krönungsstätten sagenhafter Könige.

Erst weit im 19. Jahrhundert wichen diese Erklärungen der romantischen Periode allmählich vor den klaren Fragen der neuen ‹Rationalisten›.

Wir erinnern uns, daß Worsaae 1839 die Ergebnisse einer Untersuchung der dänischen Dolmen veröffentlichte. Er hatte kategorisch erklärt, es handle sich weder um Altäre noch um Krönungssteine, vielmehr um Gräber, die auch nicht von den Kelten oder den Germanen stammten, sondern aus der Steinzeit. In dieser Hinsicht, wie auch sonst in vielen Punkten, war Worsaae seiner Zeit voraus, wenn auch hier nicht allzu weit. In anderen Teilen Europas kamen andere Forscher zu den gleichen Schlüssen. In England legte Thomas Bateman im Distrikt Peak mehrere Grabkammern frei, in Frankreich unternahm der Schweizer Baron Gustae de Boustetten in seinem Winterurlaub eine ausgiebige Suche nach Megalithen. Auf den Kanalinseln näherte sich die erstaunliche Familie Lukis einer sehr wichtigen neuen Erkenntnis.

Die Kanalinseln, die zwar britisch sind, aber an der französischen Küste liegen und von französisch sprechenden Menschen bewohnt sind, eigneten sich vorzüglich zum Studium der Eigenarten beider Länder. Überdies gab es dort zahlreiche Megalithmonumente. Der Reverend W. C. Lukis und sein Bruder, Dr. Frederick Lukis, die sich für diese Monumente interessierten, setzten, nachdem sie auf Guernsey und Jersey eine Reihe von Grabkammern ausgehoben hatten, ihre Untersuchungen bis in die Bretagne und nach Südengland fort. Im Sommer 1853, noch bevor aus dem zurückweichenden Züricher See das Pfahldorf Obermeilen ans Licht kam, veröffentlichte Dr. Lukis einen vollständigen Bericht über seine Untersuchungen. ‹Neuerdings hat der moderne Mensch›, schrieb er, ‹seine Aufmerksamkeit den Megalithen zugewandt, die sich, durch ihre Größe und auffallende Lage, fortwährend auch den Altertumsforschern anboten, die aber keine Notiz von ihnen nahmen. Jetzt bezahlen wir die Strafe für diese Unaufmerksamkeit, indem wir nur noch wenige zum Erforschen vorfinden, und werden hart bestraft, weil sie, abgesehen von ihren Altersschäden, vielleicht alle schon, ohne Vorsicht oder schriftliche Aufzeichnungen, mehr oder weniger ausgeplündert worden sind.› Die Vorgeschichtsforscher von heute werden seine harte Kritik durchaus unterschreiben. Dr. Lukis konnte immerhin, trotz der Schwierigkeit, in halb zertrümmerten und zerwühlten Fundstätten einwandfreie Feststellungen zu machen, einige sehr wertvolle Schlüsse ziehen, durch die Worsaaes Ergebnisse unparteiisch bestätigt wurden. Die Megalithkammern waren Gräber, erklärte er, die immer wieder für Beerdigungen benutzt wurden. Keine metallenen Gegenstände (abgesehen von später eingeführten) und keinerlei Anzeichen, daß Metall bekannt oder in Benutzung gewesen war, wurden in den Gräbern gefunden. Er verzeichnet als Fundstücke viele, kreuz und quer durcheinander liegende menschliche Knochen, leere Gefäße – auch die glockenförmigen Becher –, in denen Speisen und Getränke gewesen sein mußten, sowie Knochen von Ochsen, Ziegen und Ebern. Als wichtige Tatsache unterstreicht er, daß die Megalithen von Nordfrankreich, den Kanalinseln sowie England und Wales, weil sie so viele gemeinsame Züge aufwiesen, von demselben Volk aufgebaut sein müßten.

Um die Mitte des 19. Jahrhunderts wurden zahllose Gesellschaften für Geschichte und Naturgeschichte gegründet, während in den schon bestehenden das Interesse und damit die Zahl der Mitglieder wuchs, die mehr aktive Arbeit verlangten. Wir sahen schon, welchen Einfluß die Gesellschaft Skandinavischer Altertumsfreunde unter ihrem königlichen Präsidenten gewann und wieviel die Gesellschaft für Naturgeschichte in Torquay, die Sociétè d'Émulation in Abbeville und die Züricher Antiquarische Gesellschaft erreichten. Das sind nur vier besondere Beispiele unter den Hunderten von Vereinen, die in jenen

Jahrzehnten in Tätigkeit traten. Soweit sie im ‹megalithischen Gürtel› an den atlantischen Küsten von Europa beheimatet waren, fanden sie in den Riesenkammern und Riesenkreisen ihrer Umgebung Material zum Studium gewissermaßen vor der Haustür.

Auf dem Sektor der Megalithenforschung haben wir keinen ‹großen Namen›. Da gab es keinen Ferdinand Keller oder Gabriel de Mortillet, der das Forschungswerk in den großen Steinbauten koordiniert hätte. Dieser Mangel machte sich, und macht sich noch, in unseren Kenntnissen von der Kultur, oder den Kulturen, der Megalithenperiode bemerkbar. Viel nützliche Arbeit aber haben zwischen 1840 und 1880 die Vereine der Amateure und Leute geleistet, die, allein arbeitend, in diesem Zeitraum Hunderte von Megalithmonumenten freilegten. Ihre Arbeit unterschied sich in der Qualität beträchtlich: von rücksichtsloser Massensammelei für die Museen bis zu exakten und genau verzeichneten Ausgrabungen unter Anwendung der besten damals bekannten Methoden. Die Berichte über diese Arbeiten sind zwar noch vorhanden, jedoch, als Tagebücher von vierzig bis sechzig kleinen Vereinen oder als Manuskripte in den verschiedensten Museen, schwer zugänglich.

Allmählich wurde aber doch ein reiches Wissen angesammelt, und um 1870 war der Versuch möglich, die bislang erzielten Ergebnisse zusammenfassend zu würdigen. 1869 veröffentlichte Dr. John Thurnam, Sekretär der Gesellschaft für Archäologie und Naturgeschichte in Wiltshire, eine Abhandlung über die Grabkammern von Südengland, in der zum erstenmal den Prähistorikern eine ins einzelne gehende und wissenschaftlich geordnete Beschreibung über die Megalithdenkmäler in die Hand gegeben wurde. Dr. Thurnam erzählte uns, wie er zuerst 1849 Interesse fand an dieser ‹sonderbaren Klasse von Grabmonumenten›. Als Internist in Guys Krankenhaus hatte er im Museum des Instituts zwei etwa dreißig Jahre vorher aus einem Megalithgrab in Gloucestershire geborgene Schädel gesehen. In den nächsten Jahren legte er, in Verbindung mit der Archäologischen Gesellschaft Wiltshire und dem Naturforscherverein in Cotteswold, acht Grabkammern frei und untersuchte in Wiltshire, Gloucestershire und weiterer Umgebung noch viele andere.

John Thurnam gab als erster Verfasser ein wirklich vollständiges Bild tatsächlich gemachter Entdeckungen. Er erkannte schon früh, daß die sogenannte ‹lange Grabkammer› die Grundform dieser Anlagen war und daß weitaus die meisten anderen, unordentlich wirkenden Megalithmonumente fast immer zerstörte Reste ähnlicher Strukturen waren, von denen man die Erde und die Steinschichten, die sie ehemals bedeckten, wie auch viele Monolithen, soweit sie nicht zerbröckelt waren, geraubt hatte. Seine Beschreibung des Grundtyps ist ausgezeichnet. Diese großen Grabhügel aus Erde oder Felsblöcken, sagt er, ‹haben eine Länge von 36 bis 60 Meter und sind 9 bis 18 Meter breit. Sie stehen nicht gruppenweise beisammen, sondern gewöhnlich recht weit auseinander. Das Steingeröll, das den eigentlichen Hügel bildet, wurde nicht aufs Geratewohl zusammengeworfen, sondern ziemlich gleichmäßig aufgeschichtet. Fast alle sind, wie noch festzustellen ist, von einem niedrigen trockenen Wall umgeben gewesen... einer waagerecht angelegten Umwallung von nur zwei bis vier Fuß Höhe, außen sauber geglättet. An der Stelle, wo diese Seitenwälle sich dem breiten und hohen Ende des Hügels nähern, verlaufen sie nach innen in einer kühnen, aber nicht scharfen Krümmung und enden schließlich bei den zwei großen Monolithen, die in den noch am deutlichsten erkennbaren Kammern die Türpfosten bilden. Die elegant geschwungene, doppelt konvexe Kurve der Umwallung hat man ganz treffend verglichen mit dem ‚Oberteil vom Herz As im Kartenspiel'.›

Thurnam unterschied drei Arten von Kammern. In der ersten ist durch zwei Reihen hochkant gestellter Steine mit Oberschwellen aus Steinplatten ein Gang gebildet und der Raum zwischen den einzelnen ‹Toren› als Wand ausgefüllt. Den Eingang bildet ein besonders schön gebauter Torweg aus drei großen Steinen, außen abgeschlossen durch einen riesigen Steinblock, der beiseite gerollt werden kann. Bei den am einfachsten gebauten... ‹führt die Galerie in eine einzelne, am Ende liegende Kammer›. In anderen Fällen, erklärt er weiter, gibt es außer dieser Hauptkammer noch ein, zwei oder mehr – bis sechs – Paare Seitenkammern, die man vom Durchgang aus betritt. Diese Kammern sind, wie der Gang, meistens mit waagerecht gelegten Platten abgedeckt, manchmal haben sie auch ein gekragtes Dach aus kleineren, wie Stufen gesetzten Platten.

Beim zweiten Typ liegt eine Reihe kleinerer Kammern mit offenem Zugang direkt an den Seiten der Galerie. ‹Diese Kammern oder Gewölbe sind im allgemeinen von fast quadratischer Form. Vorn sind sie durch zwei aufrecht stehende Steine abgeschlossen, die am Rand, in der Mitte, so ausgehöhlt sind, daß sie, aneinander gestellt, eine Art ‚Bullauge' bilden.›

Beim dritten Typ liegen die (keltischen) Steingräber oder Särge, in die man nach dem Schließen, wenn überhaupt, nur durch das Dach wieder eintreten kann, im Zentrum des Hügels. Bei den Typen II und III ist auch der nach innen geschwungene Oberteil vom ‹Herz As› als Hintereingang vorhanden, wenn auch von hier kein Korridor hineinführt.

Thurnam weist bei seiner Beschreibung des Inhalts der Grabkammern darauf hin, daß die meisten ‹durch Eindringlinge, die alles andere wollten als die Wissenschaft fördern, geplündert worden sind.› Klar ist, daß die Kammern für kollektive Begräbnisse benutzt wurden, da in ihnen durchweg mehrere Skelette gefunden wurden, die meisten, nämlich 26, in den Doppelkammern bei Charlton Abbot, in der einen 12 und der anderen 14. Thurnam machte als erster darauf aufmerksam, daß in manchen Fällen mehr Skelette in den Räumen lagen, als Leichen in ihnen Platz gehabt hätten. So wurden zum Beispiel bei Rodmarton die Überreste von 13 Menschen in einer Kammer von nur 1½ mal 2 Meter Grundfläche gefunden. Diese Bestattungen können also nicht auf einmal erfolgt sein, vielmehr haben vermutlich spätere Totengräber die Knochen früher Beigesetzter zur Seite geschoben, um Platz für die neue Leiche zu schaffen.

Außer Menschenknochen fand man in den Gräbern auch noch Überreste von Tieren: von Ebern, Rehwild, Rindern, Schafen, Pferden und Hunden. Nicht selten auch Feuersteingerät, wie Schaber und Messerklingen, blattförmige Pfeilköpfe und polierte Steinbeile. Selten dagegen Töpferware, wenn auch in fast jeder freigelegten Kammer einige Scherben. Metalle überhaupt nicht.

Dr. Thurnam läßt seine Beschreibung ‹in der Luft hängen›, indem er keine Theorie über die Entstehungszeit der Gräber oder den Stand der Zivilisation bei ihren Erbauern bringt. Freilich erwähnt er, daß es ähnliche Gräber in der Bretagne, in Schottland, Irland, Dänemark und Schweden gibt, und vermerkt mit einem gewissen Kummer, daß diese im Durchschnitt viel mehr Töpferware enthalten als die englischen.

1870, im Jahre nach der Veröffentlichung von John Thurnams genauem Bericht über die englischen Megalithgräber, erschien im Journal der Gesellschaft Skandinavischer Altertumsfreunde ein Artikel über ‹Dolmen und ihre geographische Verbreitung›. Verfasser war Conrad Engelhardt, ein Schüler und Schützling Thomsens. Er war einige Jahre Leiter des Museums für Altertümer in der umstrittenen Provinz Schleswig gewesen und hatte dort bei zwei Ausgrabungen aufsehenerregende Waffen aus dem Mittelalter entdeckt: die Ausrüstung eines besiegten Heeres, offensichtlich von den Siegern den Göttern des Krieges geopfert, wie mehrere altrömische Schriftsteller es geschildert haben. Diese Überreste, Hunderte von Schwertern, Speeren und Schilden, Kettenpanzer, Helme, und sogar zwei ziemlich große Schiffe, waren der Stolz der Schleswiger Kollektion. Als Schleswig nach der Niederlage der Dänen 1864 deutsch wurde, hatte Engelhardt unter großer persönlicher Gefahr die Sammlung über die neue Grenze nach Dänemark geschmuggelt, mußte aber erleben, daß sie, gemäß den Bestimmungen des Friedensvertrages, wieder zurückgegeben wurde. Für seinen Patriotismus wurde er durch Ernennung zum Außerordentlichen Mitarbeiter am Kopenhagener Nationalmuseum, durch den Professortitel und den Posten des Sekretärs der Gesellschaft der Altertumsfreunde belohnt.

Engelhardt hatte sich auf die späte Eisenzeit spezialisiert, so daß Megalithen ganz und gar nicht zu seinem Arbeitsfeld gehörten. Da jedoch seit Worsaaes Würdigung der dänischen Dolmen schon vierzig Jahre vergangen waren, fand er, es sei höchste Zeit, das Problem der Megalithen einmal von höherer Warte aus zu beleuchten. Neue Tatsachen brachte er nicht vor, zumal er nicht persönlich an der Megalithenforschung beteiligt gewesen war, zog aber die Ergebnisse der letzten dreißig Jahre in eine geschlossene Darstellung zusammen und öffnete damit den Prähistorikern in aller Welt die Augen für die Tatsache, daß die Megalithen eine über das Örtliche weit hinausgehende allgemeine Bedeutung hatten. ‹Megalithgräber›, schrieb er, ‹erstrecken sich in fast ununterbrochener Kette vom Rigaer Meerbusen an der Südküste der Ost- und der Nordsee entlang, durch Skandinavien und Großbritannien, weiter an den Ostufern des Atlantischen Ozeans und den südlichen des Mittelmeers entlang bis nach Tripolis, verstreut auch über Palästina, Syrien, Seleucia, die Tatarei

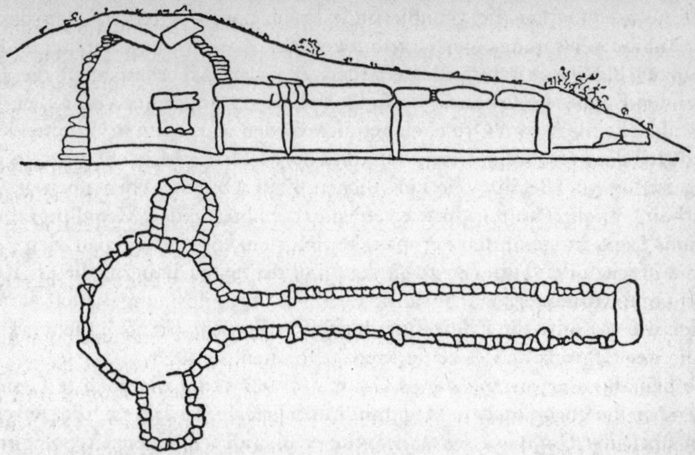

Abb. 37: Eins der gemauerten Ganggräber von Portugal (Alcalar), unzweifelhaft verwandt mit den megalithischen Kammergräbern von Nordeuropa. Hier ist die Kammer 2¼ m hoch.

und Persien bis nach Indien, wo sie auch in großer Zahl existieren. Im ganzen ist ihre Lage beschränkt auf die Küstengebiete, die Niederungen und Flußtäler. Insgesamt betrachtet, haben sie alle den gleichen Grundriß und sind von gleicher Konstruktion. Ihren Charakter als Denkmäler scheinen sie in ein und derselben Kultur bekommen zu haben.›

Engelhardt fügte hinzu, daß alle Gräber dieses Typs offenbar Gemeinschaftsgräber seien, da in ihnen zahlreiche Tote gelegen hatten. Er betonte auch, daß, während die Megalithgräber von Skandinavien, Großbritannien, Irland und Nordfrankreich fraglos aus der Steinzeit stammten, weil man in ihnen keinerlei Gegenstände aus Metall fand, die von Südfrankreich, Spanien, Portugal und Nordafrika durchweg Exemplare aus Bronze enthielten, die weiter östlich gelegenen sogar eiserne Gegenstände. Und solche Grabkammern würden in Indien noch heute gebaut. Er bestreitet zwar nicht, daß diese Reihenfolge auf die Entstehung der Megalithkultur im Norden deuten könne, von wo sie sich allmählich südwärts ausgebreitet habe, hebt jedoch hervor – und das wurde jetzt zum erstenmal betont –, daß man in Süd- und Westeuropa wahrscheinlich schon Bronze kannte und bearbeitete, als das Metall im Norden noch unbekannt war.

Durch die Knochen von Haustieren in den Gräbern sei bewiesen, daß die Megalithenbauer zumindest Viehzucht betrieben, wahrscheinlich aber auch Ackerbau, denn das Vorhandensein von Gemeinschaftsgräbern lasse auf eine seßhafte Bevölkerung schließen.

Durch Engelhardts Bericht, der gerade erschien, als die Entdeckung der Seedörfer in der Schweiz die Existenz einer seßhaften, Ackerbau treibenden Bevölkerung in Mitteleuropa in der Periode der Polierten Steine enthüllte, wurde zum erstenmal die grundlegende Frage nach der bäuerlichen Besiedlung ganz Europas in den Vordergrund gerückt. Aus den schweizerischen Entdeckungen hatte sich schon klar ergeben, daß den Ackerbau nicht die Jagd treibenden Stämme selbständig ‹erfunden› hatten, sondern er von außen her, sehr wahrscheinlich vom Osten, eingeführt worden war, denn in Ägypten hatte man durch die Forschungen ermittelt, daß dort seßhafte Menschen bereits drei Jahrtausende vor Beginn der christlichen Zeitrechnung, oder noch früher, Ackerbau betrieben hatten. Jetzt erschien es denkbar, in den Megalithgräbern, die eines Tages im gesamten europäischen Küstengebiet erschienen, den sichtbaren Ausdruck der Tatsache zu finden, daß die ersten Bauern, die als Kolonisten vom Mittelmeer nach Europa kamen, sich dort angesiedelt hatten. Freilich waren damit die Frühzeitsiedlungen in der Schweiz noch nicht erklärt, denn in der Schweiz gab es keine Megalithbauten.

Wie beinah zu erwarten, war es Oscar Montelius, der die nächste Gesamtschau über die europäischen Megalithgräber lieferte. In seinem 1894 erschienenen Buch *Der Orient und Europa* wandte er überall sein eigenes typologisches System auf die Tausende damals bekannter Steingräber an. Er hat zuerst hervorgehoben, daß die Megalithgräber in ihren Formen stark einer anderen Art des Gemeinschaftsgrabes glichen, dem sogenannten *tholos*, das im ganzen Mittelmeergebiet, in Griechenland und Kleinasien, auf Malta und den Balearen, wohlbekannt war. Da gab es denselben Hügel, denselben gedeckten Zugang und dieselbe Grabkammer. Der einzige Unterschied lag darin, daß in den Mittelmeerländern der Bau nicht aus Megalithen – also großen, hochkant gestellten flachen Steinen – bestand, sondern aus gewöhnlichen, waagerecht nebeneinandergelegten Steinblöcken.

Durch die typologische Methode von Montelius wurde noch eine ganze Reihe anderer Tatsachen erhellt. Eine Besonderheit, der er ein ganzes Kapitel widmete, war der Eingang in Form eines runden Loches, eines ‹Bullauges›. In einem relativ eng begrenzten Teil des gewaltigen Gesamtgebiets, das immerhin den Nordosten von Frankreich, England, Belgien, das nördliche Deutschland und Schweden umfaßte, hatte eine ganze Menge dieser Grabkammern als einzigen Eingang nicht etwa den steinernen Torweg, sondern ein Loch, eine Rundpforte, entweder in einer einzelnen Steinplatte, in die man ein Loch gebohrt hatte, durch das ein Menschenkörper gerade hineinbugsiert werden konnte, oder aus zwei Steinen bestehend, die jeder einen halbkreisförmigen Ausschnitt an einer Kante hatten und entsprechend aneinandergesetzt wurden, womit dasselbe erreicht war.

Montelius beschrieb auch ausführlich die in manchen Gräbern, insbesondere in der Bretagne und in Irland, gefundenen Felszeichnungen und schildert lang und breit die berühmteste Kammer mit solchen Inschriften: New Grange an der Ostküste Irlands, etwa vierzig Kilometer nördlich von Dublin. Dort liegen, am Brugh na Boinne, ein Stückchen westlich von Drogheda, zehn Grabkammern in einer Gruppe. Die als New Grange bekanntgewordene Stätte wäre allein ihrer Größe wegen schon beachtenswert, denn sie hat einen Durchmesser von über 80 Meter und ist noch heute über 13 Meter hoch. Ursprünglich muß sie viel höher gewesen sein, denn sie wurde seit Generationen von jedermann, der sich billiges Baumaterial beschaffen wollte, als Steinbruch benutzt. Rings um dieses Grab, in einiger Entfernung vom Fuß des Hügels, hatten früher im Kreis 35 mannshohe Monolithen gestanden, von denen jetzt nur noch 12 vorhanden sind. New Grange besteht ganz und gar aus Felsblöcken, der Grundbau aber aus einem Ring gewaltiger Felsplatten, die, bis zu drei Meter lang, hochkant aneinandergesetzt sind. Über ihnen erhebt sich fast zwei Meter eine trockene Umwallung. Von der Südostseite des Grabes führt ein 18 Meter langer Gang in eine kreuzförmig angelegte Kammer. Der Gang ist knapp ein Meter breit, die Wände bestehen aus Monolithen, das Dach ist überkragend und so hoch, daß man unter ihm gehen kann, ohne sich bücken zu müssen. Die Kammer hat schon so lange offen gelegen, als es schriftliche Berichte über sie gibt, zumindest seit der ersten Beschreibung des Monuments im Jahre 1699. Sie ist aber auch in den Zeiten der Römer offen gewesen, wie die Entdeckung von zwei Goldmünzen am Ort zeigte, eine mit dem Bildnis des Kaisers Valentinian, die andere mit Theodosius. Die Hauptkammer ist bis in die Spitze des gekragten Daches nicht weniger als sechs Meter hoch. Aus ihr gelangt man in drei kleine Kammern, die eine flache Bedachung haben, jede aus einer einzigen riesigen Steinplatte bestehend. In allen Seitenkammern befindet sich eine steinerne Schüssel von einem Meter Länge.

Mit einer nackten Beschreibung der baulichen Eigenarten des New Grange wird man der wuchtigen Wirkung der großen Ausmaße mit den vielfältigen Verzierungen kaum gerecht, denn, wohin man den Blick auch wendet, überall trifft man auf Gravuren. Auf die Steine des äußeren Ringes, auf einen drei Meter hohen Monolithen vor dem Eingang, auf einen von der Oberschwelle nach rückwärts abgesetzten, auf die Wandplatten im Gang und in der Kammer selbst sind geometrische Figuren in einer verblüffenden Fülle von Verbindungen eingeritzt. Spiralen und Kurven, Kreise, Dreiecke, Rauten und Gittermuster

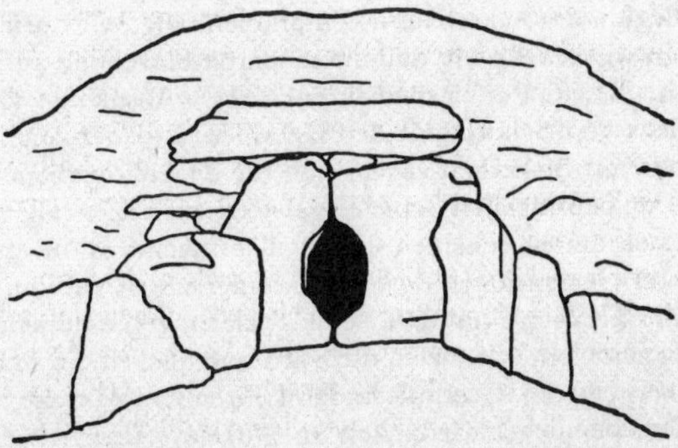

Abb. 38: Der wie ein ‹Bullauge› geformte Eingang zu einer Grabkammer aus Megalithen, entdeckt bei Avening in Gloucestershire (England).

bedecken auf vielen dieser Steine fast jedes Quadratzentimeter. Zwischen den abstrakten Mustern lassen sich Abbilder von Beilen, von Menschen und vermutlich auch Schiffen erkennen. Das Beil ist ein Lieblingsmotiv in den Gräbern der Megalithenbauer. In Irland kehrt es überall wieder, und vor allem auch jenseits des Kanals, auf der Halbinsel Bretagne. Montelius deutete auch auf die Ähnlichkeit zwischen den Ornamenten von New Grange und den auf den frühesten in Nordeuropa gefundenen Bronzegegenständen. Er regte an, diese immensen irischen Grabstätten auf das Ende des Neolithikums zu datieren, in die Zeit kurz vor der Einführung von Metallen. Für die Annahme dieser Zeiteinstufung scheint es noch immer Grund genug zu geben.

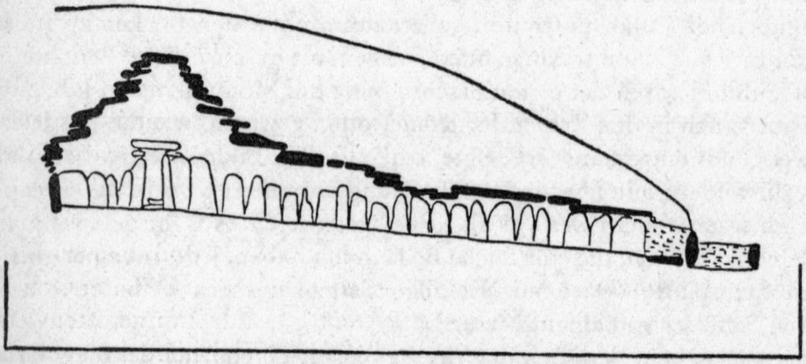

Abb. 39: Schnitt durch die riesige Grabkammer von New Grange in Irland, einen der größten Megalithbauten. Die Kammer hat eine lichte Höhe von 6 m. Auf sämtlichen den Gang bildenden Steinen befinden sich verschiedenartige Kerbzeichnungen.

Im allgemeinen war Montelius nicht geneigt, sich der gern vertretenen Ansicht, daß die Megalithgräber den Uranfang des Ackerbaus in Europa bezeichneten, anzuschließen. Er glaubte, in Dänemark und Schweden Spuren von einer vor der Megalithen-Periode lebenden Bevölkerung aus der Epoche der Polierten Steine entdeckt zu haben, und diese Zeit brachte man mehr und mehr mit dem Beginn des Ackerbaus in Zusammenhang. Wir dürfen ein wenig vorgreifen, indem wir behaupten, daß die moderne Forschung auf dem besten Wege ist, ihm in diesem Punkt zuzustimmen. Mit Ausnahme vielleicht des äußersten Nordens von Schottland, der Hebriden und der Shetland-Inseln, läßt sich nirgends mit Sicherheit sagen, daß die Megalithenbauer die ersten Ackerbauern in den betreffenden Gebieten gewesen seien. Überall jedoch in den atlantischen Küstenräumen scheinen sie plötzlich, nachdem die ersten Siedler erst eine oder zwei Generationen dort saßen, aufgetaucht zu sein.

Ein Student der Theologie hat dafür eine Erklärung vorgebracht.

Orthodoxe Vorgeschichtler runzeln die Stirn und zucken die Achseln, wenn sie den Namen Perry hören. Geschult in den Lehren von Worsaae und Montelius und mit dem peinlichen Gedanken an Stukeleys ‹Erzdruiden›, den sie nicht loswerden, betrachten sie – und ganz mit Recht – jede Theorie, die über das durch Tatsachen gestützte Wissen hinauszielt, als verdächtig und gefährlich.

W. J. Perry, Lektor für Vergleichende Religionswissenschaft an der Universität Manchester, unterwarf sich nicht ihren strengen Maßstäben: er veröffentlichte 1923 sein Buch *Die Kinder der Sonne (The Children of the Sun)*. Ursprünglich war es gedacht als ein, gewiß löblicher, Versuch, einen roten Faden zu finden, mit dem sich bestimmte megalithische Überbleibsel verbinden ließen, die, zumeist in ihren Formen grundverschieden von den europäischen, innerhalb eines breiten Gürtels gefunden werden, der sich in Indien ostwärts über den Stillen Ozean nach Amerika und bis nach Neuseeland erstreckt. Perry suchte durch eine Reihe von Argumenten zu beweisen, daß es sich hier um die Reste einer kulturellen Welle handele, die, in Ägypten zur Zeit der Fünften Dynastie entstanden, den ägyptischen Sonnenkult weitertrug, und zwar durch Missionare, die, um Handel zu treiben, nach Edelmetallen und Edelsteinen suchten. Im Schlußkapitel schwenkt der Verfasser kurz nach Europa zurück und trägt vor, daß die dortigen megalithischen Reste von einem ähnlichen Vordringen Handel treibender ägyptischer Missionare zeugten, die sich in West- und Nordeuropa an Gold, Zinn, Kupfer und Bernstein bereichern wollten. Über diese Theorie sprach er ein Jahr später in einem zweiten Buch *Das Werden der Zivilisation (The Growth of Civilisation)* ausführlicher.

Es war ein tapferer Versuch, das ganze verwirrende Megalithenproblem in einen alles umfassenden Rahmen zu bringen. Und, wie O. G. S. Crawford treffend bemerkt hat, kann ‹Geschichte vor den Pedanten nur gerettet werden durch weitgreifende Verallgemeinerungen›. Aber der Versuch entfesselte einen Sturm von Protesten, dessen Brausen dadurch ein wenig gemäßigt wurde, daß die Prähistoriker von der Theorie auffallend vieles akzeptierten. Daß die Idee für die Megalithbauten aus Ägypten gekommen sei, wurde als nicht durch Beweise bestätigt verworfen. Der Theorie, daß das Hauptziel der Megalithenbauer die Erbeutung von Metallen gewesen sei, wurde die schon beweiskräftige Tatsache entgegengehalten, daß die in den nordeuropäischen Steingräbern entdeckten Artefakte durch nichts erkennen ließen, daß der Mensch damals etwas von Metallbearbeitung gewußt hat. Abgesehen von der Ausschaltung Ägyptens stimmte man jedoch darin überein, daß nach dem Ursprung der Megalithen im östlichen Mittelmeergebiet gesucht werden müsse, und wenn man beim Verfolgen von Spuren hier den Händler ausließ, bliebe noch der Missionar.

Der Gedanke an die Missionare söhnte mit etlichen sehr peinlichen Tatsachen aus. Montelius hatte, als er seinen Hörern und Lesern einhämmerte, daß praktisch alle Megalithgräber von Zypern über Spanien bis nach Schweden gleichartig seien, das ignoriert, was den Forschern die stärksten Kopfschmerzen machte. In diesen gleichartigen Gräbern lagen, neben den überall in gleicher Ruhestellung vorgefundenen Skeletten, Artefakte – Werkzeuge und Waffen aus Feuerstein sowie Tongefäße –, die von Gebiet zu Gebiet gänzlich verschieden waren und überdies in jedem Fall eine erhebliche Ähnlichkeit mit den Geräten und Töpferwaren aus dem nächsten landeinwärts liegenden Gebiet, also außerhalb der Megalith-Zone, aufwiesen. Offenbar hatte es demnach keinen Megalithe errichtenden Volksstamm mit gemeinsamer Kultur, gleichen Tradi-

Abb. 40: Die Wanderwege der Erbauer der drei Hauptarten megalithischer Gräber. Die Gebiete, in denen durchweg solche Gräber gefunden wurden, sind schraffiert.

tionen und gleicher Lebensart gegeben. Das einzige, was diese Völker miteinander gemein hatten, war ihre Methode der Totenbestattung.

Sobald nun das Wort ‹Missionar› geäußert worden war, setzte das Puzzlespiel sich zusammen. Sicherlich war eine Religion, deren beständigstes Merkmal die Errichtung massiver Steingräber für Gemeinschaftsbestattung bildete, von Osten her durch eine verhältnismäßig kleine Schar von Bekehrern verbreitet worden, von wenigen nur, die nicht ausreichten, der Zivilisation fremder Siedlungen einen deutlichen Stempel aufzudrücken, aber doch Einfluß genug hatten, um bei ihren Gastgebern die Annahme der neuen geistigen, also religiösen Ideen zu erreichen. Die Analogie zu den christlichen Missionaren, die im 19. Jahrhundert zwischen den nicht zivilisierten Völkern unserer Erde wirkten, reichte aus, um das Bild zu vervollständigen.

Die Wanderwege der Missionare der verschiedenen ‹Sekten› konnten entsprechend dem Vorwiegen bestimmter Arten von Gräbern ausgearbeitet werden. Die ‹Bullaugen›-Sekte war quer durch Frankreich gezogen und hat über Norddeutschland nach Schweden nordostwärts weitergewirkt. Eine andere Gruppe war vom Mittelmeer aus an den Pyrenäen entlang zum Atlantik vorgedrungen und nordwärts über die Bretagne nach England und Irland gewandert. Eine dritte Sekte hatte Spanien umschifft und war, nach Gründung von ‹Gemeinden› in Spanien und Portugal, per Schiff durch die Biskaya nach Irland gelangt, um dann, nördlich um Schottland segelnd, Dänemark und Schweden zu erreichen.

Ungeachtet der Zurückweisung von Perrys Theorie von der Ausbeutung, werden wir im nächsten Kapitel sehen, daß, wie in der Neuzeit, auch damals der Handel der Bibel folgte, und werden sehen, daß das Becher-Volk ungefähr eine Generation später mit dem prähistorischen Äquivalent für die spätere Ginflasche und das Schnellfeuergewehr in genau dieselben Regionen vordrang, die von den weniger materialistischen Verbreitern der Megalithen-Idee schon erschlossen waren.

Wir behalten das Gefühl, daß das Buch der Megalithen noch geschrieben werden muß. Bisher hat sich noch niemand gefunden, um es als Synthese in so exakter Form zu schreiben, wie die wissenschaftliche Bewertung des Themas es verlangt. Denn, selbst wenn die Megalithen-Idee durch eine kleine Schar von Eiferern verbreitet wurde, so müssen doch zwischen den Priestern dieser verstreuten Gemeinden genügend Verbindungen bestanden haben, um im Verlauf der archäologischen Geschichte Spuren zu hinterlassen. Wir können verlockende Einblicke nehmen – allerlei Exemplare britischer Töpferkunst in spanischen Gräbern, Streitäxte aus Jütland in den Megalithgräbern der Bretagne, irisches Gold und Bernstein der Ostsee in den Monumenten auf der Iberischen Halbinsel. Es gilt da noch Arbeit zu leisten. Eine kleine internationale Gruppe von Vorgeschichtsforschern würde – davon kann man überzeugt sein –, wenn jeder in seinem Heimatgebiet ausgewählte Megalithgräber freilegte und sie alle ihre Ergebnisse verglichen, in der Lage sein, leichter greifbare Beweise dafür zu finden, welche Religion es gewesen ist, die im dritten Jahrtausend vor unserer Zeitrechnung sich in den neu gegründeten Kolonien überall an den atlantischen Küsten von Europa ausbreitete.

Abb. 41: Dreifache Spirale auf einem der Megalithen von New Grange, Irland.

15 Becher und Streitäxte

Die hübschesten irdenen Gefäße aus Altbritannien sind die Trinkbecher. Gewöhnlich von hoher schlanker Form, 18 bis 20 Zentimeter hoch, gut gebrannt... in der Farbe zwischen hellbraun und fast grellrot. Ihr Fassungsvermögen liegt zwischen 1 und 1 ½ Liter, einige fassen nur ½ Liter und die größten 2 Liter. Sie sind außen reich verziert, eingeritzte Striche und Punkte sind symmetrisch zu waagerecht verlaufenden Bändern vereint, die bei den schmuckreichsten abwechseln mit Quadraten und schachbrettartigen Mustern, senkrecht darüber oder im Winkel gesetzt, mit verschieden ausgefüllten Zwischenräumen.›

So lautete die erste und bisher noch beste Beschreibung der berühmten Glockenbecher, die 1869 Dr. John Thurnam geliefert hat, der Arzt aus Wiltshire, dessen Beschreibung der britischen Megalithgräber, wie wir sahen, einen Wendepunkt in deren Erforschung brachte.

John Thurnam genoß in der Welt der Medizin hohes Ansehen. Mitglied des königlichen Chirurgenkollegs *(Royal College of Surgeons)* und des Königlichen Ärztekollegs *(Royal College of Physicians)*, zweimal auch Vorsitzender des Medizinisch-Psychologischen Vereins *(Medico-Psychological Association)*, war er damals schon seit achtzehn Jahren Leitender Arzt der Kreisirrenanstalt von Wiltshire, in Devizes (Wiltshire County Asylum). Er hatte ein maßgebendes Werk mit Statistiken über Geisteskrankheit und mehrere Bände über die Struktur des Gehirns verfaßt. Wir haben erwähnt, wie der Anblick zweier prähistorischer Schädel in Guys Krankenhaus ihn, den berühmten Facharzt, zum praktischen Studium der prähistorischen Anthropologie anregte. Die Berufung nach Wiltshire, dem an prähistorischen Altertümern reichsten Bezirk in England, kam ohne sein Zutun, doch sobald er in Devizes (1851) seine Stellung angetreten hatte, wurde er natürlich Mitglied der Archäologischen Gesellschaft von Wiltshire, die damals die wahrscheinlich im ganzen Lande aktivste auf ihrem Gebiet war. Thurnam, ein Mann in den Vierzigern, hatte bislang Ausgrabungen kaum ernstlich versucht, doch jetzt beteiligte er sich fröhlich an den begeisterten, wenn auch nicht sehr wissenschaftlichen Forschungsarbeiten der Gesellschaft. Sie machten manchmal an einem Vormittag Ausgrabungen an sechs oder mehr der im Flachland verstreuten Grabhügel, wobei ihre muskulösen Arbeiter, umgeben von einer Schar Herren im Gehrock und elegant gekleideten Damen, ohne Umstände gleich in die Mitte durchstießen. Das war die damals beliebte Art der Archäologie, aber Thurnam war nicht umsonst der gute Diagnostiker und Statistiker; er erkannte rasch die wesentlichen Merkmale der in den Gräbern enthaltenen Gegenstände, ergänzte seine Kenntnisse, indem er die Aufzeichnungen der Gesellschaft von Wiltshire und die in den benachbarten Grafschaften studierte, und brachte auf diese Weise allmählich genug Material für eine statistische Behandlung des ganzen Problems der britischen Grabkammern zusammen, eine Arbeit, aus der wir die Überschrift dieses Kapitels entnommen haben.

Für jene Zeit war das eine vortreffliche Leistung, die wir auch nicht abfällig kritisieren dürfen, weil er in ihr die typologischen Systeme nicht anwendete, die erst Montelius in den dreißig Jahren nach Thurnams Tod (1871) verfeinerte.

Bei den entweder aus grasbewachsener Erde oder Steinhügeln bestehenden Gräbern von Britannien, die in Südengland zahlreich, in Nordengland, Wales und Schottland an Abhängen und auf Hügelkämmen mehr vereinzelt zu finden sind, waren nach Thurnam zwei Gruppen zu unterscheiden: lange und runde. Er vermerkte genau, daß es sich bei den langen einmal um Massenbestattungen in Megalithkammern, zweitens um Massenbegräbnisse unter Beigabe derselben Arten von Artefakten, jedoch ohne steinerne Kammern oder überhaupt eine kammerartige Einrichtung, handelte. Diese merkwürdigen Hügel ohne Kammern sind bisher noch nicht befriedigend erklärt worden. Thurnam schrieb, ganz richtig, die langen der Steinzeit zu und erkannte, ebenso richtig, daß die runden in einem späteren Zeitraum aufgekommen waren. Und als Gehirnspezialist bemerkte er auch als erster den rassischen Unterschied zwischen den in beiden Arten von Gräbern gefundenen Skeletten, einen Unterschied, der heute dem britischen Prähistoriker gleichsam schon in der Wiege gesungen wird, nämlich: lange Grabkammern, lange Schädel – runde Grabkammern, runde Schädel. Damit aber waren auch seine typologischen und chronologischen Theorien begrenzt. In dem ausführlichen Kapitel, in dem er die Ergebnisse der Ausgrabung von 354 runden Grabkammern beschreibt, behandelt er sie in Bausch und Bogen und setzt ohne Einschränkung voraus, daß sie alle aus ungefähr der gleichen Periode stammen müßten. Er schildert, wie die Grabstätte in der Mitte jedes Hügels entweder eine mit zu Asche verbrannten menschlichen Knochen gefüllte Urne enthalten haben mag oder ein unverbranntes Skelett, entweder lang ausgestreckt oder gekrümmt auf der Seite liegend. Indem er somit summarisch, wenn auch rein statistisch, mit den Begräbnismethoden aus – wie wir heute wissen – drei verschiedenen Perioden fertig geworden war, beschrieb er detailliert die in den Gräbern gefundenen Gegenstände, die er sorgfältig nach ihrem Material einteilte: Stein, Bein, Tonwaren, Bronze, Eisen, Bernstein, Pechkohle, Glas und sonstige Substanzen. Gewiß, er macht es hier so wie Thomsen eine Generation früher, doch ihm fehlte Thomsens (später von Montelius formuliertes) Gefühl für die Notwendigkeit, eine Entdeckung ‹als Ganzes› zu studieren, um festzustellen, welche Stücke zusammen mit bestimmten anderen gefunden wurden. Er beschreibt und illustriert genau die Glockenbecher und die ‹Speisegefäße› – ein von ihm erfundener Ausdruck, der dann allgemein für die auf die Glockenbecher-Periode folgende angewendet wurde –, vergißt aber zu erwähnen oder hat nicht bemerkt, daß die beiden Arten so gut wie nie zusammen gefunden wurden. Er gibt haargenaue Einzelheiten von einem bestimmten bronzenen, dolchähnlichen Gerät mit kurzer breiter Klinge, vermerkt jedoch nicht, daß dieses häufig in denselben Gräbern vorkam, die Glockenbecher und kaum je eine andere Art von Tongefäßen enthielten. Auch informiert er uns nicht, bei welcher Art von Skeletten die verschiedenen Gegenstände entdeckt wurden. Über die Glockenbecher jedoch, für die er offenbar eine besondere Vorliebe gehabt hat, sagt er, daß sie gewöhnlich bei unverbrannten Toten gefunden wurden, in großer Zahl in Südengland, weniger häufig im Nordosten des Landes und Ostschottland, und in Irland gar nicht.

In bezug auf ihre Verbreitung geht er noch weiter, indem er auf die flüchtige Bemerkung von Dr. Lukis, siebzehn Jahre vorher, eingeht: daß Becher von glockenähnlicher Form in den Megalithgräbern auf den Kanalinseln und in Nordfrankreich beobachtet wurden.

Für die letzten dreißig Jahre des 19. Jahrhunderts bringt Thurnams Gesamtschau im wesentlichen das Bild, das sich die Fachleute über die Bronzezeit in Westeuropa machten. Um die Lebensweise der Landbebauer in der Bronzezeit zu beurteilen sowie in der ihr voraufgehenden Periode der Polierten Steine, wandten sie sich den Seedörfern der Schweiz zu und nahmen an, daß eine ähnliche Kultur sich nach den Küsten, den Wäldern und Niederungen von England und Frankreich verbreitet habe. Außerhalb der Schweiz und eines tiefen Gürtels um die Alpen war keine Siedlung aus dieser frühesten Ackerbauperiode bekannt, dafür aber gab es Grabstätten in Mengen, so daß vom Leben des prähistorischen Europäers nichts so deutlich in Erscheinung trat wie sein Ende. Es zeigte sich, daß für die Periode der Polierten Steine die Gemeinschaftsgräber charakteristisch waren, also die Dolmen und die mit Megalithen erbauten Galeriegräber, gewöhnlich unter länglichen Grabhügeln gelegen. Mit dem Anbruch der Bronzezeit jedoch änderte sich das: es kam das Einzelgrab unter den kleineren runden Hügeln auf, und mit ihm kamen die verschiedenartigen Sitten der Beerdigung und Verbrennung und die verschiedenartigen Töpfe und Pfannen, Werkzeuge, Schmuckstücke und Waffen, die Thurnam beschrieb. Es war zweifellos ein Zeitalter der Individualisten unter den vereinheitlichten Bräuchen der Megalithenbauer.

Dieses Chaos der verschiedenartigen Bestattungsbräuche und -beigaben nahm Montelius von Stockholm aus in Angriff. In seinen typologischen Studien brachte er das Durcheinander in Reihen, an denen die stufenweise Verbesserung oder Verschlechterung der hergestellten Typen klar ersichtlich wurde. In ganz Europa begannen begeisterte Prähistoriker nach seiner Methode zu arbeiten, die dem ehrwürdigen Vorsitzenden der Schottischen Gesellschaft für Altertumsfreunde in Edinburgh, Baron John Abercromby, ermöglichte, in der Geschichte der Glockenbecher den nächsten Schritt zu tun. Er brachte die Töpferei der Bronzezeit in Britannien in eine typologische und somit auch chronologische Ordnung und behauptete im Jahre 1901, der Glockenbecher sei das früheste Gefäßmodell der britischen Bronzezeit gewesen. Die Arbeiten des ‹Bechervolks› wurden nun zu einem anerkannten Bestandteil der altbritannischen Reliquien.

Im Jahre 1912 erhob einer der Schüler von Montelius das Bechervolk von einer rein britischen in den Rang einer europäischen Erscheinung. Nils Aberg, heute der hochgeachtete ‹Doyen› unter den schwedischen Vorgeschichtsforschern, der zur Zeit eine Professur in Stockholm innehat, war erst vierundzwanzig, als er sein Buch *New Stone Age in Northern and Western Europe (Die Jung-Steinzeit in Nord- und Westeuropa)* veröffentlichte. Er legte dar, daß es Glockenbecher, die den britischen entsprachen, in großer Zahl nicht nur in der Bretagne, sondern auch weiter entfernt, in Spanien, Südfrankreich, Holland, am Rhein entlang und tief in Österreich-Ungarn gegeben hatte. Zwei hatte man auch in den dänischen Megalithgräbern entdeckt.

Nachdem den europäischen Prähistorikern erst die Augen geöffnet worden waren, folgten massenweise weitere Entdeckungen. Glockenbecher wurden aus Portugal und Polen gemeldet, von Sizilien und den Shetlandinseln, von Sardinien und schließlich auch aus Irland. Sie zeigten eine erstaunliche Gleichheit der Muster, so daß die aus Portugal, Sizilien und Südengland, wenn sie nebeneinander standen, nicht zu unterscheiden waren.

Sehr schnell fand man auch heraus, daß diese Becher nur einer von vielen Artikeln des weit verbreiteten Bechervolks waren. Wo sie nicht auftauchten, erschienen auch andere Stücke, die insgesamt ein bezeichnendes Bild ergaben. Am aufschlußreichsten war eine gebogene rechteckige, etwa 10 bis 12 cm lange und 2½ bis 5 cm breite Platte aus Stein, Knochen oder gebranntem Lehm, die Löcher an allen vier Ecken hatte. Diese Stücke hatte Thurnam bereits beschrieben, und an einem im Grabhügel von Kellythorpe in Yorkshire gefundenen prächtigen Exemplar war ihr Zweck erkannt worden. Dort lag, auf den Handgelenkknochen eines männlichen Skeletts, das sauber polierte steinerne Rechteck. In jedem der Ecklöcher stak ein Knopf mit goldenem Kopf, noch fest an einem Niet aus Bronze, das offensichtlich den Stein an einem Lederriemen gehalten hatte. Unter den Armknochen lag eine kleine bronzene

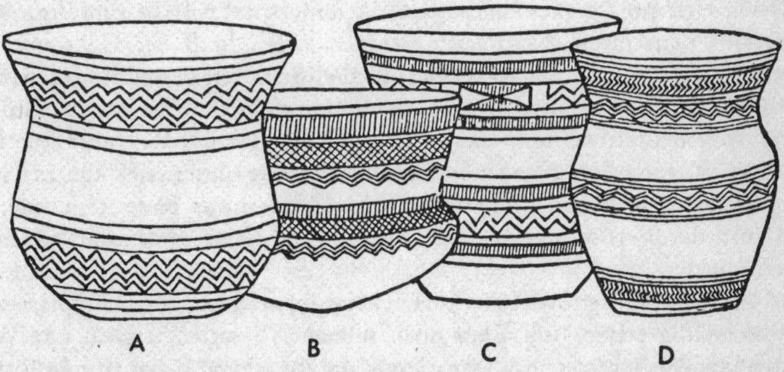

Abb. 42: Die Becherware, dekoriert mit eingekerbten vielfältigen geometrischen Mustern, gehört zu den schönsten und einheitlichsten Gruppen prähistorischer Töpferkunst. Diese vier Exemplare stammen aus Polen (A), Portugal (B), Deutschland (C) und England (D).

Abb. 43: Der Handgelenkschutz von Kellythorpe zeigt schlichte Linienführung. Aus dünnem, poliertem Stein, wurde er durch vier Goldknöpfe auf einem Lederriemen befestigt.

Schnalle, die zur Befestigung des Riemens am Handgelenk diente. Ein Handgelenkschutz war es, den Bogenschützen benutzt hatten, um ihren linken Arm gegen das Zurückschnellen der Sehne zu schützen.

Daß die Glockenbecherleute Bogenschützen waren, zeigte sich auch an bestimmten, in ihren Gräbern enthaltenen Typen von Pfeilspitzen, fein abgeschlagenen Feuersteinspitzen mit Widerhaken und Dorn. Im übrigen bestand ihre Bewaffnung aus einem breiten Dolch, Klinge und Heft aus einem Stück gearbeitet, im allgemeinen aus Bronze, doch im östlichen Randgebiet zuweilen aus Feuerstein. Ferner waren typisch für das Bechervolk halbkugelförmige Knöpfe mit einer V-förmigen Bohrung an der Rückseite, durch die einen Faden zu ziehen viel Mühe gemacht haben muß. Sie sind entweder aus Stein oder Knochen, aus Bernstein oder Pechkohle angefertigt und lassen vermuten, daß die Menschen, die sie herstellten, ein loses mit einem einzigen Knopf am Hals befestigtes Gewand trugen.

Der bronzene Dolch und die goldköpfigen Knöpfe am Handgelenkschutz sind bedeutsam, denn im größten Teil von Nordwesteuropa fällt das Bekanntwerden von Metall mit dem ersten Erscheinen der Glockenbecher zusammen.

Die Zeit des Bechervolks ist auf ungefähr 2000 v. Chr. anzusetzen. Kupfer hatte man damals in Mesopotamien und Ägypten schon zweitausend Jahre gekannt und Bronze beinah ebenso lange. Die ‹Erfindung› des Ackerbaus und der Viehzucht liegt vielleicht um noch tausend Jahre weiter zurück. Uns fällt kaum die sehr interessante Tatsache auf, daß die Einführung des Ackerbaus aus dessen Ursprungsgebiet ebenso lange gedauert hat wie die Einführung der Bronze aus dem ihren. Man hätte meinen sollen, daß der Gebrauch von Bronze die Verbreitung des Ackerbaus in den Schatten gestellt hätte und die nordeuropäischen Waldjäger sich im Tauschhandel um bronzene Messer und Speerspitzen bemüht hätten, ehe sie daran dachten, sich Vieh und Saatkorn zuzulegen. Keineswegs. Nahezu tausend Jahre begnügten sich die in Nordeuropa siedelnden Bauern mit Waffen und Geräten aus Feuerstein, ehe, zugleich mit der Verbreitung der Becher, Bronze zum erstenmal allgemein benutzt wurde.

Die Gründe müssen wirtschaftlicher Natur gewesen sein. Kupfererz ist verhältnismäßig selten und Zinn noch seltener. Spanien, Irland und Westengland besaßen natürliche Lager dieser Metalle, doch in das übrige Europa mußte jedes Stück Bronze importiert werden. Und wir dürfen sicher sein, daß der Preis für die Menschen, die sich in einem Randgebiet mit Ackerbau befaßten, unerschwinglich war. Sie hatten nichts zum Tausch anzubieten.

Durch das Bechervolk änderte sich das alles, und in etwa zwanzig Jahre dauernden Forschungen wurde – nachdem Nils Aberg den Weg gezeigt hatte – erklärt, inwiefern.

Sehr schnell fand man heraus, daß die ‹Becher-Menschen› in den Ländern, in denen ihre typischen geduckten Gräber gefunden wurden, Fremdlinge waren. Ihre Becher und Handgelenkschützer erschienen nur in beschränkter Zahl, ihre Gräber lagen auf Grabfeldern, die nur ungefähr zwanzig Grabstätten enthielten. Zwischen den fremden Bechermenschen hatten die ursprünglich in den betreffenden Gebieten ansässigen Völker weitergelebt und dieselben Töpferstücke und Artefakte angefertigt und benutzt wie vor dem Erscheinen der Glockenbecher. Nirgendwo weist der ‹Warenbestand› des Bechervolks die geringste Verwandtschaft mit den einheimischen Werkstoffen auf. Nirgends, außer in England, scheint das Bechervolk der überwiegende Teil der Bevölkerung gewesen zu sein. Und sogar in England, wo die vorherige Kultur offenbar der des neuen Bechervolks gewichen ist, konnte rassisch keine Verbindung zwischen beiden bestanden haben. Denn die Megalithenbauer, die zuerst kamen, hatten lange Schädel, während die Bechermenschen rundköpfig waren. Die Frage, die den Prähistoriker in der zweiten Dekade unseres Jahrhunderts auf harte Geduldsproben stellte, lautete: «Woher kam das Bechervolk?» Nils Aberg meinte 1927, aus Spanien, und seine Ansicht fand im nächsten Jahr durch Castillo de Yurrita ihre Bestätigung. Nur in der Mitte Spaniens konnten sich, überlegte man es genau, die Glockenbecher unmittelbar und in folgerichtiger, allmählicher Verbesserung aus der vorhergehenden Kultur entwickelt haben. Dort, in den Bergbaugebieten der Iberischen Halbinsel, war unter dem Einfluß der Metall benutzenden Zivilisationen des Mittelmeergebiets und des Nahen Ostens ein Geschlecht von Bronzeschmieden und Bronzehändlern herangewachsen. Sie müssen wandernde Händler und Klempner gewesen sein, die in kleinen Gruppen riesige Entfernungen zurücklegten und auf ihren Reisen feste Handelsplätze und Handelswege einrichteten. Indem sie den Spuren der Megalith-Missionare folgten und durch die Täler der großen Flüsse ins Herz des Kontinents vordrangen, so weit wie die Missionare nie gelangt waren, führten sie im Neolithikum an den Küsten Europas bei den verstreuten bäuerlichen Gemeinschaften die Luxusware Bronze ein. Und das konnten sie nur im Tauschverfahren machen. Sie erhandelten für ihre Bronze die kostbaren Substanzen des Nordens: den Jadëit der Bretagne, die Pechkohle von England und Schottland, den Bernstein der Ostseeländer. Als gute Handelsleute paßten sie sich den örtlichen Bräuchen an und gingen mancherorts darin so weit, daß sie die Religion der Megalithenbauer annahmen und auch ihre Toten mit in den großen Gemeinschaftsgräbern bestatteten. Diese Karawanen geschäftstüchtiger, wachsamer Menschen, begleitet von ihren Bogenschützen, die die Träger ihrer wertvollen Handelsware, die Maultiere oder Ochsen, bewachten, haben den Völkern in ganz Westeuropa und in einem großen Teil der weiter nördlich liegenden Gebiete geholfen, den schwierigen Schritt von der ‹autarken›, nur auf dem einheimischen Feuerstein beruhenden Wirtschaft zum Import von

Metall, für Tausch, Handel und eigenen Gebrauch, zu tun. Das war eine Umwälzung, die in der nächsten Epoche weite Rückwirkungen haben sollte.

Man hat auch gemeint, daß die Becherhändler noch anderes als Bronze zu verkaufen gehabt hätten. Es ist mehr als wahrscheinlich, daß die Becher ein sichtbares Zeugnis für die Verbreitung des Biertrinkens sind. Die Leichtigkeit, mit der allem Anschein nach diese kleinen Gruppen von fremdem Stamm, die große Mengen bequem transportabler Reichtümer bei sich führten, unbelästigt kreuz und quer durch Europa ziehen konnten, wäre damit erklärbar, daß sie bereit und in der Lage waren, den Ansässigen berauschende Getränke zu verkaufen.

Ob die Bechermenschen die Erfinder des Bieres waren, wissen wir nicht, doch ist es ein reizvoller Gedanke, daß vielleicht, wenn diese wandernden Händler einen der ihren in fremder Erde, fern seinen heimatlichen Sierras, begruben, der letzte rituelle Akt darin bestand, seinen gewohnten Humpen bis zum Rand mit Bier zu füllen und ihn griffbereit mit in sein Grab zu stellen.

Unter den Artefakten, die Dr. John Thurnam 1869 als Entdeckungen aus britischen Grabhügeln verzeichnete, sind sieben steinerne Äxte. Thurnam registriert und beschreibt sie mit seiner üblichen Sorgfalt, ohne ihnen jedoch besondere Beachtung zu zeigen. Wir erfahren, daß sie zusammen mit Klingen aus Bronze gefunden wurden, vier von den sieben bei unverbrannten und drei bei verbrannten Leichen. Steinäxte waren für die britischen Rundgräber nicht charakteristisch, und Thurnam hätte gewiß, wäre er schon damals gefragt worden, die Behauptung wagen können, daß es Importe aus Skandinavien sein müßten. Denn dort waren sie alltäglich, wie in England die Glockenbecher. Ständig wurden Exemplare vom Pflug zutage gefördert, zuweilen fand man sie in den Riesenkammern aus Megalithen oder am Strand angeschwemmt. In jedem dänischen Bauernhaus, das auf Kultur hielt, gab es zwei oder drei auf den eigenen Feldern gefundene Steinäxte. Altertumsfreunde sammelten sie hundertweise, im Kopenhagener Nationalmuseum gehörten sie zu den in größter Zahl vorhandenen Objekten. Thomsen hatte die dänischen Streitäxte in seinem Museumsführer beschrieben. Er nannte sie ‹Hämmer›, was verständlich ist, da die meisten nur aus einem Klingenstück bestanden, dessen dickerer Teil abgerundet war wie ein Hammerkopf und wahrscheinlich auch entsprechend gebraucht wurde. Sie waren 15 bis 20 Zentimeter lang, meistens von annähernd zylindrischer Form, nach der Schneide zu abgeschrägt. In der Mitte oder nahe am dicken Ende hatten sie ein Loch zum Einführen des Stiels. Das Material war Porphyr, Grünstein oder Granit. Thomsen schrieb sie ohne das leiseste Zögern der von ihm abgegrenzten Steinzeit zu.

Ihre ungewöhnlich schöne Linienführung wurde sehr bewundert. Viele, sicher ihrer Schönheit wegen ausgewählte Steine waren sorgfältig bearbeitet und geglättet, die Rundungen knapp und geometrisch exakt und die Winkel sauber angeschnitten. In Schweden wurden einige gefunden, die in ihrer langen, schlanken Form, mit einer Rille am oberen Rand und einem Absatz hinter dem Stiel eher dem Modell eines Kanus oder Kajaks glichen als einer Axtklinge.

Im Anfang der Steinzeitstudien in Skandinavien hielt man sie für die Waffen der Megalithenbauer, obwohl sie in den steinernen Grabkammern relativ selten angetroffen wurden.

Während der letzten drei Dekaden des 19. Jahrhunderts wurden in Dänemark planmäßig die Heidegebiete in der Mitte von Jütland urbar gemacht, mooriges Land, das vom Pflug, jedenfalls in den letzten zweitausend Jahren, noch nicht berührt worden war. Diese Moore waren von zahllosen kleinen runden Grabhügeln punktiert, die im Volksmund als Werk von Märchengeschöpfen galten, für den Vorgeschichtsforscher jedoch prähistorische Gräber waren. Da sie beim Pflügen hinderten, wurden Hunderte buchstäblich aus dem Boden gepflügt, die Klumpen zerschlagen und die Erde über die eingeebneten Ackerflächen verteilt. Während dieser Periode bemühte sich das Nationalmuseum außerordentlich, die Zerstörung aufzuhalten und, wo das nicht gelang, durch Fachleute aus den Hügeln, die eingeebnet wurden, so viele Objekte wie möglich retten zu lassen und ein Bild von der Art der Anlagen zu gewinnen.

Die Kampagne wurde von Sophus Müller geleitet, dem Nachfolger Worsaaes. Müller, für die späteren dänischen Archäologen eine legendäre Gestalt, war ein kleiner, leicht erregbarer Mann mit Ziegenbart. Wo in Dänemark neue Entdeckungen gemacht wurden oder es schöne Ausstellungsstücke zu sehen gab, war er zur Stelle, schätzte mit einem einzigen Blick den Wert des Fundes und beanspruchte rücksichtslos die besten Exemplare im Namen des Nationalmuseums. Das Schicksal meinte es gut mit Sophus Müller, indem es ihn zum Zeitgenossen von Oscar Montelius machte. In vielen seiner Veröffentlichungen ist freilich zu spüren, daß er, trotz seines ausgesprochenen Talents für chronologische Schlußfolgerungen, sich gehemmt fühlte, sobald er mit erfahreneren Fachleuten auf demselben Gebiet zu tun hatte. Sophus Müller hätte nicht nötig gehabt, unter Vergleichen mit anderen zu leiden, denn seine Entdeckung der ersten Streitaxt-Kulturen wäre den meisten Menschen Ruhmes genug gewesen.

Unter seiner energischen Führung betätigte sich das ganze Personal des Kopenhagener Museums, nun acht Mann anstatt des Einmannbetriebes mit Lehrling unter Thomsen und Worsaae, zehn Jahre lang mit den Ausgrabungen und Aufzeichnungen des rapide schwindenden Materials, wobei sie immerfort mit dickköpfigen, ungefälligen und groben Bauern streiten mußten. (Die Hügel bei Landbesitzern, die verständnisvoll die historischen Stätten beim Pflügen verschonten, ließ man bis nach der ‹Krise› in Reserve.) Hier war viel Takt erforderlich, und wo Takt nichts ausrichtete, pflegte Sophus Müller persönlich zu erscheinen und mit gesträubtem Bart die Furcht vor Gott und dem König in der Brust des widerspenstigen Bauern zu erwecken.

Und sie wurden belohnt. Allmählich entstand aus dem Mosaik ihrer Notizen und Skizzen das Bild einer bisher noch unbekannten Steinzeitkultur. Auf Grund der Arbeiten von Thomsen, Worsaae und ihren Zeitgenossen hing man allgemein an der Formel, daß die Toten der Steinzeit in steinernen Gräbern beigesetzt worden und die kleinen runden Grabhügel in Europa die Beerdigungsstätten der Bronzezeit seien. Dagegen hatte man jetzt festgestellt, daß über die Hälfte der durch Müllers Arbeitsgruppe freigelegten kleinen runden Hügel keine einzige Spur von Bronze enthielt. Und diese neu entdeckten Steinzeitgräber waren alle von gleicher Form, jedoch völlig verschieden von den Megalithgräbern.

In einer länglichen, ungefähr einen Fuß tiefen Grube im Erdboden lag ein einzelner Toter, auf der Seite, die Knie angezogen und stets mit dem Gesicht nach Süden. Frauen lagen immer auf der linken Körperseite, den Kopf nach Osten gewandt. Sie trugen reichen Bernsteinschmuck und hatten neben sich einen oder mehrere irdene Krüge. Die Männer lagen auf der rechten Seite, mit dem Blick nach Westen. Auch sie hatten Krüge oder Becher im Grabe, trugen aber keinen Schmuck, vereinzelt ein Paar große Bernsteinknöpfe. Ausnahmslos aber lag vor ihrem Gesicht, in Augenhöhe, eine steinerne Streitaxt.

Über ihren Gräbern war ein flacher Hügel aufgeworfen. Spätere Gräber wurden im allgemeinen über den ersten, in dem entsprechend erhöhten Erdhügel, angelegt. Häufig lag das zweite Grab so exakt über dem ersten, daß die Totengräber über die Lage des ersten wohl genau im Bilde gewesen sein müssen.

Die Schlußfolgerung war eindeutig. ‹Es ist›, schrieb Sophus Müller, ‹in der Reihe keine Ausnahme festzustellen. Fast unwahrnehmbar verändert sich die Form des Kriegsbeils, bis sich die in den oberen Gräbern gefundenen von denen im untersten stark unterscheiden. Die Töpfer ersetzten ihre älteren Muster durch andere, die sie für praktischer und schöner hielten. Auch von Waffen und Werkzeugen gab es allmählich neue Modelle – und während der ganzen Zeit wurden Söhne in die gleichen Grabhügel getragen, in denen ihre Väter ruhten... Unmittelbar über den letzten Steinzeitgräbern liegen die der Bronzezeit, in Inhalt und Anordnung ihnen sehr ähnlich. Jedenfalls hat sich die Sitte der Einzelgräber bis zum Ende der Steinzeit erhalten.›

Sophus Müller führt alsdann den Beweis, daß die Gräber mit Streitäxten zeitgleich mit den Megalithgräbern gewesen sind. Ein neues Volk mit ganz anderer religiöser Auffassung müsse in der Mitte der Megalithperiode in Jütland angekommen sein. Müller zeichnet das allmähliche Verwischen der Unterschiede in den Kulturen der neuen und der ursprünglichen Bewohner nach und belehrt uns, daß die spätesten Streitaxtgräber genau die gleichen Arten von Werkzeugen, Waffen und Töpfereien enthielten wie die spätesten Megalithgräber. Als in Dänemark die Bronzezeit einsetzte, war die Bevölkerung des Landes wieder einmal homogen.

Nach der Identifizierung des Streitaxt-Volkes von Jütland richtete sich die Aufmerksamkeit der europäischen Archäologen ebenso stark auf die Streitäxte wie, ungefähr zur gleichen Zeit, auf die Glockenbecher. Die von Thomsen beschriebenen Äxte waren kein vereinzeltes Beispiel. Hatte man die Glockenbecher allgemein in fast ganz West- und Mitteleuropa gefunden, so sah man jetzt, daß die zur Untersuchung aus den Museen hervorgeholten Streitäxte aus Gebieten in ganz Nord-, Mittel- und Osteuropa stammten.

Dieses neue Material zu sammeln und zu klassifizieren, war so recht eine Aufgabe für Nils Aberg. Nach Beendigung seiner Arbeiten über die Glockenbecher beschäftigte er sich sofort mit den Streitäxten und veröffentlichte 1918 sein großes Werk über die *Jüngere Steinzeit in Mitteleuropa*, ein Buch, das inzwischen dringend notwendig geworden war. Die Geschichte der Jungsteinzeit mußte, im Kern, zur Geschichte der Ankunft und Ansiedlung der ersten Ackerbauern auf dem noch jungfräulichen, nur von Jagdvölkern bewohnten Kontinent werden. Für Westeuropa und die Küstengebiete bis nach Südschweden zeichnete sich nun, dank den Forschungen nach den Megalithen und Glockenbechern, langsam ein Umriß dieser landwirtschaftlichen Kolonisation ab. In der Schweiz und ihren näheren Grenzgebieten bewiesen die Seedörfer den Reichtum an festen bäuerlichen Siedlungen in der Steinzeit. Nördlich und östlich der Schweiz aber zeigte die Karte einen leeren Fleck. Ganz leer war sie freilich nicht, denn in Deutschland und Österreich-Ungarn, in Rußland und Rumänien, in Bulgarien und Serbien waren seit über sechzig Jahren die Prähistoriker am Werk gewesen und hatten viel neues Wissen gesammelt, so auch über das Material, das die Grundlage von Abergs Gesamtschau bildete. Bis 1918 jedoch ließen die zusammengescharrten Forschungsergebnisse noch keinen geschlossenen geschichtlichen Ablauf erkennen, wie er, wenn auch nur in skizzenhafter Form, für die Zeitfolge der Megalithen und Tonbecher in Westeuropa schon vorlag.

Uns geht es hier nur darum, dem Streitaxt-Volk nachzuspüren, eine Aufgabe, die uns tief genug in Raum und Zeit führen wird, denn Aberg stellte fest, daß Äxte vom frühesten jütländischen Modell, aus den frühesten jütländischen Gräbern, wo sie zusammen mit Töpferwaren von fast genau gleicher Form und Ausschmückung lagen, von Ostengland bis nach Mittelrußland und von der Krim bis nach Finnland überall zu finden waren. Hier haben wir nicht an kleine Scharen wandernder Händler wie bei dem Bechervolk zu denken: das Streitaxt-Volk ist als ganzes in Bewegung gewesen. Vom Kuban bis an die Nordsee liegen seine Gräber zu Hunderttausenden. Wer waren diese Menschen und woher kamen sie?

Die letzten dreißig Jahre haben die Frage zum Teil beantwortet. Sie waren Nomaden, die mit ihren Rinderherden, vielleicht auch Pferden, wanderten, Viehhalter mit wenig oder gar keiner Kenntnis vom Ackerbau, eine dritte Macht zwischen den Bodenbebauern und den Jägern. Ihre Lebensweise entwickelte sich in Rußland, auf der endlosen Kalmückensteppe, in der östlichen Ukraine und in den Gebieten östlich und nördlich von Moskau, wo die Siedlung von Fatyanovo einer ganzen Kulturphase den Namen gegeben hat. Sie hatten ihre Herden und die Belehrung zum Zähmen und Pflegen der Tiere aus dem Mittleren Osten bezogen, zur gleichen Zeit, als Europa von demselben ‹Lehrmeister› die Landwirtschaft erlernte. Ihre Axt ist die alte, aus Geweih gefertigte der Waldjäger, von den Bronzeschmieden des Ostens später in eine kupferne umgestaltet und schließlich, sogar mit den Gußnähten, von den Nomaden des metall-losen Nordens in Stein imitiert.

An der Südgrenze des Wandergebietes der Streitaxt-Menschen, am Kuban und in der nördlichen Türkei, hat man großartige Gräber der Kriegsfürsten

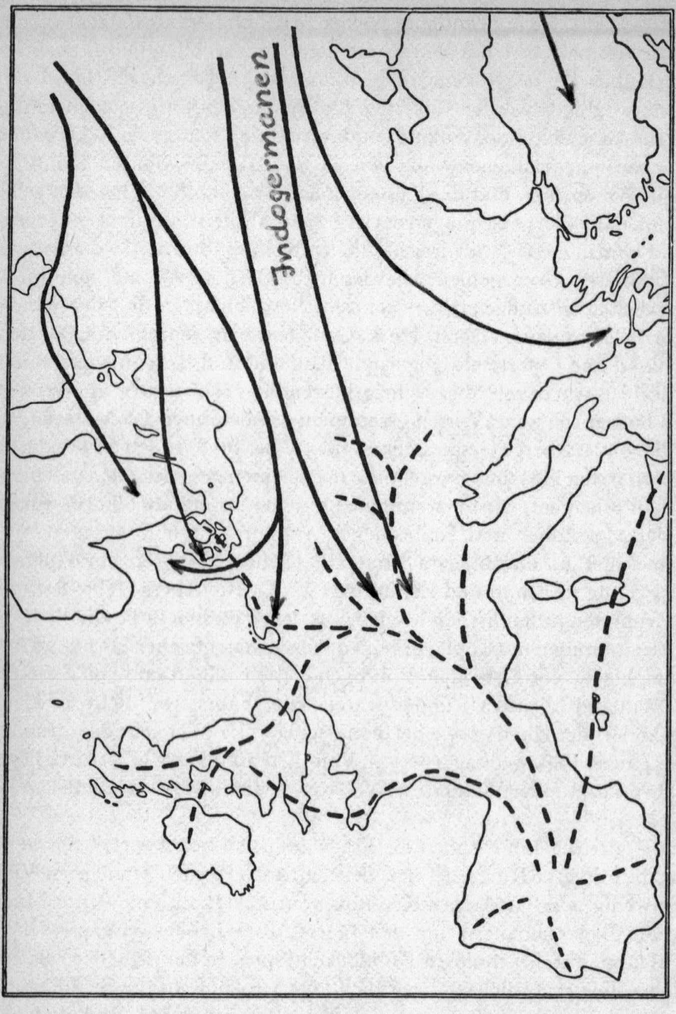

Abb. 44: Die Wanderwege der Becherhändler (gestrichelt) und der ‹Eindringlinge mit den Streitäxten› (glatte Linien). Beide Bewegungen gingen zu gleicher Zeit vor sich.

dieses Volkes entdeckt, die auf etwa 2500 v. Chr. zu datieren sind. In mit Steinen oder Baumstämmen umrandeten Gruben liegen die toten Fürsten, das Gesicht nach Süden, auf der Seite, umgeben von Waffen aus goldplattierter Bronze, goldenen Trinkbechern, Bronzestatuetten mit Goldziselierung, runden oder nierenförmigen ‹Sonnenscheiben› – denn sie waren vermutlich Sonnenanbeter – und vor allem: Streitäxten aus Silber oder Kupfer. Diese Gräber, unvergleichlich reicher als die bescheidenen Grabstätten in Jütland, aber in ihrem wesentlichen Bestand dieselben, und eine Kette von Entdeckungen in zwischen ihren

Fundstätten liegenden Gebieten beweisen, daß dasselbe Volk beide Arten von Gräbern gebaut hat.

Wir sehen jetzt die Jahrhunderte vor 2000 v. Chr. als eine Periode, in der Ansiedlung und Wanderung wechselten. Die Kolonien von Ackerbauern in den Lichtungen der europäischen Wälder waren erst zwei- bis dreihundert Jahre alt. Bei jenen Menschen begann die Erinnerung an die ‹Pionierzeit› und die ersten Megalithmissionare, die an den Küsten landeten, erst jetzt zu verblassen. Die Frommen bauten zuweilen noch einen neuen Dolmen oder ein Grab mit Gang. Ständiger Fortschritt schien gesichert. Die Reichen konnten ihre Frauen mit exotischer Bronze anstatt dem altmodischen Bernstein der Heimat schmücken. Die Handelsplätze des Bechervolks, die es in allen Gegenden gab, waren immer für Leute zugänglich, die es sich leisten konnten, bronzene Dolche und Speerspitzen zu kaufen, während sogar die Armen, die nur einen Fuchspelz zum Tauschen besaßen, auf ein paar Schoppen mit dem wunderbar erheiternden Bier rechnen durften.

In diese seßhaften Gemeinden drang die Kunde, daß aus Osten Horden von Beile schwingenden Reitern ins Land einzufallen begannen. Ihre Viehherden vor sich hertreibend und die besten Weiden beanspruchend, ergossen sich die Fremdlinge bis an den Rhein, indem jeder Stamm sich selbst ein Gebiet ‹herausschnitt›, wo er sich festsetzte. Die Becherhändler jedoch behandelten alle Kunden gleich, sie machten ihr Geschäft ebenso munter mit den neuen Siedlern unter der Streitaxt wie mit den schon länger seßhaften Kolonisten, die sich ihrerseits mit den Eindringlingen abfanden, so gut es ging. Zum Glück war für alle genug Land vorhanden. Bald entstanden gemischte Gemeinschaften der Streitaxt-Stämme mit den ‹Altsiedlern›, und sogar mit Teilen des Bechervolkes, wie das um 2000 v. Chr. an der Ostküste Englands in Erscheinung trat.

Weiter südlich kam das Streitaxt-Volk, als es sich in die Türkei und nach Nordmesopotamien verbreitete, in den Gesichtskreis von Völkern, die sich aufs Schreiben verstanden. Sie schufen auf erobertem Land das Königreich der Hethiter und das der Pferde zähmenden Mitanner. Und diese Erobererstämme pflegten, in Wort und Schrift, wie wir wissen, Sprachen, die deutlich den indoeuropäischen Ursprung zeigen.

Mit wenigen Ausnahmen gehören alle europäischen Sprachen, wie auch Persisch und Hindostanisch, zu einer einzigen Sprachgruppe, und für die Philologen steht schon lange fest, daß diese indo-europäische Sprachgruppe sich in einem ganz bestimmten historischen Moment von einem einzigen Punkt aus verbreitet haben muß. Es besteht sogar Grund zu der Annahme, daß die Vorläuferin der Sprachen, in denen wir heute reden, die der viehtreibenden Nomaden gewesen ist, die vor ungefähr viertausend Jahren aus Rußland nach Mitteleuropa einbrachen.

16 DIE BILDER AUF DEN FELSEN

HUNDERT Kilometer südlich von Oslo treffen sich die Küste des Skagerrak und die Grenze zwischen Norwegen und Schweden in einem Winkel, der den Bezirk Östfold einschließt. Hier liegt die ertragreichste Gegend von Norwegen, gut bewässert, mit tiefem, fruchtbarem Boden, ein Land der Wälder und niederen Hügel, sattgrüner Wiesen und stahlgrauer Felsgruppen. Nach Süden hin, hinter der Grenze, bietet die schwedische Provinz Bohuslän dasselbe Bild: Seen und Flüsse, rote Bauernhäuser zwischen grünen Feldern und überall die aus dem Boden ragenden Felsen, große Tafeln und Platten aus Stein, den die Gletscher der Eiszeit glattgeschliffen haben, so glatt und so steilkantig, daß Gras und Erde sich auf ihm nicht halten können.

Von dieser lächelnden Landschaft ausgehend, wollen wir einer Fährte folgen, an deren Ende vielleicht Atlantis liegt, oder eine Entdeckung Amerikas schon zweitausend Jahre früher, als Leif Eriksson von Grönland nach Westen segelte.

Die magischen Felsenbilder von Bohuslän sind schon immer bekannt gewesen. Soweit die Menschen zurückdenken konnten, hatten Generationen von Männern und Frauen ihre Kinder dorthin geführt, um ihnen die in unzählige aus der Erde ragende Felsplatten gekerbten unerklärlichen und ein wenig unheimlichen Gestalten zu zeigen. Auch im Östfold, jenseits der Grenze, kannte man ähnliche Gravuren und sollte noch mehr von ihrer Art entdecken.

Die Bauern der Gegend wußten, daß die Abbildungen heidnischen Charakter hatten, und hielten sie, nicht ohne Grund, für unzüchtig. Die gelehrten Altertumsforscher, die aus Upsala, Lund und Oslo hinfuhren, um sie zu untersuchen, begnügten sich nicht mit so simpler Beurteilung und Ablehnung. Um die Zeichnungen rankte sich bald eine umfangreiche Literatur, in der sie als Runen oder mittelalterliche Symbole für Zauberkräfte erklärt wurden.

Bis Thomsen sein Drei-Zeitalter-System einführte, gab es keinen Zeitrahmen, in den die Felsbilder passen wollten. Nach dem Bekanntwerden seines Systems sah man es als wichtige Aufgabe an, in ihm einen Platz für die Steingravuren der Küstengebiete zu finden. Holmberg in Stockholm meinte 1848, sie gehörten in die Wikinger-Periode der Eisenzeit. Zwanzig Jahre später schrieb Brunius von der Universität Lund sie der Steinzeit zu. Daß sie als bronzezeitlich abzustempeln seien, suchte zuerst, 1869, Bror Emil Hildebrand nachzuweisen. Er war der erste einer neuen Schule von Altertumsforschern in Schweden. In seinen zwanziger Jahren hatte er unter Thomsen in Kopenhagen gearbeitet und zuerst das Drei-Zeitalter-System in Lund, später in Stockholm, eingeführt. Er gründete eine Dynastie von Prähistorikern, die sich noch jetzt – in der vierten Generation – in Schweden betätigt, und ist der Mann, von dem der junge Oscar Montelius die ersten Grundbegriffe archäologischer Methodik lernte.

Hildebrand betrachtete die Felszeichnungen ohne vorgefaßte Meinung, ganz objektiv, wie Thomsen es ihn gelehrt hatte. Eins der Bilder fiel ihm auf. Es sollte unzweifelhaft ein Schwert darstellen, denn die blattförmige Klinge und der kräftige Knauf waren sehr genau wiedergegeben, jedenfalls genau genug, um danach ein im Museum befindliches Gegenstück wiederzuerkennen. Und Hildebrand fand es: ein Schwert aus Bronze, einzustufen in die frühe Bronzezeit, etwa 1500 v. Chr.

Was bedeuteten nun diese Steingravuren der Bronzezeit, von denen immer mehr entdeckt wurden, und zwar nicht nur im Östfold und bei Bohuslän, sondern auch ringsum an den norwegischen Südküsten und bis hoch in die arktischen Regionen von Schweden? Wir sind schon früher Felsenbildern begegnet, in den Höhlen des Périgord und an den Klippen der Küste von Nordnorwegen. Doch diese waren anderer Art. Die Arbeiten der Jäger der Eiszeit waren naturalistisch, gut gesehene, klare, schlichte und lebendige ‹Porträts› der Tiere, von denen sie lebten. Die Zeichnungen aus der Bronzezeit dagegen waren nicht das Werk von Jägern. Das hätte man schon allein aus der Tatsache schließen können, daß sich unter ihnen verschiedene Szenen mit pflügenden Männern und andere Darstellungen von zweifellos als Haustiere dienenden Rindern befanden. Aber auch der Stil war völlig anders. Diese Gravuren waren schematisch, sie spielten nur an, sie wollten erzählen, durch eine Fülle merkwürdiger, komplizierter Einzelheiten, bei deren Anblick wir instinktiv empfinden, daß ihre Bedeutung von jedem Menschen der Bronzezeit, der an ihnen vorbeikam, sofort erkannt wurde. Wie eine Zeichnung von Hammer und Sichel in einem kommunistischen Lande oder ein Bild von Mutter und Kind in einem katholischen, scheinen diese Bilder eine tiefere Bedeutung gehabt zu haben, als der Uneingeweihte in ihnen zu entdecken vermag. Es ist daher nicht erstaunlich, daß man sie bei den ersten Deutungsversuchen für eine Art von Hieroglyphenschrift hielt.

Am häufigsten sind auf ihnen Schiffe dargestellt, zu Hunderten, reihenweise, ganze Flotten oder einzelne, eigenartig wirkende und doch einwandfrei als solche erkennbare Schiffe, die über die Flächen der Steinplatten ‹segeln›. Dem Anschein nach müssen große Schiffe gemeint sein, wenn man die senkrechten, aus dem Deck ragenden Striche betrachtet, die allgemein für stilisierte menschliche Gestalten gehalten werden, aber ebensogut Ruder bedeuten können. Zwanzig Ruder an jeder Seite sind demnach nichts Ungewöhnliches, und manchmal scheint es sich sogar um zwei Decks mit Ruderbänken zu handeln. Die Schiffe haben hohe, feingeschwungene Vorder- und Achtersteven und einen vorn und achtern stark aufwärts gebogenen Kiel. Kein Mast oder Segel ist zu sehen, jedoch im Mittelpunkt des Fahrzeugs oft ein scheiben- oder nierenförmiger Gegenstand, den manche Forscher als Segel gedeutet haben. Im Gegensatz zu den Gravuren aus der Alten Steinzeit sind Männer hier vielfach dargestellt, Frauen jedoch selten, und die männlichen Geschlechtsmerkmale werden übertrieben betont. Alle menschlichen Gestalten sind mit etwas beschäftigt: sie schwingen Streitäxte, ziehen Karren oder Pflüge, reiten auf Pferden oder blasen in die gebogenen Bronzetrompeten, von denen man mehrere Paare in Schweden und Dänemark entdeckt hat. Tiere erscheinen häufig, besonders Pferde, Rinder und

Hirsche. Waffen, wie Bogen und Schwerter, insbesondere Beile, einzeln sowohl wie in den Händen der Menschen. Ferner sieht man, in Lebensgröße, Abdrücke menschlicher Hände oder Füße, und sehr viele kreisförmige Symbole, Spiralen, konzentrische Kreise, auch das sogenannte Radkreuz – ein Kreuz mit vier Speichen – und die ‹Tassenmarke›, eine flache, untertassenähnliche Delle.

Das also sind die Motive auf den Tausenden von Felsbildern an den Küsten und in den Flußtälern von Skandinavien. Zumeist sind sie in niedrig gelegene Steinplatten geritzt, am Fuß von Hügeln, oder in flach aus dem Boden ragende Felsgrate, niemals weit entfernt von Wasser oder nutzbarem Land. Am beliebtesten sind offenbar nach Süden oder Osten weisende Felsflächen gewesen.

Für Hildebrand – wie später für Montelius, als auch er die Beweise für ihre Existenz zur Bronzezeit überprüfte – galt es als ausgemacht, daß diese Felsenbilder mehr waren als nur Zeugnis für ein unwiderstehliches Verlangen nach Ausdrucksformen bei den Ackerbauern der skandinavischen Bronzezeit. Spätere Schriftsteller haben mit der Idee gespielt, daß die Bilder historische Ereignisse verewigen sollten: Seeschlachten und Zweikämpfe zwischen den Helden der Bronzezeit. Es sind jedoch nirgends zwei gegeneinander kämpfende Schiffe zu erblicken, auch sind die einzelnen Gestalten, im Verhältnis zu den übrigen, zu gleichgültig placiert, als daß hieraus die Absicht, eine zusammenhängende Geschichte zu erzählen, entnommen werden kann. Im Jahre 1906 vertraten Hilander und Almgren die Ansicht, die Bilder hätten einen religiösen Sinn, und verwiesen auf das in Skandinavien entdeckte reiche Beweismaterial für einen Sonnenkult in der Bronzezeit.

Mit der Wahl der nach Süden und Osten geneigten Steinflächen könnte an sich schon eine Vorliebe für die Sonne erklärt sein, und so lag die Wahrscheinlichkeit nahe, daß die verschiedenen kreisförmigen Figuren, vor allem das Radkreuz, die Sonnenscheibe darstellen sollten. Auch der runde oder nierenförmige Gegenstand auf zahlreichen Schiffsabbildungen wäre dann die Sonnenscheibe, und bei dieser Vermutung erinnerte man sich, daß in vielen der frühesten Epen der ersten schreibkundigen indo-europäischen Redner, der Griechen und Inder, geschildert wird, wie täglich ein mit Pferden bespannter Wagen die Sonne über den Himmel zieht und sie jeden Abend von Westen nach Osten auf einem Schiff zurückfährt.

Obwohl am häufigsten diese nächtliche Himmelsreise dargestellt ist, finden sich mehrfach auch Bilder der Tagesfahrt, mit der Sonnenscheibe auf einem von Pferden gezogenen Triumphwagen. Aber es gab noch bessere Beweise für diese Deutung. Vier Jahre früher, 1902, hatte ein Bauer, der sein Feld bei Trundholm im Nordwesten von Seeland (Dänemark) pflügte, Bruchstücke vom Modell eines Sonnenwagens zutage gefördert. Als man sie zusammensetzte, wurde daraus eine vergoldete, mit Spiralen geschmückte, von einem recht steifbeinigen Pferd gezogene Scheibe. Pferd und Scheibe waren auf einem sechsrädrigen Untersatz montiert, das Ganze ersichtlich gebaut, um in Prozession bei einem Fest zu Ehren der Sonne vorgeführt zu werden.

Die Verbindung der Sonne mit dem Pferd ließ den Schluß zu, daß dieses überall, wo es mit auf den Felsbildern erschien, auch als Sonnensymbol zu gelten habe.

Neben diesem Motiv war am häufigsten die Streitaxt, oft auch in Verbindung mit der Sonnenscheibe. Am meisten fand man das Abbild der von einem Schiff getragenen Sonnenscheibe, die bewacht war von Männern mit hochgeschwungenen Kriegsbeilen. Nun können wir deutlich die Verbindung zurückverfolgen bis zu dem Streitaxt-Volk aus dem vorigen Kapitel, den wandernden, ihr Vieh treibenden, indo-europäisch sprechenden Menschen, die ungefähr fünfhundert Jahre früher aus den Pontischen Steppen Rußlands nach Mittel- und Nordeuropa vorgedrungen waren. In ihren Gräbern lagen, wie wir gesehen haben, die Toten stets mit dem Gesicht nach Süden, ein Zeichen, daß sie Sonnenanbeter waren, während in den Gräbern ihrer Vorfahren im Norden der Türkei ständig die kreisrunden und nierenförmigen Scheiben gefunden werden.

Die Feststellungen beginnen sich nun zu einem geschlossenen Ganzen zu verdichten, die Felsbilder gewinnen eine Perspektive, und wir beginnen, die Menschen hinter den Kulissen zu erkennen. Wir sehen, wie die indo-europäischen Viehhalter sich zwischen den vor ihnen anwesenden Ackerbau treibenden Siedlern seßhaft machen. Wahrscheinlich hatte es eine Zeit mit offenem Krieg gegeben, vielleicht mußte der eine Stamm sich den andern unterwerfen. Allmählich jedoch verebbt das Kämpfen, zwei Rassen vermischen sich durch Heiraten, und es entsteht eine homogene Bevölkerung. Die Kunst des Bronzegießens, zuerst von den Becherhändlern aus dem Mittelmeergebiet eingeführt, findet Verbreitung, und in der folgenden Zeitspanne von nahezu tausend Jahren – von etwa 1800 bis 1000 v. Chr. – während der es anscheinend weder größere Kriege noch Völkerwanderungen gegeben hat – lernt man in Europa, Metall bis zur künstlerischen Vollendung zu bearbeiten, und produziert prächtige Stücke mit vielverschlungener Ziselierung, die sogar unter dem Vergrößerungsglas unglaubliche geometrische Präzision aufweist.

Und dieses begabte Volk, in sich schon ein Stamm aus vielen Rassen, hat die Bilder in die Felsen gekerbt. Bei bestimmten Festen zu Ehren der Sonne – die Bilder mit dem pflügenden Bauern deuten vermutlich an, daß zum Beispiel während der Tag- und Nachtgleiche im Frühling ein Fest gefeiert wurde – gingen die Menschen, von den Priestern geführt, auf die Felder, um den Sonnengott anzurufen und seinen Segen für die Ernten zu erbitten. Bei jedem Fest suchten die Frommen ihrer Frömmigkeit mehr Dauer zu verleihen, indem sie auf die nächstbeste Steinfläche einen wesentlichen Zug des Sonnenfestes ‹zeichneten›: das obligate Pflügen oder ein Abbild des Sonnenwagens oder Sonnenschiffes, von denen man zweifellos ein Modell bei der Prozession durch die Felder mitführte.

Auf diese Weise vermögen wir uns ein sprechendes Bild vom Leben der Norweger und Schweden zur Bronzezeit zu machen, doch wenn wir weiter in die Welt blicken, können wir dieselben Bräuche auch anderswo feststellen. Charakteristisch für Europa ist, im Höhepunkt der Bronzezeit, die Gleichheit seiner Kultur in riesigen Gebieten. Und auch dafür gibt es, wie wir sehen werden, eine Erklärung.

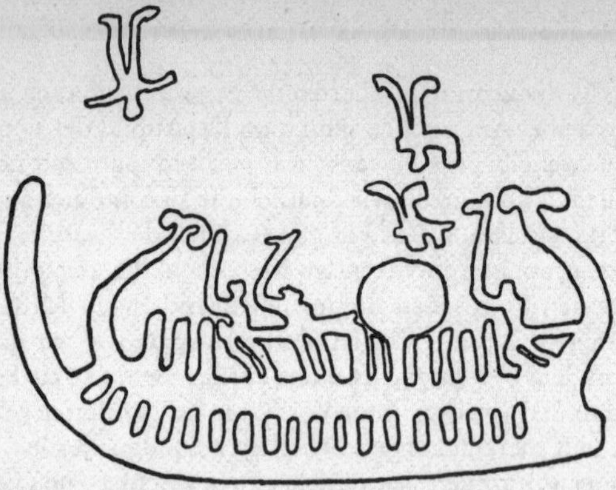

Abb. 45: Ein Felsenbild von Bohuslän, Schweden, das vermutlich die Sonnenscheibe darstellt, wie sie, bewacht von Männern mit Streitäxten, nachts vom Untergang zum Aufgang zurückgerudert wird. Die zwei Figuren über der Scheibe könnten die geflügelten Pferde sein, von denen die Sonne bei Tage über den Himmel gezogen wird. Vielleicht stellen sie aber, wie die Figur links oben, Männer dar, die von der entgegengesetzten Seite in den Stein gekerbt wurden und mit dem Schiff nichts zu tun hatten.

Südlich der Skandinavischen Halbinsel, in Dänemark und im Norden Deutschlands, liegen glatte, für religiöse Zeichnungen geeignete Felsvorsprünge selten bereit, doch auf den kleineren, vom weichenden Eis zurückgelassenen Felsblöken entdecken wir in den Zeichnungen auch viele der in Skandinavien beliebten Motive. Schiffe und Sonnenscheiben, Hände und Füße in Paaren sind häufig, und überall begegnen wir der ‹Tassenmarke›, manchmal ausgehöhlt auf flachen Kieseln von kaum Faustgröße. In demselben Gebiet finden wir, in den Gräbern aus der Steinzeit, ganze Reihen von Rasiermessern. Sie sind aus Bronze, ungefähr dreikantig oder trapezförmig, eine Kante zu so feiner Schneide gehämmert, daß man sich mit ihnen noch jetzt, nach dreitausend Jahren, sauber rasieren kann. Der Griff, am Scheitelpunkt des Dreiecks, ist oft als Pferdekopf oder als Radkreuz geformt, und die Klinge trägt meistens ein ziseliertes Abbild des Sonnenschiffs.

Doch diesem Schiff kommen wir auf andere Weise noch näher. Im Torfmoor bei Hjortspring in Nordjütland, unweit der deutsch-dänischen Grenze, kam im Jahre 1921 eine der wichtigsten in Nordeuropa gemachten Entdeckungen ans Licht. Es war eine Opfergabe, die aus über 150 Speeren, ebenso vielen hölzernen Schilden, 8 eisernen Schwertern und – einem 18 Meter langen Schiff bestand. Der Fund konnte nach den Schwerttypen und durch Blütenstaub-Analyse auf etwa 400 v. Chr. datiert werden, die Periode, als im Norden das Eisen gerade bekannt gemacht wurde (das im Donautal schon über fünfhundert Jahre in Gebrauch gewesen war). Und hiermit sind wir wieder in eine Epoche voll tödlicher Gefahren gekommen, als Völker wanderten und andere an offenen Küsten überfielen. Es ist kaum zu bezweifeln, daß der Hort in Hjortspring ein Dankopfer war, dargebracht von den Bewohnern Süddänemarks, nachdem sie eine Flotte von Küstenräubern mit Erfolg abgewehrt hatten, in einem Kampf, bei dem etwa einhundertundfünfzig Speerschützen fielen und ein Schiff erobert wurde. Das Interessante ist, von unserer Warte gesehen, daß das Schiff mit seinem vorstehenden Kiel, dem hohen Bug und Heck (die herausragenden Enden sind später verschwunden) ein genaues Gegenstück zu den Schiffen auf den Felszeichnungen bildet, deren späteste nicht mehr als etwa hundert Jahre vor dem Schiff von Hjortspring geschaffen sein können.

Im übrigen Europa waren Felsenbilder nicht so häufig – mit einer auffallenden Ausnahme: in zwei kleinen Gebieten von Norditalien. An den Hängen des Bego, kaum dreißig Kilometer von der Rivieraküste, und in den oberen Lagen des Val Camonica, etwa zweihundertfünfzig Kilometer weiter nordöstlich, sind große Felsenflächen in den Bergen mit Hunderten von Bildern bedeckt, deren Ähnlichkeit mit den skandinavischen schon beim ersten Blick auffällt. Stil und Technik sind die gleichen. Viele Objekte von gleicher Form und Art kehren bei diesen italienischen Gravuren wieder: Beile und Dolche nach den Modellen der Bronzezeit, Pflugszenen und Waffen schwingende Männer. Doch die Unterschiede fallen ebenso ins Auge. Auf den italienischen Bildern herrschen Rinder vor, große Tiere mit breit stehenden Hörnern, in Herden, oder vor Pflüge oder Wagen geschirrt. Der Gesamteindruck spricht von einem Gemeinwesen, das durch und für seine Zugtiere lebte. Andererseits fehlen völlig die in der skandinavischen Szenerie so stark in den Vordergrund gebrachten Schiffe, sogar bei den Steinzeichnungen am Bego, die fast in Sichtweite des Meeres liegen. Auch die Sonnenscheibe findet man in Italien weniger, sie ist aber doch in all den Formen vertreten, die von Skandinavien bekannt sind.

Zwischen Italien und Norddeutschland hat man keine Felsenbilder entdeckt, doch weiter westlich, in der Bretagne und in Irland, hatten wir ja schon die Gravuren von Beilen und Schiffen betrachtet und den Schmuck der Megalithgräber durch die spiralförmigen und bogenreichen Verzierungen. Möglich, daß sie in eine etwas frühere Periode gehören – die Spirale, in manchen Megalithengruppen so häufig, ist bei den Felszeichnungen der Bronzezeit selten, auf den früheren Bronzegegenständen des Nordens dagegen das häufigste Motiv. Vielleicht dürfen wir die Vermutung wagen, daß das Zeichnen auf Stein eine von den Megalithmissionaren aus dem östlichen Mittelmeer übertragene Idee war, die nur in den Gebieten zu voller Blüte kam, wo die Megalithreligion sich mit dem Sonnenkult des Streitaxt-Volks begegnete.

Eine Einzelheit aus den Steinzeichnungen jedoch hat sich über ein immens großes Gebiet verbreitet. Die ‹Tassenmarken›, die flachen halbkreisförmigen Aushöhlungen, die zwischen den Sonnensymbolen und Schiffen auf den skandinavischen Felsen so zahlreich ausgearbeitet waren, finden sich in ganz Europa und an den östlichen Seeküsten, sogar bis nach Indien. Sie scheinen also eine breitere und allgemeinere Bedeutung gehabt zu haben als die anderen Gravuren, obgleich sie da, wo sie erscheinen, stets verbunden sind mit Traditionen der Sonnen- und Feueranbeter.

Wie die Höhlengemälde der Älteren Steinzeit, so geben uns die Felsbilder der

Bronzezeit einen sehr genauen Eindruck von den religiösen Gedanken der sie ausführenden Künstler. Wir sind aber auch in Versuchung, ihnen ein Bild vom alltäglichen Leben des Europäers der Bronzezeit abzuringen, und dafür gibt es viele Fingerzeige, aus denen moderne Forscher interessante Schlüsse gezogen haben. Johannes Brøndsted, gegenwärtig Direktor des Dänischen Nationalmuseums, schrieb 1938, bei den skandinavischen Steingravuren seien überwiegend drei Themengruppen festzustellen: Schiffe und Meer, Ackerbau und Vieh sowie Waffen und Kampf des Einzelmenschen. Es ist immer eine der Anomalien der Bronzezeit gewesen, daß in einer Epoche, als den Anzeichen nach keine großen Landeroberungszüge stattfanden – denen ein jäher Wechsel im Stil der handgefertigten Gegenstände zu folgen pflegte –, trotzdem fast alle Gräber schöngeformte persönliche Waffen enthalten, insbesondere Schwerter. Brøndsted meint, diese Vorliebe für Waffen passe zu einer aristokratischen Gesellschaftsordnung, in der Waffen zugleich als Rangabzeichen dienten und der persönliche Kampfeinsatz den Menschen in ehrenvolle Positionen erhob wie im europäischen Mittelalter. Es ist gut denkbar, daß sich beim Streitaxt-Volk, infolge seiner Eroberungen in der späten Steinzeit, genau so eine scharf gegliederte soziale Schichtung herausgebildet hat.

Die Beschäftigung mit Ackerbau und Viehzucht bedarf keiner besonderen Erklärung. Auf dem Lande muß sich wohl bei weitem die Mehrheit der Bevölkerung betätigt haben, doch das Vorherrschen der Schiffsabbildungen auf den Felsgravuren führt uns in eine breitere Szenerie: das Gebiet des Handels.

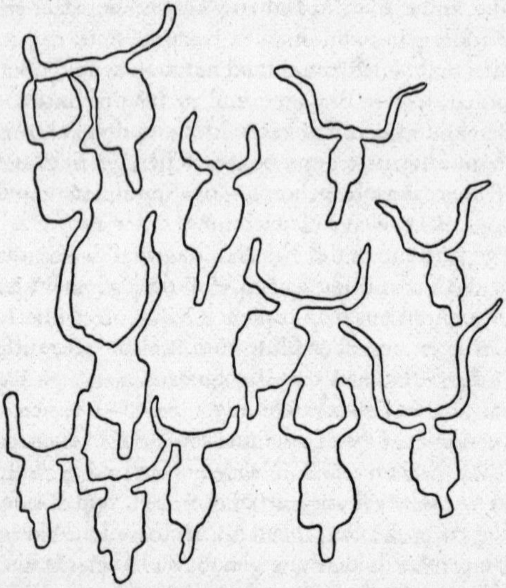

Abb. 46: Eine Herde von 12 Rindern, in die Felsen von Fontanalba in Norditalien geritzt. Wie bei den Zeichnungen in diesem Gebiet üblich, sind die Tiere von oben gesehen, während sie in Skandinavien meistens von der Seite porträtiert werden.

Zwei Jahre bevor Brøndsted sein Buch *Danmarks Oldtid* schrieb (1936), eröffnete der inzwischen verstorbene Leiter des Norwegischen Museums in Oslo, A. W. Brøgger, als Vorsitzender mit einer Ansprache den 2. Internationalen Archäologen-Kongreß in Oslo. Die Rede entwickelte sich zu einem weitgreifenden Überblick, der mehr Aufmerksamkeit verdient hätte, als ihm zuteil wurde. Wir kommen noch auf Brøgger zurück, wenn wir die reichen Schätze bei den Schiffsbegräbnissen der Wikinger im Oslofjord beschreiben. Seine Interessen gingen aber über die norwegische Frühgeschichte hinaus: er war unter den ersten, die sich für engere Zusammenarbeit der vorgeschichtlichen mit der soziologischen Forschung einsetzten. In diesen Bahnen vollzieht sich heute vor allem der Fortschritt in der Prähistorie, nachdem man ein Jahrhundert fast nur mit Altersbestimmungen und der Teilung und Unterteilung der Vorgeschichte in eine Vielzahl von ‹Perioden› zugebracht hatte. Diese registrierende Tätigkeit konnte, wie er sagte, nur den Boden vorbereiten, die wahre Arbeit des Vorgeschichtsforschers aber bestehe nicht darin, ein Schwert etwa als zu Periode 2b gehörig zu klassifizieren, sondern für uns einiges von der Lebensweise seines Trägers zu ermitteln.

Seine Eröffnungsrede bei dem Kongreß wurde zu einem brillanten Beispiel seiner in die Praxis umgesetzten Theorie. Als Thema hatte er die Wanderungen der prähistorischen Stämme gewählt. «Die Probleme der Steinzeit, und mehr noch die der Bronzezeit, sind international», sagte er. «In meinen Studientagen hielt man es geradezu für revolutionär, als Montelius, auf Grund gewisser Entdeckungen, meinte, es habe in der Steinzeit eine ‹direkte Verbindung› zwischen England und Schweden bestanden. Denn: es fuhren ja damals keine Schnelldampfer durch die Nordsee! In Wahrheit ist es doch so, daß unser Begriff von Entfernungen hat zerstört werden müssen, denn für die Männer der Stein- und der Bronzezeit spielten sie keine Rolle: sie kannten keine Landesgrenzen, brauchten weder Paß oder sonstige Ausweise noch Fahrkarten. Die Welt stand offen, die Erde war frei, und sie wanderten über sie dahin, als seien tausend Meilen nur ein vergnügliches Abenteuer.»

Brøgger zog die Parallele zu den außerordentlich weiten Seereisen, die die Polynesier kreuz und quer über den Stillen Ozean gemacht hatten, in Booten, die weder größer noch seetüchtiger waren als die auf den Felsbildern gezeichneten. Ferner führte er aus, daß die frühen Berichte über die Seefahrten der Griechen und Phönizier über die ‹Pfeiler des Herkules› (die Straße von Gibraltar) hinaus, im 6. und 5. Jahrhundert v. Chr., nicht den Anfang, sondern das Ende einer Periode der Entdeckungen und des an den atlantischen Küsten vorherrschenden Seehandels betrafen. Er zitierte zwar nicht die Felsbilder aus der Bronzezeit, die es auch auf den Kanarischen Inseln zweifellos gegeben hat, wies jedoch darauf hin, daß man im Jahre 1749 auf den Azoren einen Hort karthagischer Münzen aus dem 4. Jahrhundert v. Chr. entdeckt hat, mehr als achthundert Seemeilen vom nächsten Festlandspunkt an der portugiesischen Küste. Siebzehn Jahrhunderte hatten vergehen müssen, bis die Azoren durch portugiesische Seeleute wiederentdeckt wurden. Aber sogar die Anwesenheit von

Karthagern auf Inseln weit im Atlantik bezeichnete nur die Endphase einer langen Periode von – allerdings nicht schriftlich vermerkten – Seereisen.

«Entscheidend für richtiges Verstehen prähistorischer Ereignisse ist das archäologische Material, durch das bewiesen wird, daß die Bronzezeit das Große Jahrtausend der Seefahrten gewesen ist. Die Megalithkultur an den europäischen Küsten bildete die Einleitung zu jener großartigen Epoche. In ihr wurde die Technik des Seereisens entwickelt, zuerst im Mittelmeer und dann an den Küsten des Atlantik.

Schon im Begriff der Bronzebearbeitung liegt es wie selbstverständlich, daß der Mensch durch sie bedeutend stärker zur Seefahrt und zur Schaffung von Handelsverbindungen angeregt wurde als bei der bloßen Verwendung roher Naturprodukte in der Steinzeit. Die für Bronze benötigten Rohstoffe, Zinn und Kupfer, mußten aus ganz verschiedenen Gebieten herbeigeholt werden, und dazu waren neue Fähigkeiten und besondere Verfahren erforderlich, die nur die ‹Großfirmen›, mit ihrem Verständnis für die Produktionsmöglichkeiten und die Marktlage, bieten konnten. Nach den Quellen der Rohstoffe richtete sich in gewissem Grade der Verlauf der neuen Reisewege. Zuerst traten die Iberische Halbinsel, die Bretagne, Cornwall und Irland in den Vordergrund.

Alsbald waren ständige transatlantische Schiffahrtswege eingerichtet. Den von Spanien über die Bretagne nach Cornwall und Irland können wir als geschichtlich einigermaßen beglaubigt betrachten. Und für den jütländischen Bernsteinhandel wurde eine von westdänischen Häfen ausgehende ständige Route festgelegt.

Auch andere Schiffahrtswege lassen sich rekonstruieren. Die erstaunlich reichen Entdeckungen bronzezeitlicher Gegenstände auf den Shetlandinseln zeugen dafür, daß Schiffe über die Nordsee verkehrten, ein Beweis, der durch die Felsbilder in Norwegen und Schweden verstärkt wird. Gewiß dienten die dort abgebildeten Schiffe als religiöse Symbole, sprechen aber doch gleichzeitig dafür, daß die Seefahrt bei diesen Völkern ein wichtiges Tätigkeitsfeld war. Und darin stehen sie einzig da. Sicher kann man in den Mittelmeerländern und gewissen Seegebieten von Westeuropa ebenso große Schiffe und Flotten gehabt haben, doch ist kaum der Schlußfolgerung auszuweichen, daß die in den norwegischen und schwedischen Felsgravuren verewigten Schiffe in Skandinavien wohl die Höchstleistung der europäischen Seefahrt während der Bronzezeit verkörpern.

Welche Völkerstämme die einzelnen Routen vorwiegend befuhren, ist schwer zu sagen, aber bei vernünftiger Überlegung müssen wir wohl annehmen, daß die Schiffahrt durch Berufsseeleute betrieben wurde. Der ganze Handel, von dem wir hier sprechen, beruhte in der Hauptsache auf Metallen und Bernstein und daneben auf kleinen Gegenständen, die als Fracht mitzunehmen sich bezahlt machen konnte. Es kommt in diesem Zusammenhang nicht darauf an, ob die Schiffe sehr groß waren oder Schwergut transportierten, auch nicht darauf, ob Verbrauchsgüter in Massenproduktion hergestellt wurden – jedenfalls hat sich während der Jahrhunderte, in denen es diesen Handel gab, in der günstigen Jahreszeit ein regelmäßiger und zuverlässiger Seeverkehr abgewickelt. Eine andere Frage ist, wie groß der norwegische Anteil an diesem Seeverkehr war. Wenn Sie mich fragen, woraus sich die Notwendigkeit für diese Seefahrten zwischen Norwegen und Westeuropa – die doch zweifellos stattgefunden haben – ergeben hat, so wird mir die Antwort schwer. Um große Metalltransporte kann es sich nicht gehandelt haben, denn die wenigen Bronzestücke, die Norwegen erreichten, sind wahrscheinlich über Dänemark ins Land gekommen. Und der ‹Pelzhandel›, der immer zitiert wird, wenn davon die Rede ist, was Norwegen, entsprechend dem Bernstein Dänemarks, an Ware anzubieten gehabt habe, ist de facto nur ein Gerümpelsack, in den wir unser Unwissen stopfen.

Kann es nicht möglich sein, daß Norwegens Beitrag zum westeuropäischen Seehandel während der Bronzezeit in Schiffen und Seeleuten bestanden hat? Das ist keineswegs undenkbar – es ist sogar höchstwahrscheinlich so gewesen. Sicher ist jedenfalls, daß in der Bronzezeit die Menschen in Norwegen sehr eng mit der See und der Seefahrt und viel weniger mit dem Ackerbau verbunden waren.

Als das Eisen endgültig in Gebrauch kam, erlebte der alte Metallhandel in Westeuropa eine Periode des Niedergangs. Die Nachfrage nach Zinn und Kupfer ging zurück, die Zeit der Großerzeugung war vorbei. Als Tartessus [der schon früh gegründete Handelsplatz bei Gibraltar] im 5. Jahrhundert v. Chr. ‹unterging›, lag das mit daran, daß der Verkehr auf den uralten Schiffahrtsrouten nicht mehr gehalten werden konnte. Ein Geschäft, das lange bestanden hatte, ging in Konkurs und verschwand. Das Seefahrtszeitalter war zu Ende.»

Man ist versucht, Brøgger noch ausführlicher zu zitieren. In seinem Vortrag steckten viele anregende Gedanken, alle erfrischend neu und jeder bis ins einzelne durch Beweise gestützt. Wir bekommen eine ganz neue Vorstellung von den europäischen Dörfern zur Bronzezeit, wie sie aussahen tausend Jahre bevor Julius Cäsar und Tacitus die jämmerlichen Wilden beschrieben, die noch jetzt in unseren Geschichtsbüchern als die ‹Alten Britannier› figurieren. Wir sehen, wie die jüngeren Söhne der nordeuropäischen Landwirte zur See gehen und mit Erzählungen von tropischen Gestaden und dunkelhäutigen Schönen zurückkehren, mit Erinnerungen an den nach Harz schmeckenden Wein, den sie nachts in den Hafenspelunken von Tartessus oder Korinth getrunken haben. Wir sehen die Bauern und Fischer ihre Erzeugnisse für den Handel sammeln oder Bergleute beim Graben nach Erzen, die von den zu Beginn des Sommers ankommenden Handelsschiffen mitgenommen werden sollen; sehen den Markt am Strande, die mühsam talaufwärts trottenden und holpernden Packesel und Ochsenkarren, geleitet von den Mittelsmännern, die, mit guter Verdienstspanne, für den Weiterverkauf der überseeischen Waren an die Ackerbau treibenden Völker im Innern Europas sorgen.

Aber Brøgger führt uns noch weiter. «Im Höhepunkt der Bronzezeit hatten die Völker am westlichen Mittelmeer einen klaren Begriff von der geographischen Gestalt der westeuropäischen Küsten am Atlantik und den an der Nordsee liegenden Ländern. Die Azoren, Madeira und die übrigen Inseln im

Atlantischen Ozean waren damals schon entdeckt und bekannt. Große Gebiete in Afrika wurden regelmäßig besucht, und wahrscheinlich hat man auch damals Afrika schon umschifft.

Wir könnten auch sehr wohl daran glauben, daß der Seeweg nach Amerika während der Bronzezeit entdeckt worden ist, in der Epoche, als die Seefahrt in ihrer höchsten Blüte stand. Damit hätten wir vielleicht zum Teil die Erklärung, wieso die amerikanischen Völker in einer Bronzezeit lebten, als die Europäer in der nächsten großen Ära der Seefahrt zu ihnen kamen. Man muß sich hier ins Gedächtnis rufen, daß, nachdem einmal die Fahrten auf die hohe See begonnen hatten, die vorherrschenden Winde und Strömungen zur Entdeckung Mittelamerikas von spanischen und portugiesischen Häfen aus förmlich zwangen.

Die Geschichte von Atlantis, die Plato berichtet, fände damit eine neue, natürliche Erklärung: die großartigen Entdeckungen, die von Seeleuten in der Bronzezeit gemacht wurden und wieder verlorengingen. Aber die schriftlichen Quellen der Griechen behandelten nur die Schlußphase, als die Geographie sich im Übergangsstadium zwischen dem nach dem Meer orientierten Weltbild der Bronzezeit und dem festländischen der frühen Eisenzeit befand.»

Man hat behauptet, fuhr er fort, daß die Reisen im Altertum ohne historische Bedeutung gewesen seien, weil sie zur geographischen Kenntnis nichts Beständiges beitrugen. «Das stimmt», erwiderte er, «sie haben es nicht, wenn Sie sich den ‹Verlauf der Geschichte› als bewußten Fortschritt von den prähistorischen Zeiten bis zum heutigen Tage vorstellen, wobei jede Phase sich zwangsläufig genau in die Vorbereitung auf unsere moderne Zivilisation einfügen läßt. Es ist dann genau wie mit den norwegischen Seereisen nach Vinland. Am Ende einer Ära der Seefahrt ist es zwecklos, ‹Entdeckungen› zu machen: sie verschwinden in den allgemeinen Ruinen.

Aber gerade das wollte ich als logische Folgerung aus meinen Argumenten gewertet wissen», sagte Brøgger: «daß dieser Begriff vom ‹geschichtlichen Verlauf› falsch ist! Es gibt keinen stetigen Fortschritt, nur ein wechselndes Auf und Nieder, Entwicklungssprünge und Mutationen.»

Die europäische Bronzezeit, die Epoche langen allgemeinen Friedens, des ausgedehnten, blühenden Handels und des nahezu vollendeten künstlerischen und handwerklichen Könnens – die auf den Felsbildern illustrierte Periode – war einer der ersten ‹Höhepunkte› auf der Charta vom Fortschritt der Menschheit. Wir können sie im Rückblick jetzt ruhig, wie die Griechen das taten, als das ‹Goldene Zeitalter› betrachten.

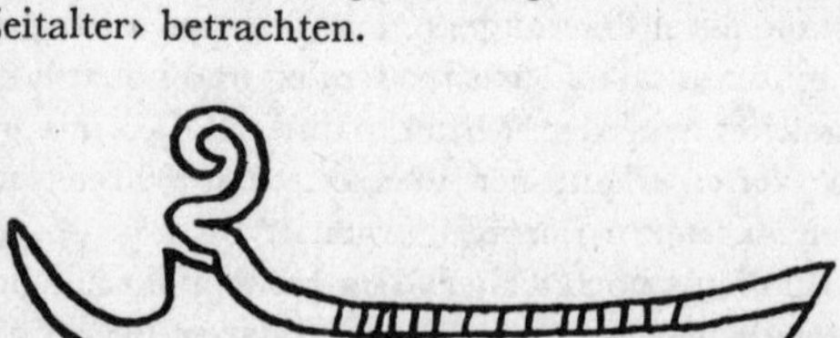

Abb. 47: Steinzeichnung eines Schiffes, bei Bohuslän (Schweden).

17 Die ersten Landbebauer

Auf der Fährte der Männer, die uns Gewißheit über die bäuerliche Besiedlung Europas gaben, sind wir nun praktisch bis zur Gegenwart gekommen. Viele Entdeckungen wurden gemacht, seitdem die ersten steinernen Geräte den Menschen darauf brachten, die Steinzeit in zwei Epochen zu teilen, und die aus dem See bei Obermeilen ragenden Pfähle uns die erste Spur zu den schweizerischen Seedörfern wiesen. In den letzten paar Kapiteln beleuchteten wir die Glanzpunkte dieser Entdeckungen, so daß wir jetzt den Stand des Wissens von der Erschließung Europas, wie man diese vor etwa zwanzig Jahren allgemein sah, gut beurteilen können.

Wir haben gesehen, wie die Megalith-Missionare um 2300 v. Chr. ihre Reisen an den Küsten und über die Meerengen von Europa machten und Seewege eröffneten, die später so große Bedeutung bekommen sollten, während sie ihre Religion und ihre aus Steinen erbauten Gräber in den bäuerlichen Siedlungen verbreiteten, die von Spanien bis Schweden schon bestanden. Wir sahen, wie ihnen, zwei oder drei Jahrhunderte später, die Handel treibenden Bronzeschmiede des Bechervolks folgten und gleichzeitig das Streitaxt-Volk mit seinen Rinderherden sich von Südrußland aus fächerförmig über Europa verbreitete, indem es durch die schon bestehenden bäuerlichen Siedlungen in Deutschland bis an den Rhein, in kleinerer Zahl auch noch weiter, vordrang. Und wir haben gesehen, wie bei der daraus entstehenden Zusammenballung der Viehhalter aus Osten, der Bronzearbeiter aus Süden, der Megalith-Sektierer und der schon vorher ansässigen bäuerlichen Siedler, die Völker sich durch Einheiraten und Bündnisse in eine friedfertige, aristokratische, künstlerisch begabte paneuropäische Gesellschaft von Gemeinden verwandelten, die mit ihrem Handel weit über die Weltmeere hinausgriff und in einem Goldenen Zeitalter lebte, das tausend Jahre dauern sollte, bis der Druck einer zusammenbrechenden Volkswirtschaft im Innern und neidische Barbaren von außen her das Idyll zerstörten, wie tausend Jahre später das Römische Reich zerstört werden sollte.

Aber es blieb noch mehr zu entdecken, und die größte aller Fragen war noch unbeantwortet. Die Menschen der Megalithen, der Becher und der Streitäxte waren nicht die ersten Kolonisten. Überall waren die von ihnen hinterlassenen Gegenstände Intrusionen – also Importe von anderer Seite –, die sich zwischen und über den Resten früherer Besiedlungen fanden, auf die noch vor zwanzig Jahren nur vereinzelte und unzureichende Entdeckungen deuteten. Während dieser zwanzig Jahre haben buchstäblich Hunderte von Ausgrabungen in ganz Europa allmählich die Lücken in der Geschichte ausgefüllt, vor allem durch die Identifizierung der ersten bäuerlichen Siedler in den einzelnen Gebieten. Der Bericht darüber ist das Thema dieses Kapitels.

Die erste Aufgabe bestand darin, die Bruchstücke des schon angesammelten

Wissens zusammenzufassen, und davon gab es in Westeuropa recht viele. Die ersten Resultate kamen aus einer schon aus anderen Gründen berühmten Gegend: dem Périgord. Seitdem Lartet begann, in den Höhlen und Schutzwinkeln der Täler in der Dordogne zu graben, stieg die Zahl der dortigen Grabungsstellen in die Hunderte. Und an vielen dieser Stellen waren die Ausgrabenden durch Schichten gestoßen, in denen sich Geräte und Topfscherben aus der Zeit der Polierten Steine befanden, ehe sie an den unpolierten Feuerstein und die bearbeiteten Knochen kamen, an das Material, das sie eigentlich suchten. Das aus diesen oberen Schichten stammende hatte man konserviert und entsprechend der Stratifizierung verzeichnet, und nun bekamen die Forscher den Lohn für ihre Sorgfalt. Aus den tiefsten Schichten, in denen die Gegenstände aus geglättetem Stein lagen, kamen Töpferwaren und ein Vorrat von Werkzeugen zutage, die sehr ähnlich waren denen, die schweizerische Vorgeschichtsforscher (bei der Fortsetzung von Kellers Arbeiten in den Seedörfern) schon als Gebrauchsgegenstände der frühesten Pfahlbautenbewohner in der Westschweiz identifiziert hatten.

Die Schweizer Seedörfer waren die ersten Wohnplätze, die dem Neolithikum zugeschrieben werden konnten, und sie gaben noch jetzt, da der Torf an den Seeufern sie so gut erhalten hatte, das bei weitem genaueste Bild vom Leben bei den Kolonisten. Doch bisher hatte man durch sie nur eine ‹Insel neuer Erkenntnisse› gewonnen, die ringsum von einem ‹Meer der Vermutungen› eingeschlossen war. Emil Vouga von der Universität in Neuchâtel war es 1919 gelungen, festzustellen, daß die Kolonisation im Westen des Landes begonnen hatte. Er hatte die schlichten, sackartigen Töpfe aus der ersten Kultur, die er das Cortaillod nannte, identifiziert. Im Osten der Schweiz hatte eine etwas spätere Kultur, die Michelsberger, das Cortaillod überlagert, ein Zeichen, daß die Siedler sich nach Osten ausgebreitet hatten und in ihrer Lebensweise während des Vordringens gewisse Veränderungen eingetreten waren. Die Dörfer des Michelsberg-Volkes konnte man nach Norden bis ins südwestliche Deutschland verfolgen, wo sie in Torfmooren entdeckt wurden, die viel einzelnes erhalten haben. An ihren Knüppeldammstraßen lagen bis zu vierundzwanzig zweiräumige Häuser mit einem Herd im inneren und einem Lehmofen im äußeren Raum, also ‹Wohnzimmer› und Küche sichtlich getrennt. Dieses Volk hatte auch Bastionen auf Bergkuppen gebaut. Es unterschied sich in seiner Lebensweise von den Vettern in der westlichen Schweiz dadurch, daß es zur Versorgung mit Nahrungsmitteln intensiver die Jagd ausübte.

Man hatte dann in Mittelfrankreich gewisse Verbindungen zu dieser isolierten Kultur der ersten Schweizer Ansiedler gefunden, und es dauerte nicht lange, bis man bei Ausgrabungen in Südfrankreich ähnliche sackförmige Töpfe entdeckte, die einen Hinweis auf die eigentliche Heimat der dortigen Siedler gaben. In der westlich von Marseille am Golf von Lyon gelegenen Landschaft Languedoc wurden die frühesten aller westeuropäischen bäuerlichen Siedlungen entdeckt, die entschieden in denselben Kulturkreis gehören wie die in der Dordogne und der Schweiz. Ihre Artefakte deuten jedoch auch auf nordafrikanischen Ursprung, denn ihnen wiederum sehr ähnlich sind Geräte, die man bei Merimde im westlichen Randgebiet des Nildeltas fand.

Also sind die ersten Stufen heute klar abgezeichnet: im Neolithikum müssen sich Bauern vom Nil – vor der Errichtung der ägyptischen Ersten Dynastie – an der afrikanischen Küste nach Tunesien ausgebreitet und von dort den kurzen Sprung über das Mittelmeer ins Neuland Europa getan haben. Von den ‹Brückenkopf›-Siedlungen im Süden Frankreichs drangen sie fächerförmig ins Innere vor, nordwärts bis Mittelfrankreich und nordostwärts in die Schweizer Alpen. Die ersten Kolonisten müssen nicht lange nach 3000 v. Chr. über westeuropäischen Boden gewandert sein und haben die Grenzen vor sich rasch weitergeschoben. Die Bewegung nach Norden läßt sich heute nachzeichnen, wenn auch viel einzelnes noch dunkel bleibt. Siedlungen aus der Cortaillod-Kultur wurden in der Bretagne gefunden; also im Nordwesten Frankreichs, und die Michelsberg-Siedler sind parallel mit ihnen nach Norden vorgedrungen, am Rhein entlang nach Belgien.

Im Jahre 1925 wurde eine der Bergbastionen, die über den Süden von England verteilt liegen, nämlich die auf dem Windmill Hill in Wiltshire, durch Alexander Keiller erforscht. Die meisten dieser britischen Bergfesten stammen aus einer Epoche unmittelbar vor der Eroberung des Landes durch die Römer, doch Windmill Hill sah anders aus. Während die ‹Forts› aus der Eisenzeit von kreisförmigen, geschlossenen Wällen umgeben waren und nur eine einzige, schwer befestigte Eingangsrampe durch den äußeren Burggraben hatten, zeigte

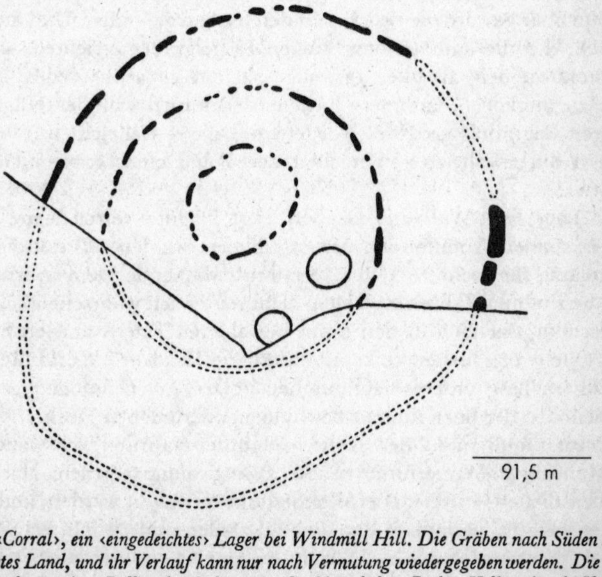

Abb. 48: Der ‹Corral›, ein ‹eingedeichtes› Lager bei Windmill Hill. Die Gräben nach Süden ziehen sich durch bebautes Land, und ihr Verlauf kann nur nach Vermutung wiedergegeben werden. Die beiden Kreise innerhalb des zweiten Bollwerks sind spätere Grabhügel des ‹Becher-Volks› (nach Keiller).

sich bei den Ausgrabungen von Windmill Hill, daß hier die Wälle und Gräben in regelmäßigen Zwischenräumen eine größere Anzahl Lücken hatten, das heißt: an diesen Stellen vorher weder Wälle aufgeworfen noch Gräben gezogen waren. Ein ganz unmögliches Verteidigungssystem, da es an allen Stellen, wo diese ‹Tore› und Furten, angeordnet wie die Speichen eines Rades, lagen, einem Angriff schwache Punkte bot. Innerhalb des Lagers fand man nur geringe Behausungsreste, doch auf dem Grunde der Gräben gemischte Abfälle in zwei, durch eine sterile getrennten Schichten. Die oberste enthielt Scherben von Glockenbechern, die untere wies in allem den neolithischen Ursprung aus, durch Töpferwaren, die zu denen aus dem Cortaillod in Frankreich und der Schweiz paßten.

Seit der Ausgrabung von Windmill Hill hat man noch zahlreiche andere von Wall und Gräben umgebene Lager entdeckt, die überall die gleichen Artefakte, aus der Jungsteinzeit, enthielten. Hier erkennen wir die materielle Hinterlassenschaft der Ackerbauer der Steinzeit, die dem Bechervolk und den Megalithenbauern, den ersten Siedlern im Osten Englands, voraufgingen. In dreißig Jahren intensiven Forschens hat man ein sehr vollständiges Bild von diesem Volk entwerfen können, und Stuart Piggott, der Professor für prähistorische Archäologie an der Universität Edinburgh, hat kürzlich das, was wir heute über sie wissen, ausführlich beschrieben. Sie waren, so berichtet er uns, groß im Abbau von Feuerstein, indem sie Schächte in die reichhaltigen Feuersteinlager im Kalk trieben und unten lange Stollen ausbauten, wo sie die Steinklumpen mit aus Geweih gefertigten Picken loshackten. Man hat viele solche unbrauchbar gewordene Brocken in den Stollen gefunden. Und dieses Volk war es auch, das die kammerlosen langen Hügelgräber errichtete – Haufen von Erde und Steinen, die über unzählige Skelette gepackt wurden, aber offenbar keine zugängliche ‹Kammer› hatten. Vermutlich war der Hügel bei einem einzigen Begräbnis errichtet worden, um die – vielleicht zeitweilig in Beinhäusern aufbewahrten – Knochen der Toten einer ganzen Generation zu bestatten.

Die Lager mit Wall und Graben, sagt Piggott, waren keine Dauerwohnstätten, sondern könnten am besten definiert werden als ‹ständige Versammlungsplätze für mehrere kleine, verstreut wohnende Gemeinden, die sich zu einer bestimmten Jahreszeit trafen›. Hat man auch wahrscheinlich deren Siedlungen hauptsächlich in den dünn bewaldeten Tälern an den Strömen oder ihren Quellen zu suchen, so konnten ständige Weidegründe für die Viehherden, die Existenzbasis unseres neolithischen Volkes, nur gefunden werden auf dem Kreideboden der noch dünner bewaldeten oder offenen Hochlandflächen, und die Herden mußten auf der Suche nach guter Nahrung weit wandern. Infolge des Mangels an Winterfutter mußte zwangsläufig in jedem Herbst, aus rein wirtschaftlichen Gründen, der Viehbestand verringert werden, und es war nicht minder wichtig, periodisch das Vieh zu zählen und zu mustern, nachdem die Herden mehrerer Stämme vielleicht zusammen auf den allen zur Verfügung stehenden Weiden gegrast hatten. Es diktierten also die Jahreszeiten den

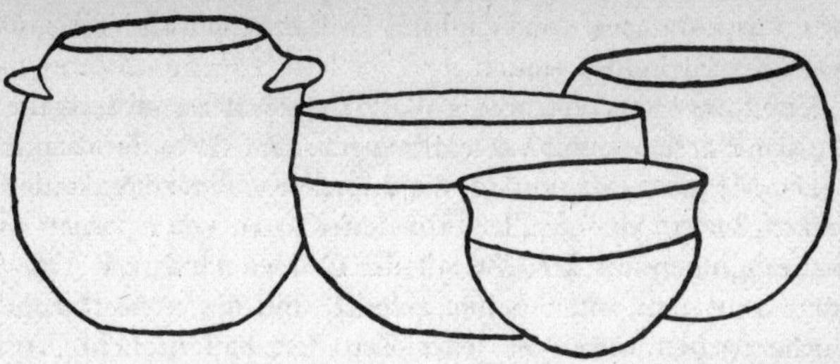

Abb. 49: Die schlichten, beutelartigen Töpfereien der westlichen Gruppe der seßhaften Bauern. Der Topf links stammt aus Cortaillod, der mittlere aus Michelsberg und die zwei rechts aus den Kulturen von Windmill Hill. Sie sollen nach Vorbildern aus Leder entstanden sein.

Lebensrhythmus, und in den Lagern der beschriebenen Art können wir den Puls einer Zivilisation von Viehhaltern schlagen sehen. Auf den hoch gelegenen Weiden haben wohl diese Umwallungen als Zentrum der herbstlichen Viehmusterung gedient, wobei wir uns vorstellen können, wie durch die breiten Lücken friedlich das aus der Umgebung zusammengetriebene Vieh hineintrottete. Und es trafen sich dort für mehrere Tage oder Wochen die Sippen aus der Gegend zum gemeinsamen Lager, brieten Kalbskeulen im Windschutz der Wälle, melkten die Kuhmilch in Schüsseln, die sie aus ihrem Dorf mitbrachten, und machten vielleicht auch Käse. Den Männern fielen zweifellos die Rollen des Viehtreibers und des Schlachters zu, den Frauen das Präparieren der Kalbfelle und der zäheren Haut älterer Rinder für neue Lederbekleidung zum nächsten Winter. Denn es gibt keinen Beweis, daß im Neolithikum das Handwerk der Weberei ausgeübt wurde, obwohl man diese auf dem Festland schon in früheren Kulturen kannte.

Nach der Art der Töpferwaren, der Steinwerkzeuge und der Lager mit Wall, Graben und Eingängen ist anzunehmen, daß diese frühen Kulturen auf dem Kontinent die der Bauern des Cortaillod und ihrer Michelsberger ‹Verwandten› gewesen sind. Sie waren jetzt Europäer im vollen Sinne des Wortes, denn vor zwanzig Generationen schon waren ihre Vorfahren von Afrika herübergekommen, und inzwischen hatten sie sich vermutlich rassisch schon vermischt mit den Jägern, die in den Wäldern wohnten, wo sie Lichtungen für ihre eigenen Siedlungen schlugen. Der Ackerbau, wie sie ihn betrieben, erforderte häufig ‹Umzug› auf frischen Boden. Das war einfach und, wenn Land unbegrenzt zur Verfügung stand, leicht durchzuführen. In dem für Äcker ausgewählten Gebiet wurden Bäume und Unterholz mit den breiten Äxten aus geglättetem Feuerstein gefällt und alles abgebrannt. In die Asche wurde Korn gesät, und für zwei oder drei Jahre gab es gute Ernten. Wenn der Boden ausgelaugt war, wurde ein neues Gebiet erschlossen. Es dauerte zwanzig Jahre, bis der Wald sich erneuert hatte und das Verfahren wiederholt werden konnte, doch inzwischen war das Dorf schon weiter ‹vorgetragen›, in ein Gebiet mit noch jungfräulichem Wald. Auf diese Weise ging die Besiedlung ziemlich schnell vor sich. Die ersten Ansiedler auf englischem Boden müssen nicht lange nach 2500 v. Chr. dort gelandet sein.

Als die Viehhalter von Windmill Hill, nach ein oder zwei seßhaften Generationen, in den Norden Englands vordrangen, trafen sie dort schon ansässige Stämme. Die Megalith-Missionare, die schneller wanderten als die Bauern im Landesinnern, hatten den Siedlern an den Küsten von Spanien und Frankreich, Abkömmlingen aus der Cortaillod-Kultur, auch ihre Religion gebracht und sie den Gebrauch von Schiffen gelehrt, und die seefahrtskundig gewordenen Dorfmenschen waren zu jener Zeit den Bauern beim Vorstoß nach Norden zuvorgekommen und hatten die Küsten von Irland, Westengland und Schottland zuerst erreicht. Das sind die einzigen Gebiete, in denen die Megalithenbauer als erstes seßhaft werdendes Volk auftreten. Hier haben sie, überall an den Meeresbuchten und im Mündungsgebiet der Flüsse, von Cornwall bis zu den Orkneys, ihre Gemeinden gegründet und ganze ‹Friedhöfe› mit Megalithgräbern angelegt.

Die Gegend an der schottischen Grenze bildet den nördlichsten von den Cortaillod-Völkern erreichten Punkt, und ihr Zusammentreffen mit den Megalith-Völkern ist, genau besehen, der Abschluß der Kolonisation von Westeuropa. Die Megalith-Völker drängten über die Nordsee nach Dänemark, und hier wiederum fanden auch sie schon seßhafte Menschen im Besitz des Bodens, jedoch Siedler, die einen ganz anderen Weg als sie durch Europa genommen hatten.

Während Vorgeschichtsforscher in Nordeuropa die ersten bedeutenden Entdeckungen von ihren eigenen Vorfahren um die Mitte des vorigen Jahrhunderts machten, erweckt die Tätigkeit anderer Forscher, im Nahen Osten, noch stärkere Aufmerksamkeit. Im Gefolge Heinrich Schliemanns, der 1871 Troja entdeckte und uns in den nächsten zehn Jahren die Herrlichkeiten Altgriechenlands vor und nach der Zeit Homers enthüllte, hatte eine Reihe von Forschergruppen sich ans Werk gemacht, um die Ausbreitung der mykenischen und später der minoisch-kretischen Siedlungen in Griechenland festzustellen. Gleichsam als Nebenergebnis dieser Forschungen hatte man in Nordgriechenland die ersten jungsteinzeitlichen Siedlungen entdeckt, und alsbald verfolgten Forscher weiter im Norden die Ausbreitung der Ackerbauer bis tief in den Balkan.

Schon 1902 grub Vassits bei Jabloniča am Südrand des Donautals den ersten neolithischen Nachlaß aus, und schon kurze Zeit danach legte er die klassische Stätte von Vinča bei Belgrad frei, eine wahre Fundgrube für den Mittelosten: ein Dorf, das errichtet wurde auf einem aus seinen eigenen Abfällen und eingestürzten früheren Bauten gebildeten Hügel. Hier enthüllten die untersten Schichten bemalte und glasierte Töpferwaren, die auf Zusammenhänge mit Kleinasien und dem ferneren Osten weisen, wo es zu dieser Zeit, um 3000 v. Chr., bereits eine voll entwickelte Bronzekultur gab. Doch die ersten Siedler von Vinča hatten keine Bronze, obwohl sie von deren Vorhandensein gewußt haben müssen. Sie waren Bauern, benutzten steinernes Gerät und ergänzten ihre Ernten durch Viehhaltung, Jagd und Störfang in der Donau.

Am Rande des Donautals kamen diese Bauern aus dem Osten an die Grenzen des Lößgebiets, des vom fruchtbaren Staub der Eiszeit bedeckten Landes, das sich in Norddeutschland und Polen fast ohne Unterbrechung über den ganzen Raum erstreckte, der unter der Eisdecke gelegen hatte. Dieses Lößland, dünn bewaldet und ungeheuer fruchtbar, vom Pflug noch unberührt, muß für Menschen, die sich ansiedeln wollten, so einladend gewesen sein wie in Nordamerika die Prärie. Die Bauern vom Balkan werden, als sie von ihren Bergen aus über diese endlos weite Ebene blickten, nicht lange gezögert haben, bis von ihnen die ersten Scharen mit ihrem Vieh und den Säcken voll Saatkorn in das Gelobte Land zogen, um sich eine neue Heimat zu schaffen. Da sie das Rad kannten, ist es mehr als wahrscheinlich, daß sie ihre Zugochsen vor ‹Planwagen›, das naturgegebene Fahrzeug für wandernde Viehbesitzer, gespannt haben.

Die nächste Phase wird aufgeklärt durch Köln-Lindenthal, fern von dort, am unteren Rhein. Schon ehe, bald nach 1930, mit der Ausgrabung begonnen wurde, wußte man, daß es sich hier um eine befestigte Siedlung handelte, denn die Umrisse von Graben und Wall waren deutlich zu erkennen. Die Ausgrabung enthüllte ein befestigtes Dorf mit 35 Häusern aus dem Neolithikum. Unter ihm, getrennt durch eine Schicht sterilen Sandes, lag, ein älteres Beispiel aus derselben Kultur, eine zweite Siedlung, die 27 Häuser umfaßte. Diese war unbefestigt. Und unter ihr wiederum fand man die Überreste von mehreren sehr großen und langen Gebäuden, mit denselben Töpferwaren und Werkzeugen wie in den unmittelbar über ihnen liegenden.

Diese Fundstätte bildete eine gute Illustration zur Geschichte der ersten europäischen Kolonisten. Zuerst hatten, aus einem nahen, vielleicht nur wenige Kilometer entfernten Dorf vorrückend, die neuen Siedler ein Gebiet zum Bebauen abgebrannt, ihre Saaten ausgestreut und Scheunen gebaut, um die Ernten unterzubringen. Währenddes blieben sie noch in ihrem alten Dorf wohnen und wanderten täglich zur Arbeit hinüber. Als die Ernte des ersten Jahres unter Dach und Fach war, konnten sie auf das neugewonnene Land ziehen, dort ihre Häuser errichten und bis zum Einbringen der nächsten Ernte von dem Nahrungsvorrat leben. Wehranlagen benötigten sie nicht, denn Land gab es reichlich für jeden. Nach einigen Jahren, als der Boden in der Umgebung ihres Dorfes erschöpft war, zogen sie weiter. Das Land wurde wieder zu Busch und Wald. Vielleicht kam schon nach zwanzig Jahren, oder erst Jahrhunderte später, wieder ein Volksstamm, der sich an derselben Stelle ansiedelte. Nun aber wurden Befestigungen nötig, denn freies Land wurde bei der wachsenden Bevölkerung knapp, und unsere Siedlung am Rhein war sowieso dem Gebiet des Michelsberg-Volkes beunruhigend nahe.

Der Verteidigungswall bei Köln-Lindenthal bezeichnet das erste friedliche Zusammentreffen der aus Afrika gekommenen Viehhalter mit denen aus Asien, denn die Vorfahren des Michelsberg-Volks waren die Kolonisten aus Nordafrika, die Männer von Köln-Lindenthal die (nicht sehr weitläufig verwandten) Nachkommen der in die Lößlandschaft hinausgezogenen Bauern vom Balkan. Von Ungarn bis nach Norddeutschland und von Polen bis Belgien breitete sich ein einziges Volk, das dieselben Gebrauchsgegenstände und Töpfereien hatte und in allen Gewohnheiten (von denen Spuren in der Erde zurückbleiben konnten) uniform war, mit ungeheurer Geschwindigkeit aus. Es gehörte der als Donau I bezeichneten Kultur an, die fast ihr ganzes Gedankengut von den Bauern des Balkans entlehnt hatte. Am Nordrand seines Gebiets, nicht sehr weit von den Küsten der Nordsee und Ostsee, kamen die Grenzbauern in enge Berührung mit den ‹eingeborenen› Waldjägern, die offenbar von ihnen die Landwirtschaft lernten. Es scheint dann ein Mischvolk aus beiden weiter nach dem Meere zu und schließlich bis nach Dänemark und Südschweden vorgedrungen zu sein, um dort zu kolonisieren. Doch kaum hatten die ersten Kolonisten die dänischen Küsten erreicht, als vom Westen her Schiffe erschienen. Die Megalith-Missionare waren, kühn von ihren Siedlungen auf den Orkneys und Hebriden aussegelnd, dort angekommen, um in Skandinavien die neu eingetroffenen Heiden zu bekehren.

Die Erschließung Europas ist vollendet. Sie hat, vom Landen der ersten bäuerlichen Siedler aus Afrika und Asien um 3000 v. Chr., bis zur Ankunft ihrer Nachkommen an den nördlichsten Ufern Europas, um 2500 v. Chr., ungefähr 500 Jahre gedauert. Und das war fast ebenso lange, wie es von der Entdeckung Amerikas durch Kolumbus 1492 bis zum Schließen der letzten Grenze im Jahre 1912 gedauert hat. Beide traditionellen Wege nach Europa wurden beschritten, der südliche Weg von Afrika und der östliche aus dem Gebiet am Schwarzen Meer – ebenso wie wir später das Bechervolk über die südliche Route und das Streitaxt-Volk über die östliche hereinkommen sahen.

Der Verlauf dieser Wanderungen wurde durch Hunderte, zum Teil sehr bedeutende Ausgrabungen aufgeklärt: Köln-Lindenthal, Vinča, Windmill Hill. In dieser Ehrenliste verdient noch eine andere Ausgrabung mehr als flüchtige Erwähnung, weil sie mit ungewöhnlicher Klarheit den Vorgang der ersten Kolonisation und deren Wirkung auf das Aussehen von Europa zeigt. Sie beweist auch, bis zu welchem Grade die ‹Pioniere› sogar an der äußersten Nordgrenze der Siedlung noch die Kultur im Gedächtnis behielten, aus der sie entstammten.

Barkaer ist die Bezeichnung eines kleinen Hügels im Osten von Jütland, nur einen kurzen Tagesmarsch von Meilgaard entfernt. Dort hatte Worsaae die Objekte gefunden, die ihn auf die Spur des Kjökkenmöddingervolks brachten. Und Meilgaard, eins der Dörfer des letzten Jäger- und Fischervolks von Dänemark, hat höchstwahrscheinlich schon bestanden, als der Hügel Barkaer von einer neu angekommenen Gruppe bäuerlicher Siedler besetzt wurde, um 2500 v. Chr.

Im Jahre 1928 befand sich einer der führenden Kunstmaler Dänemarks, Johannes Glob, auf Ferien in einem Landgasthof in Ostjütland. Bei ihm war sein siebzehnjähriger Sohn Peter, der schon großes Interesse für Vorgeschichte hatte und sich aufs Studium der Vorgeschichte seiner Heimat an der Kopenhagener Universität freute. Als ihnen in den Ferien der Landbriefträger von der Entdeckung eines mit Steinen besetzten Grabes bei Barkaer erzählte, begaben sich Vater und Sohn ein paar Tage später an den erwähnten Ort. Während sie um die größtenteils schon durchwühlte Grabkammer herum gruben, bemerkten sie, daß das Loch für das Grab durch eine Schicht von Behausungsabfällen führte, die, nach den in ihnen gefundenen Topfscherben, aus einer Siedlung in der frühesten neolithischen Periode der dänischen Vorgeschichte zu stammen schienen.

Peter Glob merkte sich die Fundstelle als wichtig für spätere Untersuchungen und begab sich nach zwei Jahren mit einigen Studienkollegen wieder dorthin. Er brachte zwei Sommermonate mit der Erforschung eines Gebiets am Ostrand der Hügelkette zu und entdeckte beträchtliche Überreste von Häusern aus der Jungsteinzeit. Seine Kollegen erklärten sich bereit, ihn im nächsten Jahr zur Fortsetzung der Grabungen wieder zu begleiten.

Infolge ihrer Geldknappheit und der dringenden Studienarbeiten nach den ersten Semestern mußte der Plan jedoch, wie Glob berichtet, von Jahr zu Jahr aufgeschoben werden. So blieb die Fundstelle unberührt, während Peter Glob sich aufs Examen vorbereitete und cum laude zum *Magister Artium* in skandinavischer Vorgeschichte promovierte.

1937 nahm Johannes Iversen, der führende dänische Experte in der Pollen-Analyse, Untersuchungen der Struktur des Torfmoors vor, das den kleinen Sandhügel Barkaer auf allen Seiten umgibt. Seine Serien von Blütenstaubproben aus den Torfschichten, die sich dort im Neolithikum gebildet hatten, wo früher ein See gewesen sein mußte, waren aufschlußreich. Von der untersten Schicht aufwärts ‹gelesen›, ergaben alle Proben dasselbe Bild. Blütenstaub von Eiche, Esche und Linde herrschte vor und bewies, daß die Umgebung von dichtem Laubwald bedeckt gewesen sein mußte. Und dann änderte sich plötzlich das Bild: der Anteil an Laubbäumen fiel stark ab, und unter dem Mikroskop erschien der Blütenstaub von Weizen, Gerste und vom wilden Wegerich, dem Unkraut, das man ‹des Bauern Fußstapfen› nannte, weil es nur da vorkommt, wo Feldfrüchte angebaut werden. Gleichzeitig wurden zwischen den Blütenstäubchen mikroskopisch kleine Flecke von Asche und Holzkohle erkennbar, ein sicheres Zeichen dafür, daß von dem Wald große Teile abgebrannt und die Flächen mit Getreide besät worden waren. Die ersten Bauern waren dort angekommen. Noch einige weitere Schichtproben ergaben das gleiche Bild, dann trat wieder eine, allmähliche, Veränderung ein. Der Anteil an Blütenstaub kultivierter Nutzpflanzen fiel ab und der von Haselnuß, Erle und Birke fand sich in steigender Menge. Alle drei sind die schnell wachsenden Bäume, die sich in verlassenen Lichtungen zuerst wieder durchsetzen. Ihr Blütenstaub erzählt so deutlich wie ein schriftlicher Hergang: daß die Bewohner das Land, als es ausgelaugt war, aufgegeben hatten und auf der Suche nach Neuland weitergezogen waren.

Es leuchtete ein, daß Iversens Blütenstaubreihen noch der Ergänzung bedurften, durch Freilegen der Wohnstätten dieser zeitweilig seßhaft gewesenen Landbebauer auf dem Gipfel des Hügels, der zu ihrer Zeit eine Insel in einem nicht tiefen See gewesen sein mußte. Im Jahre 1940 wurde der nun als Assistent am Nationalmuseum tätige Peter Glob wieder nach Barkaer geschickt, um das Gebiet zu erkunden. Er kam mit der Nachricht zurück, daß der mittlere und der westliche Teil des Hügels noch größere Reste von Häusern enthielten als der östliche. Im Sommer 1941 sollten die Forschungen intensiv betrieben werden.

Aber Europa lag im Kriege. 1940 besetzte die deutsche Wehrmacht Dänemark und begann 1941, nur etwa zwei Kilometer von Barkaer entfernt, einen Flugplatz für ihre Luftwaffe zu bauen. Da man natürlich vermuten konnte, daß eine Schar junger Patrioten, wenn sie mit geologischen und photographischen Geräten am Rande eines taktischen Luftkriegsstützpunkts hantierten, ihre Instrumente auch einmal anders als zu streng prähistorischen Arbeiten verwenden könnten, wurde die Genehmigung zu Ausgrabungen bei Barkaer verweigert. Wieder einmal lag die Fundstätte brach, während die Forscher, die dort hatten graben sollen, auch Peter Glob, nunmehr ihre Fähigkeiten in Geländekunde und Kartenlesen zu anderen, geheimeren und gewagteren Zwecken benutzten. Als 1945 das deutsche Heer kapitulierte und Dänemark verließ, wurde die Untergrundbewegung aufgelöst, und ihre Mitglieder nahmen ihre Friedensberufe wieder auf.

1947 endlich konnte Peter Glob seine Ausgrabungen am Steinzeitdorf von Barkaer wirklich beginnen. Er grub in dem Jahr zwei Monate und das nächste Jahr fast ganz. 1949 beendete er die Arbeiten, unmittelbar vor seiner Ernennung zum Professor für Europäische Vorgeschichte an der Universität Aarhus und zum Leiter des Prähistorischen Museums von Jütland.

Ein erstaunliches Bild enthüllte sich, als die dünne Sandschicht, die über den Resten des Dorfes lagerte, sorgsam abgescharrt und an den Seiten des Hügels aufgeworfen war. Abgesehen von der Schweiz waren in allen Gegenden die Siedlungen der ersten Landbebauer eine seltene Erscheinung, und die Kenntnis von ihnen wurde hauptsächlich aus den Gräbern gewonnen. Nach den bisher bekannten Funden hätte der junge Vorgeschichtsforscher erwarten können, auf ein Häufchen plump gebauter, halb runder und halb eckiger Hütten zu stoßen, die ein Meter unter die Bodenfläche vertieft sein mochten, eine planlose Anhäufung dürftiger Behausungen.

Statt dessen kam er auf eine Reihe großer Steine, an denen entlang auf der einen Seite ein gepflasterter Weg lief, auf der anderen Reihen kleiner, von Holzkohle schwarzer Kreise in dem hellen Sand sichtbar wurden, nämlich die Stellen, an denen einmal Pfähle, die inzwischen verfault waren, gestanden hatten. Und diese Reihe Löcher, ganz offensichtlich die Überbleibsel einer hölzernen Wand, an der außen der gepflasterte Weg entlangführte, setzte sich, geometrisch genau, fast hundert Meter weit fort! Parallel zu ihr war der Verlauf einer zweiten Wand und dahinter einer dritten und vierten zu erkennen...

Während der weiteren Ausgrabung wurde der Behausungsplan erkennbar: die Fundamente zweier langer Gebäude, über 6 Meter breit bei fast 100 Meter Länge, getrennt durch eine breite, grob gepflasterte, 10 Meter breite ‹Straße›. Wo die Wände gestanden hatten, lag die Reihe der Pfostenlöcher, die auf die

Holzkonstruktionen wiesen, und in der Mitte waren Reihen gleichartiger Löcher, in denen die Pfosten zum Abstützen der Dachbalken gestanden hatten.

Glob berichtet uns, wie die Bodenfläche innerhalb der Wände von den Ausgrabenden sehr behutsam abgekratzt und dabei, wie durch Zauber, erkennbar wurde, daß der lange Bau in 26 Einzelräume geteilt gewesen war, die jeder, bei etwa 3 ½ Meter Länge, die volle Breite des Hauses hatten. Alle Zwischenwände bestanden aus Flechtwerk von Ruten, und die Kochfeuer, die in den einzelnen Räumen verschieden lange gebrannt haben mußten und deren Rauchentwicklung nicht überall mit gleichem Geschick beschränkt worden war, hatten im Sand der Fußböden verschieden dicke Rußschichten abgelagert. So fand man nun die Räume, 52 von genau gleicher Größe und Form, als Rechtecke in verschiedener Tönung von Grau vor. Nach Globs Erklärungen kann danach vermutet werden, daß diese Siedler eine Gesellschaftsform ohne Klassenunterschiede gehabt hatten, im scharfen Gegensatz zur aristokratischen Gesellschaft der Bronzezeit.

Von den Gebrauchsgegenständen der Bewohner fand man wenig. Sie hatten, als sie, nach einer Generation, das Gebiet verließen, alle ihnen wertvollen Sachen mitgenommen. Die vorgefundenen zerbrochenen Feuersteinbeile sowie die Tonflaschen mit Hals, deren Formen deutlich an ihre Abstammung von den früher aus Leder gefertigten erinnern, glichen den ältesten, in den Megalithgräbern entdeckten und den ältesten bei den dänischen Bauern üblichen. Sie bestätigten Globs Feststellung, daß man in dieser Fundstätte das früheste in Dänemark bisher bekannte Bauerndorf und damit eins der ältesten von Europa vor sich hatte.

Diese ersten Ansiedler bei Barkaer mußten nach Mitteljütland eingewandert sein und hatten sich als leicht zu verteidigenden Wohnplatz die kleine Insel im See gewählt. Das Bauholz für ihre Häuser schlugen sie teils auf der Insel, teils auf dem Festland in unmittelbarer Nähe, dem Gebiet, das sie dann abbrannten und kultivierten. Nach dieser Straße mit den Einzimmerhäusern zu urteilen, mußten in der Kolonie etwa zweihundert Menschen gelebt haben. Ihr Dorf bedeckte die ganze Insel, und für das Vieh wurde als ‹Stall› vermutlich die breite Straße zwischen den Häusern benutzt.

Die Wirtschaft der Neusiedler basierte ausschließlich auf steinernen Geräten: sie besaßen starke Feuersteinbeile, mit denen sie einen Baum von 20 cm Durchmesser in 8 Minuten fällen konnten, sowie Messer und Pfeilspitzen aus Feuerstein und die steinernen sattelförmigen Handmühlen, die Kennzeichen der erst jüngst eingeführten Kunst des Ackerbaus. Doch obwohl ihre Lebensweise auf dem Feuerstein basierte und tausend Jahre vergehen sollten, bis die Periode – in der sie dann in ihrer Heimat selbst Bronze schmolzen und ihr Wirtschaftsleben auf das im Lande gefertigte Bronzegerät umstellten – als Bronzezeit definiert werden konnte, waren diese ersten Bauern auf nordeuropäischem Boden schon damals vom Vorhandensein dieses Metalls unterrichtet. Auf dem höchsten Punkt der Insel, in der Mitte des nördlichen Reihenhauses, wo Glob zwei Schächte graben ließ, entdeckte er nämlich außer fünfzig Bern-

Abb. 50: Die Töpferei der östlichen Siedlergruppe. In der Mitte ein Krug aus Köln-Lindenthal, die beiden anderen sind dänische Gefäße aus der Pericde von Barkaer. Diese Typen sollen sich aus den Formen früherer Trinkwasserschläuche entwickelt haben.

steinperlen auch eine vollkommen erhaltene Flasche und zwei dünne Anhängsel aus Kupfer.

Zweifellos war an dieser Stelle ein Opfer dargebracht worden, entweder bei der ‹Grundsteinlegung› der Häuser oder beim ‹Richtfest›. Der Reichtum Jütlands lag in seinem Bernstein, und das Kupfer muß in dieser frühen Periode, um 2500 v. Chr., auf umständlichen Handelswegen aus dem Süden gebracht worden sein und hat bestimmt sehr hoch im Preise gestanden. Im allgemeinen wurden Gegenstände aus Kupfer und Bronze nicht fortgeworfen, sondern eingeschmolzen und das Metall wieder verwendet. Daher ist Kupfer wahrscheinlich verbreiteter gewesen, als es nach den archäologischen Berichten aussieht. Und hier legten die beiden kleinen, kostbaren Anhängsel, die dem genius loci geopfert wurden – dem neuen Gott der Gegend, der bestimmen konnte, ob Barkaer in den nächsten Jahren gute oder schlechte Ernten bringen werde –, Zeugnis davon ab, daß sogar die ersten Siedler, denen es gelang, bis in den höchsten Norden Dänemarks vorzudringen, die Gelegenheit hatten, Kupfer und Bronze aus den höheren Kulturen im Süden zu erwerben.

18 Die ‹Armen Weissen›

Im letzten Viertel des 19. Jahrhunderts waren die Vorgeschichtsforscher, wie wir jetzt überblicken können, von der Idee, daß es eine logische Reihenfolge prähistorischer Kulturen gegeben habe, ziemlich geblendet. In ihrer Reaktion gegen den Glauben der Historiker zu Anfang des 19. Jahrhunderts, daß es eine einzige homogene prähistorische Periode von nur kurzer Dauer gegeben habe, griffen sie nun weit nach der entgegengesetzten Richtung aus. Sie setzten eine Folge menschlicher Gemeinwesen voraus, und ihre Nomenklatur mit allen möglichen Zeitaltern und Epochen verrät deutlich, daß sie unbewußt auch voraussetzten, es müsse jede Entwicklungsstufe zeitlich unmittelbar der schichtmäßig unter ihr registrierten gefolgt sein. So betrachteten sie für Europa eine bestimmte Epoche als die Alt-, eine andere als die Jungsteinzeit, und entsprechend die Bronze- und die Eisenzeit. Übergänge von einem dieser Zeitalter in ein anderes hatten sich ihrer Meinung nach plötzlich vollzogen, durch Invasionen fremder Völker, wobei sie vorzugsweise Rußland als Stammland der vermuteten Eindringlinge ansahen.

In den letzten Kapiteln haben wir, als den Übergang aus der Älteren in die Jüngere Steinzeit, beobachtet, wie die Landwirtschaft ins noch unbebaute Europa kam, und erkannten auch, daß das Wesentliche in der Übergangsperiode eine Volkswanderung war, wenn auch Rußland dabei, bis zum Einbruch der Vieh haltenden Streitaxt-Menschen, nur eine kleine Rolle gespielt hat.

Als de Mortillet seine Sequenz der einzelnen Steinzeitperioden ausarbeitete, glaubte er, die Benutzer der Geräte aus geschliffenem Stein seien in ein unbevölkertes Europa gekommen. Man war der Ansicht, daß, als die Jäger des Magdalénien hinter dem Renntier nordwärts gezogen waren, niemand in ihr Gebiet nachrückte, also Europa für neu ankommende Völker leer geblieben sei. So erklärte man sich vernunftgemäß die ‹Zeitlücke›, die jedoch, wie wir feststellten, gar nicht bestanden hat. Gewiß: viele Menschen des Magdalénien zogen mit dem Renntier nach Norden – wir trafen ihre Nachkommen in den Gletschertälern des Hamburger Gebiets und an den Küsten von Norwegen an –, aber ein Teil von ihnen blieb zurück, und zu ihnen stießen die Waldjäger aus den gemäßigten Zonen, die von der Mittelmeerküste heraufkamen. Im Jahre 1879 stellte Edmond Vielle, der bei Tardenois Ausgrabungen machte, fest, daß dort ein post-glaziales Jägervolk gelebt hatte, erkennbar an den kleinen Feuersteinstücken, die den Kanten von Knochen und hölzernen Schäften aufgesetzt waren, um eine scharfe Schneide zu erzielen. Diese typischen kleinen Feuersteine, die man später in ganz Europa verteilt und tief in Asien und Afrika gefunden hat, waren überall bezeichnend für die letzte Phase der Jagd treibenden Völker, unmittelbar vor dem Erscheinen der Landbebauer.

Und im Jahre 1887 hatte Edouard Piette, der in der erstaunlichen Höhle von Mas d'Azil in den Pyrenäen grub, wo heute an einem Fluß entlang eine moderne Autostraße durch die Berge läuft, Reste aus dem Magdalénien und über diesen Behausungsabfälle aus der Zeit der Rotwildjäger entdeckt. Diese ‹Aziliens› bildeten ein Bindeglied zwischen den Menschen des Magdalénien und des Tardenoisien. Freilich hat man später erkannt, daß die von Azil und die von Tardenois fast während der ganzen Periode vor der ‹landwirtschaftlichen Revolution› gleichzeitig existierten.

Diese Erkenntnis, daß Völker mit verschiedenen Artefakten und verschiedener Lebensweise gleichzeitig gelebt hatten, ist einer der wesentlichen Fortschritte im Studium der Prähistorie in unserem Jahrhundert. Man wurde sich klar, daß bestimmte Lebensformen nicht einfach in dem Moment aufgehört hatten, als andere eingeführt wurden. Das Beharrungsvermögen und die Armut, die den kanadischen Indianer befähigen, eine Lebensweise so beizubehalten, daß sie durch drei Jahrhunderte westlicher Zivilisation so gut wie unverändert geblieben ist, sind auch in der Steinzeit wirksam gewesen. Wir brauchen uns daher nicht zu wundern, daß Gemeinschaften der Jäger und Fischer in den Wäldern und Fjorden im gemäßigten Klima für eine gewisse Zeit Seite an Seite mit den bäuerlichen Siedlungen der Jungsteinzeit existiert haben.

Ein paar der interessantesten kleineren Ausgrabungen in den letzten zwei Jahrzehnten und mindestens eine der wichtigen neuen Labormethoden haben zur Aufklärung der Frage gedient, wie die ‹einheimische› Bevölkerung Europas weitergelebt hat und wie ihre spätere Geschichte verlief. In Schweden, in Dänemark und in England ist man zu Ergebnissen gekommen, die sehr verschiedenartige Bilder von den Reaktionen der Jäger und Fischer auf die ‹Ankunft› der Landwirtschaft liefern.

Brabrand liegt an den Ufern einer verschlammten Bucht der jütländischen Küste, einige zwanzig Kilometer südlich von Barkaer. Und Barkaer liegt genau in der Mitte zwischen Brabrand und Meilgaard. Und bei diesen beiden Orten liegen Kjökkenmöddinger, ein besonders reiches Fundgebiet, in dem in den ersten Jahren unseres Jahrhunderts systematische Ausgrabungen durchgeführt wurden. Der Platz erwies sich als in jeder Beziehung typisch, er enthielt viele Feuersteingeräte, große Abschläge dieses Gesteins, kleine Feuersteinbeile und die dickwandigen Tongefäße des Möddinger-Volks. Ohne Zögern schrieb man ihn der letzten Periode der Älteren Steinzeit, vor Ankunft der bäuerlichen Siedler, zu. 1935 kamen schließlich auch die Blütenstaub-Analytiker der Dänischen Geologischen Gesellschaft nach Brabrand, wo sie vom Grunde der Bucht eine Reihe Torfproben entnahmen, in denen Artefakte aus der Besiedlung stratifiziert waren. Nach den Proben war man einhellig der Ansicht, daß die Stücke aus der Mitte der Jüngeren Steinzeit, um 2200 v. Chr., stammten, also gut dreihundert Jahre älter waren als die Ansiedlung bei Barkaer und somit schon dreihundert Jahre vor Ankunft der ersten ‹Bauern› in Dänemark existiert hatten!

Auf diesen ersten Schock für die Vorgeschichtsforscher kamen noch ähnlich verwirrende Ergebnisse von anderen Kjökkenmöddinger, die ersichtlich länger als bisher vermutet bewohnt und schon vor der Besiedlung durch die Ackerbauern vorhanden gewesen waren. Lange schon hatte man gewußt, daß Töpferwaren und Gebrauchsgegenstände aus dem mittleren Neolithikum, auch Beile aus geschliffenem Stein, gelegentlich in den oberen Schichten der Kjökkenmöddinger entdeckt wurden, woraus man schloß, daß in den auf Anhöhen errichteten und gut entwässerten Wohnstätten der Strandläufer aus der Älteren Steinzeit nachher Bauern der Periode von 2200 bis 2000 v. Chr. gelebt hatten. Jetzt aber schien man auch einwandfrei von den Strandläufern angelegte Siedlungen derselben Epoche zuschreiben zu müssen! Sehr verwirrende Feststellungen.

Etwa zur gleichen Zeit, als die Blütenstaub-Analytiker die Chronologie durcheinanderwarfen, wurde an sieben Siedlungsplätzen aus der frühesten dänischen Ackerbauerperiode (um 2500 bis 2200 v. Chr.) eine Analyse gemacht. Bei fünf von ihnen ergab sich eine mehr oder weniger große Beimischung von Artefakten des Möddinger-Volks, in einigen Fällen waren es nur ein paar Scherben von den dickwandigen Töpfen, inmitten vorwiegend neolithischer Reste; in anderen überwogen nahezu die Gegenstände aus der Möddingerzeit. Die zwei Fundstellen aber, in denen von diesem Volk keinerlei Nachlaß gefunden wurde, waren die ältesten der sieben, und zu ihnen gehörte die bereits teilweise ausgegrabene bei Barkaer. Die Ordnung der Dinge schien auf den Kopf gestellt. Konnte der Prähistoriker nicht einwandfrei das Ende des Möddinger-Volks und den Anfang der bäuerlichen Besiedlung nachweisen, so sollte er doch wenigstens den allmählichen Übergang aufzeigen: die Zeit, als die Kjökkenmöddinger mehr und mehr ihre Eigenart verloren und die Wohnstätten der Ackerbauer dort den Vorrang gewannen.

Das war natürlich unlogisches Denken, entspringend aus der Auffassung, daß die Vorgeschichte eine zusammenhängende fortschrittliche Entwicklung darstellen müsse, nicht das Leben von Individuen. Doch schon bald konnten Brøndsted und andere Gelehrte dieses Beweismaterial neu interpretieren, so daß ein geschlossenes Geschichtsbild entstand.

An den bewaldeten Küsten des Landes lebten die Jäger in ihren Dörfern auf den Hügeln von Schalen und Knochen, die sich, in manchen Fällen, dreitausend Jahre lang ansammelten. Die Jahrtausende alten Wohnstätten waren neu gewesen, als die ersten Schafe und Rinder gezähmt und die ersten Samen wilder Gräser am Rande des iranischen Hochlands, über dem Tigris-Tal, ausgesät wurden. Dreitausend Jahre hatten sich die Schafe, die Rinder und das Korn, und mit ihnen die Menschen, die das alles versorgten, allmählich von Osten her ausgebreitet, und um 2500 v. Chr. – der Epoche, von der wir sprechen – trafen die ersten Scharen, wahrscheinlich über See, in Dänemark ein. Es ist nicht anzunehmen, daß das Kjökkenmöddinger-Volk diese Neuen freundlich empfing, die die Wälder niederschlugen und durch Abbrennen des Unterholzes das Wild verschreckten. Anfangs wurden denn auch die neuen Siedlungen möglichst weit von den Dörfern der Möddinger angelegt, und die beiden Völker hielten sich getrennt.

Allem Anschein nach hat zuerst das Möddinger-Volk das ‹Eis gebrochen›, denn wir finden ihre Artefakte in den bäuerlichen Siedlungen, umgekehrt jedoch keine. Vielleicht sind sie bei den Neulingen in Dienst gegangen, als Jäger oder Arbeiter. Generationen wurden zu Jahrhunderten. Sogar dreihundert Jahre nach Ankunft der Kolonisten – zu einer Zeit, als große Strecken an der Küste und weiter im Binnenland unter dem Pflug oder schon wieder brach lagen – bewahrte man sich in vereinzelten Dörfern des Jägervolks der Kjökkenmöddinger fast unbeeinflußt noch die alte Lebensform. In anderen Dörfern aber war man fortschrittlicher, oder es hat den Bewohnern ihr ‹Monopol› auf den am Strand greifbaren Bernstein die Mittel zum Ankauf neuer Luxusgegenstände verschafft. Die Schichtenfolge läßt erkennen, wie sie allmählich die Lebensweise der neuen Siedler übernahmen, zuerst das Hausschwein, dann die Kuh, den Mahlstein, bei dem wir an Brotgetreide denken, und die Trinkgefäße, die vielleicht für Bier gedient haben. Um 2000 v. Chr. waren diese Eingeborenendörfer von denen der Kolonisten kaum noch zu unterscheiden. Es kann sein, daß die Annahme der megalithischen Religion den Abschluß ihrer Assimilation bildete. Jedenfalls gewinnen wir den bestimmten Eindruck, daß das damals eindringende Streitaxt-Volk keine Unterscheidung zwischen den beiden ansässigen Stämmen machte. Die zur Bronzezeit in Dänemark wohnenden Menschen gingen aus der Verschmelzung aller drei Völker hervor.

In Schweden verlief der Prozeß in mancher Hinsicht parallel. Auch dort übernahmen die Jäger und Fischer in den Küstendörfern langsam dies und jenes aus der Kultur der Kolonisten, entwickelten sich jedoch, vielleicht infolge der Ankunft erfahrener Fischfänger aus dem östlichen Rußland, nicht als Nachahmer der bäuerischen Siedler, sondern als Volk mit einem selbständigen und unvermutet energisch geführten Wirtschaftsleben. Sie spezialisierten sich auf die Jagd nach Seelöwen und Walen und betrieben Schweinezucht. Ihre charakteristischen, mit Reihen kleiner Löcher geschmückten Tongefäße kommen nicht nur an den schwedischen Küsten, sondern in zahlreichen Fundstätten an den Gestaden Dänemarks und sogar Englands zutage. Dieses Walfängervolk, das seine Kolonien an den Küsten der Ostsee wie der Nordsee ausdehnte, hat wahrscheinlich besonderen Einfluß auf die Entwicklung des Seehandels in den späteren Jahrhunderten der Bronzezeit gehabt.

In England erhob schon 1925 Sir Thomas Kendrick, heute Direktor des Britischen Museums, die Frage, inwieweit die ‹Eingeborenen› und die ‹Kolonisten› sich wechselseitig beeinflußt hätten. Damals war der Siedlungstyp, wie man ihn am Windmill Hill fand, noch nicht erkannt, doch war man schon seit fünfzehn Jahren davon überzeugt, daß alle in England gefundenen Töpferwaren aus dem Neolithikum in zwei Gruppen geteilt werden konnten, die berühmten ‹A› und ‹B›, wobei ‹B› sich vor allem abzeichnete durch die Dekoration mit ‹Loch› und ‹Kamm›, wie sie ähnlich die Tonwaren in Schweden trugen.

Die neolithischen Tongefäße der Gruppe ‹A› wurden nun definitiv als Erzeugnisse und Gebrauchsgegenstände der Megalithenbauer und der Schöpfer der umwallten Lager erklärt. Mit anderen Worten: der zwei Gruppen Ackerbau treibender Siedler, die vom Mittelmeer nach Norden gezogen waren. Diese hatten England bewohnt gefunden, doch es kann dort nur wenig ‹Konkurrenz› zwischen den Neuen und den Ansässigen gegeben haben, denn die Neuen siedelten sich hauptsächlich auf den dünn bewaldeten Kalkdünen im Süden an, während die Jäger und Fischer schon lange zufrieden in der wildreichen Tiefebene und an den Flußmündungen lebten.

Zur selben Zeit jedoch, als die Bauern in den aus zusammengebundenen Planken gebauten Booten ihr Vieh und Saatkorn an der Kanalküste landeten, liefen die Tierhautboote der Walfänger und Seelöwenjäger aus Skandinavien die englische Ostküste an. Diese neu Landenden waren verwandt mit den Einheimischen, lebten wie diese nach den uralten Bräuchen der Kiefernwaldjäger und hatten nur wenige Eigenheiten (zum Beispiel die Boote aus Tierhäuten) von der noch älteren Kultur der Tundrajäger entlehnt, die sich jetzt räumlich auf den Polarkreis beschränkte.

Die Einheimischen an der englischen Ostküste und die neuen Jäger vermischten sich, und ihre Töpferwaren, überwiegend zur neolithischen Gruppe ‹B› gehörig, erzählen uns durch ihre Verbreitung die spätere Geschichte dieses unternehmungsfreudigen Volkes. Die Peterborough-Menschen, wie man sie nach einer der ersten erforschten Fundstätten aus ihrer Zeit nannte, verbreiteten sich sehr schnell von der Ostküste aus über Nordengland bis nach Wales und an die Irische See. Sie hatten eine ‹autarke Wirtschaft›, lebten von den Gaben des Landes und des Meeres und haben gewiß sehr verächtlich auf die durch den neuen Rhythmus von Saat und Ernte an ihre kleinen Äcker gebundenen Bauern geblickt.

Da jedoch die Bauern gewisse Dinge besaßen, nach denen es die Peterborough-Menschen sehr verlangte – eins war bestimmt das Bier, und Schweinefleisch das zweite –, begannen die wandernden Jäger mit Säcken voll Tauschwaren auf dem Rücken und einer ‹Einkaufsliste› im Kopf in den Lagern um Windmill Hill zu erscheinen. Heute wissen wir, was die Tauschobjekte waren, und deren Wege zu verfolgen ist eins der spannendsten Kapitel in der modernen vorgeschichtlichen Forschung.

Während der Ausgrabungen am umwallten Lager von Windmill Hill, in den 1920er Jahren, wurde die Schichtenfolge besonders aufmerksam untersucht, vor allem in den rings um das Lager laufenden Gräben. Solche Gräben bilden die naturgegebenen Behälter für alle Abfälle, und da sie ziemlich schnell verschlammen, kann aus ihren Schichten deutlich die Geschichte der Siedlung, zu der sie gehören, abgelesen werden. Der Graben bei Windmill Hill war keine Ausnahme: in seinen unteren Lagen fand man die ‹reine›, damals bodenständige Kultur, mit den zerbrochenen Feuersteinbeilen und den Scherben der sackähnlichen Töpfe von den frühesten dort seßhaften Bauern. Über dieser Schicht jedoch lag, durch nicht sehr viele Jahre getrennt, eine gemischte. Zwischen dem Nachlaß der Bauern wurden Topfscherben des Peterborough-Volkes gefunden.

Und noch etwas anderes entdeckte man in diesen gemischten zweiten Schichten, was es in der primären nicht gab: Fragmente eines neuen Beiltyps, dessen Material nicht Feuerstein, sondern vulkanischer Fels war.

Nun ist zwar das ‹Steinbeil› nach populärer Auffassung die Waffe par excellence der Steinzeit, angeblich in allen Perioden gebraucht, sowohl zum Töten von Mammuts wie zur Einschüchterung der Frauen. Tatsächlich aber ist das Beil ein Gerät, das erst mit den Wäldern ins Spiel kam, und der Gebrauch von Beilen aus anderem Material als Feuerstein war eng begrenzt auf das Neolithikum und, wie wir schon vorwegnehmen können, auf die späteren Zeitalter der Bronze und des Eisens. Verblüfft waren die grabenden Forscher bei Windmill Hill, als sie feststellten, daß die Steinbeile dort offenbar nicht nur zugleich mit den Töpferwaren des Peterborough-Volkes eingedrungen sein mußten, sondern überdies von einem Typ waren, der sonst im Umkreis von mehr als hundertfünfzig Kilometern von Windmill Hill nicht gefunden wurde. Die Petrologen wurden zu Rate gezogen, um den Ursprungsort dieser Beile zu ermitteln. Als diese Wissenschaftler nun mikroskopisch kleine Splitter vom Stein der zerbrochenen Beile mit ihren Verzeichnissen von Gesteinsbildungen und kristallinen Strukturen verglichen hatten, konnten sie mit einer ganzen Reihe von Antworten aufwarten. Die Beile waren aus Gestein gemacht, das bei Graig Lwyd in Nordwales, bei Great Langdale in Westmoreland und an einer noch nicht identifizierten Stelle in der Nähe von Penzance in Cornwall gebrochen wurde. Und eins der Beilfragmente bestand aus Prescelly-Stein, aus dem Steinbruch in Pembrokeshire, aus dem die ‹blauen› Steine von Stonehenge stammten.

Die Technik der petrologischen Definition war den Archäologen noch neu und wird auch bis zum heutigen Tage, außer auf den Britischen Inseln, nicht in erheblichem Umfang angewendet. Damals aber zogen die britischen Prähistoriker sie schon begierig heran. Die Museen in Südwestengland, Schöpfungen einiger der ersten und aktivsten Archäologischen Gesellschaften des 19. Jahrhunderts, hatten seit langem bei allgemein interessanten Themen zusammengearbeitet. 1936 delegierten sie einen Sonderausschuß für mikroskopische Untersuchung aller nicht aus Feuerstein hergestellten Steinbeile aus dem gesamten zu ihren Bezirken gehörenden Gebiet. Die Arbeit wurde später auf den ganzen Süden Englands ausgedehnt, und eine mikroskopische Untersuchung der in allen übrigen Museen der Britischen Inseln enthaltenen Beile ermöglichte dem Ausschuß, 1941 den ersten einer Serie von Berichten über ganz Großbritannien zu veröffentlichen.

In den Berichten werden vier größere Beil‹fabriken› unterschieden, aus denen ein sehr hoher Anteil aller im Lande entdeckten Steinbeile stammen soll. Zwei von diesen waren schon seit mehreren Jahrzehnten bekannt gewesen. 1903 war aus Nordwestirland ein Bericht über Anzeichen vorgeschichtlicher Steinbrüche mit insgesamt über 2500 zerbrochenen oder unfertigen Steinbeilen gekommen, die man verstreut im Glen of Ballyemon und an den Abhängen des Berges Tievebulliagh in Antrim entdeckt hatte. Die petrologische Übersicht zeigte nun, daß zahlreiche Beile von der Art der bei Tievebulliagh gefundenen in Nordirland und Westschottland verbreitet gewesen waren und man gelegentlich auch einzelne im äußersten Südwesten von England gefunden hatte.

Im Jahre 1919 hatte man eine ähnliche Fabrik bei Graig Lwyd in Nordwales an einem Felsenhang auf dem Berg Penmaenmawr entdeckt. Die Petrologen hatten jetzt zahlreiche Beile von Graig Lwyd in Nordwales und an einer nach Süden zur Isle of Wight führenden Route identifiziert, während man Beile von sehr ähnlichem Gestein, die vermutlich an einem noch unentdeckten Ort in demselben Gebiet hergestellt waren, auf den Kanalinseln und in der Bretagne fand.

Die dritte Beilfabrik wurde später, als Ergebnis der petrologischen Forschungen, ebenfalls entdeckt. Beile, die in großer Zahl in Schottland und Nordengland sowie im Quellgebiet der Themse vorkamen, schienen den Petrologen nahe verwandt mit Steinsplittern aus einem kleinen Bruch bei Stake Pass, wo das sichelförmige Tal Great Langdale sich bis zum höchsten Punkt in England, dem Scafell Pike im Lake District, hinaufzieht. Doch aus diesem winzigen Steinbruch konnten unmöglich die Hunderte von den Petrologen identifizierten Beile gekommen sein. Nach intensiver Suche in der Umgebung stieß man 1949 am Abhang des Pike o'Stickle, wo das Great Langdale nach Osten biegt, auf ein ‹Fabrikgelände›, das groß genug für diese Produktion erschien.

Die vierte Fabrik ist noch nicht gefunden, doch hat man ihre vermutliche Lage auf Cornwall begrenzt, von wo die Beile, die sie erzeugte, nach Südostengland und auch bis nach Yorkshire und Schottland exportiert wurden.

Mit der Existenz der Beilfabriken sind wir nun weit entfernt von der Selbstgenügsamkeit der Älteren Steinzeit, als noch jeder, der ein Messer brauchte, es sich selbst machte und wahrscheinlich nach Gebrauch fortwarf. Hier haben wir eine organisierte Produktion und, was noch wichtiger ist, organisierten Absatz. Und die an den Abbaustellen und den Wanderwegen gefundenen Artefakte und Topfscherben zeigen, daß sowohl die Erzeugung wie die Verteilung in den Händen der Peterborough-Menschen und ihrer irischen Stammesverwandten lag.

Wir können uns nur verwundert fragen, wer das wirtschaftliche Genie war,

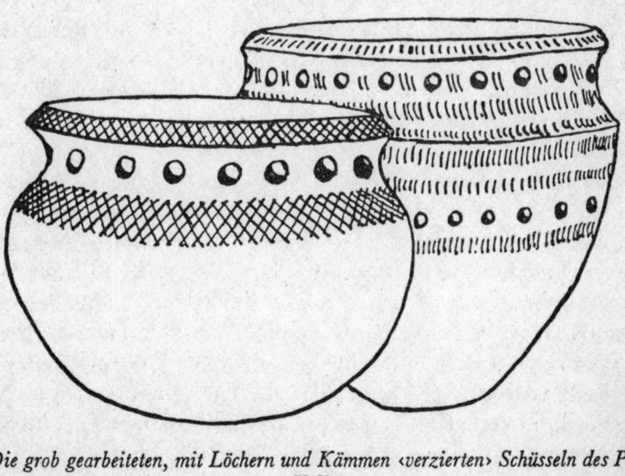

Abb. 51: Die grob gearbeiteten, mit Löchern und Kämmen ‹verzierten› Schüsseln des Peterborough-Volks.

dem es gelang, das Leben der jagenden und fischenden Eingeborenen auf die Produktion von Beilen und den ‹Exporthandel› auszurichten. Wie alle großen Ideen war auch diese einfach und lag nahe. Niemand hat seither den Feuerstein so exakt zuzuhauen verstanden wie der Kjökkenmöddinger-Mensch. Als dann ein Bedarf an Beilen zum Bäumefällen entstand, konnte man die bislang so fleißig geübten Griffe und dieselben Methoden wie bisher auf deren Erzeugung anwenden, und nur selten ward eine Pause für Verbesserung oder Nacharbeiten der Werkzeuge nötig. Und was wäre wohl einem wandernden Jäger besser zustatten gekommen als Nebengeschäfte im ‹ambulanten Handel›? Der Übergang vollzog sich langsam, und der Jäger in den Waldgebieten, Erbe einer zehntausendjährigen Tradition, bemerkte wahrscheinlich selbst gar nicht, wann ihm die Jagd zur Nebenbeschäftigung und er, auf Gedeih und Verderb, zum wandernden Hausierer und Steinmetzen wurde.

Die Tradition lebte weiter. Bei den Hausierer-Jägern wurde sie noch verstärkt durch neue, von dem später kommenden Becher-Volk eingeführte Handelsbräuche. Da gaben sie die Steinhauerei auf und wurden Bronzeschmiede. Und bis in unsere Tage halten die Zigeuner, auch wenn sie nicht rassisch ihre Nachkommen sind, zumindest die Tradition der wandernden Waldjäger aufrecht, die sich nicht der Tyrannei des Pfluges unterwerfen wollten und daher, indem sie sich dem Handel und der ‹Klempnerei› widmeten, ihre Fähigkeit behielten, nach Belieben durch Europa zu wandern. Und je stärker sie sich als Wilddiebe betätigen, um so deutlicher bewahren sie dadurch ihre – und unsere – Verbundenheit mit der Periode des Jagd treibenden Menschen!

19 Skara Brae

Wenn man einen einzelnen als den Erben des Ruhms von Worsaae und Montelius nennen darf, so ist dieser Mann Professor Gordon Childe von der Universität London. Merkwürdigerweise ist dieser gegenwärtig bedeutendste Verbinder der Europäischen Vorgeschichte nicht einmal ein Sohn des Kontinents Europa. Er wurde 1892 in Sydney (Australien) geboren und hat bis zu seiner Promotion im Jahre 1914 das Land der Antipoden nicht verlassen. Als Doktor der Altphilologie ging er 1914 nach Oxford, um dort seine Studien fortzusetzen. Aber dem klassischen Altertum galt nicht sein dauerndes Interesse, wenn ihm die Kenntnisse auch später nützlich wurden, um eine Brücke zwischen der europäischen Archäologie und der des Mittleren Ostens zu schlagen, die man allzu lange getrennt behandelt hatte. Er wandte bald seine Aufmerksamkeit der europäischen Prähistorie zu.

Nach dem Ersten Weltkrieg kehrte er nach Australien zurück und war bis 1921 Privatsekretär des Ministerpräsidenten von Neusüdwales. Diese drei Jahre politischen Lebens, im aufnahmefähigen Alter unter Dreißig, waren nicht vergeudet. Sie weiteten den Horizont des jungen Australiers. Er gewann eine großzügige Auffassung von den geographischen und supranationalen Gegebenheiten des Lebens in seinem Heimatland, deren Einfluß wir in seinen späteren Arbeiten noch verfolgen können. Sie bereiteten ihn auch gut auf seine Erbschaft vor: als ‹Botschafter der Prähistorie› in den Museen anderer Länder und bei den Archäologischen Kongressen zu fungieren.

Nach 1921 nahm er in dem auserwählten Gebiet die praktische Arbeit auf und beschäftigte sich die nächsten Jahre damit, auf breiter Basis das reichhaltige Material zu prüfen, das als Ergebnis der nach dem Kriege wieder begonnenen Ausgrabungen in ganz Europa zutage kam. Sein spezielles Interesse richtete sich auf Osteuropa.

Gordon Childe hat dasselbe Fingerspitzengefühl für Sprachen wie seine Vorgänger Worsaae und Montelius. Anscheinend überrascht es nirgends, daß er alle skandinavischen und slawischen Sprachen vollkommen beherrscht, die archäologischen Zeitschriften der betreffenden Länder im Original liest und sich ungezwungen mit den Forschern bei der praktischen und der theoretischen Tätigkeit, von Schweden bis Ungarn, unterhalten kann. So lag es sehr nahe, daß er für den Posten des Bibliothekars am *Royal Anthropological Institute* in London auserkoren wurde.

Dort hatte er die denkbar beste Gelegenheit, über die in Europa geleistete Arbeit auf dem laufenden zu bleiben, während er die Zeitschriften und Jahrbücher aller Länder, die der Bibliothek des Hauses zugingen, katalogisierte und gruppierte. Mehrere Jahre hatte er bereits an seiner ersten großen Synthese *The Dawn of European Civilisation* gearbeitet, die 1925, in dem Jahr, da er die Stellung als Bibliothekar annahm, veröffentlicht wurde. *The Dawn (Die Dämmerung)*, wie man das Buch in wohlwollender Abkürzung gern nannte, wurde zum unentbehrlichen Nachschlagewerk für die Fachleute aller Länder und ist seitdem in zehnjährigen Abständen mehrfach revidiert und neu aufgelegt worden. Es beginnt mit einer Gesamtschau der in diesem Buch behandelten Ereignisse, den Anfängen der bäuerlichen Kultur in Europa und den Bewegungen der Völker und Kulturen von damals, und reicht bis zum Höhepunkt der Bronzezeit. Childe machte jedoch das ganze Europa zu seinem Thema und begann mit den frühen dynastischen Perioden im Mittleren Osten. Von diesem chronologisch festliegenden Punkt aus spürte er den Verbindungen zur ersten bäuerlichen Niederlassung in Griechenland nach und logisch weiter durch den Balkan bis ins Donautal. Der Weg führte unweigerlich an der Donau entlang in die große nordeuropäische Tiefebene, wo sich die erste Kolonisation von ganz Osteuropa abzuzeichnen begann. Nach einem Schlußkapitel über Skandinavien behandelte er Westeuropa und folgte dem Entwicklungsweg der westlichen Kolonisten von den französischen und spanischen Mittelmeerküsten nach Norden, bis England und Irland. Dazwischen liegen Kapitel, in denen er den ersten Jägern der europäischen Wälder in dieser Ausbreitung der bäuerlichen Siedler ihren richtigen Platz anweist und die Routen der großen Wanderungen der Nomadenvölker einzeichnet, wie sie den nach Norden gerichteten Hauptstrom der Kolonisten kreuzen. Die Bibliographie enthält die Titel von 102 verschiedenen archäologischen Zeitschriften! Das Buch war eine *tour de force*, es gab zum erstenmal ein umfassendes Bild des dunklen Kontinents, der Europa vor der landwirtschaftlichen Revolution gewesen ist. Im Vorwort bezieht er dieses ganze Gebiet in den Rahmen der europäischen Geschichte ein und zeigt damit die bleibende Bedeutung der Erschließung Europas für alle späteren Ereignisse. ‹Wir müssen den für uns so präzise kartographierten Kontinent als eine Erbschaft aus prähistorischer Zeit sehen. Bauern mit steinernen Hacken und Beilen öffneten seine Täler für den Ackerbau, Jäger und Viehhirten bahnten Pfade durch den Urwald, Seemänner in Einbäumen segelten durch die Meere nach den Inseln im Westen. Prospektoren mit Picken aus Horn und Feuerstein legten die Schätze des Erdbodens frei und überquerten auf der Suche nach Handelsware die Gebirgspässe. Diese Forscher waren die Vorläufer der Griechen und Phönizier, und den Wegen, die sie entdeckten, folgten die von den Römern gebauten Straßen und die modernen Schienenstränge.

Die Denkmäler der frühen Menschen, nur unbedeutende Stücke von Feuersteinen, von anderen Steinen, Bronze und gebranntem Ton, verkörpern noch greifbar die Errungenschaften unserer geistigen Ahnen. Diese plumpen Geräte enthüllen uns die Grundelemente für unsere gigantischen Maschinen und den ganzen mechanisierten Betrieb, der die materielle Basis des Lebens in der Neuzeit bildet. Fortschritt ist ein unteilbares Ganzes, in dem die Erfindung einer neuen Methode zum Befestigen eines Beilstiels ein notwendiges Vorspiel zur Erfindung der Dampfmaschine oder des Flugzeugs bildet. In den ersten Neuerungen lagen versteckt schon die Keime aller späteren Verbesserungen, und am schwersten waren auf dem Pfad der Erfindungen die ersten Schritte. So sind denn die Errungenschaften unserer namenlosen Vorgänger in Wahrheit ein Teil unseres heutigen kulturellen Erbes.›

Durch das Buch *Dawn* rückte Gordon Childe in die vorderste Reihe der jüngeren europäischen Archäologen. Er wurde 1927, erst fünfunddreißigjährig, einer der jüngsten Archäologieprofessoren der Welt, als man ihn mit dem neu eingerichteten Abercromby-Lehrstuhl an der Universität Edinburgh auszeichnete.

Auf diesem Posten hieß es für ihn: doppelt schaffen. Damals arbeitete er gleichzeitig an drei verschiedenen Werken, die ebenso großzügig angelegt waren wie *Die Dämmerung*, doch daneben war ihm noch die Verwaltung eines Gemeindebezirks anvertraut. Er nahm seine Pflichten ernst, denn nach seiner Ansicht sollte ein Professor für Archäologie sich nicht nur auf Vorlesungen beschränken, sondern vor allem ein Mann der praktischen Arbeit sein. Und der erste, der in Schottland diese Professur bekleidete, mußte sich der Aufgabe widmen, die zum Füllen der Lücken in der schottischen Vorgeschichte nötigen Forschungen planmäßig durchzuführen. Schon das erste Jahr nach seiner Ernennung begann Childe mit Ausgrabungen an der Stelle, deren Namen dieses Kapitel als Überschrift trägt.

Bis dahin hatten die Prähistoriker Schottland ziemlich vernachlässigt. Nur der Lord of Abercromby (nach dem Childes Lehrstuhl benannt war) hatte sich ausgiebig mit der nördlichen Hälfte von England, aber dort auch nur mit einem Problem beschäftigt: den Invasionen des Bechervolks. Immerhin wurde 1858 in Edinburgh ein Museum für schottische Altertümer gegründet, und die Gesellschaft der schottischen Altertumsfreunde besaß schon seit 1780 eine Sammlung. Für eine Synthese war reiches Material vorhanden, und Childe war der gegebene Mann, sie zu schaffen. Er veranlaßte eine Erforschung der Megalithgräber durch Ausgrabung an den wichtigsten Fundorten in Schottland und begann sogleich Unterlagen für ein Buch zu sammeln.

Inzwischen kamen aber auch seine weitergreifenden Studien nicht zu kurz. Von 1928 bis 1930 erschien jedes Jahr ein Buch aus seiner Feder. Im ersten baute er das einleitende Kapitel der *Dämmerung* aus zu einem Gesamtbild der bis dahin bekannten Tatsachen über den Ursprung der Ackerbauwirtschaft im Osten. Im nächsten, *The Danube in Prehistory (Die Donau in prähistorischer Zeit)* behandelte er die wenig bekannte Region von Südosteuropa und brachte eine genaue Analyse der archäologischen Probleme und Forschungsergebnisse in diesem Gebiet. Im dritten führte er die in *Dämmerung* begonnene regionale Einteilung der Vorgeschichte bis zum Ende der Bronzezeit durch.

Soviel Childe auch schrieb und veröffentlichte, sein Ausgrabungsprogramm litt nicht darunter, und umgekehrt galt dasselbe. 1935 veröffentlichte er, getreu der eigenen Auffassung von den professoralen Pflichten, seine *Prehistory of Scotland (Die Frühgeschichte Schottlands)*, und ein Jahr vorher war schon sein berühmtes Werk *New Light on the Most Ancient East (Neues Licht auf den ältesten Osten)* erschienen, das als Aufklärung über den Osten ebenso wichtig war wie für Europa *The Dawn*. Nach Sammlung und kritischem Vergleich der Abhandlungen in hundert archäologischen Zeitschriften und einer ganzen Bibliothek größerer Arbeiten erläuterte er in seinem Buch über den Osten den gegenwärtigen Stand des Wissens von den frühesten Ackerbauperioden in dem gesamten Gebiet von Indien bis ans Mittelmeer. Gordon Childe spielte sich nicht etwa als Fachmann in der Archäologie des Orients auf, hatte aber einen selten scharfen Spürsinn für Verwandtschaften zwischen Kulturen, für die Logik in der Stratifizierung und die vergleichende Chronologie. Ein Exemplar des *New Light* begleitete von jetzt ab wie selbstverständlich jede nach dem Osten gehende Expedition, und im Abstand von zehn Jahren seit der Veröffentlichung verlangten und bekamen die Archäologen revidierte Ausgaben. Die Bücher *Dawn* und *New Light* boten den Forschern in den letzten zwanzig Jahren stets den neuesten Stand der Wissenschaft über die Zeit seit Beginn der Zivilisation in allen Gebieten von Irland bis Indien. Mit ihnen kann der Leser die Entwicklung des Ackerbaus und der Zähmung der Haustiere im Zusammenhang verfolgen von den Anfängen – um 5000 v. Chr. an der Grenze zwischen Persien und dem Irak – bis zu ihrem allmählichen Erlöschen in den subarktischen Wäldern Rußlands und Skandinaviens etwa dreitausend Jahre später.

In seiner *Prehistory of Scotland* zeigte sich Childe auch als Meister auf dem Felde regional begrenzter Prähistorie. Allerdings konnte er auch bei dieser Arbeit der Versuchung, weiter auszugreifen, nicht widerstehen: fünf Jahre später erschien sein Buch *Prehistoric Communities of the British Isles (Prähistorische Gemeinwesen auf den Britischen Inseln)*.

1946 schrieb er *Scotland before the Scots (Schottland vor der Zeit der Schotten)* als Abschiedsgruß an das Land, in dem er fast zwanzig Jahre gearbeitet hatte. Als das 1937 auf Veranlassung von Sir Mortimer Wheeler an der Universität London eingerichtete *Institute of Archæology*, das während der Kriegsjahre nicht arbeiten konnte, vergrößert werden sollte, war für die Leitung niemand geeigneter als Gordon Childe. Er ‹feierte› seine Ernennung, wie zu erwarten, indem er in schneller Folge die Bücher *Dawn* und *New Light* in revidierten Auflagen herausgeben ließ und ein neues Buch über *Prehistoric Migrations in Europe (Vorgeschichtliche Völkerwanderungen in Europa)* veröffentlichte.

Childe als Autor ist am bekanntesten als Koordinator der von anderen veröffentlichten Forschungsergebnisse. So wurde der schlanke Professor im Verlauf seiner Arbeiten in jedem europäischen Museum bestens bekannt, weil er überall plötzlich aufzutauchen pflegte, um seinen schäbigen Hut an den Haken zu hängen, sich zum Kaffee beim Direktor niederzulassen und ihm tiefschürfende Fragen über irgendeine obskure, aber wichtige Ausgrabung vorzulegen, über die er in einem ebenso obskuren, aber wichtigen Fachblatt etwas gelesen hatte. Und als Fachmann von so großem Format hatte er 1936 die außerordentliche Ehre, bei der 300-Jahr-Feier der Harvard-Universität die internationale Archäologie auf dem Sektor Prähistorie zu vertreten.

Nicht minder bekannt ist Gordon Childe aber auch als erstklassiger Experte in Ausgrabungen. Durch eine wurde er weltberühmt, weil sie viel Aufklärung über die Lebensweise der Steinzeitmenschen im äußersten Grenzgebiet Europas brachte.

Wer bei John o'Groats an der Nordspitze Schottlands steht und nach Norden blickt, sieht bei klarem Wetter vielleicht die gebuckelten Küsten der Orkney-Inseln, die Heimat eines Volkes, in dem noch die Erinnerung an eine Wikinger-Sprache lebt, wie sie von den Norwegern gesprochen wurde, die sich vor tausend Jahren auf diesen Inseln ansiedelten. Aber es hatte dort schon vorher Siedlungen gegeben.

An der Westküste der größten Insel der Orkneygruppe liegt die Bay of Skail, von der aus man über den Atlantik eine gerade Linie bis nach Labrador ziehen könnte. Es ist eine rauhe Gegend mit wilden Winterstürmen, bis heute nur dünn und nur abseits der Landstraßen bewohnt, die im geschützteren Inneren der Insel, hinter der Bucht, laufen. Das Strandgebiet an der Skail-Bucht ist eine Wüstenei von Sanddünen, auf denen nur drahtiges Gras wächst und drahtige Schafe weiden. Ein unfreundlicheres Land für menschliche Wohnungen ist kaum vorstellbar, denn auf die ‹weißen Nächte› während der Sommermonate folgen in diesen nördlichen Breiten enttäuschend die dunklen Tage des Winters mit ihren wochenlang anhaltenden Stürmen.

So ein Sturm war es auch, der im Winter 1850 von einer hohen Sanddüne, der ‹Skara Brae› im südlichen Winkel der Bay of Skail, das kümmerliche Gras glatt abriß und den Sand in Bewegung setzte. Beginnen an diesen offenen Küsten die Sanddünen zu rollen, dann muß der Mensch fliehen, und zwar schnell, um nicht verschüttet zu werden. Es sind viele Berichte von ganzen Dörfern überliefert, die in zwei bis drei Tagen unter Wanderdünen vollständig begraben wurden, und an mehr als einem Ort zeugt nur die über den Sand ragende obere Hälfte eines Kirchturms noch von einem verschütteten Dorf.

Der Sturm von 1850 begrub jedoch kein Dorf – er legte eins frei. Ein erstaunlicher Komplex von steinernen Wänden kam zutage, wo die Düne gelegen hatte. Die Wände, aus einem Haufen von Muscheln, Knochen und Asche ragend, der fast die Höhe der Kjökkenmöddinger hatte, zeigten den Umriß von sechs oder sieben annähernd quadratischen Räumen.

Im offiziellen Führer durch das freigelegte Dorf wird erklärt, wie der Gutsherr von Skail, William Watt, der hin und wieder dort stöberte, im Laufe von achtzehn Jahren den Sand aus vier dieser Räume ganz abgeschaufelt und aus den Ruinen zahlreiche prähistorische Gegenstände geborgen hatte. ‹Dann blieb der Ort ungestört›, lesen wir weiter, ‹abgesehen von ein paar oberflächlichen Grabungen im Jahre 1913, bis Ende 1925 die Naturgewalten wieder eingriffen. Im Dezember wurden bei einem gewaltigen Sturm die Abfallhaufen zum Teil weggespült und die vorher sauber freigelegten Reste des Gebäudes beschädigt.› Die Beauftragten für Öffentliche Arbeiten, denen William Watt das Grundstück testamentarisch zu treuen Händen vermacht hatte, ließen einen Deich aufwerfen, um die Gebäude vor der See zu schützen, und beschlossen, sorgfältige Ausgrabungen durchzuführen, um nachher die vorhandenen Gebäudereste durch Verstärkung zu sichern. Und eins der ersten Gesuche, das Gordon Childe bei seiner Ankunft in Edinburgh erreichte, war die von einem der Beauftragten kommende Bitte, diese Ausgrabungen zu übernehmen. Der Vorschlag paßte gut in seine Pläne. Skara Brae war eine der geheimnisvollen Entdeckungen in Schottland, die aus jedem Zeitalter stammen konnten, doch aus welchem, das war hier gewiß in den Überresten an einer Fülle von Einzelheiten festzustellen. Denn ein von Sand verschüttetes Dorf ist als archäologische Schatzkammer fast ebenso wertvoll wie ein durch vulkanische Eruptionen begrabenes. Man kann damit rechnen, die Häuser samt ihrer Einrichtung vollkommen erhalten vorzufinden, da sie eilig im Stich gelassen werden mußten und sehr rasch verschüttet wurden. Skara Brae war das Pompeji von Nordengland und stand auf der Liste der Entdeckungen, die Childe für beachtenswert hielt, ganz oben. Im selben Jahr noch, 1927, inspizierte er die Fundstelle, und in den nächsten drei Jahren machte er dort den ganzen Sommer seine Ausgrabungen.

Die Ergebnisse übertrafen seine kühnsten Erwartungen. Skara Brae war in mehr als einer Hinsicht ein begrabenes Dorf. Die Hauptsiedlung bestand aus sieben zu beiden Seiten eines engen gewundenen Durchgangs liegenden Hütten mit Mauern aus den einheimischen Steinplatten. Sie lagen ohne Dächer da, ihre Wände standen teilweise noch bis zur Höhe von zweieinhalb Metern, die Räume waren bis oben hin mit dem vom Seewind hineingetragenen Sand gefüllt. Als Childe nun nachgraben ließ, um die Außenwände freizulegen, entdeckte er, daß sie nicht durch Treibsand, sondern durch eine kompakte Masse von Behausungsabfall verdeckt waren. Und beim Freilegen des Ganges zwischen den Hütten stellte er fest, daß dieser mit großen Steinplatten abgedeckt gewesen war. An einigen Punkten, wo diese sich noch gehalten hatten, lagen auch auf ihnen ähnliche Küchenabfälle. Offensichtlich stammten sie aus derselben Zeit wie die Siedlung, und ihr Ursprung konnte kaum zweifelhaft sein. Als das Dorf erbaut worden war – Anzeichen seiner Gründungszeit lagen noch nicht vor –, hatten die Bewohner versucht, die bittere Kälte und die Winterstürme abzuhalten, indem sie ihre Küchenabfälle ringsum an den Wänden auftürmten. Als die Haufen die Dachhöhe erreichten, hatten sie Steinplatten über den Gang gelegt und weiter auf die ganze Behausung ihre Abfälle gehäuft, bis sie schließlich darunter begraben gewesen sein mußte (mit Ausnahme der Rauchlöcher in den Dächern der Hütten) und somit, geschützt und warm, dem Wüten der Elemente entzogen war.

Die inzwischen verschwundenen eigentlichen Dächer der Hütten bestanden aus Grassoden oder Tierhäuten, die man auf Tragbalken von Walfischknochen oder Treibholz gelegt hatte, denn Bäume gab es in der nördlichen Zone der Orkneys nicht.

Als die Ausgrabenden sich von der Dachhöhe nach unten durcharbeiteten, erschienen in den Wänden Nischen und die Oberteile von Türen, dann die Kanten senkrecht in eigenartig rechtwinkligen Formen gesetzter Steinplatten. In der Nähe des Fußbodens mußte langsamer gegraben werden, denn nun erschienen einzelne Objekte: Topfscherben, Perlen und Steinschuppen. Allmählich bekamen die noch unklaren Bauteile ihre Form und ließen sich definieren. Und die Forscher erkannten erneut, daß Skara Brae ihnen mehr gab, als selbst anspruchsvolle Archäologen verlangen konnten. Die Räume waren nicht nur bis in Höhe der Dächer erhalten – sie waren auch möbliert.

Bei einiger Überlegung ließ sich das einfach erklären. Auf den Orkneys gab es kein Holz zum Bauen, aber reiche Deposita eines schieferähnlichen Gesteins, das sich leicht in Platten jeder gewünschten Stärke spalten läßt. Und so war hier das gesamte ‹Mobiliar› der Häuser, das in einem milderen Klima aus Holz gewesen wäre, in unvergänglichen Stein ‹übersetzt›. Es bedurfte keiner großen geistigen Anstrengung, sich die übrigen Einzelheiten und das ganze Dorf vorzustellen, wie es während der Bewohnung ausgesehen haben mußte.

Wer zu jener Zeit auf dem Pfad von Süden herangekommen wäre, hätte nichts weiter sehen können als einen flachen Hügel, von dem rauchiger Dunst aufstieg. Der Pfad jedoch erweiterte sich zu einem ganz kleinen gepflasterten Hof, von dem aus eine schmale Tür nach rechts in die Tiefe des Hügels führte. Der Ankommende befand sich nun in einem nur wenig über ein Meter hohen Durchgang, der mit Steinplatten überdacht und, wo die Türen der Hütten offenstanden, von dem aus diesen Vierecken fallenden gedämpften Tageslicht schwach erhellt war. Die Türen waren nicht immer offen: innerhalb der Pfosten befanden sich in den Wänden Löcher, in die eine Stange zum Abriegeln paßte.

Wer sich durch die nur gut ein halbes Meter breite und nur etwa ein Meter hohe Tür gequetscht hatte, sah sich in einem Raum mit einer Grundfläche von ungefähr 3,8 bis 5 Quadratmeter, beleuchtet von dem durch das Rauchloch

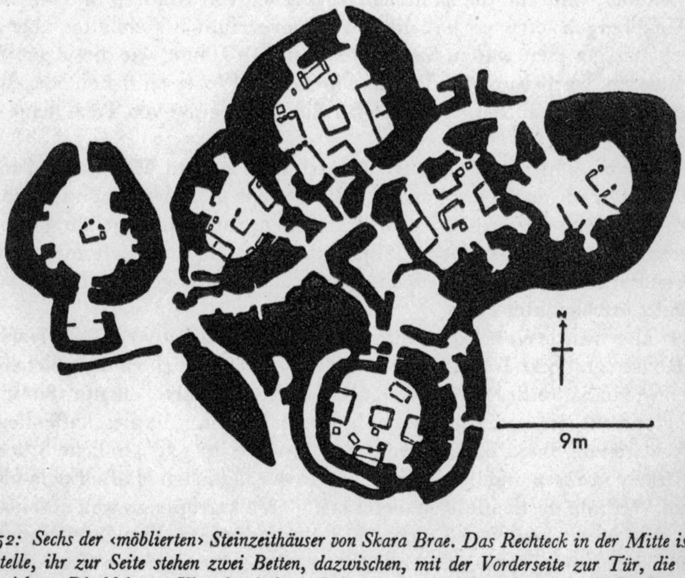

Abb. 52: Sechs der ‹möblierten› Steinzeithäuser von Skara Brae. Das Rechteck in der Mitte ist die Feuerstelle, ihr zur Seite stehen zwei Betten, dazwischen, mit der Vorderseite zur Tür, die ‹Anrichte›. Die kleineren Vierecke sind mit Steinen umrandete Vertiefungen im Fußboden.

im Dach einfallenden Tageslicht und die mattrote Glut des Torffeuers vom Herd in der Zimmermitte, einer rechteckigen, von Kantsteinen umgebenen flachen Grube. Zur Rechten wie zur Linken umrahmen an den Wänden hochkant gesetzte Steinplatten niedrige ‹Kästen›, die knapp ein Meter breit und doppelt so lang sind. Ihr Inhalt: Heidekraut und Felle, zeigt an, daß es Betten sind, das längere an der rechten Wand für den Mann und das kürzere links für die Frau. Die Nischen in der Wand über den Betten dienten zum Aufbewahren persönlicher Gegenstände der hier Schlafenden. Vor sich sieht der Besucher, jenseits des Herdes, eine ‹Anrichte› aus Steinplatten, zwei auf drei steinernen Ständern ruhende Borde. Wahrscheinlich wurde hier das ‹Geschirr› des Haushalts abgestellt. In den Fußboden eingelassen ist eine Anzahl steinerner Kästen, die Fugen sorgfältig mit Lehm abgedichtet, denn in diese Wannen kam das Wasser für den Haushalt. Vielleicht sind sie außerdem als Schmortöpfe benutzt worden, indem man im Feuer erhitzte Steine hineinlegte. Außer der Eingangstür führten noch zwei schmale Eingänge vom Zimmer in winzige, bienenkorbförmige Kämmerchen in der dicken Wandung. Eins war der Vorratsraum, für die besten Geräte und Wertsachen des Haushalts, das andere ein Abort, wie der Abfluß unter dem Fußboden zeigt.

Nun endlich war es möglich, etwas über die Bewohner des Dorfes zu sagen, an Hand der in Fußbodennähe gefundenen Artefakte und der Art der draußen angehäuften Abfälle. Childe hatte sogleich erkannt, daß Skara Brae aus der Steinzeit stammte, denn davon sprachen deutlich die steinernen Beile, Messer und Schaber, während die zahlreichen Knochen von Rindern und Schafen in den Abfallbergen verrieten, daß die Bewohner vermutlich Viehhalter, aber nicht Ackerbauer gewesen waren. Sie kleideten sich in Häute, wie die vielen Schaber zu deren Bearbeitung bewiesen, während von Weberschiffchen oder Spinnwirteln und sonstigen Beweisstücken für die Anfertigung von Tuch keine Spur zu finden war.

Sehr viel erzählte ein Ort aus der Steinzeit freilich nicht. Hier am Außenrand des damals gerade noch bewohnbaren Gebietes mag die Lebensweise auf Jahrtausende gleich geblieben sein. Diese Siedlung meinte man auf ungefähr 300 v. Chr. datieren zu können. Die dortigen Töpferwaren, die im Vergleich mit denen aus anderen Fundstellen vielleicht einen Hinweis auf ihr Alter gegeben hätten, waren von ganz unbekanntem Typ.

1937 aber wurde eine Wohnstätte derselben Art bei Rinyo auf der Nachbarinsel Rousay entdeckt. Dort fand man in den obersten Schichten die gleichen Töpfereien wie in Skara Brae und – einen Becher von der Sorte, die um 1800 v. Chr. in England viel in Gebrauch war. Und nachdem nun die Beschaffenheit der Töpferware von Skara Brae bekannt war, wurden ihr sehr ähnliche Stücke an der Küste von Essex und in Wiltshire, also in der südlichen Hälfte Englands, gefunden. Weshalb die Siedlungen dieser kleinen Volksgruppe so weit auseinander lagen, wissen wir heute noch nicht, doch es scheint jetzt kein Zweifel mehr zu bestehen, daß die Gruppe, die, um 2000 v. Chr., das Dorf von Skara Brae zu bauen begann, Verwandte in Südengland gehabt hat und ihre Vorfahren zurückgingen bis ins Zeitalter der Jäger und Fischer in England, vor der Besiedlung durch die Ackerbauer. Wie die Beilhändler von Peterborough waren auch die Viehhalter auf den Orkneys ihrer Herkunft nach assimilierte ‹Einheimische›.

Hier, angesichts der Wasser des Nordatlantik, war die Wanderung, die dreitausend Jahre vorher in Asien begann und sich schon tausend Jahre früher von Afrika und Kleinasien nach Europa vollzog, endlich zum Stillstand gekommen. Die Kolonisation Europas war abgeschlossen. Und da die Weideviehbesitzer im höchsten Norden ‹Einheimische› waren, müßten wir wohl erkennen, daß die Behauptung, jene ‹Kolonisten› seien reinblütige Asiaten oder Afrikaner gewesen, ein Fehlschluß ist. Während die Siedler nordwärts vordrangen, ging der Prozeß der Assimilation ständig weiter. Männer und Frauen der Jägervölker nahmen Dienst bei den schon Seßhaften und bald gab es Mischehen. Unternehmungslustige Jäger kauften sich vielleicht ein Kalb oder einen Sack Saatkorn und hieben sich ihren eigenen Acker aus dem Waldgebiet. Oft sind vermutlich die ‹Kolonisten› einer Region die Kinder der unmittelbar südlich von ihnen wohnenden assimilierten ‹Einheimischen› gewesen. Die Verschmelzung ging immer schneller vor sich, bis Gordon Childe an den wunderbar erhaltenen Häusern von Skara Brae die *Dämmerung*, deren erstes Aufleuchten er im Osten festgehalten hatte, in all ihren Farben zu erkennen vermochte.

Abb. 53: Rekonstruktion des Musters auf einer Tonscherbe von Skara Brae.

20 STONEHENGE

Es war, offen gesagt, schwer zu entscheiden, an welche Stelle dieses Kapitel kommen sollte. In einem streng chronologischen Bericht von der Entdeckung prähistorischer Orte hätte es an den Anfang gehört, denn schon zu Beginn des 17. Jahrhunderts hatte König James I. von England seinen Architekten Inigo Jones beauftragt, die chaotische Ansammlung kolossaler behauener Steine auf den Wiesen des kahlen Hochlands von Salisbury in Südengland zu untersuchen und ein Gutachten über sie abzugeben. Inigo Jones unternahm die Reise wahrscheinlich etwas unwillig. Sein Unwille wird sich aber wohl in Respekt verwandelt haben, als er, ein Mensch, der selbst beruflich mit großen Steinmassen umging, nun das Werk unbekannter, aber in ihrem Fach sehr tüchtiger Vorgänger erblickte.

Vor ihm standen oder lagen hundert bis hundertfünfzig Steine, der kleinste über mannshoch, die meisten aber von doppelter und dreifacher Höhe. Obwohl viele umgestürzt waren, konnten geübte Augen die ursprüngliche Anordnung zu konzentrischen Kreisen noch erkennen. Schon der äußere Kreis muß Eindruck auf Jones gemacht haben: er war geformt aus riesigen Monolithen, die, in Abständen von durchschnittlich etwa einem Meter, vier bis fünf Meter über die Ebene ragten. Sie waren ringsum gekrönt von (bis heute fast ganz erhaltenen) mächtigen steinernen Quer‹balken›, und an den wenigen Stellen, wo diese abgestürzt waren, erkannte man noch die Zapfenlöcher, in denen sie ursprünglich gesessen hatten, sowie die großen, oben in die Tragsteine geschlagenen steinernen Zapfen, die genau in die entsprechenden Löcher der Oberschwellen paßten.

Doch das war nur der erste Eindruck. Inigo Jones muß, nachdem er den äußeren und den nächsten Ring durchschritten hatte, die Apsis im Zentrum in ihrer vollen Schönheit gesehen haben. Um einen liegenden Stein standen in Form eines Hufeisens ungefähr ein Dutzend senkrechte von zwei bis zweieinhalb Meter Höhe, hinter denen fünf Trilithons – fünf Megalithenpaare, jedes mit einem gewaltigen Stein als Oberschwelle – emporragten. Sie standen der Größe nach: das Paar in der Mitte war über sechs Meter hoch und überdacht von einem riesigen, etwa fünf Meter langen und über ein Meter dicken Stein. Das höchste Paar erreichte fünffache Manneshöhe.

Inigo Jones empfand Achtung vor diesem Werk, doch das genügte nicht, denn um den Auftrag eines Königs zu erfüllen, mußte man auch Sachkenntnis beweisen. Und Jones berichtete, dieses Denkmal, seit undenklichen Zeiten als ‹Stonehenge› bekannt, sei die Ruine eines Römertempels.

Er war ungefähr der letzte Mensch, der das mächtige Hufeisen in der Mitte noch in der ursprünglichen Form erblickt hat. Im Jahre 1620 kam das große mittlere Trilithon ins Wanken und stürzte auf den ‹Altarstein›. Und im Wüten des nächtlichen Sturmes am 3. Januar 1797 krachte das nächste der steinernen Tore zusammen.

Wir erzählen die Geschichte von Stonehenge, obgleich der Ort schon so früh ‹entdeckt› wurde, erst im letzten Teil dieses Buches, weil es uns nicht in erster Linie um die Beschreibung der merkwürdigsten und auffälligsten Überreste aus der frühen Geschichte des Menschen geht. Erst in unserem Jahrhundert hat Stonehenge im Schema der Vorgeschichte Britanniens den zeitlich richtigen Platz gefunden, und erst durch eine Reihe von Ausgrabungen, die bis ins Jahr 1954 reichen, konnte es (wenn auch jetzt noch nicht zuverlässig nachweisbar) mit den anderen Monumenten einer wiederbelebten Vergangenheit in Zusammenhang gebracht werden. Aus diesem Grunde auch haben wir Stonehenge lieber ans Ende anstatt an den Anfang des Berichts von der Erschließung Europas gestellt. Der Ort ist so konsequent studiert und durchforscht worden wie keine andere europäische Entdeckung aus der Epoche zwischen der Jüngeren Steinzeit und der Bronzezeit. So gibt uns die für Stonehenge geleistete Arbeit gleichsam den Extrakt der vielfältigen archäologischen Bemühungen um jene Periode.

Verständlich, daß der Ort schon früh die Aufmerksamkeit der Altertumskenner und der Prähistoriker anzog und sie ständig fesselte, denn er zeigt das unbedingt eindrucksvollste prähistorische Denkmal nördlich der Großen Pyramiden, das, wie die Cheopspyramide, zum Gegenstand unzähliger esoterischer und mystischer Theorien und Kulte wurde, die trotz aller wissenschaftlichen Gegenbeweise noch sehr lebendig sind.

Ins Rollen gebracht wurde der Ball durch John Aubrey. Dieser weitgereiste Altertumsfreund aus der Ära der Stuarts hatte 1649 den riesigen Steinkreis bei Avebury entdeckt, unweit von Stonehenge unterhalb der Hänge des Windmill Hill, nach dem später die Periode der ersten Steinzeit-Kolonisten auf englischem Boden benannt wurde. Der Steinkreis von Avebury umschließt, mit dem ihn umgebenden Damm, ein Gebiet von fast zwölf Morgen und ein ganzes Dorf. Obwohl über dreißigmal so groß wie Stonehenge, wirkt dieses Gebiet gerade infolge seiner Ausdehnung weniger imposant, schon weil es nicht mit einem Blick zu erfassen ist. John Aubrey war um eine Erklärung des Bauwerks nicht verlegen: er behauptete höflich, es sei ein Tempel der Druiden. Und als ihm, drei Jahrzehnte später, Charles II. den Befehl gab, einen Bericht über Stonehenge zu liefern, schrieb er auch dieses Monument den Druiden zu.

Wie bereits bei der Schilderung der Megalithgräber erwähnt, haben die Druiden die britischen und, wenn auch nicht ganz so stark, die französischen Altertumsforscher fasziniert. Da über sie wenig Verläßliches bekannt war, blieb der Phantasie reichlich Spielraum.

Zuerst erwähnt finden wir sie um 200 v. Chr. bei Sotion aus Alexandria, der sie die ‹Philosophen unter den Kelten› nennt. Den ausführlichsten Bericht über sie gibt Julius Cäsar in der Beschreibung seiner Eroberung Frankreichs, etwa 50 v. Chr. Die Druiden, sagt er, sind zugleich Priester und Richter, sie bilden eine zwischen den in Anarchie lebenden selbständigen keltischen Stämmen vermittelnde Körperschaft, unter Führung eines Erzdruiden, und versammeln sich alljährlich in der Nähe von Autricum (Chartres). Als Richter trafen sie Entscheidungen sowohl in Sachen einzelner Kläger als auch in Stammesfragen. Als Priester beteten sie zwar zu all den mannigfachen Göttern des keltischen Pantheon, glaubten aber an die Unsterblichkeit und Seelenwanderung. Sie opferten den Göttern auch Menschen, die sie in Weidenkörben verbrannten. Cäsar erwähnt nichts von Druiden in England, er ist ihnen nur in Frankreich begegnet.

Ein Jahrhundert nach ihm berichtete Plinius in seiner *Naturgeschichte*, daß die Eiche bei den Druiden als heiliger Baum galt. Er beschreibt, wie sie die Misteln mit einer goldenen Sichel abschlugen. Diodorus Siculus bringt Einzelheiten über die Menschenopfer. Er behauptet, daß Weissagungen damals nach menschlichen Eingeweiden gemacht wurden.

Von Druiden in Britannien hat nur Tacitus gesprochen, der erwähnt, daß sie im Jahre 61 in Anglesey gewesen seien.

Nach späteren Walliser und irischen, in ihren Grundlagen und ihrer Doppeldeutigkeit unzuverlässigen Legenden, könnten wir annehmen, daß Druiden bis zum Aufkommen des Christentums existiert haben.

Mehr ist über sie nicht bekannt. Aber Aubrey genügte das, und erst recht genügte es William Stukeley, der es fertigbrachte, auf noch viel schwächeren Grundlagen ganz neue Mythologien und Hierokratien zu errichten.

Als Student der Medizin in Cambridge, in den ersten Jahren des 18. Jahrhunderts, zeigte William Stukeley starken wissenschaftlichen Ehrgeiz und die besondere Neigung, tote Hunde zu stehlen, um sie zu sezieren. Er war sehr befreundet mit Sir Isaac Newton und erwarb sich als Chirurg einen guten Namen. Schon früh interessierte ihn die Archäologie, vor allem die Feldarbeit der Forscher, die er kennenlernte, als er, um seine Gicht zu kurieren, lange Ritte über Land machte. Nachdem ihn 1718 die Gesellschaft der Altertumsfreunde *(Society of Antiquaries)* zum Sekretär gewählt hatte, leistete er draußen höchst nützliche Arbeit. Seine Lagekarten von Avebury und Stonehenge, die ersten exakten Planskizzen von diesen Monumenten, sind noch heute wertvoll, da er vieles im einzelnen festgehalten hat, was durch das Wirken der Natur und des Menschen in den folgenden zweihundert Jahren zerstört wurde. Als er aber anfing, John Aubreys Erklärung vom Zweck der beiden Monumente zu glauben, steigerte sich seine Vorliebe für die Druiden mit den Jahren zur Besessenheit. Obwohl Arzt von Beruf, fühlte er sich bewogen, noch Geistlicher zu werden, und sah sein Lebenswerk in der Idee, das Christentum mit der ‹landeigenen patriarchalischen Religion› der Druiden in Einklang zu bringen. Er holte seine Lagekarten von Avebury und Stonehenge wieder hervor und interpretierte sie neu. Er ‹entdeckte› eine nach Avebury führende breite Straße, von der nach ihm niemand die geringste Spur fand. Sie bildete angeblich, zusammen mit dem Steinkreis, die symbolische Figur der ‹aus dem Kreis kommenden Schlange› – ein Bild, das eine Glaubensgemeinde nur hätte würdigen können, wenn es möglich gewesen wäre, den Ort aus der Luft zu überblicken! In seinen so wertvollen Zeichnungen und Querschnitten etikettierte er die Grabhügel auf der Ebene von Salisbury in einem komplizierten System ohne jede logische Begründung als Gräber von Druiden, Erzdruiden, Priestern, Priesterinnen und Königen. Im Garten bei seinem Hause in Grantham baute er einen ‹Waldtempel› der Druiden, in dessen Mittelpunkt ein alter, mit Misteln bewachsener Apfelbaum stand. Der lebhafte alte Sonderling verlor bei all dem nie seinen Humor. Kurz vor seinem Tode (1765) sah er sich gezwungen, beim Lesen und Schreiben eine Brille zu benutzen. Als er sie, mit 76 Jahren, zum erstenmal bei seiner Sonntagspredigt trug, wählte er den Text ‹Nun sehen wir durch ein Glas die Dinge düster...›

Der Druidenkult, zu dem Stukeley den Anstoß gab, entwickelte sich unter den Romantikern im 18. und zu Anfang des 19. Jahrhunderts weiter. Es wurde sogar der Versuch gemacht, eine innere Beziehung zwischen den esoterischen Theorien über die Große Pyramide und dem Druidenkult von Stonehenge zu finden, wobei die Druiden als Bewahrer der uralten Weisheit des Ostens herausgestellt wurden. Stonehenge wurde definiert als Sternwarte, unter der Behauptung, die Steingruppen seien nach bestimmten Gestirnen ausgerichtet. Einzelne Grabhügel, die es in der Umgebung des Monuments reichlich gab, seien Standorte der Astrologen gewesen, die angeblich dort Kollegium hielten.

In jener Zeit wurde die vermutete Ausrichtung der Steine nach der Sonne (eine der wenigen immerhin beweisbaren Tatsachen im Wust der Theorien) überprüft. Von dem Erdwall um Stonehenge führt eine von Dämmen flankierte breite Straße, auf etwa fünfhundert Meter Länge noch erkennbar, nach Nordwesten. Kaum hundert Meter vom Wall steht auf ihr ein unbehauener Monolith, seit grauer Vorzeit als ‹Hele› bezeichnet. Eine von diesem Stein zum ‹Altarstein› vor dem mittleren Trilithen gedachte Linie schneidet die beiden hufeisenförmigen Gruppen im Zentrum des Monuments genau in der Mitte, entspricht also zweifellos der ‹Achse› des Ganzen. Wer am Morgen der Sommersonnenwende von der Mitte des Altarsteins nach Osten blickt, sieht die Sonne fast genau über dem Stein Hele aufgehen.

Die geringe ‹Mißweisung› dieser Sonnenlinie bot die erste Möglichkeit, Stonehenge zu datieren. Da die Erdachse ein wenig ‹wackelt›, verschiebt sich allmählich der Aufgangspunkt der Sonne zur Sommerwende, eine Abweichung, die der Astronom in Jahren berechnen kann. 1901 tat das der Königliche Astronom, Sir Norman Lockyer, der, nach genauer Peilung von der Mitte des Altarsteins bis zur Mitte des Hele, ausrechnete, in welchem Jahr die Sonne am Mittsommertag genau über der Mitte des Hele-Steins aufgegangen sein konnte. Lockyer gehörte zu den Gelehrten, die Stonehenge für einen Druidentempel hielten. Auf Grund seiner eigenen Berechnungen jedoch, die für die Entstehung des Monuments die Zeitspanne ‹zwischen 1900 und 1500 v. Chr.› ergaben, mußte es gut tausend Jahre älter sein als die erstmalige geschichtliche Erwähnung der Druiden. Durch Zeitmessung mit C_{14} an Holzkohle, die man 1950 einem der beim Bau der Anlage gegrabenen Löcher entnahm, wurde 1847 v. Chr., mit einer Varianz von 275 Jahren plus oder minus, als Entstehungszeit ermittelt.

Während sich eine erkünstelte ‹Druidologie› auf dem schwachen Fundament klassischer Zitate entwickelte, kam die wissenschaftlich exakte Arbeit nicht zu kurz. Im Jahre 1801 hatte ein Mr. Cunnington aus Devizes eine sorgfältige Ausgrabung am ‹Schlachtstein› vorgenommen. Dieser große Stein, der in Längsrichtung in der Lücke des Erdwalls von Stonehenge lag, hatte seinen Namen durch die ‹Druidioten› bekommen, die behaupteten, daß auf ihm die Menschen geschlachtet wurden, die man nachher auf dem Altarstein in der Mitte den Göttern als Opfer darbot. Mr. Cunnington hatte das bezweifelt, und tatsächlich brachte seine Ausgrabung keinerlei Beweis für diese Theorie. Da ihm nicht nur die Vergangenheit, sondern auch die Zukunft wichtig war, legte er, um künftige Forscher zu erfreuen, eine Flasche Portwein unter den Stein. Sie wurde 1920 unversehrt vorgefunden und der Wein, so hoffen wir, richtig gewürdigt.

Gründliche Ausgrabungen sollten in Stonehenge erst hundert Jahre nach Cunnington erfolgen. 1901, zu der Zeit, als Sir Norman Lockyer sein astronomisches Kalkül machte, wurden unter der Leitung eines Mr. Gowland sorgfältige Ausgrabungen auf einem Sektor der Anlage durchgeführt, die das erste genauere Bild vom Baumaterial und der Bauweise ergaben.

Gowland steckte sechs Flächen zur Erforschung ab, sorgte für größte Vorsicht beim Graben und notierte genau, wie tief im Boden die einzelnen Artefakte gefunden wurden. Er ließ dabei noch ein gutes Stück unter das einstige Bodenniveau graben. Die Ergebnisse stimmten auf allen sechs Abschnitten vollkommen überein. Ungefähr fünfundzwanzig Zentimeter unter dem Grasboden fand man fünf Münzen, zwei aus der Römerzeit, einen Zinnpenny mit dem Bild Jakobs II., einen Halfpenny mit Georg I. und einen Penny mit Georg III. Die Manieren der Touristen hatten sich also offenbar seit dem ersten Jahrhundert n. Chr. nicht geändert. Gowland ließ seine Spaten tiefer greifen. Er wurde belohnt. Aus Tiefen zwischen einem halben und eineinviertel Meter konnte er folgende Fundstücke registrieren: 61 Beile und Hammerköpfe aus Feuerstein, 17 beider Sorten aus Sandstein, im Gewicht von etwa ½ bis 3 Kilogramm, 8 schwere Stampfhämmer aus Sandstein, deren leichtester 16, der schwerste 30 Kilogramm wog. Diese schweren wie auch ein Teil der leichteren Steinhämmer waren aus demselben Sandstein, aus dem die meisten Blöcke des Denkmals bestanden. Und ein Hammerkopf aus diesem Stein wurde direkt unter einem der Denkmalspfeiler gefunden.

Demnach mußte wohl diese Bodenschicht der ursprüngliche Baugrund von Stonehenge gewesen sein, und ebenso gewiß war, daß das Monument zu einer Zeit errichtet wurde, als Stein wenn nicht das einzige, so doch das weit und breit gebräuchlichste Material für Werkzeuge war. Das hätte an sich als schlüssiger Beweis für die Einstufung von Stonehenge in die Steinzeit genügt, wäre nicht Folgendes geschehen. Gowland entdeckte nämlich, als er unter dem ‹Pfeiler›, wo der Steinhammer gelegen hatte, weitergraben ließ, einen zweifellos von der Oberfläche dieses Pfeilersteins abgesprungenen Splitter, und auf diesem einen winzigen grünen Fleck, der sich bei näherer Untersuchung als Kupferoxyd erwies. Allem Anschein nach war bei der ursprünglichen Bearbeitung des großen Steins ein wenig Kupfer oder Bronze mit ihm in Berührung gekommen. Als Kupferoxyd erhalten, bildete es nun den Beweis, daß den Menschen, die Stonehenge bauten, Bronze nicht völlig unbekannt gewesen ist.

Durch Gowlands Forschungen wurde zum erstenmal die Frage akut, woher die Steine für das riesige Monument stammen mochten. Man wird sich erinnern, wie es gebaut war: den Mittelpunkt bildete ein länglicher Block, der ‹Altarstein›, den Monolithen von etwa 2 bis 2½ Meter Höhe in Hufeisenform umgaben. Um diese schloß sich ein zweites ‹Hufeisen›, bestehend aus den fünf kolossalen Trilithen innerhalb eines Kreises von Monolithen, einzeln senkrecht gesetzter, 2½ bis 3 Meter hoher Steine. Um diese war, mit den 4½ Meter hohen, durch Oberschwellen abgedeckten Steinen, ein lückenlos geschlossener Ring gelegt. In dreißig Meter Abstand von diesem kam als Abschluß des Ganzen der kreisrunde Erdwall, mit Graben an der Innenseite. Nach Gowlands Bericht waren die Trilithen und der äußere geschlossene Ring aus dem einheimischen Sandstein gebrochen, Blöcke, wie man sie auf der Ebene von Salisbury verstreut noch zahlreich findet, als Reste einer Tafelformation, die einst über dem Kalkgestein der Ebene lag, aber im Laufe von Äonen durch Verwitterung fast ganz zerfallen ist.

Das innere Hufeisen jedoch und der Kreis der Monolithen (zwischen den Trilithen und dem geschlossenen Ring) bestand aus Gestein, das es hier in der Ebene keinesfalls gab: Dolerit oder Rhyolit. Und der ‹Altar› war glimmerhaltiger, ebenfalls ortsfremder Sandstein.

Sobald die fremde Herkunft dieser Steine erwiesen war, wurden vielerlei Vermutungen über ihren wahrscheinlichen Ursprung geäußert. Schließlich aber erbrachte 1923 Dr. Thomas vom Geologischen Vermessungsdienst den schlüssigen Beweis, daß sie nur von einer bestimmten Stelle stammen konnten, aus einem verhältnismäßig engen Gebiet in Pembrokeshire, Südwales: der Prescelly Range. Der Altarstein kam aus ungefähr demselben Gebiet, nach Dr. Thomas' Ansicht aus der Gegend von Milford Haven, etwa vierzig Kilometer südlich der Prescelly Range.

Die Feststellung, daß die fremden, sogenannten ‹blauen› Steine 240 Kilometer weit (in Luftlinie gemessen) transportiert worden sein sollten, hat die Phantasie aller Besucher von Stonehenge lebhaft beschäftigt. Gewiß konnte der größte Teil der Strecke auf dem Wasser zurückgelegt werden, doch damit ist das Geheimnis, wie die Steine an ihren Platz kamen, noch nicht geklärt. In einem früheren Kapitel sahen wir, daß man anläßlich der Beilforschung in ganz England auch Beile aus Prescellystein entdeckt hatte. Es ist also möglich, daß in jenem Gebiet eine kleine ‹ortsfeste› Beilfabrik existiert hat, es sei denn, die gefundenen Beile wurden aus Abfallstücken beim Bau von Stonehenge hergestellt.

Die ‹blauen Steine› erzählen uns noch mehr, auf Grund der in den 1920er Jahren rings um ihre Standorte gemachten Ausgrabungen. Die wichtigste Feststellung dabei war: daß sie nicht mehr ihre ursprüngliche Stellung hatten. Auf mehreren sieht man Spuren von Zapfen sowie Vertiefungen, die erkennen lassen, daß sie früher als Oberschwellen und Pfeiler genau so gestanden haben, wie heute die Sandsteinblöcke stehen. So hatte man jetzt ein Anzeichen dafür, daß Stonehenge in dieser Gestalt nicht das erste Monument auf dem Platz war, sondern schon in prähistorischer Zeit umgebaut wurde, vielleicht mehr als einmal.

Der freie, etwa dreißig Meter breite Raum zwischen dem äußeren Steinring und dem kreisrunden Erdwall hat den Forschern seit langem viel zu denken gegeben. 1920 nahmen Colonel Hawley und R. I. Newall, gestärkt durch den hundert Jahre alten Portwein aus der Flasche unter dem Schlachtstein, auf diesem Gelände eine Reihe von Grabungen vor. Sie fanden dort drei konzentrische Kreise von in den Kalkstein gebohrten und später versandeten Löchern. Der äußere Ring war noch frei sichtbar gewesen, als John Aubrey Stonehenge besichtigt hatte. Schon er erwähnt den Kreis von Vertiefungen, die jetzt allgemein die Aubreylöcher genannt werden. Hawley und Newall hielten es für möglich, daß über diesen äußeren Löchern ursprünglich die blauen Steine gestanden hatten, bevor die Sandsteinblöcke innerhalb des Kreises errichtet wurden. Diese Theorie blieb dreißig Jahre ohne Widerspruch.

Wir kommen nun in die Gegenwart. Von 1950 bis 1954 hat Professor Stuart Piggott, erster Experte für das Neolithikum in England, systematische Grabungen auf einem Sektor von Stonehenge geleitet. (Klugerweise ließ er fast die Hälfte des dortigen Grundes unberührt, was späteren Forschern zugute kommt,

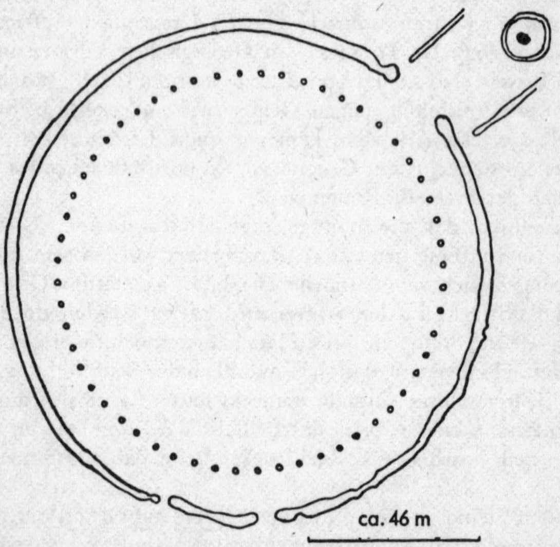

Abb. 54: Stonehenge, 1. Phase: Der Tempel des Dorchester-Volks bestand nur aus einem Kreis von Löchern innerhalb des ringförmigen Bollwerks.

wenn sie verbesserte Methoden anwenden, womit wir nach den Erfahrungen der letzten paar Jahre rechnen dürfen.) Seine Arbeit hat die bisherige Beurteilung des prähistorischen Sonnentempels wertlos gemacht.

Piggott bewies, indem er mit einem Sektor des Wallgrabens und einer Reihe der ‹Aubreylöcher› begann, daß die Löcher aus der Zeit der ersten Errichtung des Monuments stammten und in ihnen nie Steine oder hölzerne Pfähle gesessen haben. Es ist tatsächlich noch fraglich, ob Stonehenge in seiner frühesten Form überhaupt Steine enthalten hat, außer dem Hele-Stein, der vermutlich schon vorher da war. Kohlenstoff aus einem dieser Löcher hat (wie schon erwähnt) bei der radioaktiven Messung die Jahreszahl 1847 v. Chr. für die erste Bauphase ergeben.

Tief unten in dem Graben um Stonehenge, und auf dem Boden eines kleineren Grabens um den Hele, lagen Splitter von den blauen Steinen, die die schon früher geäußerte Vermutung bekräftigten, daß diese aus den Walliser Bergen gebrochenen Steine für das erste Stonehenge verwendet wurden.

Schon bei Ausgrabungen auf einem Sektor des Blausteinringes kamen erstaunlich viele Löcher zutage, in denen die Steine ursprünglich gestanden hatten. Löcher, die sich so überschnitten, daß bestimmte Erklärungen vorerst zu gewagt erschienen. Allmählich jedoch, als die Ausgrabungen erweitert wurden, trat ein Muster hervor, von dem sich drei verschiedene Stadien der Errichtung blauer Steine gewissermaßen ablesen ließen. Anfangs wurde ein

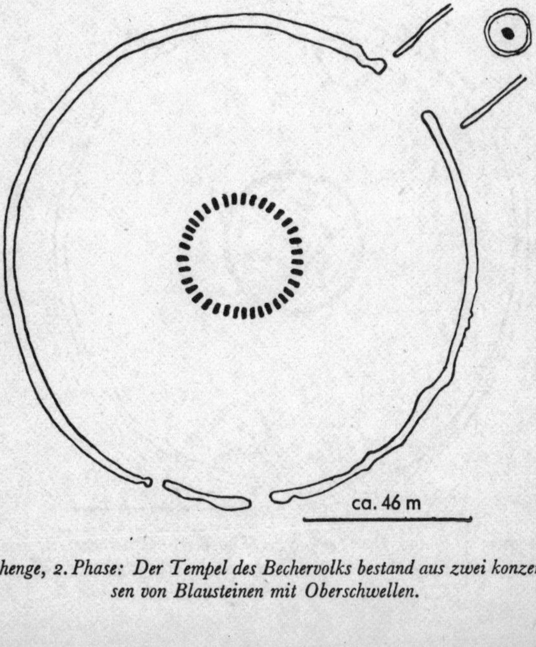

Abb. 55: Stonehenge, 2. Phase: Der Tempel des Bechervolks bestand aus zwei konzentrischen Kreisen von Blausteinen mit Oberschwellen.

doppelter Steinring aufgestellt, wobei sich die Monolithen in beiden Kreisen so gegenüberstanden, daß sie 40 Paare bildeten. Da sie überall nur 1 ½ Meter Abstand hatten, hat vermutlich auf jedem Paar eine Oberschwelle gelegen.

Dieser Ring aus 40 Trilithen wurde beim nächsten Aufbau zertrümmert und an seiner Stelle ein einzelner Kreis von mindestens 60 dicht nebeneinander gestellten Monolithen errichtet. So blieb das Monument, bis in der dritten Tempelphase der noch jetzt vorhandene Kreis aus etwa 30 blauen Steinen und das Hufeisen aus etwa 15 gebaut wurden, gleichzeitig mit dem riesigen Ring aus Sandsteinblöcken und dem Hufeisen von Trilithen.

In Zusammenhang mit der zweiten Phase fand man Scherben von Tonwaren des Bechervolks. Die wichtigste Entdeckung jedoch kam anläßlich der Erforschung der dritten Phase. An einem Abend im Juni 1953, als die sinkende Sonne ihre Strahlen schräg über die Vorderseite eines der großen Sandsteinblöcke warf, fielen einem der Forscher einige, durch die starken Schlagschatten besonders betonte, regelmäßige Markierungen an dem Stein auf. Die Nachprüfung ergab, daß es flache Einkerbungen waren, wie wir sie schon von den Steinen der Megalithgräber in Irland und der Bretagne und den Felsen in Norwegen und Schweden kennen: eingemeißelte Bilder von Beilen und einem Dolch.

Die Gravuren hätten eigentlich genügt, um das Stonehenge dieser letzten, der Sandsteinphase, in die Bronzezeit zu datieren, doch das Abbild des Dolchs gab weit mehr zu denken, weil Dolche dieser Sorte in England zur Bronzezeit

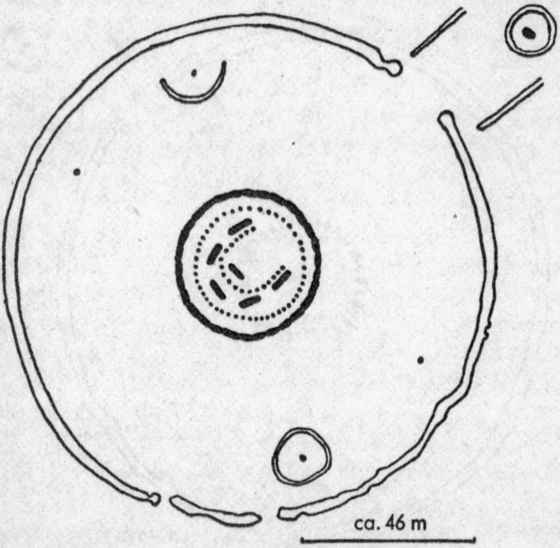

Abb. 56: Stonehenge, 3. Phase: Der Tempel der Kaufherrn der Bronzezeit, dessen Ruinen noch heute stehen. Sie enthalten sowohl die Blausteine wie auch die mächtigen, in der Nähe gebrochenen Sandsteinblöcke.

unbekannt waren, abgesehen von einem offenbar importierten, in einem Rundgrab in Cornwall entdeckten Exemplar. In einem anderen Weltteil ist dieses Modell jedoch wohlbekannt: es ist der in Griechenland während der mykenischen Epoche, um 1500 v. Chr. gebräuchliche Dolch, also zur Zeit der ‹Heldischen Kultur› (die einige Jahrhunderte später in dem epischen Geschehen des Trojanischen Krieges ihren Höhepunkt erreichte).

O. G. S. Crawford, der verehrte britische Meister der praktischen Vorgeschichtsforschung, vertrat den Standpunkt, daß ein in England geborener Mensch doch wohl den in der Heimat üblichen Dolch, aber keinen ausländischen auf die Steinpfeiler von Stonehenge gezeichnet hätte, woraus man unweigerlich schließen müsse, daß sich während der mykenischen Periode Griechen in Britannien aufgehalten hätten, und zwar auch bei Stonehenge, beim endgültigen Bau des Tempels. Da die beim Behauen der Sandsteinblöcke angewendete Methode – durch Beklopfen mit steinernen Schlegeln – genau die gleiche war wie bei den Granitobelisken in Ägypten, kann die interessante Frage gestellt werden, ob vielleicht ein Architekt aus dem östlichen Mittelmeer vor dreieinhalb Jahrtausenden den Auftrag hatte, Stonehenge in der endgültigen Gestalt zu konstruieren. Einerlei, wie die Antwort lauten könnte – dieser mykenische Dolch liefert einen weiteren Beweis für die Ausdehnung der europäischen Handelswege im Höhepunkt der Bronzezeit.

Wir sind nun in der Lage, das Geschichtsbild von Stonehenge gut zu erkennen. Stuart Piggott kommt bei der Frage, wer die ersten Erbauer gewesen sind, zu einem überraschenden Schluß: daß Stonehenge, wie wir es uns jetzt in seiner frühesten Form vorstellen können, nicht einzigartig ist. In den letzten fünf Jahren wurden im oberen Themsegebiet mindestens fünf andere Stellen entdeckt, deren wesentliches Merkmal die Erdwälle um einen Kreis von Löchern sind, in denen niemals Steine oder Pfähle gestanden haben. Und die Tonwaren und anderen an diesen Orten gefundenen Artefakte entstammen den ‹einheimischen› Kulturen, in denen das Peterborough-Volk und die Erbauer von Skara Brae zwei Etappen bildeten.

Es ist wohl kaum anzunehmen, daß das eindrucksvollste prähistorische Monument Europas in seinen Anfängen das Werk eines noch vor der Periode der Ackerbauer dort existierenden Jägervolks war, das heißt: bevor sich dieses den Erfordernissen der Landwirtschaft angepaßt hatte. In ganz Europa wurde keine auf Tempel von Jägervölkern weisende Spur gefunden, sofern wir nicht die bemalten Höhlen aus einer schon unvorstellbar fernen Periode als Tempel betrachten wollen. Sonst müßten diese Jäger die Idee, Tempel für Götter zu errichten, neben anderem Gedankengut von den Kolonisten übernommen haben, höchstwahrscheinlich dann von den Megalithenbauern im Westen des Landes.

Stonehenge ist von Anbeginn ein Tempel zu Ehren der Sonne gewesen, denn die einzige bei der Erbauung und den wiederholten Umbauten unverändert gebliebene Einzelheit war die Ausrichtung des Mittelpunkts der Gesamtanlage auf den Hele und den Sonnenaufgangspunkt am Tage der Wende. Wir sahen, daß die Streitaxt-Menschen aus dem Osten den Sonnenkult hatten, dem wir in der Bronzezeit wiederholt begegnet sind. Allerdings wissen wir nicht, was die Bauern von Windmill Hill oder die von Barkaer anbeteten. Wir haben weder eine Spur zu den Göttern des Kjökkenmöddingervolks oder der Händler von Peterborough gefunden noch wissen wir, welcher Gottheit die Menschen der Megalithperiode dienten. Einige dieser Völker, wenn nicht alle, pflegten wahrscheinlich den Sonnenkult. Die Megalith-Missionare zum Beispiel scheinen sich vom östlichen Mittelmeer her zu einer Zeit in Bewegung gesetzt zu haben, als (nach dem erst jüngst entdeckten Beweis, durch die Identifizierung der minoischen Schrift ‹B› aus Kreta als Produkt der indo-europäischen griechischen Sprache) indo-europäische Verwandte des Streitaxt-Volks den Sonnenkult und die Verehrung der olympischen Götter dort bereits eingeführt hatten. Mit Sicherheit dürfen wir annehmen, daß die Männer, die Stonehenge erbauten, Sonnenanbeter waren, wenn wir auch noch weitere Beweise brauchen, um sagen zu können, welcher Stamm aus ihrem großen Kulturkreis diese Religion eingeführt hat.

Die Identität der Erbauer in der zweiten Phase, bei Verwendung des Blausteins, ist geklärt. Die an entsprechenden Stellen des Monuments gefundenen Becherscherben, sowie Gräber mit allen üblichen Becherbeigaben, lassen keinen Zweifel, daß das Bechervolk die blauen Steine von Prescelly geholt und zum Neubau des Monuments verwendet hat. Über die ursprüngliche Religion der Bechermenschen ist uns nichts weiter bekannt, als daß viele den Glauben der Megalithenbauer übernahmen und daher mit in Megalithgräbern bestattet wurden. Bei dem Teil des Bechervolks jedoch, der, bevor er nach England vordrang, schon lange Zeit in der Nähe der Streitaxt-Menschen am Unterrhein gelebt hatte, wäre es nicht absonderlich gewesen, wenn sie den Sonnenkult schon vor ihrem Übergang nach England angenommen hätten.

Die Phase des dritten Umbaus ist uns noch klarer geworden: er erfolgte im Glanzpunkt der Bronzezeit, als der Sonnenkult über ganz Europa verbreitet war.

Begreiflich wäre jetzt die Frage, ob nicht zwischen den Erbauern der mächtigen steinernen Grabkammern und der gewaltigen Arbeitsleistung bei der Errichtung von Stonehenge eine stärkere Verbindung bestanden hat als nur ein indirekter Einfluß der Grabkammerbauer auf das ‹einheimische› Volk der Megalithenbauer. Die Antwort auf diese Frage muß der Zukunft überlassen bleiben. Wir stehen erst im Anfang der wissenschaftlichen Aufklärung über die ersten Jahrhunderte des Ackerbaus in Europa, und Stuart Piggotts großartiges, 1954 erschienenes Buch *Neolithic Cultures of the British Isles (Die Kulturen der Jungsteinzeit auf den Britischen Inseln)* wirft, was er selbst ohne weiteres zugeben würde, beinah ebenso viele Fragen auf, wie es beantwortet. Immerhin verfolgt Piggott eine magere und unsichere Spur von den Megalithenbauern in Südengland über die großen Steingräber in Nordwales bis zu dem gigantischen Megalithmonument von New Grange in Irland, und von dort auf einem Seitenweg nach Süden, zur Bretagne und nach Spanien.

In allen diesen Gebieten gibt es die kreisförmigen Steinbauten, in der Bretagne sogar einige, die trotz ihrer gänzlich anderen Form fast ebenso imposant wirken wie Stonehenge. In der Umgebung von Carnac, nahe der bretonischen Südwestküste, finden wir über dreitausend Monolithen. Zum Teil stehen sie einzeln, der höchste ragt 6 Meter über den Boden, und einer, der umgefallen und in fünf Stücke zersprungen ist, hat stehend die unglaubliche Höhe von 20 Metern gehabt und muß gut 7000 Zentner gewogen haben. Das großartigste Monument von Carnac aber bilden die sogenannten *alignments*, die Richtungslinien: viele Reihen von Monolithen, die über mehrere hundert Meter in Richtung auf den Punkt des mittsommerlichen Sonnenaufgangs liefen. Der größte Reihenbau ist der von Ménec, wo, mit zwei ungefähr zweihundert Meter breiten Lücken, 2935 Monolithen zehn (streckenweise dreizehn) parallele Reihen von nicht weniger als 4 Kilometer Länge bilden. Der größte der fast dreitausend Steine ist über 6 Meter hoch, der kleinste gut ½ Meter. Die dorti-

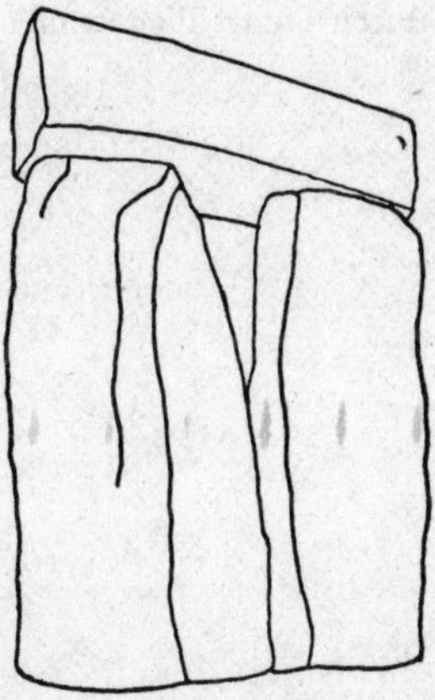

Abb. 57: Einer der in Stonehenge noch erhaltenen Trilithen.

gen Ausgrabungen haben bisher noch keinen Hinweis auf die Bedeutung dieser gewaltigen steinernen Alleen gebracht. Daß sie religiösen Zwecken dienten, ist freilich kaum zu bezweifeln. Nach der geringen Menge der auf dem Gelände gefundenen Artefakte müssen sie ungefähr so alt sein wie Stonehenge.

Steine von so kolossaler Größe wie die bei Carnac und Stonehenge konnten nur von erfahrenen Männern aufgebaut werden, und es ist wohl kaum eine zu gewagte Behauptung, daß es ‹Spezialistentrupps für Großbauten› gegeben hat, die von den ‹Architekten› auf der Bretagne und in Wiltshire vertraglich verpflichtet wurden. Und zwar verpflichtet wurden, nachdem die Architekten die Aufträge, so riesige ‹Freiluftkirchen› zu Ehren des Sonnengotts zu erbauen, von den Priesterschaften in Carnac und bei Stonehenge bekommen hatten.

Stonehenge symbolisiert für uns die Geschichte der Besiedlung Europas.

Hier ziehen wir die Enden all der Fäden zusammen, die Kette und Einschlag im Gewebe des Kontinents bilden. Stonehenge wurde gegründet von den urfernen Bewohnern des Landes, den Jägern, aber erst, als diese Jäger für größere Aufgaben vorbereitet waren durch die ersten ins Land eindringenden, Ackerbau treibenden Siedler, insbesondere durch die seßhaft werdenden Missionare der Megalithenbauer mit ihrer östlichen Religion. Diese Religion wurde in Stein ‹übersetzt› durch das Bechervolk aus Spanien, das handelnd durch ganz Europa zog und seine Kultur mit der des wandernden Streitaxt-Volks aus den Steppen Rußlands verschmolz. Und schließlich gewann Stonehenge seine Gestalt als stärkster Ausdruck des Reichtums und der weitreichenden Macht der Handelsfürsten in der europäischen Bronzezeit.

Die Erforschung von Stonehenge ist auch symbolisch geworden für den Fortschritt der Vorgeschichtswissenschaft überhaupt, der ausging von den halb mystischen Erklärungsversuchen und der esoterischen Druidenverehrung eines Aubrey und Stukeley und vorerst abschloß mit der exakten Stratifizierung und der Kohlenstoffdatierung durch Stuart Piggott und die moderne Schule.

21 Zwischenspiel: Der General

Am Haus der europäischen Vorgeschichte haben viele Hände mitgebaut. Der Bericht von seiner Entstehung muß daher, wohl oder übel, Stückwerk bleiben, und bei jedem Versuch, ihn in einem einzigen Band zusammenzufassen, müßte mehr ausgelassen werden als man festhalten könnte. Vieler Männer, die zu ihrer Zeit mit Recht in hohem Ruf standen, wurde hier nur mit wenigen Worten gedacht, oder gar nicht. Die Aufmerksamkeit lenkte sich hauptsächlich auf die Entdeckungen von größter Tragweite, auf die Ausgrabungen, die neue Horizonte erschlossen und gleichsam Kettenreaktionen auslösten, deren Verlauf im einzelnen zu verfolgen unmöglich war. Daß die wichtigen Entdeckungen in den meisten Fällen auch die sensationellsten waren, ist mein Glück bei der Arbeit.

Dieses Kapitel erzählt von einem Mann, der weder eine wichtige noch eine sensationelle Entdeckung gemacht hat, den man aber in keiner Geschichte der Archäologie zu übergehen wagen würde, weil er als Persönlichkeit bedeutend und von großem Format war.

Wo immer auf der Erde britische Archäologen eine Ausgrabung leiten mögen, überwacht ein Unsichtbarer ihr ganzes Werk. Und wenn wir sehen, daß diese Archäologen schuldbewußt hinter sich blicken, um mit bedauerndem Achselzucken eine Arbeit wieder vorzunehmen, die sie gern auf ein Minimum beschränkt hätten, dann wissen wir, daß der Geist des größten aller grabenden Forscher, der nun selbst schon über fünfzig Jahre im Grabe liegt, sie ermahnt und die Beachtung der von ihm festgelegten Grundregeln verlangt hat.

Augustus Henry Lane Fox wurde 1827 geboren. Er ging, als Thomsen sein Drei-Zeitalter-System bekanntgab, noch zur Schule und hatte sich vorgenommen, Offizier zu werden, um die Familientradition zu wahren. Von der Schule kam er auf die Militärakademie Sandhurst und 1845 als Leutnant zu den Grenadier Guards, ein Jahr bevor der nur sechs Jahre ältere Worsaae seine erste Reise nach England machte. Die beiden lernten sich nicht kennen, und Worsaae würde wohl auch, trotz seines sicheren Instinkts, in diesem rosigen neunzehnjährigen Leutnant nicht den künftigen Gründer der modernen Ausgrabungsmethoden gesehen haben.

Lane Fox sollte seine Beiträge zur Vorgeschichtsforschung erst dreißig Jahre später liefern, doch bewies er schon bei der Armee von Anfang an seine besondere Begabung: er war schnell von Entschluß und erfaßte bei allen Aufgaben, mit klarem Verständnis für die Einzelheiten, sofort das Wesentliche, so daß man ihn zu den aussichtsreichsten jüngeren Offizieren zählte. Seine 1850 erfolgte Beförderung zum Hauptmann, im Alter von nur dreiundzwanzig Jahren, war eine besondere Anerkennung seiner Fähigkeiten, die sich im nächsten Jahrzehnt aufs höchste bewährten. Als frischgebackener Hauptmann wurde er nach Malta versetzt mit dem Sonderauftrag, die Leistungen des bei der britischen Armee versuchsweise eingeführten Gewehrs mit gezogenem Lauf zu erproben. Seine Tätigkeit wurde durch den 1854 beginnenden Krimkrieg unterbrochen, ein Jahr nachdem er sich mit der Tochter des Barons Stanley of Alderley verheiratet hatte. Dieser Krieg wurde seine einzige Erfahrung im Frontkampf. Er nahm als Hauptmann im Majorsrang an der Schlacht bei Alma teil und überlebte die lange höllische Belagerung vor Sewastopol, bei der zeitweise mehr als die Hälfte der britischen Belagerungstruppen durch Skorbut kampfunfähig wurde und die Soldaten im vereisten Schlamm wie die Fliegen starben. In Meldungen wurde er als energischer, tapferer Offizier erwähnt und nach der Einnahme von Sewastopol dem Stabe zugeteilt.

Nach Kriegsende nahm er, zum Major befördert, seine Versuche mit Schußwaffen wieder auf. Jetzt stand er hoch genug im Rang, um seine früheren Ideen zur Geltung zu bringen. Da das gezogene Gewehr die erste genau schießende Infanteriewaffe der Welt war, hielt er ein Institut, in dem ihre Möglichkeiten gründlich erforscht und Verbesserungen erfunden werden konnten, für notwendig. Auf Grund seiner Vorschläge wurde die berühmte *School of Musketry* in Hythe gegründet, deren Kommandeur er für zehn Jahre war.

Obgleich er ebensowenig besondere Vorkenntnisse hatte wie seine Kameraden, arbeitete er sich in den Jahren auf dieser Schule so in das Gebiet ein, daß er später als Fachmann berühmt wurde. Er begann die geschichtliche Entwicklung der Feuerwaffen zu studieren und entdeckte dabei, wie er uns berichtet hat, daß die allmählichen Verbesserungen nicht das Ergebnis «weitgreifender Schritte phantasiereicher Erfinder waren, sondern Ergebnis langer Reihen winziger, manchmal rein zufälliger Änderungen.» Damals war er bereits auf dem besten Wege zur Theorie der ‹typologischen Klassifizierung›, die Montelius später so sinnvoll in die Praxis übertrug. Die Wände seiner Londoner Wohnung, in der seine sechs Söhne und drei Töchter aufwuchsen, waren bald vom Keller bis zum Boden dicht behängt mit Waffen, angefangen von denen der primitiven Wilden bis zu den neuesten, technisch verfeinerten Handwaffen, alle in Gruppen geordnet, entsprechend ihrer ballistischen Leistung und ihrer Durchschlagskraft.

Allmählich erweiterte sich der Kreis seiner Interessen. Er erkannte, daß das Prinzip der schrittweisen Entwicklung der Technik auch auf andere Geräte und Vorrichtungen anzuwenden war. So begann er, allgemeine Lehren vom technischen Fortschritt zu definieren und übernahm 1867, mit seiner Beförderung zum Obersten, am *United Services Institute* ein Lektorat über die Entwicklung des Kriegswesens.

Immer mehr verlegte er sich auf das Wissenschaftliche, und 1874 finden wir ihn (er stand, erst siebenundvierzig Jahre alt, als Oberst hoch in der Rangliste) im Anthropologischen Institut, wo er einen Vortrag über ‹Die Grundregeln der Klassifizierung› hielt. «Fortschritt», sagte er, «ist dem Dominospiel ähnlich: Gleiches fügt sich an Gleiches. In keinem Fall können wir voraussagen, welche Gestalt das Ganze schließlich annimmt, sondern wissen nur, daß die Grundregel des Spiels die Sequenz ist, die richtige Reihenfolge.» Präziser hätte auch Montelius seine Theorie nicht formulieren können.

1876 wurde Lane Fox in die *Royal Society* gewählt und ein Jahr später zum Generalmajor befördert.

Der Wendepunkt in seinem Leben kam 1880. Mehr als fünf Dekaden vorher, als der angehende General erst ein Jahr alt war, verstarb sein Großonkel, Baron George Pitt Rivers, ohne ein Testament gemacht zu haben. Er hinterließ ein riesiges Vermögen und Güter von nahezu dreißigtausend Morgen in den Grafschaften Wiltshire und Dorset. Dieses gewaltige Erbe war dann unter kanzleigerichtliche Verwaltung gekommen und wurde jetzt dem General Lane Fox als dem nächsten noch lebenden Verwandten zugesprochen. Nach den Bedingungen des Legats änderte er seinen Namen in Pitt-Rivers und bezog das uralte Herrenhaus Rushmore. Zwei Jahre später nahm er, mit fünfundfünfzig, als Generalleutnant seinen Abschied aus der Armee. Zu der Zeit war er bereits Stellvertretender Vorsitzender in der *Society of Antiquaries* und Vorsitzender des *Anthropological Institute*.

General Pitt-Rivers, vorher schon recht wohlhabend, war nun ein schwerreicher Mann und Besitzer großer Liegenschaften. Es hieß, er könne die dreißig Kilometer von Rushmore bis an die See reiten, ohne seinen eigenen Grund und Boden zu verlassen. Im Herzen seiner Ländereien lag Cranborne Chase, ein Gebiet hoher Hügel, bis zwei Generationen vor ihm noch wildreicher Urwald. Da schon von alters her der Ackerbau in diesem Gebiet verboten gewesen war, blieben hier zahlreiche Hügelgräber und Erdwerke, wie sie anderswo schon jahrhundertelang durch den Pflug eingeebnet waren, unversehrt erhalten. Dieser reichen Fundstätte widmete der neue Besitzer, der sich längst sehr für die Vorgeschichtsforschung interessierte, sofort seine ganze Aufmerksamkeit.

Pitt-Rivers blieb, bei allen wissenschaftlichen Neigungen, immer und in erster Linie der Soldat, der auf Disziplin hält. Er organisierte mit dem Geschick und der systematisch auch das Kleinste bedenkenden Gründlichkeit des Frontoffiziers eine Ausgrabungs‹kampagne›.

Sofort erfaßte er das ‹Kardinalproblem› des Unternehmens. Ausgrabung ist immer Zerstörung, und je gründlicher sie durchgeführt wird, um so mehr zerstört sie. Das Wichtigste war daher, nach seiner Ansicht, über jedes gefundene Stück genaue Notizen zu machen. ‹Entdeckte Stücke›, hat er später geschrieben, ‹sind erst zu datieren, wenn schriftliche Berichte über sie vorliegen, nicht schon mit dem Tage, an dem sie in der Erde gesehen wurden... Der Ausgrabende vermerkt im allgemeinen nur die Dinge, die ihm zur Zeit seiner Arbeit wichtig erscheinen, doch in der Archäologie und der Anthropologie entstehen fortwährend neue Probleme, und so wird der Anthropologe, wenn er in alten Aufzeichnungen nach Beweismaterial sucht, oft feststellen müssen, daß Einzelheiten, die am wertvollsten hätten sein können, früher als uninteressant abgetan wurden. Deshalb sollte auch das Kleinste notiert werden..., und es müßte jederzeit das Hauptanliegen des Forschers sein, alles, was er entdeckt, ganz objektiv zu beurteilen und nicht seine eigene Meinung hineinzulesen.›

Pitt-Rivers ging daran, diesen theoretisch einfach erscheinenden Grundsatz (der freilich noch nie zuvor, nicht einmal als unerreichbares Ideal, postuliert worden war) mit strenger Logik und ungeachtet noch so hoher Kosten durch die Praxis zu festigen. Zunächst hieß es, sich einen ‹Stab› zu schaffen. Er engagierte eine Anzahl Männer ‹mit gutem Charakter und viel Energie›, die er im ersten Stadium der Ausgrabungen sorgsam unterrichtete und als Spezialisten für bestimmte Aufgaben schulte. Einige mußten die Arbeiter beaufsichtigen, andere die gefundenen Objekte reinigen und nötigenfalls reparieren, während er selbst stets mit mindestens drei ‹Buchhaltern› arbeitete, die von jedem zutage geförderten Stück eine genaue Lageskizze mit ausführlicher Beschreibung machten. Obwohl diese jungen Assistenten im Hause des Generals logierten und mit ihm zusammen speisten, kam ein ‹Fraternisieren› zwischen ihm als Kommandeur und den Subalternen natürlich nicht in Frage. Jeden Morgen fuhr er auf seinem hohen Dogcart zur Grabungsstelle, hinter sich, in taktvollem Abstand, das Korps seiner Mitarbeiter auf hochrädrigen Velozipeds und mit Bändern in seinen Regimentsfarben um die steifen Strohhüte. Beim Graben wurde keine Schlamperei geduldet. Mindestens dreimal täglich inspizierte der General die Arbeit, auch die seiner erprobtesten ‹Adjutanten›. Die Durchstiche in Grabhügeln und Erdwerken hatten mit mathematischer Präzision zu erfolgen, wofür auch die Arbeiter strenge Richtlinien bekamen. Der Text unter der Photographie eines langen Grabhügels, den sie freilegten, ist typisch für die Disziplin bei der Arbeit: ‹Die ‚im Stillgestanden' sichtbare Gestalt in der Mitte bezeichnet die Lage der inneren Grabstätte.›

Daß jemand die strikte Beachtung auch der geringsten Kleinigkeiten beim Ausgraben verlangte, war zur Änderung der ‹Gartenfest-Atmosphäre›, in der damals die meisten Ausgrabungen stattfanden, einmal dringend notwendig. Und das System bewies seinen Wert. Bis zum heutigen Tage kann der Forscher die von Pitt-Rivers' Buchhaltern gezeichneten Skizzen und Lagepläne unbesorgt benutzen, denn sie halten der schärfsten Nachprüfung stand. In Pitt-Rivers' Museum ist jedes Stück mit seinen genauen Koordinaten und der Höhe des Fundorts über dem gewachsenen Stein säuberlich registriert und begleitet von einer Zeichnung, die es in Projektion zu der nächstliegenden Schicht zeigt. Aber mit dem Festhalten durch Skizzen und Beschriftung hatte es nicht sein Bewenden: genaue Modelle der Ausgrabungsstellen in den einzelnen Stadien wurden aus dauerhaftem Mahagoni geschnitzt.

Die Ausgrabungen selbst wurden in ganz großzügigen Maßstäben durchgeführt. So wurden nicht etwa schmale Gräben mitten in die Hügel getrieben. Bei Handley Down wurde 1893 ein langes Hügelgrab freigelegt, indem man neben der gedachten Mittellinie des Hügels beiderseits einen etwa vierzehn Meter langen Graben zog und diesen nach außen erweiterte, bis der ganze Berg abgetragen war, mit Ausnahme von vier Erd‹pfeilern›, die man, gründlich und sorgfältig wie bei allem, stehenließ, um die ursprüngliche Höhe des Grabhügels im Auge zu behalten und für künftige Forscher einen stratifizierten Ausschnitt zu konservieren. Runde Grabhügel wurden ganz abgetragen, wobei man stets bis auf den gewachsenen Stein durchstieß und sie nachher mit peinlicher Genauigkeit in Größe und Form wieder herstellte. Um jedoch spätere Forscher durch diese neu aufgebauten Hügelgräber nicht irrezuführen, ließ General Pitt-Rivers die Daten und wesentlichen Details der Grabung auf eine Bleiplatte gravieren und diese in die Mitte des ausgegrabenen Gebiets legen, ehe die Erdschicht und der Rasen wieder aufgetragen wurden.

Es versteht sich von selbst, daß die Veröffentlichungen des Generals über seine Tätigkeit ebenso exakt waren wie die Arbeiten selbst. In den zwölf Jahren von 1887 bis 1898 veröffentlichte er vier prächtig gebundene und illustrierte Bände mit dem Titel *Excavations on Cranborne Chase (Ausgrabungen auf Cranborne Chase)* im Selbstverlag. Sie bringen nicht nur lückenlose Berichte über seine Grabungen nebst Lagekarten, Querschnitten und Zeichnungen sowie Listen mit jedem einzelnen gefundenen Stück, sondern sind zugleich ein Handbuch für die Ausgrabungspraxis, das sogar dem heutigen, nach modernsten Methoden arbeitenden Archäologen noch wertvoll sein kann.

Auf seinem Gut bei Farnham, dem Cranborne Chase am nächsten gelegenen Dorf, baute Pitt-Rivers, um die Früchte seiner Arbeit zu verwahren, ein Museum, das er seiner Heimat als Stiftung hinterließ. Als er die Liegenschaften erbte, hatte er seine Kollektion primitiver Waffen und Geräte der Universität Oxford geschenkt. Nun häufte er eine zweite Sammlung für das Museum in Farnham an, das heute seinen Namen trägt. Er spielte auch mit dem Gedanken, ein volkskundliches Museum zu gründen, um das Leben der Frühzeit in der engeren Heimat Wiltshire an Geräten, Kleidungsstücken und baulichen Überresten zu illustrieren.

Auch auf mancherlei andere Weise erfüllte er sich seine Launen. Er ist im Grunde eins der letzten Originale gewesen und paßte, wie jemand treffend gesagt hat, geistig eher ins 18. als ans Ende des 19. Jahrhunderts. Zum Beispiel richtete er für die Kinder der durch seine Güter streifenden Zigeuner eine Schule ein und mühte sich, diese unsteten Nomaden zum Schulbesuch zu zwingen. Mehr Erfolg hatte er, als er seine Landpächter zwang, an den Sonntagnachmittagen in seinem Park zu den von ihm veranstalteten Konzerten eines Blasorchesters zu erscheinen. Seine Parks waren mit exotischen Bäumen und Sträuchern bepflanzt und von Yaks und Lamas bevölkert, da er diese Pflanzen und Tiere ans englische Klima gewöhnen wollte.

General Lane Fox Pitt-Rivers starb 1900 im Alter von 73 Jahren. Obwohl er den Anbruch des 20. Jahrhunderts kaum noch erlebte, ist er weit mehr als nur eine Erinnerung für die wenigen noch lebenden Archäologen, die als junge Leute den strengen, immer konsequent arbeitenden alten Herrn kennenlernten. Und gleichsam lebendig steht er heute neben vielen Prähistorikern, die noch nicht geboren waren, als er dahinging. Pitt-Rivers hat Maßstäbe für archäologische Akkuratesse und Korrektheit gesetzt, die immer zu befolgen auch heute nur wenige von sich behaupten dürfen. Und wenn, wie man es öfter hören kann, die moderne englische Ausgrabungstechnik der aller andern Länder überlegen ist, so hat sie das großenteils dem Veteranen des Krimkrieges zu verdanken, dem Generalleutnant, der das Ausgraben von reiner Schatzjägerei zur Wissenschaft erhob und der Welt gezeigt hat, wie man es machen sollte.

Die Frau erfand den Schmuck ...

... der Mann machte das Geld daraus. So umwerfend knapp formulierte der Nationalökonom Gerloff die Entstehungsgeschichte des Geldes. Die prähistorische Dame behängte sich mit Steinen, Muscheln und Tierzähnen, um sich zu schmücken, um schöner zu sein. Der Mann tat alsbald dasselbe, um würdiger zu wirken, um seinen Rang damit auszudrücken.

Da der Mann nun, wie der Psychologe Tumlirz feststellte, einen stärkeren Besitz- und Sammeltrieb hat als die Frau, hortete der Mann seinen Würdeschmuck und protzte mit der Menge seines Besitzes. Und irgendwann fingen die Männer an, ihre Doubletten wie Briefmarken- oder Bierdeckelsammler gegenseitig auszutauschen. Daraus dann, so vermutet man, könnte sich der Tauschwert des Geldes entwickelt haben.

Am Anfang also erfand die Frau den Schmuck, und der Mann machte das Geld daraus. Am Ende nun macht der Mann das Geld, und die Frau erfindet die Gelegenheiten, um Schmuck daraus zu machen.

IV. BUCH

AM RAND DER GROSSEN REICHE

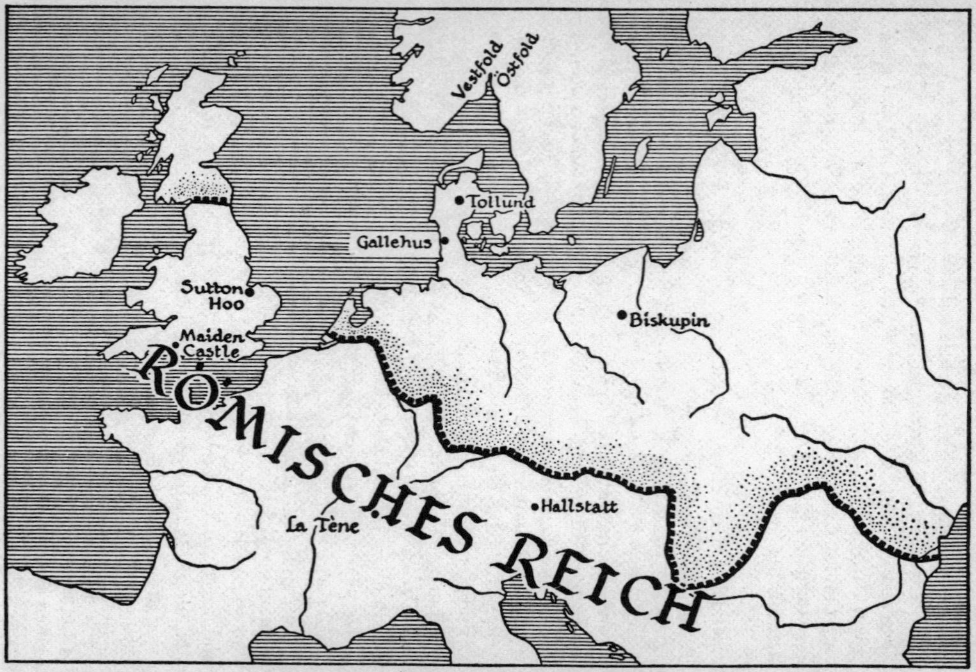

Abb. 58: Nordeuropa in der Zeit zwischen 0 und 500 n. Chr.

22 DIE GOLDENEN HÖRNER

Es kommt nun ein Kapitel ohne Moral, auf das wir höchstens in geänderter Form das Sprichwort anwenden können, daß manchmal wirklich ‹Gold ist, was glänzt›, aber auch Finden nicht immer Behalten heißt. Und daß die frühen Bewohner von Nordeuropa – die ja schließlich, mit Pausen, jahrhundertelang die reichsten Länder Europas und Asiens geplündert hatten – nicht unbedingt so arm an materiellen Gütern gewesen sind wie die älteren Geschichtsbücher uns glauben machen wollen.

Wir versetzen uns in einen Sommertag im Jahre des Herrn 1639, dem 51. Regierungsjahr König Christians IV. von Dänemark, Herzogs von Schleswig. Um genauer zu sein: es ist Sonnabend der 20. Juli nach alter und der 2. August nach unserer Zeitrechnung. Drei junge Mädchen schreiten langsam über den grasbewachsenen Rand des staubigen Feldweges vom Dorf Österby nach der lebhaften kleinen Stadt Tondern, dem geschäftigsten und wohlhabendsten Platz in Ostschleswig. Sie kennen den Weg gut, da sie ihn an jedem Samstag gehen, um der Händlerin in Tondern die Spitzen zu bringen, die sie in der Woche meterweise gehäkelt haben. Die Tonderner Spitze ist schon in ganz Dänemark und Norddeutschland berühmt. Sie wird vorwiegend in den Dörfern der Umgebung von Frauen und Mädchen hergestellt, die ihr Material von Zwischenhändlern in Tondern erhalten, denen sie die fertigen Arbeiten liefern.

Wo ein Seitenweg nach dem Dörfchen Gallehus abbiegt, stolpert eins der Mädchen, Kirsten Svendsdatter, über ein Hindernis, anscheinend eine Baumwurzel. Da sie am vorigen Samstag an derselben Stelle über dasselbe Ding gestolpert war, wird sie ärgerlich und schimpft. Diesmal hat sie einen Stock bei sich und schlägt zornig auf das Hindernis. Zu ihrer Verwunderung gibt es bei dem Schlag einen metallischen Klang.

Während ihre Begleiterinnen weitergehen, bückt Kirsten sich, um das merkwürdige Hindernis zu untersuchen. Sie kratzt rundum die Erde mit den Händen weg und kann endlich, mit größter Mühe, den Gegenstand aus dem Boden reißen. Da sieht sie, daß sie ein gebogenes, über dreiviertel Meter langes und unmäßig schweres Horn aus Metall in den Händen hält.

Sie ruft die andern, die schnell zurückkommen. Zusammen bringen sie das Ding an einen Bach in der Nähe, wo sie die Erde und den Lehm abwaschen. Zum Vorschein kommt ein runder Gegenstand aus blankem, gelbem Metall, dessen Flächen mit merkwürdigen Figuren bossiert und ziseliert sind. Sie halten alle das Metall für Messing, eine Trompete wahrscheinlich, wohl von einem wandernden Musiker oder im Biwak einer Truppe liegengelassen. Die Freundinnen reden auf Kirsten ein, das Ding fortzuwerfen und sich nicht den weiten Weg bis Tondern und zurück damit zu belasten, doch Kirsten (sie ist Waise) möchte es ihren Pflegeeltern zeigen und schleppt es den ganzen Tag, bis sie wieder in Österby sind, in der Schürze mit. Ihre Pflegeeltern halten das Horn, so originell es aussieht, für wertlos. Es besteht aus sieben breiten, über eine Hülse geschobenen Ringen, mit denen die Kinder der Familie, nachdem es auseinandergenommen war, gern spielten. Nach ein paar Tagen sind die Ringe im Dorf verstreut.

Als Kirsten am nächsten Samstag wieder ihre Spitze nach Tondern bringen will, schlägt die Mutter ihr vor, einen der Ringe als Geschenk für die Händlerin mitzunehmen. Diese Dame, Marina Thomsen, aus der Klasse der reichen Bürger, die in den Handelsstädten von Schleswig die Aristokratie bildeten, war

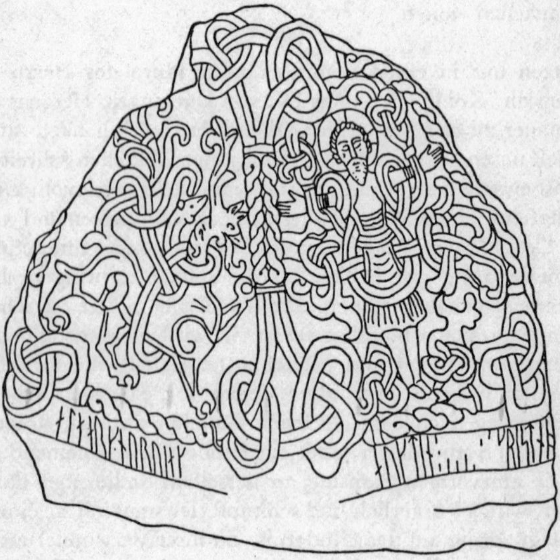

Abb. 59: Der große Runenstein aus der Wikingerzeit, entdeckt bei Jelling in Jütland. Errichtet ungefähr 800 n. Chr., zeigt er in Bildern die Bekehrung der Dänen zum Christentum. Die Christusgestalt rechts ist in Kontrast gebracht zu den heidnischen Abbildern vom Löwen und der Schlange, links.

von dem dicken Metall des Ringes so beeindruckt, daß sie Kirsten bat, ihr das ganze Horn zu bringen, aus dem sie zwei Leuchter machen lassen und einen Kirsten für ihre Mühe schenken wollte. Also holte das junge Mädchen in den nächsten Tagen die einzelnen Ringe aus dem Dorf wieder zusammen, packte sie am Samstag fest ineinander und trug sie in ihrem Spitzenbeutel zu Marina Thomsen. Frau Thomsen hatte gerade ihren Bruder aus Flensburg zu Besuch. Als dieser die fest verklemmten Ringe voneinander lösen wollte, fiel ihm auf, daß das Metall sonderbar weich war. Da er etwas ahnte, brachte er einen zu einem Goldschmied in der Nähe, der ihm erklärte, der Ring sei aus purem Gold.

Bei Verbreitung dieser Neuigkeit geriet die ganze Stadt in Aufregung, doch noch aufgeregter war man in Gallehus, wo das große goldene Horn gefunden wurde, und in Österby, als Kirsten die Kunde brachte, daß die Dorfkinder achtlos mit Gold gespielt hatten, das als Lösegeld für einen König genügt hätte. Inzwischen quälten sich die Gemüter der wohlsituierten Bürger von Tondern mit dem Problem, was aus dem Schatz werden sollte. Schließlich kamen sie überein, daß das goldene Horn als herrenloser Schatz dem König zustehe. John Thomsen, Marinas Mann, der im Stadtrat saß, meinte, es sei nur recht und billig, wenn Kirsten selbst dem König das Horn überreiche. Er stellte ihr tags darauf eine Kalesche zur Verfügung, in der sie das Horn nach Ribe zum Königlichen Landrat bringen sollte, der es dann arrangieren würde, mit ihr zusammen zum König zu reisen, einerlei wo dieser sich zur Zeit befand. Doch als das junge Bauernmädchen mit dem Schatz in der durch ihre schöne Kathedrale bekannten Stadt Ribe eintraf, war der Landrat nicht anwesend. Sein Kanzlist bewog sie, das Horn in seiner Obhut zu lassen, gab ihr eine Empfangsbestätigung und schickte sie nach Hause.

König Christian IV. bereiste gerade sein Herzogtum Schleswig und hörte bei einem Bankett in Glückstadt gerüchtweise von dem goldenen Horn. Er ließ durch einen Vertrauten nachforschen und bekam es alsbald vom Landratsamt. Nach einiger Zeit schenkte er das allgemein bewunderte prächtige Stück seinem Sohn, dem Kronprinzen, der sich für Altertümer interessierte. Anfangs wollte Prinz Frederik es gern in ein Trinkhorn umschmieden lassen, doch zum Glück wurde er klüger beraten, so daß er nur den Auftrag gab, einen goldenen Pfropfen zum Schließen des dünneren Endes anzufertigen. Ein paar Jahre hatte das Horn einen Ehrenplatz in seiner Sammlung und wurde oft benutzt, um berühmte Besucher mit einem Ehrentrunk zu begrüßen. Beim Tode des Kronprinzen fiel es an den König zurück und kam in die Königliche Schatzkammer.

Die Finderin, die arme Kirsten, hatte man ganz vergessen, doch nach mehreren Monaten schrieb sie, auf Drängen ihrer Freundinnen in Tondern, einen rührenden Erinnerungsbrief an den König. Berichte besagen, sie habe zu gegebener Zeit eine Belohnung für ihren Fund empfangen, doch über deren Höhe schweigen sie sich aus. Im Volk ist die Version verbreitet, man habe ihr versprochen, ihren Lieblingswunsch zu erfüllen, und das schlichte Mädchen habe, weil es sich Schöneres nicht vorstellen konnte, um einen seidenen roten Rock gebeten und ihn bekommen.

Die Entdeckung des goldenen Horns wurde in Gallehus zur Legende. Man pflegte dort zu sagen, es gäbe ‹unter der Erde mehr Reichtum als auf ihr›. Doch das Leben ging weiter wie sonst, Generation nach Generation, mit Pflügen und Ernten, mit Sommer und Winter.

Erik Lassen, in seiner Heimat Jerck genannt, beackerte nördlich von Gallehus ein halbes Pachtgut und bewohnte ein Fachwerkhaus im Dorf. Er hatte die Pachtung 1715 im Alter von vierunddreißig Jahren übernommen, wirtschaftete sparsam und fleißig, heiratete und wurde Vater einer Tochter. Sein Leben wird kaum anders gewesen sein als das zahlloser anderer kleiner Bauern zu dieser Zeit, die sich überall in Europa auf wenig Land durchschlugen. Mittwoch vor Ostern, der 21. April 1734, wurde für Lassen ein großer Tag.

Gegen Abend an diesem Mittwoch begab sich der jetzt dreiundfünfzigjährige Landmann mit dem Spaten über der Schulter, um Lehm zu holen, nach dem dreieckigen Stück Gemeindeland zwischen den durchs Dorf führenden Wegen. Kaum eine halbe Stunde später kam er hastig wieder nach Hause, legte einen schweren, von Erde umkrusteten Gegenstand auf den Tisch und rief seiner Frau zu: «Heute habe ich mir einen Branntwein verdient.» Der Gegenstand war – ein goldenes Horn.

Während seine Tochter die lehmige Kruste von dem Horn abwusch, erzählte er, wie er es, knapp eine Spatenlänge unter der Erde, gefunden hatte. In atemloser Aufregung betrachteten sie das kostbare Ding. Es zeigte sich nachher, daß es größer war und, obwohl am schmaleren Ende ein Drittel fehlte, gut ein Pfund mehr wog als das von Kirsten Svendsdatter fünfundneunzig Jahre früher gefundene. Wie dieses mit Reliefbildern bedeckt, trug es an der breiten Öffnung rundum Runeninschriften. Wie ein Lauffeuer eilte die Neuigkeit durchs Dorf, und schon nach wenigen Minuten drängten sich die Dorfbewohner in Lassens Haus um diesen Schatz. Noch am selben Abend eilte Jerck mit ihm nach Tondern, holte einen Goldschmied aus den Federn und fand seine Vermutung bestätigt: daß auch dieses Horn aus reinem Gold war.

Am nächsten Morgen begaben sich Jerck und der Goldschmied mit dem Horn zu Jercks Pachtherrn, dem Grafen Schackenburg, und lieferten das Horn bei ihm ab, da nach den neuen Gesetzen herrenloses Gut dem Besitzer des Bodens, in dem es gefunden wurde, zustand. Der Graf faßte, nachdem er sich die Sache ein paar Tage überlegt hatte, einen Entschluß: er schrieb an den Königlichen Hofmarschall und bat um die Genehmigung, das Horn dem König schenken zu dürfen, teils, wie er schrieb, ‹in der Befürchtung, daß ein so seltenes und kostbares antikes Exemplar in privaten Händen leicht verlorengehen könne, teils in Berücksichtigung der Tatsache, daß dieses Horn und das im Kunstkabinett befindliche jahrhundertelang nur zehn Schritte voneinander entfernt in der Erde gelegen, also vielleicht früher auch demselben Zweck gedient hatten.›

Gleichzeitig unternahm der Graf eine große Suchaktion nach dem fehlenden Stück des Horns. Da er zu der Überzeugung gekommen war, daß die Bruchstelle nicht frisch und daher der Verdacht, Lassen könne das Stück behalten haben, unberechtigt war, ließ er in der Nähe des Fundorts sechs Mann nachgraben. Ihre Arbeit war umsonst: das vermißte Stück ist nie gefunden worden.

Als vierzehn Tage später König Christian VI. Flensburg besuchte, überreichte ihm dort Graf Schackenburg persönlich das Horn. Es gefiel Seiner Majestät, dem Finder eine Belohnung von 200 Reichstalern zuzusprechen, einen Betrag, den Jerck so großartig fand, daß er dem König einen überschwenglichen Dankesbrief schrieb. Er konnte sich jedoch dieses Geldes kaum noch erfreuen, denn im August desselben Jahres, drei Wochen nach Empfang der Belohnung, starb er.

Das Horn erhielt im Königlichen Antiquitätenkabinett einen Platz neben seinem Vorläufer, im ersten Stock der Königlichen Bibliothek zu Kopenhagen, wo jedermann gegen eine Eintrittsgeld von zwei Talern beide Hörner besichtigen konnte.

Achtundsechzig Jahre blieben die goldenen Hörner dort ausgestellt und erweckten immer Staunen und Bewunderung, denn sie repräsentierten den größten kompakten Goldschatz aus prähistorischer Zeit. Tatsächlich sind erst in den letzten drei Jahrzehnten bei der Freilegung des Grabes von Tut-ench-amon und der ‹Königsgräber› von Ur Schätze entdeckt worden, die den goldenen Hörnern aus dem Dänemark der grauen Vorzeit an Wert nicht nachstehen. Eine Reproduktion des ersten längeren Horns wurde für einen russischen Edelmann in Elfenbein ausgeführt, wahrscheinlich schon vor der Entdeckung des zweiten. Jedenfalls erschien sie zu Beginn unseres Jahrhunderts im Museum zu St. Petersburg. Gipsabgüsse sind von beiden Hörnern gemacht worden: einer für einen reichen Antiquitätensammler in Deutschland und einer für den Kardinal Stephan Borgia in Rom.

Am Morgen des Mittwoch, 5. Mai 1802, fand der Heizer, zu dessen Pflichten es gehörte, morgens die Türen im Königlichen Kabinett aufzuschließen, die zum Zimmer mit den goldenen Hörnern offen. Der Glaskasten war zerschlagen, die Hörner nicht da. Ganz konsterniert berichtete der Mann das dem Kustos, der sofort einen Boten zur Polizei schickte. Was nun folgte, ist eine Geschichte von Unfähigkeit und Nachlässigkeit, an die zu denken für spätere Generationen bitter sein muß. Die Polizei erschien erst am nächsten Tage am Tatort! Sie verfaßte einen rein formellen Bericht, ohne weitere Maßnahmen zu ergreifen. Und erst eine Woche nach dem Diebstahl wurde das Ereignis öffentlich bekanntgegeben, durch eine kurze Zeile in einem Provinzblatt, weit von Kopenhagen. Und wiederum fünf Tage später erst gab die Polizei eine Meldung an die Kopenhagener Zeitungen und schrieb eine Belohnung von tausend Talern aus für Hinweise, die zur Auffindung des Schatzes führen konnten. Zwölf unwiederbringliche Tage waren seit dem Diebstahl verstrichen und die Spuren inzwischen völlig ‹erkaltet›. Es vergingen Wochen und Monate, ohne daß jemand die Belohnung beanspruchte.

Im April des folgenden Jahres, fast genau zwölf Monate nach dem Diebstahl, erschien bei der Polizei in Kopenhagen ein Goldschmied, der verdächtige Vorgänge beobachtet haben wollte. Ein Konkurrent in seiner Nachbarschaft, ein gewisser Niels Heidenreich, war, wie man bei der Innung wußte, in finanziellen Schwierigkeiten gewesen, hatte aber im letzten Jahr offenbar eine beträchtliche Menge Gold in die Hände bekommen und Gegenstände verkauft, deren reines Goldgewicht weit die Menge dessen überstieg, was er auf ehrliche Weise zu erwerben Gelegenheit hatte.

Jetzt spitzte die Polizei die Ohren, zumal ihr Niels Heidenreich schon ein Begriff war. Sohn eines Kirchenvorstehers im Jütländischen, war er nach Kopenhagen gegangen und hatte dort, als er in schwere Schulden geriet, Geld gefälscht. Dafür hatte man ihn 1788 zum Tode verurteilt, doch es war ihm gelungen, die Begnadigung zu lebenslänglichem Gefängnis zu erwirken. Nach neun Jahren wurde er wegen guter Führung entlassen und bekam die Gewerbeerlaubnis als Uhrmacher und Goldschmied.

Als jetzt der Verdacht aufkam, wurde sofort seine Werkstatt durchsucht und er selbst ins Verhör genommen. In der Werkstatt fand man keinerlei Spur von den goldenen Hörnern, doch im Hause seiner Schwester lagen ungefähr fünf Pfund geschmolzenes reines Gold.

Nach dreitägigem Kreuzverhör legte Heidenreich ein Geständnis ab. Er erklärte, die Möglichkeit zu dem Diebstahl schon drei Jahre vor der Ausführung erkannt zu haben, indem er sich merkte, daß man durch die im selben Gebäude untergebrachte Königliche Bibliothek ins Antiquitätenkabinett gelangen konnte. Es gelang ihm, sich für die Tür zur Bibliothek einen Nachschlüssel anzufertigen. Die übrigen sechs Türen, die er passieren mußte, als er, in der Nacht zum 4. Mai, seinen Raubzug unternahm, hatte er alle mit dem Drücker von seiner eigenen Wohnungstür öffnen können!

Er berichtete, auf welche Weise er die Hörner in seine Werkstatt geschafft hatte, wo er sie mehrere Tage im Küchenschrank liegen ließ, ehe er sie einschmolz. Im Lauf des Jahres verkaufte er, zu Spangen und Halsbändern verarbeitet, nach und nach über zehn Pfund Gold, während er aus dem Rest Münzen goß: gefälschte Ostindische Goldstücke, die sogenannten Pagoden, die damals sehr begehrt waren und deren Herkunft, weil die meisten von Seeleuten mitgebracht wurden, sich nie einwandfrei nachweisen ließ.

Heidenreich bekam wieder die verdiente Strafe: Gefängnis auf Lebenszeit. Siebenunddreißig Jahre davon verbüßte er, bis er als Greis entlassen wurde. Er starb 1844 als armer Mann, nachdem er über die Hälfte seiner 83 Jahre in Gefängnissen zugebracht hatte.

Die Hörner aber existierten nicht mehr. Und die Unfähigkeit der beteiligten Behörden wurde noch einmal besonders schlagend dadurch bewiesen, daß man die übrigen fünf Pfund Gold, und noch ebensoviel in Form von Schmuckgegenständen, die Heidenreich angefertigt hatte, dem Münzamt überließ, wo sie mit in den staatlichen Goldbestand eingeschmolzen wurden. So gibt es heute in der Welt kein Stückchen Gold, von dem mit Bestimmtheit behauptet werden kann, daß es von den goldenen Hörnern Dänemarks stamme.

Das Mißgeschick, das in vielerlei Form dem Weg der goldenen Hörner gefolgt war, hätte gewiß in einem Volk, das mehr zu Aberglauben neigt als das dänische, die Bildung solcher Mythen begünstigt, wie sie sich später um den Schatz Tutench-amons rankten. Der unvermutet frühe Tod des Kronprinzen, der das erste Horn bekommen hatte, der plötzliche Tod Jerck Lassens, nachdem er das zweite gefunden, der tragische Verlust beider Hörner und das, wenn auch wohlverdiente, Schicksal des Mannes, der sie zerstörte, hätten Anlaß genug geboten, Geschichten über einen auf den Hörnern liegenden Fluch zu verbreiten. Doch es sollte sich noch mehr ereignen.

Nachdem die Hörner verloren waren, wurde es nötig, möglichst genaue Informationen über sie zu sammeln, um getreue Kopien anfertigen und der Nachwelt wenigstens diese als Zeugen der Vergangenheit erhalten zu können. Es stellte sich nun heraus, daß in Dänemark kein Abguß der Hörner existierte und die Gußformen von den früher nach Deutschland und Italien gesandten Abgüssen zerstört waren. Immerhin konnte man ja diese Abgüsse kopieren. Doch alle Nachfragen in Deutschland blieben fruchtlos. Der Sammler, für den der eine Abguß gemacht wurde, war verstorben, seine Kollektion aufgelöst. Hundertfünfzig Jahre lang forschte man immer wieder in Antiquitätenläden und auf Museumsböden in ganz Europa, doch bisher sind die vermißten Abgüsse nicht ans Licht gekommen.

Der für Kardinal Borgia bestimmte war nie bei ihm eingetroffen. Das Schiff, auf dem er nach Italien geschickt wurde, war vor der Küste von Korsika aufgelaufen und mit der gesamten Ladung versunken.

Geblieben waren vom größten Schatz Europas nur die Zeichnungen, die Maße und Gewichte in den nach der Entdeckung der Hörner herausgegebenen Beschreibungen. Auf dieser Grundlage wurden 1860 zwei Reproduktionen in vergoldetem Silber geschaffen, die der Archäologenfürst König Frederik VII. bezahlte und dem Kopenhagener Nationalmuseum schenkte, wo sie noch heute zu finden sind.

Doch die Diskussion dauert an. Niemand vermag mit Bestimmtheit zu behaupten, daß die im 17. und 18. Jahrhundert gemachten Zeichnungen zuverlässig sind. Zumindest weiß man, daß sie in den Maßen mit den damals am Objekt vorgenommenen nicht genau übereinstimmen. Und fast jedes Jahr wird eine Theorie veröffentlicht, in der man Form, Art und Herkunft der verlorenen Hörner wieder anders interpretiert.

Die Lektion vom Diebstahl jedoch hat Früchte getragen. Wer heute im Museum von Kopenhagen versucht, den Deckel von einem der Goldsachen enthaltenden Glaskästen zu heben, setzt eine Alarmanlage im Pförtnerhaus und auf der nächsten Polizeiwache in Betrieb. Und in Tut-ench-amons Schatzkammer im Museum zu Kairo halten die zwei uniformierten Wächter die Hände ständig am Kolben ihrer Revolver. Alle Vorsichtsmaßnahmen der Welt vermögen jedoch die goldenen Hörner von Gallehus nicht wiederzubringen.

Was waren das eigentlich für Hörner? Und weshalb fand man sie bei Gallehus? Auf dem von Jerck Lassen entdeckten standen, was allein wir mit Sicherheit wissen, in der im 5. Jahrhundert v. Chr. in Skandinavien üblichen Runenschrift die Worte: ‹Ich, Laegaest, Sohn des Holte, habe dieses Horn angefertigt.› Abgesehen von diesem dürftigen Hinweis ist über Laegaest und seinen Vater nichts bekannt, doch nach dem Stil der Runen und des Bilderschmucks stammten die Hörner sehr wahrscheinlich aus der Zeit um 450 bis 400 v. Chr., also aus einer Periode, in der Europa chaotisch aussah. Nach der Plünderung Roms im Jahre 411 wanderten ganze Nationen kreuz und quer durch den Kontinent. Die Visigothen waren mit ihrem gesamten Vieh und Frauenvolk durch ganz Europa gezogen, von der Ostsee nach Spanien und Nordafrika, während die Vandalen und Langobarden den Rest des Westlichen Reiches unter sich teilten.

Auch in der Gegend von Gallehus war das Leben unsicher geworden. Die kriegerischen Dänen drängten von ihrer Heimat im heutigen Südschweden und dem dänischen Inselgebiet nach Westen. An sechs Stellen in Jütland und auf der Insel Fünen hat man Waffen stapelweise gefunden, die Beute aus einer Reihe der von den Jüten auf ihrer Halbinsel gegen diese Eindringlinge geführten Schlachten. Es war Beute, die man den uns unbekannten Göttern als Dankopfer für den Sieg der Verteidiger des Heimatlandes darbrachte. Doch der Druck wurde immer stärker, und schon während die goldenen Hörner angefertigt wurden, blickten gierig abschätzende Augen über die Nordsee nach dem fruchtbaren Lande Britannien, das, ehemals eine Provinz der Römer, nach dem Abzug ihrer Legionen wehrlos dalag. Auf diesem Hintergrund müssen wir uns die goldenen Hörner vorstellen.

Überall hinter den aufgebrochenen Grenzen des Römischen Reiches gab es Gold die Fülle. Und wer weiß denn, wie viele unschätzbar wertvolle aus den Dörfern und Kirchen der Gallier geraubte Schmuckstücke eingeschmolzen wurden, um das Rohmaterial für die barbarische Pracht der Hörner von Gallehus zu gewinnen? Nach der neuesten Interpretation der auf den Hörnern abgebildeten Szenen sollen Laegaest und andere Goldschmiede seiner Zeit das Oströmische Reich gekannt haben, zumindest aus Berichten. Man glaubt heute, daß die Reliefs Szenen aus dem Großen Neujahrs-Karneval im Hippodrom zu Konstantinopel (Istanbul) darstellen, und glaubt ferner, den Thron des Kaisers sowie die Drachensäule von Delphi (die im Zentrum von Istanbul noch heute steht) abgebildet zu sehen. Der reine Materialwert der Hörner schon legt die Vermutung nahe, daß sie entweder königliches Eigentum waren oder zu den Schätzen eines gewiß nicht unbedeutenden Tempels gehörten. Und wenn wir die Deutung mit dem Karneval akzeptieren, dann dürfen wir noch als ziemlich sicher annehmen, daß die Hörner beim Beginn der Sonnenwende und Erntefeste, die bekanntlich im religiösen Leben der skandinavischen Frühzeitmenschen eine große Rolle spielten, präsentiert wurden. Also bei Festlichkeiten, die sehr ähnlich den Karnevalen des Oströmischen Reiches verliefen. Auf dem längeren Horn war sogar ein Mann abgebildet, der selbst ein solches Horn trug.

Soviel über die Entstehung und den Gebrauch der Hörner. Wieviel Zeit verging, bevor sie unter dem Grase von Gallehus zur Ruhe kamen, ist unbekannt. Wir haben nicht den kleinsten Anlaß, zu glauben, daß auf dem Gelände von Gallehus ein Palast oder ein Tempel gestanden hat, in dem diese Hörner gebraucht sein könnten. Wiederholte Nachforschungen haben keinerlei Spur von einer prähistorischen Stadt oder Gebäuden in der Umgegend erbracht. Demnach hat es den Anschein, daß diese überaus kostbaren Stücke in eine flache Grube in unbebautem Gelände gelegt worden sind, wofür man freilich bisher keine plausible Begründung finden konnte. Wurden sie vielleicht bei der Plünderung einer jütländischen Stadt von den eindringenden Dänen gerettet, oder geraubt, und dann vergraben in der Absicht, sie später wiederzuholen? Oder hat ein Fürst sie als Weihgeschenk für die Götter seiner Heimat niedergelegt, ehe er mit Hengist aussegelte, um sein Glück in dem neuen Lande hinter der Nordsee zu suchen?

Niemand weiß die Antwort. Die goldenen Hörner aus Dänemark bilden eins der Rätsel aus dem Altertum, die den Archäologen am meisten quälen. Sie tauchten auf, bildeten ein Fragezeichen und verschwanden wieder, indem sie auch den einzigen Beweis, der eine Lösung ermöglichen würde, mit sich nahmen.

Abb. 60: Die Runen auf dem zweiten goldenen Horn.

09 Hallstatt und La Tène

Die Schweizer Alpen bilden in Europas geologischer Struktur einen Knotenpunkt. Eine ihrer Bergketten erstreckt sich ostwärts ins Österreichische, mit Ausläufern bis in die Gegend von Wien. Dieser Teil liegt wie ein Bollwerk zwischen dem nördlichsten Punkt des Mittelmeeres, dem Gebiet von Triest im oberen Winkel der Adria, und dem Donautal, der natürlichen, nach Norden durch Mitteleuropa führenden Straße. An der Nordseite dieser Barriere liegt der österreichische Distrikt Salzburg, ein Land steiler, von bewaldeten Tälern durchschnittener Berge, smaragdgrüner Seen, deren Gletscherwasser nach Norden in die Donau strömen, und ein Land kleinster Dörfer und uralter Marktstädte.

Eine von diesen ist das tief im Salzkammergut gelegene Hallstatt. 1875 wurde am dortigen See entlang eine Straße gebaut, die man, durch die schroffen Klippen gezwungen, streckenweise auf Rammpfählen in den See hinaus verlegen mußte. Bis dahin war Hallstatt nur mit dem Boot oder auf schwierigen Bergpfaden erreichbar gewesen. Das Städtchen hängt wie angeklammert am Westufer des schmalen gewundenen Sees, nahe seinem südlichen Ende. Eigentlich war dort für eine Stadt gar kein Raum, denn das Stück ebener Grund reicht knapp für den winzigen Marktplatz, um den und über dem die Häuser wie Schwalbennester an den Steilhängen kleben. Stellenweise liegen sie drei Monate im Jahr ganz im Schatten. Trotz der Beengtheit ist dieser so mühevoll an die Flanken schroffer Berge gebaute Ort seit 1311, als er Stadtrecht bekam, ein lebhafter Handelsplatz gewesen. Überreste aus der Römerzeit, die man unter den Grundmauern entdeckte, beweisen, daß Hallstatt auch in den ersten Jahrhunderten unserer Ära kein unbedeutender Ort war.

Auf die Frage, warum er so große Bedeutung hatte, lautet die Antwort von jeher nur: Salz. Am Kopf des Sees gibt es reiche Ablagerungen von Steinsalz, geformt vor Jahrtausenden, als ein Binnensee dort verdampfte, noch bevor die Alpen entstanden und tektonische Beben die Bergmassen ringsum aufwarfen.

Salz ist ein Artikel, nach dem Mensch und Tier zu allen Zeiten eifrig trachteten. Auch die Lager im Salzkammergut wurden nicht nur schon so lange ausgebeutet als es schriftliche Aufzeichnungen gibt, sondern, wie die Hallstätter Bergleute wissen, schon erheblich früher. Bei ihren Wanderungen durch aufgegebene Salzbrüche und ausgebeutete Stollen sind die Leute aus Hallstatt nämlich nicht selten auf merkwürdige Gegenstände gestoßen, die beweisen, daß dort Salz bereits lange vor der Anwendung neuerer Bergwerksmethoden abgebaut wurde. Ausgebrannte Fackeln, hölzerne Tröge, Leitern, Körbe, Picken aus Stein oder Horn, Reste gewobener und lederner Kleidungsstücke, alles bei der gleichbleibenden Temperatur in den Salzbrüchen gut erhalten – diese Dinge zusammen bilden eine Brücke zwischen Altertum und Neuzeit und vermitteln uns ein lebendiges Geschichtsbild vom Handwerk des Salzbergmanns. Im Jahre

1734 fanden einige Bergleute in einem verlassenen Stollen den Leichnam eines Mannes, dessen Körper, Haare und Kleidung im Salz vollkommen unversehrt geblieben waren. Seine Kleidung war, wie die alten Berichte besagen, von einem in der Gegend ganz unbekannten Zuschnitt.

Im November 1846 arbeitete ein Bergwerksinspektor im kaiserlichen Dienst, Johann Georg Ramsauer, ein Stückchen südlich des malerischen Rudolfsturms, einer Jagdhütte auf einem kleinen bewaldeten Ausläufer des hinter der Stadt liegenden Bergzugs. Als er, um Kies zum Straßenbau zu suchen, durch den Mutterboden grub, brachte sein Spaten einen Menschenschädel und gleich dabei einen Ohrring aus Bronze ans Licht. Begreiflicherweise neugierig geworden, grub er behutsam weiter und konnte bald das ganze Skelett freilegen. Dabei kam er sogleich auf ein zweites, um dessen Arm noch ein schön gearbeitetes Schmuckband aus Bronze lag, während neben ihm ein Tongefäß stand.

Ramsauer war ein methodischer Mensch. In der Annahme, daß beide Skelette von regulären Beerdigungen stammten, beschloß er sogleich, den Beweis für diese Vermutung zu suchen. Obwohl es zu dieser Jahreszeit auf dem hochgelegenen Gelände recht ungemütlich war, steckte er ein Gebiet von vier Quadratmetern ab und begann, die Erde abzutragen. Schon auf diesem engen Raum lagen nicht weniger als sieben Skelette, in zwei Reihen ausgerichtet, alle auf dem Rücken, das Gesicht nach Osten, die Arme an den Seiten gestreckt. Fast jedes trug ein Armband aus Bronze, einige Stücke hübsch mit Linienmustern dekoriert. Kein Zweifel, daß er hier einen regelrechten Friedhof gefunden hatte. Und die in den Gräbern liegenden Gegenstände bewiesen, daß die Bestatteten ‹Heiden› waren, aus einer Zeit noch vor den ersten geschichtlich bestimmbaren Perioden.

Ramsauer schüttete, da er in dem Jahr nicht weiterarbeiten konnte, das gegrabene Loch wieder zu. Im Lauf des Winters meldete er die Entdeckung seinen Vorgesetzten, österreichischen Staatsbeamten, die ihn an die Kaiserliche Münzen- und Antiquitätensammlung verwiesen. Der Kustos des Kabinetts, Baron von Sacken, bekundete sofort Interesse. Hier bot sich ihm eine Gelegenheit, sein Kabinett, das eine Menge römischer und mittelalterlicher Altertümer enthielt, durch eine hübsche Sammlung von Gegenständen, die allem Anschein nach aus Zeiten vor der römischen Besetzung des Donautals stammten, zu bereichern.

Bei diesem Anlaß dürfen wir uns daran erinnern, daß in die europäischen Museen und Antiquitätenkabinette neues Leben gekommen war. Zehn Jahre zuvor hatte Thomsen eine alle bisherigen Wertungen umstürzende Teilung der prähistorischen Zeit in drei klar abgegrenzte Perioden verkündet. Worsaae war auf seiner ersten Reise außerhalb Skandinaviens soeben in Österreich gewesen, und überall, wo er sich zeigte, war es aus mit der früheren Beschaulichkeit. Auch die Museen auf den britischen Inseln hatte Worsaae höflich, aber scharf kritisiert.

Das unbestimmte Gefühl, daß es nicht nur zwischen Himmel und Erde, sondern auch unter ihr, mehr Dinge gab als Erzbischof Ussher in seiner Phantasie sich hatte träumen lassen, sollte im nächsten Jahrzehnt zu einer Reihe großartiger Entdeckungen führen, der lebhafte ‹Feldarbeit› in allen Ländern folgte.

Ganz abgesehen von den nun gefundenen Zeugnissen aus dem Paläolithikum, das man jahrzehntelang kaum als festen Bestandteil der Vorgeschichte, vielmehr hauptsächlich als eine geologische Endphase betrachtet hatte, wurde die Enthüllung der Kjökkenmöddinger und der Seedörfer zu wahren Sensationen. Was und wieviel aber die damaligen Chronisten über die großen Entdeckungen jener Jahre schreiben mochten – immer brachten sie zum Ausdruck, daß dem Gräberfeld von Hallstatt größere Bedeutung zukomme als den Kjökkenmöddinger und den Seedörfern.

Baron von Sacken muß wohl Georg Ramsauers Entdeckung wie einen Wink des Schicksals empfunden haben. Jedenfalls bat er ihn dringend, gleich im nächsten Jahr die Grabungen auf dem Friedhof am Berg fortzusetzen. Er beschrieb ihm genau die besten Ausgrabungsmethoden und überzeugte ihn, daß er unbedingt Skizzen von den Gräbern und ihrem Inhalt sowie von dem ganzen Fundort machen müsse. Gleichzeitig stellte er dem jungen Bergwerksinspektor einen Betrag aus dem Fonds des Kabinetts zur Verfügung.

Im Mai 1847 begann Ramsauer wieder mit der Arbeit. Er legte im Lauf des Sommers auf einem Gelände von weniger als zweihundert Quadratmetern 58 Gräber frei, aus denen 262 Gegenstände geborgen wurden, vorwiegend Schmuckstücke aus Bronze oder Bernstein, aber auch bronzene und eiserne Waffen. Über jede Phase der Ausgrabung führte er getreulich Buch, nahm jedes Stück in ein Verzeichnis auf und machte viele Skizzen. So bewies Ramsauer, daß er als gewissenhafter Archäologe seiner Zeit um eine Generation voraus war.

Um die Arbeit konsequent durchzuführen, quartierte er sich im Rudolfsturm ein und traf Vorbereitungen für eine lange Kampagne. In den folgenden Jahren erforschte er mit den wenigen Arbeitern, die beim fleißigen Graben wie von selbst zu Fachleuten wurden, methodisch den ganzen Friedhof, zuerst von Norden nach Süden und nachher am Hang entlang in Ostwestrichtung, indem er jedes Jahr ein neues Gebiet absteckte, auf dem er die Schichten von Erde oder Kies, in denen die Gräber lagen, ganz genau untersuchte.

Es gab auch Schwierigkeiten bei dieser Arbeit. Der Abhang war steil, und oft drohte eine der großen Eichen, die am Fundort wuchsen, oder einer der schweren ringsum liegenden Felsblöcke die unten arbeitenden Männer zu zerschmettern. Dann mußten sie die Bäume oder Steinblöcke mühsam beiseiteschaffen, um ihr Werk fortsetzen zu können. Oft behinderte sie dichter Nebel, und manchmal regnete es wochenlang ohne Pause, wie man das nur im Gebirge kennt. Im übrigen gruben sie unentwegt weiter, und die Fundstücke wuchsen allmählich zu Bergen.

1848 wurden 44 Gräber freigelegt, 1849 waren es 30. Als in den nächsten fünf Jahren noch 31 bzw. 48, 27, 26 und 22 hinzugekommen waren, schien der Friedhof erschöpft, doch auch im folgenden Jahr, 1855, fanden sie noch 81 Gräber. Und 1856 erreichten sie mit der Durchforschung von zweitausend Quadratmetern einen Rekord: sie legten noch 144 Gräber frei. Für 1857 konnte Ramsauer 96 melden, und als sie bis 1862 noch insgesamt 410 entdeckt hatten, schien endgültig Schluß zu sein. An den Kanten des riesigen, bisher durchgekämmten

Geländes fand Ramsauer 1863 nur noch 10 Gräber. Nach 13 weiteren im Jahre 1864 schloß er seine Kampagne ab.

Eine Ausgrabung von solchem Umfang verdient klare statistische Würdigung. Im Lauf von neunzehn Jahren wurden hier 993 Gräber freigelegt und dabei 6084 Gegenstände aller Art geborgen. In 538 Gräbern waren die Skelette genau so bestattet wie in dem ersten von Ramsauer entdeckten, die übrigen 455 waren Gräber für verbrannte Leichen. In diesen lagen einzelne Häufchen verkalkter Knochen, offenbar sorgfältig aus der Asche eines Scheiterhaufens sortiert, jedes umgeben von den Totengaben: Tongefäßen, Schmuckstücken und Waffen aus Bronze und Eisen. Auf den ersten Blick fiel kein Unterschied zwischen den in den Aschengräbern und den andern gefundenen Gegenständen auf, der einen zeitlichen Abstand zwischen den Bestattungen angedeutet hätte.

Die Tausende aus den Gräbern geborgenen Objekte brachten das Wiener Kabinett geradezu in Bedrängnis, denn man hatte dort nur eine kleine Kollektion als Zeugen einer ‹vor-römischen Eisenzeit› erwartet. Diese Sammlung jedoch war beinah zu groß zum Einordnen, und sie geschlossen auszustellen, erforderte mehr Platz als zur Verfügung stand.

Die Entdeckung bewies, daß die im vor-römischen Hallstatt zur Ruhe gebetteten tausend Männer, Frauen und Kinder in ihren besten, reich geschmückten Kleidungsstücken und mit ihren persönlichen Schätzen neben sich begraben wurden.

Unter den gefundenen Stücken waren am zahlreichsten Nadeln, Broschen und Gürtel, und offenbar gehörten diese gleichermaßen zur männlichen wie zur weiblichen Kleidung. Gelegentlich fand man bis zu acht Broschen bei einem Begrabenen, im Durchschnitt drei: eine auf jeder Schulter und eine am Hals oder auf der Brust. Anscheinend hatte man jede Leiche in ein wollenes, einer Toga ähnliches Gewand gewickelt, das an den Schultern durch Spangen und in der Taille durch einen Gürtel gehalten wurde. An vielen Broschen und Gür-

Abb. 61: Eine Bronzebrosche mit Kettenanhängseln, aus Österreich, Zeit des Hallstatter Grabfeldes.

telschnallen waren zahlreiche dünne Bronzekettchen befestigt, an denen Ringe oder Scheiben aus demselben blinkenden Metall hingen. Bronzenadeln wurden als Schmuck nur von den Frauen getragen, als Ersatz für Broschen, oder um eine vermutlich recht komplizierte Frisur zu halten. Armbänder trugen Mann, Frau und Kind, und zwar massive Ringe aus Bronze, seltener aus Gold, entweder glatt und rund, oder in eigenartigen Segmenten geschmiedet, die vielleicht eine Kette großer Perlen vortäuschen sollten. Auch Halsbänder aus Bernstein waren viel vertreten, seltener die großen, sonderbar modern anmutenden Ohrgehänge aus Bronze oder Gold.

Jeder Mann hatte Waffen bei sich. Der Kurator des Wiener Antiquitätenkabinetts, der vier Jahre nach Abschluß der Ausgrabungen die erste genaue Beschreibung des Materials veröffentlichte, weist auf die geringe Zahl der Schwerter hin, von denen nur 28 gefunden wurden. Aber bald merkte man, daß der Begriff Schwert nur eine Frage der Definition war. Bislang hatte man willkürlich jede etwa einen halben Meter lange oder längere Waffe als ‹Schwert› bezeichnet, die kürzeren als ‹Dolche›. Dolche aber waren bei den über 600 gefundenen Waffen weitaus in der Überzahl, und viele davon, die einen eigenartig geteilten Knauf hatten, waren zweifellos kurze Schwerter. Vier Fünftel aller Schmuckstücke waren aus Bronze, bei den Waffen dagegen ebenso viele aus Eisen. Drei der achtundzwanzig langen Schwerter waren aus Bronze, aber in der Form den eisernen gleich. Von den Speerspitzen und den Beilen mit Tülle waren auch die meisten aus Eisen, nur wenige aus Bronze.

Zwei Gräber von Eingeäscherten gaben ein vollständiges Bild der kompletten Kampfausrüstung des damaligen Kriegers. In ihnen lagen, neben verkohlten Knochen, ein langes Schwert und ein Dolch, drei Spitzen von Wurfspeeren und eine Lanzenspitze sowie zwei gefährlich aussehende Streitaxtklingen. Eine Anzahl bronzener Platten auf demselben Stapel ließ vermuten, daß damals gepanzerte Lederkleidung getragen wurde. Helme fand man jedoch in dem ganzen Friedhof nur zwei, und diese waren offenbar fremder Herkunft.

Auch Frauen sind häufig bewaffnet gewesen, denn einige der schönsten Dolche mit Intarsien aus Gold oder Bernstein am Knauf hatten in Frauengräbern gelegen.

In fast allen Gräbern gab es Tongefäße, viele mit reichen Ornamenten. Je ärmer ein Grab an anderen Stücken war, um so größer war die Zahl der Tongefäße, von denen manches Grab fünfzehn enthielt. In den reicheren gab es, an Stelle der Tongefäße, Vasen, Schalen, Schüsseln und Kessel aus getriebener Bronze, viele mit geometrischen Mustern geschmückt, zwischen denen hier und da eine sonderbare, der Ente ähnliche Figur erschien. Ein Bronzegefäß aber trug ganz andere Motive, eingravierte Bilder von Sphinxen und Hirschen in einem Stil, der an die frühesten etruskischen Bronzen oder das archaische Griechenland erinnerte.

Soweit das Ergebnis des Grabfeldes von Hallstatt. Es lieferte uns ein wunderbar genaues Bild von den Menschen, die in einer Zeit lange vor dem Beginn der Geschichtsschreibung in den uralten Bergwerken des Salzkammerguts das Salz

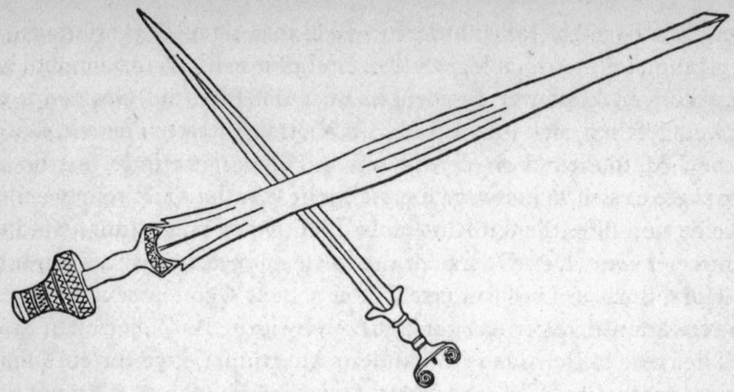

Abb. 62: Das lange und das kurze Schwert von Hallstatt. Das lange hat einen geschnitzten Elfenbeinknauf.

brachen. Es lieferte uns auch den ersten festen Halt beim Datieren der europäischen Vorgeschichte, denn die Vase mit der Sphinx sowie andere Stücke mit exotischen Mustern waren ohne Zweifel von den Etruskern Mittelitaliens importiert, und die Existenz dieses Volkes ließ sich ziemlich genau aus den Werken griechischer und römischer Schriftsteller nachrechnen. Der Friedhof von Hallstatt konnte mit einiger Sicherheit in die Periode zwischen 1000 und 500 v. Chr. eingestuft werden. Die dort von ‹Einheimischen› gefertigten Gegenstände zeigten deutliche Verwandtschaft mit Modellen aus dem höheren Norden, dem Raum von Deutschland bis nach Skandinavien. Insbesondere kamen die Modelle der Schwerter und Broschen bei den Entdeckungen im Norden häufig zutage, also durfte auch als deren Entstehungszeit die erste Hälfte des 1. Jahrtausends v. Chr. angenommen werden. Jetzt war die Grundlage für die vergleichende Chronologie geschaffen, auf der später Montelius fußte.

Sicher war, daß der Friedhof von Hallstatt in den Anfang der nordeuropäischen Eisenzeit gehörte, denn an ihm ließ sich wirklich studieren, daß auf die Waffen aus Bronze die gleichen Modelle aus Eisen gefolgt waren. Im übrigen wurden weiter nördlich Töpferwaren, Broschen und Gürtel vom ‹Typ Hallstatt› nur zusammen mit bronzenen Waffen gefunden, ein Zeichen dafür, daß die Kenntnis vom Eisen ihren Weg von Süden nach Norden genommen hatte. So war das Hallstatter Grabfeld nicht nur eine der reichsten Entdeckungen prähistorischen Materials überhaupt, sondern wurde auch eins der wichtigsten Glieder in der Kette der Beweise, von denen die Entzifferung der gesamteuropäischen Vorgeschichte abhing.

Während Ramsauer zehn Jahre lang bei Hallstatt grub, entdeckte Oberst Schwab, der am See von Neuchâtel in der Westschweiz nach Pfahldörfern forschte, die Fundstätte La Tène.

Friedrich Schwab gehörte zu einem jetzt ausgestorbenen Typus des Vorgeschichtsforschers, der seine letzte Krönung fand in General Pitt-Rivers und schon selten war, als Schwab 1803 zur Welt kam. Er war später, als Sproß einer wohlhabenden, seit dem 17. Jahrhundert in Biel ansässigen Bürgerfamilie, ein begüterter Mann. Seine Archäologie nahm er ebenso ernst wie andere reiche Leute ihre Sammlungen kostbarer Erstdrucke oder die Jagd auf Großwild, und nie wäre ihm eingefallen, sich für sie anders zu betätigen als auf eigene Kosten und mit eigenen Methoden. Von den in seiner Heimatgemeinde übernommenen Pflichten sagte er sich keineswegs los, vielmehr versah er zeit seines Lebens eine ganze Reihe von öffentlichen Ämtern in Biel, wo er lange Jahre Stadtrat und Stadtkämmerer war. Den Oberstenrang hatte er vom Dienst bei der schweizerischen Miliz, doch in Uniform erschien er selten. Wenn er seiner Heimatstadt nützlich sein konnte, tat er das ganz auf seine eigene Art, aber auch auf eigene Kosten. Nie hätte er sich dazu verstanden, Altertümer etwa für ein öffentliches Museum zu sammeln. Alle entdeckten Gegenstände nahm er in seine Privatsammlung auf. Doch als er starb – 1869 –, vererbte er die ganze Sammlung seiner Heimatstadt, und obendrein noch sechzigtausend Franken zum Bau eines Museums für diese Schätze.

Oberst Schwab war eine Respekt gebietende Persönlichkeit. Aus dem Porträt im Schwab-Museum zu Biel, das seine mächtige Gestalt im Gehrock, mit einer schweren Uhrkette über dem Leib und einem Ordensband auf der Brust zeigt, blicken den Besucher die Augen unter dicken Lidern forschend an. Seine starken Kinnbacken verraten, daß er rücksichtslos und anmaßend sein und ohne Gnade jeden Schwächling, der ihm in den Weg kam, einschüchtern konnte. Aber er verstand auch, mit Leuten, die sich nicht bangemachen ließen, fein auszukommen. Immerhin hat er, während er zwölf Jahre lang unentwegt Karten zeichnete und Pfahlbauten an den Seen der Westschweiz ausgrub, die Überlegenheit und geistige Führung Ferdinand Kellers, des hitzigen kleinen Professors aus Zürich, vorbehaltlos akzeptiert.

Tatsächlich war Schwab schon mit dem Ausgraben von Pfahlbauten beschäftigt – ohne sich über deren Bedeutung klar zu sein –, ehe Kellers großartige Entdeckung bei Obermeilen der Welt die Kunde von den schweizerischen Seedörfern brachte. Sein Interesse an der Forschung nach vorgeschichtlichen Stücken hatte Emmanuel Müller-Haller, ein Notar in Biel, angeregt, der schon nahezu ein Jahrzehnt in prähistorischen Grabhügeln geforscht und den Straßen der Römer nachgespürt hatte, bevor er sich 1849 mit Schwab zusammentat. Er war bereits 1843 auf die Pfahlbauten bei Möringen gestoßen, ahnte jedoch damals noch nichts von der Wichtigkeit seiner Entdeckung.

Zehn Jahre trabten nun die beiden älteren Herren an den Gestaden des Bieler Sees hin und her und sammelten aus dem seichten Wasser unweit des Strandes alle möglichen alten Gegenstände. Schwab hatte sich für diesen Zweck ein Boot nach eigenem Entwurf bauen lassen, von dem aus man den Seegrund beobachten und einen ebenfalls nach seinen Ideen konstruierten Greifer in Tätigkeit setzen konnte. Mit dem Maul dieses Greifers ließen sich Gegenstände, die er aus dem Boden grub, in genügend Schlamm oder Sand gebettet, an die Oberfläche bringen, ohne daß die empfindlichen organischen Substanzen, die sie vielfach fanden, Schaden erlitten.

Als Keller 1854 seine erste Abhandlung über Pfahlbauten veröffentlichte, waren die beiden Altertumsfreunde sich einig, daß auch an den von ihnen erforschten Stätten in der Steinzeit und der Bronzezeit solche Pfahldörfer gestanden hatten. Sofort stellten sie Keller ihre Lagepläne und die Listen ihrer am Bieler See gefundenen Objekte zur Verfügung.

Uns geht es hier nicht um Schwabs Entdeckungen von Pfahlbauten, so großartig diese auch an Zahl und Inhalt waren – sondern um eine bestimmte Entdeckung ganz anderer Art.

Im November 1857 hatte er einen seiner Assistenten, namens Kopp, auf eine Erkundungsfahrt am Rande des Sees von Neuchâtel gesandt. Am östlichen Ende des Sees, wo Kopp anfing, fand er, nur vierzig Meter von der Einmündung des kleinen Flusses Thiele entfernt, einen offensichtlich von Menschenhand aufgeworfenen niedrigen Steinhügel, der sich, knapp zwanzig Meter vom Ufer beginnend, etwa fünfundvierzig Meter weit unter Wasser in den See erstreckte. Die Einheimischen nannten das Gebilde La Tène. Als Kopp rings um den Hügel in ungefähr einem Meter Wassertiefe mit dem Greifer fischte, konnte er allein aus einem Stück von nur hundertfünfzig Quadratmeter Fläche ein reiches Waffenlager bergen: Speerspitzen, Lanzen und eine Anzahl noch in Scheiden stekkender Schwerter. Schwab staunte nicht wenig, als er nach Reinigung der Waffen erkannte, daß sie aus Eisen waren, denn bisher hatte er bei all seinen Entdeckungen an den Seen nur steinerne und bronzene Gegenstände gefunden.

Im nächsten Frühjahr übernahm er selbst die Arbeit an der neuen Fundstelle, wobei ihm später Professor Desor aus Neuchâtel half. Mit seinen Assistenten (‹Fischer› nannte er sie) kämmte Schwab das Seebett beiderseits des langen Hügels ab, wobei er manchmal tagelang aussetzen mußte, wenn bei böigem Wind die Wellen es unmöglich machten, bis auf den Grund zu blicken. An klaren Tagen aber war er von früh bis spät mit seinen langen Schaufeln, Zangen und Greifern bei der Sache. Er hatte sich einen ganzen Satz solcher Spezialwerkzeuge für Unterwassergrabungen anfertigen lassen. Während sie langsam in den Booten hin und her fuhren und jeden Quadratzentimeter des Grundes abtasteten, fanden sie immer mehr Waffen. Drei Jahre setzten sie diese Tätigkeit fort und hatten schließlich Hunderte von eisernen Waffen, darunter mehr als fünfzig Schwerter, geborgen.

Im Jahre 1860 hielt Professor Desor die Fundstelle für erschöpft. Oberst Schwab widmete sich wieder seinen Skizzen von den Pfahldörfern am Rande des Sees.

Die Entdeckung von La Tène erregte noch größeres Aufsehen als das Grabfeld von Hallstatt. Gewiß war die Zahl der gefundenen Stücke kleiner als dort, doch waren alle vorzüglich erhalten. Besonderes Interesse fanden die Schwerter, lange schlanke Waffen für Hieb und Stich, einige dicht unterhalb des Knaufs verziert mit Mustern ineinander verschlungener Ranken und stilisierten, sonderbar krummlinigen Tierfiguren. Das Interesse an der Entdeckung war nicht zuletzt auch deshalb so groß, weil hier die reichste Sammlung von Stücken eines Stils, den man schon von anderen Fundstellen kannte, zusammenkam.

Eine Anzahl Schwerter desselben Typs hatte man zehn Jahre vorher bei Tiefenau in der Nähe von Bern gefunden, zusammen mit Münzen aus der römischen Frühzeit. Bei den 1861 auf Befehl Napoleons III. in Burgund vorgenommenen Ausgrabungen wurden im Graben eines römischen Feldlagers bei Mont Réa ebenfalls Schwerter des Typs von La Tène entdeckt, nebst römischen Münzen, deren jüngste die Jahreszahl 54 (v. Chr.) trug. Und das eigenartige Rankenmuster erschien auch auf allerlei anderen Gegenständen, zum Beispiel auf einem prächtigen bronzenen Schild, der vor nicht langer Zeit bei Battersea aus der Themse geborgen wurde und jetzt zu den stolzesten Schätzen des Britischen Museums zählt.

Es schien, als könne man die Schwerter und Kunstgegenstände von La Tène ziemlich genau an ihren geschichtlichen Platz rangieren. Entscheidend dafür wurde das Lager von Mont Réa. Die Männer, die beim Angriff auf ein römisches Fort in Burgund, nur wenige Jahre nach 54 v. Chr., gefallen waren, konnten nur von einem der keltischen Stämme gewesen sein, die damals Gallien gegen Julius Cäsar verteidigten. Sie hatten Schwerter von dieser Form geschwungen.

Keller zog die logischen Schlüsse, indem er die Waffen von La Tène als ‹helvetisch›, als Ausrüstung des keltischen Stammes der Helvetier klassifizierte, die, wie man wußte, die Schweiz in der ersten Hälfte des ersten Jahrhunderts v. Chr. besetzt hielten.

Allgemein durfte man so weit gehen, auch die in anderen Gegenden gefundenen Waffen vom Typ La Tène in die unmittelbar vor der Römerzeit abgelaufene Periode zu rangieren. Und Gegenstände dieses Typs, oder mit dem ihm entsprechenden Schmuck, kamen in verwirrend vielen Gebieten zutage, auf der riesigen Fläche von Nordfrankreich und Südengland bis zum Tal des Po in Norditalien, ferner bis weit nach Deutschland hinein und auf dem Balkan.

Lange schon war man geneigt gewesen, alle europäischen Altertümer für ‹keltisch› zu erklären, wie denn auch schon viele Stücke mit Schmuck à La

Abb. 63: Typische keltische Verzierung an der Scheide eines Schwerts von La Tène.

Tène so bezeichnet worden waren. In den 1860er Jahren schien sich die Richtigkeit dieser Klassifizierung zu bestätigen.

Über die Kelten war schon viel bekannt: sie erscheinen in den Schriften griechischer und römischer Historiker als kriegerische Stämme, die vier bis fünf Jahrhunderte vor der christlichen Zeitrechnung beobachtend an den Nordgrenzen der schriftkundigen Welt der Mittelmeerländer hin und her streiften und bisweilen großräumige Invasionen in diese Gebiete machten. Sie hatten im Jahre 390 v. Chr. Rom und 279 v. Chr. Delphi geplündert, waren in Kleinasien eingefallen und hatten ein eigenes Königreich in Galatia gegründet, das ihren Namen der Nachwelt erhielt. Die Karthager waren in Spanien auf sie gestoßen, die Römer in Norditalien. Von 400 bis etwa 50 v. Chr. waren die Kelten zweifellos in Europa die stärkste Macht, in einem Reich, das sich vom Atlantik bis zum Schwarzen Meer erstreckte.

Um 50 v. Chr. waren sie ausgelöscht, zerdrückt zwischen dem oberen Mühlstein, den die von der Ostsee südwärts drängenden germanischen Stämme bildeten, und dem unteren in Gestalt der von Süden heranrückenden römischen Legionen. Zu jener Zeit besaßen die Kelten ihre Unabhängigkeit nur noch auf den Britischen Inseln und verloren in den nächsten hundert Jahren auch das Gebiet des heutigen England.

Wir begegnen ihnen nun hier in der Vorgeschichte, als den Kriegern, deren Waffen im flachen Seewasser bei La Tène abgelegt waren, vermutlich als Weihgaben für die Götter. Überall wo sich, nach unserer Kenntnis, Kelten aufgehalten hatten, gab es den gleichen Geräteschmuck wie bei La Tène, und überall war diese Kunst in den Eroberungszügen der Römer untergegangen, außer in Irland, wo sie sich bezeichnenderweise ohne Unterbrechung bis in die frühchristliche Epoche hielt, nach dem Abzug der Legionen wieder auflebte und die Kunst der Angeln und Sachsen in England beeinflußte.

Daß La Tène bei der Aufklärung über das Leben der Kelten den Brennpunkt bildete, wurde 1874 beim Internationalen Kongreß für Anthropologie und Archäologie in Stockholm deutlich ausgesprochen. Dort machte Bror Emil Hildebrand, Montelius' Lehrer und Deuter der Felsbilder aus der Bronzezeit, den Vorschlag, die Zeit vor der römischen Eroberung Galliens und Britanniens entsprechend ihren Kunstformen und hauptsächlichen Gebrauchsgegenständen in zwei Perioden zu teilen. Die erste sollte nach Hallstatt, die zweite nach La Tène benannt werden.

Zwei Amateure, Ramsauer und Schwab, hatten diese Entdeckungen gemacht und die Fundstätten freigelegt, die als typisch für das Jahrtausend vor dem Beginn der christlichen Ära anerkannt wurden. Aufgabe der Prähistoriker von Beruf war es nun, die Einzelheiten herauszuschälen. Weder Hallstatt noch La Tène hatten ihre letzten Geheimnisse preisgegeben. Als durch 1868 begonnene Drainage der Spiegel des Sees von Neuchâtel gesenkt wurde, bekam Emil Vouga vom Museum Neuchâtel Gelegenheit, nicht weit von der Stelle, wo Oberst Schwab in einem Meter Wassertiefe gebaggert hatte, in trockenem Boden zu graben. Er fand dort noch viele Waffen und Reste von Rammpfählen, die die einen als Überbleibsel eines Seedorfs, andere als von den Römern angelegte Molen definierten. Gleichzeitig wurde damals die Mündung der Thiele, an der die Entdeckung gemacht worden war, verbreitert und vertieft. Und man fand jetzt noch eine ganze Menge alter Gegenstände. Den Arbeitern wurde für jedes geborgene Exemplar eine Prämie gezahlt, doch sind bei der Schnelligkeit, mit der die riesigen Dampfschaufeln sich vorwühlten, wahrscheinlich noch mehr Stücke unbemerkt geblieben, die dann mit der ausgebaggerten Erde in den Dammbau zu beiden Seiten geschüttet wurden.

Hin und wieder hat man bei Hallstatt noch an den Berghängen über den einstigen Salzbrüchen geforscht und weitere Gräber freilegen können, so unlängst auch ein Grabfeld mit typischen Gegenständen aus der La-Tène-Periode.

Wir wissen nun, daß die Gegend um Hallstatt eine der ersten in Europa war, wo Eisen bearbeitet wurde, und daß die Methoden zur Behandlung dieses

Abb. 64: Eulenkopf, in Bronze rundgraviert, auf einem Kochkessel der La-Tène-Periode, aus Braa in Jütland.

neuen und billigeren Metalls auf dem Wege durchs Donautal um das Jahr 1000 v. Chr. dorthin kamen, also weit weniger als tausend Jahre nach ihrer Erfindung im Mittleren Osten. Es ist anzunehmen, daß die Menschen von Hallstatt ebenso starken keltischen Einschlag hatten wie die von La Tène, und daß sie es gewesen sind, die durch neue Arbeitsmethoden und neue Waffentypen ihren Einfluß nach Norden hin erweiterten, wo ihre Schwerter dann in Bronze in so weit entfernten Gegenden wie England und Dänemark imitiert wurden. Um ungefähr 500 v. Chr. besaßen die Kelten das eigentliche Herzstück Europas: das Land beiderseits des Rheins und der oberen Donau.

Im nördlichen Teil dieses völkischen Bereichs, wo die üppigen Kampfwagengräber keltischer Fürsten auf besondere Machtzentren dieser Stämme deuten, scheint sich der La-Tène-Stil ungefähr um 500 v. Chr. entwickelt und während der nächsten dreihundert Jahre die Kelten bei ihrer Ausbreitung über ganz Europa begleitet zu haben. Die blondhäuptigen Krieger mit ihren langen, hängenden Schnurrbärten sind aus römischen Skulpturen wohlbekannt. Sie waren als Feinde gefürchtet, als Verbündete geachtet, solange sie in Einigkeit ihre Existenz behaupteten. Uns scheinen sie noch recht nahe, wenn wir in der Hand das Gewicht und die Schlagkraft eines ihrer Schwerter prüfen, die im Schwab-Museum zu Biel aufbewahrt werden.

24 DIE WIKINGERSCHIFFE

ÜBER die Aufklärung der späteren Vorgeschichte des Festlands Europa läßt sich ein zusammenhängender Bericht nicht geben. Mit dem Schluß der La-Tène-Periode und dem Sturz der Kelten ist die Geschichte Nordeuropas als eines unbekannten Kontinents beendet. Seit 2000 v. Chr. hatte das Mittelmeergebiet seine Kultur. Die Galeeren aus Ägypten, Phönizien und Kreta hatten es durchquert, an seinen Gestaden breitete sich eine städtische Zivilisation aus, in starkem Gegensatz zum selbstgenügsamen Leben der Bauerndörfer, das wir geschildert haben. Italien und Griechenland, die beide eigentlich nicht zu Europa, vielmehr zur Mittelmeerzone gehören, wurden kultivierte Länder. Der breite Rückenschild, den die Alpen bilden, und die vielfältigen Bergmassive des Balkans hatten Kontinentaleuropa von wirklichem Kontakt mit den gebildeten Völkern im Süden abgesperrt. In den großen Tagen der Jungsteinzeit und der Bronzezeit in Nordeuropa hatten die zivilisierten Länder ihre Missionare ausgesandt, und reich beladene Handelsflotten waren zwischen dem Mittelmeer und den zeitweiligen Märkten im Norden hin und her gesegelt, doch schließlich schrumpften diese Märkte ein, und Nordeuropa sank wieder in den reinen Existenzkampf durch Ackerbau zurück. Der Rückenschild aus Gebirgen hielt noch immer, ward aber schon schwächer: die Kelten stießen große Löcher hinein. Und schließlich schlug Cäsar eine breite Bresche hindurch, als er in der Mitte des letzten Jahrhunderts v. Chr. nach Gallien einbrach und dem Römischen Reich ein großes Stück keltischen Gebiets einverleibte.

Von da an wohnten nördlich der Alpen Menschen, die lesen und schreiben konnten. Weite Gebiete der Landmasse, mit der wir uns beschäftigt haben, lagen jetzt im Bereich der Geschichtsschreibung. Schriftliche Berichte, teilweise aus erster Hand und von Zeitgenossen, schildern die Errichtung des Römischen Reichs, das sich bis an den Rhein, die Donau und nach Nordengland ausdehnte. Frankreich und England, die Schweiz und Österreich wurden römische Provinzen, der Einfluß römischer Sitten wurde zum alles beherrschenden Faktor auch im Leben der jenseits der Grenzen wohnenden Stämme. Als die Grenzen um 400 n. Chr. niederbrachen und die kriegerischen Stämme aus Mittel- und Osteuropa einrückten, um sich die Beute zu teilen, war die Geschichtsschreibung schon weiter entwickelt. In den Klöstern und an den Höfen der neuen Könige hielten Chronisten die Ereignisse ihrer Zeit schriftlich fest.

Die Archäologie der zivilisierten Gegenden Europas ist nicht unwichtig, aber nur noch Hilfswissenschaft, nicht mehr die einzige oder primäre Quelle unserer Kenntnis.

Hinter den Grenzen des Reiches verlief die Entwicklung ähnlich. Es existieren Berichte über die Ereignisse und Sitten bei den schriftlosen Völkern im

Norden und Osten, Berichte, die freilich um so unzuverlässiger werden, je weiter wir uns vom römisch verwalteten Gebiet entfernen. Immerhin werfen sie soviel Licht auf diese Gebiete, daß die Prähistoriker nicht mehr im Dunkeln tappen.

Jetzt können sie ganz anders arbeiten, denn es gibt Schriftliches über Ereignisse, Daten, Orte, Volksstämme und Nationen. Aufgabe der Prähistoriker ist, die Verläßlichkeit dieser Berichte immer wieder zu überprüfen, insbesondere auch, das allzu Subjektive zu korrigieren. Die Chroniken sprechen nur von den Ereignissen, die sich im Reich und auf dessen Bestand auswirkten und später auf die ‹Inseln der Bildung› im chaotischen Mittelalter. Geschichtlich werden Nord- und Osteuropa vom Westen und Süden aus betrachtet. In den alten Schriften sind alle Vorurteile derer verewigt, die sich für kultiviert und die von ihnen geschilderten Menschen für Barbaren hielten. Die falschen Bilder muß der Prähistoriker entzerren, er muß durch seine Entdeckungen die Lebensweise und Denkweise der ‹Barbaren› aufklären, damit wir sie sehen, wie sie selbst sich sahen, und nicht mit den Augen der verrömerten Menschen des Westens. Aber auch, damit wir diese so zu sehen vermögen, wie die schriftlosen, doch keineswegs unkultivierten Völker Nordeuropas sie gesehen haben.

Für die folgenden Kapitel haben wir aus der Masse der Ausgrabungen an Stätten, die einzureihen sind in die Epoche seit der Gründung des Römischen Reiches nördlich der Alpen bis zur Erschließung ganz Europas durch die gebildeten christlichen Missionare, einige ausgewählt. Und haben diese ausschließlich gewählt, weil sie uns die Völker im Norden und Osten mit ihren eigenen Augen sehen lassen. Somit sind wir bemüht, das geschichtliche Vorurteil zu berichtigen.

Im Südwesten der skandinavischen Halbinsel bildet das von der Nordsee einbuchtende Skagerrak ein mächtiges Wasserdreieck, das Südnorwegen von Südschweden trennt. Am Scheitelpunkt des Dreiecks erstreckt sich der breite Oslofjord achtzig Kilometer lang bis zur Hauptstadt Norwegens. An seinem Gestade liegen, geologisch vielfältig geschichtet, die fruchtbarsten Gebiete von Norwegen: das Östfold und das Vestfold.

Das breite Tal am Oslofjord dürfen wir mit Recht als ein Tal der Könige bezeichnen. Seine Geschichte wird erzählt in der zu Beginn des 13. Jahrhunderts n. Chr. von Snorre Sturlason geschriebenen Ynglingasaga, die zweifellos aus älteren, bis ins 9. Jahrhundert zurückreichenden Quellen geschöpft wurde. Es ist die Geschichte einer Familie schwedischer Könige, die sich, in der zweiten Hälfte des 7. Jahrhunderts aus Schweden vertrieben, in der Nähe des Oslofjords ansiedelten. Dort gründeten sie kleine Königreiche, bekämpften einander und heirateten untereinander, zweihundert Jahre lang. Pausen gab es in diesem Wirrwarr nur, wenn sie ihre weit über die nordeuropäischen Meere ausgedehnten Raubzüge machten. Die Geschichte dieser ersten Wikinger wird uns in vielen Einzelheiten erzählt, ihr Höhepunkt liegt in der ausführlichen Schilderung Harald Blondhaars, der im Jahre 872 seine Herrschaft über ganz Norwegen durch die Schlacht von Hafrsfjord sicherte.

Im 19. Jahrhundert galt die Ynglingasaga, wie die übrigen ersten Legenden aus prähistorischer Zeit, als suspekt. Der Prähistoriker der Neuzeit hatte gelernt, sich beim Entziffern und Deuten der Vergangenheit weniger auf diese Chroniken als auf die Zeugnisse des Spatens zu verlassen. Eine kluge Regel,

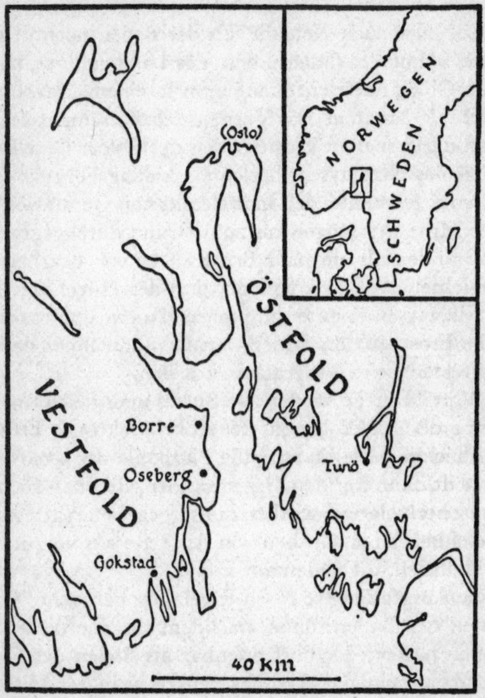

Abb. 65: Der Oslofjord in Norwegen, mit den Stätten der Schiffsgräber von Wikingerkönigen und -königinnen.

wenn er sie nicht zu starr befolgt. Die alten Berichte als ganz unwahr zu verwerfen, wäre ebenso falsch gewesen wie die Annahme, daß nur sie die Wahrheit enthielten. Sobald man, im 19. Jahrhundert, die große Arbeit der Einstufungen nach Zeit und Art hinter sich hatte und es möglich war, allein mit archäologischen Beweisen einwandfrei klarzustellen, welcher Nachlaß aus vergangenen Zeiten in die Periode der Sagen gehörte und welcher nicht, waren auch die Sagen, Legenden und Chroniken der Mönche von einst als Quellen wieder von Wert. So gab zum Beispiel die Ynglingasaga ein Bild vom Leben und Sterben der Könige im Östfold und Vestfold, das ganz in Einklang stand mit einigen Entdeckungen von bisher einmaliger Fülle an den Gestaden des Oslofjords.

An der Südküste des Vestfold, am Kopfende dreier paralleler Fjorde, bilden ein paar Bauernhöfe die kleine Gemeinde Gokstad. Auf dem Acker eines dieser Höfe lag ein riesiger Grabhügel, fünfzig Meter lang und, trotz vielen Bepflügens, noch über vier Meter hoch. Seit Menschengedenken hieß er ‹Der Königshügel›, weil dort ein König mit seinem gesamten Schatz begraben sein sollte.

Im Jahre 1880, kurz nach Neujahr, als der Boden noch gefroren war, entschlossen sich die Söhne des Bauern, dem das Land gehörte, nach dem Schatz zu graben. Zum Glück hatte ein Kaufmann in einem Marktflecken der Umgebung, der sich als Amateur mit Vorgeschichtsforschung befaßte, von dem Plan gehört und darüber dem Vorsitzenden der Osloer Gesellschaft für Altertumsfreunde, Nikolas Nikolaysen, berichtet. Anfang Februar fuhr Nikolaysen nach Gokstad, wo er feststellte, daß man bereits aufs Geratewohl einen Schacht ungefähr in der Mitte des Hügels bis zum Grund durchgegraben hatte, ohne freilich mehr zu finden als ein paar Bruchstücke von bearbeitetem Holz, die immerhin ausreichten, um zu erkennen, daß der Hügel von Menschenhand angelegt war. Nikolaysen konnte die jungen Bauern überreden, nicht weiterzugraben, bis der Frost aus dem Boden war. Er mußte ihnen dafür versprechen, zur rechten Jahreszeit beim Ausgraben zu helfen.

Gegen Ende April war er wieder zur Stelle, und gleich am nächsten Tage begannen sie zu graben. Nikolaysen, der schon praktische Erfahrung im Freilegen von Grabhügeln hatte, kannte die Nachteile des senkrechten Abwärtsgrabens. Man steht dann auf den Gegenständen, die man sucht, und je tiefer man kommt, um so schwieriger wird es, die ausgehobene Erde aus dem Wege zu schaffen. Er beschloß, einen Graben von der Seite aus vorzutreiben, und fing damit, ganz willkürlich, im Süden an.

Selten hat eine Ausgrabung so rasch Ergebnisse gebracht. Am zweiten Tage trafen die Spaten der Bauernsöhne, nachdem sie eine dicke Schicht blauen Tons durchstoßen hatten, der dort offenbar als Boden des Gewölbes hineingetragen war, hart auf einen dicken, fast senkrecht in der Mitte ihres Grabens stehenden Balken. Indem sie beiderseits von ihm weitergruben, kamen sie an waagerechte Planken, deren Enden sich von diesem Balken aus schräg abspreizten. Als der Tag zu Ende ging, war nicht mehr zu bezweifeln, was sie hier entdeckt hatten: aus der Mitte ihrer Grabung ragte der Bug eines mächtigen Schiffes!

Nikolaysen erkannte sofort die Bedeutung des Fundes. Er war überzeugt, ein Schiffsbegräbnis aus der Wikingerperiode gefunden zu haben, und in diesem Ressort war er schon Fachmann. Ungefähr drei Jahrzehnte vorher hatte man bei Borre, einige dreißig Kilometer nördlich von diesem Fundort, einen Hügel zwecks Gewinnung von Kies abgetragen und war dabei auf ein klinkerartig gebautes, über 15 Meter langes Schiff gestoßen, das durch die Abgrabung allerdings schon stark beschädigt war. Nikolaysen hatte selbst die Freilegung der Ruinen übernommen und noch die Knochen von drei Pferden und einem Hund sowie Rüstungsstücke, eiserne Beile in Mengen, einen Kochkessel und ein gläsernes Trinkgefäß geborgen. Er war auch zugegen gewesen, als Professor

Oluf Rygh 1865 bei Tunö (im Östfold an der anderen Seite des Oslofjords) ein Schiffsgrab aushob. Das Schiff dort war zum größten Teil schon vermodert, doch ein zwölf Meter langes Stück des Kiels noch erhalten. Auf dem Deck stand noch eine aus Brettern gebaute rechteckige Kammer, in der sie die Skelette eines Mannes sowie eines Pferdes fanden, das noch auf den Beinen stand, gestützt durch Lehmwände an den Flanken. Durch diese beiden bedeutenden Entdeckungen und Hunderte kleinerer ‹Bootsbegräbnisse›, die in Norwegen und Schweden freigelegt wurden, war Nikolaysen auf die Möglichkeit, unter dem Hügel von Gokstad ein Schiff zu finden, vorbereitet, aber bis zuletzt ließ nichts erkennen, daß es ein so vorzüglich erhaltenes sein konnte. Das Holz des Gokstadschiffs war noch ebenso gesund wie bei seinem Bau!

Am nächsten Tage begann Nikolaysen, seinen Graben um etwas mehr als die geschätzte Schiffsbreite zu erweitern. In den folgenden Monaten wurde dieser Graben beiderseits des Schiffes allmählich vertieft, bis die ganze Erde über ihm entfernt war. Von schönem Wetter begünstigt, ging die Arbeit schnell voran. Zwei Monate lang fiel kein Tropfen Regen, so daß sie, die langen Tage des nordischen Mittsommers ausnutzend, von früh bis spät am Werk bleiben konnten.

Eine ungemischte Freude war das trockene Wetter freilich auch nicht, denn als immer mehr vom Schiffskörper freigelegt wurde, begann das Holz auszutrocknen und sich zu werfen. So mußten sie es täglich ein paarmal mit Wasser begießen und dann mit Buschwerk bedecken, um die Verdunstung zu verzögern. Trotzdem zerfielen von den im Schiff gefundenen hölzernen Gegenständen einige an der Luft vollständig.

Beim Erweitern und Vertiefen der Seitengräben brachten die Spaten immerfort Knochen von Pferden und Hunden zum Vorschein, so daß schließlich die Skelette von 12 Pferden und 6 Hunden zusammenkamen, dazu Hufeisen und zwei Hundehalsbänder, eins aus Bronze, eins aus Eisen.

Es zeigte sich, daß das Schiff fast 25 Meter lang war, ein großartiges Beispiel für das handwerkliche Können der Wikinger. Auf den etwa 20 Meter langen Kiel waren siebzehn Spanten gesetzt, an jeder Seite 16 Planken in Klinkerbauweise angebracht. Aber nicht genagelt, sondern mit Weidenruten an die Spanten ‹genäht›, wodurch der Schiffskörper so elastisch gemacht wurde, daß er dem schwersten Seegang standhalten konnte. Die Ritzen zwischen den Planken waren schon beim Zusammenbau mit dreisträngigen Seilen von Rinderhaar abgedichtet. Mit Ausnahme der Decksplanken aus Kiefer bestand das ganze Schiff aus Eichenholz. Ein wenig vor der Mitte war ein Mast eingesteppt, und achtern an der Steuerbordseite hing noch das Ruder in seiner Befestigung. An beiden Seiten waren in die dritte Planke von oben 16 Löcher für die Riemen geschnitten, die, wenn nicht gerudert wurde, innen durch drehbare Klappen geschlossen werden konnten. Außen vor den Duchten hingen noch, in der ursprünglichen Anordnung, 32 runde Schilde von ungefähr einem Meter Durchmesser, je zwei halb übereinandergelegt. Es war sogar noch ihre Bemalung, gelb und schwarz, zu erkennen.

Das Schiff war in eine gut einen Meter tiefe Grube in den Lehmboden gebettet und wurde durch starke, waagerecht gelegte Balken in seiner Stellung gehalten. Außen und innen hatte man es bis an die Dollborde mit blauem Ton vollgepackt und darüber eine Schicht Moos und Haselstrauchzweige gelegt. Durch diese feste ‹Verpackung› erklärt sich der erstaunlich gute Zustand bei der Entdeckung. Vorder- und Achtersteven, und natürlich auch der Mast, waren da, wo sie aus dem Lehm herausragten, völlig vermodert. Der obere Teil der Verschanzung war durch das Gewicht der Erdmassen des Hügels nach innen gedrückt, doch im übrigen war das Schiff noch so gesund und offenbar noch ebenso seetüchtig wie bei seiner ‹Bestattung› vor wahrscheinlich rund tausend Jahren.

Bei der weiteren Freilegung am nördlichen Ende erschien hinter dem Mast eine ungewöhnliche Struktur: ein quadratischer, zeltartiger Raum aus kräftigen Stämmen. Nikolaysen, der an das Schiff von Tunö dachte, vermutete sofort eine Grabkammer. Enttäuscht, wenn auch nicht sehr überrascht war er freilich, als er feststellen mußte, daß jemand die Kammer, offenbar von rückwärts, aufgebrochen hatte. Schon beim Ausheben des jetzt fast vollendeten Grabens war ihm eine Stelle aufgefallen, wo er an der gelockerten Erde erkannte, daß dort bereits gegraben worden war, und zwar ein Schacht von der Hügeldecke bis zum Heck des Schiffes. Mit nur geringer Hoffnung, noch Wertvolles in der Kammer zu finden, befahl er, die als Dach dienenden Stämme abzunehmen, und ließ die Erde aus der Kammer werfen.

Wie erwartet, waren nur noch Fragmente vorhanden, die erkennen ließen, daß hier gründlich geplündert worden war. Immerhin fand man noch genug, um sich einen Begriff von der reichen Ausstattung dieses Begräbnisses zu machen. Das Verzeichnis enthält 122 einzelne Objekte, die wir hier nicht alle aufzählen können. In der Hauptsache waren es metallene Knöpfe, Schnallen und Endstücke von Riemen, aus Bronze, Blei oder vergoldetem Silber, also Zeichen, daß sich Mengen von Kleidungsstücken, Gürteln und Pferdegeschirr in der Kammer befunden hatten. Von den Textilien, die sicher einen großen Teil des Schatzes gebildet hatten, war nur sehr wenig dem Zahn der Zeit und den Plünderern entgangen. Ein langes Stück Seidendamast, mit Goldfäden durchwirkt, gab einen Begriff von den verlorenen Werten. Auch Teile einer hölzernen Bettstatt wurden gefunden, eiserne Beschläge von mehreren Kisten, Stücke von geschnitzten Tabletts, von einem Kasten, der als Brett für das Damespiel des Königs gedient hatte, sowie Steine dazu und ein Geldbeutel aus geschlitztem Leder. Zwischen diesen Resten lagen die Knochen eines Mannes, der nach dem Urteil der Anatomen über 1,80 Meter groß und über fünfzig Jahre alt gewesen sein mußte und offenbar durch Gicht teilweise gelähmt gewesen war.

So bot sich also der Inhalt der Kammer dar, wie die Plünderer ihn zurückgelassen hatten. Es kamen jedoch aus den übrigen Teilen des Schiffes noch viele unversehrte Stücke zum Vorschein, aus denen geschlossen werden konnte, daß das Schiff, als es eingegraben wurde, voll ausgerüstet und für eine lange

Reise mit Proviant versehen war. Riemen und Anker lagen, wo sie hingehörten, eine Laufplanke und drei Boote lagen an Deck, sowie ein Zelt und Zeltstangen mit viel Schnitzwerk und Drachenköpfen an der Spitze. Ferner gab es große und kleine Fässer, einen kupfernen Kochkessel und einen eisernen mit Dreifuß, Becher, Schüsseln und Teller aus Holz, fünf Bettstellen und einen hölzernen Schlitten.

Sehr erstaunt war man über ein ‹exotisches› Fundstück: hinter der Grabkammer, beim Ruder, lagen, auf dem Schiffsboden, die Knochen und Federn von einem Pfau.

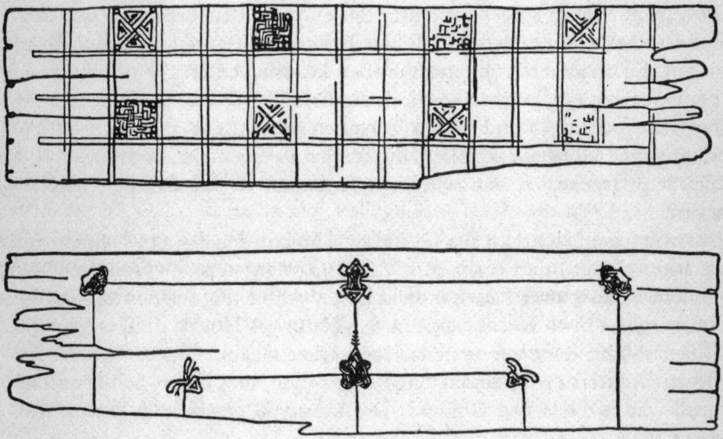

Abb. 66: Die erhaltenen Teile von König Olavs Spielbrett, aus dem Gokstadschiff.

Mitte Juli war die Ausgrabung vollendet. Jetzt erhob sich die große Frage, was man mit dem Schiff beginnen sollte. Der Witterung ausgesetzt bleiben durfte es nicht. Nikolaysen entschied sich für den Transport nach Oslo, da er es für noch stabil genug hielt, um es bis zum Strand bringen zu lassen, auf den es vor tausend Jahren gezogen worden war. Und das gelang. Mittels Winden wurde es aus der Grube gehoben, in zwei Hälften zerlegt und jede auf einem Schlitten mit Rädern von neun Pferden bis an den etwa einen Kilometer entfernten Seestrand gezogen. Der Transport dauerte über anderthalb Tage. Am Strand wurden die Hälften auf den einzigen im Fjord vorhandenen Ewer geladen, der groß genug war, das ganze Schiff aufzunehmen, und der es nach Oslo brachte, wo es auf dem Gelände der Universität aufgestellt und durch einen Schuppen geschützt wurde.

So kam ein norwegischer König aus uralter Zeit in die Hauptstadt des Landes. Und für zwanzig Jahre blieb das Gokstadschiff das Glanzstück des Universitätsmuseums, bis eine noch großartigere Entdeckung es in den Schatten stellte.

Am Sonnabend, dem 8. August 1903, feierte Gabriel Gustafson seinen fünfzigsten Geburtstag. Ein bescheidener ruhiger Gelehrter, der sich durch die Museen von Schweden und Norwegen zu seiner damaligen Stellung als Leiter des Universitätsmuseums und Professor für Vorgeschichte in Oslo emporgearbeitet hatte. Allgemein seiner stillen Klugheit wegen beliebt und geachtet, gehörte er nicht zu den ruhmsüchtigen Leuten. Aber der Ruhm sollte sich ihm aufdrängen.

Am Morgen seines fünfzigsten Geburtstags ging er, wie immer, ins Museum, wo ihn sein Personal mit Ansprachen und Geschenken begrüßte. Sein wichtigstes Geburtstagsgeschenk aber kam ganz überraschend. Gegen Mittag wünschte ein Fremder ihn zu sprechen. Gustafson empfing den Besucher, der sich vorstellte als Pächter eines Bauernhofs bei Oseberg im Vestfold, zwischen Borre und Gokstad. Er berichtete von einem großen künstlichen Hügel auf seinem Land, in dem er, neugierig geworden durch die Erfolge bei den Entdeckungen in der Umgebung, selbst hin und wieder gegraben hatte. Er sei jetzt dort auf zusammenhängende Holzteile gestoßen, die fraglos zu einem Schiff gehörten. Ob der Professor so freundlich sein würde, hinzukommen und es sachgemäß auszugraben?

Das war eine Nachricht für Gustafson! Er bat den Bauern, keinen Spatenstich mehr zu tun, und erschien am Montagmorgen schon früh am Fundort. Nachdem er dort zwei Tage sondiert hatte, sah er die Vermutung des Bauern bestätigt, denn beim Nachgraben in der Mitte des Hügels stieß er gegen einen Schiffsmast und daneben auf das Dach einer Grabkammer. Alsbald fand er auch den Achtersteven, dessen Lage ihm zeigte, daß dieses Schiff mindestens so groß war wie das von Gokstad. Der kunstvoll geschnitzte Steven war aus Eichenholz.

Der Bauer verlangte in seiner Begeisterung die sofortige Freilegung des Schiffes, doch Gustafson blieb hart, denn er hatte ihm schon erklärt, daß man ein Wikingerschiff nicht wie eine Rübe ausgraben könne. Da es auch in Südnorwegen manchmal schon im September friert, wäre es ein schwerer Fehler gewesen, eine Grabung von diesem Ausmaß noch Mitte August anzufangen. Auch mußten erst die Mittel zur Entlohnung einer Arbeitergruppe beschafft werden, mit der man im nächsten Frühjahr die Aufgabe richtig anfassen konnte.

Jetzt wurde der Bauer hartnäckig. Nach Gesetzen von alters her gehöre der Inhalt des Hügels ihm. Wohl sei er bereit und lege sogar Wert darauf, alles, was dort gefunden würde, dem Staat zu überlassen, dürfe aber doch wohl einen angemessenen Preis für das, was aus seinem Boden komme, verlangen. Er deutete auch an, daß man das Schiff ja ins Ausland verkaufen könne, falls der vom Staat angebotene Betrag zu gering erschiene. Die Verhandlungen zogen sich in die Länge, und erst im folgenden Juni wurde ein Vertrag geschlossen, laut dem nach der Ausgrabung die gefundenen Stücke unparteiisch geschätzt werden sollten und der norwegische Staat ein Vorkaufsrecht geltend machen konnte. Inzwischen verabschiedete das Parlament schleunigst ein Gesetz, das den Export von Altertümern verbot!

Am Tage nach der Unterzeichnung des Vertrages war Gustafson mit mehreren bewährten Ausgräbern und seinem erfahrensten Vorarbeiter zur Stelle. Für die erste Aufgabe: das Abheben der obersten Erdschichten auf der Fläche, die der vermutlichen Größe des Schiffes entsprach, reichten diese Männer und ein Dutzend in der Nachbarschaft angeworbener Hilfsarbeiter aus, doch beim tieferen Eindringen wurden noch die dafür schon vorgesehenen Spezialisten hinzugezogen. Haakon Shetelig, später Professor an der Universität Bergen, schloß sich als einer der ersten dem Unternehmen an und war die ganze Zeit Gustafsons rechte Hand. Nach und nach brauchte man noch einen Techniker zum Entwässern des Geländes, einen Werftingenieur für maßgerechte Zeichnungen des Schiffes, einen Konservator, um die an Bord gefundenen Gegenstände vorläufig zu behandeln und zu verpacken, und einen Polizisten, der das Gelände von unerbetenen Besuchern freizuhalten hatte.

Schon im ersten Stadium der Arbeiten zeigte sich, daß die Grabkammer beraubt war. Ein großes Loch in ihrem dreieckigen Dach verriet den Weg, den die Plünderer gegangen waren, und sogar der starke Dachbalken, an dem fünfzehn Mann zu tragen hatten, war durchgebrochen. Über die ganze Länge des Schiffes war der von den Räubern gezogene Graben zu erkennen, auf dessen Boden vierzehn hölzerne Spaten und drei Traggestelle gefunden wurden, die sie nach getaner Arbeit liegengelassen hatten. Da die Spaten genau den unter dem Schiff gefundenen glichen, die zweifellos aus der Zeit des Begräbnisses stammten, liegt der Schluß nahe, daß der Raub schon bald nach dem Eingraben des Schiffes erfolgt war.

In dem von den Plünderern angelegten Graben lagen noch vielerlei andere Stücke, offensichtlich aus der Grabkammer geholt und dann beiseite geworfen. Zwischen diesen befanden sich auch Teile von den Skeletten der beiden Toten in der Kammer, einer Frau von etwa dreißig und einer von etwa fünfzig Jahren. Von dem einen war nur noch sehr wenig vorhanden, das zweite ließ sich fast vollständig zusammensetzen: es fehlten nur ein Teil der rechten Hand, die Finger der linken und der linke Oberarm. Das sprach von einer gräßlichen Tat. Die Tote mußte an den Fingern beider Hände Ringe und wahrscheinlich am rechten Handgelenk und dem linken Arm schwere goldene Reifen gehabt haben, und die Plünderer hatten, um sich Mühe zu ersparen, diese Glieder einfach abgehackt und mitgenommen.

Von den sonstigen, im Graben der Diebe gefundenen Dingen sind zu erwähnen: größere Mengen wollener Stoffe und seidener Bänder, Eiderdaunen aus Kissen und gesteppten Decken, Bruchstücke von drei geschnitzten Kästen, ein kleines Faß voll Wildäpfel, hölzerne Eimer, Schöpflöffel und Schüsseln, darunter eine Schüssel in Fischform, Stücke von einem hölzernen Sattel und von zwei geschnitzten Bettstellen, ein Spazierstock mit einem als Hundekopf geschnitzten Griff und Teile eines Webstuhls.

Fast zwei Monate dauerte es allein, den vermutlichen Verlauf der Plünderung zu ‹entziffern›, wobei festgestellt wurde, daß der Graben der Räuber am Bug des Schiffes entlangführte, durch den sie rücksichtslos ein Loch geschlagen hatten, um ihre Beute aus der Kammer abzuschleppen. Teile des Drachenkopfes, der den Vordersteven gekrönt hatte, lagen verstreut zwischen den Resten in der Grabkammer. Ursprünglich hatte das Osebergschiff einen Vordersteven mit einer Spirale an der Spitze gehabt, die den Hals der Schlange darstellte, mit der die Legendenschreiber die ‹Langschiffe› der Wikinger oft verglichen haben. In der Mitte der Spirale befand sich der Kopf dieses ‹Schlangendrachens›.

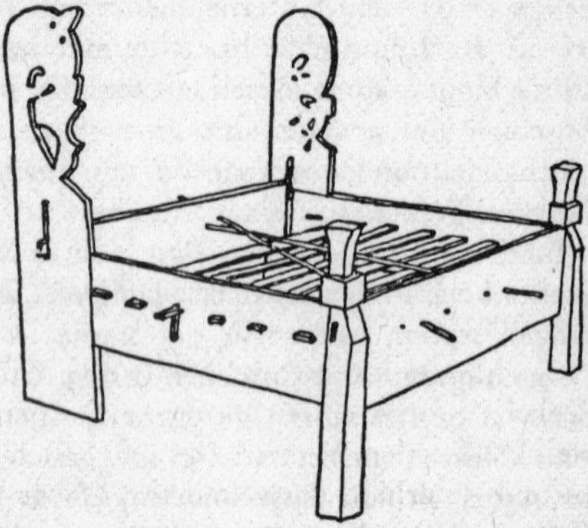

Abb. 67: Unter der Ausrüstung auf dem Vorderdeck des Osebergschiffs befanden sich Fragmente einer großen geschnitzten Bettstelle, die rekonstruiert wurde.

Als der Graben gründlich abgesucht war, wurde (es war Mitte August geworden) die beraubte Kammer genauer in Augenschein genommen. Wie zu erwarten, fand man dort keinen Gegenstand aus Edelmetall. Der etwa 5 × 5 Quadratmeter große Raum war so ausgeplündert, daß kaum ein Stück heil oder an seinem Platz geblieben war. Immerhin konnte von den größeren Gegenständen, die er enthalten hatte, nach den Bruchstücken ein ziemlich verläßliches Verzeichnis gemacht werden. Es hatten in ihm zwei Betten mit Kissen, Daunendecken und anderen Decken gestanden. Eine Rolle Teppichstoff war dagewesen und drei Webstühle, ein hoher und zwei kleinere für Flechtbänder und Spitzen. Auch der Stoff und das Tauwerk für ein Zelt oder Zeltdach wurden gefunden. Außerdem hatten zur Einrichtung der Kammer noch Kisten und mit Eisen oder Bronze beschlagene Fässer gehört. Von den Kisten waren nur zwei noch heil und nicht beraubt. In einer befanden sich Weizen und wilde Äpfel, die andere enthielt hölzerne Schüsseln und Becher, eiserne Messer und Scheren und weiteres offenbar in der Küche benutztes Gerät.

Alles das zeigte deutlich, daß es sich hier um das Grab einer Frau handelte. Sachen von Männern hatte man gar nicht gefunden, beide Skelette waren als weibliche identifiziert, und der Webstuhl sprach am deutlichsten dafür. Ohne Zweifel war hier eine reiche, hochgestellte Frau, höchstwahrscheinlich eine Königin, bestattet worden.

Ende August lag noch das halbe Schiff unter der Erde. Dem Leiter der Ausgrabung war die Verzögerung der vertraglichen Verpflichtungen schon sehr peinlich. Überdies erkannte man beim Freilegen des Fußbodens der Kammer zum erstenmal richtig den Schaden, den das Holzwerk des Schiffes durch die allmähliche Senkung des Erdbodens erlitten hatte. Da der Kiel gebrochen war, mußte man einsehen, daß es einen norwegischen Winter im Freien nicht mehr überstehen würde, andererseits aber, wenn man es bergen wollte, das nur stückweise geschehen konnte und man jeden Teil messen, numerieren und registrieren mußte.

Die Arbeit wurde, durch schönes Wetter begünstigt, in aller Eile fortgesetzt. Das Heck des Schiffes, hinter der Kammer, hatten die Plünderer nicht beschädigt. Als Kombüse vollständig eingerichtet, enthielt der Raum zwei eiserne Kochkessel, eine merkwürdig modern aussehende Bratpfanne sowie alles zum Zubereiten von Mahlzeiten nötige Gerät: hölzerne Mulden, Messer, Schöpflöffel und Beile, und sogar eine unversehrte Handmühle für Mehl. Auch der Proviant für die Küche war nicht vergessen: neben den Kochtöpfen lag das ganze Skelett eines Ochsen.

Beim Aufräumen des Platzes hinter dem Mast fand man noch den ganzen Satz Riemen und Takelzeug und entdeckte die prächtigen Schnitzereien am Achtersteven und den Dollborden. Dann konnte man sich dem vorderen Teil des Schiffes widmen und unterhalb des Plündderergrabens weiterforschen. Begonnen hatte die Freilegung im August, und im September kamen die Entdeckungen, die das Osebergschiff weit über Norwegens Grenzen hinaus berühmt machen sollten, an den Tag. Nicht nur wurde jetzt ersichtlich, daß das Schiff ein Staatsboot war, sondern auch die Staatskarosse der Königin, die sie für Landfahrten benutzte, an Bord hatte. Der ganze Vorderteil des Schiffes war mit einer dicken Schicht von Steinen bedeckt. Als diese entfernt wurden, fiel der Blick auf eine erstaunliche Menge von Gegenständen, die zwar durch das Gewicht und die Kanten der Steine in tausend Stücke zerkleinert, aber durch sie auch vor direkter Berührung mit dem rostbildenden Erdboden geschützt gewesen waren. Zwischen den Schiffsvorräten, den Wasserfässern, Riemen, Anker und Laufsteg lagen die Teile von einem vierräderigen Wagen und von vier Schlitten, alle mit feinen Schnitzereien verziert und in den noch wie frisch wirkenden Farben.

Allein die Fragmente der unschätzbar wertvollen Fahrzeuge in richtiger Reihenfolge zu numerieren war eine Arbeit, die äußerste Geduld und viel Geschick verlangte, doch bevor sie damit begannen, mußte alles erst in der Lage skizziert werden, in der man es entdeckt hatte. Außerdem mischte ein sofort herbeigerufener Kunstmaler schleunigst seine Farben, um die genauen Farbtöne des Anstrichs, die an der Luft rasch verblaßten, festzuhalten. Als man nachher die einzigartigen Reliquien Stück für Stück aufnahm, packte sie der Oberkonservator des Osloer Museums persönlich in Kisten zwischen feuchtes Papier und Moos, und zweimal wöchentlich ging eine Sendung an das Museum ab. Während dieser ganzen Zeit blieben Gustafson und Shetelig fast ununterbrochen am Fundort. Da der größte Teil der Arbeit nur von ihnen selbst gemacht werden konnte, wurden nur vier Erdarbeiter behalten. Bei der Bergung dieses kostbaren Erbes vergangener Herrlichkeit durfte keine ungeschickte Hand mitwirken.

Zuerst hob man die vielen Bruchteile des Wagens heraus, dann nacheinander die Stücke der Schlitten, deren Deichseln, alle mit ebenso schönem Schnitzwerk wie die Schlitten selbst, zusammen auf einem Stapel gelegen hatten. An der Verschanzung des Schiffes entlang lagen die Skelette der zehn Pferde, Gespanne von je zweien für die fünf Fahrzeuge. Die Tiere waren den Anzeichen nach geschlachtet worden, wie auch mindestens zwei von den vier Hunden, deren Knochen zwischen den Pferdeskeletten lagen.

Ohne Pause ging die Arbeit wochentags wie sonntags weiter. Und am 20. September, noch vor dem ersten Frost, lag das Schiff ganz frei. An diesem Tage wurde die Plane, mit der man die ausgegrabenen Teile inzwischen bedeckt gehalten hatte, abgenommen, so daß jetzt das Schiff einmal in seiner vollen Größe zu sehen war.

21 Meter lang vom Bug bis zum Heck lag es da, vom Kiel bis zum Dollbord knapp mannshoch, die prächtig geschnitzten, zum Teil abgebrochenen und gesplitterten Steven vorn und achtern jedoch doppelt so hoch. Mit dreißig Rudern ein wenig kleiner als das Gokstadschiff mit zweiunddreißig, war es ihm in der Konstruktion ähnlich, die Planken ‹geklinkert› und das starke Ruder an der Steuerbordseite angebracht.

Es wurde keine Zeit mit langem Betrachten des Schiffes verloren: sobald die nötigen Photographien gemacht waren, begann man, die Planken zu numerieren, die dann einzeln in den zu ihrem Schutz errichteten Schuppen nahe der Fundstelle getragen wurden. Am 5. November 1904 war die letzte Planke geborgen. Endlich konnte Gustafson aufatmen: er hatte sein Schiff unter Dach und Fach. Am 8. November fiel der erste Schnee des Winters. Um nur drei Tage hatten sie ‹das Rennen gewonnen›.

Während der Bergung der vielen Teile wurde die Erde rings um den Schiffskörper und dann unter seinem Liegeplatz ausgehoben. Hierbei kamen noch die Skelette von vier Pferden und einem Ochsen, die neben dem Schiff gelegen hatten, ans Licht, außerdem die hölzernen Spaten, Geräte desselben Typs wie die von den Plünderern benutzten. Diese Spaten waren liegengeblieben, als das Grab zur Aufnahme des Schiffes fertig war. Am 1. November war Gustafson nach Oslo zurückgefahren. Er hat Oseberg nie wieder aufgesucht.

Inzwischen hatte man noch mit anderen Schwierigkeiten zu kämpfen gehabt. Noch gehörte laut Gesetz das Schiff dem Besitzer des Bodens, auf dem es lag. Im August wurde, gemäß dem zwischen Gustafson und dem Landbesitzer geschlossenen Vertrag, der Wert der Entdeckung abgeschätzt, und im September machte die Regierung ein Kaufangebot für das Schiff. Da der Besitzer den Preis viel zu niedrig fand und ihn ablehnte, kam die Sache zum Stillstand, und in den letzten anderthalb Monaten der Grabungsarbeiten wußte keiner, was später mit dem Schiff geschehen würde.

Dann kam unerwartet Hilfe von anderer Seite. Der jetzige König Gustav

Adolf VI. von Schweden, der 1904 die Universität Oslo besuchte, ist ein eifriger und kenntnisreicher Archäologe, der damals schon Prähistorie studiert hatte. Er hörte im Winter vor der Ausgrabung Gustafsons Vorlesungen und beteiligte sich aktiv an den Vorbereitungen des Unternehmens. Einer der Freunde des Prinzen aus der Studentenzeit in Upsala, Leutnant Fritz Treschow, künftiger Erbe des größten Gutes im Vestfold, den Prinz Gustav Adolf für die Ausgrabung begeisterte, besprach, als er von den schwierigen Preisverhandlungen erfuhr, die Sache mit seinem Vater. Ende Oktober setzte sich Treschow senior mit dem Besitzer des Osebergschiffes in Verbindung, bewilligte und bezahlte ihm den geforderten Preis und schenkte das Schiff, ‹wie es lag›, der norwegischen Regierung. Durch diesen großzügigen Akt war die Zukunft der Entdeckung von Oseberg gesichert.

Die ungeheure Aufgabe, das Schiff zu konservieren, nahm viele Monate in Anspruch. Allein die Beschreibung, wie all die Holzteile durch Behandlung mit Dampf in ihre alte Form gebracht und genauestens aneinandergepaßt wurden, ist für unser Buch zu lang. Im Jahre 1907 war das Schiff fertig, neu gebaut in seinem ‹Behelfsheim› auf dem Gelände der Osloer Universität. So gut wie gar kein neues Bauholz wurde für die Rekonstruktion verwendet, und heute steht das Schiff, genau wie es dereinst aussah, im neuen Nationalmuseum auf Bygdoy, dank der Bemühungen A. W. Brøggers, der nach Gustafsons Tod (1915) dessen Lehrstuhl übernahm. Ringsum stehen die Schlitten, die Karosse und der sonstige Inhalt, ebenfalls aus den insgesamt Tausenden von Bruchstücken rekonstruiert. So stellt diese Sammlung den größten Schatz der norwegischen Nation dar und bleibt zugleich ein Denkmal für die beharrliche Arbeit Gabriel Gustafsons, der sich im langen Sommer und Herbst 1904 Tag und Nacht mühte, das Schiff vor den Elementen zu retten.

Die vorzeitig beraubten Begräbnisschiffe der Könige des Vestfold vermitteln eigentlich ein ebenso unbefriedigendes Bild von dem Reichtum, der einst in ihnen steckte, wie die geplünderten Pharaonengräber. Ein norwegischer Tut-ench-amon, also ein unversehrtes Königsgrab, ist bisher nicht entdeckt worden. Aber gerade die Lücken in den Verzeichnissen der gefundenen Objekte zeigen uns deutlich, mit was für Schätzen die Plünderer sich bereichert haben. Persönliche Schmuckstücke waren überhaupt nicht mehr vorhanden und, während von den Küchengeräten nichts fehlte, auch keinerlei Geschirr zum Essen und Trinken, weder Teller noch Schüsseln oder Becher, woraus wir schließen dürfen, daß diese Gefäße aus Edelmetall gewesen sind.

Ein Schimmer von dem verlorenen Reichtum ward 1939 an der Ostküste Englands sichtbar. Kurz vor Ausbruch des Zweiten Weltkriegs wurde bei der Erforschung eines Hügels bei Sutton Hoo in Suffolk ein Schiffsgrab freigelegt. Dieses Schiff, ebenso lang wie die von Gokstad und Oseberg, aber leichter gebaut, mußte seinem Inhalt nach aus der Zeit um etwa 700 n. Chr. stammen, also etwa anderthalb Jahrhunderte älter sein als die Wikingerschiffe vom Oslofjord. Es lag in Sandboden, und fast alles, was an ihm vergänglich war, hatte sich aufgelöst. Das Holzwerk des Rumpfs, Planken, Spanten und Rippen, war nur zu erkennen an den noch vorhandenen Reihen eiserner Nägel und Klammern. Bis in die Kammer war jedoch der Schacht, den, wie man feststellte, Plünderer gegraben hatten, nicht gekommen, denn ihr reicher Inhalt war intakt. Es waren: ein eiserner, aber vergoldeter und mit Silber beschlagener Helm, ein mit Blattgold ausgeschmückter Kampfschild und ein Schwert mit goldenem Griff und Edelsteinen am Knauf, die Ausrüstung des hier bestatteten angelsächsischen Fürsten. Massiv goldene Spangen und Schnallen mit kleinen Mosaiken aus Granat und Email hatten seine Gebrauchsgegenstände geziert. In der rein goldenen Umrahmung einer Geldtasche mit feinen, in Emailmalerei ausgeführten Schmuckmustern lagen noch vierzig Goldmünzen. Außerdem fand man nicht weniger als zehn silberne Schalen, zwei große Silberschüsseln, silberne Löffel und Kellen und mit Silber beschlagene Trinkhörner, sieben bronzene Kochkessel sowie eine Menge silberner und goldener Griffe, Beschläge und Stücke von Intarsien, die Gegenstände aus Holz, Leder und Tuch geschmückt haben müssen.

Sutton Hoo bildet eine Ergänzung zu Oseberg und Gokstad. Was die Diebe im Vestfold übriggelassen hatten, wurde in Suffolk vom Zahn der Zeit zerstört, und was sie in Vestfold geraubt hatten, blieb bei Sutton Hoo unversehrt. Mit gutem Grund dürfen wir annehmen, daß in den norwegischen Königsgräbern mindestens ebenso reiche Schätze gelegen hatten wie im Grabe des unbekannten Stammeshäuptlings am Gestade von Suffolk.

Die mit ihren Schiffen begrabenen norwegischen Könige und Königinnen sind nicht unbekannt. In einer Beweisführung von glänzender Logik hat Professor Brøgger zu den Grabstätten bei Gokstad und Oseberg die entsprechenden Abschnitte der Ynglingasaga, des Berichts vom heldischen Leben und Sterben der Könige vom Östfold und Vestfold, in Beziehung gebracht. Nach dem Stil des Schmucks an den gefundenen Stücken können diese beiden Grabhügel fast mit Bestimmtheit auf ungefähr 850 n. Chr. datiert werden.

Die Hauptgestalt jener Zeit war, nach der Ynglingasaga, die Königin Aasa, Tochter eines Königs in Westnorwegen. Sie hatte als junges Mädchen den schon alten König Gudröd vom Vestfold, der sie heiraten wollte, abgewiesen. Gudröd ließ sich das nicht gefallen: er tötete bei einem Überfall Aasas Vater und Bruder und zwang noch am selben Abend die Königstochter, seine Frau zu werden. Die Ehe war nur von kurzer Dauer. Aasa gebar ihrem Gatten einen Sohn, Halvdan, doch bevor dieser ein Jahr alt war, erlag Gudröd dem Speer eines Meuchelmörders. Der Täter war Aasas Kammerdiener.

Als König des Vestfold folgte Olav, Gudröds Sohn aus erster Ehe, und das Reich im Westen, das Aasas Vater regiert hatte, fiel an den noch unmündigen Halvdan. Als Halvdan erwachsen war, starb Olav, der schwer an Gicht litt. Er wurde im Gebiet von Geirstad (zu dem Gokstad gehörte) begraben, und Halvdan war nun der Erbe beider Königreiche. Aasa zog zu ihm ins Vestfold, und hierher brachte Halvdan alsbald seine Braut, Ragnhild, die er, ganz nach dem Vorbild seines Vaters, mit Waffengewalt raubte und, wie berichtet wird, in einem mit Schnitzwerk verzierten Zeltwagen heimführte. Ein Jahr später, kurz nachdem Halvdan einen Sohn bekommen hatte – jenen Harald Blondhaar, der später ganz Norwegen zu einem Königreich vereinte –, starb Aasa, im Alter von etwa fünfzig Jahren, und wurde mit großem Pomp im Vestfold begraben.

Es ist kaum zu bezweifeln, daß wir in dem Skelett des durch Gicht gelähmten Mannes im Gokstadschiff die sterblichen Reste König Olavs, des Sohnes von Gudröd, vor uns haben. Und sehr wahrscheinlich ist, daß im Osebergschiff die Königin Aasa ihre letzte Ruhestätte gefunden hat und ihres das Skelett der Frau in mittleren Jahren ist, das von den Räubern, die das Grab entweihten, unter dem Hügel rücksichtslos verstreut wurde.

Ein reizvoller Gedanke bei diesen Betrachtungen ist, daß der mit Schnitzwerk und Malereien verzierte Wagen, der das Prachtstück der Oseberg-Sammlung bildet, derselbe sein kann, mit dem König Halvdan die geraubte Braut nach Hause fuhr, die künftige Stammutter des heutigen norwegischen Königshauses.

Abb. 68: Geschnitzte Köpfe an Zeltstangen, vom Gokstadschiff. Schwarz und gelb bemalt wie die an der Verschanzung in Reihen aufgehängten Kampfschilde.

25 MAIDEN CASTLE

Das 19. Jahrhundert war das Jahrhundert des wissenschaftlich rationalen Denkens: man hielt alles, was ein Menschenhirn begreifen kann, für wissenswert. Im riesengroßen Speicherhaus von Raum und Zeit gab es für alles Denkbare ein Fach zum Ablegen, und die Wissenschaft setzte sich zum Ziel, an jedem das richtige Etikett anzubringen und alles, was war, was ist und was sein wird, korrekt zu registrieren.

Das Wunschbild von einem geordneten Universum verzerrte sich und zerriß unter dem Druck höchster Unvernunft im Ersten Weltkrieg. Da mußte der Mann der Wissenschaft jäh erkennen, daß er wohl die Wanderungen der Sterne vorausberechnen konnte, nicht aber die Reaktionen des einzelnen Menschen auf den simpelsten Anreiz. In jeder Wissenschaft erwies nur das Element Mensch sich als labil, und allein die Wissenschaften vom unendlich Kleinen und unendlich Großen waren frei von diesem unsicheren Faktor. Die Ironie der Dinge will es, daß gerade der liberale Wissenschaftler des 19. Jahrhunderts den Menschen als das Erzeugnis und zugleich als den Sklaven eines mechanisierten Ablaufs von Ursache und Wirkung ansah, während der Sozialwissenschaftler des 20. Jahrhunderts ihn wieder in seinen Stand als Individuum einsetzte, als den einzelnen, der aus nicht vernunftgemäß erklärbaren Motiven unberechenbar handelt.

Auf der Grenzlinie zwischen den ‹exakten› und den ‹sozialen› Wissenschaften (diese Unterscheidung ist an sich schon vielsagend) spiegelt sich auch in der Archäologie der Wandel der Anschauungsweise. ‹Der Archäologe gräbt nicht Dinge, sondern *Völker* aus›, sagt Sir Mortimer Wheeler im Vorwort des wertvollsten Buches, das bisher über Theorie und Praxis der Archäologie geschrieben wurde: *Archæology from the Earth (Archäologie aus der Erde*, 1953*)*. In diesem einen Satz ist die ganze Umwälzung der Archäologie erfaßt, die sich während seiner Lebenszeit, und in nicht geringem Maße als Ergebnis seiner Arbeiten, vollzog.

In den beiden letzten Kapiteln haben wir diesen Wechsel beobachten können. Die Forscher von La Tène und Hallstatt gruben zwei ‹Kulturen› aus der Erde. Als Resultat ihrer Arbeit haben wir eine Serie korrekt etikettierter Gebrauchsgegenstände, Waffen, Schmuckstücke und Töpferwaren, deren Weg durch ganz Europa, und somit die Ausbreitung dieser Kulturen in Raum und Zeit, wir nun beobachten können. Den Wert dieser neuen Kenntnisse wird niemand abstreiten. Und doch sind die Begriffe La Tène und Hallstatt sonderbar anonym, da sie uns nur bestimmte Muster und Formen von Waffen und Modelle von Gebrauchsgegenständen, also Dinge, nicht Menschen, ins Gedächtnis rufen. Man muß ein gutes Vorstellungsvermögen haben, um hinter den verschlungenen Ranken des ‹La-Tène-Stils› die hohe Gestalt des keltischen Kriegsmannes zu sehen, dessen grimmes Lächeln halb verdeckt wird von dem hängenden Schnurrbart, während er in die Flußtäler von Westeuropa hinausblickt, in friedliches Land, das ihm eines Tages mit Hilfe seines langen Eisenschwertes zufallen soll.

Bei den Schiffsbegräbnissen von Norwegen brauchen wir keine Phantasie. Während in Hallstatt erst die tausend Begrabenen uns zum Bilde des einzelnen Menschen jener Zeit verhalfen, sind Gokstad und Oseberg offensichtlich Gräber von Individuen, Vignetten aus wirklich gelebter Geschichte, in denen die damaligen Menschen vor unseren Augen lebendig werden.

Nicht nur zeichnen diese beiden Entdeckungen die Veränderung der Lebensweise und der Technik ab, sondern markieren auch die Endpunkte der hier betrachteten prähistorischen Periode. Hallstatt und La Tène überbrücken die Kluft zwischen der Zivilisation des Seehandels im Europa der Bronzezeit und dem Einbruch der Römer in das Land nördlich der Alpen. Und die Wikingerbegräbnisse erhellen sehr klar die Periode nach dem Zusammenbruch des Römerreichs, auf die unmittelbar die Ausbreitung des Christentums in Wort und Schrift und das Wirken christlicher Chronisten im größten Teil des bislang heidnischen Europas folgten.

Die Jahrhunderte zwischen diesen beiden Extremen sind die Domäne des klassischen Historikers und Archäologen. Historiker des Römischen Reiches gibt es sehr viele, und die Entwicklung der klassischen Archäologie ist eine lange Geschichte für sich. Dem Chronisten der nicht-klassischen Archäologie für Nordeuropa bleiben noch zwei Aufgaben, zwei Fragen zur Beantwortung: Wie haben die Menschen von La Tène, also in Westeuropa, auf den Einbruch der römischen Truppen reagiert? Und: Wie lebte man in den Gebieten östlich des Rheins und nördlich der Donau, in die Roms Legionen nie eindrangen? Die Antwort geben zwei der schönsten Ausgrabungen der letzten Jahre.

In Südengland erstrecken sich auf einer Anhöhe im Dünenland von Dorset die gewaltigen Erdwerke von Maiden Castle über ein Gelände von vierzig Morgen, ein Anblick, der, um mit Thomas Hardy zu sprechen, an eine ‹gigantische, vielgliedrige Kreatur aus vorsintflutlichen Zeiten› erinnert. Mehrere Ringe von

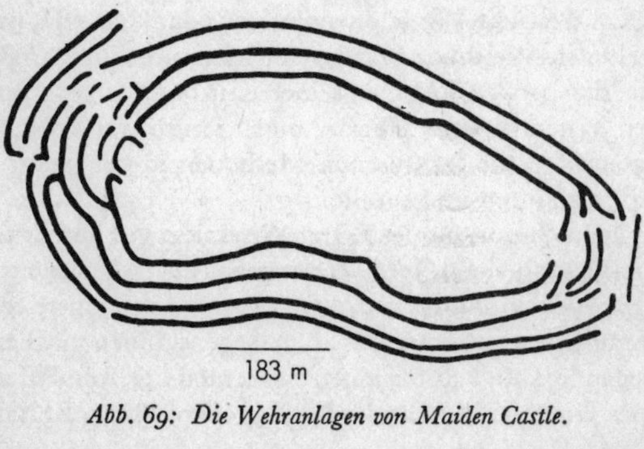

Abb. 69: Die Wehranlagen von Maiden Castle.

Festungswällen ragen teilweise noch jetzt bis zwanzig Meter hoch, und am östlichen Ende liegt ein aus sieben Reihen von Dämmen und Gräben bestehender labyrinthischer Zugang zu dem inneren freien Platz.

Im Gegensatz zu den ‹umwallten› Lagerplätzen der Steinzeit ist Maiden Castle eine Verteidigungsanlage, in ihrer Art nicht ohne Beispiel. Es ist nicht einmal die größte der Erdfestungen, von denen es auf den Höhen Südenglands viele gibt, ist aber durch die komplizierte Anlage der Verteidigungswälle und Gräben besonders eindrucksvoll.

Bis 1934 war über die Geschichte von Maiden Castle noch nichts bekannt. Man nahm an, daß die Anlagen, wie die übrigen Erdwerke mit Wall und Graben, aus der vor-römischen Eisenzeit stammten, also den fünf Jahrhunderten zwischen dem Erscheinen der ersten keltischen Schwertträger von La Tène und der Eroberung Britanniens durch die Generale des römischen Kaisers Claudius, um die Mitte des 1. Jahrhunderts n. Chr.

Im August 1934 konnte man eine Schar von Vorgeschichtsforschern beobachten, die tiefe Grabungen in der Umwallung vornahmen. Muskulöse britische Straßenarbeiter arbeiteten hier Seite an Seite mit Studenten und Studentinnen von der Hälfte der Universitäten des Britischen Weltreichs. Die Leitung hatte ein großer, etwas spöttisch blickender Mann in mittleren Jahren: Dr. Wheeler von der Universität London.

Wie der Ruhm eines Worsaae und Montelius auf Gordon Childe überging, so schmückt jetzt, symbolisch gesehen, der Mantel des Generals Pitt-Rivers unzweifelhaft die breiten Schultern des Brigadiers Sir Mortimer Wheeler. Es ist auch kein Zufall, daß beide Soldaten von hohem Rang waren. Gewiß ist Mortimer Wheeler von Beruf Archäologe und war Soldat nur für die Kriegszeit, doch ist seine Begabung auf beiden Gebieten gleich groß. Wie er seine Artilleriebrigade gleichsam mit der Einsicht des Prähistorikers führte, so plant und unternimmt er seine Ausgrabungen mit dem taktischen Geschick und der strategisch einseitigen Energie eines kommandierenden Generals.

Auch 1934, als Dr. Wheeler noch nicht Brigadier, noch nicht geadelt war und sein Name noch nicht zu den bekanntesten in den britischen Fernsehprogrammen gehörte, war sein Wort in der Archäologie, der er sich verschrieben hatte, schon von großem Gewicht. Wir können ihm sehr dankbar sein, daß er den (bei Archäologen seltenen) Weitblick besaß, seine Memoiren zu schreiben, da wir in ihnen nicht nur den großen Etappen seiner Laufbahn folgen können, sondern auch beurteilen lernen, welche Überlegungen ihn so weit führten und seinen Glauben festigten, daß die technischen Methoden in der Altertumsforschung verbessert werden konnten und mußten.

Wheeler war beim Ausbruch des Ersten Weltkriegs vierundzwanzig Jahre alt und arbeitete seit knapp einem Jahr als noch sehr jugendlicher Forscher bei der *Royal Commission on Historical Monuments*, für die er Verzeichnisse von den in Kirchen und auf Landsitzen vorhandenen alten Gegenständen machen mußte, eine nicht sehr anregende Tätigkeit für einen Studenten der Römischen Geschichte an der Londoner Universität. Wheeler hatte größere Pläne. Er hatte bereits die

Museen und Ausgrabungsstellen im Rheinland besucht und die Ergebnisse, nicht minder aber die Methoden der Forscher studiert, die an der römisch-germanischen Grenze arbeiteten. Die deutsche ‹Reichslimeskommission› hatte sich seit vielen Jahren der Mitarbeit hoher Offiziere der Kaiserlich Deutschen Armee erfreut, so daß durch diese praktisch und realistisch denkenden Männer beim Studium der zweitausend Jahre alten militärischen Grenze gleichsam frisches Leben in die toten Knochen der Prähistorie gekommen war. Und das blieb nicht ohne Einfluß auf den jungen englischen Studenten.

Freilich widmete sich die Kaiserlich Deutsche Armee nicht ausschließlich der Vergangenheit, und so mußte 1914 Wheeler, als Offizier bei der britischen Feldartillerie, die alten Grenzen zwischen Gallien und den Germanen mit verteidigen, wie es die römischen Legionäre nach ihrem Rückzug aus Britannien ungefähr vierzehnhundert Jahre vor ihm getan hatten.

Es ist kaum zu bezweifeln, daß den jungen Batteriekommandeur die Szenerie des Großkampfs, wie die taktische Artillerie ihn sieht, geistig ebenso anregte, wie eine gut vorbereitete Ausgrabung: das systematische Trommelfeuer ließ sich vergleichen mit dem systematischen Anlegen von Gräben; die Erkundung des Geländes nicht nur in Hinblick auf die eigenen Vorteile, sondern auch auf die des Gegners, sowie vor allem die Notwendigkeit, sich ständig vor Augen zu halten, daß das Ziel der eigenen Tätigkeit ‹nicht Dinge, sondern Menschen› waren – all das machte den jungen Archäologen zu einem besseren Soldaten und den Soldaten zum besseren Archäologen.

1919 wurde Mortimer Wheeler im Majorsrang demobilisiert und fand sich wieder in einer Stellung für ganz junge Assistenten bei der Königlichen Kommission für Denkmäler der Vorzeit. Das war aber nichts mehr für einen strategisch begabten früheren Offizier. So gab er diese Tätigkeit nach kurzer Zeit auf und bekam den Posten als Verwalter der Abteilung Archäologie am Nationalmuseum von Wales.

Ein wirkliches Nationalmuseum dieses Namens existierte jedoch gar nicht, sondern nur eine Sammlung ohne schützendes Haus und ohne ein zu ihrer Erhaltung beisteuerndes Publikum. Wheeler machte sich an die Arbeit, beide Lücken auszufüllen. Im Lauf von sechs Jahren, zuletzt schon als Direktor des Museums, leitete er eine Reihe von Ausgrabungen an früheren römischen Stützpunkten in Wales. Bei der Auswahl berücksichtigte er nicht allein die historische Bedeutung der einzelnen Plätze, sondern ihre besondere Lage, um vor allem die Menschen in der engeren Heimat für das Werk zu interessieren. Der Erfolg seiner Methoden fand Bestätigung darin, daß sein letztes Unternehmen, die ‹Attacke auf die Legionärsfestung bei Caerleon›, durch eine der führenden Zeitungen Englands finanziert wurde, als Gegenleistung für die alleinigen Abdrucksrechte der Berichte über den Verlauf der Ausgrabung. Ehe Mortimer Wheeler von Wales nach London übersiedelte, waren die Darlehen für den Bau des Museums restlos abgezahlt, das Museum stand und wurde vom englischen König feierlich eröffnet.

Im Verlauf seiner Arbeiten in Wales konnte Dr. Wheeler, dem es immer imponierte, wie viele fleißige Archäologiestudenten in England zum Vorschein kamen, nicht verkennen, wie beklagenswert dürftig die Möglichkeiten waren, ihnen auch nur die einfachsten Ausgrabungsmethoden beizubringen. Erstaunt und entsetzt stellte er fest, daß in der Wissenschaft der Fundstättenforschung seit Pitt-Rivers nicht nur keine Fortschritte zu verzeichnen waren, vielmehr im Gegenteil durchweg schlechter gearbeitet wurde als unter den Richtlinien des Großen Generals. Er beschloß, diesen Mängeln abzuhelfen. Bevor er Wales verließ, um die Leitung des Londoner Museums zu übernehmen, hatte er die Blaupausen zum Bau eines unter der Ägide der Londoner Universität stehenden Instituts für Archäologie fertig.

Dieses Institut war, als es nach zehn Jahren endlich stand, in Europa einzigartig und ist es noch heute. Institute, in denen Prähistorie gelehrt wird, gibt es genug, doch das Londoner ist eine Klasse für sich. Es wurde, wie der Vorsitzende der Planungskommission 1937 bei der Eröffnungsfeier erklärte, ein «Laboratorium der archäologischen Wissenschaft, in dem der Archäologe der Zukunft sich das grundlegende Wissen für seinen Beruf aneignen kann». Er sagte weiter: «In diesem Institut soll der Studierende dreierlei unbedingt finden, nämlich: Material für seine Arbeit, Unterricht in der Behandlung antiker Gegenstände und Ausbildung in archäologischen Forschungsmethoden, deren Ergebnisse er in der rechten Weise festzuhalten hat... Nach der Natur der Dinge sind die Möglichkeiten zur Verfeinerung der Methoden unbegrenzt...»

Erklärtes Ziel des Instituts war, die britische Ausgrabungstechnik wieder auf den hohen Stand zu bringen, den Pitt-Rivers bei Cranborne Chase gehalten hatte, unter gleichzeitiger Anwendung der seither verfeinerten Methoden. Hierfür war also die Bezeichnung Laboratorium nicht unpassend. Schon für die zeitliche Einstufung von Objekten mußte der Studierende gute Kenntnisse in Geologie und Botanik haben, wozu bald noch die Spezialwissenschaft der Nuklearphysik kommen sollte. Fluorproben zur vergleichsweisen Schätzung des Alters von Knochen, Phosphorproben zum Feststellen unkenntlich gewordener Ansiedlungen, Luftphotographie, Keramik-Analysen, Petrographie und die Kristall-Analyse von Metallen, das alles waren neue Entwicklungen, mit denen er sich vertraut machen mußte. Und außerhalb des Labors mußte er Probleme der Pflanzen-Ekologie und der ersten Ackerbauperioden im Felde zu lösen versuchen, mußte Gelände vermessen, zeichnen und photographieren können, vor allem aber die Grabungstechnik beherrschen und jedes ausgegrabene Stück dreidimensional beschreiben und entsprechend einstufen können.

Ein Institut für Archäologie fand mehr als genug Arbeit, und selbst bis heute sind die vielen Verzweigungen dieser Wissenschaft noch längst nicht alle erschlossen.

Im Jahre 1934, als Wheeler seine Studenten und seine erfahrenen Spatenarbeiter, nach einer Reihe erfolgreicher und in der Presse ausführlich gewürdigter Ausgrabungen in der ehemaligen Römerstadt Verulamium bei St. Albans, nach Maiden Castle dirigierte, um dort die Erdwälle zu erforschen, war für das Londoner Institut noch kaum der erste Stein beschafft. Die Arbeiten bei Maiden Castle wurden zum Musterbeispiel für alles, was ein Institut dieser Art lehren sollte.

Die moderne Ausgrabungsmethode, wie Sir Mortimer Wheeler sie zu höchster Vollendung brachte, beruht im wesentlichen auf der Abschnittsteilung. Ob nun Gräben quer über das Gelände gezogen werden, das man erforschen will, ob durch Ausheben von Reihen rechteckiger Stücke, zwischen denen man Pfeiler von Erde stehenläßt, eine große Fläche in Angriff genommen wird – Richtlinie bleibt immer, daß die Seiten bei einer Ausgrabung wichtiger sind als das Mittelstück. Am senkrechten Aufbau der Erdschichten kann der Ausgrabende, wenn er sie unberührt läßt, die in geschichtlichen und vorgeschichtlichen Epochen bewirkten Veränderungen beobachten. Hier wird der Verlauf des Lehmfußbodens, dort der Querschnitt eines Grabens zum Aufbauen oder Abtragen einer Wand, anderswo ein Streifen von Holzkohle, werden Knochen und Scherben, die eine Behausungsschicht anzeigen, wieder an anderer Stelle die Umrisse von Grassoden, wo eine Befestigung gebaut worden war – werden alle diese Anzeichen mehr enthüllen als vereinzelte Bruchstücke von Wänden, wie sie übrigbleiben, wenn man die ganze Erde aushebt. Insbesondere enthüllen diese Querschnitte das Verhältnis des Alters der Wandungen zum Alter der in ihnen liegenden Artefakte. Bei zwei unter einem Wandfundament liegenden Schichten von Behausungsabfällen ist natürlich die untere die ältere. Liegen verhältnismäßig moderne Töpferwaren in einer älteren Schicht, wie das sehr wohl vorkommt, so wird durch deren im Querschnitt sich abzeichnende Umrisse die klare Unterscheidung möglich und Konfusion vermieden.

Als sich bei Maiden Castle das Netz gradliniger Aushebungen tiefer abzeichnete, stieß man in den ‹Maschen› auf komplizierte Überlagerungen von Bauresten aus früheren Perioden, an denen die Benutzung dieser Anhöhe von der Steinzeit ab bis in die spätrömische Periode sichtbar wurde. Nur weil man von den einzelnen Sektionen beim Ausgraben unzählige Skizzen gemacht hatte, ließ sich verhüten, daß in einem Wirrwarr von Artefakten aus fast allen prähistorischen Epochen die geschichtliche Beurteilung des Geländes unmöglich wurde.

Den Hügel bewohnten zuerst Ackerbauer der Steinzeit, die um 2000 v. Chr. auf seiner Kuppe ein unbefestigtes Dorf bauten. Auf dessen Ruinen lagen die Überreste eines fast sechshundert Meter langen, vermutlich in den folgenden fünfhundert Jahren aufgeworfenen Hügelgrabs, in dem nichts aus der Bronzezeit gefunden wurde. Hieraus zog Sir Mortimer den Schluß, daß in dem trockneren, wärmeren Klima zwischen 1500 und 500 v. Chr. der Mangel an Wasser die Menschen zum Verlassen der Hügelkuppe gezwungen hat.

Mit dem Beginn der Eisenzeit in Britannien, um 500 v. Chr., wurde das Klima in ganz Europa allmählich kälter und feuchter. (Wir werden nachher, bei Polen, noch darauf zu sprechen kommen.) Hundertfünfzig Jahre später war der Hügel von Maiden Castle wieder bewohnt, und diesmal stand dort das erste richtige *Castle*, eine Burg also, bestehend aus einem einfachen Graben vor einem mit Steinen belegten Erdwall, der ein etwa sechs Morgen großes Gelände umschloß. Zwei Jahrhunderte später (für die Lebensdauer einer Burg keine lange Zeit) wurde sie vollständig umgebaut. Das geschah um die Mitte des letzten Jahrhunderts v. Chr., als Cäsar Frankreich eroberte und nach England übersetzte.

Demnach können die aus der Bretagne neu ankommenden Siedler, die damals die Befestigungen von Maiden Castle erweiterten, sehr wohl Flüchtlinge gewesen sein, die den römischen Truppen auswichen. Sie hatten Erfahrungen im Gebrauch der Schleuder, die im Norden als Waffe noch unbekannt war und den Verteidigern der üblichen Erdwälle so gefährlich wurde, wie, vergleichsweise, im ersten Weltkrieg das Maschinengewehr und die Gewehrgranate dem Verteidiger mit einfachem Gewehr. Jetzt wurden mehrere Gräben und Erdwälle angelegt, um ihre Vorräte und Reservewaffen aus der Reichweite der Schleuder zu entfernen und die Angreifer möglichst lange unter Beschuß halten zu können. Die Vermehrung der Burggräben und Wälle seit jener Zeit ist nicht der einzige Beweis für den Gebrauch der Schleuder: Wheelers Studenten fanden, an günstigen Plätzen innerhalb der Wälle gestapelt, Tausende von gleichmäßig runden Kieselsteinen, offenbar am Strand in der Nähe gesammelt und für den Fall eines feindlichen Angriffs als Munitionsvorrat in die Burg gebracht. Sie haben den Verteidigern wenig genützt, denn kaum eine Generation später befand sich die Festung in den Händen ‹belgischer Fürsten, die vielleicht durch den auf ihre Macht eifersüchtigen König Cunobelin von Colchester (Shakespeares ‹Cymbelin›) aus der östlichen belgischen Zone in Britannien herausgedrängt waren›.

Auch ihre Herrschaft war kurz. Trotz seiner zwanzig Meter hohen Wälle mit vier Meter hohen Mauern davor und hölzernen Palisaden auf dem Kamm, fiel Maiden Castle im Jahre 44 n. Chr. unter den Schlägen der römischen ‹Artillerie›. Auf sicheren archäologischen Beweisen fußend, hat Wheeler die Ereignisse jenes Tages so gut rekonstruiert, daß wir sie uns am besten in seinen eigenen Worten erzählen lassen:

‹Auf der Ostseite befinden sich zwei Torwege, für Ein- und Ausgang, die sich nach außen auf einen halbmondförmigen Vorhof öffnen . . . In diesem Hof fanden wir zuerst Asche und die Pfostenlöcher von verbrannten Hütten. Hier und da lagen in der Asche die eisernen Köpfe römischer Katapultgeschosse. Beim Weitergraben kamen wir auf mit Erde und Asche gefüllte Aushöhlungen. In jeder lag ein menschliches Skelett, in manchen waren zwei. Als wir sie allmählich freigruben, sahen wir kreuz und quer Skelette in allen denkbaren Verrenkungen liegen. Offenbar hatte man sie ganz achtlos in ihre primitiven Gräber geworfen. Einige andere Merkmale klärten diese Frage.

Erstens hatten diese Toten ein gewaltsames, zum Teil sehr grausames Ende gefunden, denn bei vielen waren die Schädelknochen von schweren Beilhieben gekerbt. Einer hatte nicht weniger als neun tiefe Rillen. Da die Wunden entweder auf der Schädeldecke, an der Stirn oder am Hinterkopf saßen, waren es vermutlich Kampfverletzungen, nicht die Spuren systematischer Hinrichtungen. Besonders bestätigte uns das ein Schädel mit einem viereckigen Loch von einem römischen Katapultbolzen und noch überzeugender ein zweites Skelett mit einer noch tief im Rückgrat steckenden eisernen Pfeilspitze.

Zweitens: es waren sowohl männliche wie weibliche Skelette: 23 Männer und 11 Frauen konnten identifiziert werden. Die Frauen hatten im letzten wilden Ringen Schulter an Schulter gemeinsam mit ihren Männern gekämpft.

Drittens aber waren die Toten, trotz des Wirrwarrs in diesem Massengrab, von ihren Freunden noch mit einem gewissen Anstand bestattet worden, denn bei den meisten lagen Eßschalen, bei einem auch der landesübliche Feldbecher für Speise und Getränk...

Nun war es leicht genug, sich den Ablauf der Ereignisse vorzustellen. Vor Beginn des Nahkampfes hatte das Regiment der *ballistae*, der Katapultschleuderer (die auf Kriegszügen zu jeder Legion gehörten), ein Trommelfeuer hinter die Tore gelegt, das den Verteidigern sofort Verluste brachte. Anschließend hatte die römische Infanterie den vorderen Hang gestürmt und sich mit dem Schwert von einem Wall zum andern und von Kampfturm zu Kampfturm durchgeschlagen. Die von den Verteidigern erst kurz vorher unmittelbar beim Tor gebauten Hütten wurden von den Römern in Brand gesteckt, alsdann in Qualm und Flammen die Tore gestürmt. Da zäher Widerstand geleistet wurde, mußte der Angriff mit äußerster Härte geführt werden. Es kam zu einem Massaker, bei dem man auch die Verwundeten nicht schonte. Schließlich wurden die Tore zertrümmert und die Mauern an beiden Seiten so zerstört, wie wir sie neunzehnhundert Jahre später vorfanden.

Was der Eroberung folgte, ist leicht zu erraten. In jener Nacht, als die Lagerfeuer der Legionen in geordneten Reihen das Tal beleuchteten, krochen die Überlebenden aus den letzten Schlupfwinkeln ihrer zerstörten Festung und begruben ihre Toten so nahe wie möglich an den zerschlagenen Toren, da, wo die Asche der verbrannten Hütten noch warm und dicht auf dem Boden lag. Diese Aufgabe wurde in angstvoller Hast und ohne Ordnung durchgeführt. Viele Tote lagen noch in Leichenstarre, verrenkt und verdreht wie sie im Kampf gefallen waren. Jedenfalls waren die Überlebenden nicht in der Verfassung, die bei Begräbnissen üblichen Bräuche zu beachten. Und doch vergaßen sie bei nur wenigen der Gefallenen die Beigaben von Speise und Trank, die zu ihrem Totenkult gehörten. Der ganze Kriegsfriedhof zeugte, wie wir ihn vor uns sahen, deutlich von der damals herrschenden Aufregung. Hier hatten Menschen, hin und her gerissen zwischen Totenverehrung und Angst, hastig, aber trotz Finsternis und Ermattung nicht ganz ohne Verstand gehandelt. Bestimmt sind nirgends in der Erde von Britannien Tote in einer so tragischen Atmosphäre bestattet worden...›

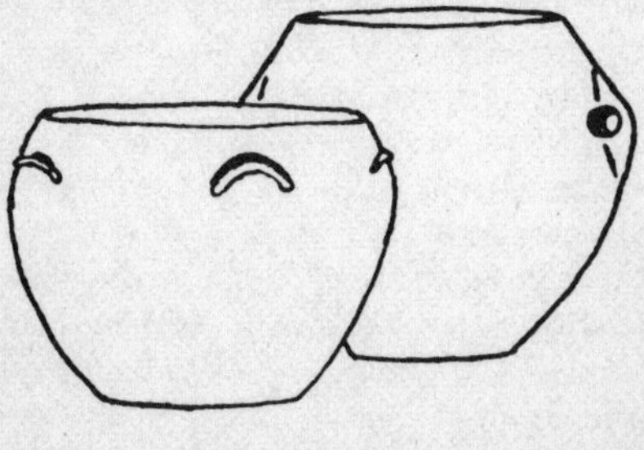

Abb. 70: Die schlichten, bei den letzten Verteidigern von Maiden Castle gebräuchlichen Töpfereien.

So rekonstruierte ein Meister der archäologischen Aufklärungskunst die Geschehnisse eines einzelnen Tages vor dem Beginn gültiger Geschichtsschreibung, und ebenso meisterhaft knapp wußte er die wissenschaftlichen Folgerungen zu formulieren.

Mortimer Wheeler war einer der ersten, die sich klarmachten, daß sehr viele Menschen mit Ungeduld auf die erregenden Ergebnisse der archäologischen Forschung warteten, die bisher hinter der ihnen schwer verständlichen Sprache rein fachlicher Abhandlungen verborgen geblieben waren. Er beauftragte seine Studenten, den Tausenden von Besuchern, die nun nach Maiden Castle kamen, aus dem Stegreif über den Verlauf der Grabungen zu berichten. Und die Besucher dankten es ihnen, indem sie mit ihren halben und ganzen Schillingen, die sie in die Sammelbüchse warfen, einen großen Teil der Kosten dieser Arbeit aufbrachten.

Nach dem Zweiten Weltkrieg, in dem er Kommandeur einer Artilleriebrigade war, und nachdem er noch ein paar Jahre die Altertumssammlungen in Indien und Pakistan reorganisiert hatte, verstand es Sir Mortimer, die Zusammenarbeit der Archäologen mit dem Laienpublikum so populär zu machen, wie niemand es für möglich gehalten hätte. Heute ist er mit seinem scharfen Blick und seinem ‹Lenkstangenschnurrbart› schon Millionen Menschen am Fernsehgerät vertraut, und die British Broadcasting Corporation hat bereits eine Reihe archäologischer Unternehmungen finanziert, die für die Prähistoriker, auch als Experiment, unschätzbar wertvoll sind und vor dem Fernsehschirm von zahllosen ‹Sehern› begeistert verfolgt werden.

26 Biskupin

Aus der Halle eines früheren Gutshauses dröhnen im Echo, von rauhen Kehlen gesungen, die Töne eines Liedes in die kalte Morgenluft. Durch die Fenster bestrahlt die Sonne etwa fünfzig Männer und Frauen, die, an langen Tischen stehend, die vertrauten Verse ihres Nationalliedes schmettern, wobei sie im Takt stampfen zu der noch von Mandolinen begleiteten Musik aus dem Lautsprecher.

Am Kopfende eines Tisches sitzt ein etwa fünfzigjähriger breitschultriger Herr, der das Konzert durch Schwingen seiner mächtigen Fäuste leitet und den Refrain mit einer Stimme intoniert, die den ganzen Spektakel übertönt.

Ungefähr eine halbe Stunde dauert der Gesang, dann hört er so jäh auf wie er angefangen hat, und die Gesellschaft stürzt sich über das gewaltige Mahl, das schon aufgetischt ist.

Hier bereitet sich eine Schar von Prähistorikern auf die Tagesarbeit vor. Wir befinden uns in Polen, ungefähr achtzig Kilometer nordöstlich von Poznan (Posen) im Nordteil des ehemaligen ‹Grand Pologne›, am Rande des Dorfes Biskupin. Die Männer und Frauen sind Studenten, Architekten, Konservatoren und Assistenten von Museen und Doktoren der Philosophie. Der Mann am Kopfende des Mitteltischs ist Dr. Zdislaw Rajewski, Leiter des Großen Polnischen Museums in Warschau, einer der gewissenhaftesten Archäologen Europas.

Die Geschichte Biskupins begann vor über zwanzig Jahren. Das Dorf liegt am Westufer eines kleinen Sees, deren es im bewaldeten Gebiet von Nordpolen viele gibt. Im Süden ragt eine Halbinsel in den See, eine breite Zunge ebener mooriger Wiesen. Durch den See von Biskupin fließt die Gasawka. Als 1933 dieses Flüßchen vertieft wurde, sank der Spiegel des Sees um etwa einen halben Meter. Der Dorfschullehrer, Walenty Schweitzer, bemerkte an den nun breiter gewordenen Ufern der Halbinsel mehrere Reihen schräg stehender Balken, die er für Dächer unter Wasser liegender Häuser hielt.

Er meldete seine Entdeckung dem Museum in Posen. Im folgenden Sommer begann der Leiter des Museums, Josef Kostrzewski, versuchsweise dort eine Ausgrabung.

Das Ergebnis war verblüffend. In den als Stichproben durch ein Gelände von zweieinhalb Morgen gezogenen Gräben stieß man überall auf Baumstämme. Anfangs, ziemlich dicht unter der Oberfläche, waren es viele Stämme in wirrem Durcheinander, unter diesen aber standen in Reihen zugeschnittene und behauene Balken. Allmählich wurde erkennbar, daß die ganze Halbinsel aus mehreren Schichten kreuz und quer aneinander befestigter Balken bestand. Dazwischen hielten Stümpfe senkrechter Pfosten von etwa einem Meter Höhe noch waagerechte Wände zusammen, die aus mit Nut und Feder gearbeiteten Balken bestanden. In diesem Wirrwarr von Hölzern fand man Knochen, Asche und Topfscherben als vertraute Zeichen, daß dort einmal Menschen gelebt hatten.

Die Scherben stammen von Töpfen der um die Mitte des ersten Jahrtausends v. Chr., zu Beginn der Eisenzeit, in Polen gebräuchlichen Arten.

Josef Kostrzewski gebührt Dank dafür, daß er sofort die Bedeutung dieser Fundstätte erkannte. Bei der Größe der Konstruktion und der besonders guten Erhaltung des Holzes in dem moorigen Wasser durfte man annehmen, daß sich hier eine großzügige Ausgrabung lohnte, auch wenn sie viel Zeit beanspruchte. Biskupin mußte um 700 v. Chr. ein großes Dorf, vielleicht eine Stadt, gewesen sein, und größere Orte aus jener Zeit gab es in ganz Europa nur wenige. Einer, in dem die Hauswände zum Teil noch standen, war unbedingt einzigartig, ein Phänomen, das man nur mit den erst tausend Jahre später vom Vesuv verschütteten Städten Pompeji und Herculaneum vergleichen konnte.

Kostrzewski gehörte schon damals zu den am längsten an der Posener Universität tätigen Professoren. Zur Zeit dieser Ausgrabung noch unter fünfzig, hatte er schon seit fünfzehn Jahren eine Professur für Vorgeschichte, die erste an dieser neuen Fakultät, und war als bester Prähistoriker Polens weithin ge-

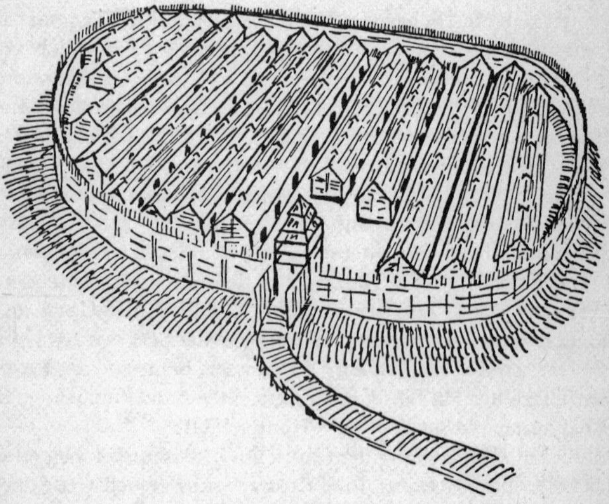

Abb. 71: Rekonstruktion der polnischen Stadt Biskupin aus der Eisenzeit, die umschlossen war von einem Bollwerk auf in den See gerammten Baumstämmen.

achtet. Heute betrachten die Vorgeschichtsforscher von Osteuropa diesen nun im Ruhestand lebenden stillen Gelehrten mit der schönen Stirn und dem kleinen grauen Schnurrbart als den Meister ihres Fachs.

Es gelang ihm damals, mit dringenden Hinweisen auf die Bedeutung einer Fundstätte wie Biskupin und unter Einsatz seiner ganzen Autorität, von der prähistorischen Abteilung des Großen Polnischen Museums ausreichende Geldmittel für die bis dahin in Europa größte und langwierigste Ausgrabung zu bekommen.

Mit über fünfzig Arbeitern und Studenten der Universität Posen begann er eine systematische Grabung, die mehrere Jahre fortgesetzt und erst durch den Krieg und die über Polen vordringende deutsche Armee unterbrochen wurde. Bis dahin konnte man sich allerdings schon ein vollständiges Bild vom früheren Aussehen des Dorfes machen.

Über die nordpolnische Ebene verstreut gab es mehrere hundert *grody*, kleine befestigte Städte aus Holz, umgeben von massiven hölzernen Schutzwänden. Sie liegen jetzt als flache Erdhügel da, doch der Ring ihrer Palisaden ist unter der Grasdecke noch sichtbar. Viele sind ausgegraben worden, von denen die meisten nachweislich aus dem Mittelalter stammen, aus der unruhigen Periode zwischen 600 und 900 n. Chr. Biskupin allerdings erwies sich als ein früher Vorläufer dieses Typs und hat zuerst auf einer Insel in dem See gestanden, schon etwa 700 v. Chr., bald nachdem in Polen das Eisen bekannt wurde.

Für die Zehntausende von Balken, die zum Bau des ersten Biskupin nötig waren, müssen die Bäume eines beträchtlichen Waldgebiets gefällt worden sein, denn nicht nur waren alle Häuser aus Holz gebaut, sondern die ganze Stadt auf einem Floß von dicken Stämmen errichtet, das als Plattform eine Fläche von fast zweieinhalb Hektar bedeckte. Biskupin ist eine der ersten planmäßig angelegten Städte in der westlichen Welt gewesen. Nach und nach kamen beim Graben gleichmäßige parallele Straßenzüge zum Vorschein, jeder zwei Meter breit mit einem Knüppeldamm aus dicht aneinandergelegten Balken. An der anderen Seite, wo schon mehr freigelegt war, endeten die Straßen in einen kreisrunden, ebenso breiten und in gleicher Art mit Balken befestigten Weg, der, wie bereits zu sehen war, von dem massiven hölzernen Bollwerk eingeschlossen, fast um die ganze, beinah kreisrunde Stadt lief.

Dieses Bollwerk war bei weitem der stärkste Bau der Stadt. Aus waagerecht gelegten, mit Nut und Feder in senkrechte Pfosten eingepaßten Baumstämmen war ringsum ein dreifacher Ring von viereckigen ‹Kästen› gebaut, die, mit festgestampfter Erde und Steinen gefüllt, ein starkes Fundament bildeten. Auf ihnen wurde in gleicher Weise weitergebaut, bis zuletzt ein kompakter, breiter Wall (seine ursprüngliche Höhe ist uns nicht bekannt) aus innerhalb der Füllung nach allen Seiten verbundenen Stämmen und noch kreuz und quer gelegten Balken geschaffen war. Vermutlich war auf dieser Struktur oben noch extra eine Palisadenwand errichtet.

Innerhalb dieses dicken, hölzernen Walles lagen parallele Straßen. Bis 1939 waren dreizehn Reihen mit insgesamt über hundert fast völlig gleichen Häusern freigelegt und ihr Typ schon genügend erkennbar. So gut schon, daß man auf der Halbinsel zwei Häuser genau nachbaute. Eins wurde so eingerichtet, wie es 700 v. Chr. ausgesehen haben mußte, das andere als Ausstellungsraum für eine Anzahl typischer am Ort geborgener Gegenstände benutzt. Außerdem rekonstruierte man ein Teilstück der Umwallung genau nach dem Vorbild.

Die Konstruktion der Häuser war die bereits vertraute: waagerechte Stämme, mit Nut und Feder in senkrechte Pfosten verkeilt, die Steildächer mit Ried bedeckt. Man betritt das Reihenhaus durch ein drei Meter breites und ungefähr zwei Meter hohes offenes Tor in der Mitte der Südseite und gelangt in einen niederen Korridor, der durchs ganze Gebäude läuft. Zunächst geht es noch durch ein kleineres, knapp zwei Meter breites Tor, mit einer Tür aus Rutengeflecht, dann sieht man, daß das eigentliche Wohnhaus nur aus einem einzigen großen Raum besteht, der Fußboden aus festgestampftem Lehm über der durchlaufenden Balkenlage. Das Dachgerüst wird von einem einzelnen Pfeiler in der westlichen Hälfte des Hauses bzw. Raumes getragen. Der östliche Teil diente offenbar als Wohnküche, denn hier befand sich der steinerne Herd, über dem Töpfe und Kochkessel an einem hölzernen Dreifuß hingen. Dem Eingang gegenüber, an der einzigen Stelle, die direktes Tageslicht empfing, der kräftige Webstuhl, an dem man stehend Tuch von fast zwei Meter Breite weben konnte. Die Westseite des Raumes war die Schlafkammer, wo eine knapp einen Meter hohe Plattform das geräumige Bett für die ganze Familie bildete. Durch über diesem Hauptraum auf die Deckenbalken gelegte Bretter war ein ‹Heuboden› geschaffen, um das Winterfutter für das in der Diele gehaltene Vieh zu lagern.

So sah Biskupin gegen Ende des 8. Jahrhunderts v. Chr. aus, zu der Zeit, als nach der Überlieferung Romulus am Tiber die hölzerne Stadt errichten ließ, die, damals nicht größer als Biskupin, später das Kaiserliche Rom werden sollte. Freilich hatte Biskupin ein anderes Schicksal. Nach den jahrelang von Kostrzewski und seinem jungen Assistenten Zdislaw Rajewski fortgesetzten Grabungen entfaltete sich allmählich die Geschichte der prähistorischen Stadt.

Seit langem wußte man aus den von den Blütenstaub-Analytikern geschaffenen Vegetationstabellen, daß die Einführung des Eisens in Nordeuropa (um 500 v. Chr.) zusammenfiel mit einer jähen, unerklärlichen Verschlechterung des Klimas. In ganz Europa wich das verhältnismäßig warme und trockene ‹kontinentale› Klima der Jungsteinzeit und der Bronzezeit kälterem und feuchterem Wetter, einer ‹atlantischen› Witterung. Über die Wirkungen dieses Klimawechsels auf den Pflanzenwuchs und die Landwirtschaft, auf die Wanderung der Völker und die Ausnutzung des Bodens hat man heute noch wenig Klarheit. In weiten Gebieten Europas nahm die Buche den Platz der Eiche als vorherrschender Waldbaum ein. Das an den Rändern der Wälder von den Bauern der Bronzezeit urbar gemachte Land mit dünnem Mutterboden verlor infolge der Auslaugung durch den verstärkten Regenfall seine geringe Regenerativkraft und verwilderte zu Heide. Und mit dem steigenden Wasserspiegel entstanden überall in Europa Torfmoore. Auch bei Biskupin begann der Spiegel des Sees zu steigen.

Die Ausgrabenden legten bei ihrer systematischen Durchdringung der Behausungsschichten drei Ringe von Holzbollwerk frei. Das älteste hatte den größten Durchmesser und mußte 700 v. Chr. das Gestade der Insel begrenzt haben. Beim Einsetzen der ‹atlantischen› Witterung leckte das Wasser des Sees immer höher und höher an den Holzwänden des Bollwerks, unterspülte die Struktur und wusch den hineingestampften Lehm durch die Lücken zwischen den Stämmen hinaus. Es wurde der Versuch gemacht, die Kraft der Wellen durch Molen aus schräg gestellten Stämmen außerhalb des Bollwerks zu schwächen. Diese schrägen Wellenbrecher wurden 1933 durch Walenty Schweitzer entdeckt. Doch das Wasser stieg weiter, bis schließlich das Bollwerk wegsackte. Man baute ein zweites und später ein drittes, jedesmal kleiner als das vorige, an denen man jetzt noch Spuren von der ständigen Ausdehnung des Sees, der die Insel immer mehr abnagte, feststellen konnte.

Inzwischen hatte sich auch in der Stadt das Wasser bemerkbar gemacht. Es muß in allen Straßen gestanden und die Fußböden der Häuser überspült haben. Im Versuch, dieser Gefahr zu begegnen, wurde das Niveau der ganzen Stadt um etwa einen Viertelmeter gehoben, indem man noch Lagen von Baumstämmen über die alten einschob. Doch das Wasser stieg weiter, so langsam zwar, daß man es kaum in einem ganzen Menschenalter wahrnehmen konnte, aber doch unaufhaltsam.

Als man schließlich einsehen mußte, daß die Stadt verloren war, wurde sie aufgegeben. Schon bald danach stieg das Wasser bis zu einem Meter in die verödeten Straßen und Räume. Viele Jahre wird sich dann Biskupin noch im See gespiegelt haben, doch nach und nach wurde das Bollwerk unterwühlt, es brach ein, die Häuser stürzten zusammen, alles der Luft ausgesetzte Holz faulte, Unkraut und Binsen begannen das Gebiet zu überwuchern, wo einst so geschäftiges Treiben geherrscht hatte. Von den immer wieder neu wachsenden Pflanzen, den Binsen und dem Schilf, bildete sich schichtweise immer mehr Torf auf der großen Fläche des überschwemmten Holzes. Und als nach Jahrhunderten wieder trockenes Land aus dem See ragte, lag das prähistorische Biskupin noch etwa einen Meter unter Wasser, das die Struktur der begrabenen Stadt der Nachwelt erhielt.

Die Ausgrabungen bei Biskupin gehen immer noch weiter. Im zweiten Weltkrieg, während Josef Kostrzewski sich versteckte, da für seinen Kopf eine Belohnung ausgeschrieben war, gelang es den deutschen Besatzungstruppen, die an einem Teil von Biskupin weitergruben, den Eingang zu der Stadtsiedlung freizulegen. Nach dem Kriege gab der polnische Staat der Pflege dieser Fundstätte den Vorzug vor allen anderen, denn ihre wissenschaftliche Bedeutung ist ebenso groß wie ihre verlockende Wirkung als Touristenziel. Selten wohl hat man einem Archäologen so große Erleichterungen bei der Arbeit verschafft, wie Rajewski sie jetzt genoß. Nicht weniger als hundertfünfzig Arbeiter wohnen in einem eigens für das Unternehmen gebauten Lager, und ein Mitarbeiterstab von fünfzig Wissenschaftlern und Technikern ist in dem beschlagnahmten ehemaligen Gutshaus Biskupin einquartiert.

Hier beherrscht Zdislaw Rajewski mit seinem überaus lebhaften slawischen Temperament die Szene. Bei den impulsiv einsetzenden Chorgesängen und den nächtelangen Sitzungen, wenn sie Orangensaft gemischt mit starkem Kognak trinken, wird ebenso fanatisch debattiert wie draußen bei der Grabung, wo die Fundstücke archäologisch so genau definiert und registriert werden, wie das vielleicht noch nirgends geschehen ist. Selbst die beste Arbeit Sir Mortimer Wheelers muß auf den zweiten Platz hinter die Rajewskis verwiesen werden.

Es wird systematisch an einer Reihe von drei Meter breiten Gräben weitergearbeitet. In jeden Graben werden Bretter mit Skalen gelegt, deren Höhenmarken mit denen auf den Brettern in allen anderen Grabungen ständig abgestimmt werden. Täglich vor Arbeitsbeginn werden Ausrichtung und allgemeines Niveau überprüft. Eine ebenfalls mit Skala und einer Lotleine versehene Querlatte kann zum Nachmessen an den Brettern entlangbewegt werden.

Jedes gefundene Stück, ob Knochen, Topfscherbe oder ein bißchen Metall, wird mit dieser anscheinend komplizierten, aber im Gebrauch ganz einfachen Apparatur in drei Dimensionen gemessen. Ein entsprechendes Etikett mit den Meßergebnissen wandert mit jedem Stück in die Stallungen des Gutshofs, die in ein Laboratorium für Konservierung und Klassifizierung umgewandelt wurden. Jeder Fingerzeig, den die genaue Messung und Prüfung ergeben kann, wird konsequent weiterverfolgt. Langsam und geduldig werden Topfscherben, nachdem sie gewaschen und, wenn nötig, durch Zellulose gehärtet sind, zu ganzen Gefäßen zusammengesetzt. Sobald ein Topf wiederhergestellt ist, werden eine Skizze und ein Querschnitt von genau der Stelle gemacht, wo er gefunden, das heißt: wo jedes einzelne Bruchstück gefunden wurde. Passen die Stücke richtig aneinander, so muß natürlich das ganze Gefäß aus derselben Schicht bzw. Periode stammen wie sie. Bei diesem Verfahren, einer Neuerung in der archäologischen Technik, erhält man automatisch im ganzen Ausgrabungskomplex kontemporäre Horizonte, also eine klare Trennung der Deposita gleichen Alters, und kann hiernach, so genau wie das bisher nicht möglich war, die einzelnen Phasen im Aufbau der Holzstadt nachrechnen. In Abständen von fünfzehn Metern werden Querschnitte durch die ganze Stadtanlage gezogen, nach denen man die einzelnen Zeithorizonte interpolieren kann.

Ebenso exakt wird auf jedem Spezialgebiet bei der Analyse und Auswertung der entdeckten Gegenstände verfahren. Professor Lubiez Niezabitowski hat sämtliche in Biskupin gefundenen Knochenfragmente analysiert und auch die kleinsten wissenschaftlich interessanten Ergebnisse (bis zur dritten Dezimalstelle) aus ihnen ‹herausgezogen›. Nach seinen Ermittlungen dürfte, beispielsweise, die Jagd in der Ernährungswirtschaft der Stadt nur eine ganz nebensächliche Rolle gespielt haben, denn nur 1,369 % aller gefundenen Knochen stammen von wildem Geflügel, die übrigen 98,631 % aber aus heimischer Viehzucht. Hierbei stand natürlich das Schwein im Vordergrund, das meistens zweijährig geschlachtet wurde. Auch Rinder waren stark vertreten, und am verhältnismäßig hohen Alter der Tiere ließ sich erkennen, daß man sie nicht nur als Schlachtvieh, sondern auch der Milch wegen und als Zugtiere gehalten hatte. Schafe und Ziegen waren relativ selten und wurden, im Gegensatz zu Pferden, von denen man Knochen fand, anscheinend nicht gegessen. Obwohl auch Angelhaken gefunden wurden, war die Menge der Fischgräten für eine Inselsiedlung sehr gering.

Doch auch ohne die Knochen und Scherben geben schon die übrigen Fundstücke ein genaues Bild vom Leben in der alten Stadt. Vielfach konnten die Werkstätten bestimmter Handwerker identifiziert werden: Formen für Bronzeguß verrieten den Kupferschmied, Amboß und halbfertige Werkzeuge den Eisenschmied. Knochen wurden von den Kammachern und anderen Spezialisten verarbeitet.

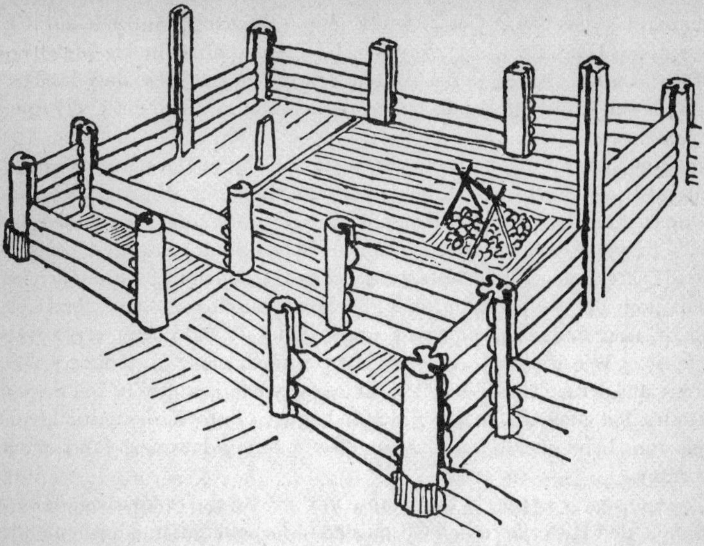

Abb. 72: Aufteilung eines Hauses in Biskupin. Die alle nach gleichem Plan gebauten Häuser wurden Wand an Wand gesetzt (nach Kostrzewski).

Wie in den verhältnismäßig primitiven schweizerischen Seedörfern aus der Stein- und Bronzezeit, so hat auch in Biskupin der wasserdurchtränkte Boden sehr viele sonst leicht verderbliche Dinge konserviert. Neben eisernen Sicheln und Beilklingen, bronzenen Nadeln und Ringen, Perlen aus Glas und Bernstein und den sattelförmigen steinernen Handmühlen für Getreide wurden noch vielerlei andere Gegenstände geborgen. In dem Museum am Fundort kann man Krempelkämme und Spinnwirteln, lederne Mokassins, Vorräte von Erbsen und Wicken, von Gerste, Flachs und Mohnkörnern sehen. Auch einer der ersten auf europäischem Boden bekannten Pflüge ist hier verwahrt, Bleibarren lassen auf Handel, eiserne Speere und Pfeilspitzen auf Kämpfe schließen, in denen die schweren Bollwerke der Stadt mehr waren als ein Luxus.

So haben wir ein Bild vom Leben in Polen vor zweieinhalb Jahrtausenden in den echten Farben vor uns. Es sind jedoch nicht die Museumsstücke, die alljährlich Tausende von Touristen nach Biskupin ziehen: der Fremde findet es, wie in Pompeji, viel aufregender, durch die Straßen zu gehen, auf denen einst seine Urahnen wandelten, und in die Häuser zu blicken durch Türen, an denen einst Hausfrauen miteinander schwatzten, als Eisen noch eine Neuheit war und Hesiod in Griechenland sein Buch *Werke und Tage* schrieb. Der Besucher darf den Kreisweg beschreiten, innerhalb des Bollwerks, das errichtet wurde, um den ersten Ansturm der Völker von den Gestaden der Ostsee aufzuhalten, einen Druck, der sich mit den Jahrhunderten verstärkte, bis er, ein Jahrtausend später, die Macht Roms zerbrach.

Jetzt ist fast das ganze Gebiet von Biskupin freigelegt. Außerhalb des Tores hat man den Damm entdeckt, der vom Ufer aus hundertfünfzig Meter in den See führt, und die Arbeiten der letzten Zeit haben erwiesen, daß das Tor mit dem Bollwerk an beiden Seiten mindestens einmal, nach einem Feuer, neu gebaut worden ist.

Eine ungeheure Aufgabe war es, das ganze Gelände der versunkenen Stadt auszugraben. Nur aus der Luft bekommt man einen Begriff von der Größe dieses Unternehmens, und so hat man auch aus der Luft einige der eindrucksvollsten Photos von den Resten dieser prähistorischen Stadt gemacht. Zu den Neuheiten der archäologischen Ausrüstung bei den Arbeiten in Biskupin gehört ein Fesselballon, der Beobachtern und Photographen einen vollen Überblick ermöglicht, wenn man feststellen will, was geleistet ist und noch mit Ausgrabungen geleistet werden kann, die ohne Zweifel noch mehr über diese polnische Siedlung aus der frühen Eisenzeit enthüllen werden. Der größte Teil der Arbeit ist nun freilich geschafft, so daß Biskupin heute in Europa als eindrucksvollster Beweis vom Leben des ‹kleinen Mannes› vor fünfundzwanzig Jahrhunderten hervorragt.

Diese günstig gelegene, klug geplante und praktische Stadtanlage sollte uns ermahnen, den Historikern und Chronisten Griechenlands und Roms nicht alles blindlings zu glauben. Es ist lehrreich, in dem getreulich nachgebauten hölzernen Wohnhaus zu stehen und dabei an die Schilderung zu denken, die Tacitus von den ‹armen Barbaren› der östlichen Waldlandschaft gegeben hat, den Menschen, die angeblich bis auf einen kurzen Rock nackt waren und sich jämmerlich frierend über müden Feuern aus getrocknetem Dreck zusammenkauerten. Sogar tausend Jahre nach ihm noch, als die *grody* schon zu Hunderten im sorgsam bebauten Tiefland von Nordpolen lagen, beschrieb der Kaiser Maurikios von Byzanz die Slawen als Menschen, die nur in den mühsam aus ihren riesigen Wäldern geschlagenen Lichtungen hausten.

Die Griechen sind es gewesen, die in ihrer Arroganz den Begriff ‹Barbaren› auf Völker anwandten, die eine andere Kultur hatten als sie selbst, und die Römer, die den Begriff übernahmen, gingen stets von der Annahme aus, die sich vielfach verschiebende Grenze ihres Reiches sei die Trennungslinie zwischen städtisch feiner Kultur und der Barbarei roher Menschen. Wenn jedoch ‹Zivilisation›, wie die Ableitung aus dem Wort besagt, ‹die Kunst, in Städten zu leben› bezeichnen soll, dann waren die Bewohner Polens in der Eisenzeit zweifellos ‹zivilisiert›. Und das Werk eines Kostrzewski und eines Rajewski wird einem höheren Zweck dienen als sie selbst annahmen, wenn es erreicht, daß aus den Geschichtsbüchern der Welt die falsche Darstellung verschwindet, daß im prähistorischen Nordosteuropa ‹Barbaren› hausten, Barbaren genannt, weil sie nicht der Segnungen des ‹zivilisierenden› Polizeistaats teilhaftig wurden, der sich Römisches Reich nannte.

27 Die Toten im Torf

Bisher haben wir verfolgt, wie der Mensch allmählich auf Tatsachen beruhende Kenntnisse vom Leben seiner Vorfahren in Nordeuropa gewann, und zwar von ihrem Leben in einer Epoche, die Aufstieg, Niedergang und Sturz der ersten bedeutenden europäischen Zivilisation, des Römischen Reiches, umfaßte. Wir sahen, wie die stark mythisierten Berichte der Sagas und die oft unklar abgefaßten Schriften der ersten Historiker (der Mönche in den ersten kirchlichen Institutionen von Dauer) als Beweismaterial verworfen und durch ein auf unwiderlegbaren archäologischen Feststellungen gegründetes System der Zeitstufung nach Kulturperioden ersetzt wurden. Wir sahen, wie sich ein Geschichtsbild zusammenfügte, als die wechselnden Beziehungen der schriftlosen Völkerstämme Nordeuropas zueinander und ihr Handel und Kampf mit dem wachsenden Reich im Süden erforscht wurden. Und sahen schließlich, wie man die frühesten Berichte wieder zu Ehren kommen ließ, sie freilich nicht als Urquell, wohl aber als Hilfsquellen würdigte, denn es waren – mochten sie einseitig gesehen und, wenn auch alle vom besten Willen diktiert, anfechtbar sein – Aufzeichnungen von Chronisten, die jedenfalls den geschilderten Ereignissen näher standen als wir und vieles wußten, was der moderne Archäologe mit seiner ganzen ‹Feldarbeit› und modernen Labortechnik uns nicht vermitteln kann.

Am wichtigsten jedoch ist, daß wir die Entwicklung einer neuen Anschauungsweise, einer neuen Perspektive verfolgen konnten. Hatte man früher, im Jahrtausend vor und in dem nach Beginn der christlichen Ära, Europa ausschließlich von jenseits der Apenninen betrachtet, überhaupt aus den als zivilisiert bekannten Gebieten, die Roms Legionen bei ihrem Vormarsch ständig erweiterten, so sind wir heute in der Lage, umgekehrt jenes wachsende Reich zu betrachten und die Hoffnungen und Sorgen der hinter seinen Grenzen lebenden Völker zu verstehen.

Die Generation, die auf der Schule noch lernte, daß ihre Sympathien auf seiten jener Senatoren sein müßten, die, obwohl sie ihr Schicksal ahnten, in trotziger Verachtung der ‹Außenwelt› unverrückbar auf ihren Posten blieben und sich allein den Scharen der Gallier gegenüber sahen, als sie 390 v. Chr. die Großstadt Rom brandschatzten – diese Generation hat jetzt gelernt, einen Eroberungszug von solchem Ausmaß nur als Nebenerscheinung in den einen ganzen Kontinent erfassenden Bewegungen der mit Schwertern bewaffneten Völker der La-Tène-Periode zu betrachten.

Wir blicken heute nicht mehr über die Schultern des Standartenträgers der 10. Legion auf die Scharen nackter, blau bemalter ‹Barbaren›, die sich auf den Klippen bei Deal ansammelten, um Cäsars Landung in Britannien abzuwehren. Wir stehen jetzt neben den verbissen wartenden Verteidigern von Maiden Castle und beobachten, wie die Legionen der Invasoren sich zum Angriff entfalten.

Wenn wir bei Tacitus von den halbnackten Bauern nördlich und östlich der Elbe lesen, so denken wir heute an die behaglichen, gut gebauten Wohnräume von Biskupin und dürfen uns fragen, ob nicht deren Insassen das Gebiet westlich des Rheins als Land der ‹Hinterwäldler› betrachtet haben.

Wir sehen die goldenen Hörner von Gallehus, die ein Meister des Handwerks anfertigte und ausschmückte, der viel mehr vom Leben in Konstantinopel wußte als das Auswärtige Amt des östlichen Kaisers von Schleswig.

Und in Gegensatz zu den angstvollen Gebeten der Mönche auf den Fenns von Lincolnshire: «Vor der Wut der Dänen bewahre uns, Gott im Himmel!» können wir heute die prunkvollen Beerdigungen der norwegischen Könige und Königinnen stellen, deren Söhne einst die Meeresküsten von Massachusetts bis zur Krim beherrschen sollten.

Wir haben nun die Kehrseite der Medaille gesehen. Unsere Sympathien und unsere Kenntnisse sind nicht mehr von den klassischen Vorurteilen abhängig, doch etwas fehlt uns trotzdem. Wir vermögen uns heute die Sueben, die Belgier und die Wikinger in ihrer vollen Kriegsausrüstung vorzustellen und auch, bis in die kleinsten Einzelheiten, die Methoden des Ackerbaus und die übliche Haushaltsführung in den Dörfern der Eisenzeit, jedoch: die Menschen selbst bleiben für uns anonym, wie Gliederpuppen, bestenfalls als Kompositum rassischer Porträts, das die Anthropologen für uns durch Messungen von Schienbeinen oder nach Gehirnunterschieden zusammengestellt haben, während von den Bewohnern des Römischen Reiches die zahlreichen naturalistischen Skulpturen der Mittelmeerländer uns individuelle Abbilder präsentieren. Wir wissen nicht, ob der Befehlshaber der Burg Maiden Castle alt oder jung, klein oder groß, dunkelhaarig, blond oder grauköpfig war. Julius Cäsars Gesicht dagegen ist uns ebenso vertraut wie Winston Churchills...

Von den kriegerischen Bauern der Eisenzeit in Nordeuropa typische Porträts finden zu wollen, hieße wohl, zuviel verlangen. Ungeachtet der fortwährenden Verbesserung der Methoden, mit denen wir neue Kenntnisse aus Gegenständen der Vorzeit gewinnen können, haben die Archäologen sich die Redensart «Wir werden nie erfahren...» noch nicht abgewöhnt. In diesem Fall hatten sie es allerdings wohl mit einem Traum zu tun, der nie Wirklichkeit werden konnte. Wir hätten vielleicht nie erfahren, wie eine Rasse, die keine echten Abbilder hinterließ, ausgesehen hat...

Im Mai 1950 aber blickte ein Prähistoriker in das Gesicht eines Mannes, der zweitausend Jahre vor ihm in Nordeuropa gelebt hatte. Und in den letzten fünf Jahren haben zweihunderttausend Menschen zwei Männer und ein Mädchen in persona gesehen, die ungefähr zur Zeit Julius Cäsars oder Christi gelebt hatten.

Peter Glob, der Entdecker der ersten dänischen Bauernsiedlung bei Barkaer, war es, der sowohl den Mann von Tollund wie auch den von Grauballe ans Tageslicht brachte. Er berichtet, wie er im Mai 1950 von der Vorlesung bei seinen Studenten an der Universität Aarhus dringend zur Polizei gebeten wurde, die ihn zu sprechen wünschte. Es war ein telefonischer Anruf aus dem 40 Kilometer entfernten Silkeborg. Der Inspektor erklärte ihm, daß soeben Torfstecher in einem kleinen Moor wenige Kilometer von Tollund eine männliche Leiche gefunden hätten.

Aus den dänischen Torfmooren werden häufig Gegenstände geborgen, die fast immer aus prähistorischen Zeiten stammen. Auch Überreste menschlicher Leichen aus jenen Epochen sind nicht ungewöhnlich. So handelte der Polizeiinspektor sehr umsichtig, sich schon, bevor er selbst an die Untersuchung der Leiche ging, einen erfahrenen Archäologen als Berater zu sichern.

Professor Glob hat die Erlebnisse jenes Tages wie folgt beschrieben: ‹Ich begab mich sofort nach dem Tollunder Moor, einem schmalen Sumpfstreifen zwischen hohen Hügeln in einem unwirtlichen Gebiet Mitteljütlands.

In dem Torfstich lag, in etwa zwei Meter Tiefe, verkrümmt eine menschliche Gestalt, erst halb ausgegraben. Ein Fuß und eine Schulter ragten heraus, ganz unversehrt, aber dunkelbraun wie der Torfboden ringsum, der die Haut gefärbt hatte. Als wir behutsam noch mehr Torf entfernt hatten, kam ein gebeugtes Haupt zum Vorschein.

Gegen Abend, im schwächer werdenden Licht, konnten wir die Gestalt als Mann erkennen. Zusammengekauert, die Beine unterm Leib, die Arme angewinkelt, lag er wie schlafend auf der Seite, die Augen friedlich geschlossen. Die Stirn freilich war gefurcht, der Mund ein wenig verzerrt, als sei er über die unvermutete Störung seiner Ruhe ärgerlich.

Daß er seine Ruhe schon 2000 Jahre gehabt hatte, bewies überzeugend die zwei Meter hohe Schicht Torf, die sich im Lauf der Jahrhunderte über ihm geformt hatte...

Jetzt galt es, schnell zu handeln, um zu verhüten, daß die Luft die seltene Reliquie zerstörte, und sie so bald wie möglich in die Obhut eines geschickten Konservators zu geben.

Sorgfältig wurde der Leichnam wieder mit Torf bedeckt, mitsamt den ihn umgebenden Schichten ausgegraben, das Ganze in eine große Holzkiste gelegt und so zum Kopenhagener Nationalmuseum transportiert.›

Als man den ‹Tollundmann› in Kopenhagen unter hellen Lampen betrachtete, sah man, daß er nackt war bis auf einen ledernen Gürtel um den Leib und eine aus acht Stücken zusammengenähte Lederkappe auf dem Kopf. Aber noch etwas fiel auf: um seinen Hals lag noch das geflochtene Lederseil, mit dem er gehenkt worden war.

Zwei Jahre später, fast auf den Tag genau, wurde Peter Glob wieder zu einer ‹Torfleiche› gerufen. Auch diese lag in einem kleinen moosigen Sumpf, wenige Kilometer von Tollund entfernt, in der Nähe des Dorfes Grauballe. Hier waren Arbeiter eines Morgens beim Graben in etwa eindreiviertel Meter Tiefe auf einen Menschenkopf gestoßen und hatten, in diesem Fall schon halb überzeugt, etwas aus grauer Vorzeit entdeckt zu haben, schleunigst das Prähistorische Museum in Aarhus benachrichtigt.

Glob, der sofort hinfuhr, sah im Torf den vollkommen erhaltenen Kopf eines Mannes vor sich. Er ließ weitergraben, aber nur so weit, daß die Lage des Toten erkennbar wurde, und beschäftigte sich dann den ganzen Tag mit dem Abstechen, Zeichnen und Photographieren eines Querschnitts durch den Torf, von der Oberfläche bis zu der Schicht, in der der Tote lag. Nachdem er aus den Schichten eine Anzahl Proben zur Blütenstaub-Analyse entnommen hatte, ließ er den Torfblock rings um den Toten ausstechen und eine Zinkplatte darunterschieben. Es gelang, den ‹Grauballemann› in seiner festen Umhüllung zum Transport nach Aarhus auf einen Lastwagen zu heben. Dort wurde in den nächsten Tagen der Torf zentimeterweise von der Leiche abgehoben, alle paar Zentimeter wurden Proben entnommen und die Arbeit in jedem Stadium photographiert. Allmählich kam der ganze, einwandfrei erhaltene Körper eines Mannes, vom Torfwasser dunkelbraun gefärbt, ans Licht. Er lag, nackt, lang ausgestreckt, einen Arm hinter den Rücken gedreht und ein Knie hochgezogen.

Von dem Körper, wie er auf seinem Torfbett lag, wurde ein Gipsabguß gemacht, alsdann der ganze Block mit dem noch fest anliegenden Gips, um die Position des Toten nicht um Haaresbreite zu verändern, umgedreht. Nun wurde auch der übrige Torf behutsam abgenommen, so daß die Unterseite der Leiche freikam. Und jetzt konnte man die Todesursache genau erkennen: dem Mann war der Hals von einem Ohr bis zum andern durchschnitten worden.

Inzwischen hatten bereits Fachleute vom Kopenhagener Laboratorium für Torfgeologie im Moor bei Grauballe ihre Arbeit begonnen: sie machten Querschnitte in den Torfschichten, entnahmen Proben und ermittelten so die Entstehung und Entwicklung des Torfs bis zum heutigen Tage. Nach ihrer Meinung hatte man hier schon in uralten Zeiten Torf gestochen und damals den Toten in einen der Abstiche gelegt. Aus den Proben von dem in diesem Loch und rings um die Leiche gebildeten Torf ermittelte man als wahrscheinliche Todeszeit ungefähr den Beginn der christlichen Zeitrechnung.

Erst nach gründlicher Prüfung der Umgebung des Toten wurde sein Körper genau untersucht, und zwar in der medizinischen Fakultät der Universität Aarhus. Zuerst machte man Röntgenaufnahmen der Leiche aus den verschiedensten Blickwinkeln, dann führte einer der Professoren die Autopsie durch. Die Zähne wurden durch drei Zahnärzte untersucht und eine reguläre Patientenkarte auf den Namen ‹Mann von Grauballe› ausgeschrieben. Nach einstimmigem Urteil der Zahnärzte mußte der Mann bei seinem Tode etwa vierzig Jahre alt gewesen sein und hatte für sein Alter sehr gut erhaltene Zähne gehabt. Nur einen hatte er verloren und nur einer schien von Karies befallen gewesen zu sein. Allerdings waren sämtliche Zähne stark abgeschliffen, bei den primitiven Bauernvölkern eine nicht ungewöhnliche Erscheinung, da ihr Korn in den steinernen Handmühlen nur grob ausgemahlen wurde und das Mehl daher sehr schrotig war. Zu noch genauerer Untersuchung wurde das Gebiß in die Zahnklinik der Universität geschickt. Bei der Autopsie wurde der Magen zur Untersuchung seines Inhalts herausgeschnitten und die Leber zwecks Altersbestimmung durch das Verfahren mit radioaktivem Kohlenstoff entnommen. Für das Polizeiarchiv wurden die Fingerabdrücke des Toten, eines der ersten bekannt gewordenen Bewohner Dänemarks, festgehalten. Sie waren schön deutlich und unterschieden sich im Gesamtbild nicht von denen der heutigen Menschen.

In der Zeit zwischen der Auffindung der Toten von Tollund und Grauballe hatte man in Schleswig-Holstein, auf deutschem Gebiet, im Torf eine ähnliche und noch interessantere Entdeckung gemacht. Auch hier fanden Torfstecher eine Leiche, diesmal die eines vierzehnjährigen Mädchens. Der vollständig erhaltene Körper war nackt, bis auf einen Halskragen aus Ochsenhaut. Dr. Karl Schlabow vom Schleswig-Holsteinischen Museum wurde zur Fundstelle gerufen. Er ließ die Tote in einem entsprechend großen Block Torf ausheben und sie in passendem Rahmen, nämlich mit dem Auto eines Beerdigungsinstituts, zum Museum bringen, wo sie vom Torf befreit und untersucht wurde. Die Todesursache war nicht feststellbar, doch ein Anzeichen für gewaltsamen Tod vorhanden: eine Binde aus gewebtem Stoff lag noch jetzt fest über den Augen des Opfers. Die linke Kopfseite war glattrasiert. Nach der Pollen-Analyse mußte das Mädchen vor ungefähr 2000 Jahren zu Tode gekommen sein.

Nicht weit von ihm entdeckte man noch einen Körper, den eines mit einer Haselnußgerte erdrosselten Mannes, doch diese Leiche war schon so weit zersetzt, daß es nicht gelang, sie zu konservieren.

Die Entdeckungen des Mädchens in Schleswig und der zwei Männer in Jütland wurden zu Weltsensationen. Das ernste, kluge Gesicht des Mannes von Tollund, die spöttische Miene des Grauballe-Mannes und die pathetische Gestalt des toten Mädchens wurden weit über die Zeitschriften für Prähistorie hinaus bekannt. Hier hatte man, besser erhalten als alle ägyptischen Pharaonen, gewissermaßen eine Delegation der Urahnen der europäischen Völker vor sich, die gemeinsam und doch jeder für sich, eine Kluft von sechzig Generationen überbrückten. Wer den Mann von Tollund anblickte, konnte sich vorstellen, daß der vielleicht, wahrscheinlich sogar, mit seinen Zeitgenossen über die Berichte eines kahlköpfigen Generals aus Italien, namens Cäsar, diskutiert hatte, der die Völker zwischen Alpen und Rhein erschreckend schnell verschlang. Und er mochte den General ebenso ergrimmt und hinterlistig kritisiert haben wie seine Nachkommen zweitausend Jahre später einen ehemals österreichischen Gefreiten.

Aber davon abgesehen stand man hier vor einer ungewöhnlich interessanten ‹Mordgeschichte›. Vier Menschen waren, unter sehr ähnlichen Umständen und ungefähr zur gleichen Zeit, eines gewaltsamen Todes gestorben. Lag den Tötungen ein gemeinsames Motiv zugrunde, und wenn ja, welches?

Auch schon die geradezu wunderbare ‹Konservierung› der Leichen gab viel zu denken. Man hatte ja nicht bloß Skelette vor sich. Haut, Haare, Fingernägel, Gewebe und Muskeln der Körper und die Gehirnwindungen – alles war in der langen Zeit völlig unversehrt geblieben.

Dieser Fall fesselte die Prähistoriker nicht weniger als die Masse der wißbegierigen Laien, denn für sie, denen es um die Erhaltung greifbarer Beweise ging, war der vorzügliche Zustand der toten Körper ein Phänomen. Bisher war noch kein Toter aus alter Zeit, soweit verläßliche Berichte über sie existierten, so vollkommen erhalten gewesen. Als Spezies Mensch waren diese Toten allerdings keine Sensation, sondern eben nur die neuesten und besten Exemplare in einer langen Reihe, über die man seit dem 18. Jahrhundert schon Buch geführt hatte.

Mit einer dieser Torfleichen – der berühmten Königin Gunhild von Haraldskaer, hatte schon Worsaae zu Beginn seiner sagenhaften Laufbahn zu tun gehabt und sich durch ihre Person viele Feinde in der akademischen Welt gemacht.

Im Jahre 1835, als Worsaae vierzehn war, hatte man im Torfmoor bei Haraldskaer, unweit seiner Heimatstadt Vejle, eine in wollene Kleidung und einen Mantel aus Fellen gehüllte Frauenleiche gefunden, deren Körper durch über die Beine und Arme gesteckte gabelförmige Äste im Sumpfboden festgehalten war. Ein in der Nähe wohnender Gastwirt, der sich für Altertümer interessierte, aber eine allzu üppige Phantasie besaß, berichtete nach Kopenhagen, die Frau trage kostbare Kleider und Pelze am Leibe. Durch diese Beschreibung irregeführt und, wie immer, beflissen, jede Entdeckung nach passenden Stellen in den alten Chroniken zu interpretieren, behaupteten nun die Kopenhagener Altertumsfreunde, die Tote könne niemand anders sein als die norwegische Königin Gunhild, von der die Sage berichtete, König Harald Blauzahn habe sie nach Jütland gelockt und dort in einem Sumpf ertränkt. Worsaae, der den Gastwirt genügend kannte, um seinen Angaben zu mißtrauen, schrieb sieben Jahre später einen Artikel, in dem er diese Auslegung als ganz unbewiesen verwarf. Anderthalb Jahre bekämpften sich nun Worsaae und der kompromißlose Vertreter der Kopenhagener Gruppe in Aufsätzen, die zwar viel ‹Reklame› für Königin Gunhild – auch für Worsaae – machten, jedoch keine Klärung erzielten.

Aber auch die Torfleiche von Haraldskaer war nicht die erste ihrer Art gewesen. Schon 1773 hatte man bei Raunholt eine gut erhaltene männliche Leiche gefunden, diese jedoch, in der Annahme, sie sei noch nicht lange in der Erde, sofort in geweihtem Boden wieder bestattet. In den folgenden rund hundertfünfzig Jahren kamen in den Torfmooren von Dänemark, Norddeutschland und Holland nahezu hundert Tote zum Vorschein. Ihr Zustand war sehr verschieden, und da von vielen außer dem Skelett kaum etwas übrig war, wurden weitaus die meisten sogleich auf Friedhöfen in der Umgebung beigesetzt, ohne daß die Zeitungen mehr als flüchtige Notizen darüber brachten. Erst gegen Ende des vorigen Jahrhunderts überlegte man sich, ob nicht prähistorische Menschen dabeigewesen sein konnten. Da man jedoch bei allen diesen Leichen überhaupt keine Artefakte gefunden hatte, war es unmöglich, sie zu datieren, bis man das zu Beginn unseres Jahrhunderts mit der neuen Methode der Blütenstaub-Analyse nachholen konnte. Und dann ergab sich die erstaunliche Tatsache, daß die Toten einer wie der andere aus den Jahrhunderten unmittelbar vor Beginn der christlichen Zeitrechnung stammen mußten.

Obwohl man so viele Tote entdeckt hatte, war in keinem Museum Nordeuropas einer ausgestellt. Der Grund dafür war nicht, daß die Leichen in der ersten Zeit immer gleich wieder begraben wurden, und auch nicht, daß die später gefundenen so schlecht erhalten waren. Diese Torfleichen waren, wenn man sie fand, stets mit Wasser vollgesogen, und wenn sie herausgehoben wurden und trockneten, zerfielen sie sehr schnell zu Staub. Man wußte damals kein Mittel, um sie zu konservieren.

Es gibt allerdings eine erprobte Methode zum Konservieren durchnäßt vorgefundener Substanzen, nämlich: wiederholtes Eintauchen des Objekts in Bäder von reinem Alkohol, wobei das die Zellen ausfüllende Wasser allmählich vom Alkohol verdrängt wird. Wenn dann das Objekt aus dem letzten Bad genommen wird, ersetzt man den schnell verdampfenden Alkohol, bevor Schrumpfung oder Zerfall beginnen können, durch geschmolzenes Paraffinwachs, das, sobald es hart geworden ist, ein vorzügliches Konservierungsmittel bildet. Dieses Verfahren läßt sich jedoch nur bei kleinen Objekten anwenden, denn die Kosten für reinen Alkohol in einer Menge, die als Bad für ganze menschliche Körper ausreicht, sind unerschwinglich. Auch ist selbst bei größter Sorgfalt nach den Alkoholbädern eine gewisse Schrumpfung des Objekts nicht zu vermeiden: fertig präpariert hat es ein Zehntel oder mehr von seiner ursprünglichen Masse verloren. Vom Tollund-Mann wurde auf diese Weise der Kopf, mit Schlinge und Lederkappe, der Nachwelt erhalten, doch den übrigen Körper zu konservieren erwies sich als unmöglich.

Als der Tote bei Grauballe entdeckt war, sah sich daher der Konservator des Museums von Aarhus, Gunnar Lange-Kornbak, wenn er ihn ganz erhalten wollte, vor einem Problem, das bisher noch niemand gelöst hatte. Er löste es jedoch, indem er alle bekannten Methoden ignorierte und den Vorgang ‹von Grund auf› genau durchdachte. Seit langem war bekannt, daß die Torfleichen so wunderbar erhalten blieben, weil die moorigen Sumpfwässer in Nordeuropa ein wenig natürliche Säure enthalten. Tatsächlich lagen dort die Toten in einem schwachen Bad aus spezifischer Bodensäure und Gerbsäure, also praktisch in verdünnter Gerberlauge. Lange-Kornbak zog diese an sich bekannte Tatsache bei seinem Problem in Betracht und schrieb an den Vorsitzenden der Dänischen Gerbergilde, von dem er sofort ausführliche Ratschläge erhielt.

Anderthalb Jahre lag nun der Grauballe-Mann in einem eichenen Bottich in einer allmählich immer stärker angesetzten Lösung von Eichenrinde und Wasser. Jeden Monat einmal wurde er von den Vertretern der Gerbergilde zur fachmännischen Inspektion herausgehoben und am Ende der achtzehn Monate als vollkommen gegerbtes Leder ausgeliefert! Nach langsamer Trocknung und mehreren Einreibungen mit Leinöl wurde er zum Ausstellen geeignet befunden. Als man ihn jetzt in den Gipsabguß legte, der von ihm gleich nach der Entdeckung gemacht worden war, paßte er haargenau hinein. Nicht um einen Millimeter war der Körper eingeschrumpft!

Das durch die modernen Konservierungsmethoden und die Blütenstaub-Analyse ermöglichte exakte Studium der merkwürdigen Torfleichen war sehr willkommen. In den letzten fünfzehn Jahren sind mehrere Aufsätze mit Statistiken über sie erschienen. Danach scheint es, als beschränkten sich diese Funde auf ein verhältnismäßig kleines Gebiet und eine verhältnismäßig kurze Zeitspanne. Bei weitem stammten die meisten von der dänischen Halbinsel Jütland und aus der norddeutschen Provinz Schleswig-Holstein. Vereinzelte fand man weiter östlich auf den dänischen Inseln, im Süden bis nach Hannover und im Westen bis zur holländischen Grenze. Nach und nach können wir, bis auf vier oder fünf Fälle aus dem Mittelalter, bei denen es sich vermutlich um unfreiwilliges Ertrinken handelt, alle diese Leichen in die Zeit zwischen 300 v. Chr. und 300 n. Chr. datieren.

Auch außer ihrer zeitlich und räumlich so dichten Gruppierung haben die Torfleichen noch erstaunlich viel gemeinsam. Man hat sie offenbar alle durch Schächte in den sumpfigen Boden geworfen und dann mit Torf bedeckt. (Zweifellos ist daraus ihr guter Zustand zu erklären, denn auf diese Weise war von Anfang an genug Säure vorhanden, so daß der ‹Gerbprozeß› sogleich einsetzte.) Die meisten Körper waren nackt, doch in vielen Fällen lagen Kleidungsstücke über der Leiche. Fast ohne Ausnahme trugen sie Merkmale eines gewaltsamen Todes: ihre Arme waren gebunden oder die Körper durch Weidenruten im Boden festgehalten. Entweder hatte man diese Menschen gehenkt oder erwürgt oder ihnen den Hals durchgeschnitten oder den Schädel mit einem stumpfen Gegenstand zertrümmert. Sie lagen da, wie sie hingefallen waren: ausgestreckt oder gekrümmt, auf dem Rücken, auf der Seite oder dem Bauch. Niemand hatte versucht, die Toten anständig zu betten, und die üblichen Beigaben fehlten vollkommen. Also handelte es sich nicht um Beerdigungen, denn die Hunderte aus dieser Periode bekannten Gräber sehen ganz anders aus: der Tote war stets behutsam zurechtgelegt und hatte eine wahre Speisekammer von Eßwaren und Getränken in Schüsseln und Krügen um sich. Eisernes Gerät wurde bei den Torfleichen überhaupt nicht gefunden.

Die Untersuchung des Mageninhalts beim Tollund-Mann brachte noch besonders interessante Ergebnisse, denn er hatte anscheinend an seinen drei letzten Lebenstagen überhaupt kein Fleisch, sondern ausschließlich Getreidespeisen gegessen. Nach den Hülsen in seinem Magen offenbar Gerste und Flachs sowie mehrere Arten von Körnern, die wir heute nicht mehr essen. Außerdem allerlei Pflanzensamen, zum Beispiel vom Sauerampfer und wilden Stiefmütterchen, die er vermutlich im Walde und im Dickicht gesammelt hatte, um die Speisekarte der Eisenzeit zu ergänzen. Ob dieses Mischgemüse als Eintopf gegessen wurde oder bei dem Verurteilten nur ein Rest der Gefängniskost gewesen ist, läßt sich nicht mehr ermitteln. Immerhin hat man durch Verzehren einer aus den gleichen Pflanzen bereiteten Probe festgestellt, daß der Mann von Tollund vor seiner Hinrichtung nicht gerade ein kräftiges Frühstück genossen hat. So sprechen immerhin mehrere Anzeichen dafür, daß die Opfer in den Torfmooren vor der Hinrichtung einige Tage in Gefangenschaft gehalten wurden. Auch die drei Tage alten Stoppeln im Gesicht des Mannes von Grauballe und die auf dem kahlrasierten Kopf des Mädchens in Schleswig deuten das an. Jedenfalls läßt diese Tatsache und läßt schon die große Zahl dieser Leichen darauf schließen, daß wir es hier nicht mit Überfallenen und Ermordeten zu tun haben. Ihre Tötung war sicher öffentlich erfolgt.

So bleiben zwei Möglichkeiten der Erklärung: Hinrichtung von Verbrechern oder Menschenopfer. Nach der inneren Untersuchung allein kann man das nicht entscheiden. Der moderne Archäologe aber nähert sich den Problemen aus den jüngeren Perioden der Frühgeschichte auf eigene Weise: sobald er an Hand des archäologischen Materials alles bewiesen hat, was sich daraus beweisen läßt –

aber nur dann –, macht er von den alten Chroniken vollen Gebrauch. Das Verfahren mit den Torfleichen bildet ein bezeichnendes Beispiel dafür.

Im Jahre 98 n. Chr. veröffentlichte der römische Senator und Historiker Cornelius Tacitus ein Buch mit dem Titel *Germania:* eine Beschreibung des bunten Völkergemischs, das Europa vom Ostufer des Rheins bis zum Nordufer der Donau bewohnte, also das Gebiet des heutigen Deutschland nebst Polen, der Tschechoslowakei, Skandinavien und einem Teil von Rußland. Seine Kenntnisse beruhten zum Teil auf dem von seinem Kollegen, dem Historiker Plinius, gesammelten Material, teils auf Berichten von Soldaten und Händlern, mit denen er gesprochen hatte. Das Buch war in Eile geschrieben, um die Volkstümlichkeit auszunutzen, die Kaiser Trajan durch seine Feldzüge in Westdeutschland gewonnen hatte. Nichts in dem Buch war unmittelbar aus dem Leben gegriffen, doch die den Vorgeschichtsforschern verfügbaren Beweise bestätigen im großen ganzen dessen Glaubwürdigkeit.

Prüft man den Text der *Germania* in der Absicht, etwas über die Toten im Torf zu erfahren, so findet man zwei Absätze, die auf sie zutreffen können. In dem einen spricht Tacitus bei der Erwähnung des im germanischen Gebiet geltenden Rechts von zwei Hinrichtungsmethoden. Verrat und Verlassen der Truppe im Krieg wurden durch Erhängen bestraft, während die wegen Feigheit oder widernatürlicher Laster verurteilten Personen im Sumpf ertränkt wurden. Diese Darstellung paßt ganz gut zu den uns bekannten Tatsachen, denn damit würde sich erklären, warum man nur männliche Leichen mit dem Strick am Hals gefunden hat.

Der zweite Absatz gestattet allerdings noch eine andere Auslegung. Bei seiner genaueren Beschreibung der in Jütland und Norddeutschland ansässigen Volksstämme berichtet uns Tacitus, daß diese eine Göttin der Fruchtbarkeit mit Namen Nerthus anbeteten. Alljährlich vor der Aussaat im Frühling wurde ein Abbild der Göttin unter einem Baldachin auf einem von Ochsen gezogenen Wagen über die Felder gefahren. Alle Gegenstände aus Eisen wurden dann unter Verschluß genommen und ein lustiges und üppiges Frühjahrsfest gefeiert. Doch sofort nach dem Umzug wurden das göttliche Abbild und der Wagen gewaschen, und die Diener, denen diese Aufgabe zufiel, wurden zur Sühne, weil ihre Augen die Göttin so nahe erblickt hatten, getötet und in den See geworfen. Hier bestehen auch Möglichkeiten des Zusammenhangs dieser religiösen Bräuche mit den im Torf gefundenen Toten, insbesondere die Tatsache, daß bei keinem eine Spur von Metall gefunden wurde und die Mehrzahl der Leichen im Gebiet des Nerthuskults lag.

Vielleicht treffen sogar beide Erklärungen zu: daß nämlich ein Teil der Toten hingerichtete Verbrecher, andere aber Opfer für die Fruchtbarkeitsgöttin gewesen sind. Es können freilich auch beide Annahmen falsch sein, denn wir wissen schon so viel und doch noch so wenig von der europäischen Lebensweise während der Eisenzeit.

Immerhin wissen wir jetzt, dank den für die Museen konservierten Torfleichen, daß Europa zur Eisenzeit von Menschen bewohnt war. Die Tausende, die herbeikamen, viele aus weiter Ferne, um die Männer von Grauballe und Tollund zu betrachten, sind nicht aus Lust an billigen Sensationen gekommen. Und nicht aus morbider Neugier stehen sie länger vor den Glaskästen mit diesen nackten Toten als vor denen mit den schönsten Kunstwerken und kostbarsten Goldschätzen aus prähistorischer Zeit. Wer in modernen Museen seine Beobachtungen macht, weiß, daß das, was der Besucher sehen möchte, und wovon er am meisten lernt, nicht die Unterschiede zwischen Vergangenheit und Gegenwart, sondern gerade ihre Ähnlichkeiten sind. Und hier, eben vor diesen Glaskästen, spürt der Besucher das besonders stark. Hier sieht er keinen übermenschlichen Helden der Edda oder der Volsungersaga, auch keinen ‹barbarischen› Untermenschen, wie die hochmütigen Griechen und Römer ihn zu sehen behaupteten. Was er hier erblickt, und zutiefst erschüttert anschaut, ist ganz einfach ein *Mensch*...

28 GESCHICHTE, TIEFER GESEHEN

WIR sind am Ende unseres Berichts. In jedem der vier ziemlich willkürlich gewählten Abschnitte, in die wir die Prähistorie geteilt haben, stehen die Männer, deren Arbeit für die letzten Entwicklungen maßgebend war, noch sehr lebendig vor uns. Jahr um Jahr führen sie neue Grabungen durch, entwickeln neue Methoden, schreiben neue Bücher und tragen die Geschichte der Entdeckungen weiter voran. Die Arbeit wird fortgesetzt, und die nächsten fünfzig Jahre werden ebenso viele interessante Entdeckungen bringen wie die vorigen fünfzig.

Doch jetzt, in der Gegenwart noch, scheint es angebracht, auf das Erreichte zurückzublicken, auf den langen Weg, den die Archäologie gegangen ist. Denn wir stehen heute an einem Wendepunkt, da die Prähistoriker unserer Zeit sich andere Ziele setzen müssen als ihre Vorgänger.

Vor hundertfünfzig Jahren war die frühe Geschichte der Menschheit *terra incognita*. Hinter der bekannten Geschriebenen Geschichte der Welt lag Leere, wie auf den Landkarten die weißen Flecke. Weniger noch, denn auf der Karte zeigt der weiße Fleck immerhin die Größe des unerforschten Gebiets. Da die Karte der Prähistorie noch nicht einmal entworfen war, trat auch keine Leere in Erscheinung, und so war das Wort ‹Prähistorie› ein Widerspruch in sich.

Der Begriff ‹Zeit› ist ohne Bezug auf Ereignisse während ihrer Dauer bedeutungslos. Zeit, in der nichts geschieht, ist ein ebenso nebelhafter Begriff wie Raum, wenn sich in ihm nichts befindet. Wir durften kaum erwarten, daß die Historiker zu Beginn des 19. Jahrhunderts ihre Lehren zur Geschichte Europas beginnen würden mit den Worten: «Zu Anfang, vor der Dämmerung dessen, was wir Geschichte nennen, gab es eine Periode von unbekannter Dauer, in der Europa entweder bewohnt oder nicht bewohnt war, und zwar von Völkern, die, wenn sie existiert haben, irgendwie ihr Leben fristeten und irgend etwas taten, wovon wir nichts wissen.» Das Unbekannte konnte und mußte, wenn es noch völlig unbekannt war, von ihnen ignoriert werden.

Fünfzig Jahre später war ein so bequemer Ausweg nicht mehr möglich. Die französischen und englischen Erforscher der Höhlen und Geschiebe hatten jenseits der unbekannten Einöde ‹Prähistorie› einen Zeitanzeiger aufgestellt. Nachdem die Existenz des Menschen im Paläolithikum beweisbar geworden war, mußte man einsehen, daß zwischen ihm und uns irgend etwas lag. Jetzt stand die ‹Geschichtsdämmerung› nicht mehr als Grenze vor uns, von der aus wir über eine noch nicht kartographierte Landschaft unbekannter Größe blickten. Gewiß war da noch der leere Fleck, doch einer mit Grenzen von Bekanntem bis zu Bekanntem, der danach schrie, ausgefüllt zu werden. Die skandinavischen Archäologen hatten, zu ungefähr derselben Zeit, eine grob skizzierte Karte des unbekannten Gebiets angelegt, indem sie es, ohne auf Genauigkeit ihres Maßstabs Anspruch zu erheben, in die drei Regionen Stein, Bronze und Eisen aufteilten.

In den letzten hundert Jahren haben wir gesehen, wie die Karte immer genauer wurde. Neue Einzelheiten kamen fortwährend hinein, je mehr Forscher in die zusammenschrumpfenden ‹unbekannten› Gebiete vordrangen. Die immer exakter werdenden Methoden ermöglichen uns, die in der Landschaft der Frühzeitgeschichte wichtigen Stellen haargenau zu bezeichnen.

Wir sind nun so weit, daß wir die Prähistorie nicht mehr als *terra incognita* betrachten können. Abgesehen von ganz unbedeutenden Ausnahmen wissen wir jetzt, was in Europa vor sich gegangen ist, seitdem der erste Mensch auf dem Kontinent erschien. Wir wissen, wann die bedeutenden Veränderungen eintraten und warum. Wissen, wer das Neue brachte und von woher. Die Karte zeigt schon so viele verläßliche Angaben, daß wir ohne Sorge, uns zu verirren, Ferienausflüge in die Vergangenheit machen können.

Also hat sich die Arbeit des Archäologen von Grund auf geändert. Wenn ihn nur die Erforschung des Unbekannten interessiert, muß er in andere Gebiete gehen, in die ungeheuren Weiten Mittel- und Südasiens, nach Afrika oder Amerika, wo es noch gilt, die elementaren Fragen zu klären, wie und wann sich die Entwicklung der einzelnen Kulturen und die Völkerwanderungen vollzogen haben. Damit soll nicht gesagt sein, daß die Aufgabe des europäischen Vorgeschichtsforschers erfüllt oder seine Arbeit stark reduziert ist. Wer das behaupten wollte, würde von den Forschern in ganz Europa schön ausgelacht werden, da sie zehnmal so viele dringende Aufgaben vor sich sehen als sie leisten können. Umfang und Art der Aufgaben haben sich freilich geändert. Ohne Furcht vor Widerspruch darf man sagen, daß es weder in den einzelnen Phasen der Entdeckung des Menschen der Alten Steinzeit noch in der Megalithenkultur oder der von La Tène noch unbekannte Faktoren gibt, die eine Revision der nun gefestigten Begriffe vom Verlauf der Vorgeschichte erfordern würden. Der europäische Archäologe hat heute, neben gewissen ‹Aufräumungsarbeiten›, mit der Ausfüllung des Gesamtbildes zu tun. Er muß dem Skelett, das seine Vorgänger ausgegraben haben, Fleisch ansetzen und dafür sorgen, daß die Vergangenheit uns nicht nur akademisch bekannt ist, sondern vor uns lebendig wird.

Zu den Fortschritten gehört eine verstärkte statistische Auswertung der Erfahrungen. Wo seine Vorgänger die bloße Tatsache feststellten, daß die Streitaxt-Völker um etwa 2000 v. Chr. in Europa einbrachen, fragt der moderne Archäologe, wie viele damals tatsächlich kamen, wie dicht sie das überfallene Land besiedelten und wie eng sie sich mit den schon dort ansässigen Stämmen vermischten. Man hat erkannt, daß beispielsweise die statistische Analyse von Tierknochen, wie bei Biskupin, eine Unmenge Fragen über die relative Bedeutung der verschiedenen Tiere in menschlichen Gemeinden und über die Zwecke, für die sie dort gezüchtet wurden, beantworten kann. Durch statistische Analysen von auf den Britischen Inseln entdeckten Steinbeilen läßt sich der Verlauf der damaligen Handelswege festlegen und die Verbreitung der Beile ermitteln.

In Dänemark ist man mit der statistischen Auswertung noch weiter gegangen. Dort hat man einen großen Teil des Landes Meter um Meter nach archäologischen Beweisstücken abgesucht. Eine Gruppe von Studenten, geleitet von schon erfahrenen Archäologen, untersucht jeden frisch umgepflügten Acker, jeden Graben und Einschnitt und notiert, wo alte Tonscherben oder Feuersteingeräte oder sonstige Zeugen früherer menschlicher Tätigkeit gefunden werden. Sie besuchen jedes Bauernhaus, verzeichnen jedes auf den dazugehörigen Ländereien entdeckte Artefakt, bestimmen dessen Ursprungszeit und stufen es auf ihren Listen ein. Jeder Landbesitzer wird ausgefragt, ob er prähistorische Gegenstände oder Überreste auf seinem Besitztum bemerkt hat. Jedes in den örtlichen Museen und im Nationalmuseum vorhandene Stück, das aus der gerade untersuchten Gegend stammen kann, wird im entsprechenden Rahmen weiter überprüft und alle Berichte über frühere archäologische Feststellungen werden mit dem ganzen Komplex abgestimmt.

Dann wird das gesamte Material analysiert. Es werden Bezirkskarten für die einzelnen Typen von Gebrauchsgegenständen, die Siedlungen und Gräber aller Perioden und Zwischenperioden vorbereitet. Dichtigkeitskurven und verschiedene Schattierungen bezeichnen für jeden Quadratkilometer die wesentlichen Einzelheiten. Im Endergebnis können wir da erkennen, wo das Land, in jeder beliebigen Phase der Frühzeit, am dichtesten bevölkert war, und finden zum Teil auch die annähernd richtige Zahl der Bewohner. Es können Grenzlinien zwischen den Benutzern verwandter, aber nicht gleichartiger Gegenstände gezogen werden. In manchen Fällen lassen sich sogar die Arbeiten eines bestimmten Töpfers oder aus derselben Gußform stammende bronzene Geräte identifizieren, woraus wiederum Schlüsse auf die Größe des Absatzgebiets einzelner Werkstätten gezogen werden können.

Künftig wird man dieses System weiter ausbauen. Ist es doch heute schon möglich, durch kristallographische Analyse das im eigenen Lande erzeugte Metall vom importierten zu unterscheiden. Dementprechend werden auch Experimente mit dem Ton der antiken Töpferwaren durchgeführt.

Am anderen Ende der Skala bemerken wir eine feinere Würdigung der Eigenart des Einzelmenschen. Die Zeiten, da der Archäologe mit ein paar Arbeitern an einem Vormittag sechs Grabhügel freilegte, sind vorbei. Heute nimmt man sich zum Ausheben eines einzigen Hügelgrabs drei Wochen. Auch die innere Einstellung des Archäologen hat sich geändert. Er sieht nicht mehr sein ganzes Ziel im Sammeln der Artefakte aus dem Grabe, vielmehr ist er bemüht, die Persönlichkeit des Begrabenen und derer, die ihn bestatteten, zu ergründen. Jedes Anzeichen für ein bestimmtes Zeremoniell bei diesen Bestattungen wird mit Eifer vermerkt. Niederschläge an den Innenseiten der in den Gräbern gefundenen Gefäße werden analysiert, um festzustellen, was sie enthalten haben könnten. (So hat man zum Beispiel in Dänemark ein ganz angenehm schmeckendes Getränk aus Honig, Kronsbeeren und Sumpfmyrte einem ‹Rezept› nachgebraut, das auf diese Weise einem aus Birkenrinde gefertigten Krug der Bronzezeit entnommen werden konnte.)

Wir stellten fest, wie gut wir uns in die Gedanken der Renntierjäger des Hamburggebiets oder die der Wikinger, die ihre Königin bei Oseberg begruben, zu versetzen vermochten. Vielleicht sind, beispielsweise, die Levkoje, die man auf der Brust eines zur Bronzezeit auf Jütland in einem Eichensarg bestatteten Mädchens fand, und das steinerne ‹Kissen› unter dem Kopf eines Neandertal-Menschen nicht an sich von historischem Wert, sondern ihre Bedeutung liegt gerade in ihrer ‹Zeitlosigkeit›, in dem Gefühl des Verwandtseins, das sie in uns erwecken, einem Gefühl, das beim bloßen Lesen selbst vorzüglich dokumentierter Schilderungen historischer Ereignisse nicht aufkommt. So vermögen wir uns vielleicht auch nicht in die Gedanken Napoleons während der Schlacht von Waterloo zu versetzen, wenn wir auch über das Datum, die Verteilung der Streitkräfte und den Verlauf der Schlacht genau unterrichtet sind. Wohl aber vermögen wir den stämmigen Jägern im Moustérien nachzufühlen, wie sie ihrem verstorbenen Kameraden die letzte Ruhestätte auf ihre Art behaglich machten, oder dem jungen Jütländer, der seiner Liebsten oder seiner Frau als letzte Gabe eine Blume spendete.

Die Prähistorie hat sich mit einer gewaltigen Zeitstrecke zu beschäftigen. Sie bedarf daher, damit wir diese lange Periode unverzerrt zu sehen vermögen, der ständigen und fleißigen Arbeit, ohne daß dabei, unbewußt und nur der Einfachheit halber, etwa die sehr fernen Epochen enger zusammengeschoben werden. Nicht so sehr sind es die ‹historischen› wie die rein ‹menschlichen› Entdeckungen des Archäologen – Beweise etwa für die Augenblickslaune einzelner Menschen oder für einen Anflug von Humor –, die uns am besten schätzen lehren, daß jeder unserer prähistorischen Vorfahren eine Persönlichkeit gewesen ist, für die eine Stunde, ein Tag, ein Jahr genau so lang waren wie für uns, denen schon die Gestalt des eigenen Urgroßvaters in weite Ferne entrückt scheint.

Aber auch die entgegengesetzte Tendenz: alle prähistorischen Zeitphasen als ‹unvorstellbar› lang anzusehen, ist nicht realistisch. So lang sie gewesen sein mögen, waren sie doch begrenzt. In einem Zeitraum, der kürzer war als der von der Entdeckung Amerikas bis heute, haben die Nachkommen der Horden, die mit ihren Streitäxten aus den Steppen Rußlands kamen, die großartigen Handelsstaaten der Bronzezeit aufgebaut. Die ersten Ackerbauer an den nördlichsten Küsten Europas waren nur die Urenkel der Urenkel der Urenkel der Urenkel der Urenkel der ersten Ackerbauer, die an den südlichen Gestaden des Kontinents landeten.

Und jede einzelne dieser Generationen war für sich interessant. Jeder dieser Urenkel sah die Vergangenheit als eine Zeitspanne, die ihren Höhepunkt in seiner eigenen Person erreichte.

Man hat Bücher geschrieben, um in geschichtsphilosophischen Begriffen die Ziele und Zwecke der archäologischen Forschung zu erklären, doch jeder Archäologe spürt im Herzen, warum er gräbt. Er gräbt, um, mitfühlend und demütig, die Toten wieder lebendig werden zu lassen, damit das, was vorüber ist, dennoch nicht für immer verloren sei. Damit aus den Trümmern der Zeitalter etwas gerettet werde und so die Gegenwart durch die Vergangenheit mehr Farbe bekomme und wir für die Zukunft mehr Mut. Seine Ausgrabungen sind nur eine Abzahlung, die wir leisten können auf das, was wir alle den Menschen schulden, die im Lauf von Jahrtausenden unsere Welt für uns formten.

ANHANG

Personenregister

Orts- und Sachregister

Verzeichnis der Abbildungen auf Tafeln

Verzeichnis der Abbildungen im Text

Verzeichnis der Karten

823/2

792/8